C++언어를 이용한

파생상품의 이해

이상호 지음

KM 경문사

책을 출간하며

C, Fortran, Basic, C++, Matlab과 같은 컴퓨터 프로그래밍 언어 중에서 C++언어를 소개하는 이유는 프로그래밍 언어가 쉽고 깔끔하며, 구현 속도가 빠르고, 무엇보다도 재사용성이 뛰어나기 때문이다. 많은 개발자들이 C언어를 배우고 나서 C++언어를 배워야 한다고 하지만, C언어를 배우고 C++언어를 배우게 되면 C++언어의 핵심인 객체지향(Object Oriented)의 개념에 대해 혼동하기 쉽기 때문에 저자는 C++언어를 기본으로 배우면서 필요에 따라 C언어의 기능을 익히기를 권장한다.

C++언어를 설명하기 전에 한 가지 당부 드리면, 이 책의 소스 코드를 눈으로 읽고 이해되었다고 하여 다음 페이지로 넘어가지 않기를 바란다. 우리가 외국어를 배울 때 말을 많이 하며 언어에 익숙해지듯이, 컴퓨터 프로그래밍 "언어"인 C++언어 역시 눈이 아닌 손에 익숙해져야 한다고 생각하니, 이 책에 있는 소스 코드를 본인이 직접 입력하고 실행하여 결과를 확인해보기 바란다.

저자는 1996년 대학원에 진학할 때 처음으로 C언어를 접하였다. 그 당시 연구실 선배가 ≪C언어 기초+α≫라는 책을 주며 1주일 동안 책에 있는 모든 소스 코드를 코딩해보라고 하였다. 무식한 방법이지만 컴퓨터 언어를 정복하는 가장 쉽고 빠른 방법이라 생각한다. IT회사에서 근무할 때 저자에게 컴퓨터 언어를 배우는 방법을 문의하는 동료에게 항상 "프로그래밍 책을 하나 사서 1주일동안 소스 코드를 처음부터 끝까지 직접 코딩해보고, 구구단 프로그램을 만들어 보라"고 하였다. 금융공학 MBA 과정 이후 구구단 대신 유로피언옵션 계산 프로그램을 만들라고 변경하였지만, 프로그래밍을 배워보고자 한다면 단 1주일 동안만이라도 프로그래밍에 미쳐보라는 것이다.

금융공학 MBA과정때 조지워싱턴대학 국제금융학 박윤식 교수님께서 "글로벌 IB에서는 영어, 금융공학, 프로그래밍이 모두 가능한 인재를 요구한다"고 하셨는데, 그때나 지금이나 이런 인재가 몇 명이나 있을까 라는 생각이 든다. 이 책이 글로벌 IB 진출을 준비하는 학생들에게 작으나마 도움이 되었으면 한다.

얕은 지식으로 내용을 정리하다보니 오류가 있으리라 생각합니다. 오류를 지적해주시면 개정판에서 수정하도록 하겠으니 연락(derivatives.cpp@gmail.com)주시면 감사하겠습니다.

지면을 통해, 커리어 전환에 힘써준 엄경씨에게 감사드리며, 지도해주신 조지워싱턴대 박윤식 교수님, 서강대 이재성 교수님, 성신여대 이현석 교수님, 홍익대 김철중 교수님께 감사드리며, 은행 생활에 힘이 되어주신 민경진 부행장님, 박연익 팀장님, 백택진 팀장님, 윤현영 팀장님, 윤정호 파트장님께 감사드리고, 리스크관리부 박형근 부장님 이하 팀장님들과 부서원들에게 감사드립니다. 허접한 자료가 한 권의 책이 되도록 도와주신 경문사 박문규 대표님, 김종원 이사님, 편집부 관계자분들께 감사드리며, 항상 격려해주시고 아껴주시는 부모님께 그리고 사랑하는 아내와 두 아이(승진, 주아)에게 이 책을 바칩니다.

2014년 2월 홍대에서

이상호

이 책에 대하여

이 책은 저자가 산업은행에 입행하였을 때 당시 저자의 팀장이신 민경진 부행장님의 지시로 2008년 1월 9일부터 4월 8일까지 약 3개월간 트레이딩센터 직원을 대상으로 강의한 "파생상품 평가 방법" 자료를 기반으로 내용을 정리하고, 프로그래밍을 추가한 것으로서 수치해석과 프로그래밍에는 익숙하지만 금융공학에는 생소한 이공계열 학생뿐만 아니라, 수치해석과 프로그래밍에 생소한 경상계열 학생도 쉽게 금융공학과 프로그래밍을 배울 수 있도록 준비하였다.

이 책은 크게 6부로 나뉘며, **1부 알기 쉬운 C++(1장~4장)**에서는 C++언어를 이용하여 데이터 입출력, 함수, 연산자, 제어문, 메모리 관리, 파일 입출력과 같은 기본문법을 설명하고, 구조체와 클래스, 라이브러리 사용방법에 대해 다룬다. **2부 수치해석(5장~8장)**에서는 가우스 소거법, 삼중대각행렬 풀이법, 숄레스키 분해와 같은 연립방정식의 해 찾기, 이분법, 뉴턴-랩슨법과 같은 비선형방정식의 해 찾기, 가우스-뉴턴, 레벤버그-마퀴트 방법과 같은 비선형 파라미터 추정법, 그리고 선형보간법과 스플라인 보간법에 대해 다룬다. **3부 확률미분방정식(9장~11장)**에서는 옵션가격계산방법, 확률과정, 확률미분방정식, 블랙-숄즈 방정식에 대해 다룬다. **4부 평가 방법론(12장~15장)**에서는 몬테카를로 시뮬레이션을 이용한 평가 방법, 이항트리와 삼항트리 모형을 이용한 평가 방법, 유한차분법을 이용한 평가 방법을 설명하고, 각 평가 방법을 기초자산이 1개인 유로피언옵션과 기초자산이 2개인 스프레드옵션에 대한 평가 방법을 다룬다. **5부 고급 평가 방법론(16장~19장)**에서는 난수 생성시 분산감소기법, 준난수 적용방법, 신뢰구간을 고려한 주가분포 생성 및 평가 방법, 4부에서 배운 평가 방법론을 이용한 옵션가격 민감도 계산방법, 내재변동성과 국소변동성 적용방법에 대해 다룬다. 그리고 **6부 이자율 모형(20장~23장)**에서는 이자율의 정의, 기간구조, 금리 캡/플로어, 스왑션, 구조화채권에 대해 알아보고, 이자율 기간구조 추정 및 예측방법으로 넬슨-시겔 모형, 배시첵 모형, 콕스-잉거솔-로스 모형, 블랙-더만-토이 모형, 헐-화이트 모형, 블랙-카라신스키 모형에 대해 설명하고, 이자율 모형을 이용한 이자율 파생상품 평가 방법에 대해 다룬다.

강의계획표

만약 이 책이 강의 교재로 사용된다면 다음과 같이 이공계열 학생, 경상계열 학생, 금융공학 MBA 학생들을 위한 강의 계획을 추천한다.

1. 이공계열 학생을 위한 강의 계획

수치해석과 프로그래밍 과목을 이수한 3, 4학년생을 대상으로 C++언어와 수치해석을 빠르게 복습하는 시간을 갖고, 옵션 및 확률미분방정식, 평가 방법론, 이자율 모형에 대한 이론적 내용 및 프로그래밍 적용 방법에 대해 학습하도록 한다. 5부 고급 평가 방법론은 실무진을 위한 내용으로 생략하도록 한다.

주	해당 장	주요 강의 내용
1	1~4장	C++ 복습
2	5장, 6장	연립방정식 및 비선형방정식의 해 찾기
3	7장, 8장	파라미터 추정 및 보간법
4	9장, 10장	옵션가격계산 기초, 확률미분방정식
5	11장	블랙-숄즈 방정식
6	12장	몬테카를로 시뮬레이션
7	13장	트리 모형
8	14장, 15장	유한차분법, 평가 방법 비교
9		중간고사
10	20	이자율
11	21	이자율 파생상품
12	22	이자율 모형
13	22	이자율 모형
14	23	이자율 파생상품 평가
15	23	이자율 파생상품 평가
16		기말고사

2. 경상계열 학생을 위한 강의 계획

파생상품과 투자론 과목을 이수한 3, 4학년생은 파생상품에 대한 기초 지식은 갖고 있지만, 수치해석 및 프로그래밍에 익숙하지 않으므로, C++언어와 수치해석에 대해 4주간 학습하고, 옵션 및 확률미분방정식, 평가 방법론, 이자율 모형에 대한 이론적 내용에 대해 학습하도록 한다. 5부 고급 평가 방법론은 실무진을 위한 내용으로 생략하도록 한다.

주	해당 장	주요 강의 내용
1	1장, 2장	메시지입출력 및 코딩을 통한 C++ 익히기
2	3장, 4장	클래스 및 라이브러리 만들기
3	5장, 6장	연립방정식 및 비선형방정식의 해 찾기
4	7장, 8장	파라미터 추정 및 보간법
5	9장, 10장	옵선가격계산 기초, 확률미분방정식
6	11	블랙-숄즈 방정식
7	12	몬테카를로 시뮬레이션
8	13	트리 모형
9	14	유한차분법
10		중간고사
11	20	이자율
12	21	이자율 파생상품
13	22	이자율 모형
14	22	이자율 모형
15	23	이자율 파생상품 평가
16		기말고사

3. 금융공학 MBA 학생을 위한 강의 계획

금융공학 MBA 학생들은 수치해석, 프로그래밍 및 금융공학에 익숙하고, 졸업 후 실제 업무를 수행해야 하므로 C++언어와 수치해석을 빠르게 복습하는 시간을 갖고 옵션 및 확률미분방정식, 평가 방법론, 고급 평가 방법론, 이자율 모형에 대한 이론적 내용 및 프로그래밍 적용 방법에 대해 학습한다.

주	해당 장	주요 강의 내용
1	1～4장	C++ 복습
2	5장, 6장	연립방정식 및 비선형방정식의 해 찾기
3	7장, 8장	파라미터 추정 및 보간법
4	9장, 10장	옵션가격계산 기초, 확률미분방정식
5	11장	블랙-숄즈 방정식
6	12장	몬테카를로 시뮬레이션
7	13장	트리 모형
8	14장, 15장	유한차분법, 평가 방법 비교
9		중간고사
10	16장	난수 생성
11	17장	신뢰구간을 고려한 주가분포 생성 및 평가 방법
12	18장	옵션가격 민감도
13	20장, 21장, 22장	이자율, 이자율 파생상품, 이자율 모형
14	22장	이자율 모형
15	23장	이자율 파생상품 평가
16		기말고사

차례

2부 수치해석

3부 확률미분방정식

4부 평가 방법론

5부 고급 평가 방법론

6부 이자율 모형

별첨 재사용 소스 코드

참고자료

1부
알기쉬운 C++

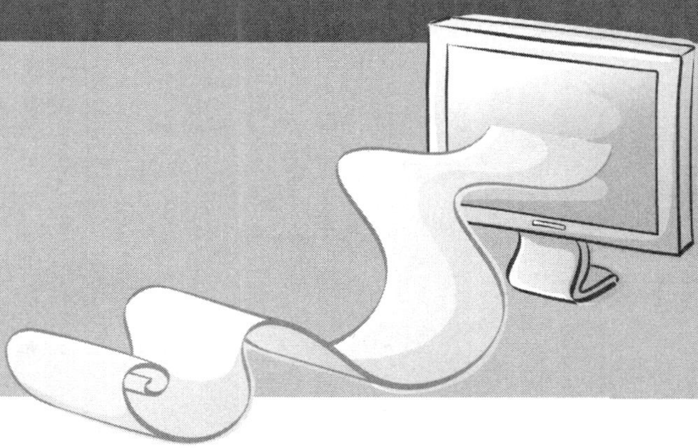

파생상품을 평가하는데 C++언어는 가장 강력한 도구 중 하나이다. 그러나 C++언어를 익히는 것은 파생상품을 이해하고 평가하기 위한 도구이지, C++언어 습득을 목표로 하여서는 안된다. 그래서 이 책에서는 파생상품을 이해하고 평가하는데 꼭 필요한 C++언어의 기능만을 설명하고자 한다.

1부에서는 1장 메시지 입출력을 통한 C++ 시작하기와 2장 코딩을 통한 C++ 익히기를 통해 C++언어에 익숙해지고, 3장 클래스 사용하기와 4장 라이브러리 만들기를 통해 효율적인 프로그래밍 스킬을 알아보자.

1장

메시지 입출력을 통한 C++ 시작하기

어떤 목적이 있어 프로그래밍 언어를 배우고자 한다면, 제일 먼저 개발환경을 마련해야 한다. 여기에서는 개발환경으로 많이 사용되고 있는 Microsoft사의 Visual Studio의 사용방법에 대해 알아보고, C++ 언어의 기초문법인 데이터 입출력, 함수 사용과 연산자에 대해 알아보자.

1.1 Visual Studio 실행하기

프로그래밍 개발 환경을 처음 접하는 독자를 위해 앞으로 사용할 Microsoft사의 Visual Studio 실행 방법에 대해 간단히 알아보자.

1.1.1 프로그램 실행전 유의 사항

이 책에서는 Microsoft사의 Visual Studio 2005를 기반으로 설명하므로, Visual Studio 2005 이상의 정품 소프트웨어 설치가 필요하다. 독자의 컴퓨터에 정품 소프트웨어가 설치되어 있지 않다면, Microsoft사의 평가판을 다운로드 받아 사용해보자.

팁_1 평가판 다운로드 및 사용 설명서

평가판 다운로드
http://www.microsoft.com/visualstudio/ko-kr/download

사용 설명서
http://msdn.microsoft.com/ko-kr/library/dd831853.aspx

1.1.2 Visual Studio 2005 실행

Visual Studio 2005가 설치되었다면 다음과 같이 Windows의 시작→프로그램→Microsoft Visual Studio 2005→Microsoft Visual Studio 2005를 실행하면 된다.

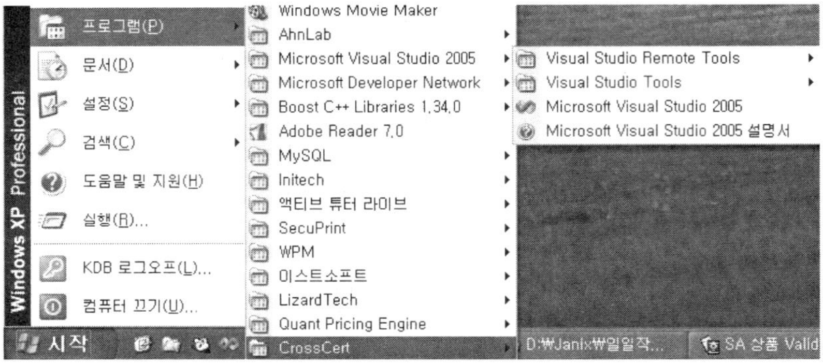

[그림 1-1] Visual Studio 2005 실행

1.1.3 프로젝트 생성

실행된 Visual Studio 2005의 메뉴에서 파일(F)→새로만들기(N)→프로젝트(P)를 선택한다.

[그림 1-2] 프로젝트 생성

새 프로젝트 창이 뜨면 프로젝트 형식(P)에서 Visual C++ Win32를 선택하고, 템플릿(T)에서 Win32 콘솔 응용 프로그램을 선택하고, 위치(L)에서 프로젝트를 만들 위치를 선택하고, 이름(N)에 프로젝트 이름을 입력한다.

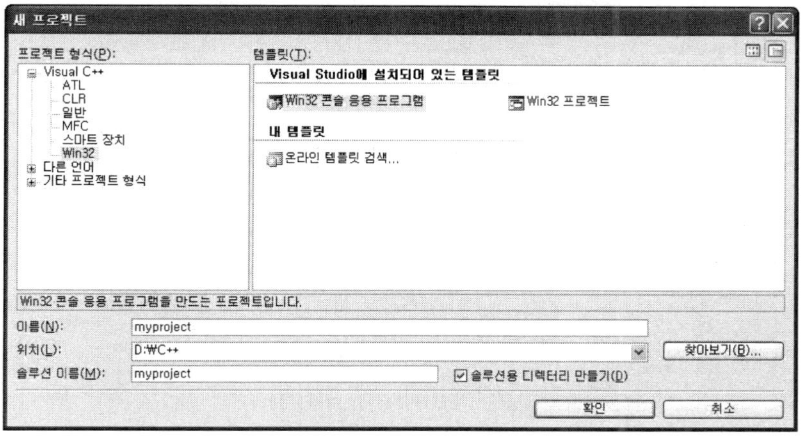

[그림 1-3] 새 프로젝트 생성

프로젝트 이름으로 myproject(프로젝트 이름은 임의 지정 가능)를 입력하고 "확인" 버튼을 누르면 Win32 응용 프로그램 마법사 시작 화면이 나온다. 다시 "다음" 버튼을 누른다.

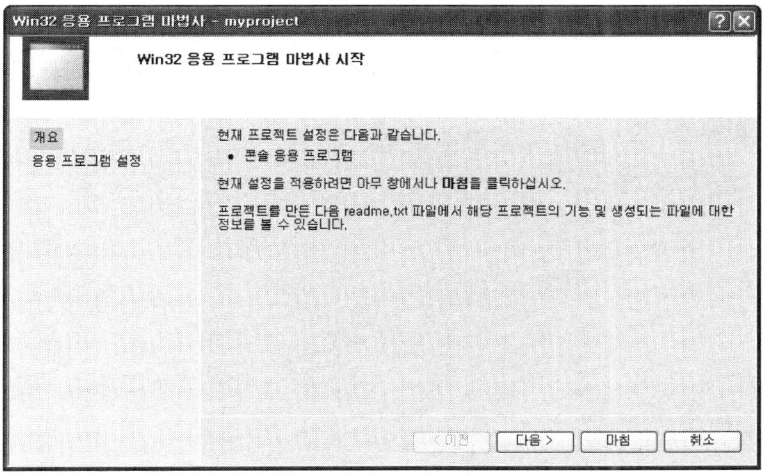

[그림 1-4] Win32 응용 프로그램 마법사 시작

응용 프로그램 설정 화면이 나오면 응용 프로그램 종류에서 콘솔 응용 프로그램(O)을 선택하고, 추가옵션에서 빈 프로젝트(E)를 선택하고 "마침" 버튼을 누른다.

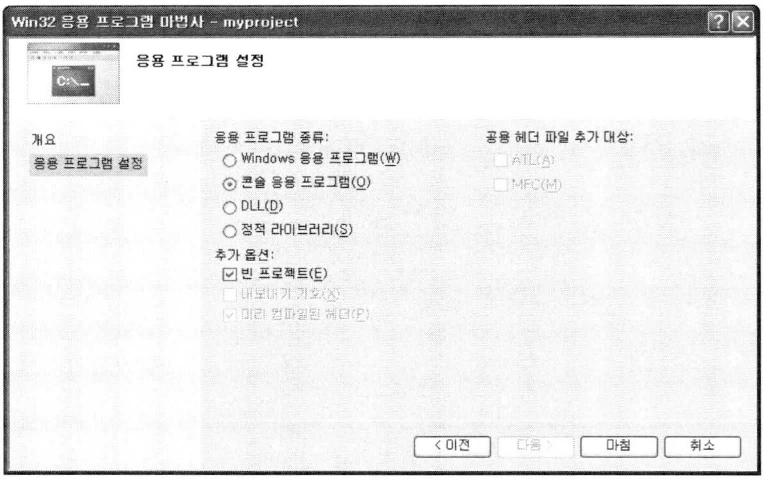

[그림 1-5] 응용 프로그램 설정

응용 프로그램 설정의 추가 옵션으로 빈 프로젝트를 선택했기 때문에 이렇게 만들어진 프로젝트의 완성 화면은 다음과 같이 아무 내용이 없는 빈 프로젝트이다.

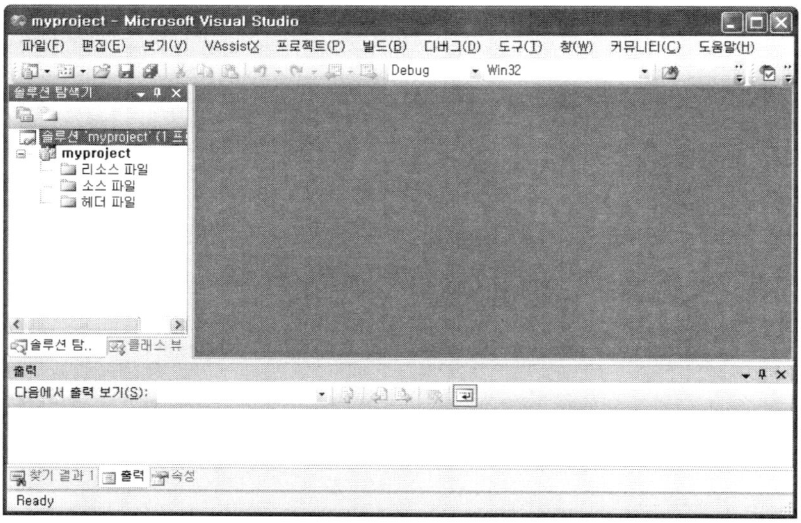

[그림 1-6] 프로젝트 완성화면

1.1.4 소스 파일 추가

이렇게 만들어진 프로젝트에 소스 코드를 입력하려면 좌측 솔루션 탐색기에서 소스 파일을 선택하고 마우스 우측버튼을 클릭하여 추가(D)→새 항목(W)을 선택한다.

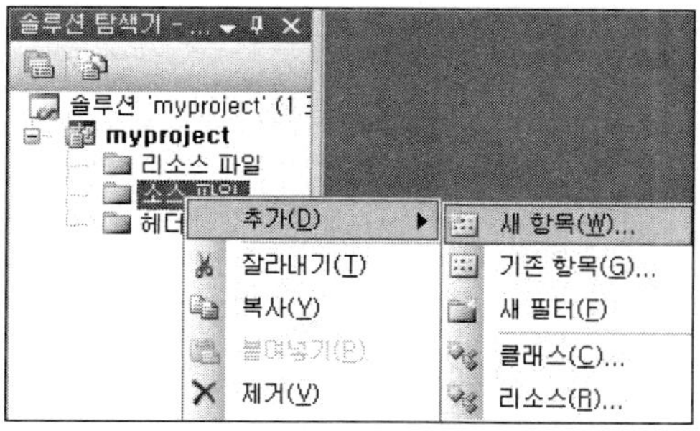

[그림 1-7] 소스 파일 추가 방법

새 항목 추가 화면의 범주(C)에서 코드를 선택하고, 템플릿(T)에서 C++파일(.cpp)를 선택하고, 하단의 이름(N)에 message(임의 입력 가능)를 입력하고, "추가(A)" 버튼을 누른다.

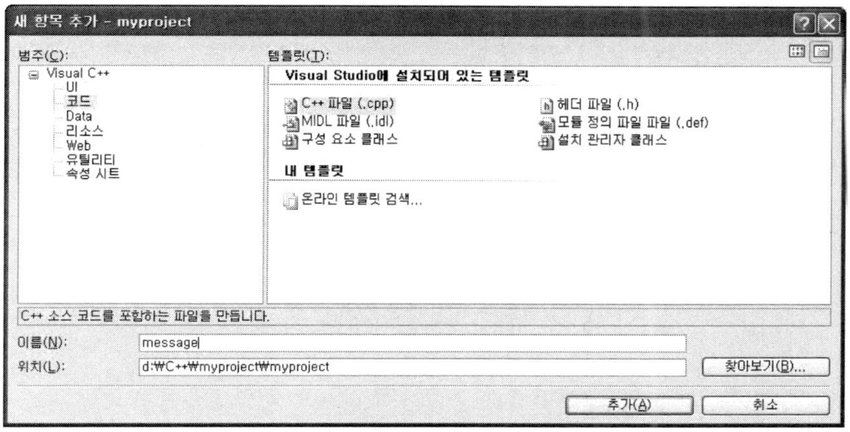

[그림 1-8] 새 항목 추가

소스 파일에 message.cpp가 생긴 것을 확인할 수 있다. 그러나 역시 아무 내용이 없는 빈 파일이다.

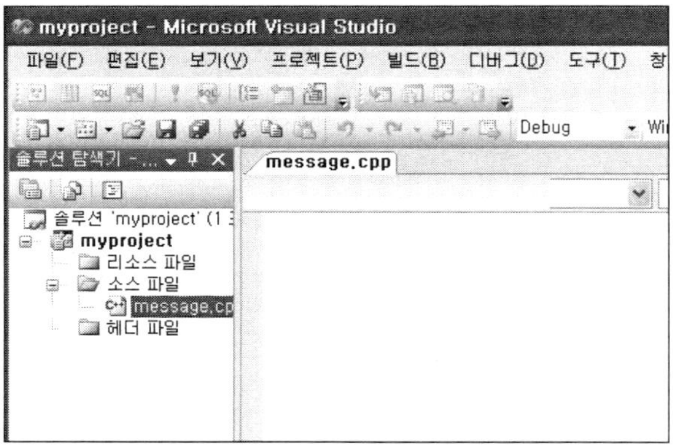

[그림 1-9] 생성된 빈 파일

오른쪽 화면의 message.cpp에 다음과 같이 입력해보자.

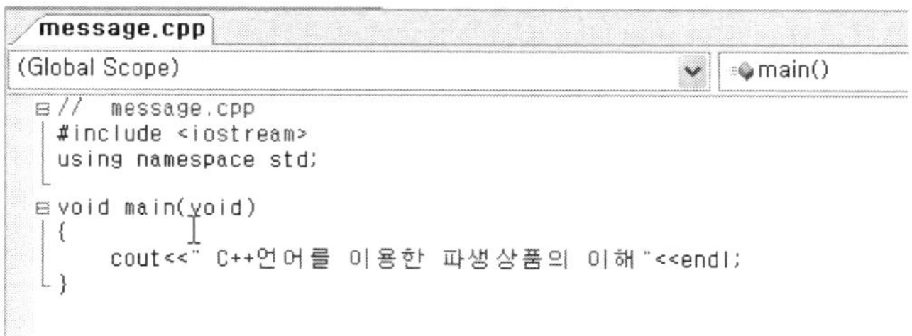

[그림 1-10] 소스 코드 입력

1.1.5 빌드 및 프로그램 실행

1.1.5.1 빌드

키보드에서 F7버튼을 눌러 프로그램을 빌드(Build)해보자. 윈도 하단 출력창에서 아래와 같이 오류: 0개, 경고: 0개이 나왔는지 확인하고, 오류가 있으면 message.cpp 파일에 입력한 소스 코드를 확인하고 수정한다.

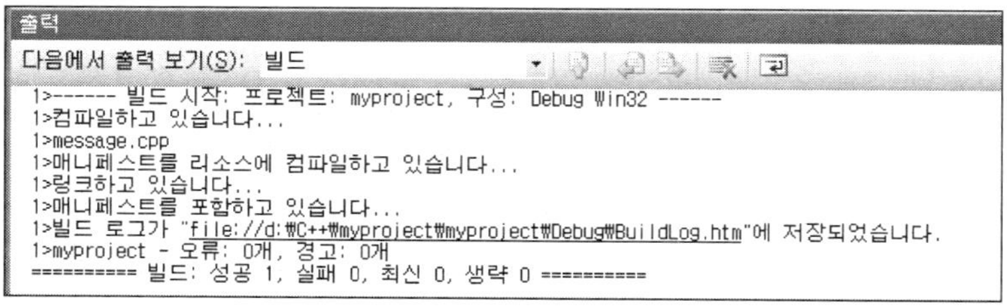

[그림 1-11] 빌드 결과

팁_2 컴파일과 빌드

컴파일(Compile)
사용자가 입력한 소스 코드는 사실 컴퓨터로서는 무슨 말인지 알 수 없다. 그래서 컴퓨터가 알 수 있도록 소스 코드를 기계어로 바꿔주는 작업이다.

빌드(Build)
Visual Studio에서 빌드는 컴파일을 한 후에 링크(Link)까지 실행하는 것이다. 컴파일된 파일은 그 자체로 실행할 수 없기 때문이다. 링크는 소스 코드에 포함되어야 하는 파일들을 포함시켜서 실행 파일을 만드는 과정이다.

1.1.5.2 프로그램 실행

키보드에서 Ctrl+F5 버튼을 눌러보자.

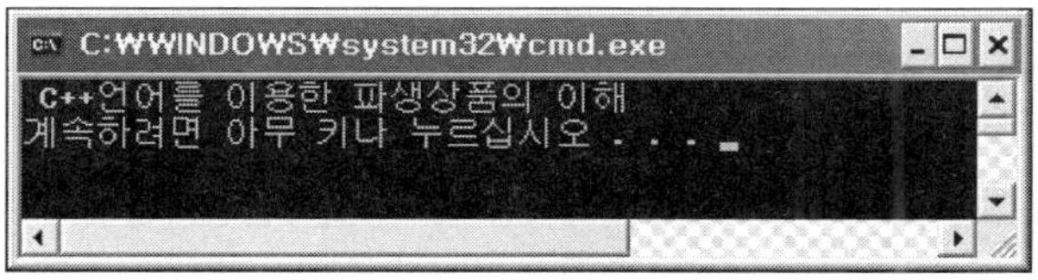

[그림 1-12] 프로그램 실행 결과

이것이 바로 콘솔화면이다. 앞에서 Win32 응용 프로그램 마법사에서 콘솔 응용 프로그램을 선택하였기 때문에 콘솔화면이 나타난 것이다.
앞에서 사용한 F7와 Ctrl+F5는 빌드와 프로그램 실행을 위한 프로그램의 주요 단축키이다.

팁_3 프로그램 주요 단축키

F7(솔루션 빌드) : 소스 코드 수정시 솔루션을 빌드하고 실행(메뉴에서 빌드(B)→솔루션 빌드(B))
F10(프로시져 단위 실행) : 디버깅 시작(메뉴에서 디버그(D)→프로시져 단위 실행(O))
F11(한 단계씩 코드 실행) : 디버깅 실행시 한 단계씩 실행(메뉴에서 디버그(D)→한 단계씩 코드 실행(I))
Ctrl+F5(디버깅하지 않고 실행) : 프로그램 실행(메뉴에서 디버그(D)→디버깅하지 않고 시작(H))
Ctrl+F10(지정한 위치부터 디버깅 실행) : 소스 코드의 커서 위치부터 디버깅 실행

1.2 데이터 입출력

데이터 입출력을 위해 C언어에서는 printf와 scanf함수를 사용하였으나, C++에서는 cout과 cin함수를 사용한다. 그리고 C언어에서는 소스 코드의 확장자로 *.c를 사용하였는데 C++언어에서는 *.cpp로 지정해야 한다.

1.2.1 데이터 출력

[그림 1-10]의 message.cpp에 입력한 소스 코드는 다음과 같다.

✎ 소스 코드

```
// message.cpp
#include   <iostream>
using      namespace      std;

void       main(void)
{
    cout<<" C++언어를 이용한 파생상품의 이해"<<endl;
}
```

✎ 실행 결과

[그림 1-13] myproject 실행 결과

- 첫 번째 줄에서 "//"는 주석(Comment) 처리 기능으로 소스 코드를 실행할 때 제외된다.

팁_4 주석 처리 방법

해당 줄만 주석 처리하고자 할 경우 : "//"를 소스 코드 앞부분에 입력
여러 줄을 주석 처리할 경우 : 주석 처리 시작부분에 "/*"를 입력하고, 주석 처리 끝부분에 "*/"를 입력

• 두 번째 줄의 #include <iostream>는 입출력과 관련된 작업을 하기 위한 전처리과정이다. 여기서, "#include < >"는 표준함수를 포함시키는 명령어이다. C++언어의 표준안이 정해지기 이전(1998년)부터 사용되던 표준입출력 라이브러리(Library) 헤더(Header) 파일인 iostream.h의 표준안 버전으로 최근의 컴파일러인 Visual Studio 2008부터는 iostream파일만 지원한다. C++언어에서 헤더파일을 이용할 때 시스템(System) 라이브러리에 등록된 헤더파일인 경우에는 헤더파일 이름을 < >로 감싸주면 되고, 사용자가 정의한 헤더파일이라 라이브러리에 등록되어 있지 않은 경우에는 헤더파일 이름을 " "로 감싸주면 된다. 즉, C++언어에서 제공하는 라이브러리는 < >를 이용하여 사용하고, 개인이 만든 파일은 " "를 이용하여 사용한다. Visual Studio는 6.0 버전(Version) 이후 7.0, 8.0 버전이 아닌 2003, 2005, 2008와 같은 버전 이름으로 출시되었으며, Visual Studio 2005 이후 버전에서는 다음의 방법 대신

```
#include <iostream.h>
```

다음과 같이 사용하기를 권장한다.

```
#include <iostream>
using namespace std;
```

• 세 번째 줄에서 using namespace std;는 iostream에서 사용하는 것으로 namespace는 이름공간이며, std는 클래스(class)*라고 보면 된다. 해석하면 namespace(이름공간)에 있고 std(클래스)에 정의되어 있는 함수들을 using(사용)하겠다는 뜻이다. std의 대표적 사용 함수는 cout, cin, endl이며, using namespace std;를 선언하지 않으면 범위지정연산자(::)를 이용하여 std::cout, std::endl과 같이 사용하면 된다.

• 네 번째 줄의 빈 줄은 띄어 쓰지 않아도 무방하나 내용이 바뀌는 부분을 구분하기 위해 띄어주는 습관을 갖는 것이 좋다.

• 다섯 번째 줄의 void main(void)는 구현하는 함수**를 의미하는 것으로 첫 번째 void는 반환할 데이터 형태, main은 함수이름, ( ) 안의 void는 매개변수를 의미한다. 즉, main이라는 함수는 매개변수가 없고 반환할 데이터도 없다는 것이다.

---

* 클래스에 대한 상세한 내용은 이 책의 3장 클래스 사용하기를 참조하시오.

** 함수에 대한 상세한 내용은 이 책의 1.3 함수 사용을 참조하시오.

팁_5 데이터 형태

C언어에서 데이터는 수치데이터와 문자데이터로 분류할 수 있다. 수치데이터에는 0, 1, 100, 1000과 같은 정수와 1.0, 10.0과 같은 유리수가 있으며, 문자데이터에는 'A', 'B'와 같은 문자와 'ABCDEFG'와 같은 문자열이 있다.

데이터형	데이터 크기(bits)	값의 허용 범위
short, short int, signed short int	16	-32,768 ~ 32,767
int, signed, signed short int	32	-32,768 ~ 32,767
long, long int, signed long int	32	-2,147,483,648 ~ 2,147,483,647
unsigned short, unsigned short int	16	0 ~ 65,535
unsigned int, unsigned	32	0 ~ 4,294,967,295
unsigned long, unsigned long int	32	0 ~ 4,294,967,295
float	32	-3.4e-38 ~ 3.4e+38
double	64	-1.7e-308 ~ 1.7e+308
long double	80	-3.4e-4916 ~ 1.1e+4932
char, signed char	8	-128 ~ 127
unsigned char	8	0 ~ 255

팁_6 변수선언 형식

변수를 선언할 때에는 사용할 데이터의 형태에 알맞은 변수를 선언해야하고, 초기값을 부여하는 습관이 필요하다. 많은 데이터 형태가 있지만 주로 사용되는 변수는 다음과 같다.

• **정수(int, integer)**

정수를 나타내는 키워드는 int이며 정수의 예는 11, 22 등이다. 필요에 따라 int 앞에 signed, unsigned, short, long 등의 키워드를 같이 사용하는 경우도 있다. 정수 형태의 변수 day를 선언하는 방법은 다음과 같다.

```
int      day;
```

• **문자(character)**

문자를 나타내는 키워드는 char이며 문자의 예는 'A', '5' 등이다. 8비트로 되어 있고 한 개의 문자를 넣을 수 있다. 문자 형태의 변수 option_type을 선언하는 방법은 다음과 같다.

```
char     option_type;
```

• 짧은 실수(float)
소수를 나타내는 키워드는 float이며 float의 예는 1.73, 1.932e5 등이다. 주로 과학적 표기에 사용된다. float 형태의 변수 index를 선언하는 방법은 다음과 같다.

```
float     index;
```

• 긴 실수(double)
float 변수보다 소수점 이하의 수를 더 많이 나타내기 위해 사용된다. double 형태의 option_price를 선언하는 방법은 다음과 같다.

```
double    option_price;
```

● 일곱 번째 줄에서

```
cout<<"C++언어를 이용한 파생상품의 이해"<<endl;
```

cout은 화면에 어떤 문자나 숫자를 나타나게 하는 함수로서 C언어의 printf와 유사한 기능이다. 앞에서 using namespace std;를 선언하지 않았다면 다음과 같이 코드가 복잡해지니 꼭 using namespace std;를 선언하기 바란다.

```
std::cout<<"C++언어를 이용한 파생상품의 이해"<<std::endl;
```

그리고 printf함수는 데이터 출력시 변수 타입을 설정해주어야 하나, cout함수는 변수 타입을 지정해주지 않아도 출력이 가능하고 사용하기 편하므로 cout함수 사용을 권장한다. "<<"연산자는 출력대상을 이어서 표시할 수 있는 기능으로 아래와 같이 구현해도 동일한 결과를 얻을 수 있는데,

```
cout<<"C++언어를 이용한 "<<"파생상품의 이해"<<endl;
```

"<<"연산자는 일반적으로 출력대상이 두 개 이상일 때 사용하게 된다.

" "는 사용자가 임의의 문자 또는 문장을 출력할 수 있으며, 변수의 값을 출력할 경우는 " "를 사용하지 않는다. 다음을 실행하면,

```
option_price    = 10.35;
cout<<"option price : "<<option_price<<endl;
```

다음과 같이 " "의 내용과 변수값이 연속적으로 출력된다.

```
option price : 10.35
```

endl은 line의 끝(end of line)이라는 뜻으로 출력시 다음 줄로 넘어간다. 다음을 실행하면,

```
cout<<"C++언어를 이용한 ";
cout<<"파생상품의 이해"<<endl;
```

다음과 같은 결과가 출력되지만,

```
C++언어를 이용한 파생상품의 이해
```

다음을 실행하면,

```
cout<<"C++언어를 이용한 "<<endl;
cout<<"파생상품의 이해"<<endl;
```

다음과 같이 두 줄로 출력된다.

```
C++언어를 이용한
파생상품의 이해
```

문장의 끝에 있는 세미콜론(;)은 문장의 끝을 의미하며, 세미콜론을 생략하고 빌드하면 에러가 발생한다.

1.2.2 데이터 입력

이번에는 데이터를 입력하는 방법에 대해 설명하고자 한다. 프로젝트 생성을 통해 새로운 프로젝트를 만들고, 소스 파일 추가를 통해 message2.cpp 파일을 추가한 후 다음의 소스 코드를 입력해보자.

✎ 소스 코드

```
// message2.cpp
#include <iostream>
using    namespace    std;
```

```
void        main(void)
{
     double     S1, S2;

     cout<<"숫자1 입력 : ";
     cin>>S1;

     cout<<"숫자2 입력 : ";
     cin>>S2;

     cout<<"입력 숫자1 : "<<S1<<endl;
     cout<<"입력 숫자2 : "<<S2<<endl;
}
```

✎ 실행 결과

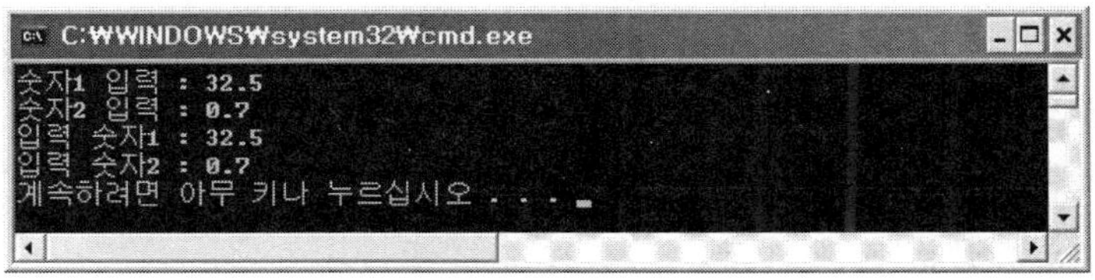

[그림 1-14] message2.cpp 실행 결과

- 변수 선언

```
double     S1, S2;
```

이것은 변수 S1과 S2에 double형 데이터를 저장하기 위한 것이며, 정수형 데이터를 입력받고자 한다면 double 대신 int로 선언해주면 된다.

- 데이터 입력

```
cin>>S1;
```

이것은 데이터를 입력받아서 선언된 변수 S1에 대입하라는 의미이다.

1.3 함수 사용

앞에서 함수 사용방법에 대해 간략하게 소개하였는데, 프로그램을 개발하다보면 동일한 연산을 중복적으로 수행하거나, 다른 프로그램에서 재사용할 예정이라면 동일한 연산을 묶어서 함수로 만들어 사용하는 것이 좋다. 이러한 함수는 소스 코드의 중복을 막고, 소스 코드를 이해하기 쉽게 해준다.

1.3.1 함수 사용

함수 형태는 다음과 같고, 함수는 "{"로 시작하여 "}"로 마무리되어야 한다.

```
반환할 데이터 형태      함수이름(매개변수)
{
    return 반환값;
}
```

더하기 예제로 함수 사용방법을 알아보자.

✎ 소스 코드

```
// my_function.cpp
#include  <iostream>
using     namespace    std;

int       my_plus(int a, int b)
{
    return a+b;
}

void      main(void)
{
    int  S1;
    S1   = my_plus(5, 7);

    cout<<"5+7 = "<<S1<<endl;
}
```

✎ 실행 결과

[그림 1-15] my_function.cpp 실행 결과

my_plus함수는 두 정수(매개변수) a와 b를 입력받아 연산(a+b)하고 결과를 정수(반환할 데이터 형태)로 출력한다. 그러나 main함수의 경우 매개변수가 없고, 반환할 데이터 형태가 void형태이기 때문에 return을 생략할 수 있다.

1.3.2 함수의 오버로딩

C언어에서는 사용할 수 없지만, C++언어에서는 사용 가능한 함수의 오버로딩(Over Loading)에 대해 알아보자.

✎ 함수 선언

다음과 같이 my_plus라는 함수를 선언해보자. 이 함수는 int형 변수 a와 b가 입력되면 두 수를 더한 결과를 int형으로 반환한다.

```
int         my_plus(int a, int b)
{
      return a+b;
}
```

만약 double형의 변수 값을 더하여 double형으로 결과를 반환하고자 한다면 다음과 같이 변수 형태와 반환할 데이터 형태를 double로 바꿔주면 된다.

```
double    my_plus(double a, double b)
{
     return a+b;
}
```

C언어에서는 함수이름을 동일하게 사용할 수 없으나, C++언어에서는 동일한 함수이름을 사용할지라도 변수 형태가 다르면 사용할 수 있다.

✎ 소스 코드

```
// my_function2.cpp
#include <iostream>
using    namespace    std;

int      my_plus(int a, int b)
{
    return a+b;
}

double   my_plus(double a, double b)
{
    return a+b;
}

void     main(void)
{
    int       S1;
    double    S2;
    S1 = my_plus(5, 7);
    S2 = my_plus(5.2, 7.3);

    cout<<"5+7 = "<<S1<<endl;
    cout<<"5.2+7.3 = "<<S2<<endl;
}
```

✎ 실행 결과

[그림 1-16] my_function2.cpp 실행 결과

"my_plus"라는 동일한 함수이름이지만 호출되어 계산된 결과는 다르게 나타나는 것을 볼 수 있다. 이것은 C++언어에서 함수를 호출할 때 함수의 이름(my_plus)뿐만 아니라, 매개변수(int, double 등)의 정보를 동시에 참조하기 때문에 가능한 것이다. 그러나 C언어는 함수를 호출할 때 함수의 이름 정보만 이용하기 때문에 에러가 발생한다. 이와 같이 함수의 이름이 같고 매개변수가 다른 함수를 오버로딩된 함수라 하고, 함수의 이름은 동일하여도 매개변수의 형태나 개수가 다르면 함수를 오버로딩할 수 있다.

- 매개변수의 형태가 다른 경우

```
int   my_plus(int, int);
int   my_plus(double, double);
```

- 매개변수의 개수가 다른 경우

```
int   my_plus(int);
int   my_plus(int, int);
```

그러나 다음과 같이 함수의 이름과 매개변수의 형태는 동일하나, 반환할 데이터 형태가 다른 경우 함수가 오버로딩되지 않는다.

```
int       my_plus(int);
double    my_plus(int);
```

1.4 연산자

연산자에는 산술연산자와 증감연산자가 있다. 산술연산자는 사칙연산(+, −, *, /)과 잉여연산(%)으로 이루어지며, 증감연산자에는 변수를 증가(++) 또는 감소(−−)시키는 연산자가 있다. 연산은 등호를 기준으로 우변의 변수들을 계산하여 좌변의 변수에 입력하게 된다.

1.4.1 산술연산자

예제를 통해 산술연산자인 사칙연산(+, −, *, /)과 잉여연산(%)에 대해 알아보자.

✎ 소스 코드

```
// operation.cpp
#include    <iostream>
using       namespace       std;

void        main(void)
{
      int         a, b;
      double      c;
```

```
    a     = 5;
    b     = 2;

    c     = a + b;
    cout<<"a+b = "<<c<<endl;
    c     = a - b;
    cout<<"a-b = "<<c<<endl;
    c     = a * b;
    cout<<"a*b = "<<c<<endl;
    c     = a / b;
    cout<<"a/b = "<<c<<endl;
    c     = a % b;
    cout<<"a%b = "<<c<<endl;
}
```

✎ 실행 결과

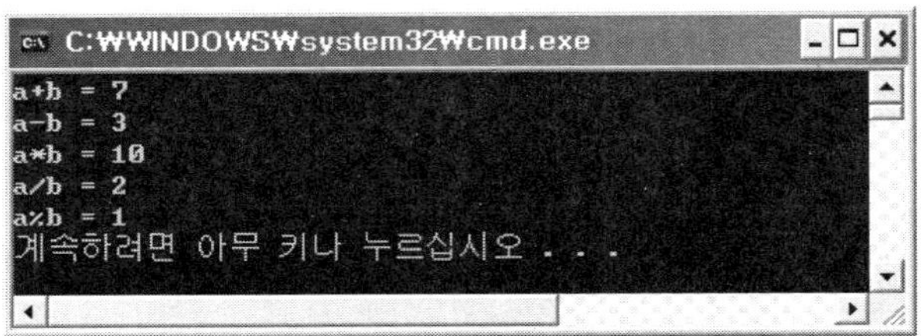

[그림 1-17] operation.cpp 실행 결과

위의 연산 중에서 마지막 연산 a%b는 잉여연산으로 a를 b로 나누었을 때의 나머지를 구하는 것으로, 엑셀(Excel)의 MOD함수와 같다. 전체 결과 중에서 "+, −, *, %" 연산자의 연산결과에는 이상이 없으나, " / " 연산자의 결과가 2가 되는 것이 이상하게 생각될 것이다. 변수 c가 double형이기에 2.5가 되어야 할 것 같지만, 변수 a와 b가 int형으로 선언되었기 때문에 a/b연산의 결과는 int형인 2가 되고, 결과값 2를 double형 변수 c에 입력되어 출력 결과 또한 2가 되는 것이다. 연산자 좌우의 변수가 모두 int형 변수라면 결과가 int형, 좌우변의 변수중 하나라도 double형이라면 결과는 double형으로 계산된다.
c의 값을 2.5로 출력되기를 원한다면, 다음 중 하나와 같이 데이터 형태 변환을 해줘야 한다.

```
c = double(a)/b
c = a/double(b)
c = double(a)/double(b)
```

여기서, double(a)는 int형 변수 a를 double형 변수로 변환하라는 의미이다.

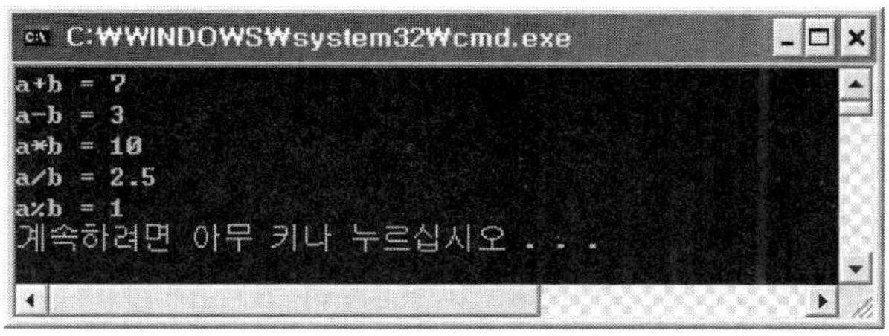

[그림 1-18] 수정 operation.cpp 실행 결과

1.4.2 증감연산자 및 산술대입연산자

예제를 통해 산술연산자를 응용한 증감연산자(++, --)와 산술대입연산자(+=, -=, *=, /=, %=)에 대해 알아보자.

✎ 소스 코드

```
// operation2.cpp
#include <iostream>
using namespace std;

void main(void)
{
    int a, b, c, d, e;

    a = 5;
    b = 2;
    c = 3;
    d = 8;
    e = 7;

    a++;            // a = a+1과 동일
    cout<<"a++ : "<<a<<endl;
    b--;            // b = b-1과 동일
    cout<<"b-- : "<<b<<endl;
    a += 3;         // a = a+3과 동일
    cout<<"a+=3 : "<<a<<endl;
    b -= 3;         // b = b-3과 동일
    cout<<"b-=3 : "<<b<<endl;
    c *= 2;         // c = c*2와 동일
    cout<<"c*=2 : "<<c<<endl;
    d /= 2;         // d = d/2와 동일
    cout<<"d/=2 : "<<d<<endl;
    e %= 3;         // e = e%3과 동일
    cout<<"e%=3 : "<<e<<endl;
}
```

✎ 실행 결과

[그림 1-19] operation2.cpp 실행 결과

• 증감연산자

“+-”연산자는 증가연산자로서, 변수가 a일 때 a++는 연산이 되고나서 변수값에 1을 증가시키그, ++a는 연산이 되기 전에 변수값에 1을 증가시키는 기능이다. “--”연산자는 감소연산자로서, 변수가 b일 때 b--는 연산이 되고나서 변수값에 1을 감소시키는 기능이고, --b는 연산이 되기 전에 변수값에 1을 감소시키는 기능이다.

• 산술대입연산자

“+=”연산자는 좌측의 변수값에 우측의 값을 더하는 기능이며, “-=”연산자는 좌측의 변수값이서 우측의 값을 빼주는 기능이며, “*=”연산자는 좌측의 변수값에 우측의 값을 곱해주는 기능이며, “/=”연산자는 좌측의 변수값을 우측의 값으로 나누어주는 기능이며, “%=”연산자는 좌측의 변수값을 우측의 값으로 나누어서 나머지를 계산해 주는 기능이다.

2장

코딩을 통한 C++ 익히기

앞 장에서 C++언어의 기초 문법인 데이터 입출력, 함수 사용, 연산자에 대해 알아보았다. 이 장에서는 C++언어의 기본 문법인 제어 구조문, 메모리 관리, 파일 입출력에 대해 알아보자.

2.1 제어 구조문

제어 구조문에는 반복문과 조건문이 있는데, 반복문과 조건문만 잘 사용해도 구현하고자 하는 거의 모든 프로그램을 개발할 수 있다고 한다. 그만큼 중요한 반복문과 조건문에 대해 알아보자.

2.1.1 반복문

반복문은 정해진 연산을 반복 수행하기 위해 사용하며, 많은 연산을 효율적으로 처리할 수 있다. 반복문에는 for문과 do while문이 있다.

2.1.1.1 for문

for문은 조건식을 만족할 때까지 작업을 수행하며, 기본 구조는 다음과 같다.

```
for(어디부터; 어디까지; 계산단계){
    실행문;
}
```

for문을 이용하여 1에서 10까지의 덧셈 결과를 알아보자.

✎ 소스 코드

```
// control.cpp
#include  <iostream>
using     namespace     std;

void      main(void)
{
     int   i, sum;
     sum = 0;
     for(i=1; i<=10; i++){
          sum+=i;
     }
     cout<<"1에서 10까지 더하면 : "<<sum<<endl;
}
```

✎ 실행 결과

[그림 2-1] control.cpp 실행 결과

for문의 ( ) 안을 보면 "i=1; i<=10; i++"가 있는데, ";"는 문장의 끝을 의미하므로, ( ) 안의 의미는 int형 변수인 i가 1부터 시작하여(i=1), 10이 될 때까지(i<=10) i의 크기를 1씩 증가(i++)시키면서 for문 내부를 수행한다는 의미이다.

2.1.1.2 do while문

do while문은 for문과 같이 조건식을 만족할 때까지 작업을 수행하며 기본 구조는 다음과 같다.

```
do{
     실행문;
}while(조건식);
```

do while문을 이용하여 1에서 10까지의 덧셈 결과를 알아보자.

✎ 소스 코드

```
// control2.cpp
#include  <iostream>
using     namespace     std;
```

```
void      main(void)
{
     int  i, sum;
     i    = 1;
     sum = 0;
     do{
          sum+=i;
          i++;
     }while(i<=10);
     cout<<"1에서 10까지 더하면 : "<<sum<<endl;
}
```

✎ 실행 결과

[그림 2-2] control2.cpp 실행 결과

do while문에서 while문의 ( ) 안을 보면 i<=10가 있는데, 이것은 int형 변수인 i가 10 이하일 때는 do{ }과정을 수행하고, i가 10을 초과하면 do{ }과정을 종료한다.

2.1.2 조건문

조건문은 조건의 상황에 따라 연산을 수행하기 위해 사용하며, 조건문에는 if문과 switch-case문이 있다.

2.1.2.1 if문

if문은 조건식을 만족하면(참이면) 수행하고, 만족하지 않으면(거짓이면) 수행하지 않는다. if문의 구조는 다음과 같이 단순 조건식으로도 나타낼 수 있으며,

```
if(조건식)      실행문;
```

다음과 같이 다중 조건으로도 나타낼 수 있고,

```
if(조건식)      실행문;
else            실행문;
```

조건식이 세 개 이상일 때는 "else if"를 사용하면 된다.

```
if(조건식)          실행문;
else if(조건식)     실행문;
else                실행문;
```

성적이 입력되면 입력된 점수에 해당하는 등급을 출력하는 예제를 통해 if문의 사용방법을 알아보자.

✎ 소스 코드

```
// control3.cpp
#define   _CRT_SECURE_NO_DEPRECATE
#include  <iostream>
using     namespace    std;

void      main(void)
{
    int       jumsu;
    char      score[10];

    cout<<"점수 입력 : ";
    cin>>jumsu;

    if(jumsu>=90){       strcpy(score, "수"); }
    else if(jumsu>=80){ strcpy(score, "우"); }
    else if(jumsu>=70){ strcpy(score, "미"); }
    else if(jumsu>=60){ strcpy(score, "양"); }
    else{                strcpy(score, "가"); }

    cout<<"당신의 점수는 "<<jumsu<<"점으로 "<<score<<" 입니다"<<endl;
}
```

✎ 실행 결과

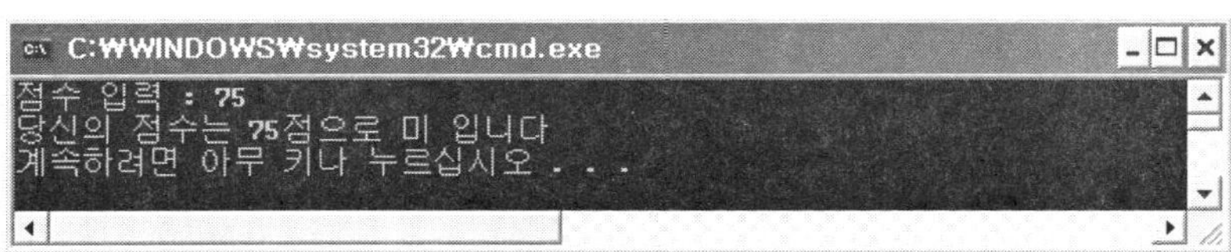

[그림 2-3] control3.cpp 실행 결과

이것은 C++ 라이브러리에서 제공하는 cin함수를 이용하여 사용자로부터 점수를 입력받아 변수 jumsu에 저장하고, if-else의 조건식을 만족시키면 변수 score에 해당 평가값을 복사하여 출력하도록 한 것이다.

팁_7 warning 해결

위의 소스 코드를 컴파일을 하면 5개의 warning이 나타난다.

```
warning C4996: 'strcpy'이(가) deprecated로 선언되었습니다.
```

Visual Studio에서 자주 볼 수 있는 warning 중 하나로, Microsoft사에서 지원을 중단할 함수이기 때문에 보안이 강조된 strcpy_s를 사용하라고 경고하는 내용이다.
하지만 strcpy함수는 표준함수라서 리눅스와 같은 다른 환경에서도 사용하기 때문에 순순히 strcpy_s를 사용하면 다른 플랫폼에서 오류가 발생한다.

이와 같은 warning이 너무 많이 발생하여 신경 쓰인다면, 다음을 소스 코드 맨 위에 추가하거나,

```
#define    _CRT_SECURE_NO_DEPRECATE
```

"_CRT_SECURE_NO_DEPRECATE"를 [프로젝트]→[속성]→[C/C++]→[전처리기]에서 '전처리기 정의' 항목에 추가하면 된다.

2.1.2.2 switch-case문

switch-case문도 if문과 같은 조건문으로 해당 조건(case)을 만족할 때 실행문을 수행한다. switch-case문의 기본 구조는 다음과 같다.

```
switch(수식)
{
    case 값1:
        실행문1;
        break;
    case 값n:
        실행문n;
        break;
    default:
        실행문;
        break;
}
```

수식(Expression)에는 정수형 또는 정수로 변환되는 것만 사용할 수 있고, case 뒤에 오는 값도 정수이어야 한다. switch-case문은 switch문의 수식에 해당하는 case의 실행문을 수행하는데, 일치하는 조건이 없는 경우에는 default의 실행문을 수행한다.
앞의 if문의 예제를 수정하여 switch-case문의 사용방법을 알아보자.

✎ 소스 코드

```
// control4.cpp
#define   _CRT_SECURE_NO_DEPRECATE
#include  <iostream>
using     namespace    std;

void      main(void)
{
    int  jumsu;
    char score[10];

    cout<<"점수 입력 : ";
    cin>>jumsu;
    switch(jumsu/10)
    {
        case 9 :
            strcpy(score, "수");
            break;
        case 8 :
            strcpy(score, "우");
            break;
        case 7 :
            strcpy(score, "미");
            break;
        case 6 :
            strcpy(score, "양");
            break;
        default :
            strcpy(score, "가");
            break;
    }
    cout<<"당신의 점수는 "<<jumsu<<"점으로 "<<score<<" 입니다"<<endl;
}
```

✎ 실행 결과

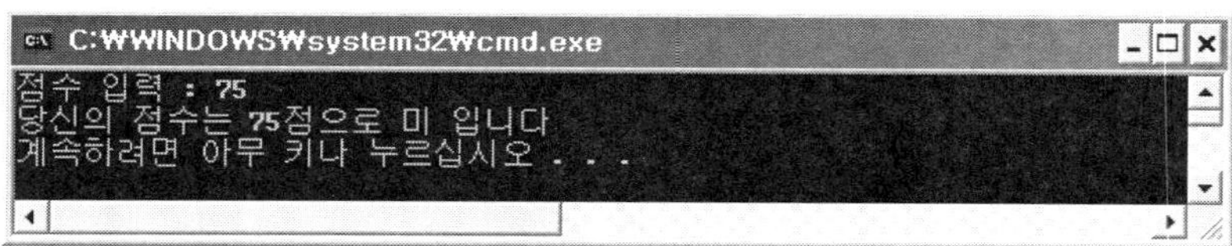

[그림 2-4] control4.cpp 실행 결과

switch-case문은 프로그램을 효율적으로 작성할 수 있게 해준다. switch-case문에는 정수값만 사용할 수 있어 if문보다 제약 사항이 있지만, 이런 속성 때문에 컴파일러가 일반적인 if문보다 더 좋은 성능을 갖게 해준다.
위의 예제처럼 조건이 얼마 되지 않으면 if-else문을 사용하는 것이 편하지만, 조건이 많은 경우 case문을 사용해야 소스 코드를 최적화시킬 수 있다.

2.1.3 기타 제어문

기타 제어문에는 break문과 continue문이 있다.

2.1.3.1 break문

앞의 switch-case문에서 프로그램 수행 중에 조건이 일치할 경우 break문을 통해 해당 제어문을 빠져 나오게 하였는데, break문은 주로 반복문과 조건문에서 사용된다.

2.1.3.2. continue문

continue문은 for문이나 do while문과 같은 반복문 내에서 사용하며, 이후 연산 및 수행과정을 무시하고 처음부터 다시 수행하게 한다.

예제를 통해 break문과 continue문의 사용방법을 알아보자.

✎ 소스 코드

```
// control5.cpp
#include  <iostream>
using     namespace     std;

void      main(void)
{
     int  x, y;// 입력변수

     cout<<"두 수 입력 : ";
     cin>> x >> y;

     int  maxnum, minnum;
     maxnum  = max( x, y );
     minnum  = min( x, y );

     for(int i=1; i<=maxnum; i++){
          if(i==minnum){
               cout<<"작은 수 "<<i<<"에 도달하여 프로그램 종료합니다"<<endl;
               break;
```

```
        }
        if(i%3!=0) continue;
        cout<<i<<"는 3의 배수입니다"<<endl;
    }
}
```

✎ 실행 결과

[그림 2-5] control5.cpp 실행 결과

프로그램은 두 수를 입력받고, 1부터 입력된 두 수 중 작은 수에 도달할 때까지 3의 배수를 출력한다. 소스 코드에서 break는 작은 수에 도달할 때 for문을 빠져 나오는 기능이고, continue는 이하 실행문을 실행하지 않고 for문을 계속 진행하는 기능이다.
if(i==minnum)에서 "=="는 관계 연산자로 변수 i가 변수 minmum과 같으면, true가 되어 if문 이하를 수행하고, if(i%3!=0)는 "!="는 i를 3으로 나누었을 때 나머지가 0이 아니면 true가 되어 if문 이하를 수행한다.

팁_8 관계 연산자

모든 관계 연산자는 조건문에서 사용한다.
== : if(a==b), a가 b이면 true가 되어 if문 이하를 수행한다.
!= : if(a!=b), a가 b가 아니면 true가 되어 if문 이하를 수행한다.
>= : if(a>=b), a가 b보다 크거나 같으면 true가 되어 if문 이하를 수행한다.
<= : if(a<=b), a가 b보다 작거나 같으면 true가 되어 if문 이하를 수행한다.

2.2 메모리 관리

1990년대에는 컴퓨터의 메모리 용량이 작아서 프로그램을 개발할 때 메모리 관리가 매우 중요하였다. 최근에는 메모리 용량이 워낙 커지다보니 메모리 관리에 크게 신경 쓰지 않는 개발자(Quant 또는 Quant Developer)가 있는지 모르겠지만, 프로그램을 개발할 때 메모리 관리는 매우 중요한 것임을 명심하기 바란다.

팁_9 Quant 업무

Quant는 Quantitative Analyst(계량분석가)의 약자로 금융공학자를 말한다.
Front Quant : 트레이더(Trader)가 거래하는 파생상품의 가치를 평가하고 분석하기 위해 평가 모듈을 개발하는 업무를 한다.
Risk Quant(Model Validation Quant) : 프론트 데스크(Front Desk)에서 만든 평가 모듈에 사용된 알고리즘의 적정성을 검증하고 공정가격과 리스크량을 산출하는 업무를 한다.
Quant Developer : Front Quant가 만든 평가 모듈을 시스템에 이식(Add-In)하는 업무를 한다.

2.2.1 new와 delete연산자를 이용한 1차 배열 동적 메모리 관리

C언어에서는 메모리를 동적으로 할당하고 소멸하기 위해 다음과 같이 malloc함수를 이용하여 메모리를 동적으로 할당하고, free함수를 이용하여 할당된 메모리를 소멸하지만,

```
int        size = 5;
int        *A  = (int*)malloc(sizeof(int)*size);     // 메모리 할당
free(A);   // 메모리 소멸
```

C++언어에서는 다음과 같이 new연산자(Operator)를 이용하여 메모리를 동적으로 할당하고, delete연산자를 이용하여 할당된 메모리 소멸한다. new연산자를 사용하는 것이 C언어의 malloc함수를 사용하는 것보다 훨씬 간단한 것을 알 수 있다.

```
int        size = 5;
int        *A  = new int[size];     // 메모리 할당
delete[]   A;  // 메모리 소멸
```

예제를 통해 new와 delete연산자의 사용방법을 알아보자.

✎ 소스 코드

```
// memory.cpp
#include   <iostream>
using      namespace     std;

void       main(void)
{
```

```
    int  x;  // 입력변수

    cout<<"할당할 배열 크기 입력 : ";
    cin>> x;

    int  *mem = new int[x];      // 메모리 동적 할당

    for(int i=0; i<x; i++){
        mem[i] = i*100;
        cout<<i+1<<" 번째 메모리에 입력된 값 : "<<mem[i]<<endl;
    }
    delete[]  mem;     // 메모리 소멸
}
```

✎ 실행 결과

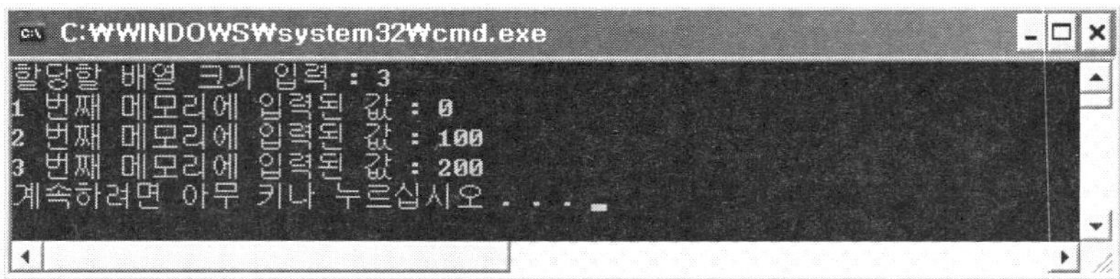

[그림 2-6] memory.cpp 실행 결과

소스 코드에서 변수 i가 0부터 시작되었는데, C언어(C, C++)에서는 배열의 첫 번째 원소가 0번째부터 할당되기 때문이다. 참고로 VBA(Visual Basic for Application)에서는 1번째부터 할당된다.

2.2.2 포인터

포인터(Pointer)는 변수의 주소를 저장하거나 사용하기 위한 것으로 다음과 같이 선언한다.

```
자료형(int)    포인터(*)변수명(x)
int          *x
```

포인터는 하나 이상의 값을 변환하기 위해 사용되지만, 배열이나 메모리에 있는 정보를 쉽게 다루기 위해서도 사용한다. 예제를 통해 포인터의 사용방법을 알아보자.

✎ 소스 코드

```
// pointer.cpp
#include  <iostream >
```

```
using     namespace     std;

void      main(void)
{
     int   a    = 1;
     int   *b;

     b     = &a;
     cout<<"a : "<<a<<endl;
     cout<<"b : "<<b<<endl;
}
```

✎ 실행 결과

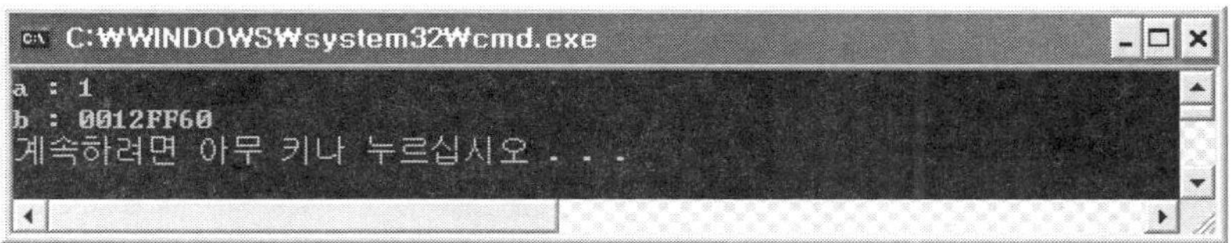

[그림 2-7] pointer.cpp 실행 결과

a의 값이 1이 나오는건 당연한데, b의 값으로 이상한 결과(0012FF60)가 나왔다. 이것은 무슨 의미이며, b의 값도 1이 나오려면 어떻게 해야 할까? b의 결과값 0012FF60는 변수의 주소이다. b = &a라고 하였기에, 변수 a의 주소를 출력한 것이다. b의 결과로 1이 나오게 하려면 다음과 같이 주소의 값을 호출해야 한다.

```
cout<<"b : "<<*b<<endl;
```

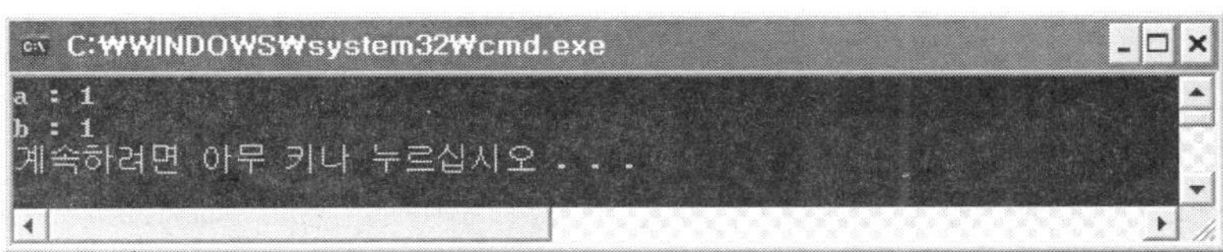

[그림 2-8] 수정된 pointer.cpp 실행 결과

2.2.3 정적 메모리 할당과 동적 메모리 할당의 차이

메모리 영역에는 스택(Stack) 영역과 힙(Heap) 영역이 있다(보다 자세한 정보는 자료구조와 관련된 서적을 보면 도움이 될 것이다). 스택 영역은 메모리를 할당하면 프로그램 종료시 자동으로 할당된 메모리를 해제해주는 반면, 힙 영역은 메모리 해제를 따로 안 해주면 프로그램 종료 후에도 시스템 메모리를 계속 사용한다.

✎ 스택형 메모리 할당

스택형 메모리 할당은 다음과 같이 변수선언과 동시에 메모리가 할당된다.

```
int      a;
char     text[20];
double   d[5];
```

a에는 int형 1개(4byte), text에는 char형 20개(1byte×20), d에는 double형 5개(8byte×5)의 메모리 공간을 할당한다. 스택형 메모리 할당은 한번 메모리를 설정하면 프로그램이 종료될 때까지 동일하게 유지되므로 정적 메모리 할당(Static Memory Allocation)이라고 한다.

✎ 힙형 메모리 할당

이에 반해 힙형 메모리 할당은 다음과 같이 스택형 메모리 영역에 포인터 변수를 할당하고 그 포인터를 이용하여 힙형 메모리 영역의 위치부터 할당된 크기만큼 사용하는 것이므로 크기를 해제하면, 다시 그 부분에 메모리를 재할당할 수 있다. 할당하고 해제하고 다시 할당하고 허제할 수 있으므로 동적 메모리 할당(Dynamic Memory Allocation)이라고 한다.

```
// 메모리 할당
int      *a       = new int;
char     *text    = new char[20];
double   *d       = new double[5];

// 메모리 해제
delete    a;
delete[]  text;
delete[]  d;
```

프로그램이 간단한 경우 모든 변수를 정적 메모리 할당으로 이용할 수 있으나, 프로그램의 특성상 메모리 할당량이 많을 경우에는 동적 메모리 할당 및 해제를 해주어야 한다.

2.2.4. 고차 배열의 메모리 할당

고차 배열에 대한 정적 메모리 할당은 1차 배열과 유사한 방법으로 메모리를 할당한다.

✎ 고차 배열에 대한 정적 메모리 할당

```
double   a[2];          // 1차 배열
double   b[3][4];       // 2차 배열
double   c[5][6][7];    // 3차 배열
```

하지만, 동적 배열의 경우 다음과 같은 방법으로 고차 배열에 대한 메모리를 할당하고 해제한다.

✎ 2차 배열에 대한 동적 메모리 할당

```
// 할당
double    **b;                          // 2차 배열이라고 포인터 선언
b         = new    double*[3];          // 1차로 배열 선언
for(i=0; i<3; i++) b[i]    = new    double[4];      // 2차로 배열 선언

// 해제
for(i=0; i<3; i++) delete[]     b[i]; // 1차로 배열 해제
delete[]  b;                            // 2차로 배열 해제
```

✎ 3차 배열에 대한 동적 메모리 할당

```
// 할당
double    ***c;                         // 3차 배열이라고 포인터 선언
c         = new    double**[5];         // 1차로 배열 선언
for(i=0; i<5; i++){
     c[i]  = new    double*[6];         // 2차로 배열 선언
     for(j=0; j<6; j++) c[i][j] = new    double[7];      // 3차로 배열 선언
}

// 해제
for(i=0; i<5; i++){
     for(j=0; j<6; j++) delete[]     c[i][j];     // 1차로   배열 해제
     delete[] c[i];          // 2차로 배열 해제
}
delete[]  c; // 3차로 배열 해제
```

동일한 방법으로 4차, 5차 배열도 생성할 수 있으나, 아마 사용할 기회가 거의 없을 것이다.

2.3 파일 입출력

프로그램을 구현할 때마다 데이터를 매번 직접 입력하는 것은 매우 번거로운 일이다. 입력할 데이터를 파일에 저장하고 저장된 데이터를 읽어오면 데이터를 입력하는 수고를 줄일 수 있고, 결과 데이터를 파일에 저장하면 나중에 결과값을 다시 사용하기가 용이하다.

데이터를 입출력할 때 다음과 같이 C언어의 라이브러리를 사용하였듯이,

```
#include        <iostream>
```

파일을 입출력할 때에도 다음과 같은 라이브러리 사용이 필요하다.

```
#include        <fstream>
```

파일 입출력은 스트림에 연결되어 파일을 열게 되는데, 다음의 명령어를 이용하여 외부 파일에 있는 정보를 읽고 쓸 수 있다.

```
ifstream     개체명(filename);          // 파일 입력시
ofstream     개체명(filename);          // 파일 출력시
fstream      개체명(filename);          // 파일 입출력시
```

입력파일이 다음과 같을 때, 예제를 이용하여 파일로부터 데이터를 읽어오고 결과를 출력하는 방법을 알아보자.

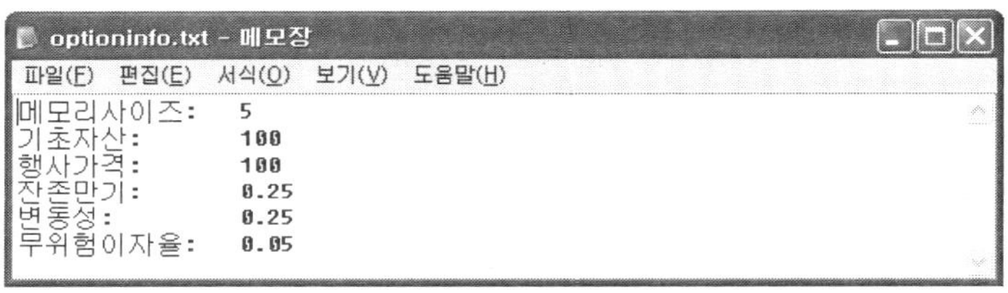

[그림 2-9] 입력파일 optioninfo.txt

✎ 소스 코드

```
// readwrite.cpp
#include  <iostream>
#include  <fstream>
using     namespace     std;

void      main(void)
{
    char      filename[20];  // 파일이름 저장할 곳

    ccut<<"입력파일 이름 : ";
    cin>> filename;

    ifstream   inf(filename, ios::in);
    if(!inf.is_open()){ // 파일을 open할 수 없을 때
        cout << filename <<" 파일을 열 수 없습니다."<< endl;
```

```
        inf.clear();
        exit(0);
    }

    int         i, size;
    char        text[20], tmp[20];
    inf >> tmp >> text;
    size = atoi(text);    // 문자를 int형으로 변환

    double     *pinfo     = new double[size]; // 읽을 정보 메모리 할당

    for(i=0; i<size; i++){
        inf >> tmp >> text;
        pinfo[i]    = atof(text);    // 문자를 double형으로 변환
    }
    inf.close();

    cout<<"출력파일 이름 : ";
    cin>> filename;

    ofstream         outf(filename, ios::out | ios::trunc);
    //    ios::trunc 사용시 기존 데이터 삭제 후 추가
    //    ios::app 사용시 데이터 추가 가능

    for(i=0; i<size; i++) outf << pinfo[i] << endl;
    outf.close();

    delete[]    pinfo;       // 메모리 소멸
}
```

✎ 실행 결과

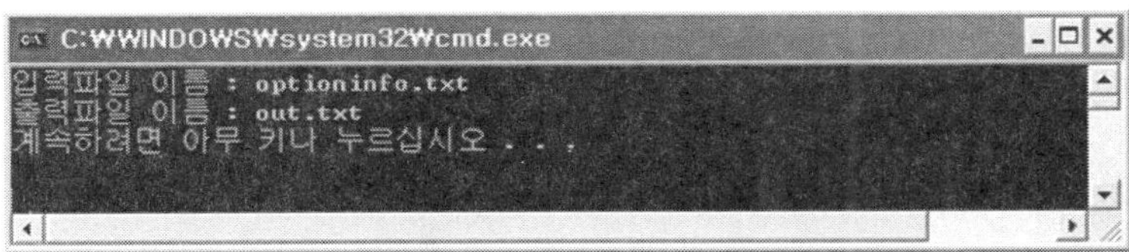

[그림 2-10] readwrite.cpp 실행 결과

✎ 생성된 출력파일 out.txt

[그림 2-11] 생성된 출력파일 out.txt

소스 코드에서 ifstream inf(filename, ios::in)은 변수 filename에서 데이터를 읽을 목적으로 파일을 열고 ofstream outf(filename, ios::out | ios::trunc)는 filename에 데이터를 저장할 목적으로 파일을 연다. inf.is_open()는 파일을 열 수 있으면 true, 없으면 false를 반환한다. 그리고 inf.close()와 outf.close()는 열려 있는 파일을 닫는 함수이다.

팁_10 파일 입출력시 옵션

ios_base::in : 입력용으로 파일을 연다.
ios_base::out : 출력용으로 파일을 연다.
ios_base::app : 파일 끝에 데이터를 덧붙인다(데이터를 추가하는 것만 가능)
ios_base::trunc : 파일이 이미 존재할 경우 크기를 0으로 만든다.
ios_base::binary : 이진 파일 모드로 연다.

atoi(text)에서 atoi는 문자열 자료를 int형 자료로 변환하는 함수이다.

팁_11 자료변환 함수

atoi(char *text) : 문자열을 int형 숫자로 변환
atof(char *text) : 문자열을 double형 숫자로 변환
atol(char *text) : 문자열을 long형 숫자로 변환

3장 클래스 사용하기

앞 장에서 C++언어의 기본 문법인 제어 구조문, 메모리 관리, 파일 입출력에 대해 알아보았다. 이 장에서는 C++언어의 핵심인 클래스에 대해 알아보고자 한다. 이 책의 예제들은 대규모 프로그래밍 작업이 아니라서 클래스 도입만이 효율적인 프로그래밍이라고는 할 수 없지만, 향후 대규모 프로그래밍 작업을 위해 클래스를 알아보자.

3.1 구조체 맛보기

클래스(class)를 설명하기 전에 구조체(structure)에 대해 먼저 알아보자. 구조체는 여러 관련 데이터 형태를 하나로 묶어서 사용하는 것으로 사용자가 정의한 자료의 집합이다. 기존의 자료형은 int, double, long, char 등과 같지만, 기존 자료형만으로는 원하는 자료형을 표현할 수 없거나, 원하는 자료형을 보다 편리하게 설명하고자 할 때 구조체를 정의하고 사용한다.

3.1.1 구조체 정의

옵션(Option)의 가격 계산을 위해 다음과 같이 option이라는 사용자 정의 자료형인 구조체를 도입해보자.

✎ 구조체 구조

```
struct    option{
    float     strike;
    double    maturity;
    int       position;
    int       type;
};
```

여기서, option은 구조체 이름이며, strike, maturity, position, type의 변수는 구조체 멤버(Member)변수가 된다. 구조체는 C언어와 C++언어 모두에서 가능하며, 구조체를 선언할 때는 struct라는 키워드 입력 후 연속으로 구조체명을 입력하고, "{ }"으로 구조체를 정의하고, 세미콜론으로 마감해야 한다.

팁_12 옵션(Option)

콜옵션(Call Option) : 특정한 기초자산을 만기일이나 만기일 이전에 미리 정한 가격(행사가격)으로 살 수 있는 권리

풋옵션(Put Option) : 특정한 기초자산을 만기일이나 만기일 이전에 미리 정한 가격으로 팔 수 있는 권리

여기서, 만기일에만 권리를 행사할 수 있으면 유로피언옵션(European Option), 만기일 이전 언제나 행사가 가능하면 아메리칸옵션(American Option)이라 한다.

옵션 매수(Long Position) : 옵션을 행사할 권리만 있고 의무는 없음(만기 손익이 이익일 경우에만 행사)

옵션 매도(Short Position) : 옵션 매수자가 옵션을 행사할 경우 무조건 정산해줘야 할 의무가 있음

옵션만기시점 손익구조

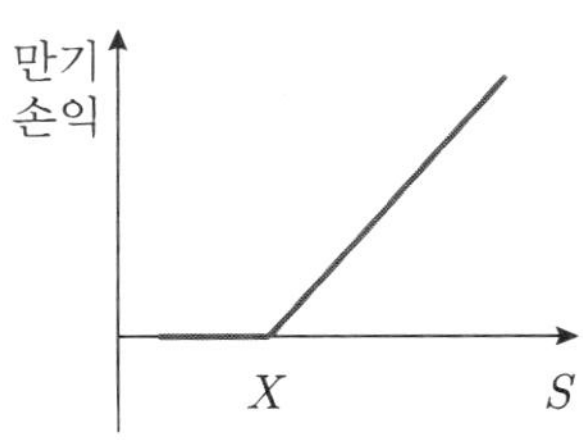

콜옵션 매수

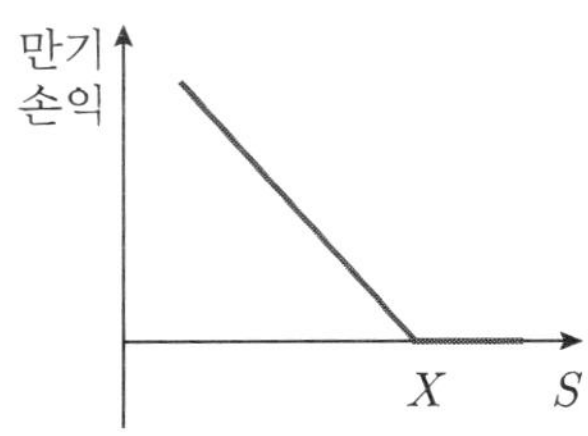

풋옵션 매수

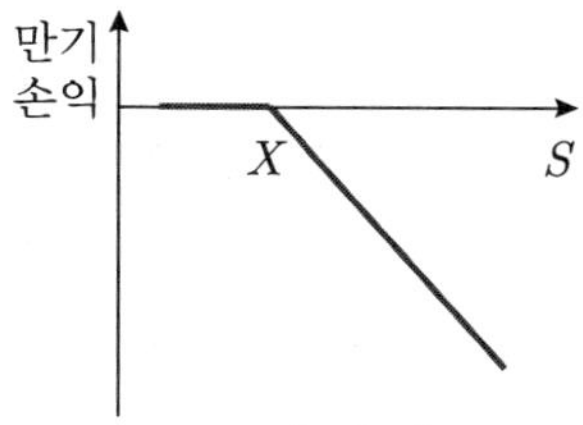

콜옵션 매도

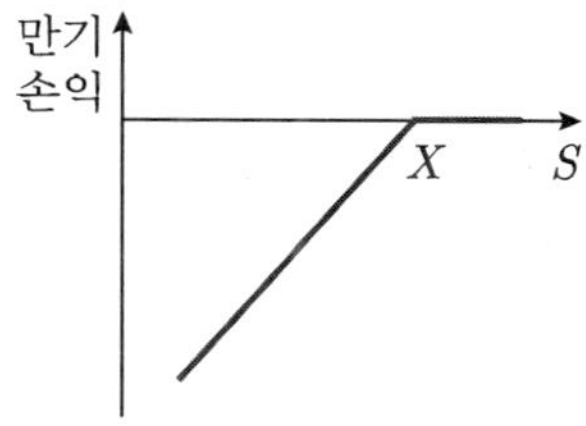

풋옵션 매도

앞에서 설명한 구조체를 이용하여 예제를 만들어 보자.

✎ 소스 코드

```
// mystruct.cpp
#include    <iostream>
using       namespace       std;

struct      option{
        float       strike;
        double      maturity;
        int         position;
        int         type;
};

void        main(void)
{
        struct      option      longcall = {100.0, 1.00, 1, 1}; // 변수값 초기화

        cout<<"strike : "<<longcall.strike<<endl;
        cout<<"maturity : "<<longcall.maturity<<endl;
        cout<<"position : "<<((longcall.position)==(1)?("long"):("short"))<<endl;
        cout<<"type : "<<((longcall.type)==(1)?("call"):("put"))<<endl;
}
```

✎ 실행 결과

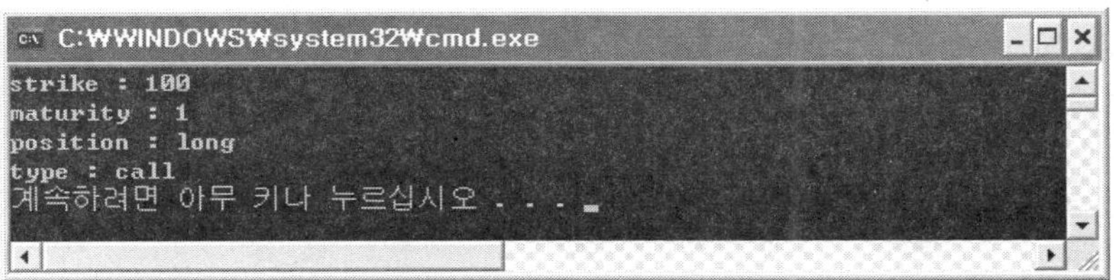

[그림 3-1] mystruct.cpp 실행 결과

main()함수 위쪽에 option이란 이름으로 구조체를 정의하였다. 실제 코딩시에는 별도의 헤더 파일(*.h)에서 정의하지만 편의상 여기에서는 소스 파일(*.cpp)에서 정의하였다. longcall은 option이란 구조체의 변수 이름으로 초기화시 "{ }"를 사용한다. 여기에서는 구조체 option의 멤버변수인 strike, maturity, position, type에 각각 100.0, 1.0, 1, 1을 대입하여 초기화하였다. "{ }"를 이용하여 멤버변수의 값들을 한꺼번에 정의할 수 있고, 다음과 같이 직접 정의할 수도 있다.

```
// mystruct2.cpp
struct      option      longcall;

longcall.strike         = 100.0;
longcall.maturity       = 1.00;
longcall.position       = 1;
longcall.type           = 1;
```

구조체 멤버에 접근하는 방법은 두 가지가 있다. 하나는 구조체의 변수 이름으로 멤버에 접근하는 방법으로 점연산자(.)를 사용하는 것이고, 다른 하나는 구조체의 변수주소에 접근하는 방법으로 화살표연산자(→)를 사용한다.

소스 코드에서 "?"는 (longcall.position)==(1)의 참(true) 또는 거짓(false) 여부를 판단하고, 참이면 콜론(:) 앞의 ("long")을, 거짓이면 콜론 뒤의 ("short")를 출력하라는 것이다.

```
cout<<"position : "<<((longcall.position)==(1)?("long"):("short"))<<endl;
```

option의 long포지션을 1, short포지션을 −1로 입력하였지만, 출력시에는 long 또는 short으로 나타내고자 위의 방법을 사용하였다. 같은 이유로 옵션의 타입을 출력하고자 다음을 사용하였다.

```
cout<<"type : "<<((longcall.type)==(1)?("call"):("put"))<<endl;
```

3.1.2 구조체 복사

앞의 option구조체 예제를 수정하여 구조체를 복사해보자.

✎ 소스 코드

```
// mystruct3.cpp
#include    <iostream>
```

```
using      namespace      std;

struct     option{
     float        strike;
     double       maturity;
     int          position;
     int          type;
};

void        main(void)
{
     struct      option      longcall    = {100.0, 1.00, 1, 1}; // 변수값 초기화
     struct      option      shortput    = longcall;

     shortput.position       = -1;
     shortput.type           = -1;

     cout<<"strike : "<<longcall.strike<<endl;
     cout<<"maturity : "<<longcall.maturity<<endl;
     cout<<"position : "<<(((longcall.position)==(1))?("long"):("short"))<<endl;
     cout<<"type : "<<(((longcall.type)==(1))?("call"):("put"))<<endl<<endl;

     cout<<"strike : "<<shortput.strike<<endl;
     cout<<"maturity : "<<shortput.maturity<<endl;
     cout<<"position : "<<(((shortput.position)==(1))?("long"):("short"))<<endl;
     cout<<"type : "<<(((shortput.type)==(1))?("call"):("put"))<<endl;
}
```

✎ 실행 결과

[그림 3-2] mystruct3.cpp 실행 결과

소스 코드를 보면 아래와 같이 구조체 option으로 구조체 변수 shortput을 정의하였다.

```
struct     option     shortput   = longcall;
```

구조체 변수를 선언할 때에는 struct라는 키워드를 이용해야 오류없이 구조체 변수를 선언할 수 있다. 구조체의 멤버는 앞의 mystruct2.cpp파일과 같이 개별적으로 취급할 수도 있지만, 구조체는 하나의 자료형이므로 등호(=)연산자를 이용하여 구조체내 모든 멤버를 일괄적으로 복사할 수 있다.

C++언어를 배우기 시작한지 얼마 안 되었지만, shortput은 longcall과 동일하다는 것을 알 수 있다. 그래서 shortput의 position과 type 멤버변수를 다음과 같이 각각 −1로 저장하였다.

```
shortput. position    = -1;
shortput. type        = -1;
```

예상과 같이 strike와 maturity는 동일하고, position과 type만 바뀐 것을 확인할 수 있다.

3.1.3 구조체 배열 활용

앞 장에서 설명한 메모리 관리는 구조체에서도 적용할 수 있다.

✎ 소스 코드

```
// mystruct4.cpp
#include  <iostream>
using     namespace     std;

struct    option{
     float      strike;
     double     maturity;
     int        position;
     int        type;
};

void      main(void)
{
     struct     option     longcall[2];
     struct     option     *longput;

     longput   = new option[1];

     longcall[0].strike       = 100.0;
     longcall[0].maturity  = 1.0;
     longcall[0].position   = 1;
     longcall[0].type         = 1;

     longcall[1]       = longcall[0];

     cout<<"strike : "<<longcall[1].strike<<endl;
     cout<<"maturity : "<<longcall[1].maturity<<endl;
```

```
    cout<<"position : "<<(((longcall[1].position)==(1))?("long"):("short"))<<endl;
    cout<<"type : "<<(((longcall[1].type)==(1))?("call"):("put"))<<endl<<endl;

    longput[0]      = longcall[1];
    longput[0].type = -1;

    cout<<"strike : "<<longput[0].strike<<endl;
    cout<<"maturity : "<<longput[0].maturity<<endl;
    cout<<"position : "<<(((longput[0].position)==(1))?("long"):("short"))<<endl;
    cout<<"type : "<<(((longput[0].type)==(1))?("call"):("put"))<<endl<<endl;

    delete[]  longput;
}
```

✎ 실행 결과

[그림 3-3] mystruct4.cpp 실행 결과

구조체 변수도 다음과 같이 일반 자료형 변수와 동일한 방법으로 동적 및 정적 메모리 할당이 가능하다.

```
struct    option    longcall[2];     // 구조체 변수 선언
struct    option    *longput;        // 구조체 변수 선언

longput   = new option[1];           // 동적 메모리 할당

delete[]  longput;                   // 동적 메모리 해제
```

3.1.4 typedef struct 정의

구조체 변수를 선언할 때 일반 자료형 변수와 달리 struct라는 키워드를 입력해야 하는 불편이 있었다. 이런 불편은 typedef struct를 사용하면 해소할 수 있다.

✎ typedef struct 사용방법

```
typedef    struct
{
      float        strike;
      double       maturity;
      int          position;
      int          type;
} t_option;
```

구조체를 선언할 때와 달리 **typedef(type define)**라는 키워드를 입력해주고 구조체 정의 끝부분에 구조체 이름(t_option)을 선언해준다. 예제를 통해 **typedef struct**의 사용방법을 알아보자.

✎ 소스 코드

```
// mystruct5.cpp
#include <iostream>
using     namespace     std;

typedef    struct{
      float        strike;
      double       maturity;
      int          position;
      int          type;
}t_option;

void       main(void)
{
      t_option   longcall = {100.0, 1.00, 1, 1};

      cout<<"strike : "<<longcall.strike<<endl;
      cout<<"maturity : "<<longcall.maturity<<endl;
      cout<<"position : "<<(((longcall.position)==(1))?("long"):("short"))<<endl;
      cout<<"type : "<<(((longcall.type)==(1))?("call"):("put"))<<endl<<endl;
}
```

✎ 실행 결과

[그림 3-4] mystruct5.cpp 실행 결과

앞에서 구조체를 선언할 때 다음과 같이 struct라는 키워드를 사용하였는데,

```
struct    option    longcall    = {100.0, 1.00, 1, 1};     // 변수값 초기화
```

본 예제에서는 다음과 같이 typedef struct를 사용하여 일반 자료형 변수선언 방법과 동일하게 구조체 변수를 선언하였다.

```
t_option  longcall   = {100.0, 1.00, 1, 1};
```

3.1.5 구조체 포인터 선언

앞에서 일반 자료형의 포인터 사용방법에 대해 알아보았는데, 여기에서는 구조체의 포인터 사용방법에 대해 알아보기 위해 앞의 예제(mystruct5.cpp)를 조금 수정해보자.

✎ 소스 코드

```
//    structpointer.cpp
#include <iostream>
using      namespace      std;

typedef    struct{
     float        strike;
     double       maturity;
     int          position;
     int          type;
}t_option;

void        main(void)
{
     t_option   longput = {100.0, 1.00, 1, -1};

     cout<<"strike : "<<longput.strike<<endl;
     cout<<"maturity : "<<longput.maturity<<endl;
     cout<<"position : "<<(((longput.position)==(1))?("long"):("short"))<<endl;
     cout<<"type : "<<(((longput.type)==(1))?("call"):("put"))<<endl<<endl;

     t_option   *longcall  = &longput;
     longcall->type = 1; // 기본 조건은 같지만, 옵션 type만 call으로 수정

     cout<<"longput의 type : "<<(((longput.type)==(1))?("call"):("put"))<<endl;
     cout<<"longcall의 type : "<<(((longcall->type)==(1))?("call"):("put"))<<endl;
}
```

✎ 실행 결과

[그림 3-5] structpointer.cpp 실행 결과

구조체 longcall에 longput의 주소를 저장하되, 다음과 같이 longcall의 멤버변수 type에 1을 지정하였다.

```
t_option  *longcall = &longput;
longcall->type = 1;
```

결과는 기대와 달리 longput과 longcall의 type이 모두 1(call)로 바뀌었다. 이것은 longcall을 선언할 때 longput의 데이터를 복사한 것이 아니라 longput의 주소를 복사했고, longcall의 type주소에 저장된 값을 1로 변화시켰기 때문에 longput의 type값도 1로 바뀐 것이다. 구조체의 멤버에 접근하는 방법은 (*longcall).type인데 간단히 하기 위해 longcall→type과 같이 하나의 연산자를 이용할 수 있다.

3.2 클래스 알아보기

3.2.1 구조체와 클래스 비교

C언어의 구조체와 C++언어의 클래스의 차이에 대해 알아보자.

[표 3-1] 구조체와 클래스의 차이

구분	구조체	클래스
개념	기본 자료형을 통한 새로운 자료형 생성	자료형과 함수를 통해 객체 생성

정의 방식	typedef struct{
	float strike;
	double maturity;
	int position;
	int type;
	}t_option;
		class COption{
		private:
		double m_strike;
		double m_maturity;
		int m_position;
		int m_type;
		public:
		void option_price();
		};

선언 방법	t_option myoption;	COption myoption;

클래스는 구조체의 진화된 형태라고 볼 수 있다. 구조체의 멤버는 변수뿐이지만, 클래스의 멤버는 변수와 함수를 포함한다. C++언어에서는 구조체에도 함수를 멤버로 추가할 수 있지만, 엄밀히 따지면 형식만 구조체를 사용한 것이지 구조체가 아니라 클래스이다. C++언어에서 구조체는 클래스라는 형식의 부분집합으로 볼 수 있다. C++언어에 구조체가 있는 이유는 과거 C언어로 작성된 프로그램을 계속 사용할 수 있도록 제공된 기능이므로 C++언어를 사용하고 있다면 클래스 사용을 권장한다.

3.2.2 객체지향 프로그램

C언어는 절차형 프로그램이고, C++언어는 객체지향 프로그램(Object Oriented Program, OOP)이라고 한다. 절차형 프로그램이란 순서도와 같이 프로그램을 시작하면, main( )함수 안의 연산처리 순서에 따라 순차적으로 실행문을 수행한다. 이러한 절차형 프로그램은 대규모 프로그램의 설계시 적합하지 않지만, 객체지향 프로그램은 함수와 변수로 구성된 클래스 선언을 통해 객체를 갖게 되어 대규모 작업에 유용하다.

3.2.2.1 절차형 프로그램의 예

절차형 프로그램을 이용하여 유로피언옵션의 가격을 계산하면 다음과 같다.

✎ 소스 코드

```
// call_option_flowchart.cpp
#include <iostream>
using namespace std;
#include <math.h>
```

```
#define   PI   3.14159265358979323846264338327950288419716939937510582097

double    get_spot();
double    get_strike();
double    get_riskfree();
double    get_dividend();
double    get_vol();
double    get_maturity();
double    N(double z);
double    european_calloption_price(double spot, double strike, double riskfree,
                                    double dividend, double vol, double maturity);

void      main(void)
{
    double    spot, strike, riskfree, dividend, vol, maturity, optionprice;

    spot       = get_spot();        //   기초자산가격
    strike     = get_strike();      //   행사가격
    riskfree   = get_riskfree();    //   무위험이자율
    dividend   = get_dividend();    //   배당률
    vol        = get_vol();         //   기초자산의 변동성
    maturity   = get_maturity();    //   옵션의 만기
    optionprice     = european_calloption_price(spot, strike, riskfree, dividend, vol,
                                    maturity);
    cout<<"European Call Option 가격 : "<<optionprice<<endl;
}

double    get_spot()
{
    double    spot;
    cout<<"기초자산가격 : ";
    cin>>spot;
    return    spot;
}

double    get_strike()
{
    double    strike;
    cout<<"행사가격 : ";
    cin>>strike;
    return    strike;
}

double    get_riskfree()
{
    double    riskfree;
    cout<<"무위험이자율(%) : ";
    cin>>riskfree;
    return    riskfree/100.0;
}
```

```
double    get_dividend()
{
    double    dividend;
    cout<<"배당률(%) : ";
    cin>>dividend;
    return    dividend/100.0;
}

double    get_vol()
{
    double    vol;
    cout<<"변동성(%) : ";
    cin>>vol;
    return    vol/100.0;
}

double    get_maturity()
{
    double    maturity;
    cout<<"잔존만기(년) : ";
    cin>>maturity;
    return    maturity;
}

double    european_calloption_price(double spot, double strike, double riskfree,
              double dividend, double vol, double maturity)
{
  // 앞에서 선언한 european_calloption_price( ) 함수와 동일함, 별첨 소스 코드 참조
}

double    N(double z)
{
    double    a1, a2, a3, a4, a5, r, c;

    a1    = 0.31938153;
    a2    = -0.356563782;
    a3    = 1.781477937;
    a4    = -1.821255978;
    a5    = 1.330274429;
    r     = 0.2316419;
    c     = 1/sqrt(2*PI);

    if(z>100.0) return 1.0;
    else if(z<-100.0) return 0.0;

    double    x = fabs(z);
    double    k = 1.0/(1.0 + r*x);
    double    b = c*exp((-z*z)/2.0);
    double    nv = ((((a5*k + a4)*k + a3)*k + a2)*k + a1)*k;
    nv        = 1.0 - b*nv;
```

```
    if(z<0.0)  nv = 1.0 - nv;
    return     nv;
}
```

✎ 실행 결과

[그림 3-6] call_option_flowchart.cpp 실행 결과

소스 코드의 main( )함수를 보면 기초자산의 가격, 행사가격, 무위험이자율, 배당률, 변동성, 옵션만기를 입력받고, 유로피언콜옵션의 가격이 계산되어지는 것을 알 수 있다. 이와 같이 절차형 프로그램은 작업을 순서대로 진행하는 것으로 마치 순서도와 같다.

팁_13 유로피언콜옵션 가격

블랙-숄즈(Black-Scholes) 옵션가격결정모형을 이용하면 유로피언콜옵션의 가격을 계산할 수 있다.

$$c = S_o N(d_1) - K e^{-rT}(d_2)$$

여기서,

$$d_1 = \frac{\ln(S_o/K) + (r + \sigma^2/2)T}{\sigma\sqrt{T}}$$

$$d_2 = \frac{\ln(S_o/K) + (r - \sigma^2/2)T}{\sigma\sqrt{T}} = d_1 - \sigma\sqrt{T}$$

$$N(x) = \begin{cases} 1 - N'(x)(a_1 k + a_2 k^2 + a_3 k^3 + a_4 k^4 + a_5 k^5) & x \ge 0 \\ 1 - N(-x) & x < 0 \end{cases}$$

γ = 0.2316419　　a_1 = 0.319381530

a_2 = −0.356563782　　a_3 = 1.781477937

a_4 = −1.821255978　　a_5 = 1.330274429

$$k = \frac{1}{1 + \gamma x} \qquad N'(x) = \frac{1}{\sqrt{2\pi}} e^{-x^2/2}$$

$N()$함수는 평균이 0이고, 분산이 1인 표준정규분포(Standard Normal Distribution)의 누적확률분포함수(Cumulative Probability Distribution Function)로서 누적분포함수(Cumulative Distribution Function)인데 다항식 근사치계산법을 이용하여 계산한다.

3.2.2.2. 객체지향 프로그램의 예

객체지향 프로그램을 이용하여 유로피언옵션의 가격을 계산하는 것은 어떻게 다른지 알아보자.

✎ 소스 코드

```
// call_option_object.cpp
#include  <iostream>
using     namespace     std;
#include  <math.h>

#define   PI   3.14159265358979323846264338327950288419716939937510582097

class     CIndex{
     public:
          double    m_spot;
          double    m_vol;
          double    m_dividend;
     public:
          void      get_spot();
          void      get_vol();
          void      get_dividend();
};

void      CIndex::get_spot()
{
     cout<<"기초자산가격 : ";
     cin>>m_spot;
}

void      CIndex::get_dividend()
{
     cout<<"배당률(%) : ";
     cin>>m_dividend;
     m_dividend     /= 100.0;
}

void      CIndex::get_vol()
{
     cout<<"변동성(%) : ";
     cin>>m_vol;
     m_vol     /= 100.0;
}
```

```
class    CYield{
    public:
        double    m_riskfree;
    public:
        void      get_riskfree();
};

void     CYield::get_riskfree()
{
    cout<<"무위험이자율(%) : ";
    cin>>m_riskfree;
    m_riskfree     /= 100.0;
}

class    COption{
    public:
        CIndex    index;
        CYield    yield;
        double    m_strike;
        double    m_maturity;
        double    m_optionprice;
    public:
        void      get_strike();
        void      get_maturity();
        double    N(double z);
        void      european_calloption_price(CIndex cindex, CYield cyield);
};

void     COption::get_strike()
{
    cout<<"행사가격 : ";
    cin>>m_strike;
}
void     COption::get_maturity()
{
    cout<<"잔존만기(년) : ";
    cin>>m_maturity;
}

double   COption::N(double z)
{
    double    a1, a2, a3, a4, a5, r, c;

    a1   = 0.31938153;
    a2   = -0.356563782;
    a3   = 1.781477937;
    a4   = -1.821255978;
    a5   = 1.330274429;
    r    = 0.2316419;
    c    = 1/sqrt(2*PI);
```

```
    if(z>100.0) return 1.0;
    else if(z<-100.0) return 0.0;

    double    x = fabs(z);
    double    k = 1.0/(1.0 + r*x);
    double    b = c*exp((-z*z)/2.0);
    double    nv = ((((a5*k + a4)*k + a3)*k + a2)*k + a1)*k;
    nv        = 1.0 - b*nv;
    if(z<0.0) nv = 1.0 - nv;
    return    nv;
}

void      COption::european_calloption_price(CIndex cindex, CYield cyield)
{
    double    d1, d2, spot, vol, dividend, riskfree;
    spot      = cindex.m_spot;
    riskfree  = cyield.m_riskfree;
    dividend  = cindex.m_dividend;
    vol       = cindex.m_vol;

    d1   = (log(spot/m_strike)+(riskfree-dividend+(vol*vol)/2.0)*m_maturity)
                /(vol*sqrt(m_maturity) );
    d2   = d1 - vol*sqrt(m_maturity);
    m_optionprice  = spot*exp(-dividend*m_maturity)*N(d1)
                       - m_strike*exp(-riskfree*m_maturity)*N(d2);
                       // BS call option price
}

void      main(void)
{
    CIndex    index;
    CYield    yield;
    COption   option;

    index.get_spot();
    index.get_vol();
    index.get_dividend();
    yield.get_riskfree();
    option.get_strike();
    option.get_maturity();
    option.european_calloption_price(index, yield);

    cout<<"European Call Option 가격 : "<<option.m_optionprice<<endl;
}
```

✎ 실행 결과

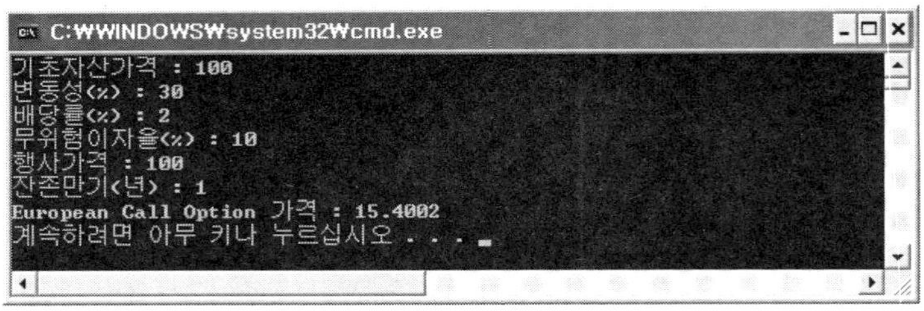

[그림 3-7] call_option_object.cpp 실행 결과

소스 코드를 보면 앞에서 설명한 절차형 프로그램과 별로 차이가 없어 보인다. 하지만 기존에는 사용하지 않은 클래스가 선언되었고 클래스를 통해 객체지향 프로그램이 가능하다. 소스 코드를 보면 CIndex, CYield, COption이라는 클래스를 선언하였고, 절차형 프로그램에서 사용된 변수와 함수들이 각각의 클래스에 선언되어 있다. 클래스 내에 선언된 변수와 함수들은 기초자산(CIndex), 이자율(CYield), 옵션(COption)과 직접적으로 관련되어 있으며, 각 작업(함수 및 변수)의 소유 및 지시를 각 클래스가 하게 된다.
절차형 프로그램에서는 작업을 실행할지라도 작업의 소유자가 없었지만, 객체지향 프로그램에는 작업의 소유자가 있다.

3.2.3 파일 분할

소스 코드가 늘어나서 한눈에 소스 코드를 이해하기 어렵게 되었다. 소스 코드의 관리와 확장을 위해 파일 분할이 필요하다.
현재 하나의 파일에 CIndex 클래스, CYield 클래스, COption 클래스, 그리고 main 함수까지 모두 있다. 이것을 main 함수와 클래스별로 파일을 분할하기 위해 새로운 프로젝트(call_option)를 만들고, index.h, index.cpp, yield.h, yield.cpp, option.h, option.cpp, main.cpp 파일을 추가하고 소스 코드를 다음과 같이 수정해보자.

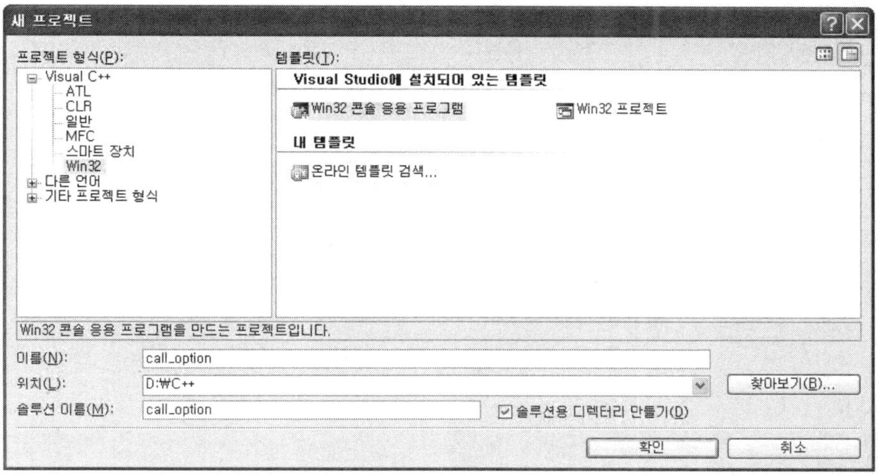

[그림 3-8] 새 프로젝트 생성

✎ 소스 코드

- index.h

```
// index.h
class     CIndex{
     public:
          double     m_spot;
          double     m_vol;
          double     m_dividend;
     public:
          void       get_spot();
          void       get_vol();
          void       get_dividend();
};
```

- index.cpp

```
// index.cpp
#include   <iostream>
using      namespace     std;
#include   "index.h"

void       CIndex::get_spot()
{
     cout<<"기초자산가격 : ";
     cin>>m_spot;
}

void       CIndex::get_dividend()
{
```

```
    cout<<"배당률(%) : ";
    cin>>m_dividend;
    m_dividend    /= 100.0;
}

void      CIndex::get_vol()
{
    cout<<"변동성(%) : ";
    cin>>m_vol;
    m_vol    /= 100.0;
}
```

- yield.h

```
// yield.h
class      CYield{
    public:
        double    m_riskfree;
    public:
        void get_riskfree();
};
```

- yield.cpp

```
// yield.cpp
#include  <iostream>
using     namespace    std;
#include  "yield.h"

void      CYield::get_riskfree()
{
    cout<<"무위험이자율(%) : ";
    cin>>m_riskfree;
    m_riskfree     /= 100.0;
}
```

- option.h

```
// option.h
class      CIndex;
class      CYield;

class      COption{
    public:
        CIndex    *index;
        CYield    *yield;
        double    m_strike;
```

```
        double    m_maturity;
        double    m_optionprice;
    public:
        void      get_strike();
        void      get_maturity();
        double    N(double z);
        void      european_calloption_price(CIndex &cindex, CYield &cyield);
};
```

- option.cpp

```
// option.cpp
#include  <iostream>
using     namespace    std;
#include  <math.h>
#include  "option.h"
#include  "index.h"
#include  "yield.h"

#define   PI   3.14159265358979323846264338327950288419716939937510582097

void      COption::get_strike()
{
    cout<<"행사가격 : ";
    cin>>m_strike;
}
void      COption::get_maturity()
{
    cout<<"잔존만기(년) : ";
    cin>>m_maturity;
}

double    COption::N(double z)
{
    //   앞에서 선언한 COption::N() 함수와 동일함, 별첨 소스 코드 참조
}

void      COption::european_calloption_price(CIndex &cindex, CYield &cyield)
{
    // 앞에서 선언한 COption::european_calloption_price() 함수와 동일함,
    // 별첨 소스 코드 참조
}
```

- main.cpp

```
// main.cpp
#include  <iostream>
using     namespace    std;

#include  "index.h"
```

```
#include  "yield.h"
#include  "option.h"

void      main(void)
{
    CIndex    index;
    CYield    yield;
    COption   option;

    index.get_spot();
    index.get_vol();
    index.get_dividend();
    yield.get_riskfree();
    option.get_strike();
    option.get_maturity();
    option.european_calloption_price(index, yield);

    cout<<"European Call Option 가격 : "<<option.m_optionprice<<endl;
}
```

상기 소스 코드와 같이 클래스 선언은 헤더파일(*.h)에서 하고, 클래스 함수 정의는 소스 파일(*.cpp)에서 하고, [그림 3-9]와 같이 헤더파일들은 헤더 파일 폴더에, 소스 파일은 소스 파일 폴더에 넣어 관리하자.

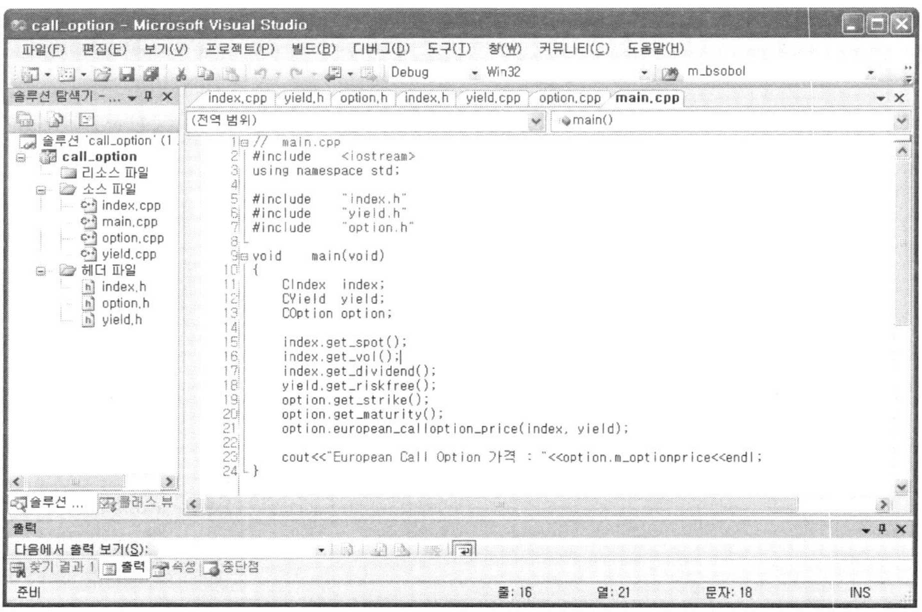

[그림 3-9] 파일 분할 완성 화면

✎ 실행 결과

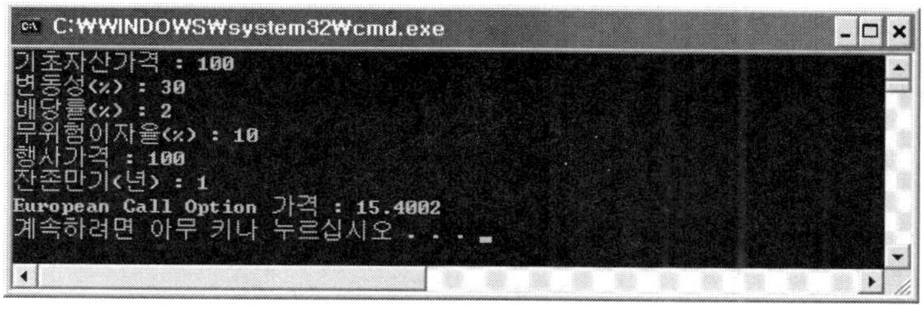

[그림 3-10] call_option 실행 결과

cin함수를 이용하여 앞에서 설명한 객체지향 프로그램의 예와 동일한 옵션 정보를 입력받으면 동일한 결과가 나온다.

3.2.4 생성자와 소멸자

3.2.4.1 생성자

생성자(Constructor)는 클래스에서 정의되는 특수한 멤버함수로서 클래스의 객체가 메모리상에 생성될 때, 자동적으로 호출되고 초기화하는 멤버함수이다.

✎ 생성자 형식

```
class       myclass{
    public:
        char        *mychar;
    public:
        myclass();      // 생성자, class 이름과 동일
};
```

클래스의 객체가 메모리상에서 작성될 때 호출되기 때문에 생성자는 초기화 작업을 실행할 수 있는 멤버함수이며, 생성자로 초기화 작업을 수행하고 객체를 바로 사용하면 효율적인 프로그래밍이 된다.

팁_14 생성자 특성

생성자의 이름은 클래스의 이름과 동일하다. 반환값의 형태를 지정하지 않고 void도 지정하지 않는다. 객체가 만들어질 때 자동으로 호출되지만, 사용자가 강제로 호출할 수는 없다.
기본 생성자는 매개변수가 없고 함수의 내용도 없는 생성자 함수이다. 생성자 함수의 접근 지정자로 "public:"을 사용하며, 생성자도 함수이므로 오버로드가 가능하다.

3.2.4.2 소멸자

소멸자(Destructor) 역시 클래스에서 정의되는 특수한 멤버함수로서, 클래스의 객체가 메모리로부터 삭제될 때, 자동으로 호출되는 멤버함수이다.

✎ 소멸 형식

```
class       myclass{
    public:
        char        *mychar;
    public:
        myclass();      // 생성자, class 이름과 동일
        ~myclass();     // 소멸자, class 이름과 동일
};
```

객체는 소멸되기 전에 다양한 형태의 정리 작업이 필요하다. 이러한 작업이 객체가 소멸될 때 자동으로 처리된다면 프로그래머 입장에서 그만큼 부담이 줄어들게 된다.

팁_15 소멸자 특징

소멸자의 이름은 클래스의 이름과 동일하지만, 클래스 이름 앞에 물결문자(~)를 붙인다. 반환값의 형태를 지정하지 않고 void도 지정하지 않는다. 생성자와 마찬가지로 사용자가 강제로 호출할 수 없다.
소멸자 함수의 접근 지정자로 "public:"을 사용하며, 생성자와 달리 오버로드가 불가능하다.

3.2.4.3 생성자와 소멸자 예제

call_option 프로젝트를 수정하여 생성자와 소멸자를 적용해보자. 앞의 option예제처럼 cin함수를 이용하여 외부에서 변수값을 입력받아 사용할 수도 있지만, 생성자를 사용하면 각 클래스의 멤버 변수에 초기값을 지정할 수 있다.

✎ 소스 코드

- index.h

```
// index.h
class       CIndex{
    public:
        double    m_spot;
        double    m_vol;
        double    m_dividend;

    public:
```

```
        CIndex();        // 생성자
        ~CIndex();       // 소멸자

};
```

- index.cpp

```
// index.cpp
#include    <iostream>
using       namespace       std;
#include    "index.h"

CIndex::CIndex()
{
    cout<<"CIndex 디폴트 생성자"<<endl;
    m_spot          = 100.0;
    m_vol           = 0.2;
    m_dividend      = 0.03;
}

CIndex::~CIndex()
{
    cout<<"CIndex 소멸자"<<endl;
}
```

- yield.h

```
// yield.h
class       CYield{
    public:
        double      m_riskfree;

    public:
        CYield();        // 생성자
        ~CYield();       // 소멸자

};
```

- yield.cpp

```
// yield.cpp
#include    <iostream>
using       namespace       std;
#include    "yield.h"

CYield::CYield()
{
```

```
    cout<<"CYield 디폴트 생성자"<<endl;
    m_riskfree    = 0.05;
}

CYield::~CYield()
{
    cout<<"CYield 소멸자"<<endl;
}
```

▪ option.h

```
// option.h
class    CIndex;
class    CYield;

class    COption{
    public:
        CIndex    *index;
        CYield    *yield;
        double    m_strike;
        double    m_maturity;
        double    m_optionprice;

    public:
        COption();     // 생성자
        ~COption();    // 소멸자

        double    N(double z);
        void      european_calloption_price(CIndex &cindex, CYield &cyield);
};
```

▪ option.cpp

```
// option.cpp
#include  <iostream>
using     namespace    std;
#include  <math.h>
#include  "option.h"
#include  "index.h"
#include  "yield.h"

#define   PI   3.14159265358979323846264338327950288419716939937510582097

COption::COption()
{
    cout<<"COption 디폴트 생성자"<<endl;
    m_strike      = 105.0;
    m_maturity    = 1.0;
}
```

```
COption::~COption()
{
    cout<<"COption 소멸자"<<endl;
}

double    COption::N(double z)
{
  // 앞에서 선언한 COption::N() 함수와 동일함, 별첨 소스 코드 참조
}

void      COption::european_calloption_price(CIndex &cindex, CYield &cyield)
{
  // 앞에서 선언한 COption::european_calloption_price() 함수와 동일함, 별첨 소스 코드 참조
}
```

- main.cpp

```
// main.cpp
#include   <iostream>
using      namespace    std;

#include   "index.h"
#include   "yield.h"
#include   "option.h"

void       main(void)
{
    CIndex    index;
    CYield    yield;
    COption   option;

    option.european_calloption_price(index, yield);

    cout<<"European Call Option 가격 : "<<option.m_optionprice<<endl;
}
```

✎ 실행 결과

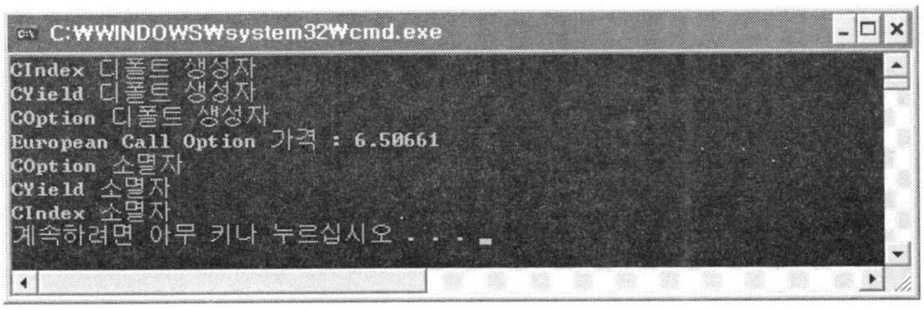

[그림 3-11] 수정된 call_option 실행 결과

생성자에서 멤버변수의 초기값을 대입하였기 때문에 cin함수를 이용하여 외부에서 변수값을 입력받지 않아도 옵션의 가격을 계산할 수 있게 되었다.

3.2.4.4 생성자의 오버로드

생성자는 함수와 같이 오버로드가 가능하며 인수를 가진 생성자로 정의할 수 있다. 다음 예제를 통해 생성자의 오버로드를 알아보자.

✎ 소스 코드

- index.h

```
// index.h
class    CIndex{
    public:
        double    m_spot;
        double    m_vol;
        double    m_dividend;

    public:
        CIndex();
        CIndex(double spot, double vol, double dividend);    // 생성자의 오버로드
        ~CIndex();
};
```

- index.cpp

```
// index.cpp
#include    <iostream>
using    namespace    std;
#include    "index.h"

CIndex::CIndex()
{
    cout<<"CIndex 디폴트 생성자"<<endl;
    m_spot         = 100.0;
    m_vol          = 0.2;
    m_dividend     = 0.03;
}

CIndex::CIndex(double spot, double vol, double dividend)
{
    cout<<"CIndex 생성자"<<endl;
    m_spot         = spot;
    m_vol          = vol;
    m_dividend     = dividend;
}
```

```
CIndex::~CIndex()
{
    cout<<"CIndex 소멸자"<<endl;
}
```

- yield.h

```
// yield.h
class    CYield{
    public:
        double    m_riskfree;

    public:
        CYield();
        CYield(double riskfree); // 생성자의 오버로드
        ~CYield();
};
```

- yield.cpp

```
// yield.cpp
#include  <iostream>
using    namespace    std;
#include  "yield.h"

CYield::CYield()
{
    cout<<"CYield 디폴트 생성자"<<endl;
    m_riskfree    = 0.05;
}

CYield::CYield(double riskfree)
{
    cout<<"CYield 생성자"<<endl;
    m_riskfree    = riskfree;
}

CYield::~CYield()
{
    cout<<"CYield 소멸자"<<endl;
}
```

- option.h

```
// option.h
class    CIndex;
class    CYield;
```

```
class    COption{
    public:
        CIndex   *index;
        CYield   *yield;
        double   m_strike;
        double   m_maturity;
        double   m_optionprice;

    public:
        COption();
        COption(double strike, double maturity);     // 생성자의 오버로드
        ~COption();

        double   N(double z);
        void     european_calloption_price(CIndex &cindex, CYield &cyield);
};
```

▪ option.cpp

```
// option.cpp
#include  <iostream>
using     namespace    std;
#include  <math.h>
#include  "option.h"
#include  "index.h"
#include  "yield.h"

#define   PI   3.14159265358979323846264338327950288419716939937510582097

COption::COption()
{
    cout<<"COption 디폴트 생성자"<<endl;
    m_strike       = 105.0;
    m_maturity     = 1.0;
}

COption::COption(double strike, double maturity)
{
    cout<<"COption 생성자"<<endl;
    m_strike       = strike;
    m_maturity     = maturity;
}

COption::~COption()
{
    cout<<"COption 소멸자"<<endl;
}

double    COption::N(double z)
{
```

```
    //   앞에서 선언한 COption::N() 함수와 동일함, 별첨 소스 코드 참조
}

void      COption::european_calloption_price(CIndex &cindex, CYield &cyield)
{
    //   앞에서 선언한 COption::european_calloption_price() 함수와 동일함,
    //   별첨 소스 코드 참조
}
```

- main.cpp

```
// main.cpp
#include  <iostream>
using     namespace     std;

#include  "index.h"
#include  "yield.h"
#include  "option.h"

void      main(void)
{
    CIndex    index(110.0, 0.25, 0.03);  // 기초자산, 변동성, 배당률
    CYield    yield(0.055);              // 무위험이자율
    COption   option(105.0, 1.0);        // 행사가격, 잔존만기

    option.european_calloption_price(index, yield);

    cout<<"European Call Option 가격 : "<<option.m_optionprice<<endl;
}
```

✎ 실행 결과

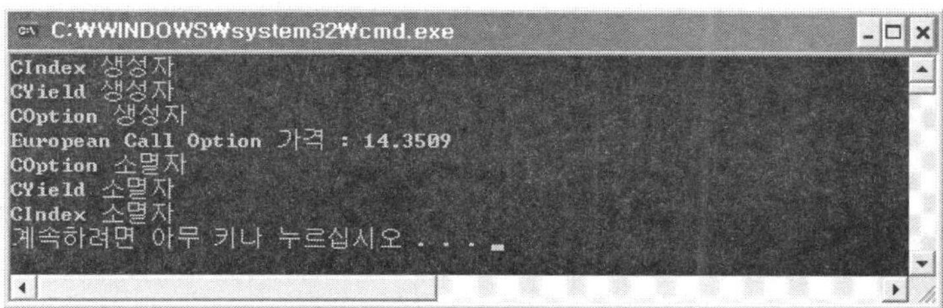

[그림 3-12] 수정된 call_option 실행 결과

main함수에서 CIndex클래스 생성자의 오버로드된 함수를 이용하여 멤버변수를 index(110.0, 0.25, 0.03)로 정의할 수 있고, CYield yield(0.05), COption option(105.0, 1.0)과 같이 각 클래스의 멤버변수를 지정할 수 있다. 하나의 클래스 내에 동일한 이름의 생성자를 선언하여

도 인수만 다르면 여러 개의 생성자를 정의할 수 있고, 사용자가 원하는 방법으로 멤버변수를 초기화하여 객체를 사용할 수 있다.

3.2.5. this 포인터

this 포인터는 객체 자신을 나타내는 포인터로서 클래스에서 자기 자신의 멤버변수나 멤버함수에 접근하기 위해 사용되는데, 멤버함수에서 멤버변수와 매개변수의 이름이 같은 경우 혼동되지 않게 해준다.

앞의 예제에서 option.cpp파일에서 COption 생성자 함수가 다음과 같이 입력된 매개변수이름과 COption 멤버변수의 이름이 동일하게 작성되었다면,

```
COption::COption(double m_strike, double m_maturity)
{
    cout<<"COption 생성자"<<endl;
    m_strike        = m_strike;
    m_maturity      = m_maturity;
}
```

프로그램을 실행한 결과가 앞의 예제 결과와 다르게 나온다.

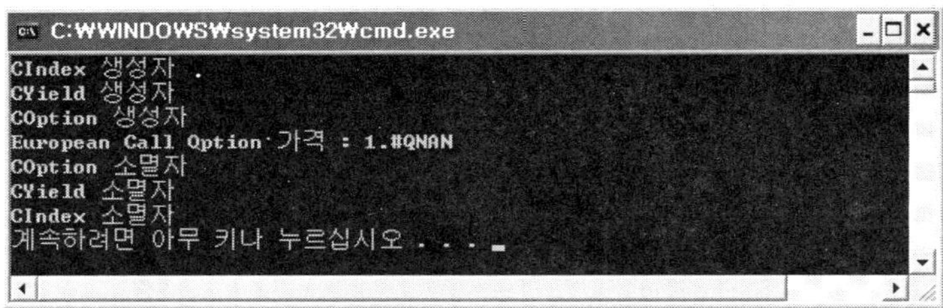

[그림 3-13] 변수 수정시 call_option 실행 결과

이것은 COption 클래스의 멤버변수(m_strike, m_maturity)와 함수내부의 매개변수(m_strike, m_maturity)의 이름이 동일하기 때문이다.

오류를 해결하기 위해서는 다음과 같이 멤버변수 앞에 "this－>"를 입력하여야 한다.

```
COption::COption(double m_strike, double m_maturity)
{
      cout<<"COption 생성자"<<endl;
      this->m_strike       = m_strike;
      this->m_maturity   = m_maturity;
}
```

this 포인터를 추가하고 다시 실행하면 동일한 결과가 나온다.

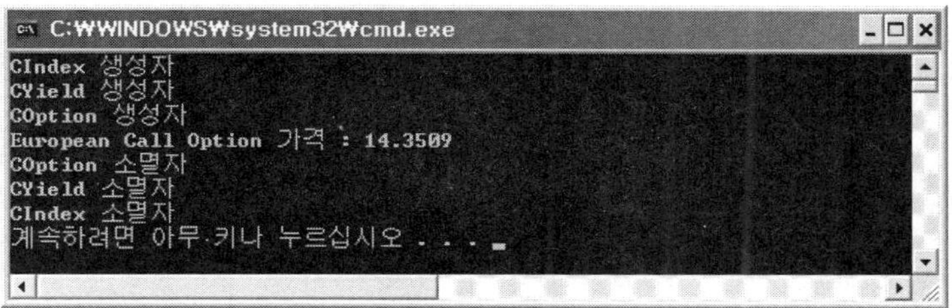

[그림 3-14] this 포인터 추가시 call_option 실행 결과

클래스의 멤버변수와 멤버함수의 매개변수가 다르다면 “this－>”를 생략해도 되지만, 변수가 혼동될 경우 “this－>”를 입력하는 것이 좋다.

3.2.6 템플릿

오버로딩된 함수가 많고 기능이 중복될 경우 서로 다른 자료형에 대해 동일한 함수로 구현하는 것이 보다 좋은 프로그램이 될 수 있다. 템플릿(Template)은 서로 다른 자료형에 대해 동일한 기능이 수행될 수 있도록 지원한다. 서로 다른 자료형의 함수나 클래스를 생성하지 않고, 하나의 템플릿 함수나 클래스를 정의하여 각 자료형에 해당하는 함수나 클래스를 사용할 수 있게 한다.

3.2.6.1 템플릿 함수

템플릿 함수를 이용하면 서로 다른 자료형에 대해 동일하게 적용할 수 있는 하나의 함수를 생성할 수 있다. 템플릿 함수 선언 방법은 다음과 같다.

✎ 템플릿 함수 선언

```
template <class data_type> return_data_type function_name(argument_list)
{
    // 함수 구현
}
```

다음과 같이 서로 다른 자료형에 대해 오버로드된 함수가 있다고 하면,

```
// main.cpp
#include <iostream>
using namespace std;

int addition(int a, int b)
{
    return a+b;
}

int subtraction(int a, int b)
{
    return a-b;
}

int multiplication(int a, int b)
{
    return a*b;
}

int division(int a, int b)
{
    return a/b;
}

double addition(double a, double b)
{
    return a+b;
}

double subtraction(double a, double b)
{
    return a-b;
}

double multiplication(double a, double b)
{
    return a*b;
}

double division(double a, double b)
{
    return a/b;
```

```
}

void    main(void)
{
    cout<<"5+3="<<addition(5, 3)<<endl;
    cout<<"5-3="<<subtraction(5, 3)<<endl;
    cout<<"5*3="<<multiplication(5, 3)<<endl;
    cout<<"5/3="<<division(5, 3)<<endl<<endl;

    cout<<"5.0+3.0="<<addition(5.0, 3.0)<<endl;
    cout<<"5.0-3.0="<<subtraction(5.0, 3.0)<<endl;
    cout<<"5.0*3.0="<<multiplication(5.0, 3.0)<<endl;
    cout<<"5.0/3.0="<<division(5.0, 3.0)<<endl;
}
```

템플릿 함수를 이용하면 다음과 같이 코딩할 수 있다.

```
//  main.cpp
#include  <iostream>
using    namespace    std;

template  <class    datatype>datatype  addition(datatype a, datatype b)
{
    return    a+b;
}
template  <class    datatype>datatype  subtraction(datatype a, datatype b)
{
    return    a-b;
}
template  <class    datatype>datatype  multiplication(datatype a, datatype b)
{
    return    a*b;
}
template  <class    datatype>datatype  division(datatype a, datatype b)
{
    return    a/b;
}

void    main(void)
{
    cout<<"5+3="<<addition(5, 3)<<endl;
    cout<<"5-3="<<subtraction(5, 3)<<endl;
    cout<<"5*3="<<multiplication(5, 3)<<endl;
    cout<<"5/3="<<division(5, 3)<<endl<<endl;

    cout<<"5.0+3.0="<<addition(5.0, 3.0)<<endl;
    cout<<"5.0-3.0="<<subtraction(5.0, 3.0)<<endl;
    cout<<"5.0*3.0="<<multiplication(5.0, 3.0)<<endl;
    cout<<"5.0/3.0="<<division(5.0, 3.0)<<endl;
}
```

함수의 형태는 복잡하지만 동일한 기능의 중복된 함수를 제작하지 않아도 되어 프로그램 개발이 효율적이다.

[그림 3-15] 템플릿 함수를 이용한 사칙연산 결과

3.2.6.2 템플릿 클래스

템플릿 클래스는 템플릿 함수와 동일한 개념으로 자료형만 다른 두 개 이상의 클래스를 하나의 클래스로 생성할 수 있다. 템플릿 클래스 선언 방법은 다음과 같다.

✎ 템플릿 클래스 선언

```
template  <class   data_type>   class    class_name{
    public:
        class_name();
        ~class_name();

    public:
        return_data_type    function_name(argument_list);
};
```

✎ 멤버함수 정의

```
template  <class   data_type>    return_data_type
class_name<datatype>::function_name(argument_list)
{
    //   함수 정의
}
```

다음과 같이 서로 다른 자료형에 대해 오버로드된 클래스가 있다고 할 때,

✎ calculator.h

```
//    calculator.h

class     CIntCalculator{
    public:
        CIntCalculator();
        ~CIntCalculator();

    public:
        int         addition(int a, int b);
        int         subtraction(int a, int b);
        int         multiplication(int a, int b);
        int         division(int a, int b);
};


CIntCalculator::CIntCalculator()
{

}
CIntCalculator::~CIntCalculator()
{

}

int        CIntCalculator::addition(int a, int b)
{
    return    a+b;
}

int        CIntCalculator::subtraction(int a, int b)
{
    return    a-b;
}

int        CIntCalculator::multiplication(int a, int b)
{
    return    a*b;
}

int        CIntCalculator::division(int a, int b)
{
    return    a/b;
}

class     CDoubleCalculator{
    public:
        CDoubleCalculator();
        ~CDoubleCalculator();

    public:
```

```
        double          addition(double a, double b);
        double          subtraction(double a, double b);
        double          multiplication(double a, double b);
        double          division(double a, double b);
};

CDoubleCalculator::CDoubleCalculator()
{

}
CDoubleCalculator::~CDoubleCalculator()
{

}

double      CDoubleCalculator::addition(double a, double b)
{
    return    a+b;
}

double      CDoubleCalculator::subtraction(double a, double b)
{
    return    a-b;
}

double      CDoubleCalculator::multiplication(double a, double b)
{
    return    a*b;
}

double      CDoubleCalculator::division(double a, double b)
{
    return    a/b;
}
```

✎ main.cpp

```
//    main.cpp

#include   <iostream>
using      namespace     std;

#include   "calculator.h"

void       main(void)
{
    CIntCalculator        ic;
    cout<<"5+3="<<ic.addition(5, 3)<<endl;
    cout<<"5-3="<<ic.subtraction(5, 3)<<endl;
    cout<<"5*3="<<ic.multiplication(5, 3)<<endl;
    cout<<"5/3="<<ic.division(5, 3)<<endl<<endl;
```

```
    CDoubleCalculator   dc;
    cout<<"5.0+3.0="<<dc.addition(5.0, 3.0)<<endl;
    cout<<"5.0-3.0="<<dc.subtraction(5.0, 3.0)<<endl;
    cout<<"5.0*3.0="<<dc.multiplication(5.0, 3.0)<<endl;
    cout<<"5.0/3.0="<<dc.division(5.0, 3.0)<<endl;
}
```

템플릿 클래스를 사용하면 다음과 같다.

✎ calculator.h

```
//   calculator.h

template  <class datatype>   class CCalculator{
    public:
        CCalculator();
        ~CCalculator();

    public:
        datatype  addition(datatype a, datatype b);
        datatype  subtraction(datatype a, datatype b);
        datatype  multiplication(datatype a, datatype b);
        datatype  division(datatype a, datatype b);
};

template  <class datatype>   CCalculator<datatype>::CCalculator()
{

}
template  <class datatype>   CCalculator<datatype>::~CCalculator()
{

}

template  <class datatype>   datatype  CCalculator<datatype>::addition(datatype a,
                                            datatype b)
{
    return     a+b;
}

template  <class datatype>   datatype  CCalculator<datatype>::subtraction(datatype a,
                                            datatype b)
{
    return     a-b;
}

template  <class datatype>   datatype  CCalculator<datatype>::multiplication(
                                            datatype a, datatype b)
```

```
{
    return    a*b;
}

template  <class datatype>   datatype  CCalculator<datatype>::division(datatype a,
                                                 datatype b)
{
    return    a/b;
}
```

✎ main.cpp

```
//    main.cpp

#include    <iostream>
using       namespace     std;

#include    "calculator.h"

void        main(void)
{
    CCalculator<int>            ic;
    cout<<"5+3="<<ic.addition(5, 3)<<endl;
    cout<<"5-3="<<ic.subtraction(5, 3)<<endl;
    cout<<"5*3="<<ic.multiplication(5, 3)<<endl;
    cout<<"5/3="<<ic.division(5, 3)<<endl<<endl;

    CCalculator<double>     dc;
    cout<<"5.0+3.0="<<dc.addition(5.0, 3.0)<<endl;
    cout<<"5.0-3.0="<<dc.subtraction(5.0, 3.0)<<endl;
    cout<<"5.0*3.0="<<dc.multiplication(5.0, 3.0)<<endl;
    cout<<"5.0/3.0="<<dc.division(5.0, 3.0)<<endl;
}
```

템플릿 클래스는 동일한 기능의 중복된 클래스를 제작하지 않아도 되어 템플릿 함수처럼 효율적인 프로그램 개발이 가능하다.

[그림 3-16] 템플릿 클래스를 이용한 사칙연산 결과

4장

라이브러리 만들기

자주 사용하는 함수가 있다면 프로그래밍 작업을 할 때마다 매번 작성하는 것보다 표준화된 함수로 만들어 사용하면 효율적인 프로그래밍 작업이 가능하다. 이렇게 표준화된 함수로 만들어진 모듈을 라이브러리(Library)이라 하고, 라이브러리에는 크게 정적 연결 라이브러리(Static Linked Library)와 동적 연결 라이브러리(Dynamic Linked Library)가 있다. 이 장에서는 라이브러리 생성방법과 사용방법에 대해 알아보자.

4.1 정적 연결 라이브러리와 동적 연결 라이브러리 차이

정적 연결 라이브러리(확장자명 : *.lib)는 소스 코드를 컴파일할 때 프로그램 모듈이 첨부되어 실행파일이 만들어진다. 라이브러리가 첨부된 실행파일의 사이즈는 크지만, 컴파일 이후에는 라이브러리가 필요하지 않다. 반면 동적 연결 라이브러리(확장자명 : *.dll)는 소스 코드를 컴파일할 때는 라이브러리의 정보만 포함되고, 실제 프로그램이 실행될 때 참조된다. 라이브러리를 인용한 실행파일의 사이즈는 작지만, 컴파일 이후에도 라이브러리가 계속 필요하다.
그리고 정적 연결 라이브러리는 프로그램이 실행되면 바로 메모리를 할당하고 프로그램 종료시점에서 할당된 메모리가 해제되지만, 동적 연결 라이브러리는 동적 메모리 할당처럼 필요시 메모리를 할당하고 필요하지 않으면 할당된 메모리를 해제할 수 있으므로, 메모리 관리 입장에서 동적 연결 라이브러리를 사용하는 것이 좋다.

4.2 라이브러리 생성방법

4.2.1 정적 연결 라이브러리 만들기

정적 연결 라이브러리를 만들기 위해 새로운 프로젝트(optionlib)를 만들고,

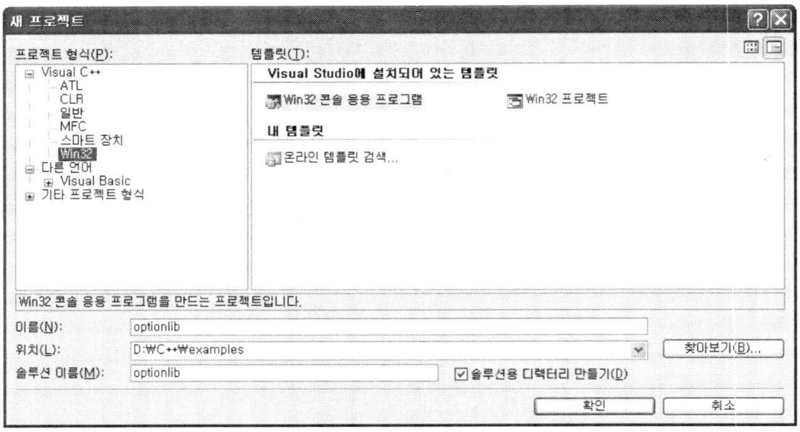

[그림 4-1] 새 프로젝트 생성

응용 프로그램 설정 화면의 응용 프로그램 종류에서 정적 라이브러리(S)를 선택하고, 미리 컴파일된 헤더(P)를 선택하지 않고, "마침" 버튼을 누른다.

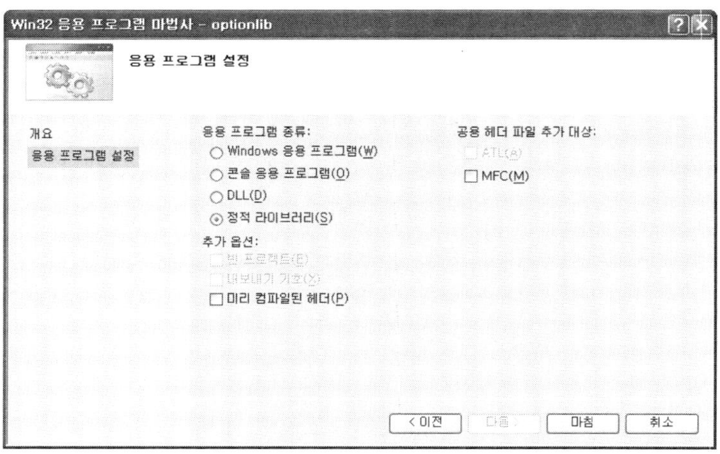

[그림 4-2] 응용 프로그램 설정

이렇게 만들어진 프로젝트는 다음과 같이 아무 내용이 없는 빈 프로젝트이다.

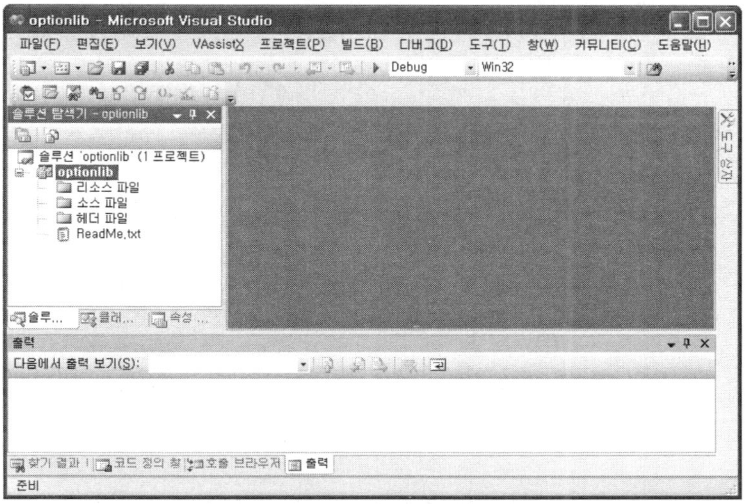

[그림 4-3] 프로젝트 완성화면

optionlib.h와 optionlib.cpp 파일을 추가하고 다음의 소스 코드를 입력한다.

✎ 소스 코드

- optionlib.h

```
// optionlib.h
double    black_scholes_option_formula(int optiontype, double S, double X, double r,
              double q, double sigma, double T);
double    N(double z);
```

- optionlib.cpp

```
// optionlib.cpp
#include   "optionlib.h"
#include   <math.h>
#include   <iostream>
using      namespace     std;

#define    PI    3.14159265358979323846264338327950288419716939937510582097

double    black_scholes_option_formula(int optiontype, double S, double X, double r,
              double q, double sigma, double T)
{
     int    iop;
```

```
    iop  = -1;
    if(optiontype==1)    iop  = 1;

    double    d1   = ( log(S/X) + (r -q + (sigma*sigma)/2)*T )/(sigma*sqrt(T));
    double    d2   = d1 - sigma*sqrt(T);
    return    iop*(S*exp(-q*T)*N(iop*d1) - X*exp(-r*T)*N(iop*d2));
}

double    N(double z)
{
    //    앞에서 선언한 N( ) 함수와 동일함, 별첨 소스 코드 참조
}
```

✎ 실행 결과

성공적으로 빌드하면 [그림 4-4]와 같이 debug폴더에 확장자가 lib인 라이브러리 파일이 생성된다.

[그림 4-4] 생성된 정적 연결 라이브러리 파일

4.2.2 동적 연결 라이브러리 만들기

동적 연결 라이브러리를 만들기 위해 새로운 프로젝트(optiondll)를 만들고,

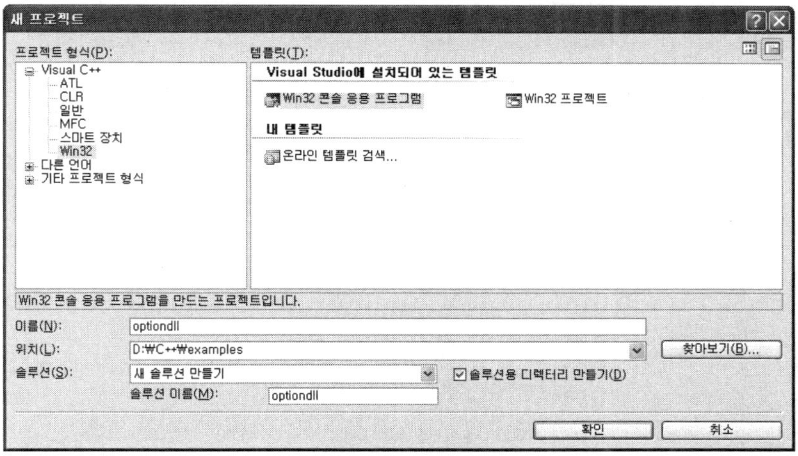

[그림 4-5] 새 프로젝트 생성

응용 프로그램 설정 화면의 응용 프로그램 종류에서 DLL(D)을 선택하고, "마침" 버튼을 누른다.

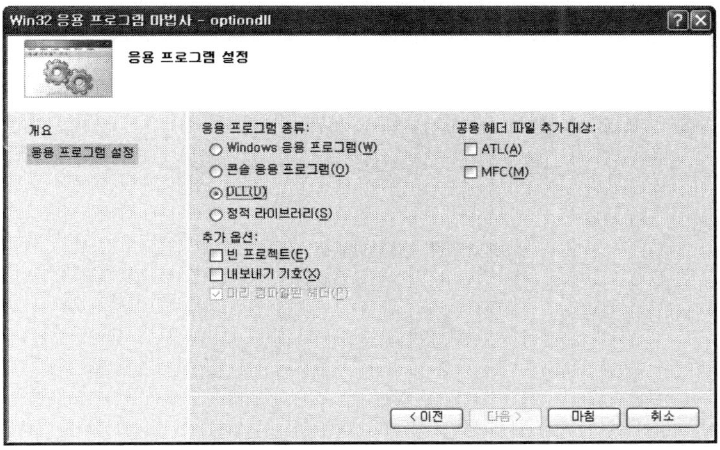

[그림 4-6] 응용 프로그램 설정

"마침" 버튼을 누르면 기본적으로 stdafx.h, stdafx.cpp, optiondll.cpp 파일이 생성된다.

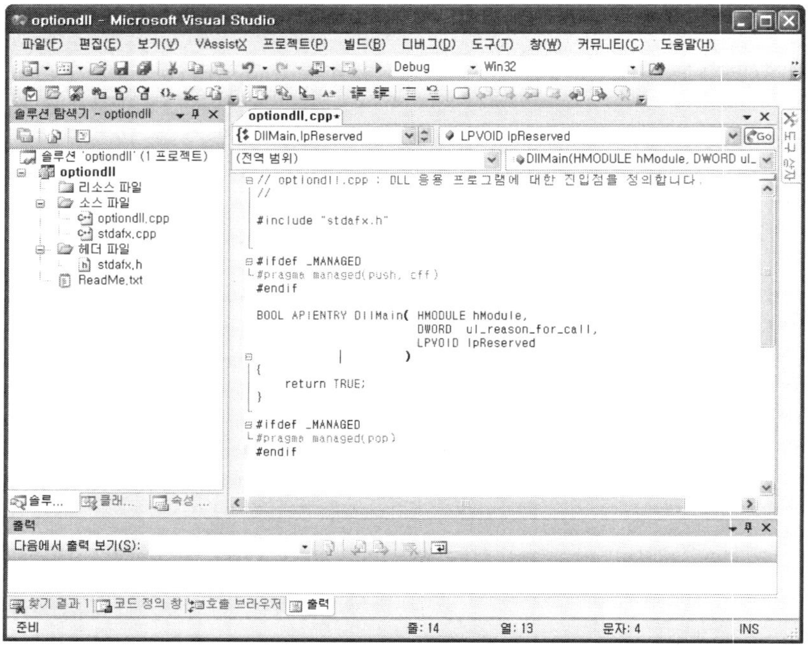

[그림 4-7] 기본적으로 생성된 optiondll.cpp 파일

이렇게 만들어진 프로젝트에 라이브러리 모듈을 정의해 주어야 하는데, 모듈을 정의하려면 모듈 정의 파일을 추가해야 한다. 파일을 추가하려면 좌측 솔루션 탐색기의 소스 파일에서 마우스 우측버튼을 클릭하여 추가(D)→새 항목(W)을 선택한다.

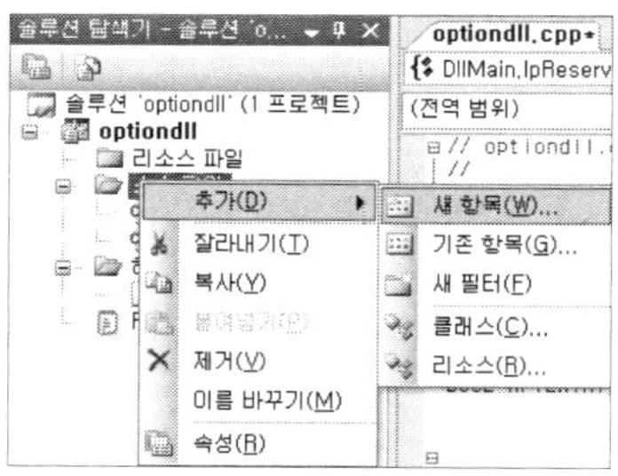

[그림 4-8] 소스 파일 추가 방법

새 항목 추가 화면의 템플릿(T)에서 모듈 정의 파일 파일(.def)을 선택하고 하단의 이름(N)에 optiondll(임의 지정 가능)를 입력하고 "추가(A)" 버튼을 누른다.

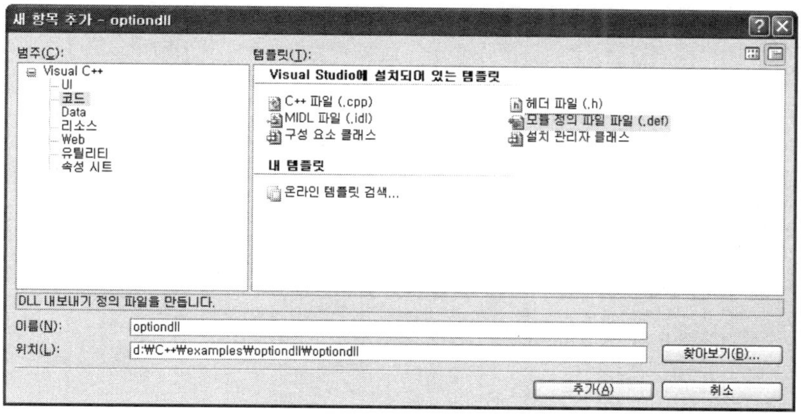

[그림 4-9] 새 항목 추가

소스 파일에 모듈 정의 파일인 optiondll.def 파일이 생긴 것을 확인할 수 있다. 파일 생성시 기본적으로 [그림 4-10]과 같은 내용이 들어 있다.

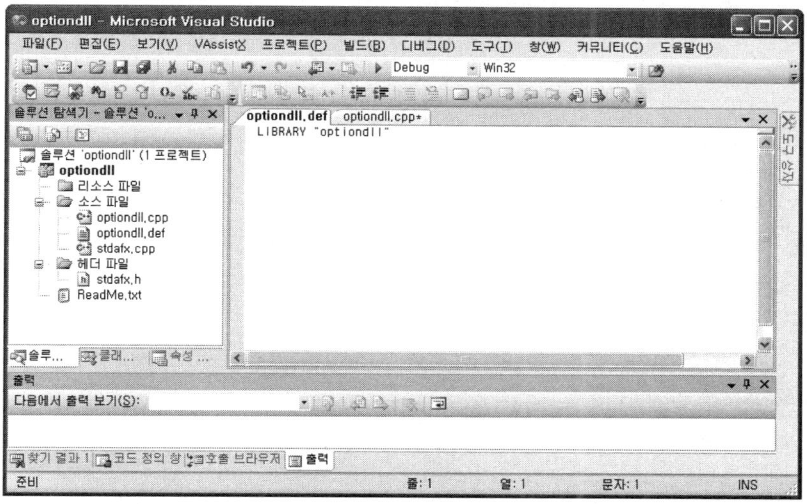

[그림 4-10] 생성된 모듈 정의 파일

```
LIBRARY    "라이브러리 이름"
```

모듈 정의 파일이 추가되었으면 그 아래에 EXPORTS 명령어를 이용하여 외부에서 사용할 함수명을 입력하면 된다.

```
EXPORTS
    외부에서 사용할 함수명
```

✎ 소스 코드

- optiondll.def

```
// optiondll.def
LIBRARY         "optiondll"
EXPORTS
    black_scholes_option_formula
```

- optiondll.h

```
// optiondll.h
extern   "C++" __declspec(dllexport) double __stdcall
                black_scholes_option_formula(int optiontype, double S, double X,
                        double r, double q, double sigma, double T);
double   N(double z);
```

- optiondll.cpp

```
// optiondll.cpp : DLL 응용 프로그램에 대한 진입점을 정의합니다.
#include   "stdafx.h"

#include   "optiondll.h"
#include   <math.h>

#include   <iostream>
using      namespace      std;

#ifdef _MANAGED
#pragma   managed(push, off)
#endif

#define   PI   3.14159265358979323846264338327950288419716939937510582097

BOOL     APIENTRY DllMain(    HMODULE hModule,
                              DWORD   ul_reason_for_call,
                              LPVOID lpReserved )
{
    return TRUE;
}

#ifdef     _MANAGED
#pragma   managed(pop)
#endif
```

```
__declspec(dllexport) double __stdcall
                    black_scholes_option_formula(int optiontype, double S, double X,
                              double r, double q, double sigma, double T)
{
     int   iop;
     iop   = -1;
     if(optiontype==1)    iop   = 1;

     double    d1    = ( log(S/X) + (r -q + (sigma*sigma)/2)*T )/(sigma*sqrt(T));
     double    d2    = d1 - sigma*sqrt(T);
     return    iop*(S*exp(-q*T)*N(iop*d1) - X*exp(-r*T)*N(iop*d2));
}

double    N(double z)
{
     //   앞에서 선언한 N( ) 함수와 동일함, 별첨 소스 코드 참조
}
```

✎ 실행 결과

성공적으로 빌드하면 다음과 같이 debug 폴더에 두 개의 라이브러리 파일이 생성된다. 이중에서 확장자명이 dll인 파일은 동적 연결 라이브러리이고, lib인 파일은 실행파일을 만들 때 dll파일을 호출하는 정보가 담겨 있다.

[그림 4-11] 생성된 동적 연결 라이브러리 파일

__declspec(dllexport)는 동적 연결 라이브러리에 있는 데이터나 함수를 외부에서 사용하기 위한 명령어이다.

팁_16 extern, declspec 및 stdcall

extern "C++"
C언어는 오버로딩을 지원하지 않는 언어이나 C++언어는 오버로딩을 지원하므로 C++ 프로그램에서 C함수 원형을 선언할 때, extern "C"라고 명령을 입력해줘야 하지만, C++언어로 제작된 함수를 C++컴파일러를 사용하여 링크할 경우에는 extern "C++"에서 "C++"를 생략할 수 있다.

__declspec(dllexport)
동적 연결 라이브러리에 있는 데이터나 함수를 외부에서 사용할 수 있도록 하려면 dllexport를 사용하여 해당 라이브러리를 사용하는 실행 파일에 라이브러리 정보를 알려준다. 여기서 __는 언더라인(_)이 두 개 사용된 것이다.

__stdcall
함수 호출 규약으로서 다른 언어에서도 해당 함수를 사용할 수 있도록 지원한다.

4.3 라이브러리 사용방법

4.3.1 정적 연결 라이브러리 사용하기

4.3.1.1 소스 코드에 추가하는 방법

Win32 콘솔 응용프로그램을 선택하여 새로운 빈 프로젝트(optionlibexe)를 만들고, 정적 연결 라이브러리를 만들 때 생성된 optionlib.h 파일과 optionlib.lib 파일을 복사하여 해당 폴더에 붙여 넣는다.

그리고 새로운 파일(main.cpp)를 추가하고, #pragma comment 명령어를 이용하여 소스 코드에 추가한다.

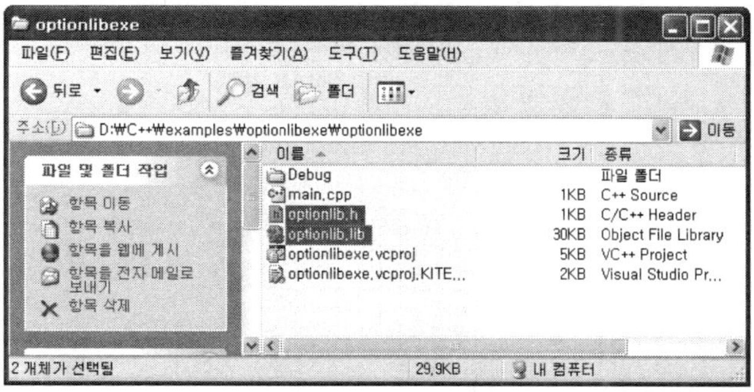

[그림 4-12] 헤더 파일과 lib 파일 복사

팁_17 pragma 사용법

#pragma once

동일 헤더파일(*.h)을 여러 번 포함시켜도 한 번만 헤더파일을 포함시켜 컴파일 시간을 절약시켜준다.

#pragma comment( )

라이브러리를 포함시킬 때 자주 사용되며, 사용방법은 다음과 같다.

#pragma comment(commnet_type, "comment로 사용할 명령")

comment_type에는 compiler, exestr, lib, linker, user가 있으며, 라이브러리를 포함시키는 방법은 다음과 같다.

#pragma comment(lib, "optionlib.lib")

✎ 소스 코드

- optionlib.h

```
// optionlib.h
double    black_scholes_option_formula(int optiontype, double S, double X, double r,
              double q, double sigma, double T);
double    N(double z);
```

- main.cpp

```
// main.cpp
#include  <iostream>
using     namespace     std;
#include  "optionlib.h"
#pragma   comment(lib, "optionlib.lib")

void      main(void)
{
```

```
    double      price;
    int         iop     = 1; // call : 1, put : -1
    double      S, X, r, q, sigma, T;
    S           = 100.0;
    X           = 100.0;
    r           = 0.05;
    q           = 0.01;
    sigma       = 0.2;
    T           = 1.0;

    price= black_scholes_option_formula(iop, S, X, r, q, sigma, T);
    cout<<"유로피언 콜 옵션가격 : "<< price <<endl;
}
```

✎ 실행 결과

[그림 4-13] optionlibexe 실행 결과

예제를 통해 자주 사용하는 함수를 라이브러리로 만들어 놓으면 프로그래밍 작업이 훨씬 수월해진다.

4.3.1.2 프로젝트 속성에 추가하는 방법

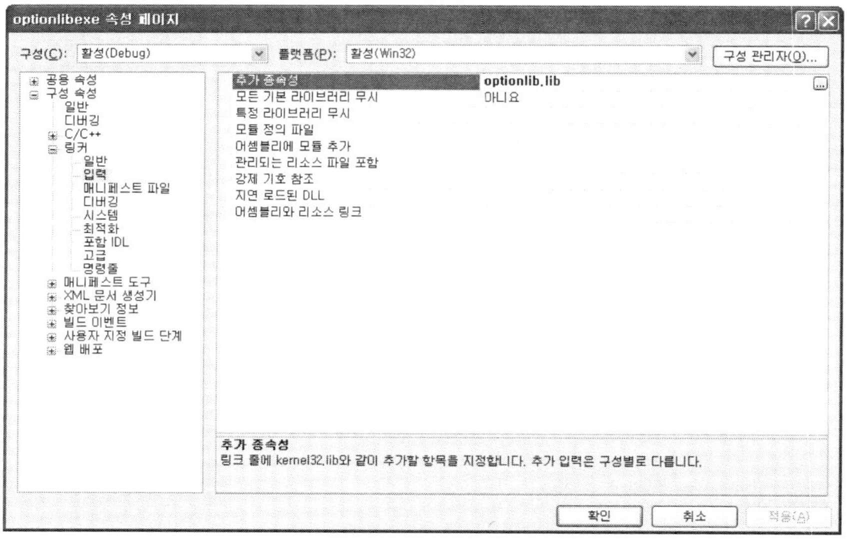

[그림 4-14] optionlibexe 속성 페이지

메뉴에서 프로젝트(P)→optionlibexe 속성(P)를 실행시키고, 구성 속성→링커→입력→추가 종속성에 라이브러리 이름을 입력한다.

✎ 소스 코드

- optionlib.h

```
// optionlib.h
double    black_scholes_option_formula(int optiontype, double S, double X, double r,
                double q, double sigma, double T);
double    N(double z);
```

- main.cpp

```
// main.cpp
#include   <iostream>
using      namespace     std;
#include   "optionlib.h"
// #pragma      comment(lib, "optionlib.lib")

void       main(void)
{
     double    price;
     int       iop    = 1; // call : 1, put : -1
     double    S, X, r, q, sigma, T;
     S         = 100.0;
     X         = 100.0;
     r         = 0.05;
     q         = 0.01;
     sigma     = 0.2;
     T         = 1.0;

     price = black_scholes_option_formula(iop, S, X, r, q, sigma, T);
     cout<<"유로피언 콜 옵션가격 : "<< price <<endl;
}
```

✎ 실행 결과

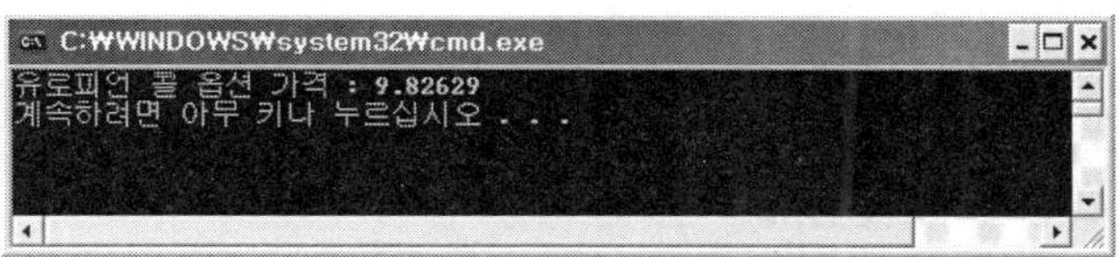

[그림 4-15] 수정된 optionlibexe 실행 결과

프로젝트 속성에 추가하였으므로 #pragma comment(lib, "optionlib.lib")를 주석처리해도 동일한 결과가 나온다.

4.3.2 동적 연결 라이브러리 사용하기

4.3.2.1 소스 코드에 추가하는 방법

Win32 콘솔 응용프로그램을 선택하여 새로운 빈 프로젝트(optiondllexe)를 만들고, 동적 연결 라이브러리를 만들 때 생성된 optiondll.h 파일, optiondll.lib 파일과 optiondll.dll 파일을 복사하여 해당 폴더에 붙여 넣는다.

정적 연결 라이브러리 사용방법처럼 #pragma comment를 이용하여 lib를 소스 코드에 추가한다.

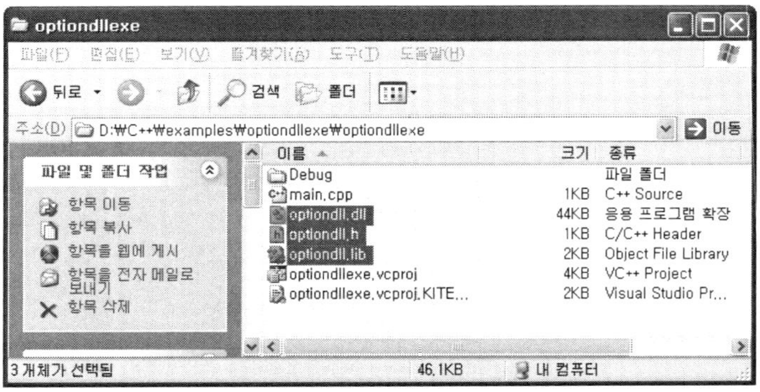

[그림 4-16] 헤더 파일, dll 파일과 lib 파일 복사

✎ 소스 코드

- optiondll.h

```
// optiondll.h
extern    "C++" __declspec(dllexport) double __stdcall
                    black_scholes_option_formula(int optiontype, double S, double X,
                         double r, double q, double sigma, double T);
double    N(double z);
```

- optiondll.cpp

```
// optiondll.cpp
#include   <iostream>
using      namespace      std;
#include   "optiondll.h"
#pragma    comment(lib, "optiondll.lib")

void       main(void)
{
     double    price;
     int       iop    = 1; // call : 1, put : -1
     double    S, X, r, q, sigma, T;
```

```
    S       = 100.0;
    X       = 100.0;
    r       = 0.05;
    q       = 0.01;
    sigma   = 0.2;
    T       = 1.0;

    price = black_scholes_option_formula(iop, S, X, r, q, sigma, T);
    cout<<"유로피언 콜 옵션가격 : "<< price <<endl;
}
```

✎ 실행 결과

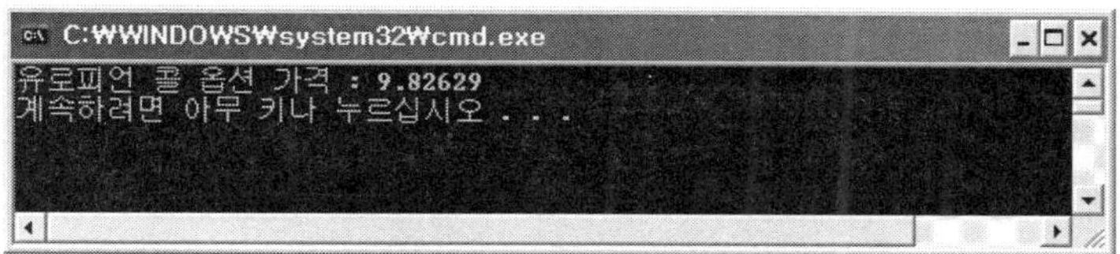

[그림 4-17] optiondllexe 실행 결과

동적 연결 라이브러리를 만들 때 생성된 확장자명이 lib인 파일은 정적 연결 라이브러리에서 생성된 확장자가 lib인 파일과 확장자만 동일하지 내용은 전혀 다르다. 관리해야할 파일도 많고, 라이브러리를 만들 때 복잡한 문법을 사용해야 하는 동적 연결 라이브러리는 불필요할 것 같지만, 라이브러리 내용이 많을수록 정적 연결 라이브러리를 사용하는 것보다 메모리 관리 측면에서 효율적이다. 그리고 C++언어로 만든 동적 연결 라이브러리는 VBA와 같은 윈도 API(Application Program Interface)에서도 사용이 가능하여 자주 사용된다.

4.3.2.2 VBA에서 동적 연결 라이브러리 사용하기

C++언어로 만든 동적 연결 라이브러리를 VBA에서 사용하는 방법에 대해 알아보자. 엑셀 화면에 [그림 4-18]과 같이 입력해보자. 그리고 엑셀 화면에서 개발도구→Visual Basic을 선택하고, [그림 4-19]와 같이 VBAProject에서 삽입(N)→모듈(M)을 추가하고, 우측의 편집(Edit) 창에 [그림 4-20]과 같이 소스 코드를 입력한다.

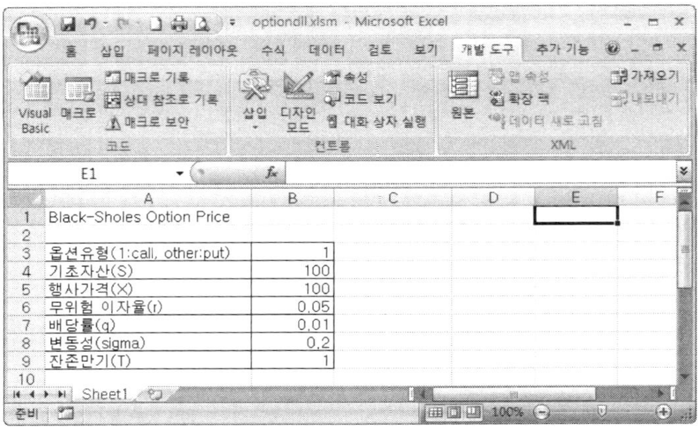

[그림 4-18] 엑셀 화면

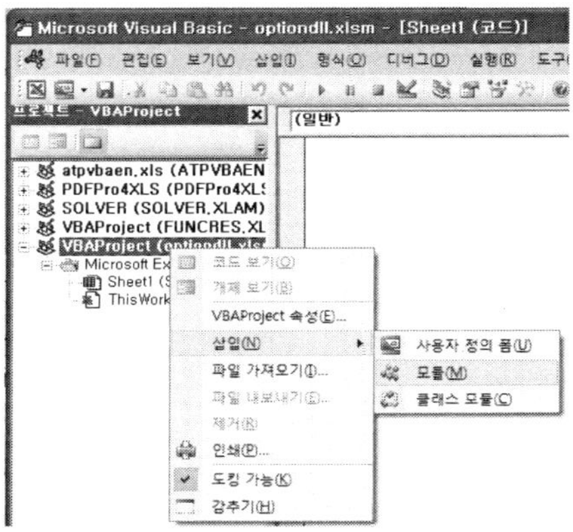

[그림 4-19] VBA에서 모듈 추가

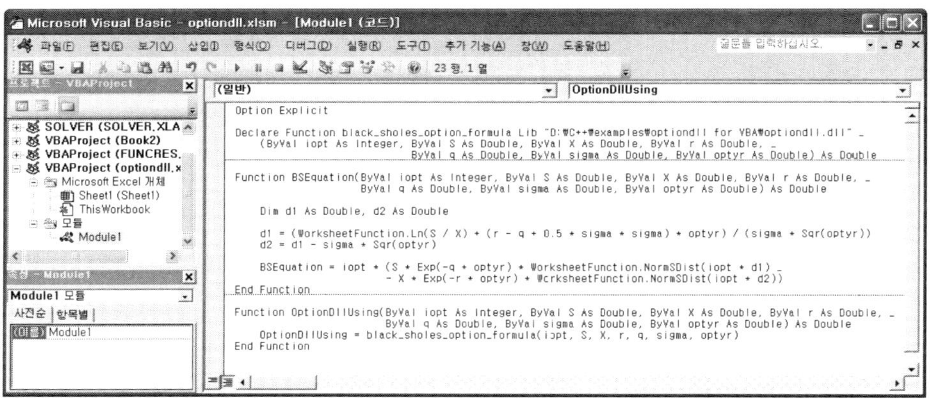

[그림 4-20] VBA에서 모듈 입력

✎ 소스 코드

```
Option Explicit

Declare Function black_scholes_option_formula Lib "optiondll.dll" _
                    (ByVal iopt As Integer, ByVal S As Double, ByVal X As Double, _
                    ByVal r As Double, ByVal q As Double, ByVal sigma As Double, _
                    ByVal optyr As Double) As Double

Function BSEquation(ByVal iopt As Integer, ByVal S As Double, ByVal X As Double, _
                    ByVal r As Double, ByVal q As Double, ByVal sigma As Double, _
                    ByVal optyr As Double) As Double

    Dim d1 As Double, d2 As Double

    d1   = (WorksheetFunction.Ln(S/X) _
              + (r - q + 0.5*sigma*sigma)*optyr) / (sigma * Sqr(optyr))
    d2   = d1 - sigma*Sqr(optyr)

    BSEquation = iopt*(S*Exp(-q*optyr)*WorksheetFunction.NormSDist(iopt*d1) _
                    - X* Exp(-r*optyr)*WorksheetFunction.NormSDist(iopt*d2))
End Function

Function OptionDllUsing(ByVal iopt As Integer, ByVal S As Double, ByVal X As Double, _
                    ByVal r As Double, ByVal q As Double, ByVal sigma As Double, _
                    ByVal optyr As Double) As Double

    OptionDllUsing = black_scholes_option_formula(iopt, S, X, r, q, sigma, optyr)
End Function
```

팁_18 VBA의 Declare 문

모듈 수준에서 동적 연결 라이브러리(DLL)의 외부 프로시저 참조를 선언할 때 사용된다.

Declare 문 사용방법
[Public | Private] Declare Function name Lib "libname" [Alias "aliasname"] [([arglist])] [As type]

[ ]부분은 선택적인 요소이며, 그 이외의 부분은 필수적인 요소이다.
name : DLL 파일에서 불러올 함수이름(black_scholes_option_formula)
libname : DLL 파일 이름(optiondll.dll) 및 경로, DLL 파일이 Excel 파일과 동일한 폴더 내에 위치하거나, C:\WINDOWS\system32 아래에 위치할 경우에는 경로 없이 파일이름만 입력해도 되지만, 그렇지 않을 경우 D:\C++\examples\BSOptionDll for VBA\optiondll.dll 와 같이 직접적인 경로를 지정해주어야 한다.
arglist : 변수 목록

C++언어에서 제작한 동적 연결 라이브러리 파일을 VBA에서 사용하려면 "Declare" 문을 이용하여 외부 라이브러리의 함수이름을 알려주어야 한다.

✎ 실행 결과

[그림 4-21]에서 셀 B11은 "=BSEquation(B3, B4, B5, B6, B7, B8, B9)"이다.

C++언어로 만든 동적 연결 라이브러리이지만 엑셀에서도 잘 구현되는 것을 알 수 있다. 이러한 이유 때문에 동적 연결 라이브러리를 사용한다.

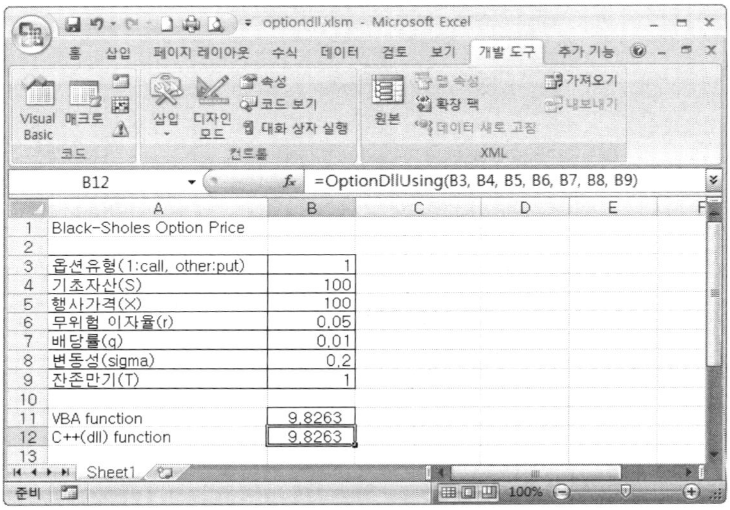

[그림 4-21] 엑셀에서 동적 연결 라이브러리 실행 결과

2부

수치해석

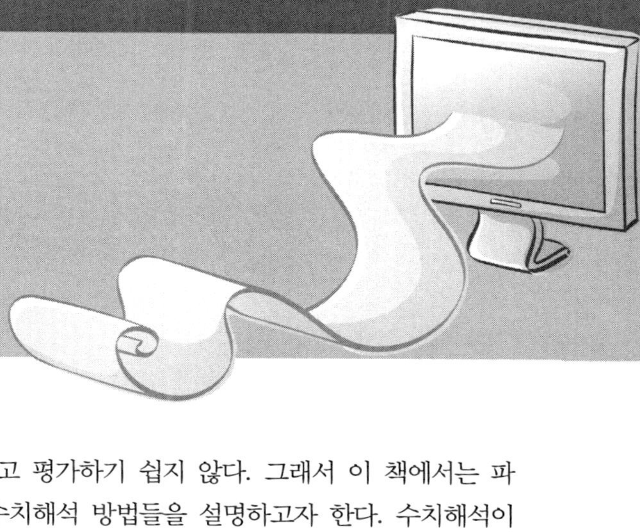

수리적 기초지식이 없으면 파생상품을 이해하고 평가하기 쉽지 않다. 그래서 이 책에서는 파생상품을 이해하고 평가하는데 기본이 되는 수치해석 방법들을 설명하고자 한다. 수치해석이 어렵다고 하여 지레 겁먹고 포기하지 않았으면 한다.

2부에서는 5장 연립방정식의 해 찾기와 6장 비선형방정식의 해 찾기를 통해 방정식의 해를 찾는 방법에 대해 알아보고, 7장 비선형 파라미터 추정 방법과 8장 보간법에 대해 알아보자.

5장 연립방정식의 해 찾기

2개 이상의 미지수를 포함하고 있는 2개 이상의 방정식에서 미지수가 각 방정식을 모두 만족할 때, 이 방정식들을 연립방정식이라 한다. 방정식에 포함된 미지수가 m개이면 m원 연립방정식이라 하고, 미지수의 최고 차수가 n차일 때 n차 연립방정식이라 한다.

5.1 가우스 소거법

5.1.1 알고리즘

대학에서 선형대수학을 배웠다면 선형연립방정식의 해를 찾는 방법 중 하나인 가우스 소거법(Gaussian Elimination)에 대해 알고 있을 것이다. 다음의 3원 1차 연립방정식을 풀어보면서 가우스 소거법의 알고리즘(Algorithm)을 알아보자.

$$a_{11}x_1 + a_{12}x_2 + a_{13}x_3 = b_1 \tag{5-1}$$

$$a_{21}x_1 + a_{22}x_2 + a_{23}x_3 = b_2 \tag{5-2}$$

$$a_{31}x_1 + a_{32}x_2 + a_{33}x_3 = b_3 \tag{5-3}$$

식 (5-1)의 양변에 a_{21}/a_{11}를 곱한 방정식을 식 (5-2)에서 빼주고, 식 (5-1)의 양변에 a_{31}/a_{11}를 곱한 방정식을 식 (5-3)에서 빼주는 전진소거(Forward Elimination) 과정을 거치면, 상기의 연립방정식은 다음과 같다.

$$a_{11}x_1 + a_{12}x_2 + a_{13}x_3 = b_1 \quad (5\text{-}1)$$
$$a'_{22}x_2 + a'_{23}x_3 = b'_2 \quad (5\text{-}2)'$$
$$a'_{32}x_2 + a'_{33}x_3 = b'_3 \quad (5\text{-}3)'$$

여기서, $a'_{ij} = a_{ij} - \frac{a_{i1}}{a_{11}}a_{ij},\ b'_i = b_i - \frac{a_{i1}}{a_{11}}b_i \ (i = 2,3,\ j = 2,3)$

다시 식 (5-2)′의 양변에 a'_{32}/a'_{22}를 곱한 방정식을 식 (5-3)′에서 빼주면, 상기의 연립방정식은 다음과 같다.

$$a_{11}x_1 + a_{12}x_2 + a_{13}x_3 = b_1 \quad (5\text{-}1)$$
$$a'_{22}x_2 + a'_{23}x_3 = b'_2 \quad (5\text{-}2)'$$
$$a''_{33}x_3 = b''_3 \quad (5\text{-}3)''$$

여기서, $a''_{ij} = a'_{ij} - \frac{a'_{i2}}{a'_{22}}a'_{ij},\ b''_i = b'_i - \frac{a'_{i2}}{a'_{22}}b'_i,\ (i = 3,\ j = 3)$

식 (5-3)″에서 x_3의 해를 구하고, x_3를 식 (5-2)′에 대입하는 후진대입(Backward Substitution) 과정을 거치면 x_2의 해를 구할 수 있고, x_3와 x_2를 식 (5-1)에 대입하여 x_1의 해를 구할 수 있다.

$$x_1 = (b_1 - a_{12}x_2 - a_{13}x_3)/a_{11}$$
$$x_2 = (b'_2 - a'_{23}x_3)/a'_{22}$$
$$x_3 = b''_3/a''_{33}$$

정리하면, 가우스 소거법은 주어진 연립방정식 (5-1), (5-2), (5-3)을 전진소거 과정을 통해 (5-1), (5-2)′, (5-3)″과 같은 상부삼각 방정식의 형태로 변경하고, 식 (5-3)″에서 x_3의 해를, (5-2)′에서 x_2의 해를, (5-1)에서 x_1의 해를 구하는 후진대입 과정을 통해 연립방정식의 해를 구한다.

n원 1차 연립방정식은 다음과 같은 행렬식으로 나타낼 수 있으며,

$$\begin{bmatrix} a_{1,1} & a_{1,2} & \cdots & a_{1,n-1} & a_{1,n} \\ a_{2,1} & a_{2,2} & \cdots & a_{2,n-1} & a_{2,n} \\ \vdots & \vdots & \ddots & \vdots & \vdots \\ a_{n-1,1} & a_{n-1,2} & \cdots & a_{n-1,n-1} & a_{n-1,n} \\ a_{n,1} & a_{n,2} & \cdots & a_{n,n-1} & a_{n,n} \end{bmatrix} \begin{bmatrix} x_1 \\ x_2 \\ \vdots \\ x_{n-1} \\ x_n \end{bmatrix} = \begin{bmatrix} b_1 \\ b_2 \\ \vdots \\ b_{n-1} \\ b_n \end{bmatrix}$$

상기 연립방정식의 행렬식은 전진소거 과정을 통해 다음의 행렬식으로 변경할 수 있고,

$$\begin{bmatrix} a_{1,1} & a_{1,2} & \cdots & a_{1,n-1} & a_{1,n} \\ 0 & a'_{2,2} & \cdots & a'_{2,n-1} & a'_{2,n} \\ \vdots & \vdots & \ddots & \vdots & \vdots \\ 0 & 0 & \cdots & a^{n-2}_{n-1,n-1} & a^{n-2}_{n-1,n} \\ 0 & 0 & \cdots & 0 & a^{n-1}_{n,n} \end{bmatrix} \begin{bmatrix} x_1 \\ x_2 \\ \vdots \\ x_{n-1} \\ x_n \end{bmatrix} = \begin{bmatrix} b_1 \\ b'_2 \\ \vdots \\ b^{n-2}_{n-1} \\ b^{n-1}_n \end{bmatrix}$$

행렬식에서 가장 아래에 있는 x_n의 해를 구하고, 후진대입 과정을 통해 n원 1차 연립방정식의 해를 구할 수 있다.

$$x_n = \frac{b_n^{n-1}}{a_{n,n}^{n-1}}$$

$$x_i = \frac{1}{a_{i,i}^{i-1}}\left(b_i^{i-1} - \sum_{j=i+1}^{n} a_{i,j}^{i-1}\, x_j\right),\ \ i = n-1,\, n-2, \cdots, 2, 1$$

5.1.2 가우스 소거법을 이용한 연립방정식의 해 찾기

가우스 소거법을 이용하여 다음의 선형 4원 1차 연립방정식의 해를 구해보자.

$$x_1 + x_2 + 3x_4 = 4$$
$$2x_1 + x_2 - x_3 + x_4 = 1$$

$$3x_1 - x_2 - x_3 + 2x_4 = -3$$
$$-x_1 + 2x_2 + 3x_3 - x_4 = 4$$

위의 선형 4원 1차 연립방정식을 행렬식으로 나타내면 다음과 같다.

$$\begin{bmatrix} 1 & 1 & 0 & 3 \\ 2 & 1 & -1 & 1 \\ 3 & -1 & -1 & 2 \\ -1 & 2 & 3 & -1 \end{bmatrix} \begin{bmatrix} x_1 \\ x_2 \\ x_3 \\ x_4 \end{bmatrix} = \begin{bmatrix} 4 \\ 1 \\ -3 \\ 4 \end{bmatrix}$$

✎ 소스 코드

- mathlib.h

```
// mathlib.h
#define    _CRT_SECURE_NO_DEPRECATE
void       gaussian_elimination(double **Smatrix, double *Known, double *Unknown,
                int n_eqns);
```

- mathlib.cpp

```
// mathlib.cpp
#include   "mathlib.h"
#include   <iostream>
using      namespace    std;

void       gaussian_elimination(double **Smatrix, double *Known, double *Unknown,
                int n_eqns)
{
     double     ratio, sum, maxs, tmp;
     int        i, j, k, maxi;
     for( k=0; k<n_eqns-1; k++ ){
          maxs = fabs(Smatrix[k][k]);
          maxi = k;
          for(i=k+1; i<n_eqns; i++){
               if(maxs<fabs(Smatrix[i][k])) maxi = i;
          }
          if(maxi!=k){
               for(i=0; i<n_eqns; i++){
                    tmp = Smatrix[k][i];
                    Smatrix[k][i] = Smatrix[maxi][i];
                    Smatrix[maxi][i] = tmp;
               }
               tmp = Known[k];
```

```
            Known[k] = Known[maxi];
            Known[maxi] = tmp;
        }

        for( i=k+1; i<n_eqns; i++ ) {
            if( Smatrix[i][k] == 0. ) continue;
            ratio = -Smatrix[i][k]/Smatrix[k][k];
            for( j=k+1; j<n_eqns; j++ ) {
                if( Smatrix[k][j] == 0. ) continue;
                Smatrix[i][j] += ratio*Smatrix[k][j];
            }
            Known[i] += ratio*Known[k];
        }
    }

    Unknown[n_eqns-1] = Known[n_eqns-1]/Smatrix[n_eqns-1][n_eqns-1];
    for( i=n_eqns-2; i>=0; i-- ){
        sum = 0.;
        for( j=i+1; j<n_eqns; j++ ) sum += Smatrix[i][j]*Unknown[j];
        Unknown[i] = (Known[i]-sum)/Smatrix[i][i];
    }
}
```

- main.cpp

```
// main.cpp
#include    <iostream>
using   namespace   std;

#include    "mathlib.h"

void    main(void)
{
    // 4원 1차 연립방정식 해 찾기
    int         i, n_eq;
    double      **smatrix;          //  행렬선언
    double      *known_value;       //  기지값
    double      *unknown_value;     //  미지값

    n_eq        = 4;
    smatrix     = new double*[n_eq];
    for(i=0; i<n_eq; i++)       smatrix[i] = new double[n_eq];
    known_value         = new double[n_eq];
    unknown_value       = new double[n_eq];

    smatrix[0][0] = 1;          smatrix[0][1] = 1;
    smatrix[0][2] = 0;          smatrix[0][3] = 3;
    smatrix[1][0] = 2;          smatrix[1][1] = 1;
    smatrix[1][2] = -1;         smatrix[1][3] = 1;
    smatrix[2][0] = 3;          smatrix[2][1] = -1;
    smatrix[2][2] = -1;         smatrix[2][3] = 2;
```

```
    smatrix[3][0] = -1;        smatrix[3][1] = 2;
    smatrix[3][2] = 3;         smatrix[3][3] = -1;

    known_value[0] = 4;        known_value[1] = 1;
    known_value[2] = -3;       known_value[3] = 4;

    gaussian_elimination(smatrix, known_value, unknown_value, n_eq);

    for(i=0; i<n_eq; i++)      cout<<"x_"<<i+1<<" : "<<unknown_value[i]<<endl;

    for(i=0; i<n_eq; i++) delete smatrix[i];
    delete[]  smatrix, known_value, unknown_value;
}
```

✎ 실행 결과

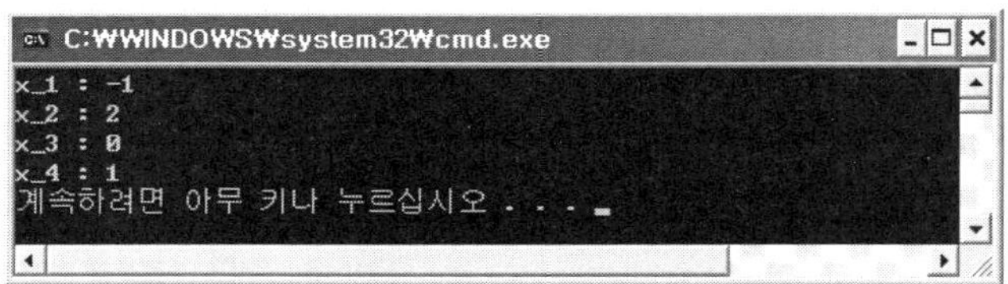

[그림 5-1] 가우스 소거법을 이용한 해 찾기 결과

결과값인 $(x_1,\ x_2,\ x_3,\ x_4)$의 해 $(-1,\ 2,\ 0,\ 1)$를 연립방정식에 대입하면,

$$
\begin{aligned}
&x_1 + x_2 + 3x_4 = -1 + 2 + 3 = 4 \\
&2x_1 + x_2 - x_3 + x_4 = -2 + 2 - 0 + 1 = 1 \\
&3x_1 - x_2 - x_3 + 2x_4 = -3 - 2 - 0 + 2 = -3 \\
&-x_1 + 2x_2 + 3x_3 - x_4 = 1 + 4 + 0 - 1 = 4
\end{aligned}
$$

4원 1차 연립방정식의 해가 성립함을 알 수 있다.

5.2 삼중대각행렬 풀이법

5.2.1 알고리즘

삼중대각행렬 풀이법(Tridiagonal Matrix Solver)은 특수한 형태의 n원 1차 연립방정식에 대한 가우스 소거법이라고 할 수 있다. 삼중대각행렬은 행렬의 대각선을 중심으로 0이 아닌 원소가 모여 있고, 행렬의 나머지 부분은 모두 0인 특수한 형태의 행렬이다. 다음의 4원 1차 연립방정식을 예로 들어 삼중대각행렬 풀이법을 알아보자.

$$
\begin{aligned}
a_{11}x_1 + a_{12}x_2 \qquad\qquad\qquad\qquad &= b_1 \\
a_{21}x_1 + a_{22}x_2 + a_{23}x_3 \qquad\qquad &= b_2 \\
a_{32}x_2 + a_{33}x_3 + a_{34}x_4 &= b_3 \\
a_{43}x_3 + a_{44}x_4 &= b_4
\end{aligned}
$$

위의 4원 1차 연립방정식을 행렬식으로 나타내면 다음과 같고,

$$
\begin{bmatrix} a_{1,1} & a_{1,2} & 0 & 0 \\ a_{2,1} & a_{2,2} & a_{2,3} & 0 \\ 0 & a_{3,2} & a_{3,3} & a_{3,4} \\ 0 & 0 & a_{4,3} & a_{4,4} \end{bmatrix}
\begin{bmatrix} x_1 \\ x_2 \\ x_3 \\ x_4 \end{bmatrix}
=
\begin{bmatrix} b_1 \\ b_2 \\ b_3 \\ b_4 \end{bmatrix}
$$

앞에서 설명한 전진소거 과정을 통해 다음의 행렬식으로 변경할 수 있다.

$$
\begin{bmatrix} a_{1,1} & a_{1,2} & 0 & 0 \\ 0 & a'_{2,2} & a'_{2,3} & 0 \\ 0 & 0 & a''_{3,3} & a''_{3,4} \\ 0 & 0 & 0 & a^3_{4,4} \end{bmatrix}
\begin{bmatrix} x_1 \\ x_2 \\ x_3 \\ x_4 \end{bmatrix}
=
\begin{bmatrix} b_1 \\ b'_2 \\ b''_3 \\ b^3_4 \end{bmatrix}
$$

행렬식에서 가장 아래에 있는 x_4의 해를 구하고, 후진대입 과정을 통해 4원 1차 연립방정식의 해를 구할 수 있다.

$$
x_4 = \frac{b^3_4}{a^3_{4,4}}
$$

$$x_i = \frac{1}{a_{i,\,i}^{i-1}}\left(b_i^{i-1} - a_{i,i+1}^{i-1}\, x_{i+1}\right),\ \ i = 3\,,\, 2,\, 1$$

5.2.2 삼중대각행렬 풀이법을 이용한 연립방정식의 해 찾기

삼중대각행렬 풀이법을 이용하여 다음의 선형 4원 1차 연립방정식의 해를 구해보자.

$$\begin{aligned} 2x_1 - x_2 \qquad\quad &= 1 \\ -x_1 + 2x_2 - x_3 \ &= 0 \\ -x_2 + 2x_3 - x_4 \ &= 0 \\ -x_3 + 2x_4 &= 1 \end{aligned}$$

위의 선형 4원 1차 연립방정식을 행렬식으로 나타내면 다음과 같다.

$$\begin{bmatrix} 2 & -1 & 0 & 0 \\ -1 & 2 & -1 & 0 \\ 0 & -1 & 2 & -1 \\ 0 & 0 & -1 & 2 \end{bmatrix} \begin{bmatrix} x_1 \\ x_2 \\ x_3 \\ x_4 \end{bmatrix} = \begin{bmatrix} 1 \\ 0 \\ 0 \\ 1 \end{bmatrix}$$

✎ 소스 코드

- mathlib.h

```
// mathlib.h
#define     _CRT_SECURE_NO_DEPRECATE
void        tridiagonal_elimination(double **Smat, double *Known, double *Unknown,
                int n_eqns);
```

- mathlib.cpp

```
// mathlib.cpp
#include    "mathlib.h"
#include    <iostream>
using       namespace       std;

void        tridiagonal_elimination(double **Smat, double *Known, double *Unknown,
                int n_eqns)
```

```
{
    double      ratio, sum;
    int         i, j, k;

    //첫번째 행부터 마지막 직전행까지는 동일한 로직
    for( k=0; k<n_eqns-1; k++ ){
        if( Smat[k][k] == 0. ){
            cout << "Matrix is singular in tridiagonal_elimination()" << endl;
            exit(0);
        }
        ratio = -Smat[k+1][k]/Smat[k][k];
        if(k==n_eqns-2){
            for( j=k; j<=k+1; j++ ){//2열에 적용, 마지막행에서는 2열만 적용하므로
                if( Smat[k][j] == 0. ) continue;
                Smat[k+1][j] += ratio*Smat[k][j];
            }
        }
        else{//   k<n_eqns-2
            for( j=k; j<=k+2; j++ ) {//3열에 적용
                if( Smat[k][j] == 0. ) continue;
                Smat[k+1][j] += ratio*Smat[k][j];
            }
        }
        Known[k+1] += ratio*Known[k];
    }
    Unknown[n_eqns-1] = Known[n_eqns-1]/Smat[n_eqns-1][n_eqns-1];
            // 마지막행에서 바로 미지수 해 찾음
    for( i=n_eqns-2; i>=0; i-- ){//1열에 적용, 모든행에서 미지수 1개, 기지수 1개이므로
        sum = Smat[i][i+1]*Unknown[i+1];
        Unknown[i] = (Known[i]-sum)/Smat[i][i];
    }
}
```

- main.cpp

```
// main.cpp
#include   <iostream>
using      namespace      std;

#include   "mathlib.h"

void       main(void)
{
    // 4원 1차 연립방정식 해 찾기
    int        i, n_eq;
    double     **smatrix;          //   행렬선언
    double     *known_value;       //   기지값
    double     *unknown_value;     //   미지값

    n_eq       = 4;
    smatrix    = new double*[n_eq];
```

```
    for(i=0; i<n_eq; i++)       smatrix[i] = new double[n_eq];
    known_value         = new double[n_eq];
    unknown_value       = new double[n_eq];

    smatrix[0][0] = 2;          smatrix[0][1] = -1;
    smatrix[0][2] = 0;          smatrix[0][3] = 0;
    smatrix[1][0] = -1;         smatrix[1][1] = 2;
    smatrix[1][2] = -1;         smatrix[1][3] = 0;
    smatrix[2][0] = 0;          smatrix[2][1] = -1;
    smatrix[2][2] = 2;          smatrix[2][3] = -1;
    smatrix[3][0] = 0;          smatrix[3][1] = 0;
    smatrix[3][2] = -1;         smatrix[3][3] = 2;

    known_value[0] = 1;         known_value[1] = 0;
    known_value[2] = 0;         known_value[3] = 1;

    tridiagonal_elimination(smatrix, known_value, unknown_value, n_eq);

    for(i=0; i<n_eq; i++)       cout<<"x_"<<i+1<<" : "<<unknown_value[i]<<endl;

    for(i=0; i<n_eq; i++)       delete      smatrix[i];
    delete[]    smatrix, known_value, unknown_value;
}
```

✎ 실행 결과

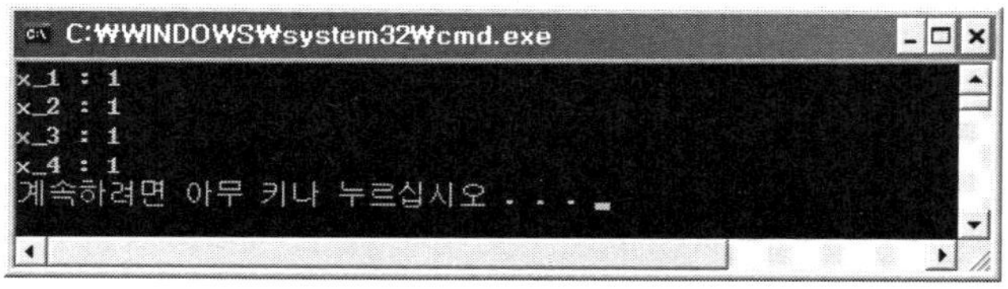

[그림 5-2] 삼중대각행렬 풀이법을 이용한 해 찾기 결과

결과값인 (x_1, x_2, x_3, x_4)의 해 (1, 1, 1, 1)를 연립방정식에 대입하면,

$$2x_1 - x_2 = 2 - 1 = 1$$

$$-x_1 + 2x_2 - x_3 = -1 + 2 - 1 = 0$$

$$-x_2 + 2x_3 - x_4 = -1 + 2 - 1 = 0$$

$$-x_3 + 2x_4 = -1 + 2 = 1$$

4원 1차 연립방정식의 해가 성립함을 알 수 있다.

5.3 숄레스키 분해

5.3.1 알고리즘

행렬 A가 $n \times n$ 행렬인 양정치행렬(Positive Definite Matrix)일 때, $Ax = b$인 선형연립방정식은 숄레스키 분해(Cholesky Decomposition)를 이용하여 해를 구할 수 있다. 숄레스키 분해는 행렬 A를 양의 대각 원소를 갖는 하삼각 행렬(Lower Triangular Matrix) L과 전치 행렬(Transpose Matrix) L^T로 나타낼 수 있다.

$$A = LL^T$$

여기서, 전치행렬 L^T은 다음과 같다.

$$L_{i,j}^T = L_{j,i}$$

다음과 같은 3×3 행렬을 이용하여 숄레스키 분해를 알아보자.

$$\begin{aligned} A &= \begin{bmatrix} A_{1,1} & A_{1,2} & A_{1,3} \\ A_{2,1} & A_{2,2} & A_{2,3} \\ A_{3,1} & A_{3,2} & A_{3,3} \end{bmatrix} = \begin{bmatrix} L_{1,1} & 0 & 0 \\ L_{2,1} & L_{2,2} & 0 \\ L_{3,1} & L_{3,2} & L_{3,3} \end{bmatrix} \begin{bmatrix} L_{1,1} & L_{2,1} & L_{3,1} \\ 0 & L_{2,2} & L_{3,2} \\ 0 & 0 & L_{3,3} \end{bmatrix} \\ &= \begin{bmatrix} L_{1,1}^2 & L_{1,1}L_{2,1} & L_{1,1}L_{3,1} \\ L_{2,1}L_{1,1} & L_{2,1}^2 + L_{2,2}^2 & L_{2,1}L_{3,1} + L_{2,2}L_{3,2} \\ L_{3,1}L_{1,1} & L_{3,1}L_{2,1} + L_{3,2}L_{2,2} & L_{3,1}^2 + L_{3,2}^2 + L_{3,3}^2 \end{bmatrix} \end{aligned}$$

$L_{1,1}$부터 차례대로 $L_{i,j}$값을 계산하면 다음과 같고,

$$\begin{aligned} &L_{1,1} = \sqrt{A_{1,1}},\ L_{2,1} = \frac{A_{2,1}}{L_{1,1}},\ L_{3,1} = \frac{A_{3,1}}{L_{1,1}} \\ &L_{2,2} = \sqrt{A_{2,2} - L_{2,1}^2},\ L_{3,2} = \frac{A_{3,2} - L_{3,1}L_{2,1}}{L_{2,2}} \\ &L_{3,3} = \sqrt{A_{3,3} - L_{3,1}^2 - L_{3,2}^2} \end{aligned}$$

정리하면 행렬 L의 원소 $L_{i,j}$는 다음과 같이 나타낼 수 있다.

$$L_{1,1} = \sqrt{A_{1,1}}$$

$$L_{i,1} = \frac{A_{i,1}}{L_{1,1}} \qquad (i=2,\ 3,\ \cdots,\ n)$$

$$L_{i,i} = \left(A_{i,i} - \sum_{k=1}^{i-1} L_{i,k}^2\right)^{1/2} \qquad (i=2,\ 3,\ \cdots,\ n)$$

$$L_{i,j} = \frac{1}{L_{j,j}}\left(A_{i,j} - \sum_{k=1}^{j-1} L_{i,k}L_{j,k}\right) \quad (j=2,\ 3,\ \cdots,\ n-1,\ i=j+1,\ j+2,\ \cdots,\ n)$$

5.3.2 연립방정식 해 찾기 적용

숄레스키 분해는 $Ax = b$의 선형 연립방정식을 풀 때 행렬 A의 역행렬(Inverse Matrix)을 구하지 않고, 다음 관계를 이용하여,

$$LL^T x = b$$
$$Ly = b$$
$$L^T x = y$$

연립방정식의 해를 구할 수 있다.

$$y_1 = \frac{b_1}{L_{1,1}}$$

$$y_i = \frac{1}{L_{i,i}}\left(b_i - \sum_{k=1}^{i-1} L_{i,k}\, y_k\right) \qquad (i=2,\ 3,\ \cdots,\ n)$$

$$x_n = \frac{y_n}{L_{n,n}}$$

$$x_i = \frac{1}{L_{i,i}}\left(y_i - \sum_{k=i+1}^{n} L_{i,k}\, x_k\right) \qquad (i=n-1,\ \cdots,\ 2,\ 1)$$

이 때, y_i는 y벡터의 첫 번째 값부터 계산하고, x_i는 x벡터의 마지막 값부터 계산한다.

5.3.3 숄레스키 분해를 이용한 연립방정식의 해 찾기

숄레스키 분해를 이용하여 다음의 선형 3원 1차 연립방정식의 해를 구해보자.

$$4x_1 - 4x_2 + 8x_3 = 1$$
$$-4x_1 + 5x_2 - 11x_3 = 1.5$$
$$8x_1 - 11x_2 + 32x_3 = 2$$

✎ 소스 코드

- mathlib.h

```
// mathlib.h
#define    _CRT_SECURE_NO_DEPRECATE
void       gaussian_elimination(double **Smatirx, double *Known, double *Unknown,
                int n_eqns);
void       cholesky_decomposition(double **L, double **A, int ncol);
void       cholesky_elimination(double **L, double *UV, double *KV, int ncol);
void       cholesky_solver(double **A, double *UV, double *KV, int ncol);
```

- mathlib.cpp

```
// mathlib.cpp
#include   "mathlib.h"
#include   <iostream>
using      namespace     std;

#include   <math.h>

void       gaussian_elimination(double **Smatirx, double *Known, double *Unknown,
                int n_eqns)
{
     //    앞에서 선언한 gaussian_elimination( ) 함수와 동일함, 별첨 소스 코드 참조
}

void       cholesky_decomposition(double **L, double **A, int ncol)
           //A: in, L: out, ncol: 행렬크기
{
     int         i, j, k;
     double      sum;

     for(i=0; i<ncol; i++){
           for(j=0; j<ncol; j++)L[i][j] = 0.0;
     }

     L[0][0] = sqrt(A[0][0]);
     for(i=1; i<ncol; i++){
           L[i][0] = A[i][0]/L[0][0];
           for(j=1; j<=i; j++){
                sum = 0.0;
                if(j!=i){
                     for(k=0; k<j; k++) sum += L[i][k]*L[j][k];
                     L[i][j] = ( A[i][j] - sum ) / L[j][j];
```

```
            }
            else{
                for(k=0; k<i; k++) sum += pow( L[i][k], 2 );
                L[i][j] = sqrt( A[i][j] - sum );
            }
        }
    }
}

void     cholesky_elimination(double **L, double *UV, double *KV, int ncol)
{
    int        i, j;
    double     sum;
    for(i=0; i<ncol; i++)UV[i]     = 0.0;

    for(i=0; i<ncol; i++){
        sum = KV[i];
        for(j=0; j<i; j++) sum     -= L[i][j]*UV[j];
        UV[i]     = sum/L[i][i];
    }

    for(i=ncol-1; i>=0; i--){
        sum = UV[i];
        for(j=i+1; j<ncol; j++)    sum -= L[j][i]*UV[j]; // L[j][i] = LT[i][j]이다
        UV[i]     = sum/L[i][i];
    }
}

void     cholesky_solver(double **A, double *UV, double *KV, int ncol)
{
    int        i;
    double     **L;     //  하삼각 행렬

    L    = new double*[ncol];
    for(i=0; i<ncol; i++)L[i]  = new double[ncol];

    cholesky_decomposition(L, A, ncol);     // 숄레스키 분해

    cout<<"하삼각 행렬은 "<<endl;
    for(i=0; i<ncol; i++){
        for(j=0; j<ncol; j++){
            cout<<L[i][j]<<"    ";
        }
        cout<<endl;
    }
    cout<<"상삼각 행렬은 "<<endl;
    for(i=0; i<ncol; i++){
        for(j=0; j<ncol; j++){
            cout<<L[j][i]<<"    ";
        }
        cout<<endl;
    }
```

```
    cholesky_elimination(L, UV, KV, ncol); // 숄레스키분해를 이용한 연립방정식 해 계산

    cout<<"숄레스키분해를 이용한 연립방정식의 해는 "<<endl;
    for(i=0; i<ncol; i++)cout<<"x_"<<i+1<<" : "<<UV[i]<<endl;

    for(i=0; i<ncol; i++)delete[] L[i];
    delete[]   L;
}
```

▪ main.cpp

```
// main.cpp
#include   <iostream>
using      namespace      std;

#include   "mathlib.h"

void       main(void)
{
    // 3원 1차 연립방정식 해 찾기
    int        i, ncol;
    double     **A;      //   행렬선언
    double     *UV;      //   미지수, A x = b 에서 x
    double     *KV;      //   기지수, A x = b 에서 b

    ncol = 3;
    A    = new double*[ncol];
    for(i=0; i<ncol; i++)A[i] = new double[ncol];
    UV   = new double[ncol];
    KV   = new double[ncol];

    A[0][0]   = 4.0;    A[0][1]   = -4.0;     A[0][2]   = 8.0;
    A[1][0]   = -4.0;   A[1][1]   = 5.0;      A[1][2]   = -11.0;
    A[2][0]   = 8.0;    A[2][1]   = -11.0;    A[2][2]   = 32.0;

    KV[0]     = 1.0;    KV[1]     = 1.5;      KV[2]     = 2;

    cholesky_solver(A, UV, KV, ncol);
    gaussian_elimination(A, KV, UV, ncol);
    cout<<"가우스소거법을 이용한 연립방정식의 해는 "<<endl;
    for(i=0; i<ncol; i++)cout<<"x_"<<i+1<<" : "<<UV[i]<<endl;

    for(i=0; i<ncol; i++)delete[] A[i];
    delete[]   A;
    delete[]   KV;
    delete[]   UV;
}
```

✎ 실행 결과

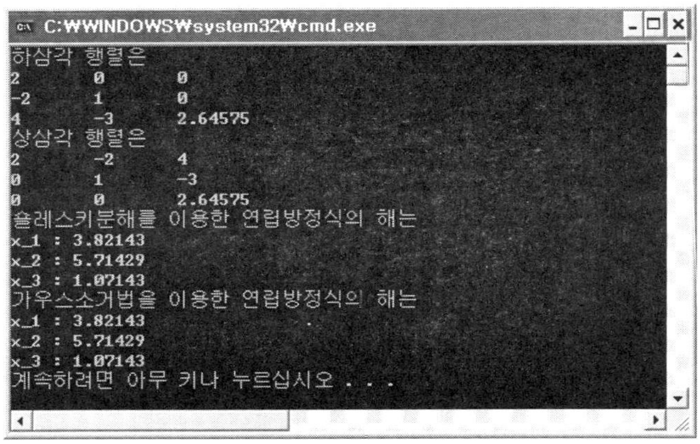

[그림 5-3] 숄레스키 분해를 이용한 해 찾기 결과

주어진 3원 1차 연립방정식은 다음과 같은데,

$$A = \begin{bmatrix} 4 & -4 & 8 \\ -4 & 5 & -11 \\ 8 & -11 & 32 \end{bmatrix} = \begin{bmatrix} a_{11} & 0 & 0 \\ a_{21} & a_{22} & 0 \\ a_{31} & a_{32} & a_{33} \end{bmatrix} \begin{bmatrix} a_{11} & a_{21} & a_{31} \\ 0 & a_{22} & a_{32} \\ 0 & 0 & a_{33} \end{bmatrix}$$

$$= \begin{bmatrix} a_{11}^2 & a_{11}a_{21} & a_{11}a_{31} \\ a_{21}a_{11} & a_{21}^2 + a_{22}^2 & a_{21}a_{31} + a_{22}a_{32} \\ a_{31}a_{11} & a_{31}a_{21} + a_{32}a_{22} & a_{31}^2 + a_{32}^2 + a_{33}^2 \end{bmatrix}$$

숄레스키 분해를 이용하면 하삼각 행렬 L의 요소 $a_{i,j}$(a_{11}, a_{21}, a_{22}, a_{31}, a_{32}, a_{33})의 값은 (2, −2, 1, 4, −3, 2.64575)가 된다. 그리고 하삼각 행렬을 이용하면 연립방정식의 해(x_1, x_2, x_3)는 (3.82143, 5.71429, 1.07143)가 되는데, 이것은 가우스 소거법을 이용한 결과와 동일함을 알 수 있다.

6장

비선형방정식의 해 찾기

비선형방정식의 해 찾기는 옵션시장에서 기초자산의 내재변동성*을 구할 때 유용하게 사용된다. 비선형방정식의 해 찾기에는 이분법과 뉴턴-랩슨법이 주로 사용된다.

6.1 이분법

이분법(Bisection Method)은 근이 반드시 존재하는 방정식 $f(x)$의 실근을 구하는 알고리즘이다. 폐구간을 이등분하고, 이등분된 구간 중 근이 존재하는 폐구간을 선택하고 다시 폐구간을 이등분하는 과정을 반복하여 실근을 찾는 방법이다. 계산 속도는 느리지만 알고리즘은 매우 간단하다.

6.1.1 알고리즘

[그림 6-1]과 같이 두 점 a와 b에 대한 함수값 $f(a)$와 $f(b)$의 곱이 $f(a)f(b) \le 0$인 경우, 그 구간 (a, b)내에 $f(x) = 0$인 실근이 존재하므로 구간 (a, b)의 이분점인 $(a+b)/2$을 c로 정한다. 구간 (a, c)에서 $f(a)f(c) \le 0$의 조건을 만족하면 c를 b로 지정하고 새로운 이분점 c는 $(a+b)/2$로 정의하고, $f(a)f(c) \le 0$의 조건을 만족하지 못하면 c를 a로 지정하고 새로운 이분점 c는 $(a+b)/2$로 정의하며 반복적으로 이분점 c를 찾아 허용된 오차범위 내에서 실근을 찾는 방법이다.

---

* 기초자산의 내재변동성은 블랙-숄즈 옵션가격결정모형으로 계산한 이론가격과 시장에서 거래되는 가격이 같도록 하는 변동성이다. 내재변동성에 대한 상세한 내용은 이 책의 19.1 내재변동성을 참조하시오.

구간 (a, b) 내에서 $f(x)$가 여러 개의 해를 가지고 있다면, 이분법은 그 중 하나의 해를 구하는 것이다.

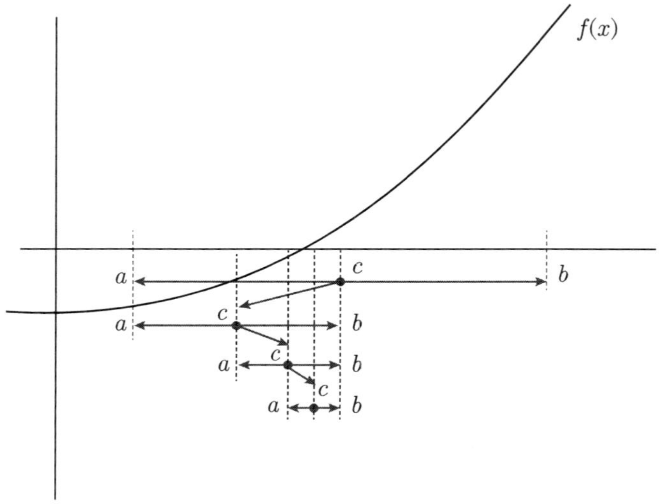

[그림 6-1] 이분법을 이용한 해 찾기 과정

6.1.2 이분법을 이용한 해 찾기

이분법을 이용하여 방정식 $f(x)$의 해를 찾아보자.

$$f(x) = e^{0.5x} - 5$$

✎ 소스 코드

- mathlib.h

```
// mathlib.h
double    nonlinear_function(double x);
double    bisection_method();
```

- mathlib.cpp

```
// mathlib.cpp
#include    <iostream>
using    namespace    std;
#include    <math.h>

double    nonlinear_function(double x)
{
```

```
    return    exp(0.5*x)-5.0;
}

double    bisection_method()
{
    double    xa, xb, xc, fxa, fxc;
    double    error_tolerance, error;
    int       iter;

    iter      = 0;
    error_tolerance = 1.0e-15;

    xa        = -10.0;  //   해의 구간 최소값 -10
    xb        = 10.0;   //   해의 구간 최대값 10
    do{
        xc   = (xa + xb)/2.0;
        fxa  = nonlinear_function(xa);
        fxc  = nonlinear_function(xc);
        if(fxa*fxc<0)           xb   = xc;
        else if(fxa*fxc>0)      xa   = xc;
        else{
            error = 0.0;
            break;
        }
        error = fabs(xb-xa);
        iter++;
    }while(error>error_tolerance && iter<100);
    if(iter==100)
        cout<<"허용오차범위는 불만족하나, 가장 근사한 값은 "<<xc<<"입니다."<<endl;
    else cout<<"bisection method 계산횟수 : "<<iter<<endl;

    return    xc;
}
```

- main.cpp

```
// main.cpp
#include   <iostream>
using      namespace      std;

#include   "mathlib.h"

void       main(void)
{
    double     solution;

    solution   = bisection_method();
    cout<<"bisection method로 계산된 해 : "<<solution<<endl;
}
```

✎ 실행 결과

[그림 6-2] 이분법을 이용한 해 찾기 결과

방정식 $f(x)$의 실제 해는 3.2188758248682006이나, 이분법을 이용한 해 찾기 결과는 3.21888로 소수점 이하가 너무 짧게 나온다. 이를 해결하기 위해서는 다음과 같은 명령을 추가하면 된다.

```
cout << setprecision(30);
```

자릿수 설정함수인 setprecision을 사용하려면 C++언어에서 제공하는 라이브러리인 iomanip 헤더파일을 포함해주는 전처리과정이 필요하다.

- main.cpp

```
// main.cpp
#include   <iostream>
#include   <iomanip>          // setprecision 함수를 사용하기 위함
using      namespace     std;

#include   "mathlib.h"

void       main(void)
{
     double    solution;
     cout << setprecision(30);     // 결과값의 소수점 단위를 확대 표시

     solution   = bisection_method();
     cout<<"bisection method로 계산된 해 : "<<solution<<endl;
}
```

✎ 실행 결과

[그림 6-3] 이분법을 이용한 해 찾기 결과

setprecision함수를 사용하면 소수점 설정에 따라 더 정확한 결과를 얻을 수 있다.

6.2 뉴턴-랩슨법

이분법은 알고리즘이 단순하여 이해하기 쉽고 구현도 간단하지만 수렴이 늦은 단점이 있다. 수치해석에서 많이 사용하는 뉴턴-랩슨법(Newton-Raphson Method)은 방정식 $f(x)$의 실근을 찾을 때 테일러 급수(Taylor Series)를 이용하기 때문에 해를 찾는 속도가 매우 빠르다.

6.2.1 알고리즘

[그림 6-4]에서 방정식 $f(x)=0$의 근사해를 x_i로 할 때,

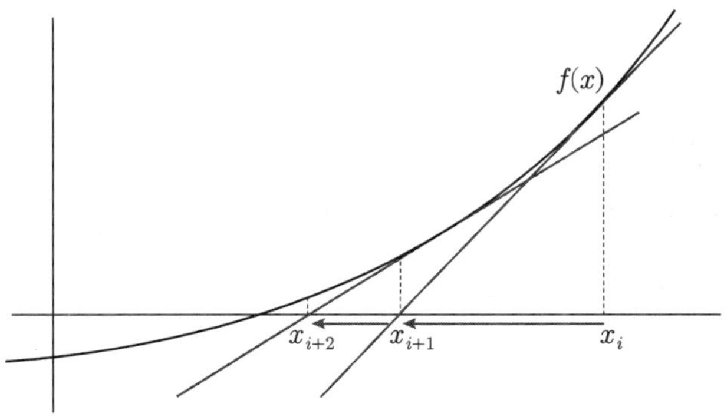

[그림 6-4] 뉴턴-랩슨법을 이용한 해 찾기 과정

$x=x_i$에서 $f(x)$의 접선의 방정식는 다음과 같은 1차 테일러 급수 전개(Expansion)가 가능하다.

$$f(x)=f(x_i)+(x-x_i)f'(x_i)$$

이 접선의 방정식이 x축과 교차하는 위치를 x_{i+1}이라면 다음의 관계가 성립하며,

$$f(x_{i+1})=f(x_i)+(x_{i+1}-x_i)f'(x_i)=0$$

x축과 교차하는 x_{i+1}는 다음과 같고,

$$x_{i+1} = x_i - \frac{f(x_i)}{f'(x_i)}$$

이 관계식이 뉴턴-랩슨법을 이용한 해 찾기 공식이다.

팁_19 테일러 급수

$x = x_0$에 대한 $f(x)$의 테일러 급수는 다음과 같다.

$$f(x) = f(x_0) + \triangle x f'(x_0) + \frac{1}{2!}(\triangle x)^2 f''(x_0) + \cdots + \frac{1}{n!}(\triangle x)^n f^n(x_0) + \cdots$$

여기서, $\triangle x = x - x_0$이고, $\triangle x$는 변수 x에 대한 작은 증분이나 무시할 만큼 작지 않다면, 다음과 같은 근사식이 성립한다.

$$\triangle f = f(x) - f(x_0) \cong f_x(x_0)\triangle x$$

6.2.2 뉴턴-랩슨법을 이용한 해 찾기

뉴턴-랩슨법을 이용하여 아래 방정식 $f(x)$의 해를 찾아보자.

$$f(x) = e^{0.5x} - 5$$

✎ 소스 코드

- mathlib.h

```
// mathlib.h
double    nonlinear_function(double x);
double    newtonraphson_method();
```

- mathlib.cpp

```
// mathlib.cpp
#include   <iostream>
using      namespace     std;
#include   <math.h>
```

```
double    nonlinear_function(double x)
{
    return    exp(0.5*x)-5.0;
}

double    newtonraphson_method()
{
    double    fx, fxprime;
    double    x, dx, error_tolerance, error;
    int       iter;

    iter        = 0;
    error_tolerance     = 1.0e-15;
    x           = 5.0;
    dx          = 0.001;

    do{
        fx          = nonlinear_function(x);
        fxprime     = ( nonlinear_function(x+dx)-nonlinear_function(x-dx))/(2.0*dx);
        x           = x - fx/fxprime;
        error       = fabs(fx);
        iter++;
    }while(error>error_tolerance && iter<100);
    if(iter==100)
        cout<<"허용오차범위는 불만족하나, 가장 근사한 값은 "<<x<<"입니다."<<endl;
    else cout<<"newton raphson method 계산횟수 : "<<iter<<endl;

    return    x;
}
```

- main.cpp

```
// main.cpp
#include  <iostream>
#include  <iomanip>
#include  <math.h>
using     namespace     std;

#include  "mathlib.h"

void      main(void)
{
    double    solution;
    cout << setprecision(30);

    solution   = newtonraphson_method();
    cout<<"newtonraphson method로 계산된 해 : "<<solution<<endl;
}
```

✎ 실행 결과

[그림 6-5] 뉴턴-랩슨법을 이용한 해 찾기 결과

[그림 6-4]와 [그림 6-5]에서 이분법과 뉴턴-랩슨법을 이용한 해 찾기 결과는 동일하지만 해를 찾기까지 수행한 횟수는 뉴턴-랩슨법이 7회로 이분법 55회보다 훨씬 적은 것을 알 수 있다.

7장

비선형 파라미터 추정

비선형 파라미터 추정이란 실험이나 관측 등의 결과로 m개의 데이터 $(x_j,\ y_j)(j=1,\ 2,\ \cdots,\ m)$가 주어졌고, 변수 x와 그 결과치 y를 n개의 파라미터 $c_i(i=1,\ 2,\ \cdots,\ n)$으로 구성된 함수관계식 $y=f(x;c_i)$로 설정할 때 파라미터 c_i를 구하는 것이다.

7.1 가우스-뉴턴 방법을 이용한 비선형 파라미터 추정법

7.1.1 가우스-뉴턴 방법 알고리즘

가우스-뉴턴(Gauss-Newton) 방법은 비선형 파라미터를 추정하는 기본적인 방법으로 곡선접합(Curve Fitting)에 주로 사용된다. 파라미터 추정을 위해 비선형 함수 $f(x;c_i)$에 대해 테일러 급수를 적용하면 다음과 같다.

$$f(x;c_i)=f(x;c_i^0)+\frac{\partial f}{\partial c_1}(c_1-c_1^0)+\cdots+\frac{\partial f}{\partial c_n}(c_n-c_n^0) \tag{7-1}$$

여기서, c_i^0은 미지 파라미터 c_i의 초기값이다.

식 (7-1)을 이용하여 각 데이터 x_j에 대한 함수값 $f(x_j;c_i)$와 데이터 y_j와의 오차 e_j를 구하면 다음과 같다.

$$e_j=f(x_j;c_i)-y_j=f(x_j;c_i^0)+\frac{\partial f_j}{\partial c_1}(c_1-c_1^0)+\cdots+\frac{\partial f_j}{\partial c_n}(c_n-c_n^0)-y_j$$

여기서, 각 파라미터의 변화량을 $\Delta c_i = c_i - c_i^0$라고 정의하면 오차 e_j는 다음과 같다.

$$e_j = f(x_j; c_i^0) - y_j + \frac{\partial f_j}{\partial c_1}\Delta c_1 + \cdots + \frac{\partial f_j}{\partial c_n}\Delta c_n$$

파라미터 Δc_i를 구하기 위해 오차 e_j의 제곱합을 R로 설정하고,

$$R = \sum_{j=1}^{m}\left\{f(x_j; c_i^0) - y_j + \frac{\partial f_j}{\partial c_1}\Delta c_1 + \cdots + \frac{\partial f_j}{\partial c_n}\Delta c_n\right\}^2$$

오차제곱합인 R을 최소로 하는 목적함수 $\min(R)$를 만족하는 Δc_i를 구하기 위해서는 Δc_i에 대한 R의 편미분치가 0이 되는 다음의 n차 연립방정식을 풀면 된다.

$$\begin{aligned}
&\frac{\partial R}{\partial \Delta c_1} = 2\sum_{j=1}^{m}\left\{f(x_j; c_i^0) - y_j + \frac{\partial f_j}{\partial c_1}\Delta c_1 + \cdots + \frac{\partial f_j}{\partial c_n}\Delta c_n\right\}\frac{\partial f_j}{\partial c_1} = 0 \\
&\vdots \\
&\frac{\partial R}{\partial \Delta c_n} = 2\sum_{j=1}^{m}\left\{f(x_j; c_i^0) - y_j + \frac{\partial f_j}{\partial c_1}\Delta c_1 + \cdots + \frac{\partial f_j}{\partial c_n}\Delta c_n\right\}\frac{\partial f_j}{\partial c_n} = 0
\end{aligned}$$

상기 n차 연립방정식을 정리하면 다음과 같고,

$$\begin{aligned}
&\sum_{j=1}^{m}\left\{\frac{\partial f_j}{\partial c_1}\Delta c_1 + \cdots + \frac{\partial f_j}{\partial c_n}\Delta c_n\right\}\frac{\partial f_j}{\partial c_1} = -\sum_{j=1}^{m}\left\{f(x_j; c_i^0) - y_j\right\}\frac{\partial f_j}{\partial c_1} \\
&\vdots \\
&\sum_{j=1}^{m}\left\{\frac{\partial f_j}{\partial c_1}\Delta c_1 + \cdots + \frac{\partial f_j}{\partial c_n}\Delta c_n\right\}\frac{\partial f_j}{\partial c_n} = -\sum_{j=1}^{m}\left\{f(x_j; c_i^0) - y_j\right\}\frac{\partial f_j}{\partial c_n}
\end{aligned}$$

이를 행렬식으로 나타내면 다음과 같다.

$$\begin{bmatrix}
\sum_{j=1}^{m}\frac{\partial f_j}{\partial c_1}\frac{\partial f_j}{\partial c_1} & \cdots & \sum_{j=1}^{m}\frac{\partial f_j}{\partial c_1}\frac{\partial f_j}{\partial c_n} \\
\vdots & \vdots & \vdots \\
\sum_{j=1}^{m}\frac{\partial f_j}{\partial c_n}\frac{\partial f_j}{\partial c_1} & \cdots & \sum_{j=1}^{m}\frac{\partial f_j}{\partial c_n}\frac{\partial f_j}{\partial c_n}
\end{bmatrix}
\begin{bmatrix}\Delta c_1 \\ \vdots \\ \Delta c_n\end{bmatrix}
=
\begin{bmatrix}
-\sum_{j=1}^{m}\left\{f(x_j; c_i^0) - y_j\right\}\frac{\partial f_j}{\partial c_1} \\
\vdots \\
-\sum_{j=1}^{m}\left\{f(x_j; c_i^0) - y_j\right\}\frac{\partial f_j}{\partial c_n}
\end{bmatrix} \tag{7-2}$$

위의 행렬식을 앞에서 설명한 가우스 소거법을 이용하여 풀면 $\triangle c_i$를 얻을 수 있다. 그리고 파라미터 c_i^0의 초기추정치에 대한 $\triangle c_i$를 통해 1차 추정치 c_i^1를 얻을 수 있고,

$$c_i^1 = c_i^0 + \triangle c_i$$

같은 방법으로 2차 추정치, 3차 추정치,$\cdots$, t차 추정치를 구한다.

$$c_i^t = c_i^{t-1} + \triangle c_i$$

파라미터 c_i의 변동 $\triangle c_i$의 합이 허용오차(Tolerance) e를 만족할 때까지 반복하여 파라미터를 추정한다.

$$\sum_{i=1}^{n} | \triangle c_i | < e$$

팁_20 오차

오차제곱합(SSE, Sum of Squared Error)

$$SSE = \sum_{i=1}^{N} (X_i - Y_i)^2$$

평균제곱오차(MSE, Mean Squared Error)

$$MSE = \frac{1}{N} \sum_{i=1}^{N} (X_i - Y_i)^2$$

평균제곱근오차(RMSE, Root Mean Squared Error)

$$RMSE = \sqrt{\frac{1}{N} \sum_{i=1}^{N} (X_i - Y_i)^2}$$

여기서, X_i : 관측값, Y_i : 계산값, N : 자료의 개수

7.1.2 가우스-뉴턴 방법을 이용한 파라미터 추정

가우스-뉴턴 방법을 이용하여 비선형 파라미터를 추정하기 위하여 다음의 함수를 설정하였다.

$$f(x) = ax - bx^2 - ce^{-dx}$$

여기서, 파라미터 a, b, c와 d의 값이 (1.561, −0.725, −0.532, −0.288)이고, x의 값이 (1.0, 1.2, 1.4, 1.6, 1.8, 2.0, 2.2, 2.4, 2.6, 2.8)이면, $f(x)$는 (0.43713, 0.45265, 0.40893, 0.30603, 0.14401, −0.07706, −0.35712, −0.69612, −1.09400, −1.55072)일 것이다. 그런데 x와 $f(x)$의 값이 주어졌다고 가정하고, 파라미터 a, b, c와 d의 값을 구해보자.

✎ 소스 코드

- mathlib.h

```
// mathlib.h
#define    _CRT_SECURE_NO_DEPRECATE
void     gaussian_elimination(double **Smatirx, double *Known, double *Unknown,
                             int n_eqns);
```

- mathlib.cpp

```
// mathlib.cpp
#include   <iostream>
using      namespace     std;

#include   "mathlib.h"

void     gaussian_elimination(double **Smatirx, double *Known, double *Unknown,
                             int n_eqns)
{
    //   앞에서 선언한 gaussian_elimination( ) 함수와 동일함, 별첨 소스 코드 참조
}
```

- nonlinearsolver.h

```
// nonlinearsolver.h
#define    _CRT_SECURE_NO_DEPRECATE
void       gauss_newton_parameter_solver(int nref, double *ref_x, double *ref_y,
                 int nparameter, double *parameter,
                 double object_func(int nparameter, double *parameter, double x));
double     fx_function(int nparameter, double *parameter, double x);
```

- nonlinearsolver.cpp

```
// nonlinearsolver.cpp
#include   <iostream>
using      namespace     std;

#include   <math.h>

#include   "nonlinearsolver.h"
```

```
#include  "mathlib.h"

void      gauss_newton_parameter_solver(int nref, double *ref_x, double *ref_y,
              int nparameter, double *parameter,
              double object_func(int nparameter, double *parameter, double x))
{
    //  비선형 파라미터 추정
    int       i, j, k, iter;
    double    *guess, *unknown, *known, *perr;
    double    **smatrix;
    double    error, olderror, tmperror, tolerance, h;
    double    fx_value;

    iter      = 0;
    tolerance = 1.0e-15;
    h         = 0.00001;

    perr      = new double[nref];
    guess     = new double[nparameter];
    unknown   = new double[nparameter];
    known     = new double[nparameter];
    smatrix   = new double*[nparameter];

    for(i=0; i<nparameter; i++) smatrix[i]   = new double[nparameter];
    for(i=0; i<nparameter; i++) guess[i]     = parameter[i];

    error     = 0.0;
    for(i=0; i<nref; i++){
        fx_value  = object_func(nparameter, guess, ref_x[i]);
        perr[i]   = fx_value - ref_y[i];
        error+    = perr[i]*perr[i];
    }
    olderror  = error;

    double    df1, df2, faph, famh, fbph, fbmh;

    iter      = 0;
    tmperror  = 1.0e15;
    do{
        for(i =0; i<nparameter; i++){
            for(j=0; j<nparameter; j++) smatrix[i][j] = 0.0;
            known[i] = unknown[i] = 0.0;
        }

        for(i=0; i<nparameter; i++){
            for(j=i; j<nparameter; j++){
                for(k=0; k<nref; k++){
                    guess[i]  += h;
                    faph      = object_func(nparameter, guess, ref_x[k]);
                    guess[i]  -= 2.0*h;
                    famh      = object_func(nparameter, guess, ref_x[k]);
                    guess[i]  += h;
```

```
                    guess[j]   += h;
                    fbph        = object_func(nparameter, guess, ref_x[k]);
                    guess[j]   -= 2.0*h;
                    fbmh        = object_func(nparameter, guess, ref_x[k]);
                    guess[j]   += h;

                    df1  = (faph - famh)/(2.0*h);
                    df2  = (fbph - fbmh)/(2.0*h);
                    smatrix[i][j]    +=   df1*df2;
                }
            }
        }

        for(i=1; i<nparameter; i++){
            for(j=0; j<i; j++)    smatrix[i][j]    = smatrix[j][i];
        }

        for(i=0; i<nparameter; i++){
            for(k=0; k<nref; k++){
                guess[i]   += h;
                faph        = object_func(nparameter, guess, ref_x[k]);
                guess[i]   -= 2.0*h;
                famh        = object_func(nparameter, guess, ref_x[k]);
                guess[i]   += h;

                df1         = (faph - famh)/(2.0*h);
                known[i]  -=   df1*perr[k];
            }
        }

        gaussian_elimination(smatrix, known, unknown, nparameter);

        for(i=0; i<nparameter; i++)    guess[i]   += unknown[i];

        tmperror  = olderror;
        error     = 0.0;
        for(i=0; i<nref; i++){
            fx_value  = object_func(nparameter, guess, ref_x[i]);
            perr[i]    = fx_value - ref_y[i];
            error+     = perr[i]*perr[i];
        }
        olderror   = error;

        cout<<iter<<"번째"<<endl;
        for(i=0; i<nparameter; i++)    cout<<"p["<<i<<"] : "<<guess[i]<<endl;

        iter++;
    }while(error>tolerance && fabs(tmperror-error)>tolerance && iter<1000);

    for(i=0; i<nparameter; i++) parameter[i] = guess[i];
```

```
    cout<<iter<<"번 실행후 최적해 구함"<<endl;

    for(i=0; i<nparameter; i++) delete smatrix[i];
    delete[]  unknown;
    delete[]  known;
    delete[]  guess;
    delete[]  smatrix;
}

double    fx_function(int nparameter, double *parameter, double x)
{
    int       i;
    double    *p;
    p         = new double[nparameter];
    for(i=0; i<nparameter; i++)    p[i]  = parameter[i];

    return    p[0]*x + p[1]*x*x + p[2]*exp(p[3]*x);
}
```

- main.cpp

```
// main.cpp
#include  <iostream>
#include  <math.h>
#include  <iomanip>
using     namespace     std;

#include  "mathlib.h"
#include  "nonlinearsolver.h"

void      main(void)
{
    // 비선형 파라미터 추정
    int       i, n_data;
    double    *mx, *my;           //   데이터

    int       n_parameter;        //   미지 파라미터수
    double    *parameter;         //   파라미터

    // display points
    cout << setprecision(15);

    n_data    = 10;
    mx        = new double[n_data];
    my        = new double[n_data];

    for(i=0; i<n_data; i++){
        mx[i]     = 1.0 + 0.2*i;
        my[i]     = 1.561*mx[i] - 0.725*mx[i]*mx[i] - 0.532*exp(-0.288*mx[i]);
    }
```

```
    n_parameter    = 4;
    parameter = new double[n_parameter];
    for(i=0; i<n_parameter; i++)  parameter[i]    = 1.0;      // 파라미터 초기화

    gauss_newton_parameter_solver(n_data, mx, my, n_parameter, parameter, fx_function);
    // 비선형 파라미터 추정

    for(i=0; i<n_parameter; i++)  cout<<"p["<<i<<"] : "<<parameter[i]<<endl;

    delete[]  parameter;
    delete[]  mx;
    delete[]  my;
}
```

✎ 실행 결과

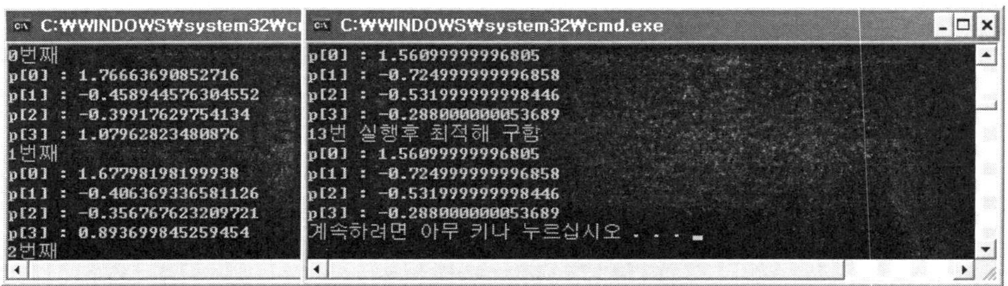

[그림 7-1] 가우스-뉴턴 방법을 이용한 파라미터 계산 결과

가우스-뉴턴 방법을 이용한 $f(x)$의 파라미터 a, b, c와 d의 결과값이 (1.561, −0.725, −0.532, −0.288)로서, 구하고자 했던 파라미터 a, b, c와 d의 값 (1.561, −0.725, −0.532, −0.288)과 동일함을 알 수 있다.

7.2 레벤버그-마쿼트 방법을 이용한 비선형 파라미터 추정법

가우스-뉴턴 방법은 곡선 접합에 주로 사용되는데, 곡면 접합(Surface Fitting)에 적용할 경우 종종 국부 최소점(Local Minimum)에 수렴하여 전역 최소점(Global Minimum)을 발견하지 못하는 경우가 발생한다. 이러한 단점을 보완하기 위하여 레벤버그-마쿼트(Levenberg-Marquardt) 방법이 제시되었는데 이 방법은 가우스-뉴턴 방법의 변형된 방법으로 곡면 접합 문제 해결에 주로 사용되며 가우스-뉴턴 방법보다 안정적인 수렴 결과를 얻을 수 있다.

7.2.1 레벤버그-마쿼트 방법 알고리즘

가우스-뉴턴 방법의 식 (7-2)은 다음과 같이 벡터식으로 나타낼 수 있다.

$$
\begin{aligned}
& \mathrm{J}^{\mathrm{T}}\mathrm{J}\Delta \mathrm{c} = \mathrm{J}^{\mathrm{T}}\varepsilon \\
& \Rightarrow \Delta \mathrm{c} = \left(\mathrm{J}^{\mathrm{T}}\mathrm{J}\right)^{-1}\mathrm{J}^{\mathrm{T}}\varepsilon \qquad (7\text{-}3)
\end{aligned}
$$

여기서, 행렬 J는 파라미터 벡터 c에 대한 함수 f의 미분인 야코비안 행렬(Jacobian Matrix)이며, 에러 벡터 ε는 관측치와 계산치의 오차부분이다.

식 (7-3)에서 파라미터 변동치 벡터 $\Delta \mathrm{c}$를 정할 수 있는 공식은 도출되었으나, 행렬 $\mathrm{J}^{\mathrm{T}}\mathrm{J}$의 역행렬이 풀리지 않는 경우가 있다. 그래서 레벤버그-마쿼트 방법은 역행렬 부분에 다음과 같이 변수를 추가하였다.

$$\Delta \mathrm{c} = \left(\mathrm{J}^{\mathrm{T}}\mathrm{J} + \lambda \mathrm{I}\right)^{-1}\mathrm{J}^{\mathrm{T}}\varepsilon$$

여기서, λ는 감쇠지수(Damping Factor)이고, I는 단위행렬(Identity Matrix)이다.

행렬 $\lambda \mathrm{I}$가 추가되어 역행렬 부분은 양정치행렬(Positive Definite Matrix)이 되어 역행렬 계산이 가능해진다. 그리고 계수 λ가 0이면 가우스-뉴턴 방법과 동일하다.

파라미터 벡터 c^0의 초기추정치에 대한 $\Delta \mathrm{c}$를 통해 1차 추정치 c^1를 얻을 수 있고,

$$\mathrm{c}^1 = \mathrm{c}^0 + \Delta \mathrm{c}$$

같은 방법을 이용하여, 2차 추정치, 3차 추정치,⋯, t차 추정치를 구한다.

$$\mathrm{c}^t = \mathrm{c}^{t-1} + \Delta \mathrm{c}$$

파라미터 벡터 c의 변동치 $\Delta \mathrm{c}$의 합이 허용오차 e를 만족할 때까지 반복하여 파라미터 벡터를 추정한다.

$$\sum_{i=1}^{n} |\Delta c_i| < e$$

이 과정은 λ에 초기값을 부여하고, 함수의 관측값과 함수값의 오차제곱합을 계산한다. 계산

된 오차값으로 $\Delta \mathbf{c}$를 계산하고, 계산된 $\Delta \mathbf{c}$가 적용된 파라미터 벡터 $\mathbf{c}^t$에 의한 함수값을 구한다. 관측값과 함수값의 오차제곱합을 계산하여, 이전에 계산된 오차제곱합보다 작으면 감쇠지수 λ에 0.1을 곱하고, 반대로 이전에 계산된 오차제곱합보다 크면 10을 곱하여 국부 최소점으로 수렴되는 것을 방지한다.

7.2.2 레벤버그-마쿼트 방법을 이용한 파라미터 추정

기초자산 S가 235.32, 무위험이자율 r이 0.03, 배당률 d는 0이고 행사가격 K와 잔존만기 T에 대해 시장고시 내재변동성(Implied Volatility)이 다음과 같고,

K ＼ $T(Y)$	0.083	0.25	0.5	0.75	1	2
211.79	40.18	37.2	33.78	31.59	30.82	24.94
223.55	38.56	35.1	31.95	30.05	29.43	24.04
235.32	36	32.6	29.57	27.87	27.33	22.34
247.09	34.01	30.4	27.43	25.83	25.38	20.69
258.85	33.67	29.5	26.49	24.93	24.54	20.09

내재변동성 함수를 다음과 같이 가정할 때,

$$\sigma_I(K,T) = a + c\exp(bT) + dX + eX^2 + fX^3 + gX^4$$

$$X = \ln \frac{Se^{(r-q)T}}{K}$$

시장고시 내재변동성 곡면을 접합시키는 내재변동성 함수의 파라미터 a, b, c, d, e, f와 g의 값을 구해보자.

✎ 소스 코드

- data.h

```
// data.h
#define    _CRT_SECURE_NO_DEPRECATE

void       read_market_vol(char *filename, int n_strike, double *v_strike, int n_maturity,
                          double *v_maturity, double **m_vol);
void       save_vol(char *filename, int n_strike, double *v_strike, int n_maturity,
                          double *v_maturity, double **vol);
```

▪ data.cpp

```
// data.cpp
#include  <iostream>
#include  <fstream>
using     namespace    std;

#include  "data.h"

void      read_market_vol(char *filename, int n_strike, double *v_strike, int n_maturity,
                          double *v_maturity, double **m_vol)
{
     ifstream  inf(filename, ios::in);
     if(!inf.is_open()){ // 파일을 open할수 없을 때
          cout << filename <<" 파일을 열 수 없습니다."<< endl;
          inf.clear();
          exit(0);
     }

     int   i, j;
     char text[20];

     inf>>text;      //    "만기:" 읽기
     for(j=0; j<n_maturity; j++){
          inf>>text;
          v_maturity[j]  = atof(text);
     }
     inf>>text;      //    "행사가격:" 읽기
     for(i=0; i<n_strike; i++){
          inf>>text;
          v_strike[i]     = atof(text);
     }
     inf>>text;      //    "변동성:" 읽기
     for(i=0; i<n_strike; i++){
          for(j=0; j<n_maturity; j++){
               inf>>text;
               m_vol[i][j]      = atof(text)/100.0;
          }
     }
     inf.close();
}

void      save_vol(char *filename, int n_strike, double *v_strike, int n_maturity,
                   double *v_maturity, double **vol)
{
     ofstream  outf(filename, ios::out | ios::trunc);
     //   ios::trunc 사용시 기존 데이터 삭제후 추가
     //   ios::app 사용시 데이터 추가 가능
     if(!outf.is_open()){ // 파일을 open할수 없을 때
          cout << filename <<" 파일을 열 수 없습니다."<< endl;
          outf.clear();
          exit(0);
```

```
    }

    int   i, j;

    outf<<"만기: "<<" ";
    for(j=0; j<n_maturity; j++){
        outf<<v_maturity[j]<<" ";
    }
    outf<<endl;

    outf<<"행사가격: "<<"  ";
    for(i=0; i<n_strike; i++){
        outf<<v_strike[i]<<"     ";
    }
    outf<<endl;

    outf<<"변동성: "<<"     ";
    for(i=0; i<n_strike; i++){
        for(j=0; j<n_maturity; j++){
            outf<<vol[i][j]*100.0<<" ";
        }
        outf<<endl;
        outf<<"  "<<"";
    }
    outf.close();
}
```

▪ mathlib.h

```
// mathlib.h
#define    _CRT_SECURE_NO_DEPRECATE
void       gaussian_elimination(double **Smatirx, double *Known, double *Unknown,
                               int n_eqns);
```

▪ mathlib.cpp

```
// mathlib.cpp
#include   <iostream>
using      namespace     std;

#include   "mathlib.h"

void    gaussian_elimination(double **Smatirx, double *Known, double *Unknown,
                             int n_eqns)
{
    //   앞에서 선언한 gaussian_elimination( ) 함수와 동일함, 별첨 소스 코드 참조
}
```

▪ nonlinearsolver.h

```
// nonlinearsolver.h
#define   _CRT_SECURE_NO_DEPRECATE
void      levenberg_marquardt_parameter_solver(double S, double cc, int n_x,
              double *v_x, int n_y, double *v_y, double **mat, int nparameter,
              double *parameter,
              double object_func(int nparameter, double *parameter, double x, double t));

double    implied_volatility_function(int nparameter, double *parameter, double x, double t);
void      implided_volatility(double S, double cc, int n_x, double *v_x, int n_y,
              double *v_y, double **mat, int nparameter, double *parameter);
```

▪ nonlinearsolver.cpp

```
// nonlinearsolver.cpp
#include  <iostream>
using     namespace    std;

#include  <math.h>

#include  "nonlinearsolver.h"
#include  "mathlib.h"

void      levenberg_marquardt_parameter_solver(double S, double cc, int n_x,
              double *v_x, int n_y, double *v_y, double **m_ref, int nparameter,
              double *parameter,
              double object_func(int nparameter, double *parameter, double x, double t))
{
    //  비선형 파라미터 추정
    int        i, j, m, n, iter;
    double     *unknown, *known, *guess, *tguess, *minguess;
    double     **smatrix, **perr, **tperr;
    double     error, olderror, minerror, tmperror, tolerance, h;
    double     fx_value, xvalue;

    iter      = 0;
    tolerance = 1.0e-15;
    h         = 0.00001;

    perr      = new double*[n_x];
    tperr     = new double*[n_x];
    for(i=0; i<n_x; i++){
        perr[i]   = new double[n_y];
        tperr[i]  = new double[n_y];
    }

    guess     = new double[nparameter];
    tguess    = new double[nparameter];
    minguess = new double[nparameter];
    unknown  = new double[nparameter];
```

```
known     = new double[nparameter];
smatrix   = new double*[nparameter];
for(i=0; i<nparameter; i++) smatrix[i]   = new double[nparameter];
for(i=0; i<nparameter; i++) guess[i]     = parameter[i];

double    df1, df2, faph, famh, fbph, fbmh, lambda;
lambda    = 0.0001;

error= 0.0;
for(i=0; i<n_x; i++){
     for(j=0; j<n_y; j++){
          xvalue     = log(S*exp(cc*v_y[j])/v_x[i]);
          fx_value   = object_func(nparameter, guess, xvalue, v_y[j]);
          perr[i][j] = (fx_value - m_ref[i][j]);
          error      += perr[i][j]*perr[i][j];
     }
}
olderror  = error;
iter      = 0;
tmperror  = 0.0;
minerror  = 1.0e10;

do{
     for(i=0; i<nparameter; i++){
          for(j=0; j<nparameter; j++) smatrix[i][j] = 0.0;
          known[i] = unknown[i] = 0.0;
     }

     for(i=0; i<nparameter; i++){
          for(j=i; j<nparameter; j++){
               for(m=0; m<n_x; m++){
                    for(n=0; n<n_y; n++){
                         xvalue    = log(S*exp(cc*v_y[n])/v_x[m]);
                         guess[i]  += h;
                         faph      = object_func(nparameter, guess, xvalue, v_y[n]);
                         guess[i]  -= 2.0*h;
                         famh      = object_func(nparameter, guess, xvalue, v_y[n]);
                         guess[i]  += h;

                         guess[j]  += h;
                         fbph      = object_func(nparameter, guess, xvalue, v_y[n]);
                         guess[j]  -= 2.0*h;
                         fbmh      = object_func(nparameter, guess, xvalue, v_y[n]);
                         guess[j]  += h;

                         df1       = (faph - famh)/(2.0*h);
                         df2       = (fbph - fbmh)/(2.0*h);
                         smatrix[i][j]   += df1*df2;
                    }
               }
          }
     }
```

```
for(i=1; i<nparameter; i++){
    for(j=0; j<i; j++)    smatrix[i][j]    = smatrix[j][i];
}

for(i=0; i<nparameter; i++){
    smatrix[i][i] = smatrix[i][i] *(1.0+lambda);
    for(m=0; m<n_x; m++){
        for(n=0; n<n_y; n++){
            xvalue    = log(S*exp(cc*v_y[n])/v_x[m]);
            guess[i]  += h;
            faph      = object_func(nparameter, guess, xvalue, v_y[n]);
            guess[i]  -= 2.0*h;
            famh      = object_func(nparameter, guess, xvalue, v_y[n]);
            guess[i]  += h;

            df1       = (faph - famh)/(2.0*h);
            known[i]  -=  df1*perr[m][n];
        }
    }
}

gaussian_elimination(smatrix, known, unknown, nparameter);

for(i=0; i<nparameter; i++)    tguess[i]  = guess[i] + unknown[i];
error= 0.0;
for(i=0; i<n_x; i++){
    for(j=0; j<n_y; j++){
        xvalue    = log(S*exp(cc*v_y[j])/v_x[i]);
        fx_value  = object_func(nparameter, tguess, xvalue, v_y[j]);
        tperr[i][j] = (fx_value - m_ref[i][j]);
        error     += tperr[i][j]*tperr[i][j];
    }
}

if(iter!=0 && error > olderror)    lambda    *= 10.0;
else{
    lambda /=10.0;
    for(i=0; i<nparameter; i++)    guess[i]   = tguess[i];

    for(i=0; i<n_x; i++){
        for(j=0; j<n_y; j++)       perr[i][j]  = tperr[i][j];
    }
    tmperror  = olderror;
    olderror  = error;
}

if(error < minerror){
    for(i=0; i<nparameter; i++) minguess[i] = guess[i];
    minerror = error;
}

cout<<iter<<"번째"<<endl;
for(i=0; i<nparameter; i++)    cout<<"p["<<i<<"] : "<<guess[i]<<endl;
```

```
        cout<<"error : "<<minerror<<endl;

        iter++;
    }while(error>tolerance && fabs(tmperror-error)>tolerance && iter<1000);

    for(i=0; i<nparameter; i++) parameter[i] = guess[i];

    cout<<iter<<"번 실행후 최적해 구함"<<endl;

    for(i=0; i<n_x; i++){
        delete perr[i];
        delete tperr[i];
    }
    delete[]    perr;
    delete[]    tperr;

    for(i=0; i<nparameter; i++) delete smatrix[i];
    delete[]    unknown;
    delete[]    known;
    delete[]    guess;
    delete[]    tguess;
    delete[]    minguess;
    delete[]    smatrix;
}

double    implied_volatility_function(int nparameter, double *parameter, double x, double t)
{
    int         i;
    double      imvol;
    double      *p;
    p           = new double[nparameter];
    for(i=0; i<nparameter; i++)    p[i]  = parameter[i];

    imvol       = p[0] + p[2]*exp(p[1]*t) + p[3]*x + p[4]*x*x + p[5]*x*x*x + p[6]*x*x*x*x;
    delete[]    p;
    return      imvol;
}

void      implided_volatility(double S, double cc, int n_x, double *v_x, int n_y,
                double *v_y, double **mat, int nparameter, double *parameter)
{
    int         i, j;
    double      xvalue;

    for(i=0; i<n_x; i++){
        for(j=0; j<n_y; j++){
            xvalue     = log(S*exp(cc*v_y[j])/v_x[i]);
            mat[i][j]  = implied_volatility_function(nparameter, parameter, xvalue, v_y[j]);
        }
    }
}
```

- main.cpp

```
// main.cpp
#include  <iostream>
using     namespace     std;

#include  <math.h>
#include  <iomanip>

#include  "mathlib.h"
#include  "data.h"
#include  "nonlinearsolver.h"

void      main(void)
{
    // 비선형 파라미터 추정
    int       i;
    int       n_strike, n_maturity;      //  행사가격 수량, 잔존만기 수량
    double    riskfreerate, dividend, S, carrycost;
                                         //  무위험이자율, 배당률, 기초자산, carry cost
    double    *v_strike, *v_maturity;    //  행사가격, 잔존만기
    double    **m_vol;                   //  market vol

    int       n_parameter;          //   미지 파라미터수
    double    *parameter;           //   파라미터

    // display points
    cout << setprecision(20);

    n_strike        = 5;
    n_maturity      = 6;

    v_strike        = new double[n_strike];
    v_maturity      = new double[n_maturity];
    m_vol           = new double*[n_strike];
    for(i=0; i<n_strike; i++) m_vol[i]   = new double[n_maturity];

    read_market_vol("marketvol.txt", n_strike, v_strike, n_maturity, v_maturity, m_vol);

    S               = v_strike[2];
    riskfreerate    = 0.03;
    dividend        = 0.0;
    carrycost       = riskfreerate - dividend;

    n_parameter     = 7;
    parameter       = new double[n_parameter];
    for(i=0; i<n_parameter; i++)   parameter[i]    = 0.1;     // 파라미터 초기화

    levenberg_marquardt_parameter_solver(S, carrycost, n_strike, v_strike, n_maturity,
          v_maturity, m_vol, n_parameter, parameter, implied_volatility_function);
              // 비선형 파라미터 추정
```

```
    for(i=0; i<n_parameter; i++)   cout<<"p["<<i<<"] : "<<parameter[i]<<endl;

    double     **imvol;
    imvol      = new double*[n_strike];//    implided vol function에 의한 내재변동성
    for(i=0; i<n_strike; i++)  imvol[i]   = new double[n_maturity];

    implided_volatility(S, carrycost, n_strike, v_strike, n_maturity, v_maturity, imvol,
                        n_parameter, parameter);
    save_vol("impliedvol.txt", n_strike, v_strike, n_maturity, v_maturity, imvol);

    for(i=0; i<n_strike; i++){
        delete[]   m_vol[i];
        delete[]   imvol[i];
    }
    delete[]   parameter;
    delete[]   v_strike;
    delete[]   v_maturity;
    delete[]   imvol;
}
```

✎ 실행 결과

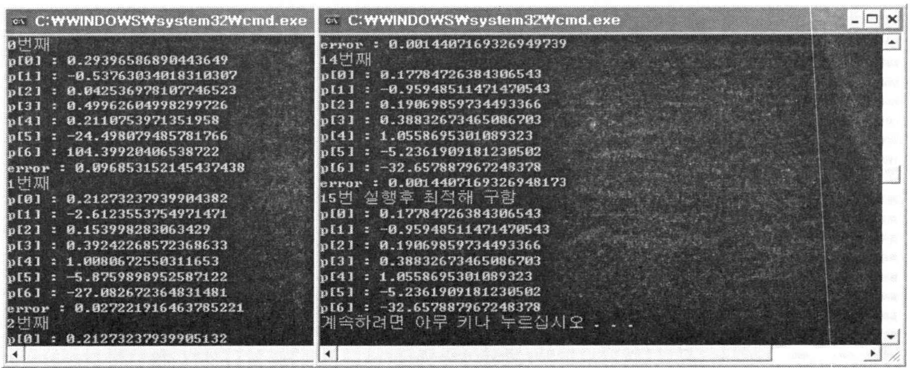

[그림 7-3] 레벤버그-마쿼트 방법을 이용한 파라미터 계산 결과

레벤버그-마쿼트 방법을 이용하여 계산한 $\sigma_I(K,T)$ 의 파라미터 a, b, c, d, e, f와 g의 값은 (0.1778, −0.9595, 0.1907, 0.3883, 1.0559, −5.2362, −32.6579)이다. [그림 7-4]은 시장에서 고시된 변동성과 추정된 파라미터를 이용하여 얻은 $\sigma_I(K,T)$ 결과값으로 두 개가 비교적 일치함을 알 수 있다.

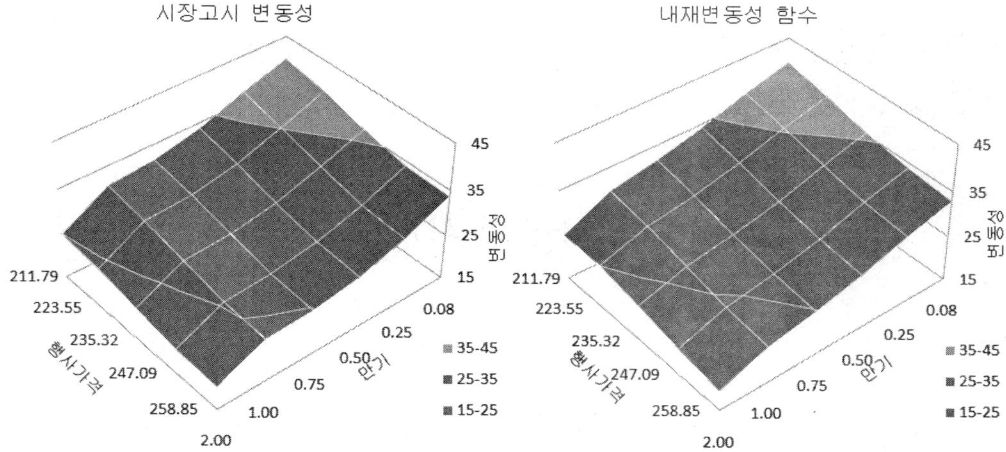

[그림 7-4] 시장고시 변동성과 내재변동성 함수에 의한 변동성

8장 보간법

보간법은 연속적인 몇 개의 변수에 주어진 함수값을 기초로 변수 사이의 한 점에 대한 함수값을 구하는 근사 계산법을 말한다. 보간법에는 이웃한 두 점 사이를 1차함수로 보간하는 선형보간법, 전체 n개의 점을 지나는 $n-1$차 다항식 보간법, 각 구간을 저차원의 다항식을 이용하는 스플라인(Spline) 보간법 등이 있다. 이 중에서 선형보간법과 스플라인 보간법에 대해 알아보자.

8.1 선형보간법

8.1.1 알고리즘

선형보간법(Linear Interpolation)은 보간법 중에서 가장 간단한 방법이지만 가장 많이 사용되는 방법이기도 하다. 2개 이상의 변수 $x_i(i=0, 1, \cdots, n)$에 대한 함수값 $y_i = f(x_i)$가 존재할 때, 전체 구간 $[x_0, x_n]$상에서 정의된 함수 $f(x)$는 각 소구간 $[x_i, x_{i+1}](i=0, \cdots, n-1)$에 대해 각 구간의 이웃하는 변수들 사이를 1차 함수로 근사하여 임의의 x에 대한 함수값 y를 추정하는 방법이다. [그림 8-1]과 같이 두 변수 x_i와 x_{i+1}의 함수값 y_i와 y_{i+1}이 주어졌을 때 그 사이의 x에 대한 보간값 y를 다음과 같은 1차 보간함수를 이용하여 구한다.

$$y = y_i + \frac{y_{i+1} - y_i}{x_{i+1} - x_i}(x - x_i)$$

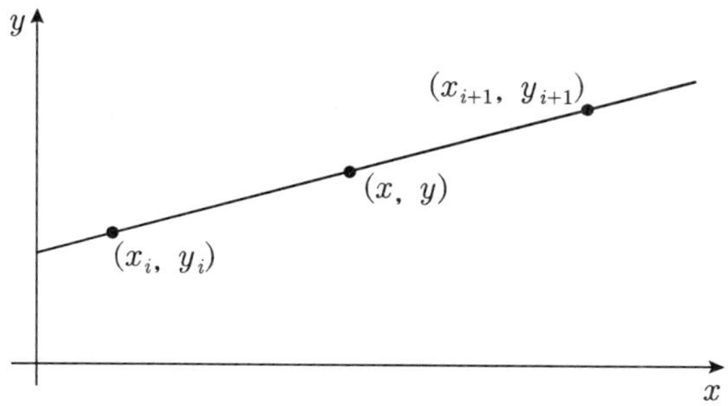

[그림 8-1] 선형 보간

선형보간법은 알고리즘이 단순하여 간단하지만 각 변수가 균등하게 있고 함수값의 움직임이 크지 않을 때 매우 유용하다. 그러나 주어진 변수의 수가 적으며 함수값의 움직임이 크면 실제 데이터와의 오차가 클 수 있다.

[표 8-1] 현물이자율(2011년 1월 3일 기준)

만기		만기일(일)	현물이자율(%)
2011-01-04	O/N	1	2.542
2011-04-04	3M	91	2.827
2011-07-04	6M	182	2.989
2011-10-04	9M	274	3.141
2012-01-04	1Y	366	3.275
2012-07-04	18M	548	3.460
2013-01-04	2Y	732	3.615
2014-01-06	3Y	1099	3.808
2015-01-05	4Y	1463	3.963
2016-01-04	5Y	1827	4.097
2017-01-04	6Y	2193	4.191
2018-01-04	7Y	2558	4.263
2019-01-04	8Y	2923	4.331
2020-01-06	9Y	3290	4.395
2021-01-04	10Y	3654	4.460
2022-01-04	11Y	4019	4.494
2023-01-04	12Y	4384	4.523
2026-01-05	15Y	5481	4.587
2031-01-06	20Y	7308	4.630

8.1.2 선형보간법을 이용한 금리 보간

[표 8-1]에 주어진 현물이자율에서 선형보간법을 이용하여 잔존만기 2.5Y(915일)의 현물이자율을 구해보자.

✎ 소스 코드

- mathlib.h

```
// mathlib.h

#define     _CRT_SECURE_NO_DEPRECATE
double      linear_interpolation(int n_data, int *xdata, double *ydata, int x);
```

- mathlib.cpp

```
// mathlib.cpp
#include    "mathlib.h"
#include    <iostream>
using       namespace     std;

double      linear_interpolation(int n_data, int *xdata, double *ydata, int x)
{
     int        i;
     double     y;
     for(i=0; i<n_data; i++){
          if(xdata[i]>x){
               y=ydata[i-1]+(ydata[i]-ydata[i-1])/(xdata[i]-xdata[i-1])*(x-xdata[i-1]);
               break;
          }
          else continue;
     }
     return     y;
}
```

- main.cpp

```
// main.cpp
#include    <iostream>
using       namespace     std;

#include    "mathlib.h"

void        main(void)
{
     int        i, n_days;
     int        *maturity_day;       //   이자율 잔존만기일
     double     *zero_rate;          //   zero rate
```

```
    n_days          = 19;
    maturity_day    = new int[n_days];
    zero_rate       = new double[n_days];

    i     = 0;
    maturity_day[i]     = 1;      zero_rate[i]     = 2.542;
    maturity_day[++i]   = 91;     zero_rate[i]     = 2.827;
    maturity_day[++i]   = 182;    zero_rate[i]     = 2.989;
    maturity_day[++i]   = 274;    zero_rate[i]     = 3.141;
    maturity_day[++i]   = 366;    zero_rate[i]     = 3.275;
    maturity_day[++i]   = 548;    zero_rate[i]     = 3.460;
    maturity_day[++i]   = 732;    zero_rate[i]     = 3.615;
    maturity_day[++i]   = 1099;   zero_rate[i]     = 3.808;
    maturity_day[++i]   = 1463;   zero_rate[i]     = 3.963;
    maturity_day[++i]   = 1827;   zero_rate[i]     = 4.097;
    maturity_day[++i]   = 2193;   zero_rate[i]     = 4.191;
    maturity_day[++i]   = 2558;   zero_rate[i]     = 4.263;
    maturity_day[++i]   = 2923;   zero_rate[i]     = 4.331;
    maturity_day[++i]   = 3290;   zero_rate[i]     = 4.395;
    maturity_day[++i]   = 3654;   zero_rate[i]     = 4.460;
    maturity_day[++i]   = 4019;   zero_rate[i]     = 4.494;
    maturity_day[++i]   = 4384;   zero_rate[i]     = 4.523;
    maturity_day[++i]   = 5481;   zero_rate[i]     = 4.587;
    maturity_day[++i]   = 7308;   zero_rate[i]     = 4.630;

    int         maturity;
    double      zeros;
    maturity    = 915;
    zeros       = linear_interpolation(n_days, maturity_day, zero_rate, maturity);

    cout<<"zero rate의 선형보간 결과값 : "<<zeros<<endl;
    delete[]    maturity_day, zero_rate;
}
```

✎ 실행 결과

[그림 8-2] 선형보간법을 이용한 현물이자율 보간 결과

만기 2.5Y의 현물이자율에 대한 선형보간 결과는 3.71124%로 주어진 만기 2년과 3년의 현물이자율의 중간 수준이다.

8.2 3차 스플라인 보간법

8.2.1 알고리즘

3차 스플라인(Cubic Spline) 보간법은 2개 이상의 변수 $x_i (i = 0, 1, \cdots, n)$에 대한 함수값 $y_i = f(x_i)$가 존재할 때, 전체 구간 $[x_0,\ x_n]$상에서 정의된 함수 $f(x)$는 각 소구간 $[x_i,\ x_{i+1}] (i = 0, \cdots, n-1)$에 대해 각 구간의 이웃하는 변수들 사이를 3차 다항식으로 근사하여 임의의 x에 대한 함수값 y를 추정하는 방법이다.

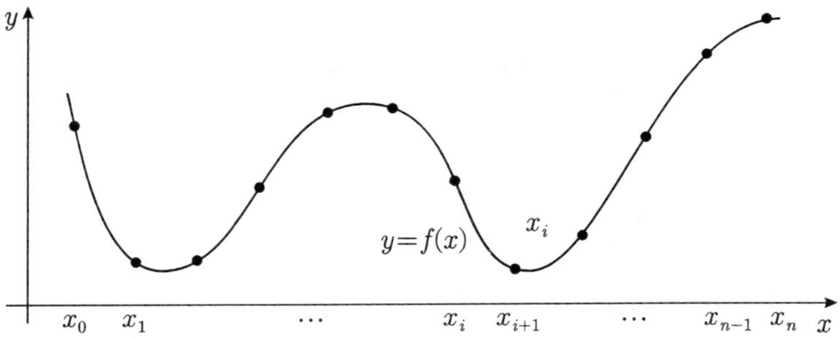

[그림 8-3] 3차 스플라인 보간

[그림 8-3]과 같이 변수와 함수값이 주어졌을 때 함수 $f(x)$에 대한 구간별 3차 스플라인 함수 y는 각 소구간 $[x_i,\ x_{i+1}] (i = 0, \cdots, n-1)$에 대해 다음과 같다.

$$y_i(x) = a_i + b_i(x - x_i) + c_i(x - x_i)^2 + d_i(x - x_i)^3 \ :\ n\text{개} \qquad (8\text{-}1)$$

여기서, 구간별 미지수는 a_i, b_i, c_i와 d_i로 네 개이다. 따라서 전체적으로 구해야할 미지수는 모두 $4n$개이다. 각 변수에서 정의한 함수값 조건과 연속성조건(1차 미분, 2차 미분)으로 다음의 $4n-2$개의 미지수를 찾을 수 있다.

조건 1 $y(x_i) = f(x_i), \quad (i = 0, 1, \cdots, n) \quad : n+1$개

조건 2 $y_{i+1}(x_{i+1}) = y_i(x_{i+1}), \quad (i = 0, 1, \cdots, n-2) \quad : n-1$개

조건 3 $y'_{i+1}(x_{i+1}) = y'_i(x_{i+1}), \quad (i = 0, 1, \cdots, n-2) \quad : n-1$개

조건 4 $y''_{i+1}(x_{i+1}) = y''_i(x_{i+1}), \quad (i = 0, 1, \cdots, n-2) \quad : n-1$개

모든 미지수 a_i, b_i, c_i와 d_i를 구하려면 조건 두 개가 더 필요한데, 구간 양 끝에 다음과 같이 자연경계조건(Natural Boundary Conditions)을 적용한다.

조건 5 $y''_0(x_0) = y''_{n-1}(x_n) = 0$: 2개

이것으로 조건의 개수와 미지수의 개수가 같으므로 각 구간의 스플라인 함수를 구할 수 있다.

구간별 스플라인 함수 $y_i(x)$에 구간의 시작점 x_i를 대입하고,

$$y_i(x_i) = a_i = f(x_i)$$

구간별 스플라인 함수 $y_i(x)$에 조건 2를 적용하면 다음과 같고,

$$\begin{aligned} a_{i+1} &= y_{i+1}(x_{i+1}) = y_i(x_{i+1}) \\ &= a_i + b_i(x_{i+1} - x_i) + c_i(x_{i+1} - x_i)^2 + d_i(x_{i+1} - x_i)^3 \end{aligned}$$

$x_{i+1} - x_i = h_i$로 치환하면 다음과 같다.

$$a_{i+1} = a_i + b_i h_i + c_i h_i^2 + d_i h_i^3 \tag{8-2}$$

구간별 스플라인 함수 $y_i(x)$를 x에 대해 1차 미분하고,

$$y'_i(x) = b_i + 2c_i(x - x_i) + 3d_i(x - x_i)^2$$

$y'_i(x)$에 대해 구간의 시작점 x_i를 대입하면 다음과 같다.

$$y'_i(x_i) = b_i$$

구간별 스플라인 함수 $y_i(x)$에 조건 3을 적용하고, $x_{i+1} - x_i = h_i$로 치환하면 다음과 같다.

$$b_{i+1} = b_i + 2c_i h_i + 3d_i h_i^2 \tag{8-3}$$

구간별 스플라인 함수 $y_i(x)$를 x에 대해 2차 미분하고,

$$y''_i(x) = 2c_i + 6d_i(x - x_i)$$

$y''_i(x)$에 대해 구간의 시작점 x_i를 대입하면 다음과 같다.

$$y''_i(x_i) = 2c_i \tag{8-4}$$

구간별 스플라인 함수 $y_i(x)$에 조건 4를 적용하고, $x_{i+1} - x_i = h_i$로 치환하면 다음과 같다.

$$c_{i+1} = c_i + 3d_i h_i \tag{8-5}$$

식 (8-5)의 d_i를 식 (8-2)와 식 (8-3)에 대입하여 정리하면 다음과 같고,

$$a_{i+1} = a_i + b_i h_i + \frac{c_{i+1} + 2c_i}{3} h_i^2 \tag{8-6}$$

$$b_{i+1} = b_i + (c_{i+1} + c_i) h_i \tag{8-7}$$

식 (8-6)를 b_i에 대해 전개하고,

$$b_i = \frac{a_{i+1} - a_i}{h_i} - \frac{c_{i+1} + 2c_i}{3} h_i$$

이를 식 (8-7)에 대입하여 정리하면 다음과 같다.

$$h_{i-1}c_{i-1} + 2(h_{i-1} + h_i)c_i + h_i c_{i+1} = 3\left(\frac{a_{i+1} - a_i}{h_i} - \frac{a_i - a_{i-1}}{h_{i-1}}\right) \tag{8-8}$$

식 (8-8)에서 미지수는 c_i이고 나머지는 모두 기지수이므로, 이를 행렬식으로 나타내면 다음과 같은 삼중대각행렬이 된다.

$$\begin{bmatrix} 2(h_0+h_1) & h_1 & 0 & \cdots & 0 \\ h_1 & 2(h_1+h_2) & h_2 & \cdots & 0 \\ \vdots & \vdots & \ddots & \vdots & \vdots \\ 0 & \cdots & h_{n-3} & 2(h_{n-3}+h_{n-2}) & h_{n-2} \\ 0 & \cdots & 0 & h_{n-2} & 2(h_{n-2}+h_{n-1}) \end{bmatrix} \begin{bmatrix} c_1 \\ c_2 \\ \vdots \\ c_{n-2} \\ c_{n-1} \end{bmatrix}$$

$$= 3 \begin{bmatrix} \dfrac{a_2-a_1}{h_1} - \dfrac{a_1-a_0}{h_0} \\ \vdots \\ \dfrac{a_n-a_{n-1}}{h_{n-1}} - \dfrac{a_{n-1}-a_{n-2}}{h_{n-2}} \end{bmatrix}$$

삼중대각행렬 풀이법을 이용하여 상기 행렬식을 풀면 c_i를 구할 수 있고, 식 (8-4)에 조건 5를 적용하면 $c_0 = c_n = 0$을 얻을 수 있게 되어 각 구간의 스플라인 함수를 구할 수 있다.

8.2.2 3차 스플라인 보간법을 이용한 금리 보간

[표 8-1]에 주어진 현물이자율에서 3차 스플라인 보간법을 이용하여 잔존만기 2.5Y(915일)의 현물이자율을 구해보자.

✎ 소스 코드

- mathlib.h

```
// mathlib.h
#define   _CRT_SECURE_NO_DEPRECATE
void      set_system_matrix(int n_data, double **smatrix, double *known, double *xdata,
                    double *ydata);
void      tridiagonal_elimination(double **Smat, double *Known, double *Unknown,
                    int n_eqns);
double    cubicspline_interpolation(int n_data, double *xdata, double *ydata, int x);
```

- mathlib.cpp

```
// mathlib.cpp
#include   "mathlib.h"
#include   <iostream>
using      namespace     std;

void       set_system_matrix(int n_data, double **smatrix, double *known, double *xdata,
                   double *ydata)
{
     int        i, j;
     double     *hi;
     hi         = new double[n_data-1];

     for(i=0; i<n_data-2; i++){
          for(j=0; j<n_data-2; j++) smatrix[i][j] = 0.0;
          hi[i] = xdata[i+1] - xdata[i];
     }
     hi[n_data-2]   = xdata[n_data-1] - xdata[n_data-2];

     // 0~n_data-3는 n_data-2개
     smatrix[0][0]  = 2*(hi[0]+hi[1]);
     smatrix[0][1]  = hi[1];
     known[0]       = 3*((ydata[2]-ydata[1])/hi[1] - (ydata[1]-ydata[0])/hi[0]);

     for(i=1; i<n_data-3; i++){
          smatrix[i][i-1] = hi[i];
          smatrix[i][i]   = 2*(hi[i]+hi[i+1]);
          smatrix[i][i+1] = hi[i+1];
          known[i]        = 3*((ydata[i+2]-ydata[i+1])/hi[i+1] - (ydata[i+1]-ydata[i])/hi[i]);
     }
     smatrix[n_data-3][n_data-4]  = hi[n_data-3];
     smatrix[n_data-3][n_data-3]  = 2*(hi[n_data-3]+hi[n_data-2]);
     known[n_data-3]     = 3*( (ydata[n_data-1]-ydata[n_data-2])/hi[n_data-2]
                              - (ydata[n_data-2]-ydata[n_data-3])/hi[n_data-3] );

     delete[]  hi;
}

void       tridiagonal_elimination(double **Smat, double *Known, double *Unknown,
                int n_eqns)
{
     //   앞에서 선언한 tridiagonal_elimination( ) 함수와 동일함, 별첨 소스 코드 참조
}

double     cubicspline_interpolation(int n_data, double *xdata, double *ydata, double x)
{
     int        i, n_eq;
     double     **smatrix;          //   행렬선언
     double     *known_value;       //   기지값
     double     *unknown_value;     //   미지값
```

```
    n_eq        = n_data - 2;
    smatrix     = new double*[n_eq];
    for(i=0; i<n_eq; i++)       smatrix[i] = new double[n_eq];
    known_value         = new double[n_eq];
    unknown_value       = new double[n_eq];

    set_system_matrix(n_data, smatrix, known_value, xdata, ydata);
    tridiagonal_elimination(smatrix, known_value, unknown_value, n_eq);

    double      *ci;
    ci          = new double[n_data];
    for(i=0; i<n_eq; i++)       ci[i+1]     = unknown_value[i];
    ci[0]               = 0.0;      // 자연 경계조건
    ci[n_data-1]        = 0.0;      // 자연 경계조건

    double      a, b, d, y, hi, xp;

    if(xdata[0]>x){
        hi      = xdata[1] - xdata[0];
        xp      = x - xdata[0];
        a       = ydata[0];
        b       = (ydata[1]-ydata[0])/hi - hi*(2*ci[0]+ci[1])/3;
        d       = (ci[1]-ci[0])/(3*hi);
        y       = a + b*xp + ci[0]*xp*xp + d*xp*xp*xp;
    }
    else if(xdata[n_data-1]<x){
        hi      = xdata[n_data-1] - xdata[n_data-2];
        xp      = x - xdata[n_data-2];
        a       = ydata[n_data-2];
        b       = (ydata[n_data-1]-ydata[n_data-2])/hi - hi*(2*ci[n_data-2]+ci[n_data-1])/3;
        d       = (ci[n_data-1]-ci[n_data-2])/(3*hi);
        y       = a + b*xp + ci[n_data-2]*xp*xp + d*xp*xp*xp;
    }
    else{
        for(i=1; i<n_data; i++){
            if(xdata[i]>x){
                hi      = xdata[i] - xdata[i-1];
                xp      = x - xdata[i-1];
                a       = ydata[i-1];
                b       = (ydata[i]-ydata[i-1])/hi - hi*(2*ci[i-1]+ci[i])/3;
                d       = (ci[i]-ci[i-1])/(3*hi);
                y       = a + b*xp + ci[i-1]*xp*xp + d*xp*xp*xp;
                break;
            }
            else continue;
        }
    }
    for(i=0; i<n_eq; i++) delete smatrix[i];
    delete[]    smatrix, known_value, unknown_value;

    return      y;
}
```

- main.cpp

```
// main.cpp
#include  <iostream>
using     namespace    std;

#include  "mathlib.h"

void      main(void)
{
    int        i, n_days;
    int        *maturity_day;      //  이자율 잔존만기일
    double     *zero_rate;         //  zero rate

    n_days          = 19;
    maturity_day    = new int[n_days];
    zero_rate       = new double[n_days];

    i     = 0;
    maturity_day[i]     = 1;       zero_rate[i]     = 2.542;
    maturity_day[++i]   = 91;      zero_rate[i]     = 2.827;
    maturity_day[++i]   = 182;     zero_rate[i]     = 2.989;
    maturity_day[++i]   = 274;     zero_rate[i]     = 3.141;
    maturity_day[++i]   = 366;     zero_rate[i]     = 3.275;
    maturity_day[++i]   = 548;     zero_rate[i]     = 3.460;
    maturity_day[++i]   = 732;     zero_rate[i]     = 3.615;
    maturity_day[++i]   = 1099;    zero_rate[i]     = 3.808;
    maturity_day[++i]   = 1463;    zero_rate[i]     = 3.963;
    maturity_day[++i]   = 1827;    zero_rate[i]     = 4.097;
    maturity_day[++i]   = 2193;    zero_rate[i]     = 4.191;
    maturity_day[++i]   = 2558;    zero_rate[i]     = 4.263;
    maturity_day[++i]   = 2923;    zero_rate[i]     = 4.331;
    maturity_day[++i]   = 3290;    zero_rate[i]     = 4.395;
    maturity_day[++i]   = 3654;    zero_rate[i]     = 4.460;
    maturity_day[++i]   = 4019;    zero_rate[i]     = 4.494;
    maturity_day[++i]   = 4384;    zero_rate[i]     = 4.523;
    maturity_day[++i]   = 5481;    zero_rate[i]     = 4.587;
    maturity_day[++i]   = 7308;    zero_rate[i]     = 4.630;

    int        maturity;
    double     zeros;
    maturity   = 915;
    zeros      = cubicspline_interpolation(n_days, maturity_day, zero_rate, maturity);

    cout<<"zero rate의 스플라인 보간 결과값 : "<<zeros<<endl;

    delete[]   maturity_day, zero_rate;
}
```

✎ 실행 결과

[그림 8-4] 3차 스플라인 보간법을 이용한 현물이자율 보간 결과

만기 2.5Y의 현물이자율에 대한 스플라인 보간 결과는 3.72547%로 주어진 만기 2년과 3년의 현물이자율의 중간 수준이다. 앞의 선형보간의 결과는 3.71124이고, 스플라인 보간의 결과는 3.72547%로 차이가 큰 것 같지만, 두 결과를 비교하면 [그림 8-5]와 같이 차이가 거의 없는 것을 알 수 있다.

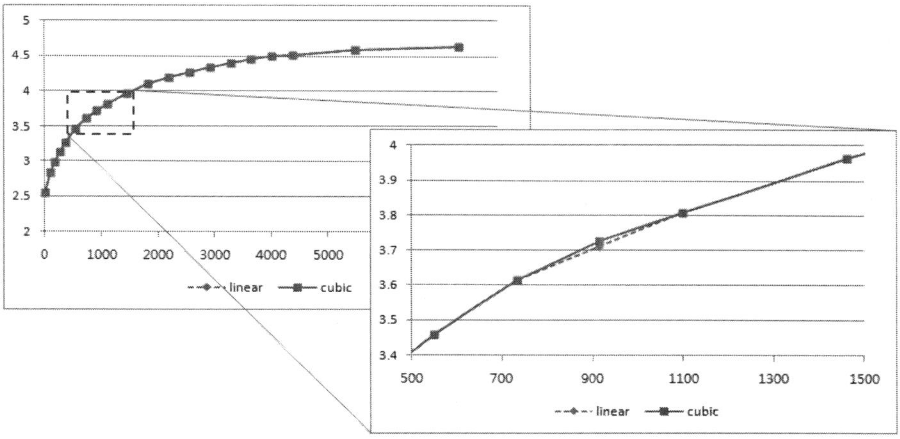

[그림 8-5] 선형보간법(linear)과 3차 스플라인 보간법(cubic) 비교

3부

확률미분방정식

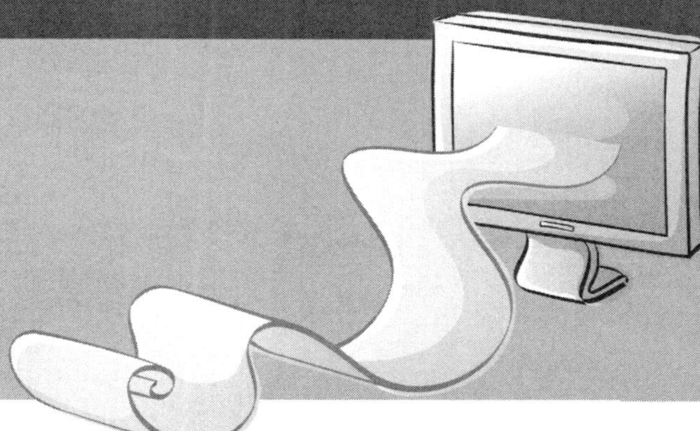

확률미분방정식은 파생상품을 이해하고 평가하는데 꼭 필요한 부분이지만 비전공자에게는 매우 어려운 내용이므로 이 책에서는 파생상품을 이해하는데 꼭 필요한 부분만 설명하고자 한다.

3부에서는 9장 옵션가격 계산에 대해 간단히 설명하고, 10장 확률미분방정식과 11장 블랙-숄즈 방정식 유도과정에 대해 알아보자.

9장 옵션가격 계산

옵션에는 콜옵션과 풋옵션이 있는데, 콜옵션은 특정한 기초자산을 만기일이나 만기일 이전에 미리 정한 가격(행사가격)으로 살 수 있는 권리이며, 풋옵션은 특정한 기초자산을 만기일이나 만기일 이전에 미리 정한 가격으로 팔 수 있는 권리이다. 권리 행사를 만기일에만 할 수 있으면 유로피언옵션, 만기일 이전 언제나 행사가 가능하면 아메리칸옵션이라 한다.

9.1 이자율을 무시한 옵션가격 계산

만약, [그림 9-1]과 같이 현재 가격이 10,000원인 기초자산 S가 1주일 후 16,000원이 될 확률과 8,000원이 될 확률이 각각 1/2이고, 이 기초자산에 대한 행사가격 X가 12,000원일 때 유로피언콜옵션의 가격 C를 계산하고자 한다. 단, 만기가 1주일이므로 이자효과가 없고, 기초자산의 분할 및 차입대출이 가능하다고 가정하면 옵션의 이론적 적정가격은 얼마인지 알아보자.

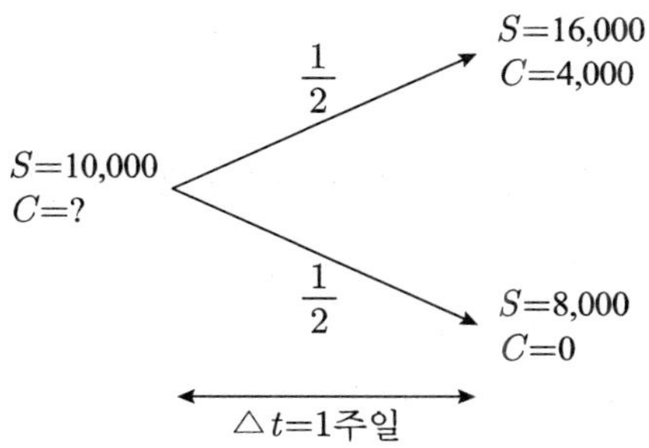

[그림 9-1] 이자율을 무시한 옵션가격 계산

콜옵션 C의 정적가격을 1주일 후 콜옵션 기댓값의 현재가치로 생각하기 쉬운데,

$$E(C) = 0.5 \times 4{,}000 + 0.5 \times 0 = 2{,}000\text{원}$$

결론부터 말하자면 이 2,000원은 유로피언콜옵션의 정적가격이 아니다. 만약, 이 옵션이 옵션시장에서 2,000원에 거래된다면, 차익거래자(Arbitrager)는 콜옵션 1개를 2,000원에 발행(매도)하고, 은행에서 무이자로(1주일이라 이자효과가 없다고 가정하였으므로) 3,000원을 대출 받아 마련한 5,000원으로 기초자산 0.5개를 구입할 것이다. 그러면, 차익거래자의 현재 포트폴리오(Portfolio, Π)는 다음과 같다.

$$\Pi = 0.5S - C - 3{,}000$$

그리고 1주일 후 차익거래자의 포트폴리오는 [그림 9-2]와 같다.

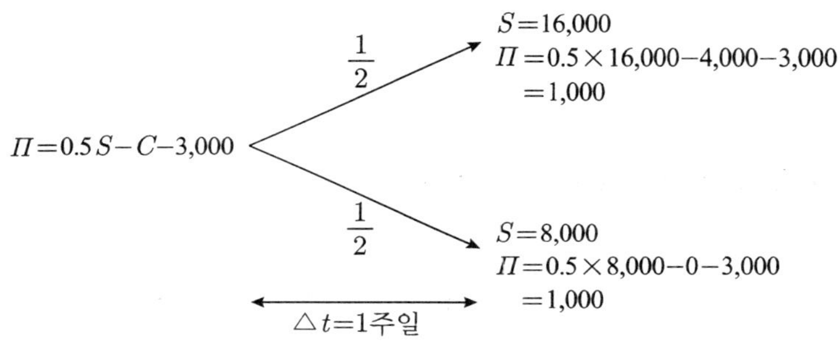

[그림 9-2] 차익거래자의 포트폴리오

이 옵션이 옵션시장에서 2,000원에 거래된다면, 차익거래자의 포트폴리오는 기초자산의 움직임과 관계없이 1주일 후 무조건 1,000원이 생기는 차익거래(Arbitrage)가 발생하게 된다. 그렇다면 이 옵션의 정적가격이 얼마인지 다음의 2가지 방법을 이용하여 알아보자.

9.1.1 무위험 포트폴리오가 되도록 포트폴리오를 조정하는 방법

포트폴리오의 현재가치와 미래가치가 기초자산의 가격과 무관하게 항상 일정하도록 포트폴리오를 조정해주는 방법이다. 포트폴리오를 조정하는 방법은 기초자산의 델타(Delta, Δ)를 조절하여 포트폴리오($\Pi = \Delta S - C$)가 무위험이 되도록 해주는 방법으로 Δ헤징(Hedging) 방법이라고도 한다.

앞에서 1주일 후 포트폴리오 Π의 가치가 기초자산 가격에 관계없이 동일해야 한다고 하였

으므로 [그림 9-3]에서 $\varDelta$는 0.5가 된다.

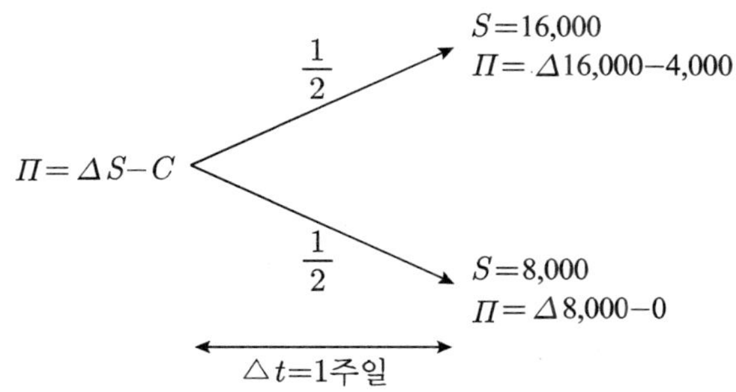

[그림 9-3] $\varDelta$ 계산을 위한 포트폴리오 구성

$$\Pi = \varDelta 16{,}000-4{,}000 = \varDelta 8{,}000-0$$
$$\Rightarrow \varDelta = 0.5$$

여기서, 델타를 의미하는 $\varDelta$와 단위 시간을 의미하는 $\triangle t$의 $\triangle$는 서로 다르다.

이자율 효과를 무시한다고 가정하였으므로, 포트폴리오의 현재가치와 $\triangle t$시간(1주일) 후 가치가 동일하다고 하면, 콜옵션 C의 적정가격은 1,000원이 된다.

$$\Pi = \varDelta S - C = 0.5 \times 10{,}000 - C \xrightarrow{\triangle t=1\text{주일}} \Pi = \varDelta 16{,}000 - 4{,}000 = 0.5 \times 16{,}000 - 4{,}000$$

[그림 9-4] $\varDelta$ 헤징에 따른 콜옵션가격 계산

$$\Pi = 0.5 \times 10{,}000 - C = 0.5 \times 16{,}000 - 4{,}000$$
$$\Rightarrow C = 1{,}000$$

9.1.2 공정한 게임이 되도록 주가 등락 확률을 조정하는 방법

현재 10,000원인 기초자산이 1주일 후 16,000원이 될 확률과 8,000원이 될 확률이 각각 1/2이라고 하였는데, 공정한 게임(Fair Game)이라면 기초자산이 10,000원에서 1주일 후 16,000원이 될 확률과 8,000원이 될 확률이 각각 1/2가 되진 않을 것이다. 여기서 공정한 게임 상태는 기초자산의 기댓값이 항상 같게 되는 상태로서 위험중립(Risk Neutral) 상태를 의미한다.

현재 기초자산 S가 10,000원인데 1주일 후 S의 가치가 10,000원이 되도록 $Q(u)$와 $Q(d)$를 정한다.

$Q(u)$: 공정한 게임에서 기초자산이 오를 확률(p)
$Q(d)$: 공정한 게임에서 기초자산이 내릴 확률($1-p$)

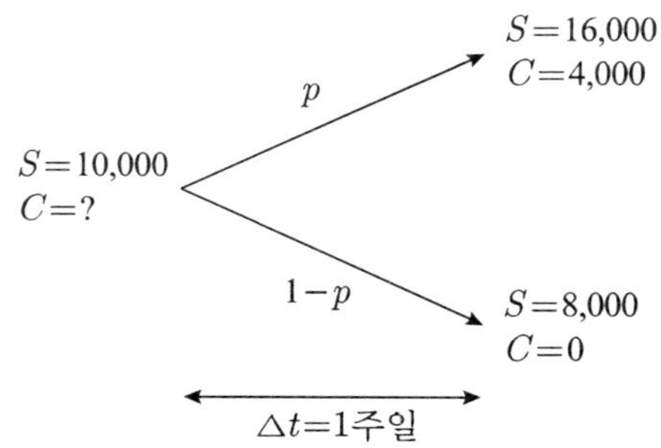

[그림 9-5] 확률조정을 적용한 옵션가격 계산

1주일 후 S의 가치가 현재와 같은 10,000원이 되어야 하므로, 공정한 게임이 되려면 기초자산이 오를 확률 p는 1/4이 된다.

$$16{,}000 \times p \;+\; 8{,}000 \times (1-p) \;=\; 10{,}000$$
$$\Rightarrow\; 8{,}000p \;=\; 2{,}000$$
$$\Rightarrow\; p \;=\; 1/4$$

Q가 마팅게일 측도(Martingale Measure)라고 할 때, $Q(u) = 1/4$, $Q(d) = 3/4$이 되도록 $Q = \{u,\ d\}$를 설정하고, 콜옵션 C의 Q에 대한 기댓값을 계산하면 1,000원이 된다.

$$E_Q(C) \;=\; 1/4 \times 4{,}000 \;+\; 3/4 \times 0 \;=\; 1{,}000$$

팁_21 마팅게일(Martingale)

마팅게일 모형은 개별 주식의 가격형성과정을 현재의 정보에 기초한 미래 기대가격이 현재의 가격과 같다고 가정하는데 이는 기대수익률이 0이 됨을 의미한다.

9.2 이자율을 고려한 옵션가격 계산

앞에서는 옵션가격 계산을 쉽게 설명하기 위해 이자율을 고려하지 않았으나, 실제 옵션가격 계산을 위해 이자율을 고려해보자.

만약, [그림 9-6]과 같이 현재 가격이 10,000원인 기초자산 S가 1년 후 16,000원이 될 확률과 8,000원이 될 확률이 각각 1/2일 때, 이 기초자산에 대한 행사가격 X가 12,000원인 유로피언콜옵션의 가격 C를 구하고자 한다. 단, 만기가 1년이므로 이자효과를 고려해야 하며 이때 이자율을 연속복리 6%라 가정하고, 기초자산의 분할 및 차입대출 가능하다고 가정하자.

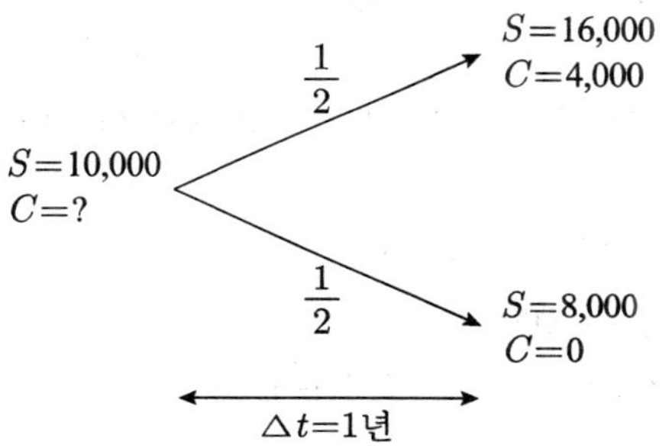

[그림 9-6] 이자율을 고려한 옵션가격 계산

9.2.1 무위험 포트폴리오가 되도록 포트폴리오를 조정하는 방법

포트폴리오의 현재가치와 미래가치가 기초자산의 가격과 무관하게 항상 일정하도록 Δ를 조절하여 포트폴리오 Π가 무위험 상태가 되도록 하자.

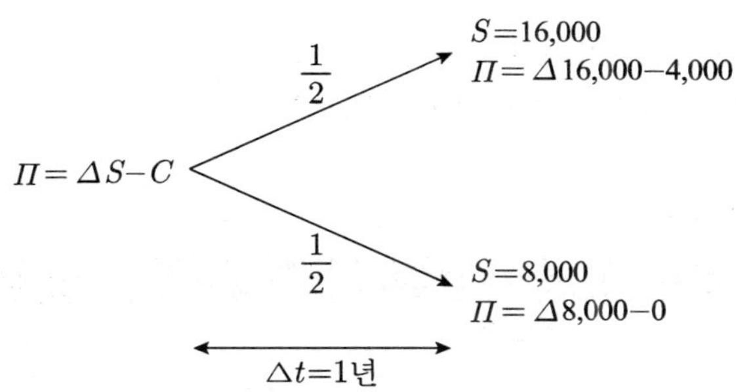

[그림 9-7] Δ계산을 위한 포트폴리오 구성

[그림 9-7]에서 1년 후 포트폴리오 Π의 가치가 기초자산의 주가에 관계없이 동일해야 하므로,

$$\Pi = \Delta 16{,}000 - 4{,}000 = \Delta 8{,}000 - 0$$
$$\Rightarrow \Delta = 0.5$$

Δ는 0.5가 되며, 이것은 콜옵션을 1개 매도하고 기초자산 1/2개를 매입하면 무위험 포트폴리오가 된다는 의미이다.

현재시점($t=0$)에서의 포트폴리오를 $\Pi(0)$, 1년 후 포트폴리오를 $\Pi(1Y)$라 하면,

$$\Pi(0) = 1/2 \times 10{,}000 - C = 5{,}000 - C$$
$$\Pi(1Y) = 1/2 \times 16{,}000 - 4{,}000 = 4{,}000$$

$\Pi(0)$에 연속복리 연이율 적용시 1년 후 $\Pi(1Y)$와 동일한 가치가 되어야 하므로,

$$\Pi(0)e^{rt} = \Pi(0)e^{0.06 \times 1} = \Pi(1Y)$$
$$\Rightarrow (5{,}000 - C)e^{0.06} = 4{,}000$$
$$\Rightarrow C = 5{,}000 - 4{,}000e^{-0.06} = 1{,}232.94\text{원}$$

콜옵션 C의 적정가격은 1,232.94원이 된다.

9.2.2 공정한 게임이 되도록 주가 등락 확률을 조정하는 방법

공정한 게임에서 현재 기초자산 S가 10,000원인데 1년 후에도 현재의 10,000원과 동일한 가치가 되도록 $Q(u)$와 $Q(d)$를 정한다.

$Q(u)$: 공정한 게임에서 기초자산이 오를 확률(p)
$Q(d)$: 공정한 게임에서 기초자산이 내릴 확률($1-p$)

1년 후 S의 가치가 현재의 10,000원과 동일해야 하므로,

	현금	기초자산 S
t=0	10,000	S
t=1 Y	$10{,}000e^{0.06}$	$16{,}000 \times p + 8{,}000 \times (1-p)$ $= 8{,}000 + 8{,}000p$

$$\Rightarrow 10{,}000e^{0.06} = 8{,}000 + 8{,}000p$$
$$\Rightarrow p = 0.3273$$

공정한 게임이 되려면 기초자산이 오를 확률 p는 0.3273이다.

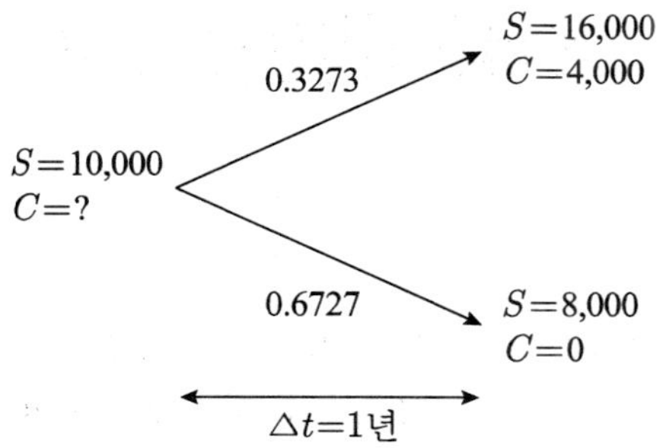

[그림 9-8] 확률조정을 적용한 옵션가격 계산

Q를 마팅게일 측도라고 할 때 $Q(u) = 0.3273$, $Q(d) = 0.6727$이 되도록 $Q = \{u, d\}$를 설정하고, 1년 후 콜옵션 C의 Q에 대한 기댓값을 계산하면 1,309.18원이 된다.

$$E_Q(C) = 0.3273 \times 4{,}000 + 0.6727 \times 0 = 1{,}309.18$$

1년 후 콜옵션 C의 기댓값 1,309.18원을 현재가치로 환산하면 1,232.94원이다.

$$1{,}309.18 \times e^{-0.06} = 1{,}232.94\text{원}$$

앞에서 만기가 1주일인 옵션의 가치는 1,000원이였는데, 만기가 1년으로 연장되어 옵션의 가치가 1,232,94원으로 증가했다. 이 증가분은 옵션의 시간의 가치라고 할 수 있다.

10장 확률미분방정식

확률미분방정식(Stochastic Differential Equation)은 고등수학으로 상미분방정식이나 편미분방정식보다 훨씬 어렵지만 여러 분야에 응용된다. 금융에서는 파생상품 가격계산에 적용되는데 기초자산의 움직임에 확률과정을 적용하고, 확률미분방정식을 도입하여 파생상품의 가치를 계산한다.

10.1 확률과정

임의의 시간 $t(t \in T)$에 대해 X_t가 확률공간상에 정의된 확률변수일 때, 이 확률변수들의 집합 $\{X_t \mid t \in T\}$을 확률과정(Stochastic Process)이라고 한다.

10.1.1 마코브 과정

시간 T와 주가 S 공간에 대해, [그림 10-1]과 같이 개장시점(t=0)에 20,000원인 주가가 매 1분마다 50원이 오를 확률 u가 1/2이고, 50원이 내릴 확률 d가 1/2이라고 가정하면, 개장 후 4분 시점(t=4)의 주가가 20,000원일 경우의 수는 모두 6가지가 된다. 개장 4분 후 주가가 20,000일 때 1분 후(t=5) 주가의 움직임은 20,050원 또는 19,950원이 되며, 이것은 개장 후 3분(t=3)까지의 주가경로와 관계없이 개장 후 4분 시점의 주가만 5분 시점의 주가에 영향을 주게 된다.

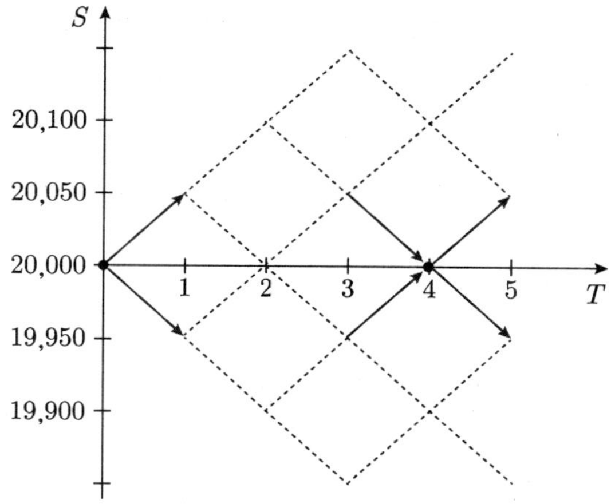

[그림 10-1] 주가의 움직임

$$P(S_{t_5} = S_i | S_{t_0} = S_0, S_{t_1} = S_1, S_{t_2} = S_2, S_{t_3} = S_3, S_{t_4} = S_4)$$
$$= P(S_{t_5} = S_i | S_{t_4} = S_4)$$

마코브 과정(Markov Process)은 이와 같이 어떤 변수의 미래 예측치들은 현재가치에 의해서만 결정되는 확률과정으로, 변수의 과거 움직임과 과거로부터 현재로 이어지는 움직임은 변수의 미래가치에 영향을 주지 않는다. 미래 특정시점의 가격 확률분포는 과거의 가격 확률분포와 독립적이고, 과거 주가경로가 미래 주가에 영향을 주지 않기 때문에 주가는 마코브 과정을 따른다고 한다.

10.1.2 브라운 운동

브라운 운동(Brownian Motion)은 1827년 영국의 식물학자 브라운(Brown)이 작은 입자의 불규칙성을 발견하였고, 1905년에 미국의 물리학자 아인슈타인(Einstein)이 브라운 운동을 수학적으로 모형화하였다. 1923년에 미국의 수학자 위너(Wiener)가 좀더 수학적으로 체계화하였기에 브라운 운동을 위너 과정(Wiener Process)이라고도 한다.

10.1.2.1 브라운 운동의 성질

브라운 운동은 $\{B_t | t \geq 0\}$에서 B_t는 연속시간 t에 대해 연속으로 움직이는 확률 변수를 갖는 확률과정이며, 이전의 움직임은 다음의 움직임에 영향을 주지 않는 마코브 과정의 특수한 형태로서 다음 조건을 만족한다.

1) B_0=0 이고, 확률과정 $\{B_t\}$의 표본경로는 t에 대해 연속이다.
2) $t_1 < t_2 < \cdots < t_n$에서 경로에 대해 독립이면, $B_{t_2-t_1}$, $B_{t_3-t_2}$, $\cdots$, $B_{t_n-t_{n-1}}$도 서로 독립이다.
3) 모든 s, $t \geq 0$에 대해 $B_{s+t} - B_s$는 평균이 0이고, 분산이 $\sigma^2 t$인 정규분포를 따른다.

$$B_{s+t} - B_s \sim N(0, \sigma^2 t)$$

여기서, σ가 1이면 표준 브라운 운동이라고 한다.

표준 브라운 운동은 다음의 특성을 갖는다.

$$B_{t_2} - B_{t_1} \approx B_{t_2-t_1} \sim N(0, t_2 - t_1)$$
$$B_t = \sqrt{t}\,z,\ z \sim N(0,1)$$

10.1.2.2 일반화된 위너 과정

확률과정 $\{W_t | t \geq 0\}$가 다음 조건을 만족하면 일반화된 위너 과정이라 한다.

1) W_0=0 이고, 확률과정 $\{W_t\}$의 실현된 표본경로는 t에 대해 연속이다.
2) $t_1 < t_2 < \cdots < t_n$에서 경로에 대해 독립이면, $W_{t_2-t_1}$, $W_{t_3-t_2}$, $\cdots$, $W_{t_n-t_{n-1}}$도 서로 독립이다.
3) 모든 $t \geq 0$에 대해 $W_t \sim N(\mu t, \sigma^2 t)$를 따른다.
   여기서, μ는 추세모수(Drift)이고, σ는 확산모수(Diffusion)이다.

x 변수에 대한 일반화된 위너 과정은 다음관계가 성립한다.

$$dx = \mu\, dt + \sigma\, d\, W_t$$

여기서, $\mu\, dt$는 x가 단위시간당 μ의 기대평균이고, $\sigma\, d\, W_t$는 x값이 갖는 변동성 σ의 합이다.

브라운 운동을 나타내는 B 대신 위너 과정을 나타내는 W를 사용하기도 한다.

10.1.3 이토 과정

일본의 수학자 이토(Ito)가 정립한 확률미적분의 이론으로, 이토 과정(Ito Process)은 변수 a와 b가 변수 x와 시간 t의 함수인 일반화된 위너 과정이다. 이토 과정은 다음과 같은 확률미분방정식을 만족하고,

$$dx = a(x,t)\,dt + b(x,t)\,dB_t$$

기대평균과 분산은 시간 t의 함수로서, 시간에 따라 변하게 된다.

10.1.4 주가 확률미분방정식

10.1.4.1 무위험자산일 때 미분방정식 도출

기초자산이 이자율 r로 은행에 예치된 무위험자산이라면, 기초자산의 단위시간당 변화량은 다음과 같고,

$$\triangle S = rS\,\triangle t \qquad (10\text{-}1)$$

$\triangle t \to 0$이 되는 극한에서는 다음과 같다.

$$dS = rSdt$$
$$\Rightarrow \frac{dS}{S} = r\,dt$$
$$\Rightarrow d\ln S = r\,dt$$

양변을 $t=0$에서 $t=T$까지 적분하면 다음과 같다.

$$\ln S_T = rT + c_0$$
$$\Rightarrow S_T = ce^{rT}$$

여기서, $t=0$일 때 $S=S_0$이므로,

$$S_T = S_0 e^{rT}$$

S가 t의 함수일 때 기초자산의 움직임은 $S_t = S_0 e^{rt}$와 같이 연속복리로 성장하게 된다.

10.1.4.2 위험자산일 때 미분방정식 도출

주식은 위험자산이며 주가는 변동성을 갖고 있다. $\Delta t \to 0$이라면, 주가수익률은 주가 수준과 무관하게 동일한 불확실성을 갖고 있고, 주가수익률의 변동성은 주가수준과 무관하게 동일하다고 할 수 있으므로 주가의 확률미분방정식은 다음과 같이 성립하고 이것은 기하 브라운 운동(Geometric Brownian Motion)의 특성을 갖고 있다.

$$dS = \mu S dt + \sigma S dB_t \tag{10-2}$$

여기서, μ는 주가의 기대수익률이고, σ는 주가의 변동성이다.

10.2 확률미분방정식

기초자산의 가격은 확률과정을 따르며, 파생상품의 가격은 기초자산의 확률미분방정식으로 표현된다.

10.2.1 편미분과 전미분

확률미분방정식을 설명하기 전에 편미분(Partial Differential)과 전미분(Total Differential)에 대해 알아보자.

10.2.1.1 편미분

편미분은 다변함수 $f(x, y)$에 하나의 변수는 고정하고, 나머지 변수에 대해서만 미분하는 것으로 함수 $f(x, y)$에 대해 1계 편미분함수는 다음과 같고,

$$\frac{\partial f(x,y)}{\partial x} = f_x(x,y) = \lim_{h \to 0} \frac{f(x+h,y) - f(x,y)}{h}$$
$$\frac{\partial f(x,y)}{\partial y} = f_y(x,y) = \lim_{h \to 0} \frac{f(x,y+h) - f(x,y)}{h}$$

함수 $f(x, y)$에 대해 2계 편미분함수는 다음과 같다.

$$\frac{\partial}{\partial x}\left(\frac{\partial f(x,y)}{\partial x}\right)= \frac{\partial^2 f(x,y)}{\partial x^2}= f_{xx}(x,y)$$

$$\frac{\partial}{\partial y}\left(\frac{\partial f(x,y)}{\partial y}\right)= \frac{\partial^2 f(x,y)}{\partial y^2}= f_{yy}(x,y)$$

$$\frac{\partial}{\partial y}\left(\frac{\partial f(x,y)}{\partial x}\right)= \frac{\partial^2 f(x,y)}{\partial y\partial x}= f_{yx}(x,y)$$

10.2.1.2 전미분

전미분은 다변함수 $f(x,y)$를 하나의 변수에 대한 미분이 아닌 독립된 전체 변수에 대해 미분하는 것으로 함수 $f(x,y)$에 대한 전미분은 다음과 같다.

$$df(x,y)= \frac{\partial f(x,y)}{\partial x}dx+ \frac{\partial f(x,y)}{\partial y}dy = f_x(x,y)dx + f_y(x,y)\,dy$$

여기서, $f_x(x,y)$와 $f_y(x,y)$는 변수 x와 y의 편미분함수이다.

10.2.2 이토 보조정리

일반함수 $f(x,y)$의 전미분과 확률미분방정식은 다음과 같이 유사한 형태로 나타낼 수 있다.

일반함수의 전미분 : $df(x,y)=f_x(x,y)dx+f_y(x,y)\,dy$
확률미분방정식 : $dx= a(x,t)\,dt+ b(x,t)\,dB_t$

x에 대한 함수 $f(x)$의 편미분은 다음과 같다.

$$f_x= \frac{\partial f}{\partial x}= \lim_{h\to 0}\frac{f(x+h)-f(x)}{h}$$

y가 변수 x와 시간 t의 함수라면, 함수 $y(x,t)$에 대한 전미분은 테일러 급수 전개에 의해 다음과 같고,

$$dy= \frac{\partial y}{\partial x}dx+\frac{\partial y}{\partial t}dt+\frac{1}{2!}\left(\frac{\partial^2 y}{\partial x^2}dx^2+2\frac{\partial^2 y}{\partial x\,\partial t}dx\,dt+\frac{\partial^2 y}{\partial t^2}dt^2\right)+\frac{1}{3!}\left(\quad\right)+\cdots$$

여기에 확률미분방정식을 적용하면 다음과 같다.

$$\begin{aligned} dy =& \frac{\partial y}{\partial x}(adt + bdB_t) + \frac{\partial y}{\partial t}dt \\ &+ \frac{1}{2!}\left(\frac{\partial^2 y}{\partial x^2}(adt + bdB_t)^2 + 2\frac{\partial^2 y}{\partial x \partial t}(adt + bdB_t)dt + \frac{\partial^2 y}{\partial t^2}dt^2\right) \\ &+ \frac{1}{3!}\left(\quad\right) + \cdots \end{aligned}$$

여기서, B_t는 $B_t \sim N(0,t)$를 따르므로,

$$B_t = \sqrt{t}\, z \Rightarrow \triangle B_t \approx B_{\triangle t} = \sqrt{\triangle t}\, z,\ \ z \sim N(0,1)$$

양변제곱을 하면, $(\triangle B_t)^2 = \triangle t\, z^2$이고, $\triangle t \to dt$가 되면, $z^2 \to E(z^2) = 1$으로 수렴(표준정규분포의 제곱은 χ^2분포)하므로 $(\triangle B_t)^2 = \triangle t$이 되고($L^2$수렴(Convergence), 또는 평균제곱(Mean-Square) 수렴), $(dB_t)^2 = dt$, $(dt)^2 = 0$, $dt\,dB_t = 0$, $(dx)^2 = (b(x,t))^2(dB_t)^2$이 된다.

정리하면 식 (10-3)과 같은데, 이것이 바로 이토 보조정리(Ito Lemma)의 기본 모형이다.

$$dy = \frac{\partial y}{\partial t}dt + \frac{\partial y}{\partial x}dx + \frac{1}{2}(b(x,t))^2\frac{\partial^2 y}{\partial x^2}dt \tag{10-3}$$

주가의 확률미분방정식이 식 (10-2)와 같이 주어졌을 때, 콜옵션가격 $C(S,t)$에 대한 전미분은 이토 보조정리에 의해서 다음과 같다.

$$dC = \frac{\partial C}{\partial t}dt + \frac{\partial C}{\partial S}dS + \frac{1}{2}(\sigma S)^2\frac{\partial^2 C}{\partial S^2}dt \tag{10-4}$$

10.2.3 주가의 확률분포

주가의 확률미분방정식이 식 (10-2)와 같이 주어졌을 때, Y를 S만의 함수인 $Y = \ln S$라 하면, Y에 대한 전미분은 이토 보조정리에 의해서 다음과 같다.

$$dY = \frac{\partial Y}{\partial t}dt + \frac{\partial Y}{\partial S}dS + \frac{1}{2}(\sigma S)^2\frac{\partial^2 Y}{\partial S^2}dt \tag{10-5}$$

여기서, Y가 S만의 함수이므로 다음과 같으므로,

$$\frac{\partial Y}{\partial t} = 0,\ \frac{\partial Y}{\partial S} = \frac{1}{S},\ \frac{\partial^2 Y}{\partial S^2} = -\frac{1}{S^2} \tag{10-6}$$

식 (10-5)에 식 (10-6)을 적용하면 다음과 같다.

$$dY = \frac{1}{S}dS - \frac{1}{2}\sigma^2 dt$$

여기에, 주가의 확률미분방정식을 대입하면 다음과 같은 확률미분방정식이 도출되는데,

$$\begin{aligned} dY &= \frac{1}{S}(\mu S dt + \sigma S dB_t) - \frac{1}{2}\sigma^2 dt \\ &= \left(\mu - \frac{1}{2}\sigma^2\right)dt + \sigma dB_t \end{aligned} \tag{10-7}$$

$Y = \ln S$라 하였으므로, 분포는 다음과 같다.

$$\begin{aligned} & Y - Y_0 \sim N\left(\left(\mu - \frac{1}{2}\sigma^2\right)t,\ \sigma^2 t\right) \\ & \Rightarrow Y \sim N\left(Y_0 + \left(\mu - \frac{1}{2}\sigma^2\right)t,\ \sigma^2 t\right) \\ & \Rightarrow \ln S_t \sim N\left(\ln S_0 + \left(\mu - \frac{1}{2}\sigma^2\right)t,\ \sigma^2 t\right) \end{aligned} \tag{10-8}$$

다시 정리하면, $\ln S_t$의 확률분포는 다음과 같은 정규분포를 따른다.

$$\text{평균} : \ln S_0 + \left(\mu - \frac{1}{2}\sigma^2\right)t \tag{10-9}$$

$$\text{분산} : \sigma^2 t$$

11장 블랙-숄즈 방정식

블랙-숄즈 방정식은 옵션가격 계산을 위해 다음과 같이 가정하였다.

- 주가 S의 거래는 연속적으로 이루어진다.
- 무위험이자율 r은 옵션의 만기까지 항상 일정하다.
- 기초자산의 변동성 σ는 옵션의 만기까지 항상 일정하다.
- 증권의 공매도, 증권의 분할 및 무위험이자율로 차입이 허용한다.
- 기초자산은 배당을 하지 않는다.
- 거래비용과 세금이 없다.
- 차익거래의 기회가 주어지지 않는다.

이러한 가정은 현실과 다르지만, 그래도 블랙-숄즈 방정식이 옵션가격 계산에 널리 사용되는 이유는 기초자산가격(S), 행사가격(X), 무위험이자율(r), 기초자산의 변동성(σ)과 잔존만기(T)가 주어지면 유로피언옵션의 이론가격을 쉽고 빠르게 계산할 수 있기 때문이다.

11.1 블랙-숄즈 방정식 유도

만기가 T이고, 행사가격이 K인 유로피언콜옵션 C의 만기일 이득은 다음과 같다.

$$C_T = \max(S_T - K, 0)$$

유로피언콜옵션 C의 현재가치를 구하기 위해서는 포트폴리오 $\Pi = \Delta S - C$를 설정하고, 포트폴리오 Π가 dt기간($[t, t+dt]$) 동안 무위험이 되도록 상수 Δ를 정하면 된다. 기초 자산이 무위험자산일 때 식(10-1)이 성립하므로, 포트폴리오 Π가 무위험 상태가 되려면 $d\Pi = r\,\Pi\,dt (\Rightarrow \Pi_t = \Pi_0 e^{rt})$를 만족해야 하므로, 정리하면 유로피언콜옵션 C의 미분방정식 유도가 가능하다.

$$\Pi = \Delta S - C \quad \Rightarrow d\Pi = \Delta dS - dC$$

식 (10-2)의 확률미분방정식에서 μ와 σ를 상수라 하고, $B_t \sim N(0, t)$, $C = C(S, t)$이면, 이토 보조정리에 의해 다음과 같이 나타낼 수 있으며,

$$dC = \frac{\partial C}{\partial t}dt + \frac{\partial C}{\partial S}dS + \frac{1}{2}(dS)^2\frac{\partial^2 C}{\partial S^2}dt$$

$$\begin{aligned} d\Pi &= \Delta(\mu S dt + \sigma S dB_t) - \left(\frac{\partial C}{\partial t}dt + \frac{\partial C}{\partial S}(\mu S dt + \sigma S dB_t) + \frac{1}{2}(\sigma S)^2\frac{\partial^2 C}{\partial S^2}dt\right) \\ &= \left(\Delta \mu S - \frac{\partial C}{\partial t} - \mu S\frac{\partial C}{\partial S} - \frac{1}{2}(\sigma S)^2\frac{\partial^2 C}{\partial S^2}\right)dt + \left(\Delta \sigma S - \frac{\partial C}{\partial S}\sigma S\right)dB_t \end{aligned}$$

포트폴리오 Π가 무위험 상태가 되려면 dB_t의 계수가 0이 되어야 한다.

$$\Delta \sigma S - \frac{\partial C}{\partial S}\sigma S = 0 \Rightarrow \Delta = \frac{\partial C}{\partial S}$$

이것은 아주 짧은 시간 동안 $\Delta = \frac{\partial C}{\partial S}$가 되면 무위험 포트폴리오가 된다는 의미이다.

$\Delta = \frac{\partial C}{\partial S}$이면, dt의 계수는 다음과 같으므로,

$$\begin{aligned} &\Delta \mu S - \frac{\partial C}{\partial t} - \mu S\frac{\partial C}{\partial S} - \frac{1}{2}(\sigma S)^2\frac{\partial^2 C}{\partial S^2} \\ &= \frac{\partial C}{\partial S}\mu S - \frac{\partial C}{\partial t} - \mu S\frac{\partial C}{\partial S} - \frac{1}{2}(\sigma S)^2\frac{\partial^2 C}{\partial S^2} \\ &= -\frac{\partial C}{\partial t} - \frac{1}{2}(\sigma S)^2\frac{\partial^2 C}{\partial S^2} \end{aligned}$$

$d\Pi$는 다음과 같다.

$$d\Pi = \left(-\frac{\partial C}{\partial t} - \frac{1}{2}(\sigma S)^2\frac{\partial^2 C}{\partial S^2}\right)dt$$

아주 짧은 시간 동안 포트폴리오 Π가 무위험 상태가 되므로 $d\Pi = r\Pi dt$가 되고, 이를 정리하면 블랙-숄즈 방정식을 도출할 수 있다(경계조건 $C_T = \max(S_T - K, 0)$).

$$\left(-\frac{\partial C}{\partial t} - \frac{1}{2}(\sigma S)^2 \frac{\partial^2 C}{\partial S^2}\right)dt = r\Pi dt = r(\Delta S - C)dt = r\left(\frac{\partial C}{\partial S}S - C\right)dt$$

$$\Rightarrow -\frac{\partial C}{\partial t} - \frac{1}{2}(\sigma S)^2 \frac{\partial^2 C}{\partial S^2} = rS\frac{\partial C}{\partial S} - rC$$

$$\Rightarrow \frac{\partial C}{\partial t} + rS\frac{\partial C}{\partial S} + \frac{1}{2}(\sigma S)^2 \frac{\partial^2 C}{\partial S^2} = rC \qquad (11\text{-}1)$$

블랙-숄즈 방정식이 이전의 이항정리와 다른 점은 연속시간이라는 것이며, 순간적으로 델타 헤지(Hedge)를 하는 것이므로 거래비용이 존재하면 이 방정식은 성립이 안 된다. 그리고 블랙-숄즈 방정식에는 주식의 기대수익률 μ가 존재하지 않고 무위험이자율 r만 존재하는 것이 특징이다.

11.2 유로피언콜옵션의 현재가치

유로피언콜옵션 C의 현재가치는 주가 S의 기대수익률을 무위험이자율로 가정하고, 옵션만기시점의 기댓값을 무위험이자율로 할인하여 계산한다.

11.2.1 위험중립상태 적용

위험중립세계(Risk Neutral World)에서는 기대수익률 μ 대신 무위험이자율 r을 적용하므로 식 (10-2)의 주가 확률미분방정식은 다음과 같다.

$$dS = rSdt + \sigma SdB_t \qquad (11\text{-}2)$$

위험중립상태에서 옵션만기의 기댓값은 다음과 같고,

$$\widetilde{E}(C_T) = \widetilde{E}(\max(S_T - K, 0))$$

주가의 확률미분방정식에 대수정규분포를 적용하면 주가의 분포는 다음과 같다.

$$\ln S_t \sim N\left(\ln S_0 + \left(r - \frac{1}{2}\sigma^2\right)t,\ \sigma^2 t\right)$$

여기서, 대수정규분포를 따르는 확률변수 Y의 분포는 다음과 같고,

$$\ln Y \sim N(\mu, \sigma^2)$$

확률변수 Y의 확률밀도함수(PDF, Probability Density Function) $f(y)$는 다음과 같으므로,

$$y > 0\ :\ f(y) = \frac{1}{y\sigma\sqrt{2\pi}}\exp\left(-\frac{[\ln y - \mu]^2}{2\sigma^2}\right)$$
$$y \le 0\ :\ f(y) = 0$$

만기 주가 S_T의 확률밀도함수 $f(x)$는 다음과 같다.

$$x > 0\ :f(x) = \frac{1}{x\sigma\sqrt{2\pi T}}\exp\left(-\frac{\left[\ln x - \left(\ln S_0 + \left\{r - \frac{1}{2}\sigma^2\right\}T\right)\right]^2}{2\sigma^2 T}\right) \quad (11\text{-}3)$$
$$x \le 0\ :\ f(x) = 0$$

그러므로 위험중립상태에서 옵션만기의 기댓값은 다음과 같이 나타낼 수 있다.

$$\widetilde{E}(C_T) = \widetilde{E}(\max(S_T - K, 0)) = \int_0^\infty \max(x - K, 0) f(x)\,dx$$

11.2.2 유로피언콜옵션의 현재가치 유도

유로피언콜옵션의 현재가치는 옵션만기시점의 기댓값을 무위험이자율로 할인한 것과 같고,

$$C = e^{-rT}\widetilde{E}(\max(S_T - K, 0)) = e^{-rT}\int_0^\infty \max(x - K, 0) f(x)\,dx$$

식 (11-3)에서 수식 전개 편의를 위해 다음과 같다고 하면,

$$\mu_x = \ln S_0 + \left(r - \frac{1}{2}\sigma^2\right)T$$
$$\sigma_x^2 = \sigma^2 T$$

주가는 다음의 성질을 따르고,

$$\ln S_T \sim N(\mu_x,\ \sigma_x^2)$$

확률밀도함수 $f(x)$는 다음과 같게 되므로,

$$x > 0 \ :\ f(x) = \frac{1}{x\sigma_x\sqrt{2\pi}}\exp\left(-\frac{[\ln x - \mu_x]^2}{2\sigma_x^2}\right)$$
$$x \le 0 \ :\ f(x) = 0$$

유로피언콜옵션의 현재가치는 다음과 같다.

$$C = e^{-rT}\int_0^\infty \max(x-K,0)f(x)\,dx$$
$$= e^{-rT}\int_0^\infty \max(x-K,0)\frac{1}{x\sigma_x\sqrt{2\pi}}\exp\left(-\frac{[\ln x - \mu_x]^2}{2\sigma_x^2}\right)dx$$

여기서, $x = e^y$로 치환하면,

$$\ln x = y$$
$$dx = e^y dy = x dy$$

유로피언콜옵션의 현재가치는 다음과 같고,

$$C = e^{-rT}\int_{-\infty}^\infty \max(e^y-K,0)\frac{1}{x\sigma_x\sqrt{2\pi}}\exp\left(-\frac{[y - \mu_x]^2}{2\sigma_x^2}\right)x dy$$
$$= e^{-rT}\int_{-\infty}^\infty \max(e^y-K,0)\frac{1}{\sigma_x\sqrt{2\pi}}\exp\left(-\frac{[y - \mu_x]^2}{2\sigma_x^2}\right)dy$$

$e^y = K$일 때, 즉 $y = \ln K$일 때, 다음과 같이 나타낼 수 있다.

$$C = e^{-rT}\int_{\ln K}^\infty (e^y-K)\frac{1}{\sigma_x\sqrt{2\pi}}\exp\left(-\frac{[y - \mu_x]^2}{2\sigma_x^2}\right)dy$$
$$= e^{-rT}\int_{\ln K}^\infty e^y\frac{1}{\sigma_x\sqrt{2\pi}}\exp\left(-\frac{[y - \mu_x]^2}{2\sigma_x^2}\right)dy$$

$$- e^{-rT} K \int_{\ln K}^{\infty} \frac{1}{\sigma_x \sqrt{2\pi}} \exp\left(- \frac{[y - \mu_x]^2}{2\sigma_x^2} \right) dy$$
$$= e^{-rT} (I_1 - I_2)$$

여기서, I_1과 I_2는 다음과 같다.

$$I_1 = \int_{\ln K}^{\infty} e^y \frac{1}{\sigma_x \sqrt{2\pi}} \exp\left(- \frac{[y - \mu_x]^2}{2\sigma_x^2} \right) dy$$
$$= \int_{\ln K}^{\infty} \frac{1}{\sigma_x \sqrt{2\pi}} \exp\left(y - \frac{[y - \mu_x]^2}{2\sigma_x^2} \right) dy$$
$$= \int_{\ln K}^{\infty} \frac{1}{\sigma_x \sqrt{2\pi}} \exp\left(- \frac{[y - \mu_x]^2 - 2\sigma_x^2 y}{2\sigma_x^2} \right) dy$$

exp( ) 안을 완전제곱 형태로 전개하면,

$$\frac{[y - \mu_x]^2 - 2\sigma_x^2 y}{2\sigma_x^2} = \frac{y^2 - 2y\mu_x + \mu_x^2 - 2\sigma_x^2 y}{2\sigma_x^2}$$
$$= \frac{[y - (\mu_x + \sigma_x^2)]^2 - (\mu_x + \sigma_x^2)^2 + \mu_x^2}{2\sigma_x^2} = \frac{[y - (\mu_x + \sigma_x^2)]^2 - 2\mu_x \sigma_x^2 - \sigma_x^4}{2\sigma_x^2}$$

I_1은 다음과 같다.

$$I_1 = \int_{\ln K}^{\infty} \frac{1}{\sigma_x \sqrt{2\pi}} \exp\left(- \frac{[y - (\mu_x + \sigma_x^2)]^2 - 2\mu_x \sigma_x^2 - \sigma_x^4}{2\sigma_x^2} \right) dy$$
$$= \exp\left(\frac{2\mu_x \sigma_x^2 + \sigma_x^4}{2\sigma_x^2} \right) \int_{\ln K}^{\infty} \frac{1}{\sigma_x \sqrt{2\pi}} \exp\left(- \frac{[y - (\mu_x + \sigma_x^2)]^2}{2\sigma_x^2} \right) dy$$
$$= \exp\left(\mu_x + \frac{\sigma_x^2}{2} \right) \int_{\ln K}^{\infty} \frac{1}{\sigma_x \sqrt{2\pi}} \exp\left(- \frac{[(\mu_x + \sigma_x^2) - y]^2}{2\sigma_x^2} \right) dy$$

exp( ) 속을 다음과 같이 치환하면,

$$\frac{(\mu_x + \sigma_x^2) - y}{\sigma_x} = z_1, \quad dy = -\sigma_x dz_1$$

I_1은 다음과 같다.

$$I_1 = \exp\left(\mu_x + \frac{\sigma_x^2}{2}\right)\int_{\frac{(\mu_x+\sigma_x^2)-\ln K}{\sigma_x}}^{-\infty} \frac{1}{\sigma_x\sqrt{2\pi}}\exp\left(-\frac{z_1^2}{2}\right)(-\sigma_x)dz_1$$

$$= \exp\left(\mu_x + \frac{\sigma_x^2}{2}\right)\int_{-\infty}^{\frac{(\mu_x+\sigma_x^2)-\ln K}{\sigma_x}} \frac{1}{\sqrt{2\pi}}\exp\left(-\frac{z_1^2}{2}\right)dz_1$$

확률변수 Z가 표준정규분포를 따를 때,

$Z \sim N(0,1)$

Z의 확률밀도함수 $f(z)$는 다음과 같고,

$$f(z) = \frac{1}{2\sqrt{\pi}}\exp\left(-\frac{z^2}{2}\right),\ -\infty < z < \infty$$

누적분포함수(Cumulative Distribution Function) Φ는 다음과 같기 때문에

$$\Phi(z) = \int_{-\infty}^{z} f(z)\,dt = \int_{-\infty}^{z}\frac{1}{2\sqrt{\pi}}\exp\left(-\frac{z^2}{2}\right)dt$$

I_1는 다음과 같다.

$$I_1 = \exp\left(\mu_x + \frac{\sigma_x^2}{2}\right)\Phi\left(\frac{(\mu_x+\sigma_x^2)-\ln K}{\sigma_x}\right)$$

같은 방법으로 I_2는 다음과 같다.

$$I_2 = K\int_{\ln K}^{\infty}\frac{1}{\sigma_x\sqrt{2\pi}}\exp\left(-\frac{[y-\mu_x]^2}{2\sigma_x^2}\right)dy$$

exp( ) 속을 다음과 같이 치환하면,

$$\frac{\mu_x - y}{\sigma_x} = z_2,\quad dy = -\sigma_x dz_2$$

I_2는 다음과 같다.

$$I_2 = K\int_{\frac{\mu_x - \ln K}{\sigma_x}}^{-\infty} \frac{1}{\sigma_x\sqrt{2\pi}}\exp\left(-\frac{z_2^2}{2}\right)(-\sigma_x)dz_2$$
$$= K\int_{-\infty}^{\frac{\mu_x - \ln K}{\sigma_x}} \frac{1}{\sqrt{2\pi}}\exp\left(-\frac{z_2^2}{2}\right)dz_2$$

앞의 누적분포함수 Φ를 적용하면 I_2는 다음과 같다.

$$I_2 = K\Phi\left(\frac{\mu_x - \ln K}{\sigma_x}\right)$$

I_1과 I_2에 μ_x와 σ_x를 적용하면 다음과 같다.

$$\begin{aligned}
I_1 &= \exp\left(\mu_x + \frac{\sigma_x^2}{2}\right)\Phi\left(\frac{(\mu_x + \sigma_x^2) - \ln K}{\sigma_x}\right) \\
&= \exp\left(\ln S_0 + \left(r - \frac{1}{2}\sigma^2\right)T + \frac{\sigma^2 T}{2}\right)\Phi\left(\frac{\ln S_0 + \left(r - \frac{1}{2}\sigma^2\right)T + \sigma^2 T - \ln K}{\sigma\sqrt{T}}\right) \\
&= \exp(\ln S_0 + rT)\,\Phi\left(\frac{\ln\frac{S_0}{K} + \left(r + \frac{1}{2}\sigma^2\right)T}{\sigma\sqrt{T}}\right) \\
&= S_0 e^{rT}\Phi\left(\frac{\ln\frac{S_0}{K} + \left(r + \frac{1}{2}\sigma^2\right)T}{\sigma\sqrt{T}}\right) \\
&= S_0 e^{rT}\Phi(d_1)
\end{aligned}$$

$$\begin{aligned}
I_2 &= K\Phi\left(\frac{\mu_x - \ln K}{\sigma_x}\right) \\
&= K\Phi\left(\frac{\ln S_0 + \left(r - \frac{1}{2}\sigma^2\right)T - \ln K}{\sigma\sqrt{T}}\right) \\
&= K\Phi\left(\frac{\ln\frac{S_0}{K} + \left(r - \frac{1}{2}\sigma^2\right)T}{\sigma\sqrt{T}}\right) \\
&= K\Phi(d_2)
\end{aligned}$$

그러므로 유로피언콜옵션의 현재가치는 다음과 같다.

$$\begin{aligned} C &= e^{-rT}(I_1 - I_2) \\ &= e^{-rT}\left[S_0 e^{rT}\Phi(d_1) - K\Phi(d_2)\right] \\ &= S_0\Phi(d_1) - Ke^{-rT}\Phi(d_2) \end{aligned} \tag{11-4}$$

$$d_1 = \frac{\ln\left(\frac{S_0}{K}\right) + \left(r + \frac{1}{2}\sigma^2\right)T}{\sigma\sqrt{T}},$$

$$d_2 = \frac{\ln\left(\frac{S_0}{K}\right) + \left(r - \frac{1}{2}\sigma^2\right)T}{\sigma\sqrt{T}} = d_1 - \sigma\sqrt{T},$$

여기서, $\Phi()$는 평균이 0이고, 분산이 1인 표준정규분포의 누적분포함수로서, $N()$로 표현하기도 한다.

같은 방법으로 유로피언풋옵션 P를 구하면 다음과 같다.

$$P = Ke^{-rT}\Phi(-d_2) - S_0\Phi(-d_1) \tag{11-5}$$

식 (11-4), (11-5)는 배당이 없는 주식에 대한 유로피언콜옵션 및 풋옵션의 현재가치를 구하는 식으로 블랙-숄즈 옵션가격결정모형이라고 한다.

11.3 배당을 적용한 블랙-숄즈 방정식

무배당의 블랙-숄즈 방정식에 배당률(Dividend Rate) q의 연속배당을 적용하면, 포트폴리오 Π와 주가의 확률미분방정식을 통해 다음과 같이 나타낼 수 있으며,

$$\begin{aligned} &\Pi = \Delta S - C \\ &dS = (\mu - q)Sdt + \sigma S dB_t \\ &\Rightarrow d\Pi = \Delta dS - dC + q\Delta S dt \end{aligned}$$

구간 $[t, t+\Delta t]$에서 포트폴리오 Π의 변화 $d\Pi$는 $q\Delta Sdt$의 배당이 발생하는 것을 고려해 줘야 한다. 주가의 확률미분방정식 $dS = (\mu - q)Sdt + \sigma SdB_t$에서 기대수익률 μ와 변동

성 σ를 상수라 하고, $B_t \sim N(0,t)$를 따르고, $C = C(S,t)$이라고 하면, 이토 보조정리에 의해서 다음과 같이 나타낼 수 있다.

$$\begin{aligned}
dC &= \frac{\partial C}{\partial t}dt + \frac{\partial C}{\partial S}dS + \frac{1}{2}(\sigma S)^2 \frac{\partial^2 C}{\partial S^2}dt \\
d\Pi &= \Delta((\mu - q)Sdt + \sigma S dB_t) + q\Delta S dt \\
&\quad - \left(\frac{\partial C}{\partial t}dt + \frac{\partial C}{\partial S}((\mu - q)Sdt + \sigma S dB_t) + \frac{1}{2}(\sigma S)^2 \frac{\partial^2 C}{\partial S^2}dt\right) \\
&= \left(\Delta(\mu - q)S + q\Delta S - \frac{\partial C}{\partial t} - (\mu - q)S\frac{\partial C}{\partial S} - \frac{1}{2}(\sigma S)^2 \frac{\partial^2 C}{\partial S^2}\right)dt \\
&\quad + \left(\Delta \sigma S - \frac{\partial C}{\partial S}\sigma S\right)dB_t
\end{aligned}$$

포트폴리오 Π가 무위험이 되려면 dB_t의 계수가 0이 되어야 하고, Δ에 대해 다음이 성립한다.

$$\Delta \sigma S - \frac{\partial C}{\partial S}\sigma S = 0 \ \Rightarrow \Delta = \frac{\partial C}{\partial S}$$

이것은 아주 짧은 시간 동안 $\Delta = \frac{\partial C}{\partial S}$가 되면 무위험이 된다는 의미이다. 그리고 dt의 계수는 다음과 같으므로,

$$\begin{aligned}
&\Delta(\mu - q)S + q\Delta S - \frac{\partial C}{\partial t} - (\mu - q)S\frac{\partial C}{\partial S} - \frac{1}{2}(\sigma S)^2 \frac{\partial^2 C}{\partial S^2} \\
&= \frac{\partial C}{\partial S}(\mu - q)S + q\frac{\partial C}{\partial S}S - \frac{\partial C}{\partial t} - (\mu - q)S\frac{\partial C}{\partial S} - \frac{1}{2}(\sigma S)^2 \frac{\partial^2 C}{\partial S^2} \\
&= q\frac{\partial C}{\partial S}S - \frac{\partial C}{\partial t} - \frac{1}{2}(\sigma S)^2 \frac{\partial^2 C}{\partial S^2}
\end{aligned}$$

포트폴리오의 변화 $d\Pi$는 다음과 같다.

$$\Rightarrow d\Pi = \left(qS\frac{\partial C}{\partial S} - \frac{\partial C}{\partial t} - \frac{1}{2}(\sigma S)^2 \frac{\partial^2 C}{\partial S^2}\right)dt$$

아주 짧은 시간 동안 포트폴리오 Π가 무위험 상태이므로 $d\Pi = r\Pi dt$는 같다.

$$\Rightarrow \left(qS\frac{\partial C}{\partial S} - \frac{\partial C}{\partial t} - \frac{1}{2}(\sigma S)^2\frac{\partial^2 C}{\partial S^2} \right) dt = r\Pi dt$$
$$= r(\Delta S - C)dt = r\left(\frac{\partial C}{\partial S}S - C \right) dt$$
$$\Rightarrow qS\frac{\partial C}{\partial S} - \frac{\partial C}{\partial t} - \frac{1}{2}(\sigma S)^2\frac{\partial^2 C}{\partial S^2} = rS\frac{\partial C}{\partial S} - rC$$
$$\Rightarrow \frac{\partial C}{\partial t} + (r-q)S\frac{\partial C}{\partial S} + \frac{1}{2}(\sigma S)^2\frac{\partial^2 C}{\partial S^2} = rC \qquad (11\text{-}6)$$

배당을 고려하여도 기본적인 블랙-숄즈 방정식의 모형은 변하지 않는 것을 알 수 있다. 블랙-숄즈 방정식은 주식파생상품뿐만 아니라 외환파생상품과 상품파생상품에도 적용이 가능하다. 기초자산의 가격을 S라 하고, 파생상품의 가격을 V라고 하면 기초자산의 모형과 기초자산별 블랙-숄즈 방정식은 다음과 같이 모두 동일한 모양을 갖는다.

- 주식(Equity)

  $dS = (r-q)Sdt + \sigma SdB_t$,

  q : 배당률

  $$\frac{\partial V}{\partial t} + (r-q)S\frac{\partial V}{\partial S} + \frac{1}{2}(\sigma S)^2\frac{\partial^2 V}{\partial S^2} = rV$$

- 외환(Foreign Exchange)

  $dS = (r_d - r_f)Sdt + \sigma SdB_t$,

  r_d : 국내 무위험이자율(Domestic Riskfree Rate),

  r_f : 해당통화의 무위험이자율(Foreign Currency Riskfree Rate)

  $$\frac{\partial V}{\partial t} + (r_d - r_f)S\frac{\partial V}{\partial S} + \frac{1}{2}(\sigma S)^2\frac{\partial^2 V}{\partial S^2} = r_d V$$

- 상품(Commodity)

  $dS = (r-y)Sdt + \sigma SdB_t$,

  y : 편의수익률(Convenience Yield)

  $$\frac{\partial V}{\partial t} + (r-y)S\frac{\partial V}{\partial S} + \frac{1}{2}(\sigma S)^2\frac{\partial^2 V}{\partial S^2} = rV$$

11.4 대수정규분포를 적용한 블랙-숄즈 방정식

식 (11-6)의 블랙-숄즈 방정식에서 기초자산 S가 대수정규분포를 따른다고 가정하고, x를 S의 함수인 $x=\ln S$라 놓으면 다음이 성립하므로,

$$\frac{\partial x}{\partial S}=\frac{1}{S},\ \frac{\partial^2 x}{\partial S^2}=-\frac{1}{S^2},\ \frac{\partial V}{\partial S}=\frac{\partial V}{\partial x}\frac{\partial x}{\partial S}=\frac{1}{S}\frac{\partial V}{\partial x}$$

$$\begin{aligned}\frac{\partial^2 V}{\partial S^2}&=\frac{\partial}{\partial S}\left(\frac{\partial V}{\partial S}\right)=\frac{\partial}{\partial S}\left(\frac{\partial V}{\partial x}\frac{\partial x}{\partial S}\right)=\frac{\partial}{\partial S}\left(\frac{1}{S}\frac{\partial V}{\partial x}\right)=\frac{\partial}{\partial S}\left(\frac{1}{S}\right)\frac{\partial V}{\partial x}+\frac{1}{S}\frac{\partial}{\partial S}\frac{\partial V}{\partial x}\\&=-\frac{1}{S^2}\frac{\partial V}{\partial x}+\frac{1}{S}\frac{\partial}{\partial x}\frac{\partial x}{\partial S}\frac{\partial V}{\partial x}=-\frac{1}{S^2}\frac{\partial V}{\partial x}+\frac{1}{S^2}\frac{\partial}{\partial x}\frac{\partial V}{\partial x}\\&=-\frac{1}{S^2}\frac{\partial V}{\partial x}+\frac{1}{S^2}\frac{\partial^2 V}{\partial x^2}\end{aligned}$$

대수정규분포를 적용한 블랙-숄즈 방정식은 다음과 같다.

$$\begin{aligned}&\frac{\partial V}{\partial t}+(r-q)S\frac{\partial V}{\partial S}+\frac{1}{2}(\sigma S)^2\frac{\partial^2 V}{\partial S^2}=rV\\&\Rightarrow\frac{\partial V}{\partial t}+(r-q)S\left(\frac{1}{S}\frac{\partial V}{\partial x}\right)+\frac{1}{2}(\sigma S)^2\left(-\frac{1}{S^2}\frac{\partial V}{\partial x}+\frac{1}{S^2}\frac{\partial^2 V}{\partial x^2}\right)=rV\\&\Rightarrow\frac{\partial V}{\partial t}+(r-q-\frac{1}{2}\sigma^2)\frac{\partial V}{\partial x}+\frac{1}{2}\sigma^2\frac{\partial^2 V}{\partial x^2}=rV \qquad (11\text{-}7)\end{aligned}$$

4부

평가 방법론

파생상품을 평가할 때 유로피언콜옵션처럼 해석해(Closed Form Analytic Solution)가 존재하면 해석해를 사용하지만, 해석해가 없는 파생상품의 경우 몬테카를로 시뮬레이션(MCS, Monte Carlo Simulation), 이항트리(Binomial Tree) 또는 삼항트리(Trinomial Tree)와 같은 트리(Tree) 모형, 유한차분법(FDM, Finite Difference Method) 등의 수치해석 방법을 이용하여 평가한다.

몬테카를로 시뮬레이션은 기초자산의 확률적 분포를 반복적으로 생성하여 통계적으로 파생상품의 가치를 구하는 방법이다. 트리 모형은 기초자산의 움직임이 상승 또는 하락의 이항분포 또는 상승, 유지 또는 하락의 삼항분포를 따른다고 가정한 후 파생상품의 가치를 구하는 방법이다. 그리고 유한차분법은 편미분방정식을 차분방정식으로 근사시켜 파생상품의 가치를 구하는 방법이다.

4부에서는 12장 몬테카를로 시뮬레이션, 13장 트리 모형, 14장 유한차분법에 대해 알아보고, 15장에서 각 평가 방법론을 이용하여 구한 평가값과 해석해로 구한 평가값을 비교해보자.

12장 몬테카를로 시뮬레이션

몬테카를로 시뮬레이션은 컴퓨터의 도움으로 기초자산의 미래 확률 분포를 반복적으로 생성하여 통계적으로 파생상품의 가치를 계산하는 방법이다.

12.1 주가의 이산화

주가 S가 기하 브라운 운동을 따른다고 가정하면 주가의 확률미분방정식은 식 (10-2)와 같고,

$$dS = \mu S dt + \sigma S dB_t$$

위험중립세계(Risk Neutral World)에서는 기대수익률 μ는 무위험이자율 r로 대체되므로 주가의 확률미분방정식은 식 (11-2)와 같고,

$$dS = r S dt + \sigma S dB_t$$

여기에 대수정규분포와 배당률 q를 적용하고, 이토 보조정리를 적용하면 다음과 같다.

$$d \ln S = \left(r - q - \frac{\sigma^2}{2} \right) dt + \sigma dB_t \qquad (12\text{-}1)$$

식 (12-1)을 이용하여 이산형 주가 시리즈 형태로 표현하면 다음과 같다.

$$S_{t_{i+1}} = S_{t_i} \exp\left[\left(r - q - \frac{\sigma^2}{2}\right)\Delta t_i + \sigma \varepsilon_{t_i} \sqrt{\Delta t_i}\right], \ \varepsilon_{t_i} \sim N(0,1) \quad (12\text{-}2)$$

여기서, ε_{t_i}는 정규분포형 난수(Random Number)를 의미한다.

12.2 난수 생성

주가의 이산화과정에 정규분포형 난수를 적용하려면 C언어에서 제공하는 균등분포형 난수생성함수를 이용하여 난수를 생성하고, 생성된 난수를 정규분포화 과정을 거쳐 시뮬레이션에 실제 사용될 난수로 변경한다.

12.2.1 균등분포형 난수 생성

C언어에서 제공하는 난수생성함수 rand( )를 이용하면 난수 범위가 [0, 32767]인 균등분포형 난수를 생성할 수 있다.

12.2.1.1 C언어 라이브러리에서 제공하는 난수생성함수

C언어에서 제공하는 표준 라이브러리를 이용하여 난수를 생성해보자.

✎ 소스 코드

- main.cpp

```
// main.cpp
#define    _CRT_SECURE_NO_DEPRECATE
#include   <iostream>
using      namespace     std;

void       main(void)
{
    int  i, j, rn;
    for(i=0; i<5; i++){
        for(j=0; j<5; j++){
            rn    = rand( );
            cout<<rn<<"  ";
        }
        cout<<endl;
```

```
    }
}
```

✎ 실행 결과

상기 프로그램을 2회 실행하였을 때 생성된 난수는 다음과 같다.

- 1차 실행 결과

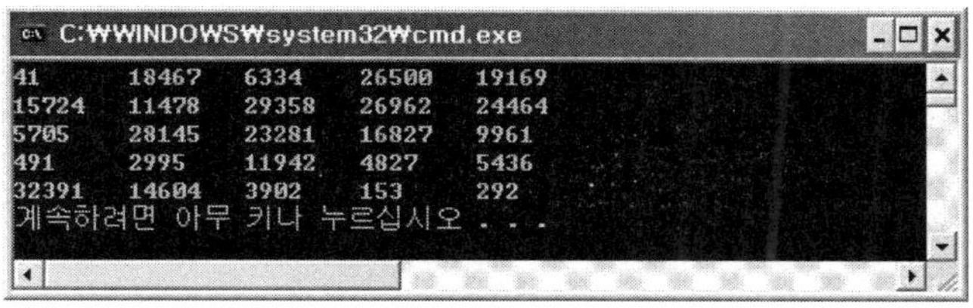

[그림 12-1] 난수생성함수 1차 실행 결과

- 2차 실행 결과

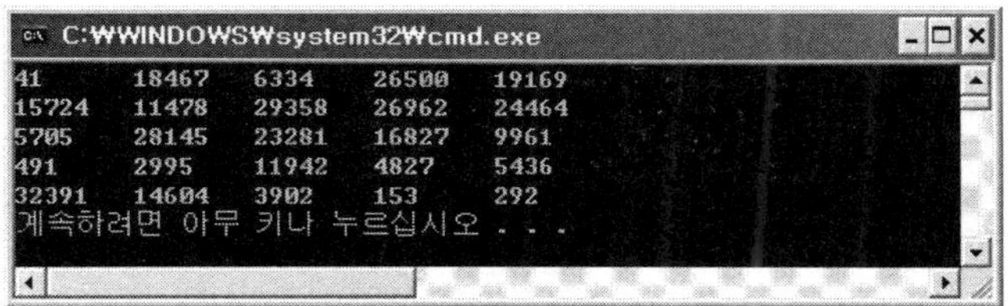

[그림 12-2] 난수생성함수 2차 실행 결과

C언어에서 제공하는 난수생성함수인 rand( )를 사용하여 25개의 난수를 생성하는 작업을 2회 실행하였는데, 프로그램을 실행할 때마다 동일한 난수가 생성되었다. 이것은 C언어에 내장되어 있는 여러 난수표 중에서 두 번 모두 하나의 난수표에서만 난수를 생성하였기 때문이다. 프로그램을 실행할 때마다 다른 난수를 생성하려면 C언어에 내장되어 있는 여러 난수표 중에서 하나를 선택하는 함수인 srand( )를 사용하여야 한다. srand( ) 함수를 사용하려면 초기값(Seed Number)를 부여해야 한다. 초기값을 부여할 때 보통 time( ) 함수를 사용하는데, 이것은 프로그램 실행시점을 초기값으로 부여하면 매번 다른 난수표를 사용할 수 있기 때문이다. time( ) 함수를 사용하기 위해서는 #include <time.h>를 추가해야한다.

다음 소스 코드는 srand( ) 함수에 입력되는 초기값으로 실행시점의 시간을 설정하여 매 실행시점마다 다른 난수를 생성하도록 하였다.

✎ 소스 코드

▪ main.cpp

```
// main.cpp
#define    _CRT_SECURE_NO_DEPRECATE
#include   <iostream>
#include   <time.h>
using      namespace     std;

void       main(void)
{
     int   i, j, rn;
     srand((unsigned)    time(NULL));          // Random Seed 초기화

     for(i=0; i<5; i++){
          for(j=0; j<5; j++){
               rn    = rand( );
               cout<<rn<<" ";
          }
          cout<<endl;
     }
}
```

✎ 실행 결과

상기 프로그램으로 2회 실행하였을 때 생성된 난수는 다음과 같다.

● 1차 실행 결과

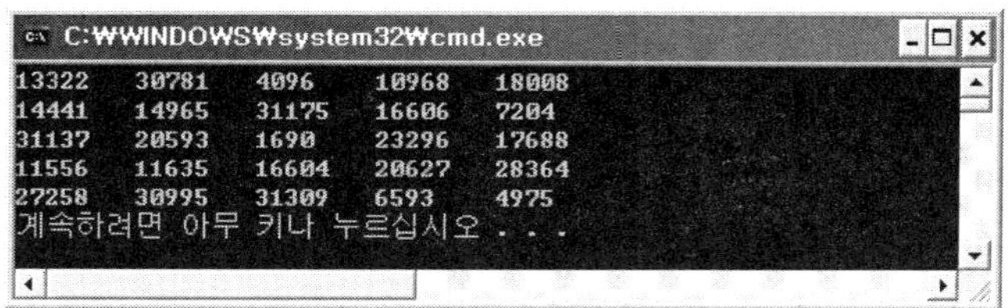

[그림 12-3] 수정된 난수생성함수 1차 실행 결과

● 2차 실행 결과

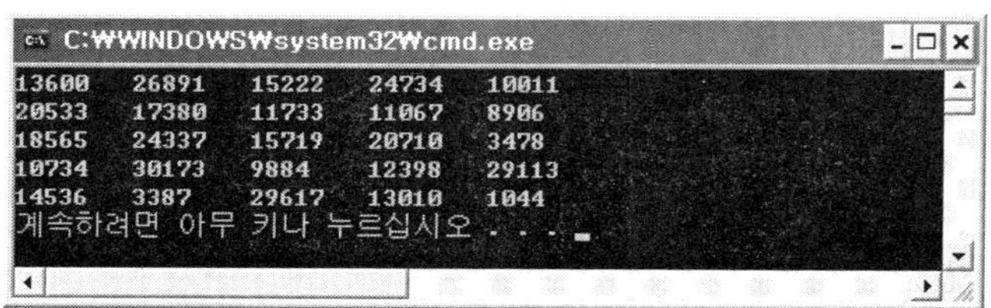

[그림 12-4] 수정된 난수생성함수 2차 실행 결과

12.2.1.3 난수 생성범위 변경

난수의 범위가 [0, 1]인 균등분포형 난수를 생성하려면 rand( ) 함수에서 생성되는 최대난수인 32767을 이용하여 생성된 난수의 범위가 [0, 1]이 되도록 소스 코드를 수정해보자.

✎ 소스 코드

- main.cpp

```
// main.cpp
#define    _CRT_SECURE_NO_DEPRECATE

#include    <iostream>
#include    <time.h>
using    namespace    std;

void    main(void)
{
    int       i, j;
    double    rn;
    srand((unsigned)    time(NULL));        // Random Seed 초기화

    for(i=0; i<5; i++){
        for(j=0; j<5; j++){
            rn = rand( ) / (double)RAND_MAX;
            cout<<rn<<" ";
        }
        cout<<endl;
    }
}
```

✎ 실행 결과

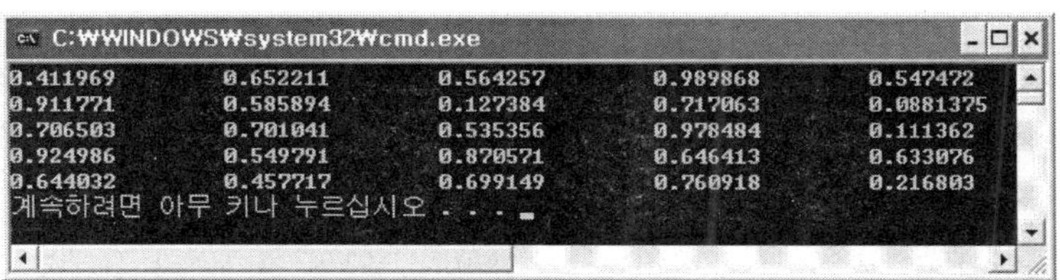

[그림 12-5] 난수생성함수 실행 결과

소스 코드를 보면 rand( ) 함수로 생성된 난수를 RAND_MAX라는 정의 안 된 변수로 나누었는데 오류가 나지 않는 이유는 RAND_MAX라는 변수가 이미 C언어에서 정의된 변수이기 때문이다. RAND_MAX는 rand( ) 함수에서 생성되는 난수의 최댓값으로서 32767을 의미한다.

12.2.2 정규분포형 난수 생성

균등분포에서 생성된 난수를 이용하여 정규분포형 난수로 변환하는 방법에는 여러 방법이 있겠지만, 여기에서는 중심극한정리(Central Limit Theorem)를 이용하는 방법, 표준정규누적분포의 역함수(Inverse Standard Normal Cumulative Distribution Function)를 이용하는 방법과 박스-뮬러(Box-Muller)가 제시한 방법에 대해 알아보자.

각 방법의 정규성 검증을 위해 정규분포 적합성 검증 방법중 하나인 야케-베라 검증(Jarque-Bera Test)을 사용하고자 한다.

팁_22 야케-베라 검증

정규분포의 왜도(Skewness)는 0, 첨도(Kurtosis)는 3이므로, 왜도가 0보다 크면 오른쪽으로 두껍고 긴 꼬리(Fat Tail)를 갖는 분포이며, 첨도가 3보다 크면 정규분포보다 뾰족한 분포가 된다. 야케-베라 검증은 왜도와 첨도를 이용하여 정규분포의 적합성을 측정하는데, 야케-베라 통계량(JB)은 다음과 같다.

$$JB = \frac{n}{6}\left(S^2 + \frac{1}{4}(K-3)^2\right)$$

여기서, n은 관측수이고, S는 왜도, K는 첨도로서 다음과 같다.

$$\text{왜도 } S = \frac{\frac{1}{n}\sum_{i=1}^{n}(x_i - \bar{x})^3}{\left(\frac{1}{n}\sum_{i=1}^{n}(x_i - \bar{x})^2\right)^{\frac{3}{2}}}$$

$$\text{첨도 } K = \frac{\frac{1}{n}\sum_{i=1}^{n}(x_i - \bar{x})^4}{\left(\frac{1}{n}\sum_{i=1}^{n}(x_i - \bar{x})^2\right)^{2}}$$

야케-베라 검증의 귀무가설은 “모분포는 정규분포한다”이며, 야케-베라 통계량은 자유도가 2인 카이자승분포를 따르며, 95% 신뢰수준하에서 임계치는 5.99로 야케-베라 통계량이 5.99보다 크면 정규분포라는 귀무가설이 기각되어 정규분포가 아니라고 본다.

12.2.2.1 중심극한정리를 이용한 난수 생성

중심극한정리는 표본의 크기가 충분히 크면(n>30), 모집단의 분포와 상관없이 표본평균의 분포가 정규분포에 수렴한다는 것으로, 표본의 분포는 다음과 같다.

$$\overline{X_n} = \frac{\sum_{i=1}^{n} X_i}{n}$$

$$X^* = \frac{\overline{X_n} - \mu}{\sigma / \sqrt{n}} = \frac{\sum_{i=1}^{n} X_i - n\mu}{\sigma \sqrt{n}} \sim N(0,1)$$

구간이 $[a,\ b]$인 균등분포에서 x의 확률밀도함수 $f(x)$가 상수함수 c와 같고

$$\int_a^b f(x)dx = c(b-a) = 1 \ \Rightarrow c = \frac{1}{b-a}$$

균등분포의 평균과 분산은 다음과 같으므로,

$$E(x) = \mu = \int_a^b x f(x) dx = \int_a^b c\, x\, dx = \frac{1}{2(b-a)}(b^2 - a^2) = \frac{a+b}{2}$$

$$E(x^2) = \int_a^b x^2 f(x) dx = \int_a^b c\, x^2\, dx = \frac{1}{3(b-a)}(b^3 - a^3) = \frac{b^2 + ab + a^2}{3}$$

$$Var(x) = \sigma^2 = E(x^2) - \mu^2 = \frac{b^2 + ab + a^2}{3} - \frac{b^2 + 2ab + a^2}{4} = \frac{(b-a)^2}{12}$$

구간이 [0, 1]인 균등분포의 평균과 분산은 다음과 같고,

$$E(x) = \mu = \frac{1}{2},\ \ Var(x) = \sigma^2 = \frac{1}{12}$$

균등분포에서 생성되는 난수가 u_i일 때, 중심극한정리에 의해 다음을 만족한다.

$$\frac{\sum_{i=1}^{n} u_i - \frac{n}{2}}{\sqrt{\frac{n}{12}}} \sim N(0,1)$$

여기서, 만약 n이 12라면 다음과 같다.

$$\sum_{i=1}^{12} u_i - 6 \sim N(0,1)$$

중심극한정리를 이용한 정규분포형 난수 생성 소스 코드는 다음과 같다.

✎ 소스 코드

- mathlib.h

```
// mathlib.h
#include    <math.h>

#include    <iostream>
using       namespace      std;

double      normdistrand( );     // 정규분포 난수 생성
void        normal_distribution_goodness_fit_test(unsigned long nrand, double *randnum);
            //    정규분포 적합성 검증
```

- mathlib.cpp

```
// mathlib.cpp

#include    "mathlib.h"

double      normdistrand( )
{
      double     rnd = 0;
      for(int i=0; i<12; i++){
            rnd += rand( ) / (double)RAND_MAX ;
      }
      rnd        -= 6.0;
      return     rnd;
}

void        normal_distribution_goodness_fit_test(unsigned long nrand, double *randnum)
{
      unsigned         long        i;
      double     mean, stddev;
      mean       = 0.0;
      for(i=0; i<nrand; i++)      mean += randnum[i];
      mean       /= nrand;

      stddev     = 0.0;
      for(i=0; i<nrand; i++)      stddev     += pow( (randnum[i] - mean), 2.0 );
      stddev     /= (nrand-1);
      stddev     = sqrt(stddev);

      cout<<"평균 : "<<mean<<endl;
      cout<<"표준편차 : "<<stddev<<endl;

      double     mu3, mu4, skewness, kurtosis;
      mu3        = mu4      = 0.0;
      for(i=0; i<nrand; i++){
            mu3 += pow( (randnum[i] - mean), 3.0 );
            mu4 += pow( (randnum[i] - mean), 4.0 );
```

```
    }

    skewness = (mu3/nrand)/pow(stddev, 3.0);
    kurtosis  = (mu4/nrand)/pow(stddev, 4.0);

    cout<<"왜도 : "<<skewness<<endl;
    cout<<"첨도 : "<<kurtosis<<endl;

    double    jarque_bera;
    jarque_bera    = nrand*(skewness*skewness + pow( (kurtosis-3.0), 2.0 )/4.0 )/6.0;

    cout<<"Jarque-Bera Test : "<<jarque_bera<<endl;
}
```

- main.cpp

```
// main.cpp
#define    _CRT_SECURE_NO_DEPRECATE
#include   "mathlib.h"
#include   <time.h>

void       main(void)
{
    srand((unsigned)   time(NULL));          // Random Seed 초기화
    unsigned long      i;
    unsigned long      nrand;
    nrand     = 1000000;

    double    *randnum;
    randnum  = new double[nrand];

    for(i=0; i<nrand; i++)    randnum[i] = normdistrand( );     // 정규분포형 난수 생성

    normal_distribution_goodness_fit_test(nrand, randnum);      // 정규분포 적합성 검증

    delete[]   randnum;
}
```

✎ 실행 결과

[그림 12-6] 중심극한정리를 이용한 난수 생성 실행 결과

중심극한정리를 이용한 정규분포형 난수 생성 프로그램을 실행한 결과를 보면, 왜도는 −0.00162883, 첨도는 2.89792, 야케-베라 통계량은 434.607이다. 야케-베라 통계량이 5.99보다 크므로 정규분포라는 가설이 기각되어 정규분포형 난수 생성방법으로 사용하기 어렵다.

12.2.2.2 표준정규누적분포의 역함수를 이용한 난수 생성

표준정규누적분포의 역함수를 이용하여 균등분포형 난수를 정규분포형 난수로 변환하는 방법이다. 정규분포의 확률밀도함수는 다음과 같으므로,

$$f(x, \mu, \sigma^2) = \frac{1}{\sqrt{2\pi\sigma^2}} e^{-(x-\mu)^2/(2\sigma^2)}$$

표준정규분포의 확률밀도함수는 다음과 같다(μ=0, σ=1).

$$f(x) = \frac{1}{\sqrt{2\pi}} e^{-x^2/2}$$

또한, 표준정규분포의 누적분포함수는 다음과 같은데,

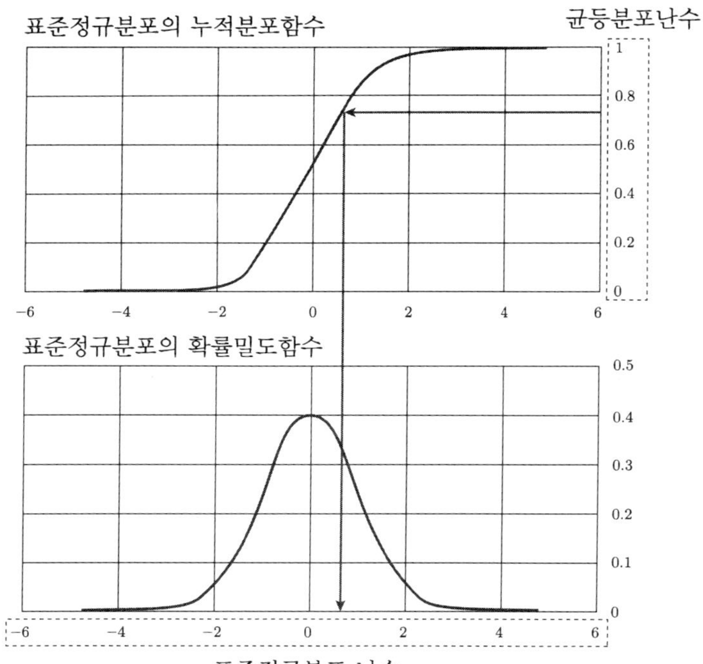

[그림 12-7] 균등분포 난수를 표준정규분포 난수로 변환

$$\Phi(x) = \frac{1}{\sqrt{2\pi}} \int_{-\infty}^{x} e^{-t^2/2} dt$$

[그림 12-7]과 같이 누적분포함수의 역함수를 이용하여 표준정규분포형 난수를 생성할 수 있다. 표준정규누적분포의 역함수를 이용한 난수 생성 소스 코드는 다음과 같다.

✎ 소스 코드

- mathlib.h

```
// mathlib.h
#include    <math.h>

#include    <iostream>
using       namespace     std;

#define     EPS       1.2e-7
double      inverse_normal_cumulative_distribution_function(double p);  // 정규분포 난수 생성
void        normal_distribution_goodness_fit_test(unsigned long nrand, double *randnum);
            //    정규분포 적합성 검증
```

- mathlib.cpp

```
// mathlib.cpp
#include    "mathlib.h"

double      inverse_normal_cumulative_distribution_function(double p)
{
      static const double a[]   = {  -3.969683028665376e+01, 2.209460984245205e+02,
                                     -2.759285104469687e+02, 1.383577518672690e+02,
                                     -3.066479806614716e+01, 2.506628277459239e+00     };

      static const double b[]   = {  -5.447609879822406e+01,  1.615858368580409e+02,
                                     -1.556989798598866e+02,  6.680131188771972e+01,
                                     -1.328068155288572e+01  };

      static const double c[]   = {  -7.784894002430293e-03,   -3.223964580411365e-01,
                                     -2.400758277161838e+00,   -2.549732539343734e+00,
                                     4.374664141464968e+00,    2.938163982698783e+00     };

      static const double d[]   = {  7.784695709041462e-03,   3.224671290700398e-01,
                                     2.445134137142996e+00,   3.754408661907416e+00     };

      static const double LOW       = 0.02425;
      static const double HIGH      = 0.97575;

      double     q, r;
      errno      = 0;
```

```
	if(p<LOW){
		if(p<EPS)p = EPS;
		// Rational approximation for lower region
		q	= sqrt(-2*log(p));
		return (((((c[0]*q+c[1])*q+c[2])*q+c[3])*q+c[4])*q+c[5])
						/((((d[0]*q+d[1])*q+d[2])*q+d[3])*q+1);
	}
	else if(p>HIGH){
		// Rational approximation for upper region
		if(p>1.0-EPS) p	= 1.0 - EPS;
		q	= sqrt(-2*log(1-p));
		return -(((((c[0]*q+c[1])*q+c[2])*q+c[3])*q+c[4])*q+c[5])
						/((((d[0]*q+d[1])*q+d[2])*q+d[3])*q+1);
	}
	else{
		// Rational approximation for central region
		q	= p - 0.5;
		r	= q*q;
		return (((((a[0]*r+a[1])*r+a[2])*r+a[3])*r+a[4])*r+a[5])*q
						/(((((b[0]*r+b[1])*r+b[2])*r+b[3])*r+b[4])*r+1);
	}
}

void	normal_distribution_goodness_fit_test(unsigned long nrand, double *randnum)
{
	//	앞에서 선언한 normal_distribution_goodness_fit_test( ) 함수와 동일함,
	//	별첨 소스 코드 참조
}
```

- main.cpp

```
// main.cpp
#define	_CRT_SECURE_NO_DEPRECATE
#include	"mathlib.h"
#include	<time.h>

void	main(void)
{
	srand((unsigned)	time(NULL));		// Random Seed 초기화
	unsigned long	i;
	unsigned long	nrand;
	nrand	= 1000000;

	double	urn;
	double	*randnum;
	randnum = new double[nrand];
for(i=0; i<nrand; i++){
		urn	= rand( )/(double)RAND_MAX;	// [0,1]범위의 균등분포형 난수 생성
```

```
        randnum[i] = inverse_normal_cumulative_distribution_function(urn);
                    //정규분포형 난수 생성

    }

    normal_distribution_goodness_fit_test(nrand, randnum);      // 정규분포 적합성 검증

    delete[]   randnum;
}
```

✎ 실행 결과

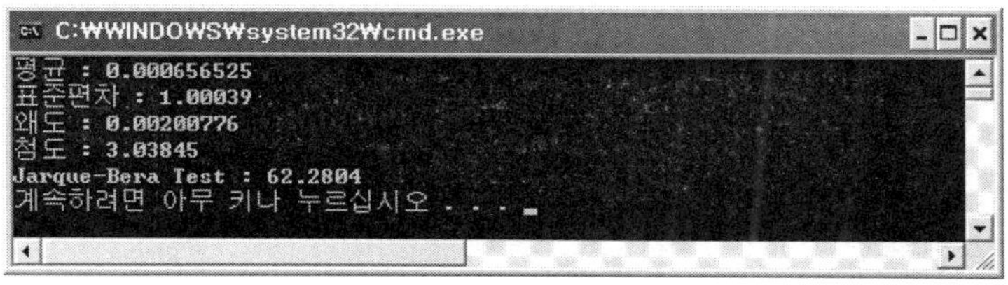

[그림 12-8] 표준정규누적분포의 역함수를 이용한 난수 생성 실행 결과

표준정규누적분포의 역함수를 이용한 정규분포형 난수 생성 프로그램을 실행한 결과를 보면, 왜도는 0.00200776, 첨도는 3.03845, 야케-베라 통계량은 62.2804이다. 중심극한정리를 이용한 난수 생성 실행 결과보다 야케-베라 통계량이 크게 개선된 것을 확인 할 수 있으나, 야케-베라 통계량이 5.99보다 크므로 역시 정규분포형 난수는 아니다.

12.2.2.3 박스-뮬러 변환을 이용한 난수 생성

박스(Box)와 뮬러(Muller)는 균등분포형 난수를 이용하여 간단히 정규분포형 난수로 변경하는 방법을 제안하였는데*, 균등분포형 난수 u_1와 u_2가 주어졌을 때, 다음과 같이 2개의 독립된 정규분포형 난수로 변환이 가능하다.

$$z_1 = \sqrt{-2\ln u_1}\cos(2\pi u_2)$$
$$z_2 = \sqrt{-2\ln u_1}\sin(2\pi u_2)$$

박스-뮬러 변환을 이용한 난수 생성 소스 코드는 다음과 같다.

---

* G. E. P. Box and Mervin E. Muller, "A Note on the Generation of Random Normal Deviates", *The Annals of Mathematical Statistics*, Vol. 29, No. 2, 1958, pp. 610 - 611.

✎ 소스 코드

- mathlib.h

```
// mathlib.h
#include   <math.h>

#include   <iostream>
using      namespace     std;

#define    PI    3.14159265358979323846264338327950288419716939937510582097

double     normdistrand_BoxMuller();    // 정규분포 난수 생성
void       normal_distribution_goodness_fit_test(unsigned long nrand, double *randnum);
           //   정규분포 적합성 검증
```

- mathlib.cpp

```
// mathlib.cpp
#include   "mathlib.h"

double     normdistrand_BoxMuller()
{
      double     u1, u2, z1, z2;
      static     int   iset = 0;
      static     double    gset;
      if(iset==0){
            do{
                  u1   = rand( )/(double)RAND_MAX;
                  u2   = rand( )/(double)RAND_MAX;
                  z1   = sqrt(-2*log(u1))*cos(2*PI*u2);
                  z2   = sqrt(-2*log(u1))*sin(2*PI*u2);
            }while(u1==0.0);
            gset       = z2;     // 다음에 사용하려고
            iset       = 1;
            return     z1;
      }
      else{
            iset       = 0;
            return     gset;      // 저장된 값 return
      }
}

void normal_distribution_goodness_fit_test(unsigned long nrand, double *randnum)
{
      //    앞에서 선언한 normal_distribution_goodness_fit_test( ) 함수와 동일함,
      //    별첨 소스 코드 참조
}
```

- main.cpp

```
// main.cpp
#define    _CRT_SECURE_NO_DEPRECATE
#include   "mathlib.h"
#include   <time.h>

void       main(void)
{
    srand((unsigned)   time(NULL));           // Random Seed 초기화
    unsigned long      i;
    unsigned long      nrand;
    nrand     = 1000000;

    double    *randnum;
    randnum  = new double[nrand];

    //   정규분포형 난수 생성
    for(i=0; i<nrand; i++)     randnum[i] = normdistrand_BoxMuller();

    normal_distribution_goodness_fit_test(nrand, randnum);     //   정규분포 적합성 검증

    delete[]   randnum;
}
```

✎ 실행 결과

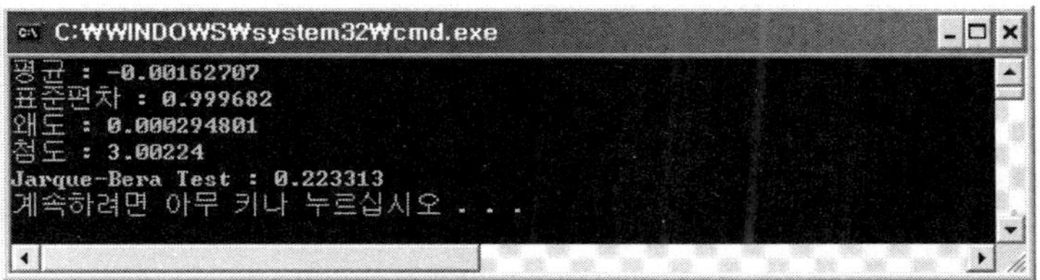

[그림 12-9] 박스-뮬러 변환을 이용한 난수 생성 실행 결과

박스-뮬러 변환을 이용한 정규분포형 난수 생성 프로그램을 실행한 결과를 보면, 왜도는 0.000294801, 첨도는 3.00224, 야케-베라 통계량은 0.223313이다. 표준정규누적분포의 역함수를 이용한 난수 생성 실행 결과보다 야케-베라 통계량이 크게 개선되었고, 야케-베라 통계량이 5.99보다 작으므로 정규분포형 난수가 생성되었다고 할 수 있다.

12.2.2.4 정규성 검증 결과

균등분포에서 생성된 난수를 이용하여 정규분포형 난수로 변환하는 방법을 알아보았다. 야케-베라 통계량을 이용하여 정규성 검증을 실시한 결과, 박스-뮬러 변환을 이용한 난수 생성 방법이 가장 정규분포에 가까운 것으로 확인되었다.

[표 12-1] 정규성 검증 결과 비교

	중심극한정리	역함수 이용	박스-뮬러 변환
왜도	-0.00162883	0.00200776	0.000294801
첨도	2.89792	3.03845	3.00224
야케-베라 통계량	434.607	62.2804	0.223313

12.3 기초자산이 1개인 상품

12.3.1 미래 주가 생성

식 (12-2)에서 주가의 움직임을 이산형 주가 시리즈 형태로 표현하였다. 이것을 확장하면 다음과 같다.

$$\begin{aligned} S_{t_1} &= S_{t_0}\exp\left[\left(r-q-\frac{\sigma^2}{2}\right)\Delta t_1+\sigma\varepsilon_{t_1}\sqrt{\Delta t_1}\right] \\ &\vdots \\ S_{t_i} &= S_{t_{i-1}}\exp\left[\left(r-q-\frac{\sigma^2}{2}\right)\Delta t_i+\sigma\varepsilon_{t_i}\sqrt{\Delta t_i}\right] \\ &\vdots \\ S_{t_n} &= S_{t_{n-1}}\exp\left[\left(r-q-\frac{\sigma^2}{2}\right)\Delta t_n+\sigma\varepsilon_{t_n}\sqrt{\Delta t_n}\right] \end{aligned} \qquad (12\text{-}3)$$

여기서, $\varepsilon_{t_i}(i=1,\ 2,\ \cdots,\ n)$은 각 시점별 적용되는 난수를 의미하고, Δt_i는 각 시점의 시간 간격이다.

모든 시간간격 Δt_i을 1일로 동일하게 설정하면 위에서 얻어진 주가는 평가시점 이후 일별 주가가 된다.

12.3.2 평가가격 결정

식 (12-3)을 이용하여 미래 주가를 생성하면, 옵션만기시점의 주가수준에 따라 파생상품의 손익을 계산할 수 있고 주가 생성과정을 반복한 횟수만큼 옵션만기시점의 손익들을 계산할 수 있다. 계산된 손익들의 산술평균을 계산하여 옵션만기시점의 기대 손익을 계산하고, 계산된 기대 손익을 평가시점으로 할인하면 다음과 같이 평가가격 V을 계산할 수 있다.

$$V = e^{-rT}\left(\frac{1}{N}\sum_{i=1}^{N} V_i\right) \tag{12-4}$$

여기서, N : 시뮬레이션 반복 횟수

V_i : i번째 시뮬레이션에서 구한 옵션만기시점의 손익

12.4 기초자산이 2개인 상품

12.4.1 난수 생성

기초자산이 2개 이상인 경우 난수를 생성할 때 촐레스키 분해를 이용하여 자산 간의 상관관계(Correlation)를 고려해 주어야 한다.
기초자산이 2개이고 기초자산간의 상관계수(Correlation Coefficient)가 ρ인 경우 상관계수 행렬 R은 다음과 같이 분해되고,

$$R = \begin{bmatrix} 1 & \rho \\ \rho & 1 \end{bmatrix} = \begin{bmatrix} a_{11} & 0 \\ a_{12} & a_{22} \end{bmatrix}\begin{bmatrix} a_{11} & a_{12} \\ 0 & a_{22} \end{bmatrix} = \begin{bmatrix} a_{11}^2 & a_{11}a_{12} \\ a_{11}a_{12} & a_{12}^2 + a_{22}^2 \end{bmatrix}$$

$$a_{11} = 1$$

$$a_{12} = \rho$$

$$a_{22} = \sqrt{1-\rho^2}$$

두 기초자산 A와 B의 상관관계가 고려된 난수 ε_A와 ε_B는 다음과 같다.

$$\begin{bmatrix} \varepsilon_A \\ \varepsilon_B \end{bmatrix} = \begin{bmatrix} 1 & 0 \\ \rho & \sqrt{1-\rho^2} \end{bmatrix}\begin{bmatrix} \eta_A \\ \eta_B \end{bmatrix},$$

여기서, η_A와 η_B는 상관관계가 고려되지 않은 난수이다.

12.4.2 미래 주가 생성

기초자산 A와 B의 상관관계를 고려하여 난수를 생성하고, 시간간격을 Δt로 동일하게 설정하여 미래 주가 시리즈를 구하면 다음과 같다.

$$\begin{aligned}
S_{A,t_1} &= S_{A,t_0}\exp\left[\left(r-q_A-\frac{\sigma_A^2}{2}\right)\Delta t+\sigma_A\varepsilon_{A,t_1}\sqrt{\Delta t}\right]\\
S_{B,t_1} &= S_{B,t_0}\exp\left[\left(r-q_B-\frac{\sigma_B^2}{2}\right)\Delta t+\sigma_B\varepsilon_{B,t_1}\sqrt{\Delta t}\right]\\
&\vdots\\
S_{A,t_i} &= S_{A,t_{i-1}}\exp\left[\left(r-q_A-\frac{\sigma_A^2}{2}\right)\Delta t+\sigma_A\varepsilon_{A,t_i}\sqrt{\Delta t}\right]\\
S_{B,t_i} &= S_{B,t_{i-1}}\exp\left[\left(r-q_B-\frac{\sigma_B^2}{2}\right)\Delta t+\sigma_B\varepsilon_{B,t_i}\sqrt{\Delta t}\right]\\
&\vdots\\
S_{A,t_n} &= S_{A,t_{n-1}}\exp\left[\left(r-q_A-\frac{\sigma_A^2}{2}\right)\Delta t+\sigma_A\varepsilon_{A,t_n}\sqrt{\Delta t}\right]\\
S_{B,t_n} &= S_{B,t_{n-1}}\exp\left[\left(r-q_B-\frac{\sigma_B^2}{2}\right)\Delta t+\sigma_B\varepsilon_{B,t_n}\sqrt{\Delta t}\right]
\end{aligned} \qquad (12\text{-}5)$$

여기서, ε_{A,t_i}와 $\varepsilon_{B,t_i}(i=1,\ 2,\ \cdots,\ n)$은 상관계수가 고려된 난수를 의미한다.
시간간격 Δt을 1일로 설정하면 위에서 얻어진 주가는 평가시점 이후 일별 주가가 된다.

12.4.3 평가 가격 결정

식 (12-5)을 이용하여 미래 주가를 생성하면, 옵션만기시점의 주가수준에 따라 파생상품의 손익을 계산할 수 있고, 주가 생성과정을 반복한 횟수만큼 옵션만기시점의 손익들을 계산할 수 있다. 계산된 손익들의 산술평균을 계산하여 옵션만기시점의 기대 손익을 계산하고, 계산된 기대 손익을 평가시점으로 할인하면 식 (12-4)와 같이 평가가격을 계산할 수 있다.

13장 트리 모형

트리 모형에는 이항트리 모형과 삼항트리 모형이 있다. 이항트리 모형은 주가의 움직임을 상승 또는 하락의 이항분포를 따른다고 가정하고 트리를 생성하는 방법이고, 삼항트리 모형은 주가의 움직임을 상승, 유지 또는 하락의 삼항분포를 따른다고 가정하고 트리를 생성하는 방법이다.

13.1 이항트리 모형

이항트리 모형은 기초자산의 수에 따라 적용하는 방법에 차이는 있으나 기본 알고리즘은 같다. 여기에서는 기초자산이 1개인 상품과 2개인 상품에 대해서만 알아보도록 하겠다. 기초자산이 3개 이상인 경우에도 적용은 가능하지만 일반적으로 몬테카를로 시뮬레이션을 적용한다.

13.1.1 기초자산이 1개인 상품

13.1.1.1 1구간 이항트리 생성

기초자산의 가격이 S, 옵션의 행사가격이 K인 유로피언콜옵션의 가치를 C라 할 때, Δt 기간 동안 주가는 p의 확률로 uS로 상승하거나, $1-p$의 확률로 dS로 하락한다고 하면, 옵션만기시점의 옵션가치 C_u와 C_d는 [그림 13-1]과 같다.

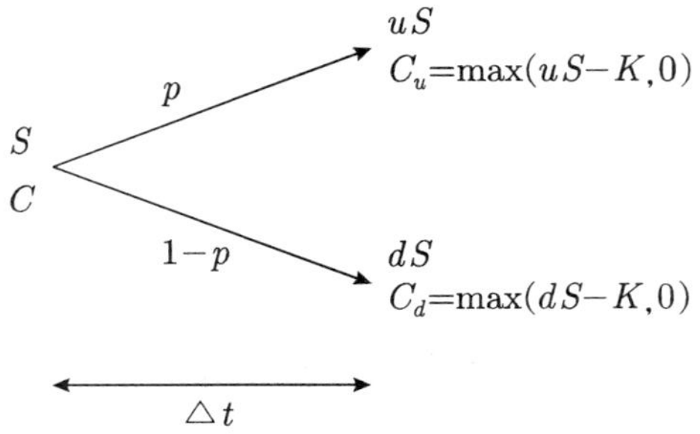

[그림 13-1] 1구간 이항트리에서 주가생성 및 만기 손익

앞에서 설명한 무위험 포트폴리오가 되도록 포트폴리오를 조정하는 방법과 같이 포트폴리오 Π를 $\Delta S - C$로 설정하고, $\triangle t$ 시간 후 기초자산이 상승할 때와 하락할 때의 포트폴리오 가치가 기초자산의 가격과 무관하게 항상 일정하도록 Δ를 계산하면 다음과 같다.

$$\Delta uS - C_u = \Delta dS - C_d \;\Rightarrow\; \Delta = \frac{C_u - C_d}{uS - dS}$$

$\triangle t$시간 동안 무위험이자율이 r이라면, 포트폴리오의 현재가치는 다음과 같으므로,

$$\Delta S - C = e^{-r\triangle t}(\Delta uS - C_u)$$

콜옵션의 가치 C는 다음과 같다.

$$\begin{aligned}
C &= \Delta S - e^{-r\triangle t}(\Delta uS - C_u) = \frac{C_u - C_d}{uS - dS}S - e^{-r\triangle t}\left(\frac{C_u - C_d}{uS - dS}uS - C_u\right) \\
&= e^{-r\triangle t}\left[e^{r\triangle t}\frac{C_u - C_d}{u - d} - \left(\frac{C_u - C_d}{u - d}u - C_u\right)\right] \\
&= e^{-r\triangle t}\left[\frac{e^{r\triangle t} - d}{u - d}C_u + \frac{u - e^{r\triangle t}}{u - d}C_d\right] \\
&= e^{-r\triangle t}\left[pC_u + (1-p)C_d\right]
\end{aligned}$$

여기서, $p = \dfrac{e^{r\triangle t} - d}{u - d}$

콕스-로스-루빈슈타인(Cox-Ross-Rubinstein)은 이항트리에서 트리의 마디(Node)가 재결합(Recombine)되도록 상승과 하락의 크기 u와 d를 다음과 같이 제안하였다.* 위험중립세계에서 기초자산의 기대수익율은 무위험이자율과 같아야 하고,

---

* Cox. J., Ross, S., Rubinstein M., "Option Pricing: A Simplified Approach." *Jourmal of Financial Economocs*, 7, Sept. 1979.

$$E[S_T] = p\,u\,S + (1-p)\,d\,S = S e^{r\Delta t}$$

$$\Rightarrow p\,u + (1-p)\,d = e^{r\Delta t} \qquad (13\text{-}1)$$

Δt시간 동안 주가변화의 분산을 만족해야 한다.

$$V[S_T] = E[S_T^2] - (E[S_T])^2$$

$$= p\,u^2 S^2 + (1-p)\,d^2 S^2 - (p\,u\,S + (1-p)\,d\,S)^2 = \sigma^2 \Delta t\, S^2$$

$$\Rightarrow p u^2 + (1-p) d^2 - (p\,u + (1-p)\,d)^2 = \sigma^2 \Delta t \qquad (13\text{-}2)$$

식 (13-1)과 (13-2)를 통해 u와 d의 값을 구할 수 있다.

$$u = e^{\sigma \sqrt{\Delta t}},\ d = e^{-\sigma \sqrt{\Delta t}}$$

13.1.1.1 다구간 이항트리 생성

옵션 잔존만기가 T인 옵션의 가치를 평가하기 위해 잔존구간 $[0, T]$를 $0 = t_0 < t_1 < \cdots < t_n = T$가 되도록 n개의 구간으로 나누면, 각 구간의 크기가 $\Delta t = T/n$이고 $t_i = i\Delta t$이다. 잔존만기까지 이항트리를 생성하면 [그림 13-2]와 같다.

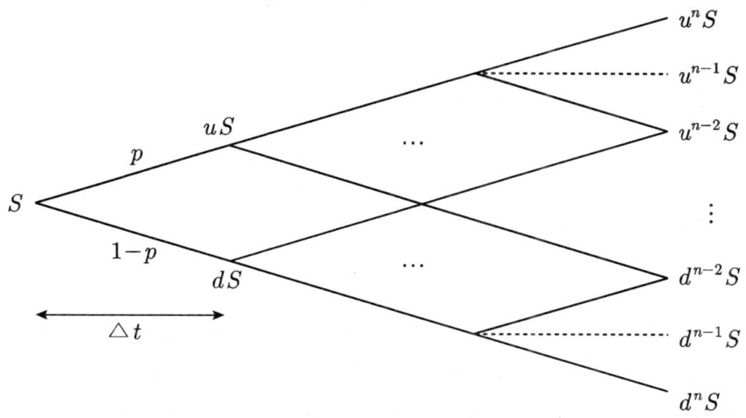

[그림 13-2] 다구간 이항트리에서 주가 생성

13.1.1.2 옵션만기시점 손익 결정 및 역행계산을 통한 평가값 계산

만기 T까지 이항 트리 모형을 이용하여 주가를 생성하면 옵션만기시점의 유로피언콜옵션은 주가수준에 따라 손익은 [그림 13-3]과 같이 결정된다.

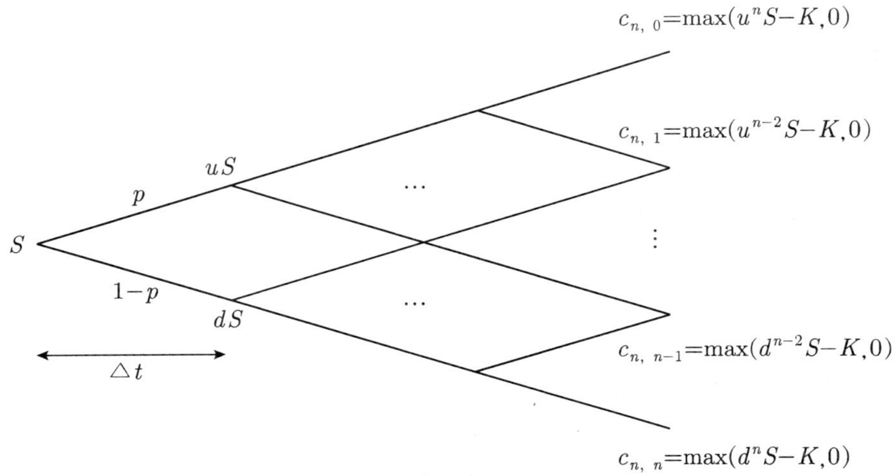

[그림 13-3] 다구간 이항모형에서 만기 손익

여기서, $c_{n,j}$는 만기시점($n\triangle t$)의 j마디에서 유러피언콜옵션의 손익이다.

팁_23 역행계산(Backward Induction)

역행계산은 미래 기초자산의 분포를 이용하여 옵션만기시점에서 파생상품의 손익을 계산한 후 시간의 역순으로 만기직전시점의 가치를 추정하고, 이러한 과정을 평가시점까지 반복수행하여 평가시점에서 파생상품의 가치를 추정하는 방법이다.

[그림 13-3]와 같이 만기시점에서 유로피언콜옵션의 손익을 계산한 후, [그림 13-4]와 같이 역행계산을 이용하여 만기 직전시점($(n-1)\triangle t$)의 옵션가치를 계산하고, 같은 방법으로 평가시점까지 역행계산을 반복하여 수행하면 평가시점에서 옵션가치는 다음과 같다.

$$c_{0,0} = e^{-r\triangle t}(p\,c_{1,0} + (1-p)\,c_{1,1})$$

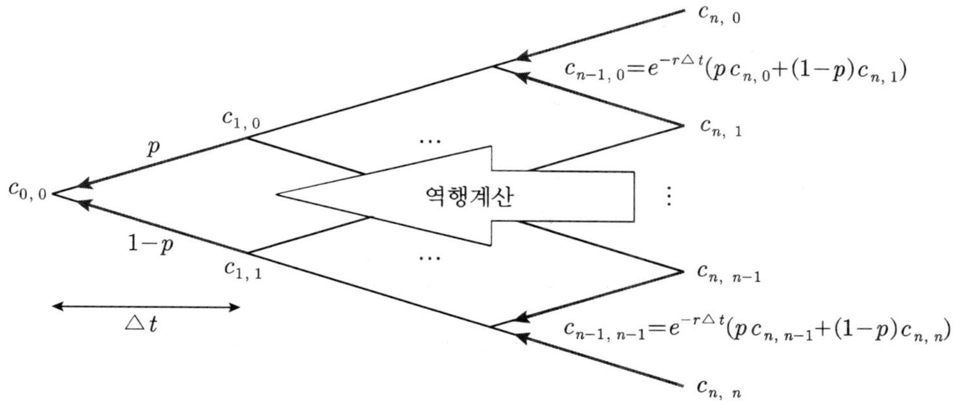

[그림 13-4] 역행계산을 이용한 옵션가치 계산

13.1.2 대수정규분포 적용

식 (11-2)에서 기초자산의 움직임에 대수정규분포($x=\ln S$)를 적용하고, 배당률 q를 고려하여 이토 보조정리를 적용하면 다음과 같다.

$$dx=\nu dt+\sigma dB_t \tag{13-3}$$

여기서, $\nu=r-q-\frac{1}{2}\sigma^2$이다.

13.1.2.1 이항트리 생성

옵션 잔존만기가 T인 옵션의 가치를 평가하기 위해 잔존구간 $[0,T]$를 $0=t_0<t_1<\cdots<t_n=T$가 되도록 n개의 구간으로 나누면, 각 구간의 크기가 $\triangle t=T/n$이고 $t_i=i\triangle t$이다. 1구간의 이항트리를 생성하면 [그림 13-5]와 같고, 이항트리에서 기초자산의 움직임에 대한 확률은 [표 13-1]과 같다.

[표 13-1] 기초자산이 1개인 이항트리 모형의 기초자산 상태

상태	확률	기초자산 상태
상승(Up)	p_u	$x+\triangle x$
하락(Down)	p_d	$x-\triangle x$

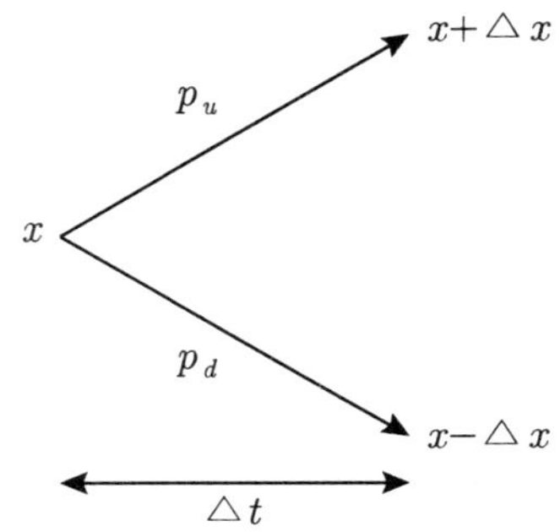

[그림 13-5] 대수정규분포에서 기초자산의 움직임

위험중립세계에서 기초자산 변화의 평균과 분산을 만족하는 Δx를 구하려면 다음의 조건을 만족해야 하며,

$$E(\Delta x) = p_u \Delta x + p_d(-\Delta x) = \nu \Delta t$$
$$E(\Delta x^2) = p_u \Delta x^2 + p_d \Delta x^2 = \sigma^2 \Delta t + \nu^2 \Delta t^2$$
$$p_u + p_d = 1$$

위 조건을 만족하는 Δx, p_u과 p_d는 다음과 같다.

$$\Delta x = \sigma \sqrt{\sigma^2 \Delta t + \nu^2 \Delta t^2}$$
$$p_u = \frac{1}{2} + \frac{1}{2}\frac{\nu \Delta t}{\Delta x} \qquad (13\text{-}4)$$
$$p_d = \frac{1}{2} - \frac{1}{2}\frac{\nu \Delta t}{\Delta x}$$

13.1.2.2 옵션만기시점 손익 결정 및 역행계산을 통한 평가값 계산

기초자산의 움직임에 대해 대수정규분포를 적용하였으므로, 생성된 트리의 마디 (i, j)에서의 기초자산은 다음과 같이 지수화(Exponential)를 해주어야 한다.

$$S_{i,j} = \exp(x_{i,j}) = \exp[x + (2j-i)\Delta x] = Se^{(2j-i)\Delta x} \qquad (13\text{-}5)$$

여기서, i=0, 1, 2, ⋯, n, j=0, 1, ⋯, i이다.

이항트리를 옵션만기시점($n\Delta t$)까지 확장하여 생성하면 [그림 13-6]과 같고,

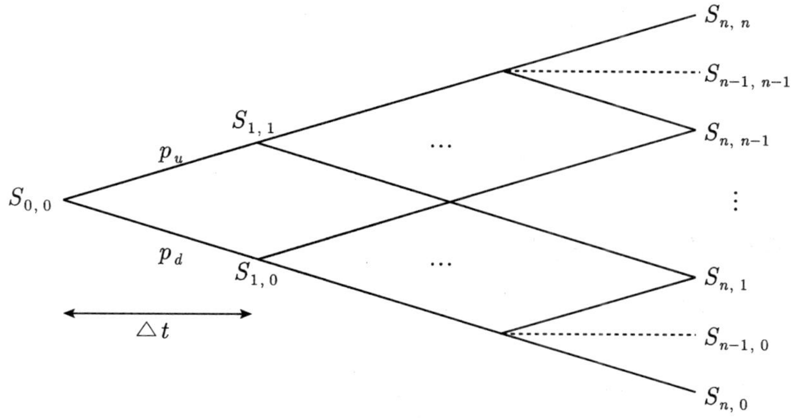

[그림 13-6] 다구간 이항트리에서 주가 생성

[그림 13-6]의 옵션만기시점에서 다음과 같이 유로피언콜옵션의 손익을 계산하고,

$$c_{n,j} = \max(S_{n,j} - K,\ 0)$$

[그림 13-7]과 같이 역행계산을 이용하여 만기 직전시점($(n-1)\triangle t$)의 옵션가치를 다음과 같이 계산한다.

$$c_{n-1,j} = e^{-r\triangle t}(p_u c_{n,j+1} + p_d c_{n,j}) \tag{13-6}$$

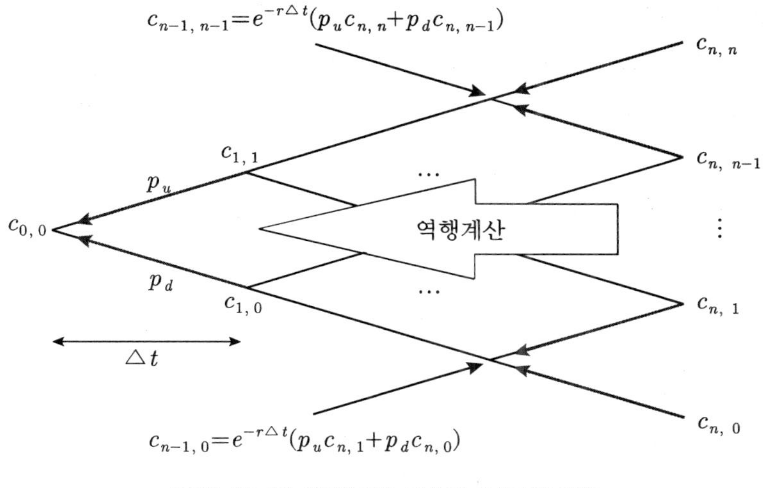

[그림 13-7] 역행계산을 이용한 옵션가치 계산

같은 방법으로 평가시점까지 역행계산을 반복하여 수행하면 평가시점에서 옵션가치는 다음과 같다.

$$c_{0,0} = e^{-r\Delta t}(p_u c_{1,1} + p_d c_{1,0})$$

13.1.3 기초자산이 2개인 상품

기초자산이 2개인 경우 식 (11-2)는 다음과 같고,

$$\begin{aligned} dS_1 &= rS_1 dt + \sigma_1 S_1 dB_{1,t} \\ dS_2 &= rS_2 dt + \sigma_2 S_2 dB_{2,t} \end{aligned} \tag{13-7}$$

각 기초자산의 움직임에 대수정규분포($x_1 = \ln S_1$, $x_2 = \ln S_2$)를 적용하고, 배당률도 고려하여, 이토 보조정리를 적용하면 다음과 같다.

$$\begin{aligned} dx_1 &= \nu_1 dt + \sigma_1 dB_{1,t} \\ dx_2 &= \nu_2 dt + \sigma_2 dB_{2,t} \end{aligned} \tag{13-8}$$

여기서, $\nu_1 = r - q_1 - \frac{1}{2}\sigma_1^2$, $\nu_2 = r - q_2 - \frac{1}{2}\sigma_2^2$이다.

13.1.3.1 이항트리 생성

옵션 잔존만기가 T인 옵션의 가치를 평가하기 위해 잔존구간 $[0, T]$를 $0 = t_0 < t_1 < \cdots < t_n = T$가 되도록 n개의 구간으로 나누면, 각 구간의 크기가 $\Delta t = T/n$이고 $t_i = i\Delta t$이다. 1구간의 이항트리를 생성하면 [그림 13-8]과 같고, 이항트리에서 기초자산들의 움직임에 대한 확률은 [표 13-2]와 같다.

[표 13-2] 기초자산이 2개인 이항트리 모형의 기초자산 상태

상태		확률
x_1	x_2	
상승 : $x_1 + \Delta x_1$	상승 : $x_2 + \Delta x_2$	p_1
상승 : $x_1 + \Delta x_1$	하락 : $x_2 - \Delta x_2$	p_2
하락 : $x_1 - \Delta x_1$	하락 : $x_2 - \Delta x_2$	p_3
하락 : $x_1 - \Delta x_1$	상승 : $x_2 + \Delta x_2$	p_4

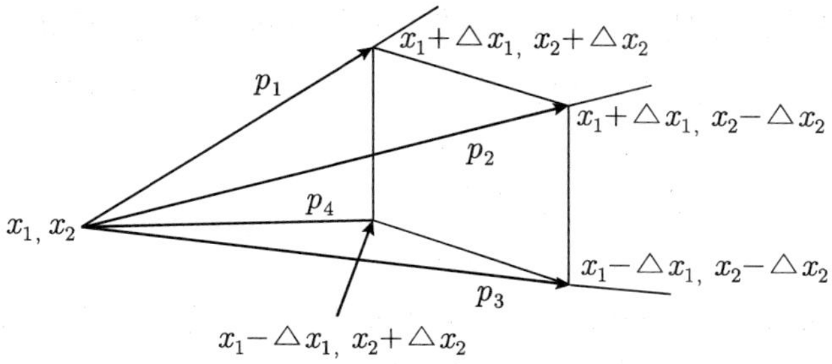

[그림 13-8] 기초자산들의 움직임

위험중립세계에서 기초자산 변화의 평균과 분산을 만족하는 $\triangle x_1$과 $\triangle x_2$를 구하려면 다음의 조건을 만족해야 하며,

$$
\begin{aligned}
&E(\triangle x_1) = (p_1+p_2)\triangle x_1 + (p_3+p_4)(-\triangle x_1) = \nu_1 \triangle t \\
&E(\triangle x_2) = (p_1+p_4)\triangle x_2 + (p_2+p_3)(-\triangle x_2) = \nu_2 \triangle t \\
&E(\triangle x_1^2) = (p_1+p_2)\triangle x_1^2 + (p_3+p_4)\triangle x_1^2 = \sigma_1^2 \triangle t + \nu_1^2 \triangle t^2 \\
&E(\triangle x_2^2) = (p_1+p_4)\triangle x_2^2 + (p_2+p_3)\triangle x_2^2 = \sigma_2^2 \triangle t + \nu_2^2 \triangle t^2 \\
&E(\triangle x_1 \triangle x_2) = (p_1-p_2+p_3-p_4)\triangle x_1 \triangle x_2 = \rho\sigma_1\sigma_2 \triangle t + \nu_1\nu_2 \triangle t^2 \\
&p_1+p_2+p_3+p_4 = 1
\end{aligned}
$$

위 조건을 만족하는 $\triangle x_1$, $\triangle x_2$, p_1, p_2, p_3와 p_4는 다음과 같다.

$$
\begin{aligned}
&\triangle x_1 = \sigma_1 \sqrt{\triangle t}, \\
&\triangle x_2 = \sigma_2 \sqrt{\triangle t}, \\
&p_1 = \frac{(\triangle x_1 \triangle x_2 + (\triangle x_2 \nu_1 + \triangle x_1 \nu_2 + \rho\sigma_1\sigma_2)\triangle t)}{4\triangle x_1 \triangle x_2} \\
&p_2 = \frac{(\triangle x_1 \triangle x_2 + (\triangle x_2 \nu_1 - \triangle x_1 \nu_2 - \rho\sigma_1\sigma_2)\triangle t)}{4\triangle x_1 \triangle x_2} \\
&p_3 = \frac{(\triangle x_1 \triangle x_2 - (\triangle x_2 \nu_1 + \triangle x_1 \nu_2 - \rho\sigma_1\sigma_2)\triangle t)}{4\triangle x_1 \triangle x_2} \\
&p_4 = \frac{(\triangle x_1 \triangle x_2 - (\triangle x_2 \nu_1 - \triangle x_1 \nu_2 + \rho\sigma_1\sigma_2)\triangle t)}{4\triangle x_1 \triangle x_2}
\end{aligned}
\qquad (13\text{-}9)
$$

13.1.3.2 옵션만기시점 손익 결정 및 역행계산을 통한 평가값 계산

생성된 트리의 옵션만기시점($n\Delta t$)에서 각 기초자산은 다음과 같이 지수화를 해주어야 한다.

$$S_{1,i}^{T} = \exp\left(x_{1,i}^{T}\right),\ \ S_{2,i}^{T} = \exp\left(x_{2,i}^{T}\right) \tag{13-10}$$

기초자산이 1개일 때와 같은 방법으로 만기시점에서 기초자산들의 주가수준에 따른 파생상품의 손익을 계산한 후, 역행계산을 이용하여 다음과 같이 만기 직전시점($(n-1)\Delta t$)의 가치를 계산하고,

$$c_{i,j}^{n-1} = e^{-r\Delta t}\left[p_1 c_{i+1,j+1}^{n} + p_2 c_{i+1,j-1}^{n} + p_3 c_{i-1,j-1}^{n} + p_4 c_{i-1,j+1}^{n}\right] \tag{13-11}$$

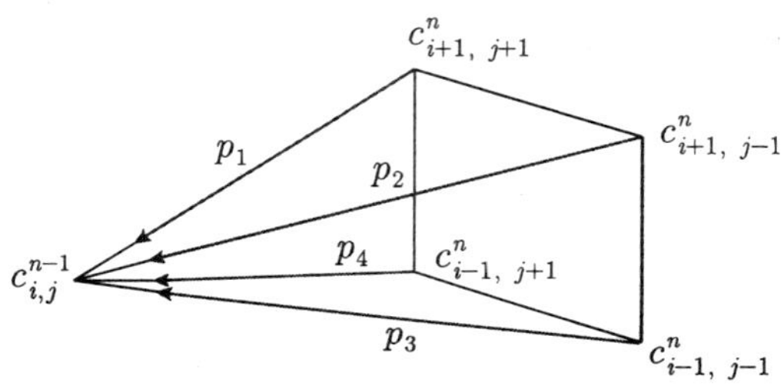

[그림 13-9] 역행계산을 이용한 옵션가치 계산

같은 방법으로 평가시점까지 역행계산을 반복하여 수행하면 평가시점에서 파생상품의 가치는 다음과 같다.

$$c_{0,0}^{0} = e^{-r\Delta t}\left[p_1 c_{1,1}^{1} + p_2 c_{1,-1}^{1} + p_3 c_{-1,-1}^{1} + p_4 c_{-1,1}^{1}\right]$$

13.2 삼항트리 모형

13.2.1 기초자산이 1개인 상품

기초자산이 1개인 경우 기초자산의 움직임을 식 (13-3)과 같이 정리하였다.

$$dx = \nu dt + \sigma dB_t$$

13.2.1.1 삼항트리 생성

옵션 잔존만기가 T인 옵션의 가치를 평가하기 위해 잔존구간 $[0, T]$를 $0 = t_0 < t_1 < \cdots < t_n = T$가 되도록 n개의 구간으로 나누면, 각 구간의 크기가 $\triangle t = T/n$이고 $t_i = i\triangle t$이다. 1구간의 삼항트리를 생성하면 [그림 13-10]과 같고, 삼항트리에서 기초자산의 움직임에 대한 확률은 [표 13-3]과 같다.

[표 13-3] 기초자산이 1개인 삼항트리 모형의 기초자산 상태

상태	확률	기초자산 상태
상승(Up)	p_u	$x + \triangle x$
유지(Middle)	p_m	x
하락(Down)	p_d	$x - \triangle x$

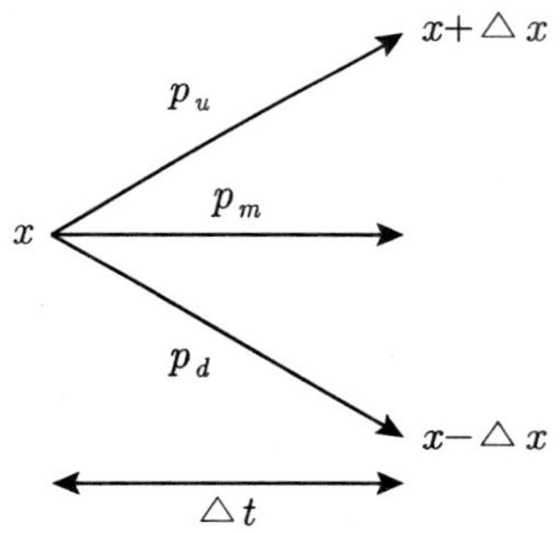

[그림 13-10] 기초자산의 움직임

위험중립세계에서 기초자산 변화의 평균과 분산을 만족하는 $\triangle x$를 구하려면 다음의 조건을 만족해야 하며,

$$E(\triangle x) = p_u \triangle x + p_m(0) + p_d(-\triangle x) = \nu \triangle t$$
$$E(\triangle x^2) = p_u \triangle x^2 + p_m(0) + p_d \triangle x^2 = \sigma^2 \triangle t + \nu^2 \triangle t^2$$
$$p_u + p_m + p_d = 1$$

위 조건을 만족하는 $\triangle x$, p_u, p_m과 p_d는 다음과 같다.

$$\triangle x = \sigma\sqrt{3\triangle t}$$
$$p_u = \frac{1}{2}\left(\frac{\sigma^2\triangle t + \nu^2 \triangle t^2}{\triangle x^2} + \frac{\nu \triangle t}{\triangle x}\right)$$

$$p_m = 1 - \frac{\sigma^2 \Delta t + \nu^2 \Delta t^2}{\Delta x^2} \tag{13-12}$$

$$p_d = \frac{1}{2}\left(\frac{\sigma^2 \Delta t + \nu^2 \Delta t^2}{\Delta x^2} - \frac{\nu \Delta t}{\Delta x}\right)$$

13.2.1.2 옵션만기시점 손익 결정 및 역행계산을 통한 평가값 계산

기초자산의 움직임에 대해 대수정규분포를 적용하였으므로, 생성된 트리의 마디 (i, j)에서의 기초자산은 다음과 같으며,

$$S_{i,j} = \exp(x + j \Delta x) = Se^{j \Delta x}$$

[그림 13-11]의 옵션만기시점($n\Delta t$)에서 유로피언콜옵션의 손익을 다음과 같이 계산하고,

$$c_{n,j} = \max(S_{n,j} - K, 0)$$

역행계산을 이용하여 만기 직전시점($(n-1)\Delta t$)의 옵션가치를 다음과 같이 계산한다.

$$c_{n-1,j} = e^{-r\Delta t}(p_u c_{n,j+1} + p_m c_{n,j} + p_d c_{n,j-1}) \tag{13-13}$$

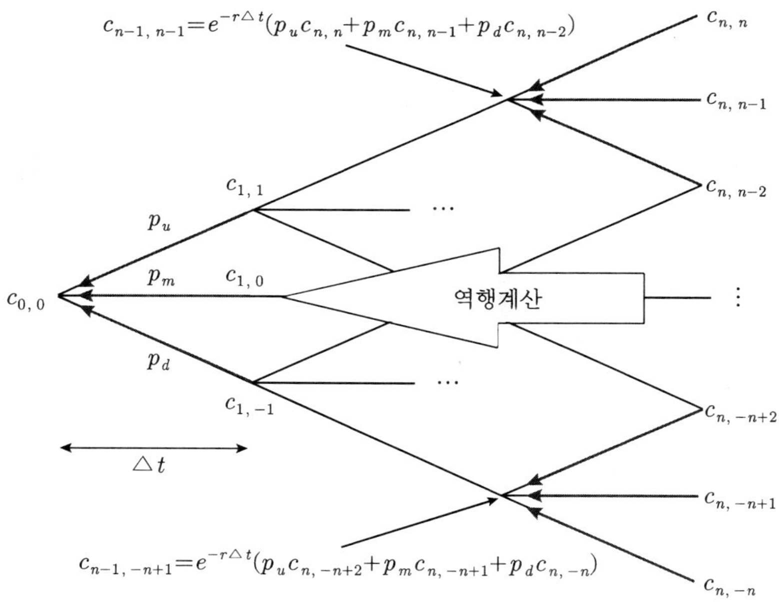

[그림 13-11] 역행계산을 이용한 옵션가치 계산

같은 방법으로 평가시점까지 역행계산을 반복하여 수행하면 평가시점에서 옵션가치는 다음과 같이 계산할 수 있다.

$$c_{0,0} = e^{-r\Delta t}(p_u c_{1,1} + p_m c_{1,0} + p_d c_{1,-1})$$

13.2.2 기초자산이 2개인 상품

기초자산이 2개인 경우 기초자산의 움직임을 식 (13-8)와 같이 정리하였다.

$$dx_1 = \nu_1 dt + \sigma_1 dB_{1,t}$$
$$dx_2 = \nu_2 dt + \sigma_2 dB_{2,t}$$

13.2.2.1 삼항트리 생성

옵션 잔존만기가 T인 옵션의 가치를 평가하기위해 잔존구간 $[0, T]$를 $0 = t_0 < t_1 < \cdots$가 $< t_n = T$ 되도록 n개의 구간으로 나누면, 각 구간의 크기가 $\Delta t = T/n$이고 $t_i = i\Delta t$이다. 1구간의 삼항트리를 생성하면 [그림 13-12]와 같고, 삼항트리에서 기초자산들의 움직임에 대한 확률은 [표 13-4]와 같다.

[표 13-4] 기초자산이 2개인 삼항트리 모형의 기초자산 상태

기초자산 상태		확률
x_1	x_2	
상승 : $x_1 + \Delta x_1$	상승 : $x_2 + \Delta x_2$	p_1
상승 : $x_1 + \Delta x_1$	하락 : $x_2 - \Delta x_2$	p_2
하락 : $x_1 - \Delta x_1$	하락 : $x_2 - \Delta x_2$	p_3
하락 : $x_1 - \Delta x_1$	상승 : $x_2 + \Delta x_2$	p_4
유지 : x_1	유지 : x_2	p_5

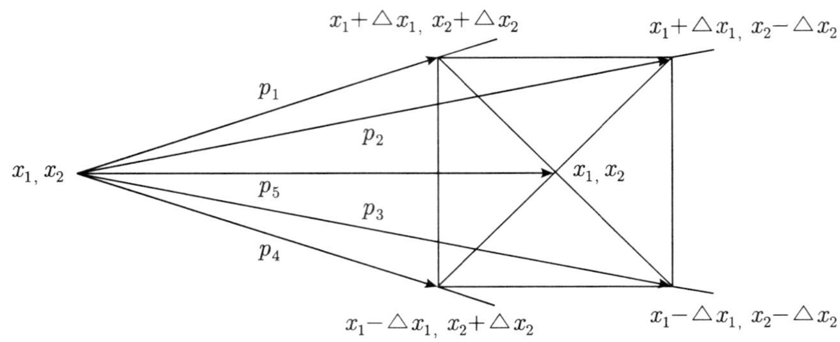

[그림 13-12] 기초자산의 움직임

위험중립세계에서 기초자산 변화의 평균과 분산을 만족하는 $\triangle x_1$과 $\triangle x_2$를 구하려면 다음의 조건을 만족해야 하며,

$$E(\triangle x_1) = (p_1+p_2)\triangle x_1 + (p_3+p_4)(-\triangle x_1) = \nu_1 \triangle t$$
$$E(\triangle x_2) = (p_1+p_4)\triangle x_2 + (p_2+p_3)(-\triangle x_2) = \nu_2 \triangle t$$
$$E(\triangle x_1^2) = (p_1+p_2)\triangle x_1^2 + (p_3+p_4)\triangle x_1^2 = \sigma_1^2\triangle t + \nu_1^2 \triangle t^2$$
$$E(\triangle x_2^2) = (p_1+p_4)\triangle x_2^2 + (p_2+p_3)\triangle x_2^2 = \sigma_2^2\triangle t + \nu_2^2 \triangle t^2$$
$$E(\triangle x_1 \triangle x_2) = (p_1-p_2+p_3-p_4)\triangle x_1 \triangle x_2 = \rho\sigma_1\sigma_2\triangle t + \nu_1\nu_2\triangle t^2$$
$$p_1+p_2+p_3+p_4+p_5 = 1$$

위 조건을 만족하는 $\triangle x_1$, $\triangle x_2$, p_1, p_2, p_3, p_4와 p_5는 다음과 같다.

$$\triangle x_1 = \sigma_1\sqrt{3\triangle t},$$
$$\triangle x_2 = \sigma_2\sqrt{3\triangle t},$$
$$p_1 = \frac{1}{4}\left(\frac{\nu_1\triangle t}{\triangle x_1} + \frac{\nu_2\triangle t}{\triangle x_2} + \frac{\sigma_1^2\triangle t}{\triangle x_1^2} + \frac{\nu_1^2\triangle t^2}{\triangle x_1^2} + \frac{\rho\sigma_1\sigma_2\triangle t}{\triangle x_1\triangle x_2} + \frac{\nu_1\nu_2\triangle t^2}{\triangle x_1\triangle x_2}\right)$$
$$p_2 = \frac{1}{4}\left(\frac{\nu_1\triangle t}{\triangle x_1} - \frac{\nu_2\triangle t}{\triangle x_2} + \frac{\sigma_1^2\triangle t}{\triangle x_1^2} + \frac{\nu_1^2\triangle t^2}{\triangle x_1^2} - \frac{\rho\sigma_1\sigma_2\triangle t}{\triangle x_1\triangle x_2} - \frac{\nu_1\nu_2\triangle t^2}{\triangle x_1\triangle x_2}\right)$$
$$p_3 = \frac{1}{4}\left(-\frac{\nu_1\triangle t}{\triangle x_1} - \frac{\nu_2\triangle t}{\triangle x_2} + \frac{\sigma_1^2\triangle t}{\triangle x_1^2} + \frac{\nu_1^2\triangle t^2}{\triangle x_1^2} + \frac{\rho\sigma_1\sigma_2\triangle t}{\triangle x_1\triangle x_2} + \frac{\nu_1\nu_2\triangle t^2}{\triangle x_1\triangle x_2}\right) \quad (13\text{-}14)$$
$$p_4 = \frac{1}{4}\left(-\frac{\nu_1\triangle t}{\triangle x_1} + \frac{\nu_2\triangle t}{\triangle x_2} + \frac{\sigma_1^2\triangle t}{\triangle x_1^2} + \frac{\nu_1^2\triangle t^2}{\triangle x_1^2} - \frac{\rho\sigma_1\sigma_2\triangle t}{\triangle x_1\triangle x_2} - \frac{\nu_1\nu_2\triangle t^2}{\triangle x_1\triangle x_2}\right)$$

$$p_5 = 1 - \frac{\sigma_1^2 \Delta t}{\Delta x_1^2} - \frac{\nu_1^2 \Delta t^2}{\Delta x_1^2}$$

13.2.2.2 옵션만기시점 손익 결정 및 역행계산을 통한 평가값 계산

삼항트리를 생성할 때 각 기초자산에 대해 대수정규분포를 적용하였으므로, 생성된 트리의 만기시점($n\Delta t$)에서 각 기초자산에 대해 식 (13-10)과 같이 지수화를 적용해야 한다.
기초자산이 1개일 때와 같은 방법으로 만기시점에서 기초자산들의 주가수준에 따른 파생상품의 손익을 계산한 후, 역행계산을 이용하여 다음과 같이 만기 직전시점($(n-1)\Delta t$)의 가치를 계산할 수 있고,

$$c_{i,j}^{n-1} = e^{-r\Delta t}\left[p_1 c_{i+1,j+1}^n + p_2 c_{i+1,j-1}^n + p_3 c_{i-1,j-1}^n + p_4 c_{i-1,j+1}^n + p_5 c_{i,j}^n\right] \tag{13-15}$$

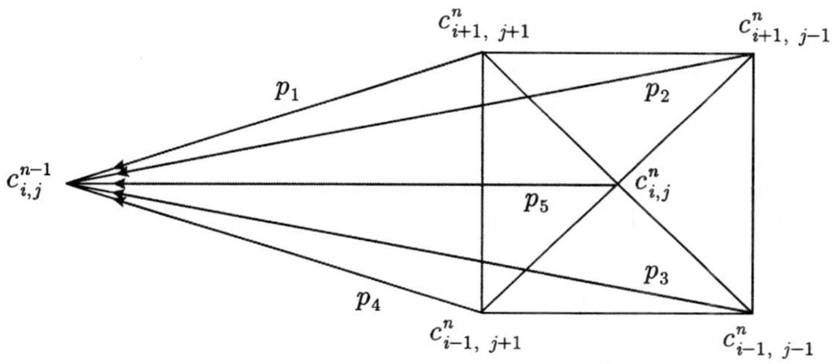

[그림 13-13] 역행계산을 이용한 옵션가치 계산

같은 방법으로 평가시점까지 역행계산을 반복하여 수행하면 평가시점에서 파생상품의 가치는 다음과 같다.

$$c_{0,0}^0 = e^{-r\Delta t}\left[p_1 c_{1,1}^1 + p_2 c_{1,-1}^1 + p_3 c_{-1,-1}^1 + p_4 c_{-1,1}^1 + p_5 c_{0,0}^1\right]$$

14장 유한차분법

유한차분법은 편미분방정식을 차분형태의 연립방정식으로 근사시키고, 연립방정식을 반복적으로 계산하여 해를 구하는 방법이다. 차분근사 방법에는 전방차분(Forward Difference) 근사식, 후방차분(Backward Difference) 근사식, 중앙차분(Central Difference) 근사식이 있고, 유한차분법에는 명시적(Explicit) 방법, 암묵적(Implicit) 방법, 크랭-니콜슨(Crank-Nicolson) 방법이 있다.

14.1 기초자산이 1개인 상품

식 (11-8)에서 블랙-숄즈 편미분방정식을 다음과 같이 정리하였고,

$$\frac{\partial V}{\partial t} + (r-q)S\frac{\partial V}{\partial S} + \frac{1}{2}(\sigma S)^2\frac{\partial^2 V}{\partial S^2} = rV$$

기초자산 S의 움직임에 대수정규분포를 적용($x = \ln S$)하면 다음과 같다.

$$\frac{\partial V}{\partial t} + \nu\frac{\partial V}{\partial x} + \frac{1}{2}\sigma^2\frac{\partial^2 V}{\partial x^2} = rV \qquad (14\text{-}1)$$

여기서, $\nu = r - q - \frac{1}{2}\sigma^2$ 이다.

14.1.1 유한차분법의 격자 생성

식 (14-1)에서 파생상품의 잔존만기를 T라고 하고 잔존구간 $[0, T]$를 N개의 구간으로 나누면, 각 구간은 다음과 같다.

$$\triangle t = \frac{T}{N}$$

$$t_0 = 0,\ t_1 = \triangle t,\ t_2 = 2\triangle t,\ \cdots,\ t_{N-1} = (N-1)\triangle t,\ t_N = N\triangle t = T$$

기초자산 x의 변화 $\triangle x$를 다음과 같이 설정하고,

$$\triangle x = \sigma \sqrt{3 \triangle t}$$

기초자산의 분포를 충분히 넓게 설정하기 위해 $2M$개의 구간으로 두면 다음과 같고,

$$\begin{aligned} x_M &= x + M\triangle x \\ x_{M-1} &= x + (M-1)\triangle x \\ &\vdots \\ x_0 &= x \\ &\vdots \\ x_{-(M-1)} &= x - (M-1)\triangle x \\ x_{-M} &= x - M\triangle x \end{aligned}$$

시간과 기초자산의 분포를 $(N+1)\times(2M+1)$개의 격자(Grid)로 나타내면 다음과 같다.

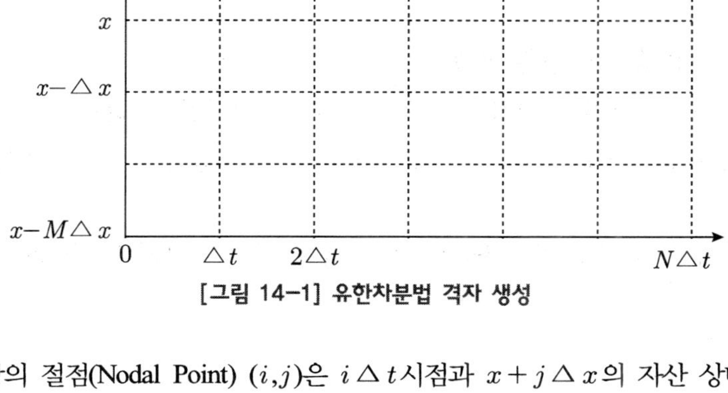

[그림 14-1] 유한차분법 격자 생성

여기서, 격자상의 절점(Nodal Point) (i,j)은 $i\triangle t$시점과 $x+j\triangle x$의 자산 상태를 의미한다.

14.1.2 블랙-숄즈 방정식의 차분

차분근사 방법에는 전방차분, 후방차분과 중앙차분 근사식이 있다. 각 근사식 도출을 위해 다음과 같이 함수 $f(x)$에 대해 테일러급수를 적용해보자.

$$f(x+\Delta x)=f(x)+\Delta x f'(x)+\frac{1}{2!}(\Delta x)^2 f''(x)+\cdots+\frac{1}{n!}(\Delta x)^n f^n(x)+\cdots$$

여기서, Δx는 변수 x에 대한 작은 증분이므로 2차 이상의 항은 무시할 수 있으므로, 다음과 같은 전방차분 근사식이 성립하고,

$$f'(x)=\frac{f(x+\Delta x)-f(x)}{\Delta x} \quad : \text{1계 미분에 대한 전방차분 근사식}$$

같은 방법으로 $-\Delta x$에 대해 테일러 급수를 전개하면 다음과 같은 후방차분 근사식이 성립한다.

$$f(x-\Delta x)=f(x)-\Delta x f'(x)+\frac{1}{2!}(\Delta x)^2 f''(x)+\cdots+\frac{1}{n!}(-\Delta x)^n f^n(x)+\cdots$$

$$f'(x)=\frac{f(x)-f(x-\Delta x)}{\Delta x} \quad : \text{1계 미분에 대한 후방차분 근사식}$$

그리고 상기 두 테일러 급수를 이용하면 다음과 같은 중앙차분 근사식이 성립한다.

$$f'(x)=\frac{f(x+\Delta x)-f(x-\Delta x)}{2\Delta x} \quad : \text{1계 미분에 대한 중앙차분 근사식}$$

14.1.2.1 명시적 방법을 이용한 차분

식 (14-1)로 나타낸 블랙-숄즈 방정식의 각 미분에 대해 [그림 14-2]와 같이 t_{i+1}시점의 세 평가값 V_{i+1}를 이용하여 t_i시점의 평가값 V_i를 추정하는 방법이 명시적 방법이다.

명시적 방법을 이용하려면 [그림 14-2]로부터 다음과 같은 차분근사식을 유도하여야 한다.

$$\frac{\partial V}{\partial t}=\frac{V_{i+1,j}-V_{i,j}}{\Delta t}$$

$$\frac{\partial V}{\partial x}=\frac{1}{2}\frac{V_{i+1,j+1}-V_{i+1,j}}{\Delta x}+\frac{1}{2}\frac{V_{i+1,j}-V_{i+1,j-1}}{\Delta x}=\frac{V_{i+1,j+1}-V_{i+1,j-1}}{2\Delta x}$$

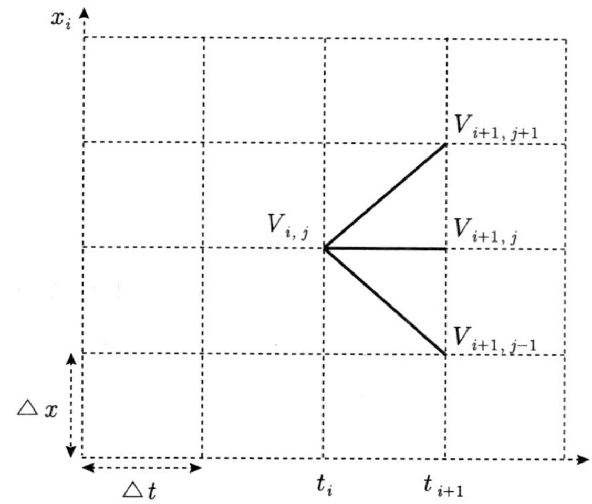

[그림 14-2] 명시적 방법을 이용한 차분

$$\frac{\partial^2 V}{\partial x^2} = \frac{\partial}{\partial x}\left(\frac{\partial V}{\partial x}\right) = \frac{\left(\frac{V_{i+1,j+1} - V_{i+1,j}}{\triangle x} - \frac{V_{i+1,j} - V_{i+1,j-1}}{\triangle x}\right)}{\triangle x}$$

$$= \frac{V_{i+1,j+1} - 2V_{i+1,j} + V_{i+1,j-1}}{\triangle x^2}$$

여기서, $V_{i,j}$는 절점 (i,j)에서의 파생상품 평가값을 의미한다.

각 차분근사식을 식 (14-1)에 대입하면 다음과 같고,

$$\frac{V_{i+1,j} - V_{i,j}}{\triangle t} + \nu \frac{V_{i+1,j+1} - V_{i+1,j-1}}{2\triangle x} + \frac{1}{2}\sigma^2 \frac{V_{i+1,j+1} - 2V_{i+1,j} + V_{i+1,j-1}}{\triangle x^2} = r V_{i,j}$$

이를 정리하면 다음과 같이 간단히 나타낼 수 있다.

$$V_{i,j} = \frac{1}{1+r\triangle t}\left(aV_{i+1,j+1} + bV_{i+1,j} + cV_{i+1,j-1}\right) \qquad (14\text{-}2)$$

여기서, $a = \frac{\triangle t}{2}\left(\frac{\sigma^2}{\triangle x^2} + \frac{\nu}{\triangle x}\right)$

$$b = 1 - \frac{\sigma^2 \triangle t}{\triangle x^2}$$

$$c = \frac{\triangle t}{2}\left(\frac{\sigma^2}{\triangle x^2} - \frac{\nu}{\triangle x}\right)$$

14.1.2.2 암묵적 방법을 이용한 차분

식 (14-1)로 나타낸 블랙-숄즈 방정식의 각 미분에 대해 [그림 14-3]와 같이 t_{i+1}시점의 평가값 V_{i+1}를 이용하여 t_i시점의 세 평가값 V_i를 추정하는 방법이 암묵적 방법이다.

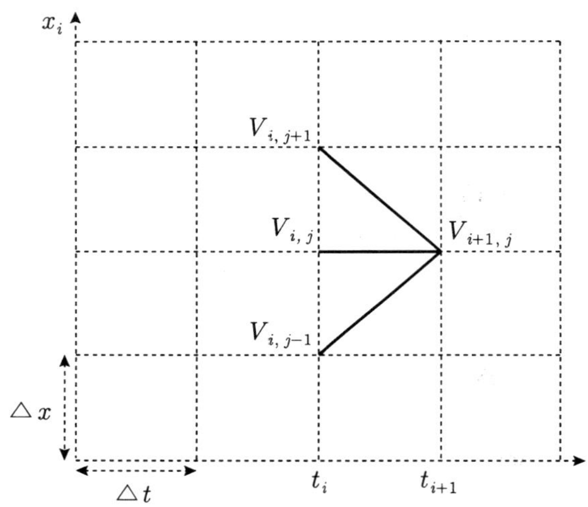

[그림 14-3] 암묵적 방법을 이용한 차분

암묵적 방법을 이용하려면 [그림 14-3]으로부터 다음과 같은 차분근사식을 유도하여야 한다.

$$\frac{\partial V}{\partial t} = \frac{V_{i+1,j} - V_{i,j}}{\triangle t}$$

$$\frac{\partial V}{\partial x} = \frac{1}{2}\frac{V_{i,j+1} - V_{i,j}}{\triangle x} + \frac{1}{2}\frac{V_{i,j} - V_{i,j-1}}{\triangle x} = \frac{V_{i,j+1} - V_{i,j-1}}{2\triangle x}$$

$$\frac{\partial^2 V}{\partial x^2} = \frac{\partial}{\partial x}\left(\frac{\partial V}{\partial x}\right) = \frac{\left(\frac{V_{i,j+1} - V_{i,j}}{\triangle x} - \frac{V_{i,j} - V_{i,j-1}}{\triangle x}\right)}{\triangle x}$$

$$= \frac{V_{i,j+1} - 2V_{i,j} + V_{i,j-1}}{\triangle x^2}$$

각 차분근사식을 식 (14-1)에 대입하면 다음과 같고,

$$\frac{V_{i+1,j}-V_{i,j}}{\triangle t}+\nu\frac{V_{i,j+1}-V_{i,j-1}}{2\triangle x}+\frac{1}{2}\sigma^2\frac{V_{i,j+1}-2V_{i,j}+V_{i,j-1}}{\triangle x^2}=rV_{i,j}$$

이를 정리하면 다음과 같이 간단히 나타낼 수 있다.

$$aV_{i,j+1}+bV_{i,j}+cV_{i,j-1}=V_{i+1,j} \tag{14-3}$$

여기서, $a=-\frac{\triangle t}{2}\left(\frac{\sigma^2}{\triangle x^2}+\frac{\nu}{\triangle x}\right)$

$$b=1+\frac{\sigma^2\triangle t}{\triangle x^2}+r\triangle t$$

$$c=-\frac{\triangle t}{2}\left(\frac{\sigma^2}{\triangle x^2}-\frac{\nu}{\triangle x}\right)$$

14.1.2.3 크랭크-니콜슨 방법을 이용한 차분

식 (14-1)로 나타낸 블랙-숄즈 방정식의 각 미분에 대해 [그림 14-4]와 같이 t_{i+1}시점의 세 평가값 V_{i+1}를 이용하여 t_i시점의 세 평가값 V_i를 추정하는 방법이 크랭-니콜슨 방법이다.

크랭크-니콜슨 방법을 이용하려면 [그림 14-4]로부터 다음과 같은 차분근사식을 유도하여야 한다.

$$\frac{\partial V}{\partial t}=\frac{V_{i+1,j}-V_{i,j}}{\triangle t}$$

$$\frac{\partial V}{\partial x}=\frac{1}{2}\frac{V_{i+1,j+1}-V_{i+1,j-1}}{2\triangle x}+\frac{1}{2}\frac{V_{i,j+1}-V_{i,j-1}}{2\triangle x}$$

$$\begin{aligned}\frac{\partial^2 V}{\partial x^2}&=\frac{\partial}{\partial x}\left(\frac{\partial V}{\partial x}\right)\\&=\frac{1}{2}\frac{V_{i+1,j+1}-2V_{i+1,j}+V_{i+1,j-1}}{\triangle x^2}+\frac{1}{2}\frac{V_{i,j+1}-2V_{i,j}+V_{i,j-1}}{\triangle x^2}\end{aligned}$$

각 차분근사식을 식 (14-1)에 대입하면 다음과 같고,

$$\begin{aligned}&\frac{V_{i+1,j}-V_{i,j}}{\triangle t}+\nu\left(\frac{V_{i+1,j+1}-V_{i+1,j-1}}{4\triangle x}+\frac{V_{i,j+1}-V_{i,j-1}}{4\triangle x}\right)\\&\quad+\frac{1}{2}\sigma^2\left(\frac{V_{i+1,j+1}-2V_{i+1,j}+V_{i+1,j-1}}{2\triangle x^2}+\frac{V_{i,j+1}-2V_{i,j}+V_{i,j-1}}{2\triangle x^2}\right)\\&\quad=r\left(\frac{V_{i+1,j}+V_{i,j}}{2}\right)\end{aligned}$$

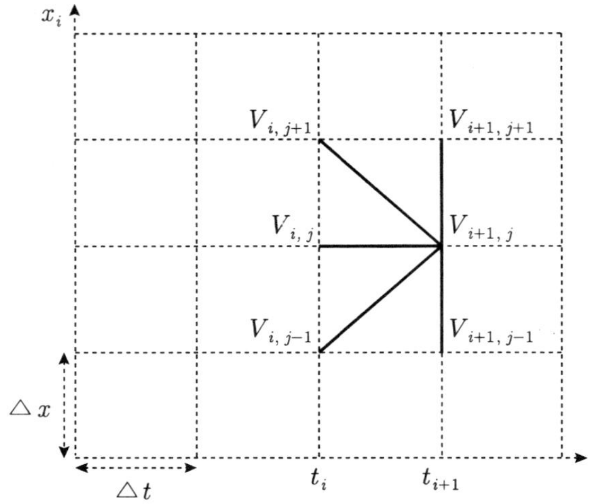

[그림 14-4] 크랭크-니콜슨 방법을 이용한 차분

이를 정리하면 다음과 같이 간단히 나타낼 수 있다.

$$a V_{i,j+1} + b V_{i,j} + c V_{i,j-1} \\ = -a V_{i+1,j+1} - (b-2) V_{i+1,j} - c V_{i+1,j-1} \tag{14-4}$$

여기서, $a = -\frac{\triangle t}{4}\left(\frac{\sigma^2}{\triangle x^2} + \frac{\nu}{\triangle x}\right)$

$$b = 1 + \frac{\sigma^2 \triangle t}{\triangle x^2} + r \triangle t$$

$$c = -\frac{\triangle t}{4}\left(\frac{\sigma^2}{\triangle x^2} - \frac{\nu}{\triangle x}\right)$$

14.1.3 차분 연립방정식 풀기

여기에서는 일반적으로 많이 사용되는 암묵적 방법을 이용한 차분법에 대해서 설명하겠다. 암묵적 방법의 차분방정식인 식 (14-3)에서 계수 a, b, c와 t_{i+1}시점의 평가값 $V_{i+1,j}$는 기지의 값이지만, t_i시점의 평가값 $V_{i,j}$는 직접적으로 풀리지 않는다. 평가값 $V_{i,j}$를 구하기 위해서는 연립방정식에 경계조건(BC, Boundary Conditions)을 적용해야 한다.

경계조건에는 단말경계조건(Terminal BC)과 상하부경계조건(Upper and Lower BC)이 있는데, 단말경계조건은 옵션만기 T시점에서 각 절점의 기초자산 수준에 따라 옵션의 손익을 부여하는 것이며, 상하부경계조건은 역행계산시 연립방정식을 이용하여 각 절점의 평가값을 구할 때 부족한 연립방정식 조건을 보완하기 위하여 격자의 최상부와 최하부에 경계조건을 부여하는 것이다.

14.1.3.1 단말경계조건 부여

단말경계조건 부여는 [그림 14-5]의 만기 T시점에 경계조건을 입력하는 것이다. 만기 T시점에서 각 절점의 기초자산 수준에 따라 옵션의 손익을 계산하고, 계산된 손익을 각 절점의 평가값으로 대입한다. 만약, 평가하고자하는 파생상품이 유로피언콜옵션일 때, 만기 T시점의 절점 $(N,\ j)$상에 주어진 기초자산의 상태 $x+j\Delta x$는 지수화를 적용하면 $S_j = Se^{j\Delta x}$이 되고, 각 절점에서의 손익은 다음과 같다.

$$V_{N,j} = \max(S_j - X, 0),$$

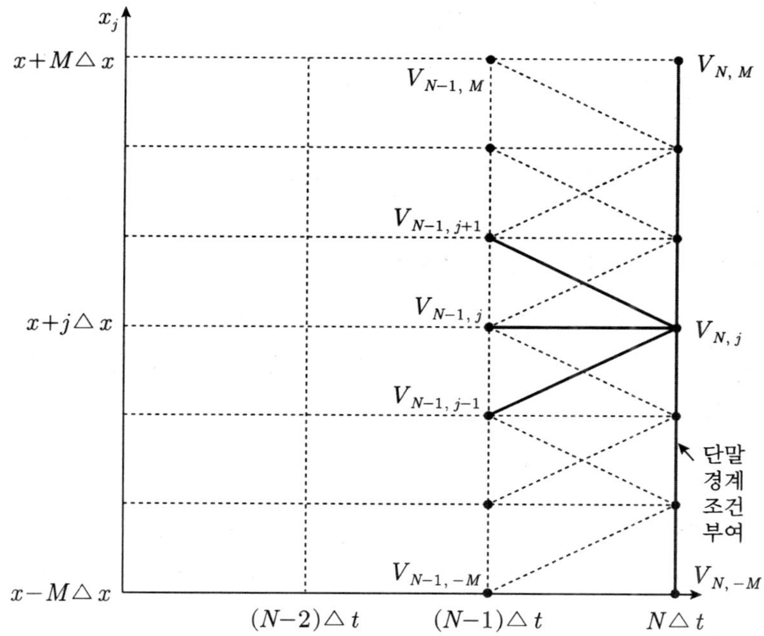

[그림 14-5] 단말경계조건 부여

14.1.3.2 역행계산

유한차분법 중 명시적 방법은 트리 모형과 같이 t_{i+1}시점에서 계산한 평가값을 이용하여 t_i시점에서의 평가값을 바로 계산할 수 있지만, 암묵적 방법과 크랭-니콜슨 방법은 t_{i+1}시점에서 계산한 평가값을 이용하여 t_i시점에서의 평가값을 바로 계산할 수 없다. 암묵적 방법에서

역행계산은 식 (14-3)의 연립방정식을 이용하여 계산한다

$$aV_{i,j+1}+bV_{i,j}+cV_{i,j-1}=V_{i+1,j}$$

기초자산의 분포를 $2M$개의 구간으로 나누었으니, $2M+1$의 절점에서 $V_{i,j}$값을 계산해야 한다. 그런데 [그림 14-5]를 보면 알 수 있듯이 만기시점($N\Delta t$)에서 계산된 $V_{N,j}$중에서 아래와 같이 $2M-1$개만 $V_{N-1,j}$를 구하는데 사용된다.

$$\begin{aligned}
&aV_{N-1,M}+bV_{N-1,M-1}+cV_{N-1,M-2}=V_{N,M-1}\\
&aV_{N-1,M-1}+bV_{N-1,M-2}+cV_{N-1,M-3}=V_{N,M-2}\\
&\vdots\\
&aV_{N-1,-M+3}+bV_{N-1,-M+2}+cV_{N-1,-M+1}=V_{N,-M+2}\\
&aV_{N-1,-M+2}+bV_{N-1,-M+1}+cV_{N-1,-M}=V_{N,-M+1}
\end{aligned}\tag{14-5}$$

상기 연립방정식에서 $2M-1$개의 기지값 $V_{N,j}(j=-M+1,\ \cdots,\ M-1)$을 이용하여 $2M+1$개의 미지값 $V_{N-1,j}(j=-M,\ \cdots,\ M)$을 구하려면, 2개의 추가적인 조건식이 필요하다. 추가적인 조건식은 최상부와 최하부 절점에 경계조건을 부여하여 얻을 수 있다.

14.1.3.3. 최상부와 최하부 절점의 경계조건 부여

최상부와 최하부 절점의 평가값인 $V_{N-1,M}$과 $V_{N-1,-M}$값을 정해주는 경계조건 부여 방법에는 델타*(옵션 민감도의 Δ)값 입력, 감마**(옵션 민감도의 Γ)값 입력, 결정된 손익 입력 등의 방법이 있다.

• 델타값 입력

유로피언옵션과 같이 델타값을 알고 있을 때, 차분 격자 최상부의 기초자산 S는 충분히 크고, 최하부의 기초자산 S는 충분히 작으므로 다음의 델타 특성을 적용할 수 있다.

유로피언콜옵션 : S가 충분히 클 때 Δ는 1, S가 충분히 작을 때 Δ는 0
유로피언풋옵션 : S가 충분히 클 때 Δ는 0, S가 충분히 작을 때 Δ는 -1

상하부경계조건을 부여하려면 [그림 14-6]의 차분격자에서 최상부와 최하부 절점에 다음과

---

* 델타에 대한 상세한 내용은 이 책의 18장 옵션가격 민감도를 참조하시오.
** 감마에 대한 상세한 내용은 이 책의 18장 옵션가격 민감도를 참조하시오.

같은 경계조건을 적용하면 된다.

$$최상부 : \Delta = \frac{\partial V}{\partial S} = \frac{V_{N-1,M} - V_{N-1,M-1}}{S_M - S_{M-1}}$$
$$\Rightarrow V_{N-1,M} = V_{N-1,M-1} + \Delta(S_M - S_{M-1})$$
$$최하부 : \Delta = \frac{\partial V}{\partial S} = \frac{V_{N-1,-M+1} - V_{N-1,-M}}{S_{-M+1} - S_{-M}}$$
$$\Rightarrow V_{N-1,-M} = V_{N-1,-M+1} - \Delta(S_{-M+1} - S_{-M})$$

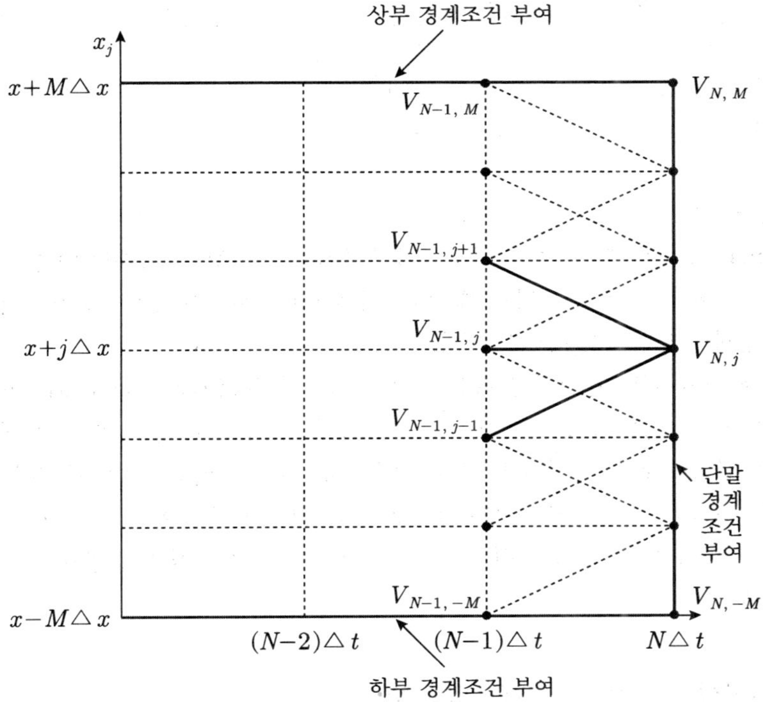

[그림 14-6] 최상부와 최하부 절점의 경계조건 부여

• 감마값 입력

파생상품의 감마의 특성상 심내가격(Deep In The Money)과 심외가격(Deep Out of The Money)에서 감마값은 0이므로 다음과 같이 경계조건을 적용할 수 있다.

$$\Gamma = \frac{\partial^2 V}{\partial S^2} = \frac{V_{i+1,j} - 2V_{i,j} + V_{i-1,j}}{\triangle S^2} = 0$$

[그림 14-6]의 차분격자에서 최상부 절점에 $\Gamma = 0$인 경계조건을 적용하면 다음과 같고,

$$\Gamma = \frac{\partial^2 V}{\partial S^2} = \frac{V_{N-1,M} - 2V_{N-1,M-1} + V_{N-1,M-2}}{\Delta S^2} = 0$$
$$\Rightarrow V_{N-1,M} - 2V_{N-1,M-1} + V_{N-1,M-2} = 0$$
$$\Rightarrow V_{N-1,M} = 2V_{N-1,M-1} - V_{N-1,M-2}$$

차분격자에서 최하부 절점에 $\Gamma = 0$인 경계조건을 적용하면 다음과 같다.

$$\Gamma = \frac{\partial^2 V}{\partial S^2} = \frac{V_{N-1,-M+2} - 2V_{N-1,-M+1} + V_{N-1,-M}}{\Delta S^2} = 0$$
$$\Rightarrow V_{N-1,-M+2} - 2V_{N-1,-M+1} + V_{N-1,-M} = 0$$
$$\Rightarrow V_{N-1,-M} = 2V_{N-1,-M+1} - V_{N-1,-M+2}$$

• 결정된 손익 입력

배리어(Barrier) 옵션은 기초자산이 계약시점에 정해놓은 특정 수준(배리어)을 벗어나면 옵션의 손익이 결정되는 상품이다. 평가 대상상품이 이러한 배리어옵션의 특성을 갖는다면 결정된 손익을 경계조건으로 적용할 수 있다.

기초자산이 배리어 위로 올라가면 옵션이 정지되는 업앤아웃(Up and Out) 배리어콜옵션의 경우, 기초자산이 상승(Upper) 배리어보다 올라가면 만기손익이 결정된다. 이 경우 상승배리어인 절점에 결정된 손익을 경계조건으로 적용한다. 그리고 기초자산이 배리어 아래로 내려가서 옵션이 정지되는 다운앤아웃(Down and Out) 콜옵션의 경우 기초자산이 하락(Lower) 배리어보다 낮으면, 만기 손익이 결정되므로 하락 배리어인 절점에 결정된 손익을 경계조건으로 적용한다.

14.1.3.4 연립방정식 풀이를 통한 역행계산

식 (14-5)의 연립방정식에 최상부와 최하부 절점의 경계조건($V_{N-1,M}$, $V_{N-1,-M}$)을 적용하면 다음과 같고,

$$b V_{N-1,M-1} + c V_{N-1,M-2} = d_{M-1} - a V_{N-1,M}$$
$$a V_{N-1,M-1} + b V_{N-1,M-2} + c V_{N-1,M-3} = d_{M-2}$$
$$\vdots$$
$$a V_{N-1,-M+3} + b V_{N-1,-M+2} + c V_{N-1,-M+1} = d_{-M+2}$$
$$a V_{N-1,-M+2} + b V_{N-1,-M+1} = d_{-M+1} - c V_{N-1,-M}$$

이 연립방정식을 행렬식으로 변환하면 다음과 같다.

$$\begin{bmatrix} b & c & 0 & \cdots & 0 & 0 & 0 \\ a & b & c & 0 & \cdots & 0 & 0 \\ 0 & a & b & c & 0 & \cdots & 0 \\ & & & \vdots & & & \\ 0 & \cdots & 0 & a & b & c & 0 \\ 0 & 0 & \cdots & 0 & a & b & c \\ 0 & 0 & 0 & \cdots & 0 & a & b \end{bmatrix} \begin{bmatrix} V_{N-1,M-1} \\ V_{N-1,M-2} \\ \vdots \\ V_{N-1,0} \\ \vdots \\ V_{N-1,-M+2} \\ V_{N-1,-M+1} \end{bmatrix} = \begin{bmatrix} d_{M-1} - aV_{N-1,M} \\ d_{M-1} \\ \vdots \\ d_0 \\ \vdots \\ d_{-M+2} \\ d_{-M+1} - cV_{N-1,-M} \end{bmatrix}$$

[그림 14-7] 경계조건을 적용한 행렬식

이 행렬식에서 $V_{N-1,M}$과 $V_{N-1,-M}$는 경계조건을 부여하여 알고 있는 값이며, 상기 행렬식에 삼중대각행렬 풀이법을 이용하면 $V_{N-1,j}(j=-M+1 \sim M-1)$를 구할 수 있다. 상하부 경계조건을 부여하고 상기의 연립방정식을 풀면, t_{i+1}시점의 평가값을 이용하여 t_i시점의 평가값을 계산할 수 있고, 같은 방법으로 평가시점까지 역행계산을 반복하여 수행하면 평가시점에서 파생상품의 가치 $V_{0,0}$을 구할 수 있다.

14.2 기초자산이 2개인 상품

기초자산이 2개인 경우 암묵적 방법을 사용하면 연립방정식을 푸는데 시간이 너무 오래 걸린다. 그래서 ADI(Alternating Direction Implicit) 방법이나 OSM(Operator Splitting Method)와 같은 수치해석기법을 적용해야 한다.

14.2.1 블랙-숄즈 편미분방정식

기초자산이 2개인 파생상품에 대한 편미분방정식은 다음과 같은데,

$$\frac{\partial V}{\partial t}+(r-q_1)S_1\frac{\partial V}{\partial S_1}+(r-q_2)S_2\frac{\partial V}{\partial S_2}+\frac{1}{2}(\sigma_1 S_1)^2\frac{\partial^2 V}{\partial S_1^2}$$
$$+\frac{1}{2}(\sigma_2 S_2)^2\frac{\partial^2 V}{\partial S_2^2}+\rho\sigma_1 S_1\sigma_2 S_2\frac{\partial^2 V}{\partial S_1\partial S_2}-rV=0$$

기초자산들의 움직임에 대수정규분포($x_1 = \ln S_1$, $x_2 = \ln S_2$)를 적용하여 변수변환을 하면 다음과 같은 편미분방정식이 된다.

$$\frac{\partial V}{\partial t}+\nu_1\frac{\partial V}{\partial x_1}+\nu_2\frac{\partial V}{\partial x_2}+\frac{1}{2}\sigma_1^2\frac{\partial^2 V}{\partial x_1^2}+\frac{1}{2}\sigma_2^2\frac{\partial^2 V}{\partial x_2^2}+\rho\sigma_1\sigma_2\frac{\partial^2 V}{\partial x_1\partial x_2}-rV=0 \qquad (14\text{-}6)$$

여기서, $\nu_1 = r-q_1-\frac{1}{2}\sigma_1^2$, $\nu_2 = r-q_2-\frac{1}{2}\sigma_2^2$이다.

14.2.2 ADI 방법

ADI 방법은 기초자산이 2개인 블랙-숄즈 편미분방정식에서 상관계수가 있는 항을 처리하지 못하므로, 좌표변환을 해주어야 한다.

공분산행렬(Covariance Matrix)을 통해 고유벡터(Eigen Vectors)와 고유값(Eigen Values)을 구하면 다음과 같은데,

$$\underbrace{\left(\begin{pmatrix} e_{11} \\ e_{12} \end{pmatrix}\begin{pmatrix} e_{21} \\ e_{22} \end{pmatrix}\right)}_{\text{Eigen Vectors}}\underbrace{\begin{pmatrix} \lambda_1 & 0 \\ 0 & \lambda_2 \end{pmatrix}}_{\text{Eigen Values}}\begin{pmatrix} e_{11} & e_{12} \\ e_{21} & e_{22} \end{pmatrix}=\underbrace{\begin{pmatrix} \sigma_1^2 & \rho\sigma_1\sigma_2 \\ \rho\sigma_1\sigma_2 & \sigma_2^2 \end{pmatrix}}_{\text{Covariance Matrix}}=\begin{pmatrix} a & b \\ c & d \end{pmatrix}$$

식 (14-6)의 편미분방정식에서 x_1와 x_2를 다음과 같은 선형관계로 표현할 수 있다.

$$y_1 = e_{11}x_1 + e_{12}x_2,\quad y_2 = e_{21}x_1 + e_{22}x_2$$
$$\alpha_1 = e_{11}\nu_1 + e_{12}\nu_2,\quad \alpha_2 = e_{21}\nu_1 + e_{22}\nu_2$$
$$d\lambda_1 = \alpha_1 dt + \sqrt{\lambda_1}\,dB_1,\quad d\lambda_2 = \alpha_2 dt + \sqrt{\lambda_2}\,dB_2$$

여기서, dB_1과 dB_2는 상관관계가 없는 브라운 운동이다.

위의 좌표 변환을 식 (14-6)에 적용하면 다음과 같이 상관계수항이 소멸된다.

$$\frac{\partial C}{\partial t}+\alpha_1\frac{\partial C}{\partial y_1}+\alpha_2\frac{\partial C}{\partial y_2}+\frac{1}{2}\lambda_1\frac{\partial^2 C}{\partial y_1^2}+\frac{1}{2}\lambda_2\frac{\partial^2 C}{\partial y_2^2}-rC=0$$

ADI 방법은 0차 항(rC)과 1차 미분항($\alpha_1\frac{\partial C}{\partial y_1}$, $\alpha_2\frac{\partial C}{\partial y_2}$)의 계산이 불가능하므로 아래의 수식을 적용하면,

$$a_1=-\frac{\alpha_1}{\lambda_1},\ a_2=-\frac{\alpha_2}{\lambda_2},\ a_3=\frac{\alpha_1^2}{2\lambda_1}+\frac{\alpha_2^2}{2\lambda_2}+r$$
$$C(y_1,y_2,t)=\exp(a_1y_1+a_2y_2+a_3t)U(y_1,y_2,t)$$

다음과 같은 편미분방정식으로 변경된다.

$$\frac{\partial U}{\partial t}+\frac{1}{2}\lambda_1\frac{\partial^2 U}{\partial y_1^2}+\frac{1}{2}\lambda_2\frac{\partial^2 U}{\partial y_2^2}=0 \tag{14-7}$$

ADI 방법을 이용하여 t_{k+1}시점에서 t_k시점으로 역행계산 할 때, 기초자산이 1개인 경우와 달리 t_{k+1}시점에서 t_k시점으로 바로 역행계산 할 수 없다. 그래서 t_{k+1}시점에서 $t_{k+1/2}$시점으로 1단계 역행계산을 수행하고, 다시 $t_{k+1/2}$시점에서 t_k시점으로 2단계 역행계산을 수행한다. 2차원 문제를 1차원 문제로 계산하는 ADI 방법을 적용하면 계산시간을 절약할 수 있다.

14.2.2.1 1단계 역행계산 과정

t_{k+1}시점에서 $t_{k+1/2}$시점으로 역행계산을 수행하는 과정은 [그림 14-8]과 같은데, t_{k+1}시점에서 y_2축은 기지값이므로, $t_{k+1/2}$시점의 y_1축에 대해 크랭-니콜슨 방법을 적용하면, 식 (14-7)의 편미분방정식은 다음과 같고,

$$\frac{U_{i,j}^{k+1}-U_{i,j}^{k+\frac{1}{2}}}{\frac{1}{2}\Delta t}+\frac{\lambda_1}{2}\frac{U_{i+1,j}^{k+\frac{1}{2}}-2U_{i,j}^{k+\frac{1}{2}}+U_{i-1,j}^{k+\frac{1}{2}}}{\Delta y_1^2}$$
$$+\frac{\lambda_2}{2}\frac{U_{i,j+1}^{k+1}-2U_{i,j}^{k+1}+U_{i,j-1}^{k+1}}{\Delta y_2^2}=0$$

여기서, i는 기초자산 1, j는 기초자산 2, k는 시점이다.

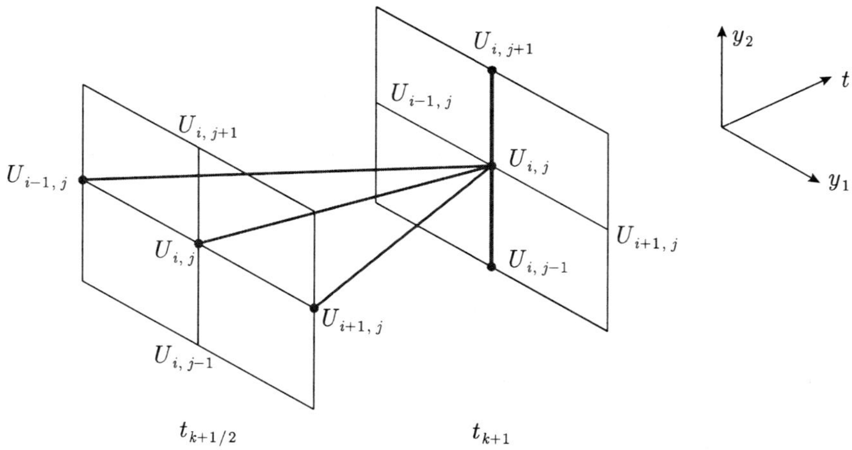

[그림 14-8] ADI 방법의 1단계 역행계산 과정

정리하면 다음과 같다.

$$\frac{\lambda_1}{2\Delta y_1^2}U_{i+1,j}^{k+\frac{1}{2}} - \left(\frac{2}{\Delta t} + \frac{\lambda_1}{\Delta y_1^2}\right)U_{i,j}^{k+\frac{1}{2}} + \frac{\lambda_1}{2\Delta y_1^2}U_{i-1,j}^{k+\frac{1}{2}}$$
$$= -\frac{\lambda_2}{2\Delta y_2^2}U_{i,j+1}^{k+1} + \left(\frac{\lambda_2}{\Delta y_2^2} - \frac{2}{\Delta t}\right)U_{i,j}^{k+1} - \frac{\lambda_2}{2\Delta y_2^2}U_{i,j-1}^{k+1}$$

여기서, $U_{i+1,j}^{k+\frac{1}{2}}$, $U_{i,j}^{k+\frac{1}{2}}$, $U_{i-1,j}^{k+\frac{1}{2}}$는 미지수이지만, 삼중대각행렬 풀이법을 이용하면 구할 수 있다.

14.2.2.2 2단계 역행계산 과정

$t_{k+1/2}$시점에서 t_k시점으로 역행계산을 수행하는 과정은 [그림 14-9]과 같은데, $t_{k+1/2}$시점에서 y_1축은 기지값이므로, t_k시점의 y_2축에 대해 크랭-니콜슨 방법을 적용하면, 식 (14-7)의 편미분방정식은 다음과 같고,

$$\frac{U_{i,j}^{k+\frac{1}{2}} - U_{i,j}^{k}}{\frac{1}{2}\Delta t} + \frac{\lambda_1}{2}\frac{U_{i+1,j}^{k+\frac{1}{2}} - 2U_{i,j}^{k+\frac{1}{2}} + U_{i-1,j}^{k+\frac{1}{2}}}{\Delta y_1^2}$$

$$+\frac{\lambda_2}{2}\frac{U_{i,j+1}^{k} - 2U_{i,j}^{k} + U_{i,j-1}^{k}}{\Delta y_2^2} = 0$$

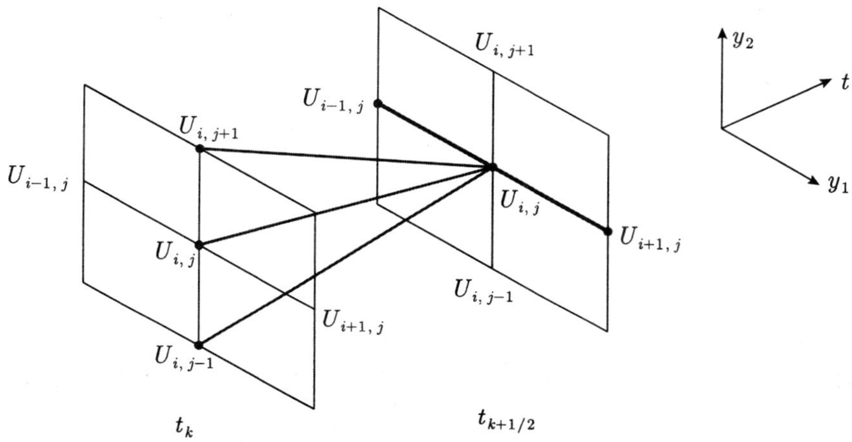

[그림 14-9] ADI 방법의 2단계 역행계산 과정

이를 정리하면 다음과 같다.

$$\frac{\lambda_2}{2\Delta y_2^2}U_{i,j+1}^{k} - \left(\frac{2}{\Delta t} + \frac{\lambda_2}{\Delta y_2^2}\right)U_{i,j}^{k} + \frac{\lambda_2}{2\Delta y_2^2}U_{i,j-1}^{k}$$
$$= -\frac{\lambda_1}{2\Delta y_1^2}U_{i+1,j}^{k+\frac{1}{2}} + \left(\frac{\lambda_1}{\Delta y_1^2} - \frac{2}{\Delta t}\right)U_{i,j}^{k+\frac{1}{2}} - \frac{\lambda_1}{2\Delta y_1^2}U_{i-1,j}^{k+\frac{1}{2}}$$

여기서, $U_{i,j+1}^{k}$, $U_{i,j}^{k}$, $U_{i,j-1}^{k}$는 미지수이지만, 역시 삼중대각행렬 풀이법을 이용하면 구할 수 있다.

위의 1단계와 2단계 역행계산 과정을 평가시점까지 반복하여 수행하면 평가시점에서 파생상품의 가치를 계산할 수 있다.

14.2.3 OSM

OSM은 ADI 방법처럼 기초자산이 2개인 유한차분법의 연립방정식 해를 효율적으로 구하는 방법이다. 식 (14-6)의 편미분방정식은 좌표변환없이 t_{k+1}시점에서 $t_{k+1/2}$시점으로 1단계 역행계산 할 때에는 다음과 같은 편미분 방정식을 적용하고,

$$\frac{\partial V}{2\partial t}+\nu_1\frac{\partial V}{\partial x_1}+\frac{1}{2}\sigma_1^2\frac{\partial^2 V}{\partial x_1^2}+\frac{1}{2}\rho\sigma_1\sigma_2\frac{\partial^2 V}{\partial x_1\partial x_2}-\frac{1}{2}rV=0 \qquad (14\text{-}8)$$

$t_{k+1/2}$시점에서 t_k시점으로 2단계 역행계산 할 때에는 다음과 같은 편미분 방정식을 적용한다.

$$\frac{\partial V}{2\partial t}+\nu_2\frac{\partial V}{\partial x_2}+\frac{1}{2}\sigma_2^2\frac{\partial^2 V}{\partial x_2^2}+\frac{1}{2}\rho\sigma_1\sigma_2\frac{\partial^2 V}{\partial x_1\partial x_2}-\frac{1}{2}rV=0 \qquad (14\text{-}9)$$

2차원 문제를 1차원 문제로 계산하는 OSM도 계산시간을 절약할 수 있다.

14.2.3.1 1단계 역행계산 과정

t_{k+1}시점에서 $t_{k+1/2}$시점으로 역행계산을 수행하는 과정은 [그림 14-10]과 같은데,

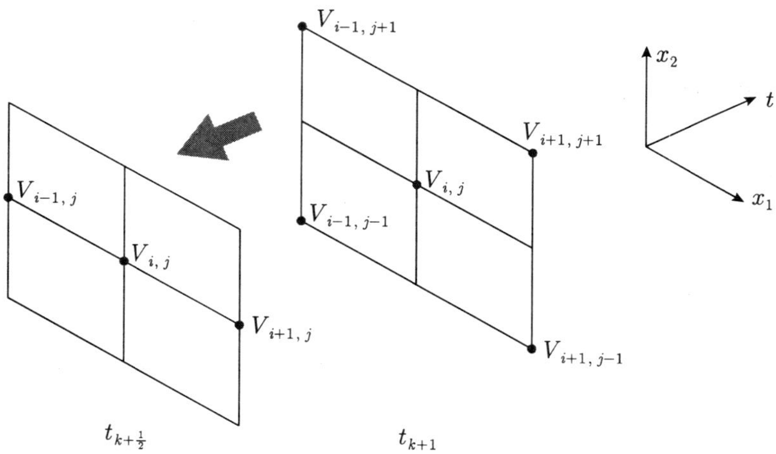

[그림 14-10] OSM의 1단계 역행계산 과정

식 (14-8)의 편미분방정식에 차분을 적용하면 다음과 같고,

$$\frac{\partial V}{2\partial t}+\nu_1\frac{\partial V}{\partial x_1}+\frac{1}{2}\sigma_1^2\frac{\partial^2 V}{\partial x_1^2}+\frac{1}{2}\rho\sigma_1\sigma_2\frac{\partial^2 V}{\partial x_1\partial x_2}-\frac{1}{2}rV=0$$

$$\Rightarrow \frac{1}{2}\frac{V_{i,j}^{k+1}-V_{i,j}^{k+\frac{1}{2}}}{\frac{1}{2}\Delta t}+\nu_1\frac{V_{i+1,j}^{k+\frac{1}{2}}-V_{i-1,j}^{k+\frac{1}{2}}}{2\Delta x_1}+\frac{1}{2}\sigma_1^2\frac{V_{i+1,j}^{k+\frac{1}{2}}-2V_{i,j}^{k+\frac{1}{2}}+V_{i-1,j}^{k+\frac{1}{2}}}{\Delta x_1^2}$$
$$+\frac{1}{2}\rho\sigma_1\sigma_2\frac{V_{i+1,j+1}^{k+1}+V_{i-1,j-1}^{k+1}-V_{i+1,j-1}^{k+1}-V_{i-1,j+1}^{k+1}}{4\Delta x_1\Delta x_2}-\frac{1}{2}rV_{i,j}^{k+\frac{1}{2}}=0$$

이를 정리하면 다음과 같다.

$$-\frac{\Delta t}{2}\left(\frac{\nu_1}{\Delta x_1}+\frac{\sigma_1^2}{\Delta x_1^2}\right)V_{i+1,j}^{k+\frac{1}{2}}+\left(1+\frac{\sigma_1^2\Delta t}{\Delta x_1^2}+\frac{r\Delta t}{2}\right)V_{i,j}^{k+\frac{1}{2}}+\frac{\Delta t}{2}\left(\frac{\nu_1}{\Delta x_1}-\frac{\sigma_1^2}{\Delta x_1^2}\right)V_{i-1,j}^{k+\frac{1}{2}}$$
$$=V_{i,j}^{k+1}+\frac{\rho\sigma_1\sigma_2\Delta t}{8\Delta x_1\Delta x_2}\left(V_{i+1,j+1}^{k+1}+V_{i-1,j-1}^{k+1}-V_{i+1,j-1}^{k+1}-V_{i-1,j+1}^{k+1}\right)$$

여기서, $V_{i+1,j}^{k+\frac{1}{2}}$, $V_{i,j}^{k+\frac{1}{2}}$, $V_{i-1,j}^{k+\frac{1}{2}}$는 미지수이지만, 삼중대각행렬 풀이법을 이용하면 구할 수 있다.

14.2.3.2 2단계 역행계산 과정

$t_{k+1/2}$시점에서 t_k시점으로 역행계산을 수행하는 과정은 [그림 14-11]과 같은데,

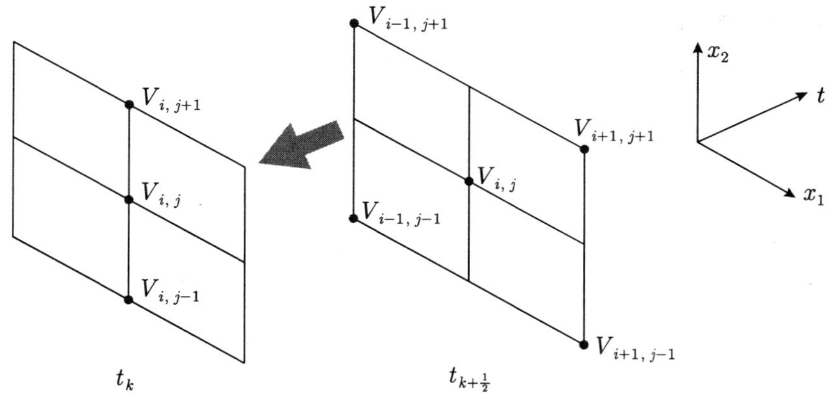

[그림 14-11] OSM의 2단계 역행계산 과정

식 (14-9)의 편미분방정식에 차분을 적용하면 다음과 같고,

$$\frac{\partial V}{2\partial t}+\nu_2\frac{\partial V}{\partial x_2}+\frac{1}{2}\sigma_2^2\frac{\partial^2 V}{\partial x_2^2}+\frac{1}{2}\rho\sigma_1\sigma_2\frac{\partial^2 V}{\partial x_1\partial x_2}-\frac{1}{2}rV=0$$

$$\Rightarrow\frac{1}{2}\frac{V_{i,j}^{k+\frac{1}{2}}-V_{i,j}^k}{\frac{1}{2}\Delta t}+\nu_2\frac{V_{i,j+1}^k-V_{i,j-1}^k}{2\Delta x_2}+\frac{1}{2}\sigma_2^2\frac{V_{i,j+1}^k-2V_{i,j}^k+V_{i,j-1}^k}{\Delta x_2^2}$$

$$+\frac{1}{2}\rho\sigma_1\sigma_2\frac{V_{i+1,j+1}^{k+\frac{1}{2}}+V_{i-1,j-1}^{k+\frac{1}{2}}-V_{i+1,j-1}^{k+\frac{1}{2}}-V_{i-1,j+1}^{k+\frac{1}{2}}}{4\Delta x_1\Delta x_2}-\frac{1}{2}rV_{i,j}^k=0$$

이를 정리하면 다음과 같다.

$$-\frac{\Delta t}{2}\left(\frac{\nu_2}{\Delta x_2}+\frac{\sigma_2^2}{\Delta x_2^2}\right)V_{i,j+1}^k+\left(1+\frac{\sigma_2^2\Delta t}{\Delta x_2^2}+\frac{r\Delta t}{2}\right)V_{i,j}^k+\frac{\Delta t}{2}\left(\frac{\nu_2}{\Delta x_2}-\frac{\sigma_2^2}{\Delta x_2^2}\right)V_{i,j-1}^k$$
$$=V_{i,j}^{k+\frac{1}{2}}+\frac{\rho\sigma_1\sigma_2\Delta t}{8\Delta x_1\Delta x_2}\left(V_{i+1,j+1}^{k+\frac{1}{2}}+V_{i-1,j-1}^{k+\frac{1}{2}}-V_{i+1,j-1}^{k+\frac{1}{2}}-V_{i-1,j+1}^{k+\frac{1}{2}}\right)$$

여기서, $V_{i,j+1}^k$, $V_{i,j}^k$, $V_{i,j-1}^k$는 미지수이지만, 삼중대각행렬 풀이법을 이용하면 구할 수 있다.

위의 1단계와 2단계 역행계산 과정을 평가시점까지 반복하여 수행하면 평가시점에서 파생상품의 가치를 계산할 수 있다.

15장 평가 방법 비교

기초자산이 1개인 유로피언옵션과 기초자산이 2개인 스프레드옵션(Spread Option)을 평가하기 위해 앞에서 설명한 몬테카를로 시뮬레이션, 트리 모형, 유한차분법을 적용해보자. 그리고 각 평가값들을 유로피언옵션의 해석해와 스프레드옵션의 근사해와 비교해보자.

15.1 유로피언옵션

15.1.1 유로피언옵션의 해석해

옵션만기시점의 기초자산 가격 S_T와 행사가 K에 대한 유로피언콜옵션과 풋옵션의 만기시점 T에서의 손익은 다음과 같고,

$$C = \max(S_T - K, 0)$$
$$P = \max(K - S_T, 0)$$

평가시점($t = 0$)에서 기초자산의 가격이 S_0일 때 앞에서 설명한 유로피언콜옵션과 풋옵션의 평가시점 가치는 식 (11-4), (11-5)와 같다.

$$C = S_0 N(d_1) - Ke^{-rT} N(d_2)$$
$$P = Ke^{-rT} N(-d_2) - S_0 N(-d_1)$$

여기서,

$$d_1 = \frac{\ln\left(\frac{S_0}{K}\right) + \left(r + \frac{1}{2}\sigma^2\right)T}{\sigma\sqrt{T}},$$

$$d_2 = \frac{\ln\left(\frac{S_0}{K}\right) + \left(r - \frac{1}{2}\sigma^2\right)T}{\sigma\sqrt{T}} = d_1 - \sigma\sqrt{T},$$

15.1.2 각 평가 방법들에 의한 유로피언콜옵션 평가

기초자산의 평가시점 가격 S는 100, 행사가격 X는 100, 무위험이자율 r은 0.07, 배당률 q는 0.02, 변동성 σ는 0.2이고, 잔존만기 T는 1년이라고 할 때, 유로피언콜옵션의 가치가 어떻게 되는지 앞에서 소개한 몬테카를로 시뮬레이션, 이항트리 모형, 삼항트리 모형과 유한차분법을 이용하여 구해보자.

몬테카를로 시뮬레이션은 정규성 검증에서 가장 뛰어난 박스-뮬러 변환을 이용한 난수 생성방법을 이용하고, 유한차분법은 가장 일반적으로 사용되는 암묵적 방법을 적용하자.

✎ 소스 코드

- mathlib.h

```
// mathlib.h
#define    _CRT_SECURE_NO_DEPRECATE
#define    max(a,b) (((a)>(b))?(a):(b))
#define    PI   3.14159265358979323846264338327950288419716939937510582097

//    Random변수 생성관련
double     normdistrand_BoxMuller();
double     N(double z);

//    연립방정식 풀이
void       tridiagonal_elimination(double **Smat, double *Known, double *Unknown,
                  int n_eqns);
```

- mathlib.cpp

```
// mathlib.cpp
#include  "mathlib.h"

#include  <math.h>
#include  <time.h>
#include  <fstream>
#include  <iostream>
using      namespace      std;
```

```
double    normdistrand_BoxMuller()
{
    //   앞에서 선언한 normdistrand_BoxMuller( ) 함수와 동일함, 별첨 소스 코드 참조
}

double    N(double z)
{
    //   앞에서 선언한 N( ) 함수와 동일함, 별첨 소스 코드 참조
}

void      tridiagonal_elimination(double **Smat, double *Known, double *Unknown,
                    int n_eqns)
{
    //   앞에서 선언한 tridiagonal_elimination( ) 함수와 동일함, 별첨 소스 코드 참조
}
```

- index.h

```
// index.h
class     CIndex{
public:
     double    m_spot;
     double    m_vol;
     double    m_dividend;

public:
     CIndex();
     CIndex(double spot, double vol, double dividend);
     ~CIndex();

     void      get_spot();
     void      get_vol();
     void      get_dividend();
};
```

- index.cpp

```
// index.cpp
#include   <iostream>
using      namespace      std;
#include   "index.h"


CIndex::CIndex()
{
     m_spot          = 100.0;
     m_vol           = 0.2;
     m_dividend      = 0.03;
}
```

```
CIndex::CIndex(double spot, double vol, double dividend)
{
    m_spot        = spot;
    m_vol         = vol;
    m_dividend    = dividend;
}

CIndex::~CIndex()
{

}

void      CIndex::get_spot()
{
    cout<<"기초자산가격 : ";
    cin>>m_spot;
}

void      CIndex::get_dividend()
{
    cout<<"배당률(%) : ";
    cin>>m_dividend;
    m_dividend    /= 100.0;
}

void      CIndex::get_vol()
{
    cout<<"변동성(%) : ";
    cin>>m_vol;
    m_vol    /= 100.0;
}
```

- product.h

```
// product.h
#pragma once

#include  <string>
using     std::string;


class     CProduct{
public:
    double    m_strike;
    double    m_maturity;
    string    m_option_type;

public:
    CProduct();
    CProduct(string option_type, double strike, double maturity);
```

```
    ~CProduct();

    void      get_strike();
    void      get_maturity();
};
```

▪ product.cpp

```
// product.cpp
#include   <iostream>
using      namespace    std;

#include   "product.h"

CProduct::CProduct()
{
    m_strike             = 105.0;
    m_maturity           = 1.0;
    m_option_type        = "call";
}

CProduct::CProduct(string option_type, double strike, double maturity)
{
    m_strike             = strike;
    m_maturity           = maturity;
    m_option_type        = option_type;
}

CProduct::~CProduct()
{

}

void       CProduct::get_strike()
{
    cout<<"행사가격 : ";
    cin>>m_strike;
}
void       CProduct::get_maturity()
{
    cout<<"잔존만기(년) : ";
    cin>>m_maturity;
}
```

▪ yield.h

```
// yield.h
class      CYield{
public:
```

```
	double	m_riskfree;

public:
	CYield();
	CYield(double riskfree);
	~CYield();

	void	get_riskfree();
};
```

▪ yield.cpp

```
// yield.cpp
#include <iostream>
using	namespace	std;
#include "yield.h"

CYield::CYield()
{
	m_riskfree	= 0.05;
}

CYield::CYield(double riskfree)
{

	m_riskfree	= riskfree;
}

CYield::~CYield()
{

}

void	CYield::get_riskfree()
{
	cout<<"무위험이자율(%) : ";
	cin>>m_riskfree;
	m_riskfree	/= 100.0;
}
```

▪ price.h

```
// price.h
class	CIndex;
class	Cyield;
class	CProduct;

class	CPrice{
public:
```

```
    double    m_price;

public:
    CPrice();
    ~CPrice();

    void    black_scholes_option_price(CIndex &index, CYield &yield, CProduct &product);
    void    simulation_european_option_price(CIndex &index, CYield &yield,
                                    CProduct &product, int n_sim);
    void    binomial_tree_european_option_price(CIndex &index, CYield &yield,
                                    CProduct &product, int n_step);
    void    lognormal_binomial_tree_european_option_price(CIndex &index, CYield &yield,
                                    CProduct &product, int n_step);
    void    trinomial_tree_european_option_price(CIndex &index, CYield &yield,
                                    CProduct &product, int n_step);
    void    implicit_fdm_european_option_price(CIndex &index, CYield &yield,
                                    CProduct &product, int n_step, int n_spot);
};
```

- price.cpp

```
// price.cpp
#include  <math.h>
#include  <time.h>
#include  <fstream>

#include  <iostream>
using     namespace    std;

#include  "index.h"
#include  "yield.h"
#include  "product.h"
#include  "price.h"
#include  "mathlib.h"

CPrice::CPrice()
{
    m_price   = 0.0;
}

CPrice::~CPrice()
{

}

void      CPrice::black_scholes_option_price(CIndex &index, CYield &yield,
                         CProduct &product)
{
    string    optiontype     = product.m_option_type;
    double    S              = index.m_spot;
    double    X              = product.m_strike;
```

```
    double  r           = yield.m_riskfree;
    double  q           = index.m_dividend;
    double  sigma       = index.m_vol;
    double  T           = product.m_maturity;

    int     iop;
    double  d1, d2;

    iop  = -1;
    if(optiontype == "Call" || optiontype == "call" ) iop    = 1;
    d1   = ( log(S/X) + (r -q + (sigma*sigma)/2)*T )/(sigma*sqrt(T));
    d2   = d1 - sigma*sqrt(T);
    // Black-Sholes 옵션가격 결정식
    m_price  = iop*( S*exp(-q*T)*N(iop*d1) - X*exp(-r*T)*N(iop*d2) );
}

void     CPrice::simulation_european_option_price(CIndex &index, CYield &yield,
                                     CProduct &product, int n_sim)
{
    string  optiontype      = product.m_option_type;
    double  S               = index.m_spot;
    double  X               = product.m_strike;
    double  r               = yield.m_riskfree;
    double  q               = index.m_dividend;
    double  sigma           = index.m_vol;
    double  T               = product.m_maturity;

    int     i, iop;
    double  St, price, mudt, ssqrtdt;
    long idum = clock();

    price    = 0.0;
    mudt     = (r-q-0.5*sigma*sigma)*T;
    ssqrtdt  = sigma*sqrt(T);

    iop      = -1;
    if(optiontype == "Call" || optiontype == "call" ) iop    = 1;

    srand((unsigned)    time(NULL));          // Random Seed 초기화
    for(i=0; i<n_sim; i++){
        St   = S * exp(mudt + ssqrtdt*normdistrand_BoxMuller()); // 주가생성
        price += max(iop*(St-X), 0.0);      // 만기 Payoff
    }
    m_price  = (price/n_sim)*exp(-r*T);   // 만기 Payoff의 평균을 현가
}

void     CPrice::binomial_tree_european_option_price(CIndex &index, CYield &yield,
                                     CProduct &product, int n_step)
{
    string  optiontype      = product.m_option_type;
    double  S               = index.m_spot;
    double  X               = product.m_strike;
```

```
    double   r          = yield.m_riskfree;
    double   q          = index.m_dividend;
    double   sigma      = index.m_vol;
    double   T          = product.m_maturity;

    int      i, j, iop;
    double   up, down, dfactor, Pu, Pd, dt;

    dt       = T/n_step;
    up       = exp(sigma*sqrt(dt));
    down     = 1.0/up;

    Pu  = (exp((r-q)*dt)-down)/(up-down);    // up 확률
    Pd  = 1.0 - Pu;   // down 확률

    double   *Sp, *CV;

    Sp  = new double[n_step+1];
    CV  = new double[n_step+1];

    // Tree 주가 생성
    Sp[0]      = S*pow(up, n_step);
    for(i=1; i<=n_step; i++)  Sp[i] = Sp[i-1]*down*down;

    iop  = -1;
    if(optiontype == "Call" || optiontype == "call" ) iop    = 1;
    // 만기시점 옵션 Payoff
    for(i=0; i<=n_step; i++)  CV[i] = max(iop*(Sp[i]-X), 0.0);

    dfactor  = exp(-r*dt);
    // Tree의 만기에서부터 Backward Induction 실행하여 현재가치 계산
    for(i=n_step-1; i>=0; i--){
        for(j=0; j<=i; j++)  CV[j] = (Pu*CV[j] + Pd*CV[j+1])*dfactor;
    }

    m_price  = CV[0]; // 옵션의 현재가치
    delete[]  Sp;
    delete[]  CV;
}

void    CPrice::lognormal_binomial_tree_european_option_price(CIndex &index,
                        CYield &yield, CProduct &product, int n_step)
{
    string   optiontype      = product.m_option_type;
    double   S               = index.m_spot;
    double   X               = product.m_strike;
    double   r               = yield.m_riskfree;
    double   q               = index.m_dividend;
    double   sigma           = index.m_vol;
    double   T               = product.m_maturity;

    int      i, j, iop;
```

```
    double    dx, nu, dfactor, Pu, Pd, dt;

    dt  = T/n_step;
    nu  = r - q - 0.5*sigma*sigma;
    dx  = sqrt(sigma*sigma*dt + nu*nu*dt*dt);

    Pu  = 0.5+0.5*nu*dt/dx; // up 확률
    Pd  = 1.0 - Pu;         // down 확률

    double    *Sp, *CV;

    Sp  = new double[n_step+1];
    CV  = new double[n_step+1];

    // Tree 주가 생성
    for(i=0; i<=n_step; i++)  Sp[i] = S*exp((n_step-2*i)*dx); // Tree 주가 생성

    iop  = -1;
    if(optiontype == "Call" || optiontype == "call" ) iop    = 1;
    // 만기시점 옵션 Payoff
    for(i=0; i<=n_step; i++)  CV[i] = max(iop*(Sp[i]-X), 0.0);

    dfactor    = exp(-r*dt);
    // Tree의 만기에서부터 Backward Induction 실행하여 현재가치 계산
    for(i=n_step-1; i>=0; i--){
        for(j=0; j<=i; j++)  CV[j] = (Pu*CV[j] + Pd*CV[j+1])*dfactor;
    }

    m_price   = CV[0]; // 옵션의 현재가치
    delete[]  Sp;
    delete[]  CV;
}

void      CPrice::trinomial_tree_european_option_price(CIndex &index, CYield &yield,
                                    CProduct &product, int n_step)
{
    string    optiontype     = product.m_option_type;
    double    S              = index.m_spot;
    double    X              = product.m_strike;
    double    r              = yield.m_riskfree;
    double    q              = index.m_dividend;
    double    sigma          = index.m_vol;
    double    T              = product.m_maturity;

    int       i, j, iop, nstep;
    double    dx, nu, dfactor, Pu, Pm, Pd, dt;

    dt  = T/n_step;
    dx  = sigma*sqrt(3.0*dt);
    nu  = r - q - 0.5*sigma*sigma;

    Pu  = 0.5*( (sigma*sigma*dt+nu*nu*dt*dt)/(dx*dx) + nu*dt/dx );    // up 확률
```

```
    Pd   = 0.5*( (sigma*sigma*dt+nu*nu*dt*dt)/(dx*dx) - nu*dt/dx );   // down 확률
    Pm   = 1 - Pu - Pd;     // middle 확률

    double    *Sp, *CV;

    nstep     = 2*n_step+1;
    Sp        = new double[nstep];
    CV        = new double[nstep];

    for(i=0; i<nstep; i++)     Sp[i] = S*exp((n_step-i)*dx); // Tree 주가 생성

    iop   = -1;
    if(optiontype == "Call" || optiontype == "call" ) iop     = 1;
    for(i=0; i<nstep; i++)     CV[i] = max(iop*(Sp[i]-X), 0.0);   // 만기 Payoff

    dfactor   = exp(-r*dt);

    // Tree의 만기에서부터 Backward Induction 실행하여 현재가치 계산
    for(i=n_step-1; i>=0; i--){
        for(j=0; j<2*i+1; j++)
            CV[j] = (Pu*CV[j] + Pm*CV[j+1] + Pd*CV[j+2])*dfactor;
    }

    m_price   = CV[0]; // 옵션의 현재가치
    delete[]  Sp;
    delete[]  CV;
}

void      CPrice::implicit_fdm_european_option_price(CIndex &index, CYield &yield,
                                CProduct &product, int n_step, int n_spot)
{
    string    optiontype     = product.m_option_type;
    double    S              = index.m_spot;
    double    X              = product.m_strike;
    double    r              = yield.m_riskfree;
    double    q              = index.m_dividend;
    double    sigma          = index.m_vol;
    double    T              = product.m_maturity;

    int       i, j, t, iop;
    if((n_spot%2)==0) n_spot = n_spot+1;
    double    *Sp = new double[n_spot];
    double    *CV = new double[n_spot];

    double    dt, dx, edx;
    dt        = T/n_step;
    dx        = sigma*sqrt(3.0*dt);
    edx       = exp(dx);

    Sp[0]     = S*exp((n_spot-1)/2 * dx);
    for(i=1; i<n_spot; i++)    Sp[i] = Sp[i-1]/edx;
    Sp[(n_spot-1)/2]     = S;
```

```
iop        = -1;
if(optiontype == "Call" || optiontype == "call" ) iop    = 1;

double   Pu, Pm, Pd, nu;
nu       = r - q - 0.5*sigma*sigma;
Pu       = -0.5*dt*(sigma*sigma/(dx*dx) + nu/dx);
Pm       = 1.0 + dt*(sigma*sigma/(dx*dx) + r);
Pd       = -0.5*dt*(sigma*sigma/(dx*dx) - nu/dx);

double   **smatrix, **tmp, *known_value, *unknown_value;
smatrix  = new double*[n_spot-2]; // row create
tmp      = new double*[n_spot-2]; // row create
known_value        = new double[n_spot-2];
unknown_value      = new double[n_spot-2];
for(i=0; i<n_spot-2; i++){
     smatrix[i]        = new double[n_spot-2]; // column create
     tmp[i]            = new double[n_spot-2]; // column create
}
for(i=0; i<n_spot-2; i++){
     for(j=0; j<n_spot-2; j++) smatrix[i][j]    = 0.0;
}

double   bu, bd;
if(iop==1){//   call 옵션
     bu   = Sp[0] - Sp[1];    // S가 충분히 크면 Delta = 1이므로
     bd   = 0.0;              // S가 충분히 작으면 Delta = 0이므로
}
else{//   put 옵션
     bu   = 0.0;              // S가 충분히 크면 Delta = 0이므로
     bd   = -(Sp[n_spot-2] - Sp[n_spot-1]); // S가 충분히 작으면 Delta = -1이므로
}

// 0~n_spot-3는 n_spot-2개
smatrix[0][0]   = Pm;
smatrix[0][1]   = Pd;
for(i=1; i<n_spot-3; i++){
     smatrix[i][i-1] = Pu;
     smatrix[i][i]   = Pm;
     smatrix[i][i+1] = Pd;
}
smatrix[n_spot-3][n_spot-4]   = Pu;
smatrix[n_spot-3][n_spot-3]   = Pm;

//   만기시점에서의 경계조건(Terminal Boundary Condition) 부여
for(i=0; i<n_spot; i++)   CV[i]     = max(iop*(Sp[i]-X), 0);

// 만기에서부터 Backward Induction 실행하여 현재가치 계산
for(t=n_step-1; t>=0; t--){
     for(i=0; i<n_spot-2; i++){
          for(j=0; j<n_spot-2; j++) tmp[i][j] = smatrix[i][j];
          known_value[i] = CV[i+1];
```

```
        }
        CV[0]                = bu;    //   경계조건 적용
        CV[n_spot-1]         = bd;    //   경계조건 적용
        known_value[0]              -= Pu*CV[0];
        known_value[n_spot-3]  -= Pd*CV[n_spot-1];
        // t-1시점 미지값 계산
        tridiagonal_elimination(tmp, known_value, unknown_value, n_spot-2);
        for(i=0; i<n_spot-2; i++) CV[i+1] = unknown_value[i];
    }
    m_price   = CV[(n_spot-1)/2];//
    delete[]   Sp;
    delete[]   CV;
    for(i=0; i<n_spot-2; i++) delete[] smatrix[i], tmp[i];
    delete[]   smatrix, tmp, known_value, unknown_value;
}
```

- main.cpp

```
// main.cpp
#define    _CRT_SECURE_NO_DEPRECATE

#include   <iostream>
#include   "mathlib.h"
#include   "index.h"
#include   "yield.h"
#include   "product.h"
#include   "price.h"
using      namespace      std;

void       main(void)
{
    double     S, X, r, q, sigma, T;
    int        n_step, n_spot;
    unsigned long       n_sim;

    S          = 100.0;  //   기초자산 가격
    X          = 110.0;  //   행사가격
    r          = 0.05;   //   risk free rate
    q          = 0.01;   //   dividend rate
    sigma      = 0.3;    //   변동성
    T          = 1.0;    //   잔존만기

    n_step     = 200;    //   잔존만기에 대해 n_step으로 계산, tree와 fdm에서
    n_sim      = 30000;  //   시뮬레이션 횟수
    n_spot     = 400;    //   기초자산의 가격을 n_spot 수로 나누어 계산

    CIndex          index(S, sigma, q);
    CYield          yield(r);
    CProduct        eoption("call", X, T);
    CPrice          price;
```

```
    price.black_scholes_option_price(index, yield, eoption);
    cout<<"해석해에 의한 옵션가격: "<<price.m_price<<endl;

    price.simulation_european_option_price(index, yield, eoption, n_sim);
    cout<<"시뮬레이션에 의한 옵션가격: "<<price.m_price<<endl;

    price.binomial_tree_european_option_price(index, yield, eoption, n_step);
    cout<<"Binomial Tree에 의한 옵션가격: "<<price.m_price<<endl;

    price.lognormal_binomial_tree_european_option_price(index, yield, eoption, n_step);
    cout<<"로그정규분포 적용 Binomial Tree에 의한 옵션가격: "<<price.m_price<<endl;

    price.trinomial_tree_european_option_price(index, yield, eoption, n_step);
    cout<<"Trinomial Tree에 의한 옵션가격: "<<price.m_price<<endl;

    price.implicit_fdm_european_option_price(index, yield, eoption, n_step, n_spot);
    cout<<"Implicit FDM에 의한 옵션가격: "<<price.m_price<<endl;
}
```

✎ 실행 결과

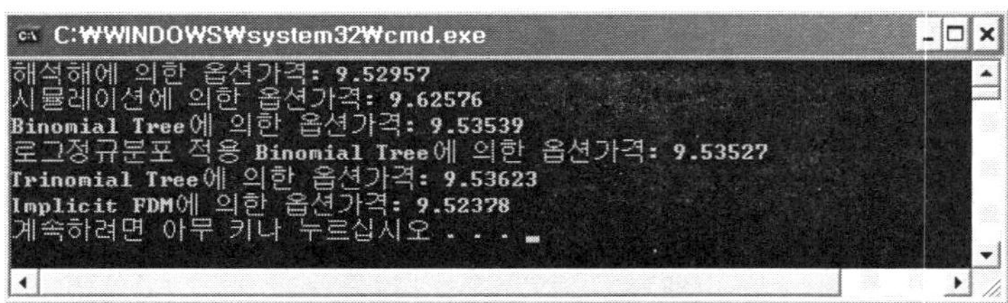

[그림 15-1] 각 평가 방법들에 의한 유로피언콜옵션 평가 결과

각 평가 방법들로 구한 유로피언콜옵션의 평가값들과 블랙-숄즈 옵션가격결정모형에 의한 해석해를 비교하면 결과가 서로 유사한 것을 알 수 있다.

15.2 스프레드옵션

15.2.1 스프레드옵션의 근사해

옵션만기시점의 기초자산 가격 $S_{1,T}$과 $S_{2,T}$의 스프레드($S_{1,T}-S_{2,T}$)와 행사가 K에 대한 유로피언 스프레드옵션의 만기시점 T에서의 손익은 다음과 같다.

$$C = \max((S_{1,T} - S_{2,T}) - K, 0) = \max\left(\frac{S_{1,T}}{S_{2,T}+K} - 1, 0\right) \times (S_{2,T} + K)$$
$$P = \max(K - (S_{1,T} - S_{2,T}), 0) = \max\left(1 - \frac{S_{1,T}}{S_{2,T}+K}, 0\right) \times (S_{2,T} + K)$$

커크(Kirk)*가 제시한 스프레드옵션의 근사해에 따르면 평가시점($t=0$)에서 기초자산의 가격이 S_1과 S_2일 때 유로피언 스프레드옵션의 평가시점 가치는 다음과 같다.

$$C \simeq (S_2 e^{-q_2 T} + K e^{-rT})[SN(d_1) - N(d_2)]$$
$$P \simeq (S_2 e^{-q_2 T} + K e^{-rT})[N(-d_2) - SN(-d_1)]$$

여기서, $d_1 = \dfrac{\ln(S) + (\sigma^2/2) \times T}{\sigma\sqrt{T}}$, $d_2 = d_1 - \sigma\sqrt{T}$,

$$S = \frac{S_1 e^{-q_1 T}}{S_2 e^{-q_2 T} + X e^{-rT}}, \quad F = \frac{S_1 e^{-q_2 T}}{S_2 e^{-q_2 T} + X e^{-rT}}$$

S의 변동성 : $\sigma = \sqrt{\sigma_1^2 + (\sigma_2 F)^2 - 2\rho_{12}\,\sigma_1 \sigma_2 F}$

여기서, σ_1, σ_2는 기초자산 S_1, S_2의 변동성, ρ_{12}는 기초자산 S_1, S_2의 상관계수

15.2.2 각 평가 방법들에 의한 스프레드콜옵션 평가

평가시점에서 기초자산 S_1의 가격은 110, 배당률 q_1는 0.01, 변동성 σ_1는 0.2, 기초자산 S_2의 가격은 100, 배당률 q_2는 0.015, 변동성 σ_2는 0.3, 기초자산 S_1과 S_2의 상관계수 $\rho_{1,2}$는 0.5, 행사가격 X는 10, 무위험이자율 r은 0.05이고, 잔존만기 T는 1년이라고 할 때, 유로피언 스프레드콜옵션의 가격이 얼마가 되는지 앞에서 소개한 몬테카를로 시뮬레이션, 이항트리 모형, 삼항트리 모형과 유한차분법을 이용하여 평가해 보자.
몬테카를로 시뮬레이션은 정규성 검증에서 가장 뛰어난 박스-뮬러 변환을 이용한 난수 생성방법을 이용하고, 유한차분법은 가장 일반적으로 사용되는 OSM을 적용하자.

---

* Kirk, E., Aron, J., "Correlation in the Energy Markets", *Managing Energy Price Risk*, Risk Books, 1995.

✎ 소스 코드

▪ mathlib.h

```
// mathlib.h
#define    _CRT_SECURE_NO_DEPRECATE
#define    max(a,b) (((a)>(b))?(a):(b))
#define    PI    3.1415926535897932384626433832795028841971693993751058209

//    Random변수 생성관련
double     normdistrand_BoxMuller();
double     N(double z);

void       tridiagonal_elimination(double **Smat, double *Known, double *Unknown,
                   int n_eqns);
void       cholesky_decomposition(double **out_mat, double **int_mat, int col);
```

▪ mathlib.cpp

```
// mathlib.cpp
#include   "mathlib.h"

#include   <math.h>
#include   <time.h>
#include   <fstream>
#include   <iostream>
using      namespace    std;

double     normdistrand_BoxMuller()
{
    //     앞에서 선언한 normdistrand_BoxMuller( ) 함수와 동일함, 별첨 소스 코드 참조
}

double     N(double z)
{
    //     앞에서 선언한 N( ) 함수와 동일함, 별첨 소스 코드 참조
}

void       tridiagonal_elimination(double **Smat, double *Known, double *Unknown,
                              int n_eqns)
{
    //     앞에서 선언한 tridiagonal_elimination( ) 함수와 동일함, 별첨 소스 코드 참조
}

void       cholesky_decomposition(double **L, double **A, int col)
           //    A : in, L : out, col : 배열크기
{
    //     앞에서 선언한 cholesky_decomposition( ) 함수와 동일함, 별첨 소스 코드 참조
}
```

- index.h

```
// 앞에서 선언한 index.h 파일과 동일함, 별첨 소스 코드 참조
```

- index.cpp

```
// 앞에서 선언한 index.cpp 파일과 동일함, 별첨 소스 코드 참조
```

- product.h

```
// 앞에서 선언한 product.h 파일과 동일함, 별첨 소스 코드 참조
```

- product.cpp

```
// 앞에서 선언한 product.cpp 파일과 동일함, 별첨 소스 코드 참조
```

- yield.h

```
// 앞에서 선언한 yield.h 파일과 동일함, 별첨 소스 코드 참조
```

- yield.cpp

```
// 앞에서 선언한 yield.cpp 파일과 동일함, 별첨 소스 코드 참조
```

- price.h

```
// price.h
class   CIndex;
class   Cyield;
class   CProduct;

class   CPrice{
public:
    double  m_price;

public:
    CPrice();
    ~CPrice();

    void    spread_option_price(CIndex &index1, CIndex &index2, CYield &yield,
                    CProduct &product);
    void    simulation_spread_option_price(CIndex &index1, CIndex &index2,
                    CYield &yield, CProduct &product, int n_sim);
    void    binomial_tree_spread_option_price(CIndex &index1, CIndex &index2,
```

```
                              CYield &yield, CProduct &product, int n_step);
    void        trinomial_tree_spread_option_price(CIndex &index1, CIndex &index2,
                              CYield &yield, CProduct &product, int n_step);
    void        implicit_fdm_spread_option_price(CIndex &index1, CIndex &index2,
                              CYield &yield, CProduct &product, int n_step, int n_spot);
};
```

- price.cpp

```
// price.cpp
#include  <math.h>
#include  <time.h>
#include  <fstream>

#include  <iostream>
using     namespace     std;

#include  "index.h"
#include  "yield.h"
#include  "product.h"
#include  "price.h"
#include  "mathlib.h"

CPrice::CPrice()
{
    m_price   = 0.0;
}

CPrice::~CPrice()
{

}

void      CPrice::spread_option_price(CIndex &index1, CIndex &index2,
                                   CYield &yield, CProduct &product)
{
    string    optiontype      = product.m_option_type;
    double    rho        = product.m_correlation;
    double    X          = product.m_strike;
    double    T          = product.m_maturity;
    double    S1         = index1.m_spot;
    double    q1         = index1.m_dividend;
    double    sigma1     = index1.m_vol;
    double    S2         = index2.m_spot;
    double    q2         = index2.m_dividend;
    double    sigma2     = index2.m_vol;
    double    r          = yield.m_riskfree;

    int       iop;
    double    F, S, sigma, d1, d2;
```

```
    F           = S2*exp(-q2*T)/(S2*exp(-q2*T) + X*exp(-r*T));
    sigma       = sqrt(sigma1*sigma1 + pow((sigma2*F), 2) - 2*rho*sigma1*sigma2* F);
    S           = S1*exp(-q1*T)/(S2*exp(-q2*T) + X*exp(-r*T));

    d1   = ( log(S) + 0.5*sigma*sigma*T )/( sigma*sqrt(T));
    d2   = d1 - sigma*sqrt(T);

    iop  = -1;
    if(optiontype == "call" || optiontype == "Call" )   iop   = 1;

    m_price   = (S2*exp(-q2*T) + X*exp(-r*T))*iop*(S*N(iop*d1) - N(iop*d2));
}

void      CPrice::simulation_spread_option_price(CIndex &index1, CIndex &index2,
                                    CYield &yield, CProduct &product, int n_sim)
{
    string    optiontype      = product.m_option_type;
    double    rho         = product.m_correlation;
    double    X           = product.m_strike;
    double    T           = product.m_maturity;
    double    S1          = index1.m_spot;
    double    q1          = index1.m_dividend;
    double    sigma1      = index1.m_vol;
    double    S2          = index2.m_spot;
    double    q2          = index2.m_dividend;
    double    sigma2      = index2.m_vol;
    double    r           = yield.m_riskfree;

    int       i, iop;
    double    rv1, rv2, epsilon1, epsilon2;
    double    St1, St2, price, mu1t, mu2t, s1sqrtt, s2sqrtt, sqrtrho;

    srand((unsigned)   time(NULL));          // Random Seed 초기화

    price     = 0.0;
    mu1t      = (r-q1-0.5*sigma1*sigma1)*T;
    mu2t      = (r-q2-0.5*sigma2*sigma2)*T;
    s1sqrtt   = sigma1*sqrt(T);
    s2sqrtt   = sigma2*sqrt(T);
    sqrtrho   = sqrt(1.0-rho*rho);

    iop   = -1;
    if(optiontype == "Call" || optiontype == "call" ) iop    = 1;

    for(i=0; i<n_sim; i++){
        rv1   = normdistrand_BoxMuller();
        rv2   = normdistrand_BoxMuller();
        epsilon1= rv1;
        epsilon2= rho*rv1 + sqrtrho*rv2;

        St1   = S1 * exp(mu1t + s1sqrtt*epsilon1);   // 주가생성
        St2   = S2 * exp(mu2t + s2sqrtt*epsilon2);   // 주가생성
```

```
        price += max(iop*((St1-St2)-X), 0.0);   // 만기 Payoff
    }
    m_price  = (price/n_sim)*exp(-r*T);   // 만기 Payoff의 평균을 현가
}

void     CPrice::binomial_tree_spread_option_price(CIndex &index1, CIndex &index2,
                                    CYield &yield, CProduct &product, int n_step)
{
    string    optiontype     = product.m_option_type;
    double    rho            = product.m_correlation;
    double    X              = product.m_strike;
    double    T              = product.m_maturity;
    double    S1             = index1.m_spot;
    double    q1             = index1.m_dividend;
    double    sigma1         = index1.m_vol;
    double    S2             = index2.m_spot;
    double    q2             = index2.m_dividend;
    double    sigma2         = index2.m_vol;
    double    r              = yield.m_riskfree;

    int       i, j, k, iop;
    double    dx1, dx2, nu1, nu2, p1, p2, p3, p4;
    double    dfactor, dt;

    dt   = T/n_step;
    dx1  = sigma1*sqrt(dt);
    dx2  = sigma2*sqrt(dt);
    nu1  = r - q1 - 0.5*sigma1*sigma1;
    nu2  = r - q2 - 0.5*sigma2*sigma2;

    double    *Sp1, *Sp2, **CV;

    Sp1  = new double[n_step+1];
    Sp2  = new double[n_step+1];
    CV   = new double*[n_step+1];
    for(i=0; i<n_step+1; i++) CV[i] = new double[n_step+1];

    // Tree 주가 생성
    Sp1[0] = S1*exp(n_step*dx1);
    Sp2[0] = S2*exp(n_step*dx2);
    for(i=1; i<=n_step; i++){
        Sp1[i] = Sp1[i-1]*exp(-2*dx1);
        Sp2[i] = Sp2[i-1]*exp(-2*dx2);
    }

    p1   = (dx1*dx2 + (dx2*nu1 + dx1*nu2 + rho*sigma1*sigma2)*dt)
            /(4*dx1*dx2);  // s1 up, s2 up
    p2   = (dx1*dx2 + (dx2*nu1 - dx1*nu2 - rho*sigma1*sigma2)*dt)
            /(4*dx1*dx2);  // s1 up, s2 down
    p3   = (dx1*dx2 - (dx2*nu1 + dx1*nu2 - rho*sigma1*sigma2)*dt)
            /(4*dx1*dx2);  // s1 down, s2 down
    p4   = (dx1*dx2 - (dx2*nu1 - dx1*nu2 + rho*sigma1*sigma2)*dt)
```

```
            /(4*dx1*dx2);  // s1 down, s2 up
    iop   = -1;
    if(optiontype == "Call" || optiontype == "call" ) iop     = 1;

    // 만기시점 옵션 Payoff
    for(i=0; i<=n_step; i++){
        for(j=0; j<=n_step; j++){
            CV[i][j] = max(iop*((Sp1[i]-Sp2[j]) - X), 0.0);
        }
    }

    dfactor    = exp(-r*dt);

    // Tree의 만기에서부터 Backward Induction 실행하여 현재가치 계산
    for(i=n_step-1; i>=0; i--){
        for(j=0; j<=i; j++){
            for(k=0; k<=i; k++){
                CV[j][k] = (p1*CV[j][k] + p2*CV[j][k+1] + p3*CV[j+1][k+1]
                            + p4*CV[j+1][k])*dfactor;
            }
        }
    }

    m_price    = CV[0][0];     // 옵션의 현재가치
    for(i=0; i<n_step+1; i++) delete[]    CV[i];
    delete[]    CV;
    delete[]    Sp1;
    delete[]    Sp2;
}

void        CPrice::trinomial_tree_spread_option_price(CIndex &index1, CIndex &index2,
                                CYield &yield, CProduct &product, int n_step)
{
    string      optiontype      = product.m_option_type;
    double      rho         = product.m_correlation;
    double      X           = product.m_strike;
    double      T           = product.m_maturity;
    double      S1          = index1.m_spot;
    double      q1          = index1.m_dividend;
    double      sigma1      = index1.m_vol;
    double      S2          = index2.m_spot;
    double      q2          = index2.m_dividend;
    double      sigma2      = index2.m_vol;
    double      r           = yield.m_riskfree;

    int         i, j, k, nstep, iop;
    double      dx1, dx2, nu1, nu2, p1, p2, p3, p4, p5;
    double      dfactor, dt;

    dt   = T/n_step;
    dx1  = sigma1*sqrt(3.0*dt);
    dx2  = sigma2*sqrt(3.0*dt);
```

```
nu1  = r - q1 - 0.5*sigma1*sigma1;
nu2  = r - q2 - 0.5*sigma2*sigma2;
nstep= 2*n_step+1;

double    *Sp1, *Sp2, **CV;
Sp1  = new double[nstep];
Sp2  = new double[nstep];
CV   = new double*[nstep];
for(i=0; i<nstep; i++)     CV[i] = new double[nstep];

// Tree 주가 생성
Sp1[0] = S1*exp(n_step*dx1);
Sp2[0] = S2*exp(n_step*dx2);
for(i=1; i<nstep; i++){
     Sp1[i] = Sp1[i-1]*exp(-dx1);
     Sp2[i] = Sp2[i-1]*exp(-dx2);
}

double    f1, f2, f3, f4, f5, f6;
f1   = nu1*dt/dx1;
f2   = nu2*dt/dx2;
f3   = sigma1*sigma1*dt/(dx1*dx1);
f4   = nu1*nu1*dt*dt/(dx1*dx1);
f5   = rho*sigma1*sigma2*dt/(dx1*dx2);
f6   = nu1*nu2*dt*dt/(dx1*dx2);

p1   = 0.25*(f1 + f2 + f3 + f4 + f5 + f6);   // s1 up, s2 up
p2   = 0.25*(f1 - f2 + f3 + f4 - f5 - f6);   // s1 up, s2 down
p3   = 0.25*(-f1 - f2 + f3 + f4 + f5 + f6);  // s1 down, s2 down
p4   = 0.25*(-f1 + f2 + f3 + f4 - f5 - f6);  // s1 down, s2 up
p5   = 1.0 - f3 - f4;                        // s1 middle, s2 middle

iop  = -1;
if(optiontype == "Call" || optiontype == "call" ) iop    = 1;

// 만기시점 옵션 Payoff
for(i=0; i<nstep; i++){
     for(j=0; j<nstep; j++){
          CV[i][j] = max(iop*((Sp1[i]-Sp2[j]) - X), 0.0);
     }
}

dfactor    = exp(-r*dt);

// Tree의 만기에서부터 Backward Induction 실행하여 현재가치 계산
for(i=n_step-1; i>=0; i--){
     for(j=0; j<2*i+1; j++){
          for(k=0; k<2*i+1; k++){
               CV[j][k] = (p1*CV[j][k] + p2*CV[j][k+2] + p3*CV[j+2][k+2]
                         + p4*CV[j+2][k] + p5*CV[j+1][k+1])*dfactor;
          }
     }
```

```
    }

    m_price  = CV[0][0];     // 옵션의 현재가치
    for(i=0; i<nstep; i++)    delete[]   CV[i];
    delete[]   CV;
    delete[]   Sp1;
    delete[]   Sp2;
}

void      CPrice::implicit_fdm_spread_option_price(CIndex &index1, CIndex &index2,
                CYield &yield, CProduct &product, int n_step, int n_spot)
{
    string    optiontype    = product.m_option_type;
    double    rho           = product.m_correlation;
    double    X             = product.m_strike;
    double    T             = product.m_maturity;
    double    S1            = index1.m_spot;
    double    q1            = index1.m_dividend;
    double    sigma1        = index1.m_vol;
    double    S2            = index2.m_spot;
    double    q2            = index2.m_dividend;
    double    sigma2        = index2.m_vol;
    double    r             = yield.m_riskfree;

    int       i, j, k, t, iop;
    double    *Sp1, *Sp2, **oldCV, **newCV;

    if((n_spot%2)==0) n_spot = n_spot+1;

    Sp1       = new double[n_spot];
    Sp2       = new double[n_spot];
    oldCV     = new double*[n_spot];
    newCV     = new double*[n_spot];
    for(i=0; i<n_spot; i++){
        oldCV[i]  = new double[n_spot];
        newCV[i]  = new double[n_spot];
    }

    double    dt, cl, mu1, mu2, dx1, dx2, edx1, edx2;
    cl   = 4.0;
    mu1  = r - q1 - 0.5*sigma1*sigma1;
    mu2  = r - q2 - 0.5*sigma2*sigma2;
    dt   = T / n_step;

    dx1  = sigma1*sqrt(3.0*dt);
    dx2  = sigma2*sqrt(3.0*dt);

    edx1 = exp(dx1);
    edx2 = exp(dx2);

    Sp1[0]    = S1*exp((n_spot-1)/2*dx1);       // 기초자산의 노드별 가격 설정
    for(i=1; i<n_spot; i++)    Sp1[i]    = Sp1[i-1]/edx1;
```

```
Sp1[(n_spot-1)/2]   = S1;

Sp2[0]     = S2*exp((n_spot-1)/2*dx2);         // 기초자산의 노드별 가격 설정
for(i=1; i<n_spot; i++)   Sp2[i]     = Sp2[i-1]/edx2;
Sp2[(n_spot-1)/2]   = S2;

iop   = -1;
if(optiontype == "Call" || optiontype == "call" ) iop    = 1;

double     pu1, pm1, pd1, pmm1, pu2, pm2, pd2, pmm2;
pu1        = -0.5*(mu1/dx1 + sigma1*sigma1/(dx1*dx1))*dt;
pm1        = 1.0 + sigma1*sigma1*dt/(dx1*dx1) + 0.5*r*dt;
pd1        = 0.5*(mu1/dx1 - sigma1*sigma1/(dx1*dx1))*dt ;
pmm1       = 0.125*rho*sigma1*sigma2*dt/(dx1*dx2);

pu2        = -0.5*(mu2/dx2 + sigma2*sigma2/(dx2*dx2))*dt;
pm2        = 1.0 + sigma2*sigma2*dt/(dx2*dx2) + 0.5*r*dt;
pd2        = 0.5*(mu2/dx2 - sigma2*sigma2/(dx2*dx2))*dt ;
pmm2       = pmm1;

// n_spot개 미지수중 2개의 경계조건을 적용하므로 실제 미지수는 n_spot-2개가 된다.
double     **smatrix1,**smatrix2, **tmp, *known_value, *unknown_value;
smatrix1  = new double*[n_spot-2]; // row create
smatrix2  = new double*[n_spot-2]; // row create
tmp       = new double*[n_spot-2]; // row create
known_value       = new double[n_spot-2];
unknown_value     = new double[n_spot-2];
for(i=0; i<n_spot-2; i++){
     smatrix1[i]     = new double[n_spot-2]; // colomn create
     smatrix2[i]     = new double[n_spot-2]; // colomn create
     tmp[i]          = new double[n_spot-2]; // colomn create
}
for(i=0; i<n_spot-2; i++){
     for(j=0; j<n_spot-2; j++){
          smatrix1[i][j]   = 0.0;
          smatrix2[i][j]   = 0.0;
     }
}

//    0~nnode1-3는 nnode1-2개
//    1자산이 미지수 이므로 1자산의 격자수
smatrix1[0][0] = pm1 + 2.0*pu1;  //    Gamma = 0 경계조건 적용
smatrix1[0][1] = pd1 - pu1;      //    Gamma = 0 경계조건 적용
for(i=1; i<n_spot-3; i++){
     smatrix1[i][i-1]      = pu1;
     smatrix1[i][i]        = pm1;
     smatrix1[i][i+1]      = pd1;
}
smatrix1[n_spot-3][n_spot-4] = pu1 - pd1;        // Gamma = 0 경계조건 적용
smatrix1[n_spot-3][n_spot-3] = pm1 + 2.0*pd1;  // Gamma = 0 경계조건 적용

//    2자산이 미지수 이므로 2자산의 격자수
```

```
smatrix2[0][0] = pm2 + 2.0*pu2;         // Gamma = 0 경계조건 적용
smatrix2[0][1] = pd2 - pu2;             // Gamma = 0 경계조건 적용
for(i=1; i<n_spot-3; i++){
    smatrix2[i][i-1]     = pu2;
    smatrix2[i][i]       = pm2;
    smatrix2[i][i+1]     = pd2;
}
smatrix2[n_spot-3][n_spot-4] = pu2 - pd2;      // Gamma = 0 경계조건 적용
smatrix2[n_spot-3][n_spot-3] = pm2 + 2.0*pd2;  // Gamma = 0 경계조건 적용

//  만기시점에서의 경계조건(Terminal Boundary Condition) 부여
// 만기시점 옵션 Payoff
for(i=0; i<n_spot; i++){
    for(j=0; j<n_spot; j++){
        oldCV[i][j]      = max(iop*((Sp1[i]-Sp2[j]) - X), 0.0);
    }
}

// 만기에서부터 Backward Induction 실행하여 현재가치 계산
for(t=n_step-1; t>=0; t--){
    //  1st phase
    for(i=1; i<n_spot-1; i++){
        for(j=0; j<n_spot-2; j++){
            for(k=0; k<n_spot-2; k++) tmp[j][k] = smatrix1[j][k];
            known_value[j]= oldCV[j+1][i]  + pmm1*(oldCV[j][i-1]+ oldCV[j+2][i+1]
                                   - oldCV[j][i+1] - oldCV[j+2][i-1]);
        }
        tridiagonal_elimination(tmp, known_value, unknown_value, n_spot-2);
        for(j=0; j<n_spot-2; j++)newCV[j+1][i] = unknown_value[j];
    }

    for(i=0; i<n_spot; i++){//경계조건을 적용한 값 대입
        newCV[i][0]     = (2.0*newCV[i][1] - newCV[i][2]);
        newCV[i][n_spot-1]=(2.0*newCV[i][n_spot-2]-newCV[i][n_spot-3]);
    }

    // 2nd phase
    for(i=1; i<n_spot-1; i++){
        for(j=0; j<n_spot-2; j++){
            for(k=0; k<n_spot-2; k++) tmp[j][k] = smatrix2[j][k];
            known_value[j] = newCV[i][j+1] + pmm2*(newCV[i-1][j]
                              +newCV[i+1][j+2] - newCV[i+1][j]
                              - newCV[i-1][j+2]);
        }
        tridiagonal_elimination(tmp, known_value, unknown_value, n_spot-2);
        for(j=0; j<n_spot-2; j++) oldCV[i][j+1] = unknown_value[j];
    }

    for(i=0; i<n_spot; i++){//경계조건을 적용한 값 대입
        oldCV[0][i]      = (2.0*oldCV[1][i] - oldCV[2][i]);
        oldCV[n_spot-1][i] =(2.0*oldCV[n_spot-2][i]-oldCV[n_spot-3][i]);
    }
```

```
    }

    m_price   = oldCV[(n_spot-1)/2][(n_spot-1)/2];

    for(i=0; i<n_spot; i++){
        delete[]   oldCV[i];
        delete[]   newCV[i];
    }
    delete[]   newCV;
    delete[]   oldCV;
    delete[]   Sp1;
    delete[]   Sp2;

    for(i=0; i<n_spot-2; i++){
        delete[]   smatrix1[i];
        delete[]   smatrix2[i];
        delete[]   tmp[i];
    }
    delete[]   smatrix1;
    delete[]   smatrix2;
    delete[]   tmp;
    delete[]   known_value;
    delete[]   unknown_value;
}
```

- main.cpp

```
// main.cpp
#define    _CRT_SECURE_NO_DEPRECATE

#include   <iostream>
#include   "mathlib.h"

#include   "index.h"
#include   "yield.h"
#include   "product.h"
#include   "price.h"
using      namespace      std;

void       main(void)
{
    double     S1, S2, X, r, q1, q2, sigma1, sigma2, rho, T;
    int        n_step, n_spot;
    unsigned long         n_sim;

    S1         = 110.0;  //   기초자산 1의 가격
    S2         = 100.0;  //   기초자산 2의 가격
    X          = 10.0;   //   행사가격
    r          = 0.05;   //   risk free rate
    q1         = 0.01;   //   기초자산 1의 배당률
    q2         = 0.015;  //   기초자산 2의 배당률
```

```
    sigma1     = 0.2;     //   기초자산 1의 변동성
    sigma2     = 0.3;     //   기초자산 2의 변동성
    rho        = 0.5;     //   기초자산 1과 기초자산 2의 상관계수
    T          = 1.0;     //   잔존만기

    n_step     = 100;     //   잔존만기에 대해 n_step으로 계산, simulation, tree와 fdm에서
    n_sim      = 30000;   //   시뮬레이션 횟수
    n_spot     = 200;     //   기초자산의 가격을 n_spot 수로 나누어 계산

    CIndex    index1(S1, sigma1, q1);
    CIndex    index2(S2, sigma2, q2);
    CYield    yield(r);
    CProduct soption("call", X, T);
    soption.m_correlation      = rho;
    CPrice    price;

    price.spread_option_price(index1, index2, yield, soption);
    cout<<"해석해에 의한 옵션가격: "<<price.m_price<<endl;

    price.simulation_spread_option_price(index1, index2, yield, soption, n_sim);
    cout<<"시뮬레이션에 의한 옵션가격: "<<price.m_price<<endl;

    price.binomial_tree_spread_option_price(index1, index2, yield, soption, n_step);
    cout<<"Binomial Tree에 의한 옵션가격: "<<price.m_price<<endl;

    price.trinomial_tree_spread_option_price(index1, index2, yield, soption, n_step);
    cout<<"Trinomial Tree에 의한 옵션가격: "<<price.m_price<<endl;

    price.implicit_fdm_spread_option_price(index1, index2, yield, soption, n_step, n_spot);
    cout<<"Implicit FDM에 의한 옵션가격: "<<price.m_price<<endl;
}
```

✎ 실행 결과

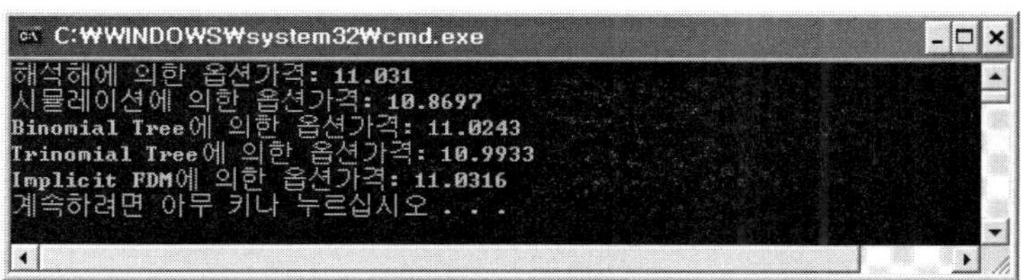

[그림 15-2] 각 평가 방법들에 의한 유로피언 스프레드콜옵션 평가 결과

각 평가 방법들로 구한 유로피언 스프레드콜옵션의 평가값들과 커크가 제시한 스프레드옵션의 근사해를 비교하면 결과가 서로 유사한 것을 알 수 있다.

5부

고급 평가 방법론

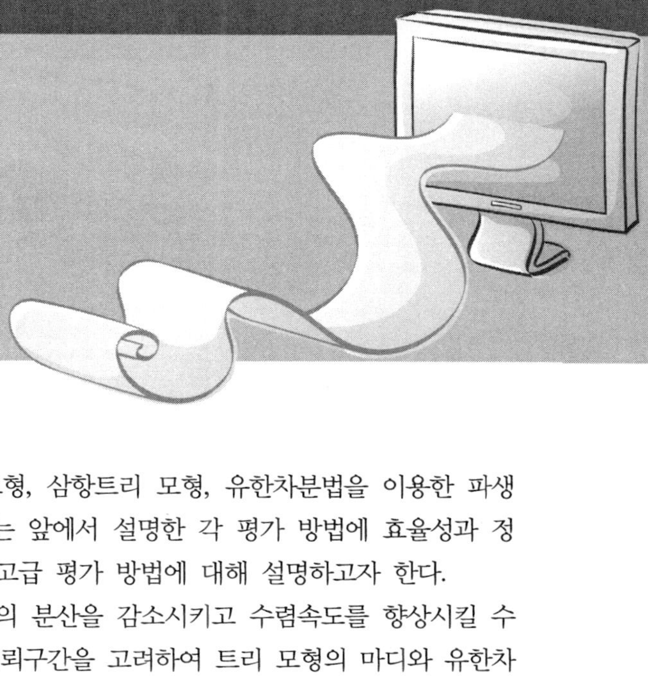

4부에서 몬테카를로 시뮬레이션, 이항트리 모형, 삼항트리 모형, 유한차분법을 이용한 파생상품 평가 방법에 대해 알아보았다. 5부에서는 앞에서 설명한 각 평가 방법에 효율성과 정확도를 높이기 위해 추가로 적용할 수 있는 고급 평가 방법에 대해 설명하고자 한다.
16장에서 몬테카를로 시뮬레이션에서 평가값의 분산을 감소시키고 수렴속도를 향상시킬 수 있는 난수 생성방법을 알아보고, 17장에서 신뢰구간을 고려하여 트리 모형의 마디와 유한차분법의 격자를 생성하는 방법에 대해 알아보고, 18장에서 옵션가격 민감도인 그릭스 계산 방법에 대해 알아보고, 19장에서 변동성에 대해 알아보자.

16장 난수 생성

몬테카를로 시뮬레이션을 이용하여 파생상품을 평가하려면 많은 난수를 생성하여야 하는데, 여기에서는 시뮬레이션을 이용할 때 평가값의 정확도를 향상시켜줄 수 있는 분산 감소기법에 대해 알아보고, C언어에서 제공하는 난수가 아닌 준난수를 생성하는 방법에 대해서도 알아보자.

16.1 분산 감소기법

몬테카를로 시뮬레이션을 이용하면 파생상품을 평가할 때마다 평가값들 사이에서 평가오차가 생길 수 있다. 그래서 이러한 평가오차를 줄여주어 평가값의 정확도를 향상시켜줄 수 있는 분산 감소기법을 사용한다. 이러한 분산 감소기법에는 대조변수기법(Antithetic Variable Technique), 통제변수기법(Control Variate Technique), 중요표본추출법(Importance Sampling) 등이 있다.

16.1.1 대조변수기법

대조변수기법은 서로 부호가 상반된 두 난수를 이용하여 평가값의 오차를 줄여주는 방법으로 적용방법이 매우 간단하다.

16.1.1.1 대조변수기법 알고리즘

식 (12-2)에서 미래 주가 시리즈를 다음과 같이 정리하였다.

$$S_{t_{i+1}} = S_{t_i} \exp\left[\left(r - q - \frac{\sigma^2}{2}\right)\Delta t + \sigma \varepsilon_{t_i} \sqrt{\Delta t}\right], \ \varepsilon_{t_i} \sim N(0,1), \ i = 1, \cdots, n$$

대조변수기법을 적용하려면 생성된 난수 ε_{t_i}와 부호가 반대인 $-\varepsilon_{t_i}$를 이용하여 각각 미래 주가 시리즈를 생성한다.

$$S_{1,t_{i+1}} = S_{1,t_i} \exp\left[\left(r - q - \frac{\sigma^2}{2}\right)\Delta t + \sigma \varepsilon_{t_i} \sqrt{\Delta t}\right] \quad (16\text{-}1)$$

$$S_{2,t_{i+1}} = S_{2,t_i} \exp\left[\left(r - q - \frac{\sigma^2}{2}\right)\Delta t - \sigma \varepsilon_{t_i} \sqrt{\Delta t}\right]$$

식 (16-1)을 이용하여 주가 시리즈를 생성하고, 파생상품의 손익 조건에 따라 옵션만기시점의 손익을 구한다.

V_1^n : 난수 ε_{t_n}를 이용하여 n번째 생성된 주가로 구한 손익

V_2^n : 난수 $-\varepsilon_{t_n}$를 이용하여 n번째 생성된 주가로 구한 손익

$V^n = \dfrac{V_1^n + V_2^n}{2}$: 대조변수기법을 고려한 손익

계산된 손익들의 산술평균을 계산하여 만기시점의 기대 손익을 계산하고, 계산된 기대 손익을 평가시점으로 할인하면 식 (12-4)와 같이 평가가격을 계산할 수 있다.

16.1.1.2. 대조변수기법에 의한 유로피언콜옵션 평가

평가시점에서 주가 S는 100, 행사가격 X는 110, 무위험이자율 r은 0.05, 배당률 q는 0.01, 변동성 σ는 0.3, 잔존만기 T는 1년일 때 유로피언콜옵션의 가격이 얼마가 되는지 대조변수기법을 이용하여 평가해 보자.

✎ 소스 코드

- mathlib.h

```
// mathlib.h
#define    _CRT_SECURE_NO_DEPRECATE
#define    max(a,b) (((a)>(b))?(a):(b))
#define    PI    3.14159265358979323846264338327950288419716939937510582097

//    Random변수 생성관련
double    normdistrand_BoxMuller();
double    N(double z);
```

```
//    분산 검증
void        mean_stddev_error(unsigned long nrand, double *value);
```

- mathlib.cpp

```
// mathlib.cpp
#include    "mathlib.h"

#include    <math.h>
#include    <time.h>
#include    <fstream>
#include    <time.h>

#include    <iostream>
using       namespace      std;

double      normdistrand_BoxMuller()
{
    //    앞에서 선언한 normdistrand_BoxMuller( ) 함수와 동일함, 별첨 소스 코드 참조
}

double      N(double z)
{
    //    앞에서 선언한 N( ) 함수와 동일함, 별첨 소스 코드 참조
}

void        mean_stddev_error(unsigned long nrand, double *value)
{
    unsigned        long        i;
    double      mean, stddev;
    mean        = 0.0;
    for(i=0; i<nrand; i++)      mean += value[i];
    mean        /= nrand;

    stddev      = 0.0;
    for(i=0; i<nrand; i++)      stddev      += pow( (value[i] - mean), 2.0 );
    stddev      /= (nrand-1);
    stddev      = sqrt(stddev);

    cout<<"평균 : "<<mean<<endl;
    cout<<"표준편차 : "<<stddev<<endl;
    cout<<"표준오차 : "<<stddev/sqrt(double(nrand))<<endl;
}
```

- index.h

```
    //    앞에서 선언한 index.h 파일과 동일함, 별첨 소스 코드 참조
```

- index.cpp

```
//    앞에서 선언한 index.cpp 파일과 동일함, 별첨 소스 코드 참조
```

- product.h

```
//    앞에서 선언한 product.h 파일과 동일함, 별첨 소스 코드 참조
```

- product.cpp

```
//    앞에서 선언한 product.cpp 파일과 동일함, 별첨 소스 코드 참조
```

- yield.h

```
//    앞에서 선언한 yield.h 파일과 동일함, 별첨 소스 코드 참조
```

- yield.cpp

```
//    앞에서 선언한 yield.cpp 파일과 동일함, 별첨 소스 코드 참조
```

- price.h

```
// price.h
class    CIndex;
class    Cyield;
class    CProduct;

class    CPrice{
public:
    double    m_price;

public:
    CPrice();
    ~CPrice();

    void    black_scholes_option_price(CIndex &index, CYield &yield,
                        CProduct &product);
    void    simulation_european_option_price(CIndex &index, CYield &yield,
                        CProduct &product, unsigned long n_sim,
                        double *randomnumber);
    void    antithetic_variate_simulation_european_option_price(CIndex &index,
                        CYield &yield, CProduct &product,
                        unsigned long n_sim, double *randomnumber);
};
```

- price.cpp

```
// price.cpp
#include <math.h>
#include <time.h>

#include <fstream>
#include <iostream>
using namespace std;

#include "index.h"
#include "yield.h"
#include "product.h"
#include "price.h"
#include "mathlib.h"

CPrice::CPrice()
{
    m_price = 0.0;
}

CPrice::~CPrice()
{

}

void CPrice::black_scholes_option_price(CIndex &index, CYield &yield,
                                        CProduct &product)
{
    // 앞에서 선언한 CPrice::black_scholes_option_price() 함수와 동일함,
    // 별첨 소스 코드 참조
}

void CPrice::simulation_european_option_price(CIndex &index, CYield &yield,
                CProduct &product, unsigned long n_sim, double *rn)
{
    string optiontype = product.m_option_type;
    double S = index.m_spot;
    double X = product.m_strike;
    double r = yield.m_riskfree;
    double q = index.m_dividend;
    double sigma = index.m_vol;
    double T = product.m_maturity;

    unsigned long i;
    int iop;
    double St, price, mudt, ssqrtdt;
    double *pv;
    pv = new double[n_sim];

    price= 0.0;
    mudt= (r-q-0.5*sigma*sigma)*T;
```

```
    ssqrtdt     = sigma*sqrt(T);
    iop         = -1;
    if(optiontype == "Call" || optiontype == "call" ) iop     = 1;

    for(i=0; i<n_sim; i++){
        rn[i] = normdistrand_BoxMuller();
        St    = S * exp(mudt + ssqrtdt*rn[i]);  // 주가생성
        pv[i] = max(iop*(St-X), 0.0); // 만기 Payoff
        price += pv[i];
    }
    m_price   = (price/n_sim)*exp(-r*T);   // 만기 Payoff의 평균을 현가
    mean_stddev_error(n_sim, pv);

    delete[]  pv;
}

void    CPrice::antithetic_variate_simulation_european_option_price(CIndex &index,
                                    CYield &yield, CProduct &product,
                                    unsigned long n_sim, double *rn)
{
    string    optiontype      = product.m_option_type;
    double    S          = index.m_spot;
    double    X          = product.m_strike;
    double    r          = yield.m_riskfree;
    double    q          = index.m_dividend;
    double    sigma      = index.m_vol;
    double    T          = product.m_maturity;

    unsigned      long      i;
    int       iop;
    double    St, price, mudt, ssqrtdt, prn, nrn;
    double    *pv;

    pv          = new double[n_sim];
    price       = 0.0;
    mudt        = (r-q-0.5*sigma*sigma)*T;
    ssqrtdt     = sigma*sqrt(T);
    iop         = -1;
    if(optiontype == "Call" || optiontype == "call" ) iop     = 1;

    for(i=0; i<n_sim; i++){
        St   = S * exp(mudt + ssqrtdt*rn[i]);  // 주가생성
        prn  = max(iop*(St-X), 0.0);           // 만기 Payoff

        St   = S * exp(mudt - ssqrtdt*rn[i]);  // 주가생성
        nrn  = max(iop*(St-X), 0.0);           // 만기 Payoff

        pv[i] = (prn + nrn)/2.0;
        price += pv[i];
    }
    m_price   = (price/n_sim)*exp(-r*T);   // 만기 Payoff의 평균을 현가
    mean_stddev_error(n_sim, pv);
```

```
    delete[]  pv;
}
```

▪ main.cpp

```
// main.cpp
#define    _CRT_SECURE_NO_DEPRECATE

#include   <iostream>
#include   "mathlib.h"
#include   "index.h"
#include   "yield.h"
#include   "product.h"
#include   "price.h"
#include   <time.h>

using      namespace     std;

void       main(void)
{
    double    S, X, r, q, sigma, T;
    unsigned       long       n_sim;
    double    *rn;

    S         = 100.0;       //   기초자산 가격
    X         = 110.0;       //   행사가격
    r         = 0.05;        //   risk free rate
    q         = 0.01;        //   dividend rate
    sigma     = 0.3;         //   변동성
    T         = 1.0;         //   잔존만기
    n_sim     = 1000000;     //   시뮬레이션 횟수
    rn        = new double[n_sim];    //    random number

    CIndex         index(S, sigma, q);
    CYield         yield(r);
    CProduct       eoption("call", X, T);
    CPrice         price;


    price.black_scholes_option_price(index, yield, eoption);
    cout<<"해석해에 의한 옵션가격: "<<price.m_price<<endl<<endl;

    srand((unsigned)    time(NULL));          // Random Seed 초기화

    price.simulation_european_option_price(index, yield, eoption, n_sim, rn);
    cout<<"시뮬레이션에 의한 옵션가격: "<<price.m_price<<endl<<endl;

    price.antithetic_variate_simulation_european_option_price(index, yield, eoption, n_sim, rn);
    cout<<"대조변수기법이 적용된 시뮬레이션에 의한 옵션가격:"
```

```
        "<<price.m_price<<endl<<endl;

        delete[]   rn;
}
```

✎ 실행 결과

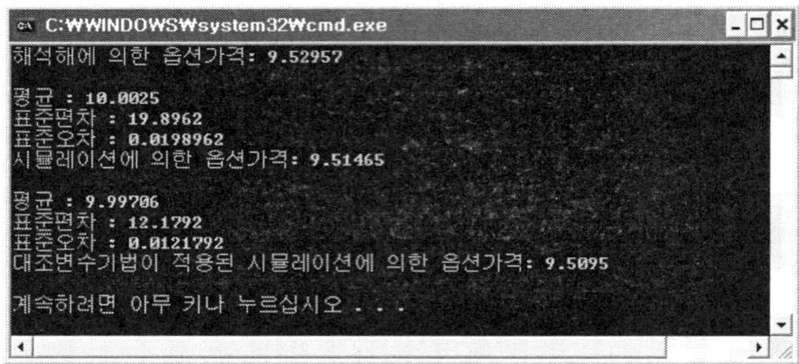

[그림 16-1] 대조변수기법을 적용한 시뮬레이션 결과

실행 결과에서 평균은 옵션만기시점에서 옵션의 손익을 평균한 값으로 만기시점에서의 기댓값이다. 대조변수기법을 적용하면, 분산감소기법을 적용하지 않은 방법보다 표준오차가 줄어드는 것을 확인할 수 있다.

16.1.2 통제변수기법

통제변수기법도 파생상품을 평가할 때 정확도를 향상시키기 위해 사용되는 방법이다. 기본 개념은 시뮬레이션을 통해 구하고자하는 확률변수 Y의 기댓값 $E[Y]$를 추정하기 위하여, 확률 변수 X와 X의 기댓값 μ_X를 이용한다.

16.1.2.1 통제변수기법 알고리즘

통제변수기법에 의한 시뮬레이션은 다음과 같이 정의할 수 있고,

$$\overline{Y}_{CV} = \overline{Y} + \mu_X - \overline{X} = \frac{1}{n}\sum_{i=1}^{n}(Y_i + \mu_X - X_i)$$

$\overline{Y}_{CV}$의 기댓값과 분산은 다음과 같다.

$$E[\overline{Y}_{CV}] = E[\overline{Y}] + \mu_X - E[\overline{X}] = E\left[\frac{1}{n}\sum_{i=1}^{n} Y_i\right] = E[Y]$$

$$Var(\overline{Y}_{CV}) = Var(\overline{Y}) + Var(\overline{X}) - 2Cov(\overline{X}, \overline{Y})$$

여기서, $Var(\overline{X}) < 2Cov(\overline{X}, \overline{Y})$이 통제변수기법에 의한 $\overline{Y}_{CV}$의 분산은 $\overline{Y}$의 분산보다 작게 된다.

$\overline{Y}_{CV}$의 분산을 최소화하고자 계수 β를 도입하면 다음과 같고,

$$\overline{Y}_{CV}(\beta) = \overline{Y} + \beta(\mu_X - \overline{X})$$

β를 적용한 $\overline{Y}_{CV}$의 기댓값과 분산은 다음과 같다.

$$E[\overline{Y}_{CV}(\beta)] = E[\overline{Y}] + \beta(\mu_X - E[\overline{X}]) = E\left[\frac{1}{n}\sum_{i=1}^{n} Y_i\right] = E[Y]$$

$$\begin{aligned} Var(\overline{Y}_{CV}(\beta)) &= Var(\overline{Y}) + \beta^2 Var(\overline{X}) - 2\beta Cov(\overline{X}, \overline{Y}) \\ &= Var(\overline{X})\left(\beta - \frac{Cov(\overline{X}, \overline{Y})}{Var(\overline{X})}\right)^2 + Var(\overline{Y}) - \frac{Cov^2(\overline{X}, \overline{Y})}{Var(\overline{X})} \end{aligned}$$

그러므로 분산을 최소화시키는 β는 다음과 같다.

$$\beta = \frac{Cov(\overline{X}, \overline{Y})}{Var(\overline{X})}$$

분산이 최소가 되는 β를 적용하면 분산값은 다음과 같고,

$$Var(\overline{Y}_{CV}) = Var(\overline{Y}) - \frac{Cov^2(\overline{X}, \overline{Y})}{Var(\overline{X})} = (1 - \rho_{XY}^2)\, Var(\overline{X})$$

상관계수 ρ_{XY}가 클수록 $\overline{Y}_{CV}$의 분산이 감소되는 효과가 큰 것을 확인할 수 있다.

여기서, β를 구하려면, $Var(\overline{X})$와 $Cov(\overline{X}, \overline{Y})$를 추정해야 하는데 이를 위해서는 몬테카를로 시뮬레이션의 선행 작업이 필요하다.

16.1.2.2 통제변수기법에 의한 유로피언콜옵션 평가

평가시점에서 기초자산 S는 100, 행사가격 X는 110, 무위험이자율 r은 0.05, 배당률 q는 0.01, 변동성 σ는 0.3, 잔존만기 T는 1년 일 때 유로피언콜옵션의 가격이 얼마가 되는지 통제변수기법을 이용하여 평가해 보자.

✎ 소스 코드

- mathlib.h

```
// mathlib.h
#define    _CRT_SECURE_NO_DEPRECATE
#define    max(a,b) (((a)>(b))?(a):(b))
#define    PI    3.14159265358979323846264338327950288419716939937510582097

//    Random변수 생성관련
double     normdistrand_BoxMuller();
double     N(double z);

//    분산 검증
void       mean_stddev_error(unsigned long nrand, double *value);
```

- mathlib.cpp

```
// mathlib.cpp
#include   "mathlib.h"

#include   <math.h>
#include   <time.h>
#include   <fstream>
#include   <time.h>

#include   <iostream>
using      namespace      std;

double     normdistrand_BoxMuller()
{
    //    앞에서 선언한 normdistrand_BoxMuller( ) 함수와 동일함, 별첨 소스 코드 참조
}

double     N(double z)
{
    //    앞에서 선언한 N( ) 함수와 동일함, 별첨 소스 코드 참조
}

void       mean_stddev_error(unsigned long nrand, double *value)
{
    //    앞에서 선언한 mean_stddev_error( ) 함수와 동일함, 별첨 소스 코드 참조
}
```

- index.h

```
    //    앞에서 선언한 index.h 파일과 동일함, 별첨 소스 코드 참조
```

- index.cpp

```
//   앞에서 선언한 index.cpp 파일과 동일함, 별첨 소스 코드 참조
```

- product.h

```
//   앞에서 선언한 product.h 파일과 동일함, 별첨 소스 코드 참조
```

- product.cpp

```
//   앞에서 선언한 product.cpp 파일과 동일함, 별첨 소스 코드 참조
```

- yield.h

```
//   앞에서 선언한 yield.h 파일과 동일함, 별첨 소스 코드 참조
```

- yield.cpp

```
//   앞에서 선언한 yield.cpp 파일과 동일함, 별첨 소스 코드 참조
```

- price.h

```
// price.h
class       CIndex;
class       Cyield;
class       CProduct;

class       CPrice{
public:
      double     m_price;

public:
      CPrice();
      ~CPrice();

      void        black_scholes_option_price(CIndex &index, CYield &yield,
                        CProduct &product);
      void        simulation_european_option_price(CIndex &index, CYield &yield,
                        CProduct &product, unsigned long n_sim,
                        double *randomnumber);
      void        control_variate_simulation_european_option_price(CIndex &index,
                        CYield &yield, CProduct &product, unsigned long n_sim,
                        double *randomnumber);
};
```

- price.cpp

```
// price.cpp
#include   <math.h>
#include   <time.h>

#include   <fstream>
#include   <iostream>
using      namespace      std;

#include   "index.h"
#include   "yield.h"
#include   "product.h"
#include   "price.h"
#include   "mathlib.h"

CPrice::CPrice()
{
    m_price   = 0.0;
}

CPrice::~CPrice()
{

}

void      CPrice::black_scholes_option_price(CIndex &index, CYield &yield,
                              CProduct &product)
{
    //   앞에서 선언한 CPrice::black_scholes_option_price() 함수와 동일함,
    //   별첨 소스 코드 참조
}

void      CPrice::simulation_european_option_price(CIndex &index, CYield &yield,
                         CProduct &product, unsigned long n_sim, double *rn)
{
    //   앞에서 선언한 CPrice::simulation_european_option_price() 함수와 동일함,
    //   별첨 소스 코드 참조
}

void      CPrice::control_variate_simulation_european_option_price(CIndex &index,
                         CYield &yield, CProduct &product, unsigned long n_sim,
                         double *rn)
{
    string     optiontype      = product.m_option_type;
    double     S           = index.m_spot;
    double     X           = product.m_strike;
    double     r           = yield.m_riskfree;
    double     q           = index.m_dividend;
    double     sigma       = index.m_vol;
    double     T           = product.m_maturity;
```

```
    unsigned        long        i;
    int         iop;
    double      price, mudt, ssqrtdt, meanS, meanP;
    double      *pv, *sv;

    pv   = new double[n_sim];
    sv   = new double[n_sim];

    meanS     = meanP = price    = 0.0;
    mudt      = (r-q-0.5*sigma*sigma)*T;
    ssqrtdt   = sigma*sqrt(T);

    iop   = -1;
    if(optiontype == "Call" || optiontype == "call" ) iop     = 1;

    for(i=0; i<n_sim; i++){
        sv[i]       = S * exp(mudt + ssqrtdt*rn[i]);  // 주가생성
        pv[i]       = max(iop*(sv[i]-X), 0.0);         // 만기 Payoff
        meanS     += sv[i];
        meanP     += pv[i];
    }
    meanS    /= n_sim;
    meanP    /= n_sim;

    double     variance, covariance, beta, ES;
    variance  = covariance = 0.0;
    for(i=0; i<n_sim; i++){
        variance         += (sv[i]-meanS)*(sv[i]-meanS);
        covariance       += (sv[i]-meanS)*(pv[i]-meanP);
    }
    variance          /= (n_sim-1);
    covariance        /= (n_sim-1);
    beta = covariance/variance;
    ES   = S*exp((r-q)*T);

    for(i=0; i<n_sim; i++){
        pv[i] = pv[i] + beta*(ES - sv[i]);
        price += pv[i];
    }

    m_price   = (price/n_sim)*exp(-r*T);   // 만기 Payoff의 평균을 현가
    mean_stddev_error(n_sim, pv);

    delete[]   pv;
    delete[]   sv;
}
```

- main.cpp

```
// main.cpp
#define    _CRT_SECURE_NO_DEPRECATE

#include   <iostream>
#include   "mathlib.h"
#include   "index.h"
#include   "yield.h"
#include   "product.h"
#include   "price.h"
#include   <time.h>

using      namespace      std;

void       main(void)
{
    double    S, X, r, q, sigma, T;
    unsigned long      n_sim;
    double    *rn;

    S         = 100.0;        //   기초자산 가격
    X         = 110.0;        //   행사가격
    r         = 0.05;         //   risk free rate
    q         = 0.01;         //   dividend rate
    sigma     = 0.3;          //   변동성
    T         = 1.0;          //   잔존만기
    n_sim     = 1000000;      //   시뮬레이션 횟수
    rn        = new double[n_sim];    //   random number

    CIndex         index(S, sigma, q);
    CYield         yield(r);
    CProduct       eoption("call", X, T);
    CPrice         price;


    price.black_scholes_option_price(index, yield, eoption);
    cout<<"해석해에 의한 옵션가격: "<<price.m_price<<endl<<endl;

    srand((unsigned)   time(NULL));          // Random Seed 초기화

    price.simulation_european_option_price(index, yield, eoption, n_sim, rn);
    cout<<"시뮬레이션에 의한 옵션가격: "<<price.m_price<<endl<<endl;

    price.control_variate_simulation_european_option_price(index, yield, eoption, n_sim, rn);
    cout<<"통제변수기법이 적용된 시뮬레이션에 의한 옵션가격:"
        <<price.m_price<<endl<<endl;
    delete[]   rn;
}
```

✎ 실행 결과

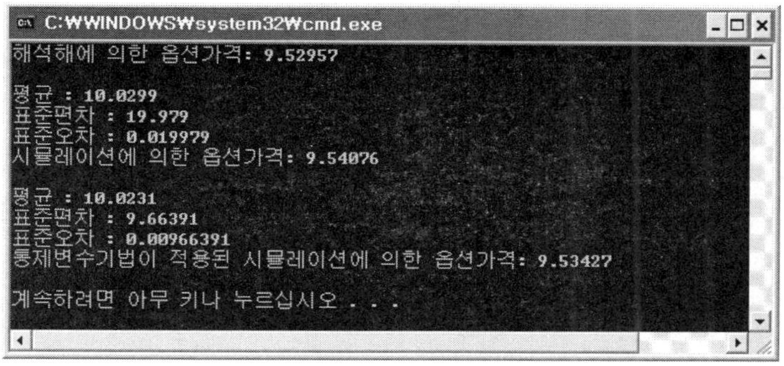

[그림 16-2] 통제변수기법을 적용한 시뮬레이션 결과

실행 결과에서 평균은 옵션만기시점에서 옵션의 손익을 평균한 값으로 만기시점에서의 기댓값이다. 통제변수기법을 적용하면, 분산감소기법을 적용하지 않은 방법보다 표준오차가 크게 줄어들고 앞에서 설명한 대조변수기법보다도 표준오차가 줄어드는 것을 확인할 수 있다.

16.1.3 중요표본추출법

평가대상이 유로피언콜옵션인 경우 평가시점에서 기초자산의 가격이 행사가격보다 훨씬 낮은 상태 즉 심외가격이면 옵션의 가치가 거의 0이 된다. 중요표본추출법은 옵션의 가치가 0이 되는 경로는 옵션가치 결정에 영향을 주지 않기 때문에 평가과정에서 제외시키고, 기초자산의 가격이 만기일에 행사가격 K보다 큰 중요 경로만 선택하는 방법이다.

16.1.3.1 중요표본추출법 알고리즘

다음의 일반적분은 적분변수 변환을 통해 계산할 수 있듯이,

$$\int f(x)\,dx = \int \frac{f(x)}{p(x)} p(x)\,dx = \int \frac{f(x)}{p(x)}\,dP(x)$$

옵션의 만기시점에서 주가의 확률밀도함수를 F라고 하고, 만기시점의 주가가 행사가격 K보다 크게 될 확률 q를 이용하여 계산할 수 있다고 가정하면, $G = F/q$는 주가가 행사가격 K보다 클 때 주가의 조건부 확률밀도함수가 된다. 중요표본추출법을 활용하기 위해서는 확률밀도함수 F가 아닌 조건부 확률밀도함수 G로부터 표본을 추출한 후 평가값의 현재가치 평균값을 확률 q로 곱하면 옵션가치의 추정치가 된다.

식 (11-2)에서 주가의 움직임을 다음과 같이 정리하였고,

$$dS = r\,S dt + \sigma\,S dB_t$$

평가시점에서 주가는 S이고, 행사가격은 K이고, 잔존만기가 T일 때, 유로피언콜옵션의 가치는 다음과 같다.

$$V(0) = E\left(e^{-rT}\left[S(T) - K\right]^{+}\right)$$

여기에 몬테카를로 시뮬레이션을 적용하면 다음과 같이 표현할 수 있다.

$$V(0) \approx \frac{1}{N}\sum_{i=1}^{N} e^{-rT}[S_i(T) - K]^{+} = \frac{1}{N}\sum_{i=1}^{N} F(S_i(T))$$

중요표본추출법을 적용하기 위하여 식 (11-2)에서 주가의 움직임을 다음과 같이 수정하자.

$$dS = (r+c)\,S dt + \sigma\,S\left(dB_t - \frac{c}{\sigma}dt\right) = (r+c)\,S dt + \sigma\,S\,d\widehat{B}_t$$

여기서, $\widehat{B}_t$ 는 거사노프(Girsanov) 정리에 따르면 다음의 관계에 의해 정의되는 측도하에서 위너 과정을 따른다.

$$Z(0)\,\widehat{E}[F(S(T))] = E[F(S(T))Z(T)]$$

팁_24 거사노프 정리

거사노프 정리는 위너 과정 $W(t)$에 의해 생성된 정보에 적합한 확률과정 $\theta(t)(0 \le t \le T)$이 주어졌을 때, 다음에 의해 정의되는 측도하에서

$$d\hat{P} = Z(T)\,dP$$

아래의 과정도 위너 과정을 따른다고 한다.

$$\widehat{B}_t = B_t + \int_0^T \theta(t)\,dt$$

여기서, $Z(T)$는 레이돈-니코다임(Radon-Nikodym) 도함수이다.

그리고 어떤 확률 변수 Y가 있을 때, 두 측도에서의 기댓값은 다음 관계가 성립한다.

$$Z(t)\,E_t^{\hat{P}}[Y] = E_t^{P}[Z(T)\,Y]$$

여기서, 레이돈-니코다임 $Z(t)$는 다음과 같다.

$$Z(t) = \exp\left(-\int_0^t \theta(s)\,dB_s - \frac{1}{2}\int_0^t \theta^2(s)\,ds\right)$$

여기에 $\theta = -\dfrac{c}{\sigma}$를 대입하면,

$$Z(t) = \exp\left(-\frac{1}{2}\frac{c^2}{\sigma^2}t + \frac{c}{\sigma}B_t\right)$$

다음 관계가 성립하므로,

$$E[F(S(T))] = Z(0)\,\hat{E}\left[\frac{F(S(T))}{Z(T)}\right]$$

유로피언콜옵션의 가치는 다음과 같다.

$$V(0) = Z(0)\hat{E}\left[\frac{F(S(T))}{Z(T)}\right]$$

몬테카를로 시뮬레이션을 적용할 때, 주가의 움직임을 이산형 주가 시리즈 형태로 표현하면 다음과 같고,

$$S(t) = S(0)\exp\left[\left(r + c - \frac{\sigma^2}{2}\right)t + \sigma\widehat{B}_t\right],\ \varepsilon_t \sim N(0, 1)$$

$\widehat{B}_t$에 의하면 $Z(t)$는 다음과 같다.

$$\begin{aligned} Z(t) &= \exp\left(-\frac{1}{2}\frac{c^2}{\sigma^2}t + \frac{c}{\sigma}B_t\right) = \exp\left(-\frac{1}{2}\frac{c^2}{\sigma^2}t + \frac{c}{\sigma}\left(\widehat{B}_t + \frac{c}{\sigma}t\right)\right) \\ &= \exp\left(\frac{1}{2}\frac{c^2}{\sigma^2}t + \frac{c}{\sigma}\widehat{B}_t\right) \end{aligned}$$

정리하면 중요표본추출법에 의한 유로피언콜옵션의 가치는 다음과 같다.

$$V(0)=\widehat{E}\left[e^{-rT}\frac{\left[S(0)\exp\left(\left(r+c-\frac{\sigma^2}{2}\right)t+\sigma\widehat{B}_t\right)-K\right]^+}{\exp\left(\frac{1}{2}\frac{c^2}{\sigma^2}t+\frac{c}{\sigma}\widehat{B}_t\right)}\right]$$

여기서, 추세모수 c는 0.1～0.7를 선택하는 것이 좋다*.

16.1.3.2 중요표본추출법에 의한 유로피언콜옵션 평가

평가시점에서 기초자산 S는 100, 행사가격 X는 100, 무위험이자율 r은 0.05, 배당률 q는 0.01, 변동성 σ는 0.3, 잔존만기 T는 1년일 때 유로피언콜옵션의 가격이 얼마가 되는지 중요표본추출법을 이용하여 평가해 보자.

✎ 소스 코드

- mathlib.h

```
// mathlib.h
#define   _CRT_SECURE_NO_DEPRECATE
#define   max(a,b) (((a)>(b))?(a):(b))
#define   PI   3.14159265358979323846264338327950288419716939937510582097

//   Random변수 생성관련
double    normdistrand_BoxMuller();
double    N(double z);

//   분산 검증
void      mean_stddev_error(unsigned long nrand, double *value);
```

- mathlib.cpp

```
// mathlib.cpp
#include  "mathlib.h"

#include  <math.h>
#include  <time.h>
#include  <fstream>
#include  <time.h>

#include  <iostream>
using     namespace     std;

double    normdistrand_BoxMuller()
```

* Domingo Tavella, *Quantitative Methods in Derivatives Pricing*, John Wiley & Sons, 2002, p. 148.

```
{
    //  앞에서 선언한 normdistrand_BoxMuller( ) 함수와 동일함, 별첨 소스 코드 참조
}

double   N(double z)
{
    //  앞에서 선언한 N( ) 함수와 동일함, 별첨 소스 코드 참조
}

void     mean_stddev_error(unsigned long nrand, double *value)
{
    //  앞에서 선언한 mean_stddev_error( ) 함수와 동일함, 별첨 소스 코드 참조
}
```

- index.h

```
    //  앞에서 선언한 index.h 파일과 동일함, 별첨 소스 코드 참조
```

- index.cpp

```
    //  앞에서 선언한 index.cpp 파일과 동일함, 별첨 소스 코드 참조
```

- product.h

```
    //  앞에서 선언한 product.h 파일과 동일함, 별첨 소스 코드 참조
```

- product.cpp

```
    //  앞에서 선언한 product.cpp 파일과 동일함, 별첨 소스 코드 참조
```

- yield.h

```
    //  앞에서 선언한 yield.h 파일과 동일함, 별첨 소스 코드 참조
```

- yield.cpp

```
    //  앞에서 선언한 yield.cpp 파일과 동일함, 별첨 소스 코드 참조
```

▪ price.h

```
// price.h
class    CIndex;
class    Cyield;
class    CProduct;

class    CPrice{
public:
    double    m_price;

public:
    CPrice();
    ~CPrice();

    void    black_scholes_option_price(CIndex &index, CYield &yield,
                    CProduct &product);
    void    simulation_european_option_price(CIndex &index, CYield &yield,
                    CProduct &product, unsigned long n_sim,
                    double *randomnumber);
    void    importance_sampling_simulation_european_option_price(CIndex &index,
                    CYield &yield, CProduct &product,
                    unsigned long n_sim, double *randomnumber);
};
```

▪ price.cpp

```
// price.cpp
#include  <math.h>
#include  <time.h>

#include  <fstream>
#include  <iostream>
using    namespace    std;

#include  "index.h"
#include  "yield.h"
#include  "product.h"
#include  "price.h"
#include  "mathlib.h"

CPrice::CPrice()
{
    m_price  = 0.0;
}

CPrice::~CPrice()
{

}
```

```
void    CPrice::black_scholes_option_price(CIndex &index, CYield &yield,
                        CProduct &product)
{
    //  앞에서 선언한 CPrice::black_scholes_option_price() 함수와 동일함,
    //  별첨 소스 코드 참조
}

void    CPrice::simulation_european_option_price(CIndex &index, CYield &yield,
                    CProduct &product, unsigned long n_sim, double *rn)
{
    //  앞에서 선언한 CPrice::simulation_european_option_price() 함수와 동일함,
    //  별첨 소스 코드 참조
}

void    CPrice::importance_sampling_simulation_european_option_price(
                    CIndex &index, CYield &yield, CProduct &product,
                    unsigned long n_sim, double *rn)
{
    string  optiontype  = product.m_option_type;
    double  S           = index.m_spot;
    double  X           = product.m_strike;
    double  r           = yield.m_riskfree;
    double  q           = index.m_dividend;
    double  sigma       = index.m_vol;
    double  T           = product.m_maturity;

    unsigned    long    i;
    int     iop;
    double  St, price, mudt, ssqrtdt, c, likeR;
    double  *pv;

    pv      = new double[n_sim];

    price   = 0.0;
    c       = 0.4;    // 0.1~0.7에서 선택
    mudt    = (r+c-q-0.5*sigma*sigma)*T;
    ssqrtdt = sigma*sqrt(T);

    iop     = -1;
    if(optiontype == "Call" || optiontype == "call" ) iop    = 1;

    for(i=0; i<n_sim; i++){
        St      = S * exp(mudt + ssqrtdt*rn[i]); // 주가생성
        likeR   = exp(-0.5*c*c*T/(sigma*sigma) - c*rn[i]/sigma);  //  likelihood ratio

        pv[i]   = max(iop*(St-X), 0.0)*likeR; // 만기 Payoff
        price   += pv[i];
    }
    m_price = (price/n_sim)*exp(-r*T);   // 만기 Payoff의 평균을 현가
    mean_stddev_error(n_sim, pv);
```

```
    delete[]    pv;
}
```

▪ main.cpp

```
// main.cpp
#define    _CRT_SECURE_NO_DEPRECATE

#include    <iostream>
#include    "mathlib.h"
#include    "index.h"
#include    "yield.h"
#include    "product.h"
#include    "price.h"
#include    <time.h>

using       namespace       std;

void        main(void)
{
    double          S, X, r, q, sigma, T;
    unsigned        long        n_sim;
    double          *rn;

    S           = 100.0;        //    기초자산 가격
    X           = 110.0;        //    행사가격
    r           = 0.05;         //    risk free rate
    q           = 0.01;         //    dividend rate
    sigma       = 0.3;          //    변동성
    T           = 1.0;          //    잔존만기
    n_sim       = 1000000;      //    시뮬레이션 횟수
    rn          = new double[n_sim];    //    random number

    CIndex          index(S, sigma, q);
    CYield          yield(r);
    CProduct        eoption("call", X, T);
    CPrice          price;

    price.importance_sampling_simulation_european_option_price(index, yield, eoption,
                                n_sim, rn);
    cout<<"중요표본추출법이 적용된 시뮬레이션에 의한 옵션가격: "
        <<price.m_price<<endl<<endl;
    delete[]    rn;
}
```

✎ 실행 결과

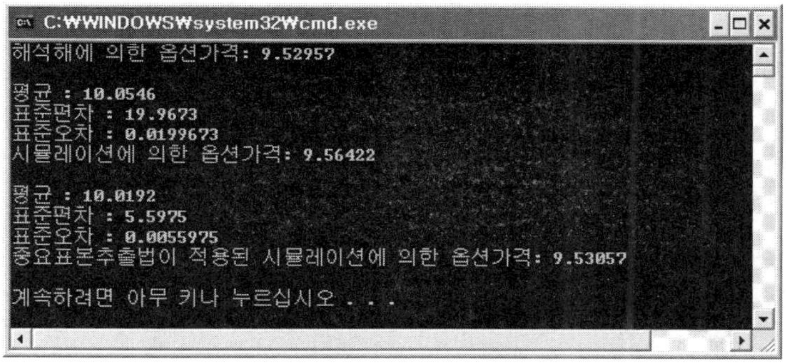

[그림 16-3] 중요표본추출법을 적용한 시뮬레이션 결과

실행 결과에서 평균은 옵션만기시점에서 옵션의 손익을 평균한 값으로 만기시점에서의 기댓값이다. 중요표본추출을 적용하면, 분산감소기법을 적용하지 않은 방법보다 표준오차가 크게 줄어들고 앞에서 설명한 대조변수기법이나 통제변수기법보다도 표준오차가 줄어드는 것을 확인할 수 있다.

16.2 준난수 생성

C언어의 rand()함수는 C언어에서 제공하는 여러 난수표 중 하나의 난수표에서 난수를 생성하는 유사(Pseudo) 난수이기 때문에 난수를 많이 생성하다보면 중복되는 경우가 발생할 수 있으므로 이런 점에서 완전한 의미의 난수는 아니다. 준(Quasi) 난수는 이미 생성된 난수를 제외하고 새로운 난수를 생성하므로 낮은 불일치성(Low-Discrepancy)을 갖는다. 이러한 난수 생성방법에는 홀튼 수열(Halton Sequence)과 소볼 수열(Sobol Sequence)이 있다. 이러한 수열들은 균등분포이지만 정규분포형 난수로 변환이 가능하기 때문에 고안되었으며, 이 방법들은 앞에서 설명한 박스-뮬러에 의한 난수 생성보다 뛰어난 수렴성을 갖고 있다.

16.2.1 홀튼 수열

16.2.1.1 홀튼 수열 생성 알고리즘

수열에서 n번째 수를 구하기 위해서는 다음의 삼단계 작업이 필요하다.

1단계 : 10진수 n을 소수(Prime Number) b를 이용하여 다음과 같이 b진수로 변환한다.

$$n_{10} = (\cdots\cdots\ d_4 d_3 d_2 d_1 d_0)_b$$

2단계 : 변환된 b진수를 다음과 같이 역으로 배열한다.

$$h = (0.d_0 d_1 d_2 d_3 d_4\ \cdots\cdots)_b$$

3단계 : 역으로 배열된 h를 다시 10진수로 변환한다.

$$h(n, b) = \sum_{i=0}^{m} d_i b^{-(i+1)}$$

이것이 b진수를 기초로 한 홀튼 수열의 n번째 수가 된다.

예를 들어 n이 17이고, b가 3이면
1단계 : 3진수로 변환하면 $n_{10} = 17_{10} = 122_3$이며,
2단계 : 변환된 3진수를 역으로 배열하면 $h = 0.221_3$이 되며,
3단계 : 역으로 배열된 h를 다시 10진수로 변환하면 다음과 같다.

$$h(n, b) = h(17,\ 3) = \frac{2}{3} + \frac{2}{3^2} + \frac{1}{3^3} = \frac{25}{27} = 0.9259259$$

0.9259259는 3진수를 기초로 한 홀튼 수열의 17번째 수가 된다.

16.2.1.2 홀튼 수열 생성 후 정규분포 난수 추정

앞에서 설명한 표준정규 누적분포의 역함수 또는 박스-뮬러 변환을 이용한 난수 생성 방법을 이용하면 홀튼 수열을 정규분포형 난수로 변환할 수 있다.

16.2.1.3 홀튼 수열로 생성한 난수의 정규성 검증

홀튼 수열로 생성한 난수에 대해 야케-베라 검증을 이용하여 정규성 검증을 실시해보자.

✎ 소스 코드

- mathlib.h

```
//    mathlib.h
#include  <math.h>

#define   EPS      1.2e-7

double    inverse_normal_cumulative_distribution_function(double p);
double    *halton_sequence(unsigned num, unsigned primenumber);
void      normal_distribution_goodness_fit_test(unsigned long nrand, double *randnum);
          //   정규분포 적합성 검증
```

- mathlib.cpp

```
//    mathlib.cpp

#include  "mathlib.h"
#include  <iostream>
using     namespace     std;

double    inverse_normal_cumulative_distribution_function(double p)
{
    //    앞에서 선언한 inverse_normal_cumulative_distribution_function( ) 함수와 동일함,
    //    별첨 소스 코드 참조
}

double    *halton_sequence(unsigned num, unsigned primenumber)
{
    // 홀튼 수열 생성을 위하여 Brandimarte(2002), P236을 C++ 코드로 변환
    int             dnum, digitnumber;
    unsigned        i;
    double          invprime, haltonnumber;
    double          *POINTS;
    POINTS          = new double[num];

    for(i=0;i<num;i++){
        invprime        = 1.0/double(primenumber);
        dnum            = i;
        haltonnumber    = 0.0;
        do{
            digitnumber     = dnum%primenumber;
            haltonnumber   += digitnumber*invprime;
            dnum            = (dnum-digitnumber)/primenumber;
            invprime       /= double(primenumber);
        }while(dnum>0);
        POINTS[i]       = haltonnumber;
    }
    return      POINTS;
}
```

```
void        normal_distribution_goodness_fit_test(unsigned long nrand, double *randnum)
{
    //    앞에서 선언한 normal_distribution_goodness_fit_test( ) 함수와 동일함,
    //    별첨 소스 코드 참조
}
```

▪ main.cpp

```
//    main.cpp
#define     _CRT_SECURE_NO_DEPRECATE
#include    "mathlib.h"

#include    <iostream>
#include    <time.h>
using       namespace     std;

void        main(void)
{
    unsigned        i, ns;
    double          *rn;

    ns          = 1000000;
    rn          = new double[ns];

    double     *haltons   = halton_sequence(ns,2); //    halton sequence를 이용한 난수 생성

    //    평균 0, 분산 1인 정규분포형 난수 생성
    for(i=0; i<ns; i++)
        rn[i] = inverse_normal_cumulative_distribution_function(haltons[i]);

    normal_distribution_goodness_fit_test(ns, rn);        //    정규분포 적합성 검증

    delete[]   haltons;
    delete[]   rn;
}
```

✎ 실행 결과

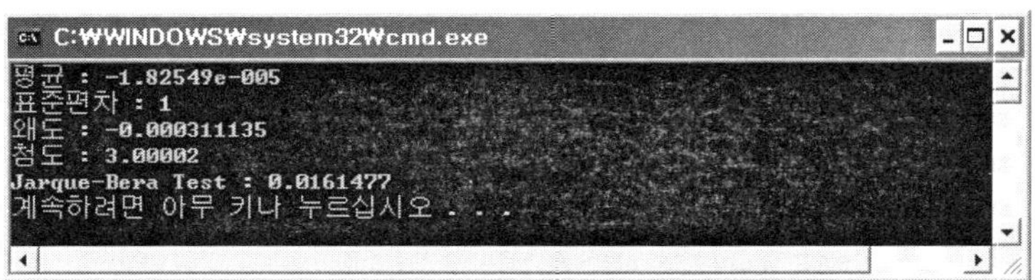

[그림 16-4] 홀톤 수열로 생성한 난수의 정규성 검증 결과

홀튼 수열로 생성한 난수에 대한 정규성 검증 결과를 보면, 야케-베라 통계량이 0.016으로 홀튼 수열로 생성한 난수는 정규분포형 난수임을 알 수 있다.

16.2.2 소볼 수열

16.2.2.1 소볼 수열 생성 알고리즘

다음과 같이 구간 (0, 1)에서 m개의 균등분포를 생성한다. m을 2^x개(x가 15일 때 m은 32768)로 지정시 가장 균등한 분포를 구성할 수 있다.

[그림 16-5] 균등 분포 생성

소볼 수열은 $\{v_1, v_2, v_3, v_4, \cdots\}$로 구성된 방향수(Direction Numbers)라는 집합을 기반으로 생성되는데, 수열에서 n번째 수를 구하기 위해서는 n을 다음과 같이 이진수로 나타내야 한다.

$$n = (\cdots b_4 b_3 b_2 b_1)_2$$

그리고 다음의 배타적 논리합 연산자(Bit-by-Bit Exclusive-OR Operator) $\oplus$(XOR)를 이용하여 수열의 n번째 수를 구할 수 있다.

$$x^n = b_1 v_1 \oplus b_2 v_2 \oplus b_3 v_3 \oplus \cdots$$

여기서, $\oplus$ 연산자는 두 값의 각 자릿수를 비교하여 값이 같으면 0, 다르면 1로 계산하는 연산자이다.

수열을 구하기 위해서는 방향수를 결정해야 하는데, 방향수는 다음의 두 가지 방법으로 구할 수 있다.

$$v_i = (0.v_{i1} v_{i2} v_{i3} v_{i4} \cdots)_2 \quad \text{또는} \quad v_i = \frac{m_i}{2^i}$$

여기서, m_i는 2^i보다 작은 홀수이다.

방향수를 생성하기 위해서는 d차 원시다항식(Primitive Polynomial)을 이용해야 하는데, 원시다항식은 다음과 같다.

$$p(x) = x^d + a_1 x^{d-1} + a_2 x^{d-2} + \cdots + a_{d-1} x + 1$$

여기서, 다항식의 계수 a_i는 0 또는 1로 구성된다.

팁_25 원시다항식*

원시다항식은 데이터 전송에서 오류의 검출을 위해 사용되는 2진 계수 다항식(Binary Polynomial)으로 차수(Degree)가 m인 2진 계수 다항식 $p(x)$가 $2^m - 1$보다 작은 임의의 n에 대한 다항식 x^{m+1}을 나누지 못하며, $p(x)$는 m차원 미만의 어떤 2진 계수 다항식에 의해서도 나누어지지 않을 때, $p(x)$를 원시 다항식이라고 한다. 임의의 자연수 m에 대해서도 m차원 2진 원시 다항식은 유일하게 존재함이 수학적으로 증명된다.

이렇게 구한 원시다항식을 이용하여 v_i를 구할 수 있고,

$$v_i = a_1 v_{i-1} \oplus a_2 v_{i-2} \oplus \cdots \oplus a_{d-1} v_{i-d+1} \oplus v_{i-d} \oplus \frac{v_{i-d}}{2^d}$$

$v_i = \dfrac{m_i}{2^i}$를 이용하면 다음과 같이 나타낼 수 있다.

$$m_i = 2a_1 m_{i-1} \oplus 2^2 a_2 m_{i-2} \oplus \cdots \oplus 2^{d-1} a_{d-1} m_{i-d+1} \oplus 2^d m_{i-d} \oplus m_{i-d}$$

여기서, m_i는 초기값을 부여하여 귀납적으로 계산이 가능하다.

예를 들어 차수 d가 3인 원시다항식이 다음과 같을 때, 23번째 수열을 구해보자.

$$p(x) = x^3 + x + 1$$

m_i는 다음과 같다.

$$m_i = 4m_{i-2} \oplus 8m_{i-3} \oplus m_{i-3}$$

* IT 용어사전(한국정보통신기술협회)

그리고 m_i의 초기값을 $m_1=1$, $m_2=3$, $m_3=7$로 설정하면, 다음과 같은 방향수를 구할 수 있다.

i	1	2	3	4	5	6
m_i	1	3	7	5	7	43
v_i	0.1_2	0.11_2	0.111_2	0.0101_2	0.00111_2	0.101011_2

i=4일 때,

$$\begin{aligned} m_4 &= 4m_2 \oplus 8m_1 \oplus m_1 = 12 \oplus 8 \oplus 1 \\ &= 1100_2 \oplus 1000_2 \oplus 0001_2 \\ &= 1100_2 \oplus 1001_2 = 0101_2 = 5 \end{aligned}$$

i=5일 때,

$$\begin{aligned} m_5 &= 4m_3 \oplus 8m_2 \oplus m_2 = 28 \oplus 24 \oplus 3 \\ &= 11100_2 \oplus 11000_2 \oplus 00011_2 \\ &= 11100_2 \oplus 11011_2 = 00111_2 = 7 \end{aligned}$$

i=6일 때,

$$\begin{aligned} m_6 &= 4m_4 \oplus 8m_3 \oplus m_3 = 20 \oplus 56 \oplus 7 \\ &= 010100_2 \oplus 111000_2 \oplus 000111_2 \\ &= 010100_2 \oplus 111111_2 = 101011_2 = 43 \end{aligned}$$

n번째 소볼 수열은 다음과 같은데,

$$x^n = b_1 v_1 \oplus b_2 v_2 \oplus b_3 v_3 \oplus \cdots$$

이 방법은 방향수에 대한 정보가 너무 많이 필요하므로, 그레이코드(Gray Code)를 사용하여 다음과 같이 계산한다.

$$x^n = g_1 v_1 \oplus g_2 v_2 \oplus g_3 v_3 \oplus \cdots$$

n=23을 2진수로 나타내면 10111이고, 이는 $b_5 b_4 b_3 b_2 b_1$이므로, 그레이코드 특성을 적용하여 23번째 수열을 구하면 다음과 같다.

그레이코드(23) = $10111 \oplus 01011 = 11100$

$$x^{23} = v_3 \oplus v_4 \oplus v_5 = 0.11100_2 \oplus 0.01010_2 \oplus 0.00111_2$$
$$= 0.11100_2 \oplus 0.01101_2 = 0.10001_2$$
$$= \frac{17}{32} = 0.53125$$

팁_26 그레이코드 특성

1) n에 대한 그레이코드는 다음과 같이 나타낼 수 있다.

   그레이코드$(n)=n \oplus \frac{n}{2} = \cdots g_3 g_2 g_1 = \cdots b_3 b_2 b_1 \oplus \cdots b_4 b_3 b_2$

2) n과 $n+1$에 대한 그레이코드는 한자리만 다르므로, 만약 n의 이진수로 나타냈을 때 b_c가 가장 오른쪽에 있는 0이라면 g_c는 변한다.

3) v_c는 n과 $n+1$을 그레이코드로 변환했을 때 처음으로 차이가 나는 자리의 방향수일 때, 다음이 성립한다.

   $x^{n+1} = x^n \oplus v_c$

16.2.2.2 소볼 수열 생성 후 정규분포 난수 추정

앞에서 설명한 표준정규 누적분포의 역함수 또는 박스-뮬러 변환을 이용한 난수 생성 방법을 이용하면 소볼 수열을 정규분포형 난수로 변환할 수 있다.

16.2.2.3 소볼 수열로 생성한 난수의 정규성 검증

쿠오(Kuo)의 소볼수열 생성기*를 이용하여 소볼 수열을 생성하였다. 소스 코드는 sobol.cc를 내려받아 sobol.h와 sobol.cpp로 수정하였다.

✎ 소스 코드

- mathlib.h

```
//   mathlib.h
#include  <math.h>

#define   EPS      1.2e-7

double    inverse_normal_cumulative_distribution_function(double p);
void      normal_distribution_goodness_fit_test(unsigned long nrand, double *randnum);
     //   정규분포 적합성 검증
```

* Frances Kuo, http://web.maths.unsw.edu.au/~fkuo/sobol

▪ mathlib.cpp

```
//    mathlib.cpp

#include   "mathlib.h"
#include   <iostream>
using      namespace     std;

double     inverse_normal_cumulative_distribution_function(double p)
{
    //     앞에서 선언한 inverse_normal_cumulative_distribution_function( ) 함수와 동일함,
    //     별첨 소스 코드 참조
}

void       normal_distribution_goodness_fit_test(unsigned long nrand, double *randnum)
{
    //     앞에서 선언한 normal_distribution_goodness_fit_test( ) 함수와 동일함,
    //     별첨 소스 코드 참조
}
```

▪ sobol.h

```
//    sobol.h
double    **sobol_points(unsigned N, unsigned D, char *dir_file);
double    *sobol_points(unsigned N);
```

▪ sobol.cpp

```
// Frances Y. Kuo
//
// Email: <f.kuo@unsw.edu.au>
// School of Mathematics and Statistics
// University of New South Wales
// Sydney NSW 2052, Australia
//
// Last updated: 21 October 2008
//
//    You may incorporate this source code into your own program
//    provided that you
//    1) acknowledge the copyright owner in your program and publication
//    2) notify the copyright owner by email
//    3) offer feedback regarding your experience with different direction numbers
//
//
// -----------------------------------------------------------------------------
// Licence pertaining to sobol.cc and the accompanying sets of direction numbers
// -----------------------------------------------------------------------------
// Copyright (c) 2008, Frances Y. Kuo and Stephen Joe
// All rights reserved.
//
// Redistribution and use in source and binary forms, with or without
```

```
// modification, are permitted provided that the following conditions are met:
//
//     * Redistributions of source code must retain the above copyright
//       notice, this list of conditions and the following disclaimer.
//
//     * Redistributions in binary form must reproduce the above copyright
//       notice, this list of conditions and the following disclaimer in the
//       documentation and/or other materials provided with the distribution.
//
//     * Neither the names of the copyright holders nor the names of the
//       University of New South Wales and the University of Waikato
//       and its contributors may be used to endorse or promote products derived
//       from this software without specific prior written permission.
//
// THIS SOFTWARE IS PROVIDED BY THE COPYRIGHT HOLDERS ''AS IS'' AND ANY
// EXPRESS OR IMPLIED WARRANTIES, INCLUDING, BUT NOT LIMITED TO, THE IMPLIED
// WARRANTIES OF MERCHANTABILITY AND FITNESS FOR A PARTICULAR PURPOSE ARE
// DISCLAIMED. IN NO EVENT SHALL THE COPYRIGHT HOLDERS BE LIABLE FOR ANY
// DIRECT, INDIRECT, INCIDENTAL, SPECIAL, EXEMPLARY, OR CONSEQUENTIAL DAMAGES
// (INCLUDING, BUT NOT LIMITED TO, PROCUREMENT OF SUBSTITUTE GOODS OR SERVICES;
// LOSS OF USE, DATA, OR PROFITS; OR BUSINESS INTERRUPTION) HOWEVER CAUSED AND
// ON ANY THEORY OF LIABILITY, WHETHER IN CONTRACT, STRICT LIABILITY, OR TORT
// (INCLUDING NEGLIGENCE OR OTHERWISE) ARISING IN ANY WAY OUT OF THE USE OF THIS
// SOFTWARE, EVEN IF ADVISED OF THE POSSIBILITY OF SUCH DAMAGE.
// -----------------------------------------------------------------------------
#include   <cmath>
#include   <iostream>
#include   <fstream>

#include   "sobol.h"

using      namespace      std;

double     *sobol_points(unsigned N)
{
    // L = max number of bits needed
    unsigned L    = (unsigned)ceil(log((double)N)/log(2.0));

    // C[i] = index from the right of the first zero bit of i
    unsigned *C   = new unsigned [N];
    C[0] = 1;

    unsigned value, i;
    for(i=1;i<=N-1;i++) {
        C[i]       = 1;
        value      = i;
        while(value & 1) {
            value >>= 1;
            C[i]++;
        }
    }

    // Compute direction numbers V[1] to V[L], scaled by pow(2,32)
    unsigned *V = new unsigned [L+1];
```

```
    for (i=1;i<=L;i++) V[i] = 1 << (32-i); // all m's = 1

    // Evalulate X[0] to X[N-1], scaled by pow(2,32)
    unsigned      *X            = new unsigned [N];
    double        *POINTS       = new double [N];

    X[0]          = 0;
    POINTS[0]     = 0;

    for (i=1;i<=N-1;i++) {
        X[i]          = X[i-1] ^ V[C[i-1]];
        POINTS[i]     = (double)X[i]/pow(2.0,32); // *** the actual points
    }

    // Clean up
    delete [] V;
    delete [] X;
    delete [] C;

    return POINTS;
}

double **sobol_points(unsigned N, unsigned D, char *dir_file)
{
    ifstream infile(dir_file,ios::in);
    if (!infile) {
        cout << "Input file containing direction numbers cannot be found!\n"
        exit(1);
    }
    char buffer[1000];
    infile.getline(buffer,1000,'\n');

    // L = max number of bits needed
    unsigned L = (unsigned)ceil(log((double)N)/log(2.0));

    // C[i] = index from the right of the first zero bit of i
    unsigned *C = new unsigned [N];
    C[0] = 1;
    for(unsigned i=1;i<=N-1;i++) {
        C[i] = 1;
        unsigned value = i
        while (value & 1){
            value >>= 1;
            C[i]++;
        }
    }

    // POINTS[i][j] = the jth component of the ith point
    //                with i indexed from 0 to N-1 and j indexed from 0 to D-1
    double **POINTS = new double * [N];
    for (unsigned i=0;i<=N-1;i++) POINTS[i] = new double [D];
    for (unsigned j=0;j<=D-1;j++) POINTS[0][j] = 0;
```

```
// ----- Compute the first dimension -----
// Compute direction numbers V[1] to V[L], scaled by pow(2,32)
unsigned *V = new unsigned [L+1];
for (unsigned i=1;i<=L;i++)
    V[i] = 1 << (32-i); // all m's = 1

// Evaluate X[0] to X[N-1], scaled by pow(2,32)
unsigned *X = new unsigned [N];
X[0] = 0;
for (unsigned i=1;i<=N-1;i++) {
    X[i] = X[i-1] ^ V[C[i-1]];
    POINTS[i][0] = (double)X[i]/pow(2.0,32); // *** the actual points
    //         ^ 0 for first dimension
}
// Clean up
delete [] V;
delete [] X;

// ----- Compute the remaining dimensions -----
for (unsigned j=1;j<=D-1;j++) {
    // Read in parameters from file
    unsigned d, s;
    unsigned a;
    infile >> d >> s >> a
    unsigned *m = new unsigned [s+1];
    for (unsigned i=1;i<=s;i++) infile >> m[i];

    // Compute direction numbers V[1] to V[L], scaled by pow(2,32)
    unsigned *V = new unsigned [L+1];
    if (L <= s) {
        for (unsigned i=1;i<=L;i++) V[i] = m[i] << (32-i);
    }
    else {
        for (unsigned i=1;i<=s;i++) V[i] = m[i] << (32-i);
        for (unsigned i=s+1;i<=L;i++) {
            V[i] = V[i-s] ^ (V[i-s] >> s);
            for (unsigned k=1;k<=s-1;k++)
                V[i] ^= (((a >> (s-1-k)) & 1) * V[i-k]);
        }
    }

    // Evalulate X[0] to X[N-1], scaled by pow(2,32)
    unsigned *X = new unsigned [N];
    X[0] = 0;
    for (unsigned i=1;i<=N-1;i++) {
        X[i] = X[i-1] ^ V[C[i-1]];
        POINTS[i][j] = (double)X[i]/pow(2.0,32); // *** the actual points
        //         ^ j for dimension (j+1)
    }

    // Clean up
```

```
        delete [] m
        delete [] V
        delete [] X
    }
    delete [] C
    return POINTS
}
```

- main.cpp

```
#define     _CRT_SECURE_NO_DEPRECATE
#include    "mathlib.h"

#include    "sobol.h"

#include    <iostream>
#include    <time.h>
using       namespace      std;

void        main(void)
{
    unsigned i, ns;
    double      *rn;

    ns          = 1000000;
    rn          = new double[ns];

    double      *sobols = sobol_points(ns);
    //   평균 0, 분산 1인 정규분포형 난수 생성
    for(i=0; i<ns; i++)  rn[i] = inverse_normal_cumulative_distribution_function(sobols[i]);

    normal_distribution_goodness_fit_test(ns, rn);        //    정규분포 적합성 검증
    delete[]    sobols;
    delete[]    rn;
}
```

✎ 실행 결과

[그림 16-6] 소볼 수열로 생성한 난수의 정규성 검증 결과

소볼 수열로 생성한 난수의 정규성 검증 결과를 보면, 야케-베라 통계량이 0.0023으로 소볼 수열로 생성한 난수는 정규분포형 난수임을 알 수 있다.

16.2.3. 유로피언콜옵션가격계산 및 분산 비교

평가시점에서 기초자산 S는 100, 행사가격 X는 110, 무위험이자율 r은 0.05, 배당률 q는 0.01, 변동성 σ는 0.3, 잔존만기 T는 1년일 때 유로피언콜옵션의 가격이 얼마가 되는지 홀튼 수열과 소볼 수열을 이용하여 평가해 보자.

✎ 소스 코드

- mathlib.h

```
// mathlib.h
#define    _CRT_SECURE_NO_DEPRECATE
#define    max(a,b) (((a)>(b))?(a):(b))
#define    PI         3.14159265358979323846264338327950288419716939937510582097
#define    EPS        1.2e-7

//    Random변수 생성관련
double     normdistrand_BoxMuller();
double     N(double z);
double     inverse_normal_cumulative_distribution_function(double p);
double     halton_sequence(int num, int primenumber);

//    연립방정식
void       tridiagonal_elimination(double **Smat, double *Known, double *Unknown,
                         int n_eqns);

//    정규분포 적합성 검증
void       normal_distribution_goodness_fit_test(unsigned long nrand, double *value);
void       mean_stddev_error(unsigned long nrand, double *value);
```

- mathlib.cpp

```
// mathlib.cpp
#include   "mathlib.h"

#include   <math.h>
#include   <time.h>
#include   <fstream>
#include   <time.h>

#include   <iostream>
using      namespace     std;

double     normdistrand_BoxMuller()
```

```
{
    //  앞에서 선언한 normdistrand_BoxMuller( ) 함수와 동일함, 별첨 소스 코드 참조
}

double   N(double z)
{
    //  앞에서 선언한 N( ) 함수와 동일함, 별첨 소스 코드 참조
}

void     tridiagonal_elimination(double **Smat, double *Known, double *Unknown,
                                 int n_eqns)
{
    //  앞에서 선언한 tridiagonal_elimination( ) 함수와 동일함, 별첨 소스 코드 참조
}

void     normal_distribution_goodness_fit_test(unsigned long nrand, double *value)
{
    //  앞에서 선언한 normal_distribution_goodness_fit_test( ) 함수와 동일함,
    //  별첨 소스 코드 참조
}

void     mean_stddev_error(unsigned long nrand, double *value)
{
    //  앞에서 선언한 mean_stddev_error( ) 함수와 동일함, 별첨 소스 코드 참조
}

double   inverse_normal_cumulative_distribution_function(double p)
{
    //  앞에서 선언한 inverse_normal_cumulative_distribution_function( ) 함수와 동일함,
    //  별첨 소스 코드 참조
}

double   halton_sequence(int num, int primenumber)
{
    // 홀튼 수열 생성을 위하여 Brandimarte(2002), P236을 C++ 코드로 변환
    int      dnum, digitnumber;
    double   invprime, haltonnumber;

    invprime       = 1.0/double(primenumber);
    dnum           = num;
    haltonnumber   = 0.0;
    do{
        digitnumber    = dnum%primenumber;
        haltonnumber  += digitnumber*invprime;
        dnum           = (dnum-digitnumber)/primenumber;
        invprime      /= double(primenumber);
    }while(dnum>0);
    return   haltonnumber;
}
```

- index.h

```
//    앞에서 선언한 index.h 파일과 동일함, 별첨 소스 코드 참조
```

- index.cpp

```
//    앞에서 선언한 index.cpp 파일과 동일함, 별첨 소스 코드 참조
```

- product.h

```
//    앞에서 선언한 product.h 파일과 동일함, 별첨 소스 코드 참조
```

- product.cpp

```
//    앞에서 선언한 product.cpp 파일과 동일함, 별첨 소스 코드 참조
```

- yield.h

```
//    앞에서 선언한 yield.h 파일과 동일함, 별첨 소스 코드 참조
```

- yield.cpp

```
//    앞에서 선언한 yield.cpp 파일과 동일함, 별첨 소스 코드 참조
```

- sobol.h

```
//    앞에서 선언한 sobol.h 파일과 동일함, 별첨 소스 코드 참조
```

- sobol.cpp

```
//    앞에서 선언한 sobol.cpp 파일과 동일함, 별첨 소스 코드 참조
```

- price.h

```
// price.h
class     CIndex;
class     Cyield;
class     CProduct;
```

```
class    CPrice{
public:
    double   m_price;

public:
    CPrice();
    ~CPrice();

    void     black_scholes_option_price(CIndex &index, CYield &yield,
                         CProduct &product);
    void     halton_sequence_simulation_european_option_price(CIndex &index,
                         CYield &yield, CProduct &product, unsigned long n_sim);
    void     sobol_sequence_simulation_european_option_price(CIndex &index,
                         CYield &yield, CProduct &product, unsigned long n_sim);
};
```

- price.cpp

```
// price.cpp
#include  <math.h>
#include  <time.h>

#include  <fstream>
#include  <iostream>
using     namespace    std;

#include  "index.h"
#include  "yield.h"
#include  "product.h"
#include  "price.h"
#include  "mathlib.h"

#include  "sobol.h"

CPrice::CPrice()
{
    m_price  = 0.0;
}

CPrice::~CPrice()
{

}

void     CPrice::black_scholes_option_price(CIndex &index, CYield &yield,
                         CProduct &product)
{
    //  앞에서 선언한 CPrice::black_scholes_option_price() 함수와 동일함,
    //  별첨 소스 코드 참조
}
```

```
void     CPrice::halton_sequence_simulation_european_option_price(CIndex &index,
                    CYield &yield, CProduct &product,  unsigned long n_sim)
{
    string    optiontype      = product.m_option_type;
    double    S               = index.m_spot;
    double    X               = product.m_strike;
    double    r               = yield.m_riskfree;
    double    q               = index.m_dividend;
    double    sigma           = index.m_vol;
    double    T               = product.m_maturity;

    unsigned long    i;
    int       iop;
    double    St, price, mudt, ssqrtdt;
    double    *pv, *rn;

    unsigned        N    = n_sim;
    unsigned        D    = 1;

    pv        = new double[N];
    rn        = new double[N];  //    random number

    unsigned        x;
    double          *halton;
    halton          = new double[N];
    for(x=0; x<N; x++){
        halton[x] = halton_sequence(x, 2);
        rn[x] = inverse_normal_cumulative_distribution_function(halton[x]);
    }

    price     = 0.0;
    mudt      = (r-q-0.5*sigma*sigma)*T;
    ssqrtdt   = sigma*sqrt(T);

    iop       = -1;
    if(optiontype == "Call" || optiontype == "call" ) iop    = 1;

    for(i=0; i<N; i++){
        St    = S * exp(mudt + ssqrtdt*rn[i]);  // 주가생성
        pv[i] = max(iop*(St-X), 0.0);  // 만기 Payoff
        price += pv[i];
    }
    m_price   = (price/N)*exp(-r*T);  // 만기 Payoff의 평균을 현가

    mean_stddev_error(n_sim, pv);

    delete[]  pv;
    delete[]  rn;
    delete[]  halton;
}
```

```
void      CPrice::sobol_sequence_simulation_european_option_price(CIndex &index,
                  CYield &yield, CProduct &product, unsigned long n_sim)
{
    string     optiontype     = product.m_option_type;
    double     S           = index.m_spot;
    double     X           = product.m_strike;
    double     r           = yield.m_riskfree;
    double     q           = index.m_dividend;
    double     sigma       = index.m_vol;
    double     T           = product.m_maturity;

    unsigned long       i;
    int        iop;
    double     St, price, mudt, ssqrtdt;
    double     *pv, *rn;

    unsigned        N;
    for(i=0; i<n_sim; i++){
        N   = int( pow(2.0, double(i))) -1; // 2^n -1가 이상적..1023, 2047, 4095, ...
        if(N > n_sim) break;
    }

    unsigned        D    = 1; // 2^n -1가 이상적

    pv    = new double[N];
    rn    = new double[N];  //    random number

    unsigned        x;

    double     **sobol = sobol_points(N,D,"new-joe-kuo-6.21201.txt");
    // new-joe-kuo-6.21201.txt파일이 소스 코드와 같이 있어야 함

    for(x=0; x<N; x++) rn[x] = inverse_normal_cumulative_distribution_function(sobol[x][0]);

    price      = 0.0;
    mudt       = (r-q-0.5*sigma*sigma)*T;
    ssqrtdt    = sigma*sqrt(T);

    iop        = -1;
    if(optiontype == "Call" || optiontype == "call" ) iop    = 1;

    for(i=0; i<N; i++){
        St   = S * exp(mudt + ssqrtdt*rn[i]);  // 주가생성
        pv[i] = max(iop*(St-X), 0.0); // 만기 Payoff
        price += pv[i];
    }
    m_price   = (price/N)*exp(-r*T);  // 만기 Payoff의 평균을 현가

    mean_stddev_error(N, pv);
```

```
    for(x=0; x<N; x++) delete[] sobol[x];
    delete[]  pv;
    delete[]  rn;
    delete[]  sobol;
}
```

- main.cpp

```
// main.cpp
#define    _CRT_SECURE_NO_DEPRECATE

#include   <iostream>
#include   "mathlib.h"
#include   "index.h"
#include   "yield.h"
#include   "product.h"
#include   "price.h"
#include   <time.h>

using      namespace      std;

void       main(void)
{
    double    S, X, r, q, sigma, T;
    unsigned long  n_sim;

    S          = 100.0;        //    기초자산 가격
    X          = 110.0;        //    행사가격
    r          = 0.05;         //    risk free rate
    q          = 0.01;         //    dividend rate
    sigma      = 0.3;          //    변동성
    T          = 1.0;          //    잔존만기
    n_sim      = 1000000;      //    시뮬레이션 횟수

    CIndex         index(S, sigma, q);
    CYield         yield(r);
    CProduct       eoption("call", X, T);
    CPrice         price;


    price.black_scholes_option_price(index, yield, eoption);
    cout<<"해석해에 의한 옵션가격: "<<price.m_price<<endl<<endl;

    srand((unsigned)    time(NULL));           // Random Seed 초기화

    price.halton_sequence_simulation_european_option_price(index, yield, eoption, n_sim);
    cout<<"Halton Sequence에 의한 옵션가격: "<<price.m_price<<endl<<endl;

    price.sobol_sequence_simulation_european_option_price(index, yield, eoption, n_sim);
    cout<<"Sobol Sequence에 의한 옵션가격: "<<price.m_price<<endl<<endl;
}
```

✎ 실행 결과

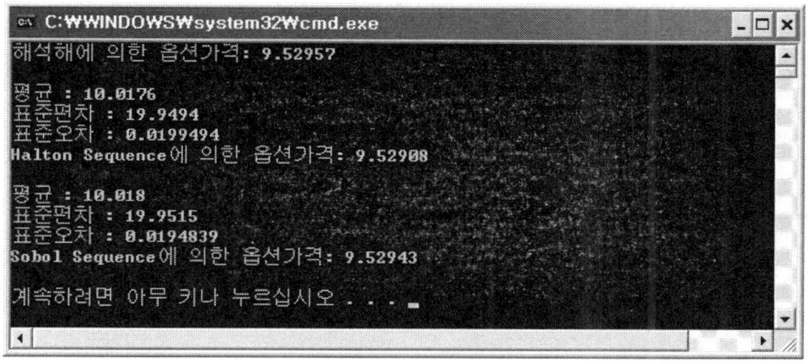

[그림 16-7] 유로피언콜옵션가격계산 및 분산 비교 결과

실행 결과에서 평균은 옵션만기시점에서 옵션의 손익을 평균한 값으로 만기시점에서의 기댓값이다. 홀튼 수열과 소볼 수열의 평균, 표준편차 및 표준오차가 모두 서로 유사하고, 평가값도 해석해로 구한 평가값과 유사한 것을 알 수 있다.

17장 신뢰구간을 고려한 주가분포 생성 및 평가 방법

만기가 많이 남은 파생상품을 트리 모형으로 평가하려면 잔존만기 T까지 주가트리를 생성해야 하는데, 시간간격 Δt를 너무 짧게 설정하면 아주 많은 주가 마디를 생성해야 한다. 예를 들어 잔존만기가 3년이고, Δt를 1일로 설정하면 만기시점에서 이항트리 모형의 주가 마디는 1096개나 된다. 유한차분법에서도 시간 간격 Δt와 주가 간격 Δx를 작게 설정 할 경우 상당히 많은 격자를 생성해야 하는데, 이런 경우 평가값 계산과정에서 연립방정식을 푸는데 많은 시간이 소요된다.

트리 모형이나 유한차분법에서 계산의 효율성을 향상시키기 위해, 기초자산의 미래 가격분포에 대해 신뢰구간을 고려하여 트리 마디와 유한차분 격자를 생성해보자.

17.1 신뢰구간을 고려한 주가분포 생성

식 (13-3)에서 주가의 확률미분방정식이 다음과 같다고 정의하였고,

$$dx = \nu\, dt + \sigma\, dB_t$$

주가의 확률분포는 다음과 같다고 하였다.

$$\ln S_t \sim N\left(\ln S_0 + \nu t,\ \sigma^2 t\right)$$

정리하면, $\ln S_t$은 다음과 같은 정규분포를 따른다.

$$평균 : \ln S_0 + \nu t \qquad (17\text{-}1)$$
$$분산 : \sigma^2 t$$

X%의 신뢰수준(Confidence Level)이 주어졌을 때, 만기 T시점에서 주가분포의 신뢰구간(Confidence Interval)은 식 (17-1)에 의해서 다음과 같다.

$$\ln S_0 + \nu T - \alpha\sigma\sqrt{T} \le \ln S_T \le \ln S_0 + \nu T + \alpha\sigma\sqrt{T}$$
$$\Rightarrow S_0 \exp(\nu T - \alpha\sigma\sqrt{T}) \le S_T \le S_0 \exp(\nu T + \alpha\sigma\sqrt{T})$$

여기서, 신뢰계수(Confidence Coefficient) α는 신뢰수준 99%에서는 2.58이며, 대략적으로 신뢰계수 1은 69.26%, 1.65는 90.1%, 2는 95.44%, 3은 99.75%, 4는 99.995%, 5는 99.99995%의 신뢰수준을 적용하는 것이다.

17.1.1 신뢰구간을 고려하지 않은 경우

주가의 확률미분방정식에 대수정규분포를 적용하여 트리 모형과 유한차분격자를 생성할 때 신뢰구간을 고려하지 않은 경우 잔존만기 T까지 n개의 시간구간으로 나누면 Δt는 T/n이 되고, 평가방법에 따라 Δx는 [표 17-1]과 같다.

[표 17-1] 평가 방법에 따른 Δx

평가 방법	Δx
이항트리 모형	$\sqrt{\sigma^2\Delta t + \nu^2\Delta t^2}$
삼항트리 모형	$\sigma\sqrt{3\Delta t}$
유한차분법	$\sigma\sqrt{3\Delta t}$

이항트리 모형에서 주가의 구간을 $m(=n)$개로 생성하고 삼항트리 모형과 유한차분법에서는 주가의 구간을 $2m(=2n)$개로 생성하면, 만기시점 주가분포에 대한 신뢰구간의 상한 $S_{\max}$와 하한 $S_{\min}$은 다음과 같다.

$$S_{\max} = Se^{m\Delta x}$$
$$S_{\min} = Se^{-m\Delta x}$$

17.1.2 신뢰구간을 고려한 경우

주가의 확률미분방정식에 대수정규분포를 적용하여 만기시점의 주가분포를 생성할 때 신뢰구간을 고려하면, x의 분포는 다음과 같고,

$$x_{\max} = \ln S + \nu T + \alpha \sigma \sqrt{T}$$
$$x_{\min} = \ln S + \nu T - \alpha \sigma \sqrt{T}$$
α : 신뢰계수

주가 S의 분포는 다음과 같다.

$$S_{\max} = S e^{\nu T + \alpha \sigma \sqrt{T}} \qquad (17\text{-}2)$$
$$S_{\min} = S e^{\nu T - \alpha \sigma \sqrt{T}}$$

17.1.2.1 신뢰구간을 고려한 트리 모형의 마디 생성

트리 모형에서 주가트리를 생성할 때 주가가 신뢰구간 범위 내에 있는 부분만 고려하면, [그림 17-1]과 [그림 17-2]와 같이 이항트리와 삼항트리를 생성할 수 있다.

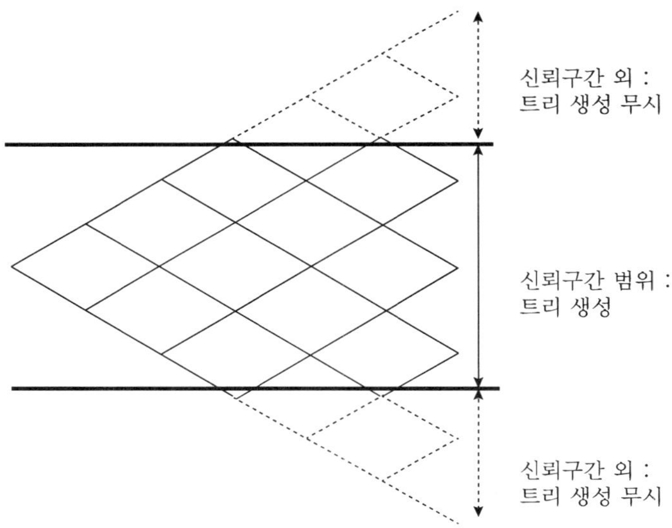

[그림 17-1] 이항트리 모형에서 신뢰구간을 고려한 주가 생성

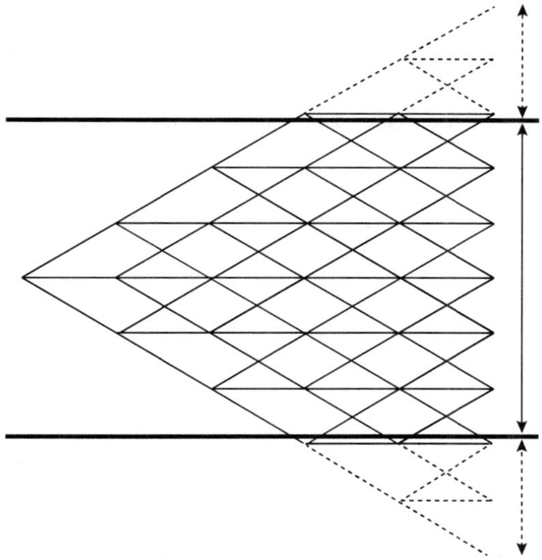

[그림 17-2] 삼항트리 모형에서 신뢰구간을 고려한 주가 생성

17.1.2.2 신뢰구간을 고려한 유한차분법의 격자 생성

유한차분법에서 주가격자를 생성할 때 주가가 신뢰구간 범위 내에 있는 부분만 고려하면, [그림 17-3]과 같이 주가격자를 생성할 수 있다.

17.1.3 만기시점 주가분포 비교

평가시점에서 주가 S는 100, 변동성 σ는 0.3, 무위험이자율 r은 0.05, 배당률 q는 0.01, 잔존만기 T는 1년일 때, 잔존만기 T까지 100(=n)개의 시간구간으로 나누고, 주가를 이항트리 모형에서는 100(=m)개, 삼항트리 모형과 유한차분법에서는 200(=$2m$)개의 구간으로 나눌 때, 신뢰구간을 고려하지 않은 경우 만기시점 주가분포에서 주가의 상한 $S_{\max}$와 하한 $S_{\min}$은 [표 17-2]와 같다.

[표 17-2] 신뢰구간을 고려하지 않은 경우의 만기시점 주가분포

적용방법 \ 평가 방법		이항트리 모형	삼항트리 모형	유한차분법
신뢰구간 미적용	$m(2m)$	100	100(200)	100(200)
	$S_{\max}$	2,006.88	18,057.61	18,057.61
	S	100	100	100
	$S_{\min}$	4.98	0.55	0.55

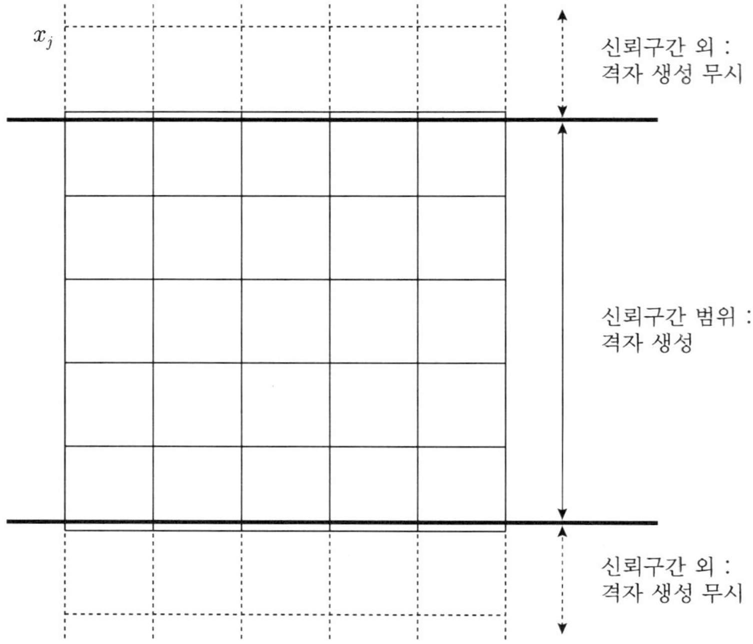

[그림 17-3] 유한차분법에서 신뢰구간을 고려한 주가 생성

그러나 트리 모형과 유한차분법에 99.99995%의 신뢰수준을 적용(신뢰계수 α에 5를 적용)하면 식 (17-2)에 의하여 만기시점 주가분포에 대한 신뢰구간의 상한 $S_{\max}$와 하한 $S_{\min}$은 다음과 같다.

$S_{\max}$: 445.93
$S_{\min}$: 22.20

만기시점 주가분포 구간 [$S_{\min}$, $S_{\max}$]을 만족하는 트리 모형의 마디와 유한차분법의 격자를 생성하면, 주가분포의 상한 $S_{\max}$와 하한 $S_{\min}$은 [표 17-3]과 같다.

[표 17-3] 신뢰구간을 고려한 경우의 만기시점 주가분포

적용방법 \ 평가 방법		이항트리 모형	삼항트리 모형	유한차분법
신뢰구간 적용	$m(2m)$	51	29(58)	29(58)
	$S_{\max}$	461.82	451.26	451.26
	S	100	100	100
	$S_{\min}$	21.65	22.16	22.15

주가구간의 수 m은 신뢰구간을 고려하지 않은 경우 100개였으나, 신뢰구간을 고려해주면 이항트리 모형은 51개의 트리 마디로 줄어들고, 삼항트리 모형과 유한차분법은 29($2m$=58)개의 유한차분 격자로 줄어든다. 그리고 $S_{\max}$도 너무 크게 설정되지 않는다.

17.2 신뢰구간을 고려한 평가 방법

이항트리 모형과 삼항트리 모형에 신뢰구간을 고려하면 신뢰구간을 벗어나는 부분은 고려하지 않게 되어 트리 구조가 변경된다.

17.2.1 트리 모형

신뢰구간을 고려하여 이항트리를 생성하면 [그림 17-4]와 같고, 삼항트리는 [그림 17-5]와 같다. 그리고 이항트리 모형에서 역행계산을 이용하여 t_i시점의 가격을 t_{i-1}시점의 가격으로 유도하려면 이항트리 형태에 따라 [표 17-4]와 같이 적용하여야 하고, 삼항트리 모형에서 삼항트리 형태에 따라 [표 17-5]와 같이 적용하여야 한다.

17.2.2 유한차분법

신뢰구간을 고려하여 생성한 유한차분법의 격자는 주가 분포의 범위만 변경되기 때문에, 역행계산시 가격 유도 방법은 신뢰구간을 고려하지 않은 경우와 동일하다.

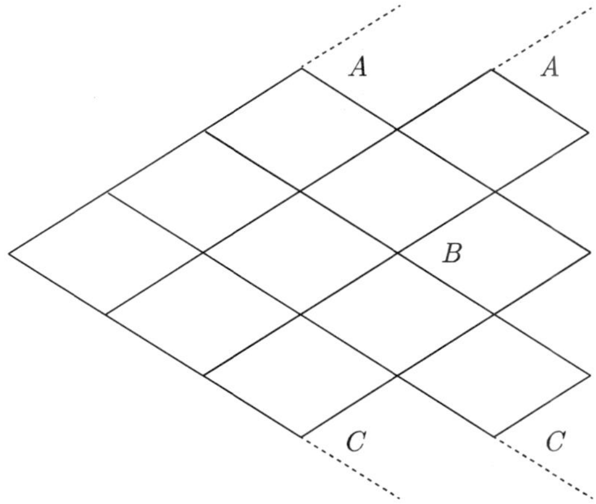

[그림 17-4] 신뢰구간을 고려한 이항트리

[표 17-4] 신뢰구간을 고려한 이항트리 모형에서 역행계산시 가격 유도

	트리 형태	가격 유도
A 최상단	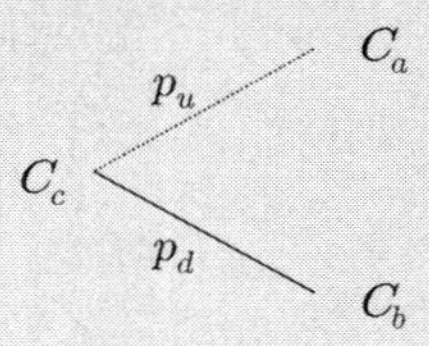	$C_c = C_b e^{-r\Delta t}$
B 일반	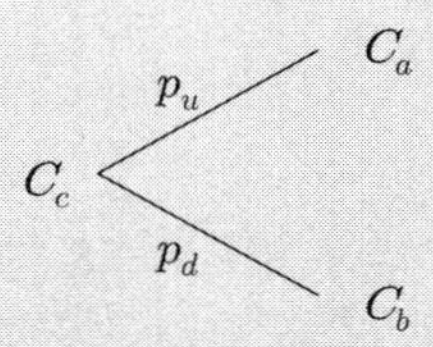	$C_c = (p_u C_a + p_d C_b) e^{-r\Delta t}$
C 최하단	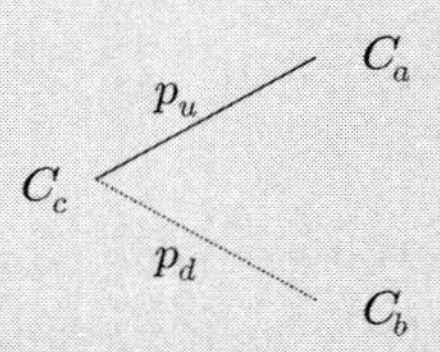	$C_c = C_a e^{-r\Delta t}$

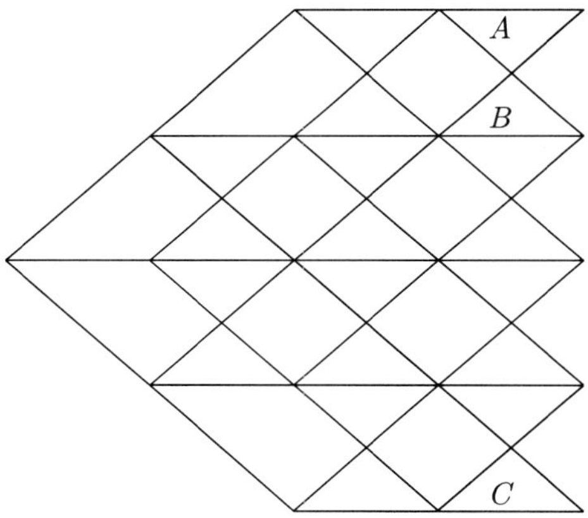

[그림 17-5] 신뢰구간을 고려한 삼항트리

[표 17-5] 신뢰구간을 고려한 삼항트리 모형에서 역행계산시 가격 유도

트리 형태		가격 유도
A 최상단	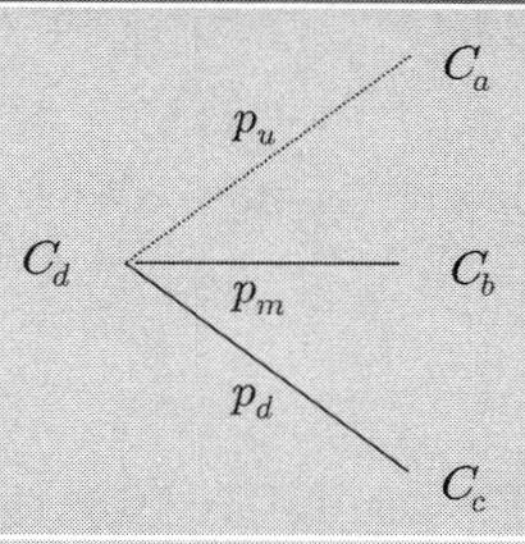	$C_d = \dfrac{p_m C_b + p_d C_c}{p_m + p_d} e^{-r\Delta t}$
B 일반	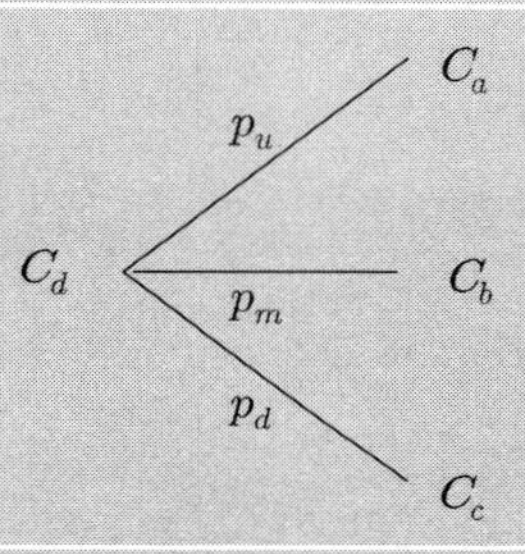	$C_d = (p_u C_a + p_m C_b + p_d C_c) e^{-r\Delta t}$
C 최하단	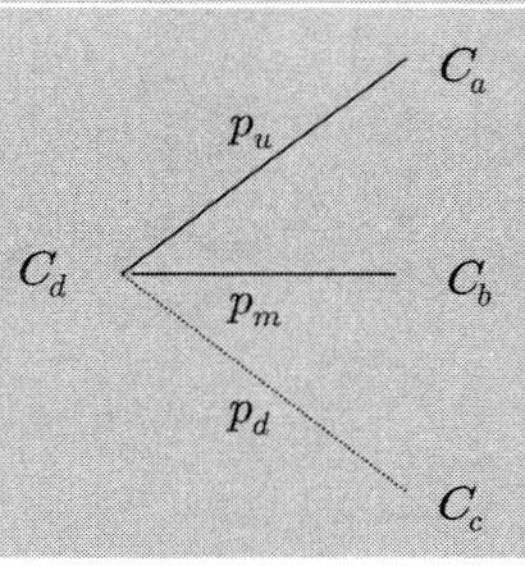	$C_d = \dfrac{p_u C_a + p_m C_b}{p_u + p_m} e^{-r\Delta t}$

17.2.3 신뢰구간을 고려하여 유로피언콜옵션 평가

평가시점에서 기초자산 S는 100, 행사가격 X는 110, 무위험이자율 r은 0.05, 배당률 q는 0.01, 변동성 σ는 0.3, 잔존만기 T는 1년일 때 유로피언콜옵션의 가격이 얼마가 되는지 트리 모형과 유한차분법에 주가분포의 신뢰구간을 고려하여 평가해 보자.

✎ 소스 코드

- mathlib.h

```
// mathlib.h
#define    _CRT_SECURE_NO_DEPRECATE
#define    max(a,b) (((a)>(b))?(a):(b))
#define    PI    3.14159265358979323846264338327950288419716939937510582097
```

```
//   Random변수 생성관련
double     normdistrand_BoxMuller();
double     N(double z);

//   연립방정식 풀이
void       tridiagonal_elimination(double **Smat, double *Known, double *Unknown,
                                   int n_eqns);
```

- mathlib.cpp

```
// mathlib.cpp
#include  "mathlib.h"

#include  <math.h>
#include  <time.h>
#include  <fstream>
#include  <iostream>
using      namespace      std;

double     normdistrand_BoxMuller()
{
    //   앞에서 선언한 normdistrand_BoxMuller( ) 함수와 동일함, 별첨 소스 코드 참조
}

double     N(double z)
{
    //   앞에서 선언한 N( ) 함수와 동일함, 별첨 소스 코드 참조
}

void       tridiagonal_elimination(double **Smat, double *Known, double *Unknown,
                                   int n_eqns)
{
    //   앞에서 선언한 tridiagonal_elimination( ) 함수와 동일함, 별첨 소스 코드 참조
}
```

- index.h

```
    //   앞에서 선언한 index.h 파일과 동일함, 별첨 소스 코드 참조
```

- index.cpp

```
    //   앞에서 선언한 index.cpp 파일과 동일함, 별첨 소스 코드 참조
```

- product.h

```
    //   앞에서 선언한 product.h 파일과 동일함, 별첨 소스 코드 참조
```

- product.cpp

```
//   앞에서 선언한 product.cpp 파일과 동일함, 별첨 소스 코드 참조
```

- yield.h

```
//   앞에서 선언한 yield.h 파일과 동일함, 별첨 소스 코드 참조
```

- yield.cpp

```
//   앞에서 선언한 yield.cpp 파일과 동일함, 별첨 소스 코드 참조
```

- price.h

```
// price.h
class    CIndex;
class    CYield;
class    CProduct;

class    CPrice{
public:
    double    m_price;

public:
    CPrice();
    ~CPrice();

    void    black_scholes_option_price(CIndex &index, CYield &yield,
                                CProduct &product);
    void    ci_binomial_tree_european_option_price(CIndex &index, CYield &yield,
                                CProduct &product, int n_step, double alpha);
    void    ci_trinomial_tree_european_option_price(CIndex &index, CYield &yield,
                                CProduct &product, int n_step, double apha);
    void    ci_implicit_fdm_european_option_price(CIndex &index, CYield &yield,
                                CProduct &product, int n_step, int n_spot, double alpha);
};
```

- price.cpp

```
//   price.cpp
#include   <math.h>
#include   <time.h>
#include   <fstream>

#include   <iostream>
using    namespace    std;
```

```
#include  "index.h"
#include  "yield.h"
#include  "product.h"
#include  "price.h"
#include  "mathlib.h"

CPrice::CPrice()
{
    m_price  = 0.0;
}

CPrice::~CPrice()
{

}


void      CPrice::black_scholes_option_price(CIndex &index, CYield &yield,
                                CProduct &product)
{
    //   앞에서 선언한 CPrice::black_scholes_option_price() 함수와 동일함,
    //   별첨 소스 코드 참조
}

void      CPrice::ci_binomial_tree_european_option_price(CIndex &index, CYield &yield,
                                CProduct &product, int n_step, double alpha)
{
    string    optiontype     = product.m_option_type;
    double    S              = index.m_spot;
    double    X              = product.m_strike;
    double    r              = yield.m_riskfree;
    double    q              = index.m_dividend;
    double    sigma          = index.m_vol;
    double    T              = product.m_maturity;

    int       i, j, iop, ccnode;
    double    dx, nu, dfactor, Pu, Pd, dt;
    double    smax, smin, nodemax, nodemin;

    dt   = T/n_step;
    nu   = r - q - 0.5*sigma*sigma;
    dx   = sqrt(sigma*sigma*dt + nu*nu*dt*dt);

    Pu   = 0.5+0.5*nu*dt/dx; // up 확률
    Pd   = 1.0 - Pu;         // down 확률

    smax     = S*exp(nu*T+alpha*sigma*sqrt(T));
    smin     = S*exp(nu*T-alpha*sigma*sqrt(T));
    ccnode   = 0;

    nodemax = nodemin     = S;
```

```
do{
    ccnode++;
    nodemax = S*exp(ccnode*dx);
    nodemin = S*exp(-ccnode*dx);
}while(nodemax<smax || nodemin>smin);

double    *Sp, *OCV, *NCV;

Sp      = new double[ccnode+1];
OCV     = new double[ccnode+1];
NCV     = new double[ccnode+1];

iop   = -1;
if(optiontype == "Call" || optiontype == "call" ) iop    = 1;

if((n_step-ccnode)%2==0){
    for(i=0; i<=ccnode; i++){
        Sp[i]   = S*exp((ccnode-2*i)*dx);   // Tree 주가 생성
        OCV[i] = max(iop*(Sp[i]-X), 0.0);   // 만기시점 옵션 Payoff
    }
}
else{
    for(i=1; i<=ccnode; i++){
        Sp[i]   = S*exp((ccnode-2*i+1)*dx); // Tree 주가 생성
        OCV[i] = max(iop*(Sp[i]-X), 0.0);   // 만기시점 옵션 Payoff
    }
}
dfactor   = exp(-r*dt);
// Tree의 만기에서부터 Backward Induction 실행하여 현재가치 계산
for(i=n_step-1; i>=0; i--){
    if(i>=ccnode){
        if((i-ccnode)%2==0){
            NCV[0]          = OCV[1]*dfactor;
            for(j=1; j<ccnode; j++){
                NCV[j]    = (Pu*OCV[j] + Pd*OCV[j+1])*dfactor;
            }
            NCV[ccnode]   = OCV[ccnode-1]*dfactor;
        }
        else{
            for(j=1; j<=ccnode; j++){
                NCV[j]    = (Pu*OCV[j-1] + Pd*OCV[j])*dfactor;
            }
        }
        for(j=0; j<=ccnode; j++) OCV[j] = NCV[j];
    }
    else{
        for(j=0; j<=i; j++){
            OCV[j]          = (Pu*OCV[j] + Pd*OCV[j+1])*dfactor;
        }
    }
}
```

```
    m_price   = OCV[0];      // 옵션의 현재가치
    delete[]  Sp;
    delete[]  OCV;
    delete[]  NCV;
}

void    CPrice::ci_trinomial_tree_european_option_price(CIndex &index, CYield &yield,
                                    CProduct &product, int n_step, double alpha)
{
    string    optiontype      = product.m_option_type;
    double    S           = index.m_spot;
    double    X           = product.m_strike;
    double    r           = yield.m_riskfree;
    double    q           = index.m_dividend;
    double    sigma       = index.m_vol;
    double    T           = product.m_maturity;

    int       i, j, iop, nstep, ccnode;
    double    dx, nu, dfactor, Pu, Pm, Pd, dt;
    double    smax, smin, nodemax, nodemin;

    dt   = T/n_step;
    dx   = sigma*sqrt(3.0*dt);
    nu   = r - q - 0.5*sigma*sigma;

    Pu   = 0.5*( (sigma*sigma*dt+nu*nu*dt*dt)/(dx*dx) + nu*dt/dx );    // up 확률
    Pd   = 0.5*( (sigma*sigma*dt+nu*nu*dt*dt)/(dx*dx) - nu*dt/dx );    // down 확률
    Pm   = 1 - Pu - Pd;      // middle 확률

    smax      = S*exp(nu*T+alpha*sigma*sqrt(T));
    smin      = S*exp(nu*T-alpha*sigma*sqrt(T));
    ccnode    = 0;

    nodemax = nodemin     = S;
    do{
        ccnode++;
        nodemax  = S*exp(ccnode*dx);
        nodemin  = S*exp(-ccnode*dx);
    }while(nodemax<smax || nodemin>smin);

    double    *Sp, *OCV, *NCV;

    nstep     = 2*ccnode+1;
    Sp        = new double[nstep];
    OCV       = new double[nstep];
    NCV       = new double[nstep];

    for(i=0; i<nstep; i++)     Sp[i] = S*exp((ccnode-i)*dx); // Tree 주가 생성

    iop  = -1;
    if(optiontype == "Call" || optiontype == "call" ) iop    = 1;
    for(i=0; i<nstep; i++)     OCV[i] = max(iop*(Sp[i]-X), 0.0); // 만기 Payoff
```

```
    dfactor    = exp(-r*dt);

    // Tree의 만기에서부터 Backward Induction 실행하여 현재가치 계산
    for(i=n_step-1; i>=0; i--){
        if(i>=ccnode){
            NCV[0]        = (Pm*OCV[0]+Pd*OCV[1])/(Pm+Pd)*dfactor;
            for(j=1; j<nstep-1; j++){
                NCV[j]    = (Pu*OCV[j-1]+Pm*OCV[j]+ Pd*OCV[j+1])*dfactor;
            }
            NCV[nstep-1] = (Pu*OCV[nstep-2]+Pm*OCV[nstep-1])/(Pu+Pm)*dfactor;

            for(j=0; j<nstep; j++)    OCV[j]    = NCV[j];
        }
        else{
            for(j=0; j<2*i+1; j++)
                OCV[j]    = (Pu*OCV[j]+Pm*OCV[j+1] + Pd*OCV[j+2])*dfactor;
        }
    }

    m_price    = OCV[0];        // 옵션의 현재가치
    delete[]   Sp;
    delete[]   OCV;
    delete[]   NCV;
}

void      CPrice::ci_implicit_fdm_european_option_price(CIndex &index, CYield &yield,
                  CProduct &product, int n_step, int n_spot, double alpha)
{
    string     optiontype= product.m_option_type;
    double     S          = index.m_spot;
    double     X          = product.m_strike;
    double     r          = yield.m_riskfree;
    double     q          = index.m_dividend;
    double     sigma      = index.m_vol;
    double     T          = product.m_maturity;

    int        i, j, t, iop, ccnode, nspot;
    double     dt, dx;
    double     smax, smin, nodemax, nodemin;
    double     Pu, Pm, Pd, nu;

    dt   = T/n_step;
    dx   = sigma*sqrt(3.0*dt);

    nu   = r - q - 0.5*sigma*sigma;
    Pu   = -0.5*dt*(sigma*sigma/(dx*dx) + nu/dx);
    Pm   = 1.0 + dt*(sigma*sigma/(dx*dx) + r);
    Pd   = -0.5*dt*(sigma*sigma/(dx*dx) - nu/dx);

    smax     = S*exp(nu*T+alpha*sigma*sqrt(T));
    smin     = S*exp(nu*T-alpha*sigma*sqrt(T));
```

```
ccnode     = 0;

nodemax = nodemin     = S;
do{
     ccnode++;
     nodemax  = S*exp(ccnode*dx);
     nodemin  = S*exp(-ccnode*dx);
}while(nodemax<smax || nodemin>smin);

nspot           = ccnode*2+1;
if((nspot%2)==0) nspot = nspot+1;
double *Sp     = new double[nspot];
double *CV     = new double[nspot];

for(i=0; i<nspot; i++)     Sp[i] = S*exp((ccnode-i)*dx); // 주가 생성

iop   = -1;
if(optiontype == "Call" || optiontype == "call" ) iop     = 1;

double     **smatrix, **tmp, *known_value, *unknown_value;
smatrix   = new double*[nspot-2]; // row create
tmp        = new double*[nspot-2]; // row create
known_value          = new double[nspot-2];
unknown_value        = new double[nspot-2];
for(i=0; i<nspot-2; i++){
     smatrix[i]        = new double[nspot-2]; // column create
     tmp[i]            = new double[nspot-2]; // column create
}
for(i=0; i<nspot-2; i++){
     for(j=0; j<nspot-2; j++)  smatrix[i][j]     = 0.0;
}

double     bu, bd;
if(iop==1){//     call 옵션
     bu   = Sp[0] - Sp[1];     // S가 충분히 크면 Delta = 1이므로
     bd   = 0.0;               // S가 충분히 작으면 Delta = 0이므로
}
else{//     put 옵션
     bu   = 0.0;               // S가 충분히 크면 Delta = 0이므로
     bd   = -(Sp[nspot-2] - Sp[nspot-1]);  // S가 충분히 작으면 Delta = -1
}

// 0~nspot-3는 nspot-2개
smatrix[0][0]    = Pm;
smatrix[0][1]    = Pd;
for(i=1; i<nspot-3; i++){
     smatrix[i][i-1] = Pu;
     smatrix[i][i]     = Pm;
     smatrix[i][i+1] = Pd;
}
smatrix[nspot-3][nspot-4]       = Pu;
smatrix[nspot-3][nspot-3]       = Pm;
```

```
    //   만기시점에서의 경계조건(Terminal Boundary Condition) 부여
    for(i=0; i<nspot; i++)     CV[i]     = max(iop*(Sp[i]-X), 0);

    // 만기에서부터 Backward Induction 실행하여 현재가치 계산
    for(t=n_step-1; t>=0; t--){
        for(i=0; i<nspot-2; i++){
            for(j=0; j<nspot-2; j++) tmp[i][j] = smatrix[i][j];
            known_value[i] = CV[i+1];
        }
        CV[0]                    = bu;     //   경계조건 적용
        CV[n_spot-1]             = bd;     //   경계조건 적용
        known_value[0]           -= Pu*CV[0];
        known_value[nspot-3]     -= Pd*CV[n_spot-1];

        tridiagonal_elimination(tmp, known_value, unknown_value, nspot-2);
            // t-1시점 미지값 계산

        for(i=0; i<nspot-2; i++) CV[i+1] = unknown_value[i];
    }
    m_price   = CV[(nspot-1)/2]; //
    delete[]   Sp;
    delete[]   CV;
    for(i=0; i<nspot-2; i++) delete[] smatrix[i], tmp[i];
    delete[]   smatrix, tmp, known_value, unknown_value;
}
```

- main.cpp

```
// main.cpp
#define    _CRT_SECURE_NO_DEPRECATE

#include   <iostream>
#include   "mathlib.h"
#include   "index.h"
#include   "yield.h"
#include   "product.h"
#include   "price.h"
using      namespace     std;

void       main(void)
{
    double    S, X, r, q, sigma, T, alpha;
    int       n_step, n_spot;

    S         = 100.0;  // 기초자산 가격
    X         = 110.0;  // 행사가격
    r         = 0.05;   // risk free rate
    q         = 0.01;   // dividend rate
    sigma     = 0.3;    // 변동성
    T         = 1.0;    // 잔존만기
```

```
    n_step     = 200;    // 잔존만기에 대해 n_step으로 계산, simulation, tree와 fdm에서
    n_spot     = 400;    // 기초자산의 가격을 n_spot 수로 나누어 계산

    alpha      = 5.0;    // Confidence Coefficient,
    // alpha 1은 68.26%, 1.65는 90.1%, 2는 95.44%, 2.58은 99%,
    // 3은 99.75%, 4는 99.995%, 5는 99.99995%의 신뢰수준

    CIndex       index(S, sigma, q);
    CYield       yield(r);
    CProduct     eoption("call", X, T);
    CPrice       price;

    price.black_scholes_option_price(index, yield, eoption);
    cout<<"해석해에 의한 옵션가격: "<<price.m_price<<endl;

    price.ci_binomial_tree_european_option_price(index, yield, eoption, n_step, alpha);
    cout<<"Binomial Tree에 의한 옵션가격: "<<price.m_price<<endl;

    price.ci_trinomial_tree_european_option_price(index, yield, eoption, n_step, alpha);
    cout<<"Trinomial Tree에 의한 옵션가격: "<<price.m_price<<endl;

    price.ci_implicit_fdm_european_option_price(index, yield, eoption, n_step, n_spot, alpha);
    cout<<"Implicit FDM에 의한 옵션가격: "<<price.m_price<<endl;
}
```

✎ 실행 결과

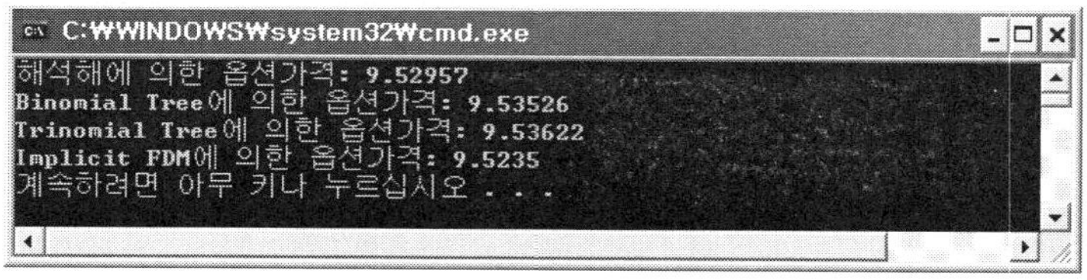

[그림 17-6] 신뢰구간을 고려한 유로피언콜옵션 평가 결과

신뢰구간을 고려한 각 평가 방법들로 구한 유로피언콜옵션의 평가값들과 블랙-숄즈 옵션가격 결정모형에 의한 해석해를 비교하면 결과가 서로 유사한 것을 알 수 있고, 신뢰구간을 적용하지 않고 평가한 [그림 15-1]의 결과와도 유사함을 확인할 수 있다. 신뢰구간을 적용하여 적은 주가 마디나 주가 격자를 생성하여도 유사한 결과를 얻을 수 있다.

18장

옵션가격 민감도

자산을 운용할 때 포트폴리오의 위험관리를 위해 헤지(Hedge)를 실시하는데, 헤지시 고려되어야 하는 것이 바로 옵션가격 민감도(Sensitivity)인 그릭스(Greeks)이다. 옵션가격 민감도 지표에는 델타(Delta, Δ), 감마(Gamma, Γ), 베가(Vega, ν), 로(Rho, ρ), 세타(Theta, Θ) 등이 있는데, 이 그리스 문자 때문에 옵션가격 민감도를 그릭스라고 한다.
그릭스를 계산할 때 해석해가 존재하면 해석해를 이용하고, 해석해가 없으면 일반적으로 유한차분근사법(Finite Difference Approximation), 우도비(Likelihood Ratio) 방법 등을 이용한다.

18.1 해석해가 있는 경우 그릭스 계산

블랙-숄즈 옵션가격결정모형에 의하면 유로피언옵션의 가치 V는 다음과 같은데,

$$\text{콜옵션 가치 : } V_C = Se^{-qT}N(d_1) - Ke^{-rT}N(d_2)$$

$$\text{풋옵션 가치 : } V_P = Ke^{-rT}N(-d_2) - Se^{-qT}N(-d_1)$$

$$d_1 = \frac{\ln\left(\frac{S}{K}\right) + \left(r - q + \frac{1}{2}\sigma^2\right)T}{\sigma\sqrt{T}}$$

$$d_2 = \frac{\ln\left(\frac{S}{K}\right) + \left(r - q - \frac{1}{2}\sigma^2\right)T}{\sigma\sqrt{T}} = d_1 - \sigma\sqrt{T}$$

기초자산의 현재가격 S, 옵션의 행사가격 K, 무위험이자율 r, 기초자산의 배당률 q, 기초자

산의 변동성 σ, 옵션의 잔존만기 T의 가격결정요소가 주어지면 옵션의 가치를 구할 수 있듯이, 가격결정요소에 대한 편미분을 이용하면 그릭스를 구할 수 있다.

18.1.1 델타

가격결정요소 중 다른 요소는 고정된 상태에서 기초자산의 변화에 대한 옵션가격의 변화를 델타라고 하며, 그릭스 중에서 가장 중요한 지표이다. 유로피언콜옵션과 풋옵션에 대한 델타는 다음과 같다.

콜옵션의 델타 $\Delta_C = \dfrac{\partial V_C}{\partial S}$

$$\Delta_C = e^{-qT}N(d_1) + Se^{-qT}\frac{\partial N(d_1)}{\partial d_1}\frac{\partial d_1}{\partial S} - Ke^{-rT}\frac{\partial N(d_2)}{\partial d_2}\frac{\partial d_2}{\partial S}$$

$$= e^{-qT}N(d_1) + Se^{-qT}\frac{1}{\sqrt{2\pi}}e^{-\frac{d_1^2}{2}}\frac{1}{S\sigma\sqrt{T}} - Ke^{-rT}\frac{1}{\sqrt{2\pi}}e^{-\frac{d_2^2}{2}}\frac{1}{S\sigma\sqrt{T}}$$

$$= e^{-qT}N(d_1) + Se^{-qT}\frac{1}{\sqrt{2\pi}}e^{-\frac{d_1^2}{2}}\frac{1}{S\sigma\sqrt{T}} - Ke^{-rT}\frac{1}{\sqrt{2\pi}}e^{-\frac{d_2^2}{2}}\frac{1}{S\sigma\sqrt{T}}$$

$$= e^{-qT}N(d_1) + \frac{1}{\sigma\sqrt{2\pi T}}\left[e^{-qT}e^{-\frac{d_1^2}{2}} - \frac{K}{S}e^{-rT}e^{-\frac{d_2^2}{2}}\right]$$

$$= e^{-qT}N(d_1) + \frac{e^{-qT}}{\sigma\sqrt{2\pi T}}\left[e^{-\frac{d_1^2}{2}} - e^{-\ln\left(\frac{S}{K}\right) - rT + qT - \frac{d_2^2}{2}}\right]$$

$$= e^{-qT}N(d_1) + \frac{e^{-qT}}{\sigma\sqrt{2\pi T}}\left[e^{-\frac{d_1^2}{2}} - e^{-\left\{\ln\left(\frac{S}{K}\right) + (r-q)T + \frac{d_2^2}{2}\right\}}\right]$$

$$= e^{-qT}N(d_1) + \frac{e^{-qT}}{\sigma\sqrt{2\pi T}}\left[e^{-\frac{d_1^2}{2}} - e^{-\left\{\ln\left(\frac{S}{K}\right) + (r-q)T + \frac{d_1^2 - 2d_1\sigma\sqrt{T} + \sigma^2 T}{2}\right\}}\right]$$

$$= e^{-qT}N(d_1) + \frac{e^{-qT}}{\sigma\sqrt{2\pi T}}\left[e^{-\frac{d_1^2}{2}} - e^{-\left\{\ln\left(\frac{S}{K}\right) + \left(r - q + \frac{\sigma^2}{2}\right)T + \frac{d_1^2 - 2d_1\sigma\sqrt{T}}{2}\right\}}\right]$$

$$= e^{-qT}N(d_1) + \frac{e^{-qT}}{\sigma\sqrt{2\pi T}}\left[e^{-\frac{d_1^2}{2}} - e^{-\left\{d_1\sigma\sqrt{T} + \frac{d_1^2 - 2d_1\sigma\sqrt{T}}{2}\right\}}\right]$$

$$= e^{-qT}N(d_1) + \frac{e^{-qT}}{\sigma\sqrt{2\pi T}}\left[e^{-\frac{d_1^2}{2}} - e^{-\frac{d_1^2}{2}}\right] = e^{-qT}N(d_1) \qquad (18\text{-}1)$$

$$\text{풋옵션의 델타 } \Delta_P = \frac{\partial V_P}{\partial S} = -e^{-qT}N(-d_1) \tag{18-2}$$

계산된 델타가 만약 0.5라면 기초자산 S가 1이 상승할 때 옵션가격은 0.5가 상승하는 것을 의미하며, 반대로 델타가 -0.5라면 기초자산 S가 1이 상승할 때 옵션가격은 -0.5가 하락하는 것을 의미한다. 식 (18-1)과 (18-2)로부터 델타의 범위는 다음과 같다.

$$\text{콜옵션의 델타 } \Delta_C : 0 < \Delta_C < 1$$
$$\text{풋옵션의 델타 } \Delta_P : -1 < \Delta_P < 0$$

투자자가 콜옵션을 10개 매입하였는데, 델타가 0.5로 계산되어 델타에 해당하는 기초자산을 5개 매도하였다고 하자. 다음날 기초자산 S가 1이 상승하면, 옵션의 총 가치는 5가 상승하므로, 기초자산을 5개 매도하여 발생한 총 손실 5와 옵션에 투자해서 얻은 총 이익 5가 상쇄되어 기초자산의 변동으로부터 포트폴리오의 포지션을 보호할 수 있는데, 이것이 바로 델타 헤지의 기본 개념이다.

18.1.2 감마

가격결정요소 중 다른 요소는 고정된 상태에서 기초자산의 변화에 따른 델타의 변화를 감마라고 한다. 옵션 민감도중에서 델타가 가장 중요하게 활용되기 때문에 기초자산 변화에 따른 델타의 변화를 나타내는 감마도 중요하다. 그리고 델타는 기초자산이 변함에 따라 계속 변하기 때문에, 감마를 알아야 포지션의 델타 중립을 유지할 수 있다. 유로피언콜옵션과 풋옵션에 대한 감마는 다음과 같다.

$$\text{콜옵션의 감마 } \Gamma_C = \frac{\partial^2 V_C}{\partial S^2}$$

$$\begin{aligned} \Gamma_C &= \frac{\partial \Delta_C}{\partial S} = \frac{\partial\left(e^{-qT}N(d_1)\right)}{\partial S} = e^{-qT}\frac{\partial N(d_1)}{\partial d_1}\frac{\partial d_1}{\partial S} \\ &= e^{-qT}\frac{1}{\sqrt{2\pi}}e^{-\frac{d_1^2}{2}}\frac{1}{S\sigma\sqrt{T}} = \frac{n(d_1)e^{-qT}}{S\sigma\sqrt{T}} \end{aligned} \tag{18-3}$$

$$\text{풋옵션의 감마 } \Gamma_P = \frac{\partial^2 V_P}{\partial S^2} = \frac{n(d_1)e^{-qT}}{S\sigma\sqrt{T}} = \Gamma_C$$

여기서, $n()$는 표준정규분포의 확률밀도함수이다.

$$n(d_1) = \frac{1}{\sqrt{2\pi}} e^{-\frac{d_1^2}{2}}$$

표준정규분포의 확률밀도함수를 이용하면 다음과 같은 관계를 얻을 수 있다.

$$\begin{aligned} n(d_2) &= \frac{1}{\sqrt{2\pi}} e^{-\frac{d_2^2}{2}} = \frac{1}{\sqrt{2\pi}} e^{-\frac{(d_1 - \sigma\sqrt{T})^2}{2}} = \frac{1}{\sqrt{2\pi}} e^{-\frac{d_1^2}{2} + d_1\sigma\sqrt{T} - \frac{\sigma^2}{2}T} \\ &= n(d_1) e^{d_1\sigma\sqrt{T} - \frac{\sigma^2}{2}T} = n(d_1) e^{\ln\frac{S}{K} + \left(r - q + \frac{\sigma^2}{2}\right)T - \frac{\sigma^2}{2}T} \\ &= n(d_1)\frac{S}{K} e^{(r-q)T} \end{aligned} \qquad (18\text{-}4)$$

식 (18-3)으로부터 감마의 범위는 항상 양(+)의 값을 갖으며, 시간이 경과하여 만기에 가까울수록 상대적으로 더 커진다. 감마는 기초자산이 상승할 때 포지션의 델타 헤지를 위해서 기초자산을 매도해야 하고, 기초자산이 하락할 때는 기초자산을 매입해야 한다.

18.1.3 베가

가격결정요소 중 다른 요소는 고정된 상태에서 기초자산의 변동성 변화에 따른 옵션가격의 변화를 베가라고 한다. 유러피언콜옵션과 풋옵션에 대한 베가는 다음과 같다.

콜옵션의 베가 $\nu_C = \dfrac{\partial V_C}{\partial \sigma}$

$$\begin{aligned} \nu_C &= Se^{-qT}\frac{\partial N(d_1)}{\partial d_1}\frac{\partial d_1}{\partial \sigma} - Ke^{-rT}\frac{\partial N(d_2)}{\partial d_2}\frac{\partial d_2}{\partial \sigma} \\ &= Se^{-qT}n(d_1)\left(-\frac{1}{\sigma}\frac{\ln\left(\frac{S}{K}\right) + (r-q)T}{\sigma\sqrt{T}} + \frac{1}{2}\sqrt{T}\right) \\ &\quad - Ke^{-rT}n(d_2)\left(-\frac{1}{\sigma}\frac{\ln\left(\frac{S}{K}\right) + (r-q)T}{\sigma\sqrt{T}} - \frac{1}{2}\sqrt{T}\right) \\ &= Se^{-qT}n(d_1)\left(-\frac{1}{\sigma}\left(d_1 - \frac{\sigma\sqrt{T}}{2}\right) + \frac{1}{2}\sqrt{T}\right) \\ &\quad - Ke^{-rT}n(d_2)\left(-\frac{1}{\sigma}\left(d_1 - \frac{\sigma\sqrt{T}}{2}\right) - \frac{1}{2}\sqrt{T}\right) \\ &= Se^{-qT}n(d_1)\left(\sqrt{T} - \frac{d_1}{\sigma}\right) + Ke^{-rT}\frac{d_1}{\sigma}n(d_2) \end{aligned}$$

$$= Se^{-qT}n(d_1)\left(\sqrt{T}-\frac{d_1}{\sigma}\right)+Ke^{-rT}\frac{d_1}{\sigma}n(d_1)\frac{S}{K}e^{(r-q)T}$$
$$= Se^{-qT}n(d_1)\left(\sqrt{T}-\frac{d_1}{\sigma}\right)+Se^{-qT}n(d_1)\frac{d_1}{\sigma}$$
$$= Se^{-qT}n(d_1)\sqrt{T} \tag{18-5}$$

콜옵션의 베가 $\nu_P=\dfrac{\partial V_P}{\partial\sigma}=Se^{-qT}n(d_1)\sqrt{T}=\nu_C$

식 (18-5)으로부터 베가의 범위는 항상 양(+)의 값을 갖으며, 기초자산의 변동성이 커지면 옵션의 가치도 상승하게 된다.

18.1.4 로

가격결정요소 중 다른 요소는 고정된 상태에서 이자율 변화에 따른 옵션가격의 변화를 로라고 한다. 유러피언콜옵션과 풋옵션의 로는 다음과 같다.

콜옵션의 로 $\rho_C=\dfrac{\partial V_C}{\partial r}$

$$\rho_C = Se^{-qT}\frac{\partial N(d_1)}{\partial d_1}\frac{\partial d_1}{\partial r}+Ke^{-rT}\left(N(d_2)-\frac{\partial N(d_2)}{\partial d_2}\frac{\partial d_2}{\partial r}\right)$$
$$= Se^{-qT}n(d_1)\frac{\sqrt{T}}{\sigma}+Ke^{-rT}\left(N(d_2)-n(d_2)\frac{\sqrt{T}}{\sigma}\right)$$
$$= Se^{-qT}n(d_1)\frac{\sqrt{T}}{\sigma}+Ke^{-rT}\left(N(d_2)-n(d_1)\frac{S}{K}e^{(r-q)T}\frac{\sqrt{T}}{\sigma}\right)$$
$$= Ke^{-rT}N(d_2)+Se^{-qT}n(d_1)\frac{\sqrt{T}}{\sigma}-Se^{-rT}n(d_1)e^{(r-q)T}\frac{\sqrt{T}}{\sigma}$$
$$= Ke^{-rT}N(d_2)+Se^{-qT}n(d_1)\frac{\sqrt{T}}{\sigma}-Se^{-qT}n(d_1)\frac{\sqrt{T}}{\sigma}$$
$$= Ke^{-rT}N(d_2) \tag{18-6}$$

풋옵션의 로 $\rho_P=\dfrac{\partial V_P}{\partial r}=-KTe^{-rT}N(-d_2)$ (18-7)

식 (18-6)과 (18-7)로부터 로의 범위는 다음과 같다.

콜옵션의 로 ρ_C : $\rho_C>0$
풋옵션의 로 ρ_P : $\rho_P<0$

18.1.5 세타

가격결정요소 중 다른 요소는 고정된 상태에서 시간 변화에 따른 옵션가격의 변화를 세타라고 한다. 유러피언콜옵션과 풋옵션의 세타는 다음과 같다.

$$\text{콜옵션의 세타 } \Theta_C = \frac{\partial V_C}{\partial t} = -\frac{\partial V_C}{\partial T}$$

$$\begin{aligned}
\frac{\partial V_C}{\partial T} &= -qSe^{-qT}N(d_1) + Se^{-qT}\frac{\partial N(d_1)}{\partial d_1}\frac{\partial d_1}{\partial T} \\
&\quad + rKe^{-rT}N(d_2) - Ke^{-rT}\frac{\partial N(d_2)}{\partial d_2}\frac{\partial d_2}{\partial T} \\
&= -qSe^{-qT}N(d_1) + Se^{-qT}n(d_1)\frac{\partial d_1}{\partial T} \\
&\quad + rKe^{-rT}N(d_2) - Ke^{-rT}n(d_2)\frac{\partial d_2}{\partial T} \\
&= -qSe^{-qT}N(d_1) + Se^{-qT}n(d_1)\frac{\partial d_1}{\partial T} \\
&\quad + rKe^{-rT}N(d_2) - Ke^{-rT}n(d_1)\frac{S}{K}e^{(r-q)T}\frac{\partial d_2}{\partial T} \\
&= -qSe^{-qT}N(d_1) + rKe^{-rT}N(d_2) \\
&\quad + Se^{-qT}n(d_1)\frac{\partial d_1}{\partial T} - Se^{-qT}n(d_1)\frac{\partial d_2}{\partial T} \\
&= -qSe^{-qT}N(d_1) + rKe^{-rT}N(d_2) + Se^{-qT}n(d_1)\left[\frac{\partial d_1}{\partial T} - \frac{\partial d_2}{\partial T}\right] \\
&= -qSe^{-qT}N(d_1) + rKe^{-rT}N(d_2) + Se^{-qT}n(d_1)\frac{\sigma}{2\sqrt{T}}
\end{aligned}$$

$$\Theta_C = -\frac{Se^{-qT}n(d_1)\sigma}{2\sqrt{T}} + qSe^{-qT}N(d_1) - rKe^{-rT}N(d_2) \qquad (18\text{-}8)$$

$$\text{풋옵션의 세타 } \Theta_P = \frac{\partial V_P}{\partial t}$$

$$\Theta_P = -\frac{Se^{-qT}n(d_1)\sigma}{2\sqrt{T}} - qSe^{-qT}N(-d_1) + rKe^{-rT}N(-d_2) \qquad (18\text{-}9)$$

식 (18-8)과 (18-9)로부터 세타는 시간이 경과함에 따라 옵션의 가치가 감소하게 된다.

그릭스를 이용하면 블랙-숄즈 방정식은 다음과 같으므로,

$$\frac{\partial V}{\partial t}+(r-q)S\frac{\partial V}{\partial S}+\frac{1}{2}(\sigma S)^2\frac{\partial^2 V}{\partial S^2}=rV$$
$$\Rightarrow \Theta+(r-q)S\Delta+\frac{1}{2}(\sigma S)^2\Gamma=rV$$

세타를 다음과 같이 나타낼 수 있다.

$$\Theta=rV-(r-q)S\Delta-\frac{1}{2}(\sigma S)^2\Gamma \tag{18-10}$$

18.2 몬테카를로 시뮬레이션을 이용한 그릭스 계산

몬테카를로 시뮬레이션을 이용하여 그릭스를 계산하는 방법으로 유한차분근사법과 우도비 방법에 대해 알아보자.

식 (12-3)을 정리하면 다음과 같은 이산형 주가 시리즈 형태로 표현할 수 있다.

$$\ln S_{t_{i+1}}-\ln S_{t_i}=\nu\Delta t_i+\sigma\Delta B_i$$
$$\Rightarrow S_{t_{i+1}}=S_{t_i}\exp\left[\nu\Delta t_i+\sigma z_i\sqrt{\Delta t_i}\right],\ z_i\sim N(0,1) \tag{18-11}$$
$$\Rightarrow S_{t_i}=\begin{cases} S\exp\left[\nu t_i+\sigma z_i\sqrt{t_i}\right] & : \text{유로피언 옵션} \\ S\exp\left[\nu t_i+\sigma\sum_{j=1}^{i}z_j\sqrt{\Delta t_j}\right] & : \text{경로의존형 옵션}\end{cases}$$

18.2.1 유한차분근사법

그릭스를 계산할 때 유한차분근사법을 적용하려면, 다음과 같이 파생상품의 평가값을 계산하고, 가격결정요소에 작은 변화를 적용한 평가값을 추가로 계산하여야 한다.

$$\frac{\partial V}{\partial\theta}=\frac{V(\theta+h)-V(\theta)}{h} \tag{18-12}$$

여기서, θ는 파생상품 가격결정요소, V는 평가값, h는 가격결정요소의 작은 변화이다.

유한차분근사법은 그릭스 계산에 대한 개념은 쉽지만, 평가값을 계산할 때 사용한 난수를 가격결정요소에 작은 변화를 주어 평가값을 추가로 계산할 때에도 동일하게 적용해야 하기 때문에 계산 소요시간이 증가한다.

18.2.1.1. 기초자산이 1개인 파생상품의 그릭스 계산

기초자산이 1개인 경우 식 (18-12)를 가격결정요소별로 적용하면, 유한차분근사법에 의한 그릭스 값은 다음과 같다.

$$\text{델타}: \Delta = \frac{\partial V}{\partial S} \approx \frac{V(S+\Delta S) - V(S)}{\Delta S}$$

$$\text{감마}: \Gamma = \frac{\partial^2 V}{\partial S^2} \approx \frac{V(S+\Delta S) - 2V(S) + V(S-\Delta S)}{\Delta S^2}$$

$$\text{베가}: \nu = \frac{\partial V}{\partial \sigma} \approx \frac{V(\sigma+\Delta\sigma) - V(\sigma)}{\Delta\sigma}$$

$$\text{로}: \rho = \frac{\partial V}{\partial r} \approx \frac{V(r+\Delta r) - V(r)}{\Delta r}$$

$$\text{세타}: \Theta = \frac{\partial V}{\partial t} \approx \frac{V(t+\Delta t) - V(t)}{\Delta t}$$

여기서, $V(S+\Delta S)$: 기초자산 상승에 따른 파생상품 가격
$V(S-\Delta S)$: 기초자산 하락에 따른 파생상품 가격
$V(\sigma+\Delta\sigma)$: 변동성 상승에 따른 파생상품 가격
$V(r+\Delta r)$: 이자율 상승에 따른 파생상품 가격
$V(t+\Delta t)$: 시간 변화에 따른 파생상품 가격

18.2.1.2 기초자산이 2개인 파생상품의 그릭스 계산

기초자산이 2개인 경우에도 식 (18-12)를 각 기초자산과 가격결정요소에 따라 적용하면, 유한차분근사법에 의한 그릭스 값은 다음과 같다.

- 델타

$$\Delta_1 = \frac{\partial V}{\partial S_1} \approx \frac{\Delta V}{\Delta S_1} = \frac{V(S_1+\Delta S_1, S_2) - V(S_1, S_2)}{\Delta S_1}$$

$$\Delta_2 = \frac{\partial V}{\partial S_2} \approx \frac{\Delta V}{\Delta S_2} = \frac{V(S_1, S_2+\Delta S_2) - V(S_1, S_2)}{\Delta S_2}$$

• 감마

$$\Gamma_1 = \frac{\partial^2 V}{\partial S_1^2} \approx \frac{V(S_1 + \triangle S_1, S_2) - 2V(S_1, S_2) + V(S_1 - \triangle S_1, S_2)}{\triangle S_1^2}$$

$$\Gamma_2 = \frac{\partial^2 V}{\partial S_2^2} \approx \frac{V(S_1, S_2 + \triangle S_2) - 2V(S_1, S_2) + V(S_1, S_2 - \triangle S_2)}{\triangle S_2^2}$$

$$\Gamma_{12} = \frac{\partial^2 V}{\partial S_1 \partial S_2} \approx \frac{V(S_1 + \triangle S_1, S_2 + \triangle S_2) - V(S_1 + \triangle S_1, S_2)}{\triangle S_1 \triangle S_2} - \frac{V(S_1, S_2 + \triangle S_2) - V(S_1, S_2)}{\triangle S_1 \triangle S_2}$$

• 베가

$$\nu_1 = \frac{\partial V}{\partial \sigma_1} \approx \frac{\triangle V}{\triangle \sigma_1} = \frac{V(\sigma_1 + \triangle \sigma_1, \sigma_2) - V(\sigma_1, \sigma_2)}{\triangle \sigma_1}$$

$$\nu_2 = \frac{\partial V}{\partial \sigma_2} \approx \frac{\triangle V}{\triangle \sigma_2} = \frac{V(\sigma_1, \sigma_2 + \triangle \sigma_2) - V(\sigma_1, \sigma_2)}{\triangle \sigma_2}$$

• 로

$$\rho_1 = \frac{\partial V}{\partial r_1} \approx \frac{\triangle V}{\triangle r_1} = \frac{V(r_1 + \triangle r_1, r_2) - V(r_1, r_2)}{\triangle r_1}$$

$$\rho_2 = \frac{\partial V}{\partial r_2} \approx \frac{\triangle V}{\triangle r_2} = \frac{V(r_1, r_2 + \triangle r_2) - V(r_1, r_2)}{\triangle r_2}$$

• 세타

$$\Theta = \frac{\partial V}{\partial T} \approx \frac{\triangle V}{\triangle t} = \frac{V(t + \triangle t) - V(t)}{\triangle t}$$

18.2.2 우도비 방법

우도비 방법**은 확률밀도함수의 미분을 이용하여 그릭스를 계산하는 방법으로, 파생상품의 가격이 다음과 같다고 할 때,

$$V = \int \pi(S)\, \psi(S)\, dS \tag{18-13}$$

여기서, S는 기초자산, $\pi()$는 시뮬레이션에 의한 손익, $\psi()$는 위험중립 확률밀도이다.

* Mark Broadie, Paul Glasserman, "Estimating Security Price Derivatives Using Simulation", *Management Science*, Vol 42, No 2, February 1996.

가격결정요소에 따른 파생상품의 가격 변화는 다음과 같이 표현할 수 있다.

$$\begin{aligned}\frac{\partial V}{\partial\alpha} &= e^{-rT}\int \pi(S)\frac{\partial}{\partial\alpha}\psi(S)\,dS \\ &= e^{-rT}\int \pi(S)\frac{\frac{\partial\psi(S)}{\partial\alpha}}{\psi(S)}\psi(S)\,dS \\ &= e^{-rT}\int \pi(S)\frac{\partial\ln\psi(S,\alpha)}{\partial\alpha}\psi(S)\,dS \\ &= e^{-rT}E\left[\pi(S_T)\frac{\partial\ln\psi(S_T,\alpha)}{\partial\alpha}\right] \\ &= e^{-rT}E\left[\pi(S_T)\,w_\alpha\right]\end{aligned} \tag{18-14}$$

여기서, α는 파생상품 가격결정요소, w_α는 가격결정요소별 가중치(우도비)이다.

식 (18-14)와 같이 우도비 방법은 확률밀도함수의 미분을 통해 그릭스를 계산하기 때문에 별도의 가격결정요소별 재계산이 필요 없다.

주가의 확률미분방정식에 대수정규분포를 적용하였을 때 주가의 분포는 다음과 같은데,

$$\ln S_t \sim N(\ln S + \nu t,\ \sigma^2 t)$$

대수정규분포를 따르는 확률변수 Y의 분포가 다음과 같을 때,

$$\ln Y \sim N(\mu, \sigma^2)$$

확률변수 Y의 확률밀도함수(PDF, Probability Density Function) $f(y)$는 다음과 같으므로,

$$\begin{aligned}&y > 0\ :\ f(y) = \frac{1}{y\sigma\sqrt{2\pi}}\exp\left(-\frac{[\ln y - \mu]^2}{2\sigma^2}\right) \\ &y \le 0\ :\ f(y) = 0\end{aligned}$$

만기 주가 S_T의 확률밀도함수 $\psi(x)$는 다음과 같다.

$$\psi(x) = \begin{cases}\dfrac{1}{x\sigma\sqrt{2\pi T}}\exp\left(-\dfrac{[\ln x - (\ln S + \nu T)]^2}{2\sigma^2 T}\right) & : x > 0 \\ 0 & : x \le 0\end{cases}$$

18.2.2.1 기초자산이 1개인 유로피언형 옵션의 그릭스

유로피언옵션의 델타를 구하기 위해서 델타 가중치 w_{Δ}를 계산하면 다음과 같다.

$$w_{\Delta}=\frac{\partial \ln \psi(S_T)}{\partial S}=\frac{\ln S_T-(\ln S+\nu T)}{S\sigma^2 T} \tag{18-15}$$

식 (18-11)에서 만기 손익이 경로에 의존하지 않는 경우 만기 주가 S_T는 다음과 같고,

$$S_T=S\exp\left[\nu T+\sigma z\sqrt{T}\right],\ z\sim N(0,1) \tag{18-16}$$

식 (18-15)에 의해서 가중치 w_{Δ}는 다음과 같게 되므로,

$$w_{\Delta}=\frac{\sigma\sqrt{T}z}{S\sigma^2 T}=\frac{z}{S\sigma\sqrt{T}}$$

델타는 다음과 같다.

$$\text{델타 : } \Delta=\frac{\partial V}{\partial S}=e^{-rT}E\left[\pi(S_T)\frac{z}{S\sigma\sqrt{T}}\right]$$

같은 방법으로 나머지 그릭스를 계산하면 베가와 로는 다음과 같이 정리된다.

$$\text{베가 : } \nu=\frac{\partial V}{\partial \sigma}=e^{-rT}E\left[\pi(S_T)\left(\frac{z^2-1}{\sigma}-z\sqrt{T}\right)\right]$$
$$\text{로 : } \rho=\frac{\partial V}{\partial r}=e^{-rT}E\left[\pi(S_T)\left(\frac{z\sqrt{T}}{\sigma}-T\right)\right]$$

감마는 주가 변화에 따른 델타 변화이므로 다음과 같이 정리된다.

$$\text{감마 : } \Gamma=\frac{\partial^2 V}{\partial S^2}=e^{-rT}E\left[\pi(S_T)w_{\Gamma}\right]$$

여기서, 가중치 w_{Γ}는 다음과 같다.

$$\begin{aligned}w_{\Gamma}&=\frac{1}{\psi(S_T)}\frac{\partial^2\psi(S_T)}{\partial S^2}=\frac{1}{\psi(S_T)}\frac{\partial}{\partial S}\frac{\partial\psi(S_T)}{\partial S}\\&=\frac{1}{\psi(S_T)}\frac{\partial}{\partial S}\left(\frac{\partial\ln\psi(S_T)}{\partial S}\psi(S_T)\right)\end{aligned}$$

$$
\begin{aligned}
&= \frac{1}{\psi(S_T)}\left\{\frac{\partial}{\partial S}\left(\frac{\partial \ln \psi(S_T)}{\partial S}\right)\psi(S_T) + \frac{\partial \ln \psi(S_T)}{\partial S}\frac{\partial \psi(S_T)}{\partial S}\right\} \\
&= \frac{\partial}{\partial S}\left(\frac{\partial \ln \psi(S_T)}{\partial S}\right) + \frac{\partial \ln \psi(S_T)}{\partial S}\frac{\partial \psi(S_T)}{\partial S}\frac{1}{\psi(S_T)} \\
&= \frac{\partial}{\partial S}\left(\frac{\partial \ln \psi(S_T)}{\partial S}\right) + \left(\frac{\partial \ln \psi(S_T)}{\partial S}\right)^2 \\
&= \frac{\partial}{\partial S}\left(\frac{\ln S_T - (\ln S + \nu T)}{S\sigma^2 T}\right) + \left(\frac{\ln S_T - (\ln S + \nu T)}{S\sigma^2 T}\right)^2 \\
&= \frac{z^2 - z\sigma\sqrt{T} - 1}{(S\sigma\sqrt{T})^2}
\end{aligned}
$$

그리고 블랙-숄즈 방정식이 다음과 같으므로,

$$\frac{\partial V}{\partial t} + (r-q)S\frac{\partial V}{\partial S} + \frac{1}{2}(\sigma S)^2\frac{\partial^2 V}{\partial S^2} = rV$$

세타는 다음과 같이 정리된다.

$$\text{세타} : \theta = \frac{\partial V}{\partial T} = rV - \frac{1}{2}\sigma^2 S^2 \Gamma - (r-q)S\Delta$$

18.2.2.2 기초자산이 1개인 경로의존형 파생상품의 그릭스

만기 손익이 주가의 경로에 의존하는 파생상품에서 그릭스를 계산하기 위해서는 기하브라운 운동의 마코브 특성(Markov Property)을 고려하여야 한다.

$$\psi(S_{t_1}, S_{t_2}, \cdots, S_{t_{n-1}}, S_T) = \psi_1(S_{t_1}|S)\,\psi_2(S_{t_2}|S_{t_1})\cdots\,\psi_1(S_T|S_{t_{n-1}}) \quad (18\text{-}17)$$

여기서, $\psi_i(S_{t_i}|S_{t_{i-1}})$는 전이확률밀도(Transition Density)인데 다음과 같다.

$$\psi_i(S_{t_i}\,|\,S_{t_{i-1}}) = \frac{1}{S_{t_i}\sigma\sqrt{2\pi(t_i - t_{i-1})}}\exp\left(-\frac{\left[\ln S_{t_i} - \left(\ln S_{t_{i-1}} + \nu(t_i - t_{i-1})\right)\right]^2}{2\sigma^2(t_i - t_{i-1})}\right)$$

식 (18-17)을 이용하여 델타 가중치 w_Δ를 계산하면 다음과 같게 되므로,

$$w_\Delta = \frac{\partial \ln \psi(S_{t_1}, \cdots, S_{t_{n-1}}, S_T)}{\partial S} = \frac{\partial \ln \psi(S_{t_1} | S)}{\partial S}$$

$$= \frac{\ln S_{t_1} - (\ln S + \nu t_1)}{S\sigma^2 t_1} = \frac{z_1}{S\sigma\sqrt{t_1}}$$

기초자산이 1개인 경로의존형 상품의 델타는 다음과 같다.

$$\text{델타} : \frac{\partial V}{\partial S} = e^{-rT} E\left[\pi(S_{t_1}, \cdots, S_{t_{n-1}}, S_T)\frac{z_1}{S_0\sigma\sqrt{t_1}}\right]$$

같은 방법으로 나머지 그릭스를 계산하면 다음과 같이 정리된다.

$$\text{감마} : \frac{\partial^2 V}{\partial S^2} = e^{-rT} E\left[\pi(S_{t_1}, \cdots, S_{t_{n-1}}, S_T)\frac{z_1^2 - z_1\sigma\sqrt{\Delta t_1} - 1}{(S\sigma\sqrt{\Delta t_1})^2}\right]$$

$$\text{베가} : \frac{\partial V}{\partial \sigma} = e^{-rT} E\left[\pi(S_{t_1}, \cdots, S_{t_{n-1}}, S_T)\sum_{i=1}^{n}\left(\frac{z_i^2 - 1}{\sigma} - z_i\sqrt{\Delta t_i}\right)\right]$$

여기서, z_i : t_i시점에서 생성된 난수

Δt_i : i번째 이산화 구간

$$\text{로} : \frac{\partial V}{\partial r} = e^{-rT} E\left[\pi(S_{t_1}, \cdots, S_{t_{n-1}}, S_T)\left(\sum_{i=1}^{n}\frac{z_i\sqrt{\Delta t_i}}{\sigma} - T\right)\right]$$

$$\text{세타} : \frac{\partial V}{\partial T} = rV - \frac{1}{2}\sigma^2 S^2 \Gamma - (r-q)S\Delta$$

18.2.2.3 기초자산이 2개인 파생상품의 그릭스

주가의 확률미분방정식에 대수정규분포를 적용하였을 때 주가의 분포는 다음과 같은데,

$$\ln S_{1,t} \sim N(\ln S_1 + \nu_1 t, \sigma_1^2 t) = N(m_1, \sigma_1^2 t)$$
$$\ln S_{2,t} \sim N(\ln S_2 + \nu_2 t, \sigma_2^2 t) = N(m_2, \sigma_2^2 t)$$

여기서, $\nu_1 = r - q_1 - \frac{1}{2}\sigma_1^2$, $\nu_2 = r - q_2 - \frac{1}{2}\sigma_2^2$ 이다.

정규분포를 따르는 확률변수 X와 Y의 분포가 다음과 같을 때,

$$X \sim N(\mu_1, \sigma_1^2)$$
$$Y \sim N(\mu_2, \sigma_2^2)$$
$$\rho(X, Y) = \rho$$

확률변수 X와 Y의 결합확률밀도함수(Joint PDF) $f(x, y)$는 다음과 같으므로,

$$f(x, y) = \frac{1}{2\pi\sigma_1\sigma_2\sqrt{1-\rho^2}} \exp\left(-\frac{1}{2(1-\rho^2)}\left[\frac{(x-\mu_1)^2}{\sigma_1^2} - \frac{2\rho(x-\mu_1)(y-\mu_2)}{\sigma_1\sigma_2} + \frac{(y-\mu_2)^2}{\sigma_2^2}\right]\right)$$

만기 주가 $S_{1,T}$와 $S_{2,T}$의 결합확률밀도함수 $\psi(x, y)$는 다음과 같다.

$$\psi(x, y) = \frac{1}{2\pi\sigma_1\sigma_2 x y T\sqrt{1-\rho^2}} \exp\left(-\frac{1}{2(1-\rho^2)}\left[\frac{(\ln x - m_1)^2}{\sigma_1^2 T} - \frac{2\rho(\ln x - m_1)(\ln y - m_2)}{\sigma_1\sigma_2 T} + \frac{(\ln y - m_2)^2}{\sigma_2^2 T}\right]\right)$$

그리고 두 기초자산 S_1와 S_2의 상관관계가 고려된 난수 ε_1과 ε_2는 다음과 같다.

$$\begin{bmatrix}\varepsilon_1 \\ \varepsilon_2\end{bmatrix} = \begin{bmatrix}1 & 0 \\ \rho & \sqrt{1-\rho^2}\end{bmatrix}\begin{bmatrix}z_1 \\ z_2\end{bmatrix} \tag{18-18}$$

식 (18-11)에서 만기 손익이 경로에 의존하지 않는 경우 만기 주가 $S_{1,T}$는 다음과 같고,

$$S_{1,T} = S_1 \exp\left[\nu_1 T + \sigma_1 \varepsilon_1 \sqrt{T}\right], \ \varepsilon_1 \sim N(0, 1)$$

유로피언옵션의 델타를 구하기 위해서 델타 가중치 w_{Δ_1}를 계산하면 다음과 같다.

$$w_{\Delta_1} = \frac{\partial \ln \psi(S_{1,T}, S_{2,T})}{\partial S} = \frac{\varepsilon_{1,T} - \rho\varepsilon_{2,T}}{S_1 \sigma_1 \sqrt{T}(1-\rho^2)}$$

식 (18-18)에 의해서 가중치 w_{Δ_1}는 다음과 같게 되므로,

$$w_{\Delta_1} = \frac{z_1 - \rho\left(\rho z_1 + \sqrt{1-\rho^2}\, z_2\right)}{S_1 \sigma_1 \sqrt{T}(1-\rho^2)} = \frac{1}{S_1 \sigma_1 \sqrt{T}}\left(z_1 - \frac{\rho z_2}{\sqrt{1-\rho^2}}\right)$$

기초자산1에 대한 델타 Δ_1는 다음과 같다.

$$\Delta_1 = \frac{\partial V}{\partial S_1} = e^{-rT} E\left[\pi(S_{1,T}, S_{2,T}) \frac{1}{S_1 \sigma_1 \sqrt{T}}\left(z_1 - \frac{\rho z_2}{\sqrt{1-\rho^2}}\right)\right]$$

같은 방법으로 기차자산2에 대한 델타 Δ_2를 계산하고 정리하면 델타는 다음과 같다.

- 델타 : $\Delta_1 = \frac{\partial V}{\partial S_1} = e^{-rT} E\left[\pi(S_{1,T}, S_{2,T}) \frac{1}{S_1 \sigma_1 \sqrt{T}}\left(z_1 - \frac{\rho z_2}{\sqrt{1-\rho^2}}\right)\right]$

$$\Delta_2 = \frac{\partial V}{\partial S_2} = e^{-rT} E\left[\pi(S_{1,T}, S_{2,T}) \frac{z_2}{S_2 \sigma_2 \sqrt{T}\sqrt{1-\rho^2}}\right]$$

같은 방법으로 나머지 그릭스를 계산하면 다음과 같이 정리된다.

- 감마 : $\Gamma_1 = \frac{\partial^2 V}{\partial S_1^2} = e^{-rT} E\left[\pi(S_{1,T}, S_{2,T}) W_{\Gamma_1}\right]$

$$\Gamma_2 = \frac{\partial^2 V}{\partial S_2^2} = e^{-rT} E\left[\pi(S_{1,T}, S_{2,T}) W_{\Gamma_2}\right]$$

$$\Gamma_{12} = \frac{\partial^2 V}{\partial S_1 \partial S_2} = e^{-rT} E\left[\pi(S_{1,T}, S_{2,T})\left(\frac{\rho + z_1 z_2 \sqrt{1-\rho^2} - \rho {z_2}^2}{S_1 S_2 \sigma_1 \sigma_2 T(1-\rho^2)}\right)\right]$$

여기서,

$$W_{\Gamma_1} = \frac{1}{S_1^2 \sigma_1 T(1-\rho^2)}\left[\frac{1-\rho^2}{\sigma_1}\left(z_1 - \frac{\rho z_2}{\sqrt{1-\rho^2}}\right)^2 - \frac{1}{\sigma_1} - (1-\rho^2)\sqrt{T}\left(z_1 - \frac{\rho z_2}{\sqrt{1-\rho^2}}\right)\right]$$

$$W_{\Gamma_2} = \frac{1}{S_2^2 \sigma_2 T(1-\rho^2)}\left[\frac{z_2^2}{\sigma_2} - \frac{1}{\sigma_2} - \sqrt{1-\rho^2}\, z_2 \sqrt{T}\right]$$

• 베가 : $\nu_1 = \frac{\partial V}{\partial \sigma_1} = e^{-rT} E\left[\pi(S_{1,T}, S_{2,T}) W_{\nu_1}\right]$

$$\nu_2 = \frac{\partial V}{\partial \sigma_2} = e^{-rT} E\left[\pi(S_{1,T}, S_{2,T}) W_{\nu_2}\right]$$

여기서,

$$W_{\nu_1} = \frac{1}{\sigma_1}\left(z_1 - \frac{\rho z_2}{\sqrt{1-\rho^2}}\right)\left(z_1 - \sigma_1\sqrt{T}\right) - \frac{1}{\sigma_1}$$

$$W_{\nu_2} = \frac{z_2}{\sigma_2\sqrt{1-\rho^2}}\left(\rho z_1 + \sqrt{1-\rho^2}\, z_2 - \sigma_2\sqrt{T}\right) - \frac{1}{\sigma_2}$$

• 로

- 두 기초자산이 모두 국내 자산일 때

$$\rho = \frac{\partial V}{\partial r} = -TV + S_1 T\Delta_1 + S_2 T\Delta_2$$

- 기초자산이 콴토(Quanto)일 때

국내자산 $\rho_1 = \frac{\partial V}{\partial r_1} = -TV + S_1 T\Delta_1$

해외자산 $\rho_2 = \frac{\partial V}{\partial r_2} = S_2 T\Delta_2$

기초자산이 2개인 파생상품 가격에 대한 편미분방정식은 다음과 같으므로,

$$\frac{\partial V}{\partial t} + (r-q_1)S_1\frac{\partial V}{\partial S_1} + (r-q_2)S_2\frac{\partial V}{\partial S_2} + \frac{1}{2}(\sigma_1 S_1)^2\frac{\partial^2 V}{\partial S_1^2} + \frac{1}{2}(\sigma_2 S_2)^2\frac{\partial^2 V}{\partial S_2^2} + \rho\sigma_1 S_1\sigma_2 S_2\frac{\partial^2 V}{\partial S_1\partial S_2} - rV = 0$$

세타는 다음과 같이 정리된다.

• 세타 : $\Theta = \frac{\partial V}{\partial T} = rV - (r-q_1)S_1\Delta_1 - (r-q_2)S_2\Delta_2 - \frac{1}{2}\sigma_1^2 S_1^2\Gamma_1 - \frac{1}{2}\sigma_2^2 S_2^2\Gamma_2 - \rho\sigma_1\sigma_2 S_1 S_2\Gamma_{12}$

팁_27 콴토(Quanto)

콴토는 기초자산의 통화와 결제되는 통화가 서로 다른 파생상품으로 이러한 상품을 콴토옵션이라고 하는데, 콴토옵션이란 수익은 하나의 기초자산 가격에 의해 결정되지만 위험에 노출된 정도나 크기는 다른 자산(환율)의 가격에 의해 결정된다.

18.2.2.4. 기초자산이 2개인 경로의존형 파생상품의 그릭스

기초자산이 2개인 경로의존형 상품인 경우 그릭스는 다음과 같이 정리된다.

• 델타 : $$\Delta_1 = \frac{\partial V}{\partial S_1} = e^{-rT} E\left[\pi(S_{1,T}, S_{2,T}) \frac{1}{S_1 \sigma_1 \sqrt{\Delta t_1}}\left(z_{1,t_1} - \frac{\rho z_{2,t_1}}{\sqrt{1-\rho^2}}\right)\right]$$

$$\Delta_2 = \frac{\partial V}{\partial S_2} = e^{-rT} E\left[\pi(S_{1,T}, S_{2,T}) \frac{z_{2,t_1}}{S_2 \sigma_2 \sqrt{\Delta t_1}\sqrt{1-\rho^2}}\right]$$

여기서, z_{1,t_1} : 기초자산 1에 대한 t_1시점에서 생성된 난수

z_{2,t_1} : 기초자산 2에 대한 t_1시점에서 생성된 난수

• 감마 : $$\Gamma_1 = \frac{\partial^2 V}{\partial S_1^2} = e^{-rT} E\left[\pi(S_{1,T}, S_{2,T}) W_{\Gamma_1}\right]$$

$$\Gamma_2 = \frac{\partial^2 V}{\partial S_2^2} = e^{-rT} E\left[\pi(S_{1,T}, S_{2,T}) W_{\Gamma_2}\right]$$

$$\Gamma_{12} = \frac{\partial^2 V}{\partial S_1 \partial S_2} = e^{-rT} E\left[\pi(S_{1,T}, S_{2,T}) W_{\Gamma_{12}}\right]$$

여기서, $$W_{\Gamma_1} = \frac{1}{S_1^2 \sigma_1 \Delta t_1 (1-\rho^2)}\left[\frac{1-\rho^2}{\sigma_1}\left(z_{1,t_1} - \frac{\rho z_{2,t_1}}{\sqrt{1-\rho^2}}\right)^2 - \frac{1}{\sigma_1} - (1-\rho^2)\sqrt{\Delta t_1}\left(z_{1,t_1} - \frac{\rho z_{2,t_1}}{\sqrt{1-\rho^2}}\right)\right]$$

$$W_{\Gamma_2} = \frac{1}{S_2^2 \sigma_2 \Delta t_1 (1-\rho^2)}\left[\frac{z_{2,t_1}^2}{\sigma_2} - \frac{1}{\sigma_2} - \sqrt{1-\rho^2}\, z_{2,t_1}\sqrt{\Delta t_1}\right]$$

$$W_{\Gamma_{12}} = \frac{\rho + z_{1,t_1} z_{2,t_1}\sqrt{1-\rho^2} - \rho z_{2,t_1}{}^2}{S_1 S_2 \sigma_1 \sigma_2 \Delta t_1 (1-\rho^2)}$$

- 베가 : $\nu_1 = \dfrac{\partial V}{\partial \sigma_1} = e^{-rT} E\left[\pi(S_{1,T}, S_{2,T})\, W_{\nu_1}\right]$

$$\nu_2 = \frac{\partial V}{\partial \sigma_2} = e^{-rT} E\left[\pi(S_{1,T}, S_{2,T})\, W_{\nu_2}\right]$$

여기서, $W_{\nu_1} = \displaystyle\sum_{i=1}^{n}\left\{\frac{1}{\sigma_1}\left(z_{1,t_i} - \frac{\rho z_{2,t_i}}{\sqrt{1-\rho^2}}\right)\left(z_{1,t_i} - \sigma_1\sqrt{\Delta t_i}\right) - \frac{1}{\sigma_1}\right\}$

$$W_{\nu_2} = \sum_{i=1}^{n}\left\{\frac{z_{2,t_i}}{\sigma_2\sqrt{1-\rho^2}}\left(\rho z_{1,t_i} + \sqrt{1-\rho^2}\, z_{2,t_i} - \sigma_2\sqrt{\Delta t_i}\right) - \frac{1}{\sigma_2}\right\}$$

z_{1,t_i} : 기초자산 1에 대한 t_i시점에서 생성된 난수

z_{2,t_i} : 기초자산 2에 대한 t_i시점에서 생성된 난수

- 로
  - 두 기초자산이 모두 국내 자산일 때

$$\rho = \frac{\partial V}{\partial r} = e^{-rT} E\left[\pi(S_{1,T}, S_{2,T})\, W_\rho\right]$$

여기서, $W_\rho = \displaystyle\sum_{i=1}^{n}\left\{\frac{\sqrt{\Delta t_i}}{\sigma_1}\left(z_{1,t_i} - \frac{\rho z_{2,t_i}}{\sqrt{1-\rho^2}}\right) + \frac{z_{2,t_i}\sqrt{\Delta t_i}}{\sigma_2\sqrt{1-\rho^2}}\right\} - T$

  - 기초자산이 퀀토일 때

국내자산 $\rho_1 = \dfrac{\partial V}{\partial r_1} = e^{-r_1 T} E\left[\pi(S_{1,T}, S_{2,T})\, W_{\rho_1}\right]$

해외자산 $\rho_2 = \dfrac{\partial V}{\partial r_2} = e^{-r_1 T} E\left[\pi(S_{1,T}, S_{2,T})\, W_{\rho_2}\right]$

여기서, $W_{\rho_1} = \displaystyle\sum_{i=1}^{n}\left\{\frac{\sqrt{\Delta t_i}}{\sigma_1}\left(z_{1,t_i} - \frac{\rho z_{2,t_i}}{\sqrt{1-\rho^2}}\right)\right\} - T$

$$W_{\rho_2} = \sum_{i=1}^{n}\frac{z_{2,t_i}\sqrt{\Delta t_i}}{\sigma_2\sqrt{1-\rho^2}}$$

- 세타 : $\Theta = \dfrac{\partial V}{\partial T} = rV - (r-q_1)S_1\Delta_1 - (r-q_2)S_2\Delta_2$

$$- \frac{1}{2}\sigma_1^2 S_1^2 \Gamma_1 - \frac{1}{2}\sigma_2^2 S_2^2 \Gamma_2 - \rho\sigma_1\sigma_2 S_1 S_2 \Gamma_{12}$$

18.3 트리 모형을 이용한 그릭스 계산

트리 모형을 이용하여 파생상품을 평가할 때 그릭스 계산은 유한차분근사법을 사용한다.

18.3.1 기초자산이 1개인 이항트리 모형

[그림 18-1]의 이항트리 모형에서 델타, 감마와 세타는 다음과 같이 계산한다.

$$\text{델타}: \Delta = \frac{V_{1,0} - V_{1,1}}{S_{1,0} - S_{1,1}}$$

$$\text{감마}: \Gamma = \frac{\dfrac{V_{2,0} - V_{2,1}}{S_{2,0} - S_{2,1}} - \dfrac{V_{2,1} - V_{2,2}}{S_{2,1} - S_{2,2}}}{\dfrac{S_{2,0} - S_{2,1}}{2} - \dfrac{S_{2,1} - S_{2,2}}{2}} = \frac{\dfrac{V_{2,0} - V_{2,1}}{S_{2,0} - S_{2,1}} - \dfrac{V_{2,1} - V_{2,2}}{S_{2,1} - S_{2,2}}}{\dfrac{S_{2,0} - S_{2,2}}{2}}$$

$$\text{세타}: \Theta = \frac{V_{2,1} - V_{0,0}}{2\Delta t}$$

여기서, $S_{i,j}$는 이항트리에서 $t_i(=i\Delta t)$시점의 마디 j에서의 주가이고,
$V_{i,j}$는 이항트리에서 t_i시점의 마디 j에서의 파생상품 평가값이다.

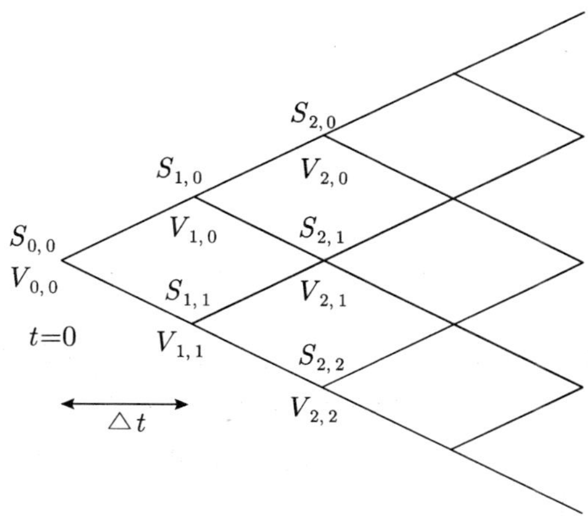

[그림 18-1] 이항트리

그러나 위의 델타와 감마는 평가시점($t=0$)이 아닌 $t=\Delta t$와 $t=2\Delta t$시점에서 구한 값이므로 평가시점에서의 델타와 감마라고 할 수 없다. 보다 정확한 계산을 위해 [그림 18-2]와

같이 트리의 만기를 $2\triangle t$만큼 증가시키고 트리를 좌측으로 $2\triangle t$만큼 이동하여 델타, 감마, 세타를 다음과 같이 계산한다.

델타 : $\Delta = \dfrac{V_{0,0} - V_{0,2}}{S_{0,0} - S_{0,2}}$

감마 : $\Gamma = \dfrac{\dfrac{V_{0,0} - V_{0,1}}{S_{0,0} - S_{0,1}} - \dfrac{V_{0,1} - V_{0,2}}{S_{0,1} - S_{0,2}}}{\dfrac{S_{0,0} - S_{0,2}}{2}}$

세타 : $\Theta = \dfrac{V_{2,2} - V_{0,1}}{2\triangle t}$

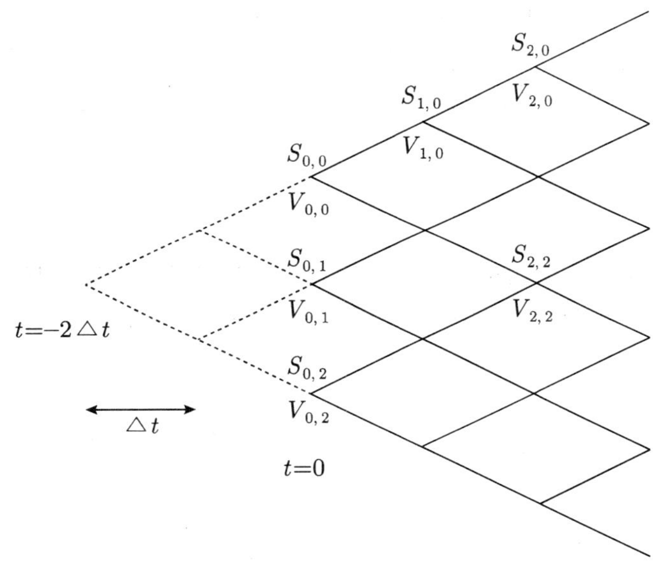

[그림 18-2] $2\triangle t$ **만큼 이동된 이항트리**

베가와 로는 하나의 이항트리에서 직접 계산할 수 있는 것이 아니다. 베가는 변동성에 아주 작은 변동성 변화($\pm\triangle\sigma$)를 주어 생성한 이항트리에서 계산된 평가값을 이용하여 계산한다. 그리고 로도 이자율에 아주 작은 이자율 변화($\pm\triangle r$)를 주어 생성한 이항트리에서 계산된 평가값을 이용하여 계산한다.

베가 : $\nu = \dfrac{V(\sigma + \triangle\sigma) - V(\sigma - \triangle\sigma)}{2\triangle\sigma}$

로 : $\rho = \dfrac{V(r+\Delta r) - V(r-\Delta r)}{2\Delta r}$

18.3.2 기초자산이 2개인 이항트리 모형

[그림 18-3]의 이항트리에서 $t=0$시점은 [그림 18-4]와 같은데, 여기서 그릭스는 기초자산이 1개일 때와 유사한 방법으로 계산한다.

- 델타

$$\Delta_1 = \frac{V_{1,0}^0 - V_{-1,0}^0}{S_{1,0}^0 - S_{-1,0}^0}$$

$$\Delta_2 = \frac{V_{0,1}^0 - V_{0,-1}^0}{S_{0,1}^0 - S_{0,-1}^0}$$

- 감마

$$\Gamma_1 = \frac{\dfrac{V_{1,0}^0 - V_{0,0}^0}{S_{1,0}^0 - S_{0,0}^0} - \dfrac{V_{0,0}^0 - V_{-1,0}^0}{S_{0,0}^0 - S_{-1,0}^0}}{\dfrac{S_{1,0}^0 - S_{-1,0}^0}{2}}$$

$$\Gamma_2 = \frac{\dfrac{V_{0,1}^0 - V_{0,0}^0}{S_{0,1}^0 - S_{0,0}^0} - \dfrac{V_{0,0}^0 - V_{0,-1}^0}{S_{0,0}^0 - S_{0,-1}^0}}{\dfrac{S_{0,1}^0 - S_{0,-1}^0}{2}}$$

$$\Gamma_{12} = \frac{V_{1,1}^0 - V_{1,-1}^0}{\dfrac{S_{1,0}^0 - S_{-1,0}^0}{2}\,\dfrac{S_{0,1}^0 - S_{0,-1}^0}{2}} - \frac{V_{-1,1}^0 - V_{-1,-1}^0}{\dfrac{S_{1,0}^0 - S_{-1,0}^0}{2}\,\dfrac{S_{0,1}^0 - S_{0,-1}^0}{2}}$$

- 세타

$$\Theta = \frac{V_{0,0}^2 - V_{0,0}^0}{2\Delta t}$$

여기서, $S_{i,j}^k$는 $t_k(=k\Delta t)$시점에서 마디 (i,j)에서의 기초자산1의 주가 S_i와 기초자산2의 주가 S_j를 의미하고, $V_{i,j}^k$는 t_k시점에서 마디 (i,j)에서의 파생상품 평가값이다.

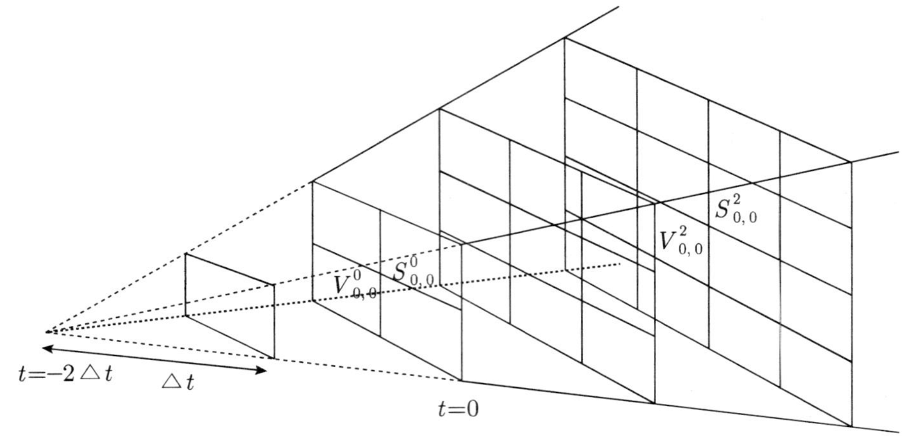

[그림 18-3] 기초자산이 2개인 이항트리 모형

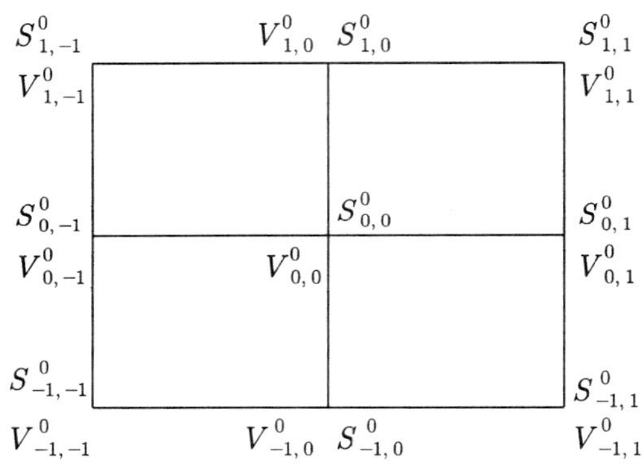

[그림 18-4] $t=0$일 때 이항트리 마디

기초자산이 2개인 이항트리 모형에서 베가와 로는 기초자산이 1개일 때와 유사한 방법으로 계산한다. 각 기초자산의 변동성에 아주 작은 변동성 변화($\pm\Delta\sigma_1$, $\pm\Delta\sigma_2$)를 주어 생성한 이항트리에서 계산된 평가값을 이용하여 베가를 계산하고, 이자율에 아주 작은 이자율 변화($\pm\Delta r_1$, $\pm\Delta r_2$)를 주어 생성한 이항트리에서 계산된 평가값을 이용하여 로를 계산한다.

- 베가

$$\nu_1 = \frac{V(\sigma_1+\Delta\sigma_1, \sigma_2) - V(\sigma_1-\Delta\sigma_1, \sigma_2)}{2\Delta\sigma_1}$$

$$\nu_2 = \frac{V(\sigma_1, \sigma_2+\Delta\sigma_2) - V(\sigma_1, \sigma_2-\Delta\sigma_2)}{2\Delta\sigma_2}$$

• 로

$$\rho_1 = \frac{V(r_1 + \triangle r_1, r_2) - V(r_1 - \triangle r_1, r_2)}{2\triangle r_1}$$

$$\rho_2 = \frac{V(r_1, r_2 + \triangle r_2) - V(r_1, r_2 - \triangle r_2)}{2\triangle r_2}$$

18.3.3 기초자산이 1개인 삼항트리 모형

이항트리 모형과 유사한 방법을 이용하여 삼항트리에서 그릭스를 계산하는데 삼항트리에서는 [그림 18-5]와 같이 트리의 만기를 $\triangle t$만큼 증가시키고 트리를 좌측으로 $\triangle t$만큼 이동하여 델타, 감마, 세타를 다음과 같이 계산한다.

$$\text{델타 : } \Delta = \frac{V_{0,0} - V_{0,2}}{S_{0,0} - S_{0,2}}$$

$$\text{감마 : } \Gamma = \frac{\dfrac{V_{0,0} - V_{0,1}}{S_{0,0} - S_{0,1}} - \dfrac{V_{0,1} - V_{0,2}}{S_{0,1} - S_{0,2}}}{\dfrac{S_{0,0} - S_{0,2}}{2}}$$

$$\text{세타 : } \Theta = \frac{V_{1,2} - V_{0,1}}{\triangle t}$$

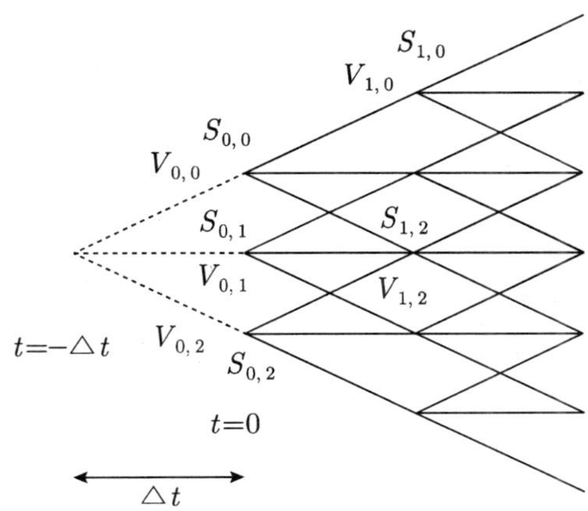

[그림 18-5] $\triangle t$만큼 이동된 삼항트리

삼항트리 모형에서 베가와 로는 이항트리 모형과 동일한 방법으로 계산한다.

$$\text{베가} : \nu = \frac{V(\sigma + \triangle\sigma) - V(\sigma - \triangle\sigma)}{2\triangle\sigma}$$

$$\text{로} : \rho = \frac{V(r + \triangle r) - V(r - \triangle r)}{2\triangle r}$$

18.3.4 기초자산이 2개인 삼항트리 모형

[그림 18-6]의 삼항트리에서 $t = 0$시점은 [그림 18-7]과 같은데, 여기서 그릭스는 기초자산이 1개일 때와 유사한 방법으로 계산한다.

- 델타

$$\Delta_1 = \frac{V^0_{2,0} - V^0_{-2,0}}{S^0_{2,0} - S^0_{-2,0}}$$

$$\Delta_2 = \frac{V^0_{0,2} - V^0_{0,-2}}{S^0_{0,2} - S^0_{0,-2}}$$

- 감마

$$\Gamma_1 = \frac{\dfrac{V^0_{2,0} - V^0_{0,0}}{S^0_{2,0} - S^0_{0,0}} - \dfrac{V^0_{0,0} - V^0_{-2,0}}{S^0_{0,0} - S^0_{-2,0}}}{\dfrac{S^0_{2,0} - S^0_{-2,0}}{2}}$$

$$\Gamma_2 = \frac{\dfrac{V^0_{0,2} - V^0_{0,0}}{S^0_{0,2} - S^0_{0,0}} - \dfrac{V^0_{0,0} - V^0_{0,-2}}{S^0_{0,0} - S^0_{0,-2}}}{\dfrac{S^0_{0,2} - S^0_{0,-2}}{2}}$$

$$\Gamma_{12} = \frac{V^0_{1,1} - V^0_{1,-1}}{\dfrac{S^0_{1,1} - S^0_{-1,1}}{2}\dfrac{S^0_{1,1} - S^0_{1,-1}}{2}} - \frac{V^0_{-1,1} - V^0_{-1,-1}}{\dfrac{S^0_{1,1} - S^0_{-1,1}}{2}\dfrac{S^0_{1,1} - S^0_{1,-1}}{2}}$$

- 세타

$$\Theta = \frac{V^1_{0,0} - V^0_{0,0}}{\triangle t}$$

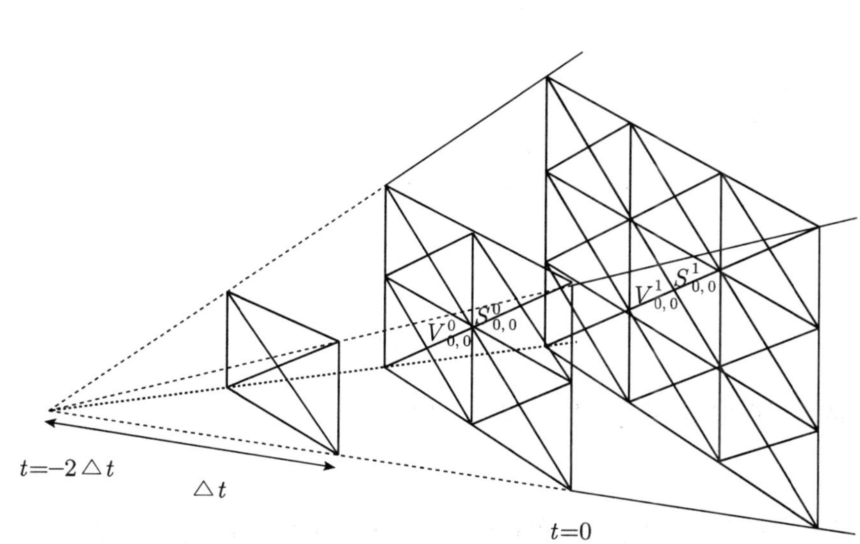

[그림 18-6] 기초자산이 2개인 삼항트리 모형

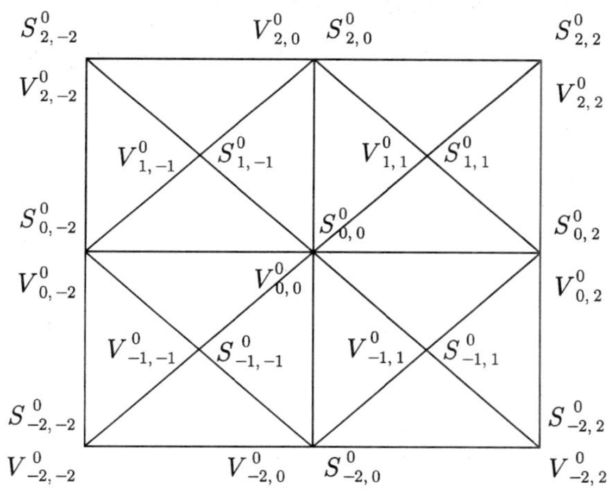

[그림 18-7] $t=0$일 때 삼항트리 마디

기초자산이 2개인 삼항트리 모형에서 베가와 로는 기초자산이 2개인 이항트리 모형과 동일한 방법으로 계산한다.

- 베가

$$\nu_1 = \frac{V(\sigma_1 + \triangle\sigma_1, \sigma_2) - V(\sigma_1 - \triangle\sigma_1, \sigma_2)}{2\triangle\sigma_1}$$

$$\nu_2 = \frac{V(\sigma_1, \sigma_2 + \triangle\sigma_2) - V(\sigma_1, \sigma_2 - \triangle\sigma_2)}{2\triangle\sigma_2}$$

• 로

$$\rho_1 = \frac{V(r_1 + \triangle r_1, r_2) - V(r_1 - \triangle r_1, r_2)}{2\triangle r_1}$$

$$\rho_2 = \frac{V(r_1, r_2 + \triangle r_2) - V(r_1, r_2 - \triangle r_2)}{2\triangle r_2}$$

18.4 유한차분법을 이용한 그릭스 계산

유한차분법을 이용하여 파생상품을 평가할 때 그릭스 계산은 유한차분근사법을 사용한다.

18.4.1 기초자산이 1개인 파생상품의 그릭스

[그림 18-8]의 유한차분 격자에서 델타, 감마, 세타는 다음과 같이 계산한다.

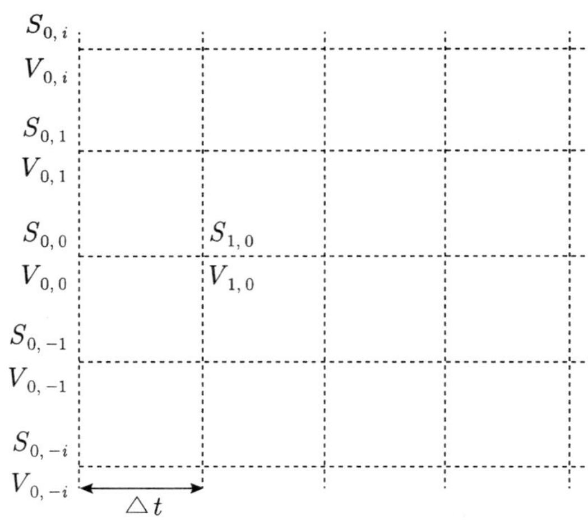

[그림 18-8] 유한차분 격자

델타 : $\Delta = \dfrac{V_{0,1} - V_{0,-1}}{S_{0,1} - S_{0,-1}}$

감마 : $\Gamma = \dfrac{\dfrac{V_{0,1} - V_{0,0}}{S_{0,1} - S_{0,0}} - \dfrac{V_{0,0} - V_{0,-1}}{S_{0,0} - S_{0,-1}}}{\dfrac{S_{0,1} - S_{0,-1}}{2}}$

$$\text{세타 : } \Theta = \frac{V_{1,0} - V_{0,0}}{\Delta t}$$

유한차분법에서 베가와 로는 이항트리 모형과 동일한 방법으로 계산한다.

$$\text{베가 : } \nu = \frac{V(\sigma + \Delta\sigma) - V(\sigma - \Delta\sigma)}{2\Delta\sigma}$$

$$\text{로 : } \rho = \frac{V(r + \Delta r) - V(r - \Delta r)}{2\Delta r}$$

18.4.2 기초자산이 2개인 파생상품의 그릭스

[그림 18-9]의 유한차분 격자에서 $t=0$시점은 [그림 18-10]과 같은데, 여기서 그릭스는 기초자산이 1개일 때와 유사한 방법으로 계산한다.

- 델타

$$\Delta_1 = \frac{V_{1,0}^0 - V_{-1,0}^0}{S_{1,0}^0 - S_{-1,0}^0}$$

$$\Delta_2 = \frac{V_{0,1}^0 - V_{0,-1}^0}{S_{0,1}^0 - S_{0,-1}^0}$$

- 감마

$$\Gamma_1 = \frac{\dfrac{V_{1,0}^0 - V_{0,0}^0}{S_{1,0}^0 - S_{0,0}^0} - \dfrac{V_{0,0}^0 - V_{-1,0}^0}{S_{0,0}^0 - S_{-1,0}^0}}{\dfrac{S_{1,0}^0 - S_{-1,0}^0}{2}}$$

$$\Gamma_2 = \frac{\dfrac{V_{0,1}^0 - V_{0,0}^0}{S_{0,1}^0 - S_{0,0}^0} - \dfrac{V_{0,0}^0 - V_{0,-1}^0}{S_{0,0}^0 - S_{0,-1}^0}}{\dfrac{S_{0,1}^0 - S_{0,-1}^0}{2}}$$

$$\Gamma_{12} = \frac{V_{1,1}^0 - V_{1,-1}^0}{\dfrac{S_{1,0}^0 - S_{-1,0}^0}{2} \dfrac{S_{0,1}^0 - S_{0,-1}^0}{2}} - \frac{V_{-1,1}^0 - V_{-1,-1}^0}{\dfrac{S_{1,0}^0 - S_{-1,0}^0}{2} \dfrac{S_{0,1}^0 - S_{0,-1}^0}{2}}$$

- 세타

$$\Theta = \frac{V_{0,0}^{1} - V_{0,0}^{0}}{\triangle t}$$

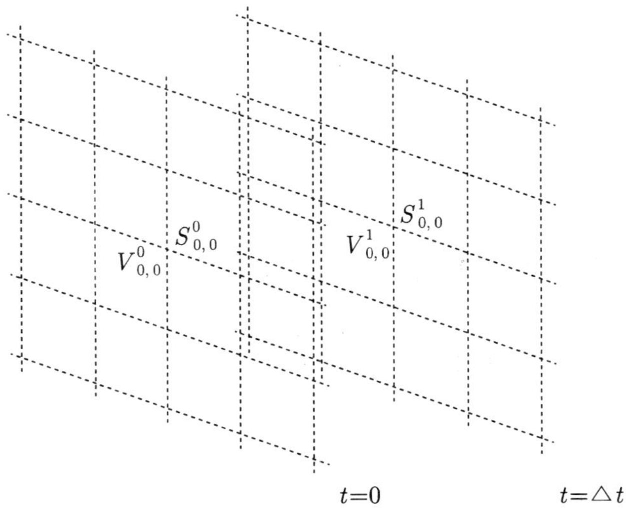

[그림 18-9] 기초자산이 2개인 유한차분 격자

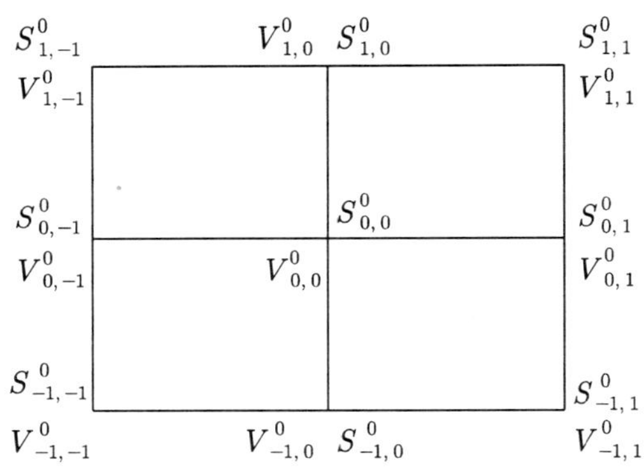

[그림 18-10] $t=0$일 때 유한차분 격자

기초자산이 2개인 유한차분법에서 베가와 로는 기초자산이 2개인 이항트리 모형과 동일한 방법으로 계산한다.

- 베가

$$\nu_1 = \frac{V(\sigma_1 + \triangle\sigma_1, \sigma_2) - V(\sigma_1 - \triangle\sigma_1, \sigma_2)}{2\triangle\sigma_1}$$

$$\nu_2 = \frac{V(\sigma_1, \sigma_2 + \triangle\sigma_2) - V(\sigma_1, \sigma_2 - \triangle\sigma_2)}{2\triangle\sigma_2}$$

- 로

$$\rho_1 = \frac{V(r_1 + \triangle r_1, r_2) - V(r_1 - \triangle r_1, r_2)}{2\triangle r_1}$$

$$\rho_2 = \frac{V(r_1, r_2 + \triangle r_2) - V(r_1, r_2 - \triangle r_2)}{2\triangle r_2}$$

18.5 유로피언콜옵션에 대한 그릭스 계산

평가시점에서 기초자산 S는 100, 행사가격 X는 110, 무위험이자율 r은 0.05, 배당률 q는 0.01, 변동성 σ는 0.3, 잔존만기 T는 1년일 때 유로피언콜옵션의 그릭스 값이 얼마인지 앞에서 설명한 그릭스 계산방법들을 이용하여 계산해 보자.

✎ 소스 코드

- mathlib.h

```
// mathlib.h
#define   _CRT_SECURE_NO_DEPRECATE
#define   max(a,b) (((a)>(b))?(a):(b))
#define   PI   3.14159265358979323846264338327950288419716939937510582097

//   Random변수 생성관련
double    normdistrand_BoxMuller();

//   분포관련
double    N(double z);
double    n(double z);

//   연립방정식 풀이
void      tridiagonal_elimination(double **Smat, double *Known, double *Unknown,
                                  int n_eqns);
```

- mathlib.cpp

```
// mathlib.cpp
#include   "mathlib.h"

#include   <math.h>
#include   <time.h>
#include   <fstream>
#include   <iostream>
using      namespace     std;

double     normdistrand_BoxMuller()
{
    //   앞에서 선언한 normdistrand_BoxMuller( ) 함수와 동일함, 별첨 소스 코드 참조
}

double     N(double z)
{
    //   앞에서 선언한 N( ) 함수와 동일함, 별첨 소스 코드 참조
}

double     n(double z)
{
    return     1.0/sqrt(2.0*PI) * exp(-0.5*z*z);
}

void       tridiagonal_elimination(double **Smat, double *Known, double *Unknown,
                                   int n_eqns)
{
    //   앞에서 선언한 tridiagonal_elimination( ) 함수와 동일함, 별첨 소스 코드 참조
}
```

- index.h

```
    //   앞에서 선언한 index.h 파일과 동일함, 별첨 소스 코드 참조
```

- index.cpp

```
    //   앞에서 선언한 index.cpp 파일과 동일함, 별첨 소스 코드 참조
```

- product.h

```
    //   앞에서 선언한 product.h 파일과 동일함, 별첨 소스 코드 참조
```

- product.cpp

```
//    앞에서 선언한 product.cpp 파일과 동일함, 별첨 소스 코드 참조
```

- yield.h

```
//    앞에서 선언한 yield.h 파일과 동일함, 별첨 소스 코드 참조
```

- yield.cpp

```
//    앞에서 선언한 yield.cpp 파일과 동일함, 별첨 소스 코드 참조
```

- price.h

```
//    price.h
class     CIndex;
class     CYield;
class     CProduct;

class     CPrice{
public:
    double    m_price;  // 평가값
    double    m_alpha;  // confidence coefficient

public:
    CPrice();
    ~CPrice();

    void      black_scholes_option_price_greeks(CIndex &index, CYield &yield,
                        CProduct &product);
    void      simulation_european_option_price_greeks(CIndex &index, CYield &yield,
                        CProduct &product, int n_sim);
    void      binomial_tree_european_option_price_greeks(CIndex &index, CYield &yield,
                        CProduct &product, int n_step);
    void      trinomial_tree_european_option_price_greeks(CIndex &index, CYield &yield,
                        CProduct &product, int n_step);
    void      implicit_fdm_european_option_price_greeks(CIndex &index, CYield &yield,
                        CProduct &product, int n_step, int n_spot);

    double    black_scholes_option_price(int iop, double S, double X, double r, double q,
                        double sigma, double T);
    void      black_scholes_option_greeks(int iop, double S, double X, double r, double q,
                        double sigma, double T);
    double    ci_binomial_tree_european_option_price(int iop, double S, double X, double r,
                    double q, double sigma, double T, int n_step, double alpha);
    double    ci_trinomial_tree_european_option_price(int iop, double S, double X, double r,
                    double q, double sigma, double T, int n_step, double alpha);
```

```
    double    ci_implicit_fdm_european_option_price(int iop, double S, double X, double r,
                        double q, double sigma, double T, int n_step, int n_spot,
                        double alpha);
};
```

- price.cpp

```
//  price.cpp
#include <math.h>
#include <time.h>
#include <fstream>

#include <iostream>
using     namespace     std;

#include "index.h"
#include "yield.h"
#include "product.h"
#include "price.h"
#include "mathlib.h"

CPrice::CPrice()
{
    m_price         = 0.0;    // 평가값
    m_alpha         = 5.0;    // confidence coefficient
}

CPrice::~CPrice()
{

}

void      CPrice::black_scholes_option_price_greeks(CIndex &index, CYield &yield,
                        CProduct &product)
{
    string    optiontype    = product.m_option_type;
    double    S             = index.m_spot;
    double    X             = product.m_strike;
    double    r             = yield.m_riskfree;
    double    q             = index.m_dividend;
    double    sigma         = index.m_vol;
    double    T             = product.m_maturity;

    int       iop;
    iop       = -1;
    if(optiontype == "Call" || optiontype == "call" ) iop    = 1;

    m_price   = black_scholes_option_price(iop, S, X, r, q, sigma, T);
    black_scholes_option_greeks(iop, S, X, r, q, sigma, T);
}
```

```
void      CPrice::simulation_european_option_price_greeks(CIndex &index, CYield &yield,
                                          CProduct &product, int n_sim)
{
    string    optiontype    = product.m_option_type;
    double    S             = index.m_spot;
    double    X             = product.m_strike;
    double    r             = yield.m_riskfree;
    double    q             = index.m_dividend;
    double    sigma         = index.m_vol;
    double    T             = product.m_maturity;

    int       iop;
    iop       = -1;
    if(optiontype == "Call" || optiontype == "call" ) iop    = 1;

    int       i;
    double    St, price, mudt, ssqrtdt;
    double    deltasum, gammasum, vegasum, rhosum;
    double    delta, gamma, vega, rho, theta;
    double    z, delta_w, gamma_w, vega_w, rho_w, lprice, sigmat;

    price     = 0.0;
    mudt      = (r-q-0.5*sigma*sigma)*T;
    ssqrtdt   = sigma*sqrt(T);
    sigmat    = sigma*T;

    deltasum = gammasum = vegasum    = rhosum = 0.0;

    for(i=0; i<n_sim; i++){
        z     = normdistrand_BoxMuller();
        St    = S*exp(mudt + ssqrtdt*z);

        delta_w       = z/(S*ssqrtdt);
        gamma_w       = (z*z - z*ssqrtdt - 1.0)/(S*ssqrtdt*S*ssqrtdt);
        vega_w        = (z*z - 1.0)/sigma - z*sqrt(T);
        rho_w         = (z*sqrt(T)/sigma - T);

        lprice        = max(iop*(St-X), 0.0);
        price        += lprice;
        deltasum     += lprice*delta_w;
        gammasum     += lprice*gamma_w;
        vegasum      += lprice*vega_w;
        rhosum       += lprice*rho_w;
    }
    m_price   = exp(-r*T)*price/n_sim;
    delta     = exp(-r*T)*deltasum/n_sim;
    gamma     = exp(-r*T)*gammasum/n_sim;
    vega      = exp(-r*T)*vegasum/n_sim;
    rho       = exp(-r*T)*rhosum/n_sim;
    theta     = r*m_price - (r-q)*S*delta - 0.5*sigma*sigma*S*S*gamma;
```

```
    vega        /= 100.0; //    sigma 1% 이동시 가격 영향
    rho         /= 100.0; //    r 1% 이동시 가격 영향
    theta       /= 365.0; //    t 1일 이동시 가격 영향

    cout<<"Delta : "<< delta << endl;
    cout<<"Gamma : "<< gamma << endl;
    cout<<"Vega  : "<< vega << endl;
    cout<<"Rho   : "<< rho << endl;
    cout<<"Theta : "<< theta << endl;
}

void    CPrice::binomial_tree_european_option_price_greeks(CIndex &index,
                        CYield &yield, CProduct &product, int n_step)
{
    string      optiontype      = product.m_option_type;
    double      S           = index.m_spot;
    double      X           = product.m_strike;
    double      r           = yield.m_riskfree;
    double      q           = index.m_dividend;
    double      sigma       = index.m_vol;
    double      T           = product.m_maturity;

    int         iop;
    iop         = -1;
    if(optiontype == "Call" || optiontype == "call" ) iop    = 1;

    double      alpha;
    alpha       = m_alpha;

    int         i, j, ccnode;
    double      dx, nu, dfactor, Pu, Pd, dt;
    double      smax, smin, nodemax, nodemin;
    double      delta, gamma, vega, rho, theta;
    double      v22, vsp, vsm, vrp, vrm;

    dt   = T/n_step;
    nu   = r - q - 0.5*sigma*sigma;
    dx   = sqrt(sigma*sigma*dt + nu*nu*dt*dt);

    Pu   = 0.5+0.5*nu*dt/dx; // up 확률
    Pd   = 1.0 - Pu;         // down 확률

    smax     = S*exp(nu*T+alpha*sigma*sqrt(T));
    smin     = S*exp(nu*T-alpha*sigma*sqrt(T));
    ccnode   = 0;

    nodemax = nodemin     = S;
    do{
        ccnode++;
        nodemax  = S*exp(ccnode*dx);
        nodemin  = S*exp(-ccnode*dx);
    }while(nodemax<smax || nodemin>smin);
```

```
double    *Sp, *OCV, *NCV;

Sp        = new double[ccnode+1];
OCV       = new double[ccnode+1];
NCV       = new double[ccnode+1];

n_step    += 2;    //   greeks 계산을 위해 2dt 추가

if((n_step-ccnode)%2==0){
     for(i=0; i<=ccnode; i++){
          Sp[i]      = S*exp((ccnode-2*i)*dx); // Tree 주가 생성
          OCV[i]     = max(iop*(Sp[i]-X), 0.0); // 만기시점 옵션 Payoff
     }
}
else{
     for(i=1; i<=ccnode; i++){
          Sp[i]      = S*exp((ccnode-2*i+1)*dx); // Tree 주가 생성
          OCV[i]     = max(iop*(Sp[i]-X), 0.0); // 만기시점 옵션 Payoff
     }
}

dfactor   = exp(-r*dt);
// Tree의 만기에서부터 Backward Induction 실행하여 현재가치 계산
for(i=n_step-1; i>=2; i--){    // t=2dt까지만 계산하면 됨
     if(i>=ccnode){
          if((i-ccnode)%2==0){
               NCV[0] = OCV[1]*dfactor;
               for(j=1; j<ccnode; j++){
                    NCV[j] = (Pu*OCV[j] + Pd*OCV[j+1])*dfactor;
               }
               NCV[ccnode] = OCV[ccnode-1]*dfactor;
          }
          else{
               for(j=1; j<=ccnode; j++){
                    NCV[j] = (Pu*OCV[j-1] + Pd*OCV[j])*dfactor;
               }
          }
          for(j=0; j<=ccnode; j++) OCV[j] = NCV[j];
     }
     else{
          for(j=0; j<=i; j++){
               OCV[j] = (Pu*OCV[j] + Pd*OCV[j+1])*dfactor;
          }
     }
     if(i==4)   v22  = OCV[2];
}

double    ds, dr;
ds        = dr = 0.0001;
m_price   = OCV[1];      // 옵션의 현재가치
delta     = (OCV[0]-OCV[2])/(S*exp(2*dx) - S*exp(-2*dx));
```

```
    gamma    = (((OCV[0]-OCV[1])/(S*exp(2*dx)-S))
                    - ((OCV[1]-OCV[2])/(S-S*exp(-2*dx))))
                        /((S*exp(2*dx) - S*exp(-2*dx))/2.0);
    theta    = (v22 - OCV[1])/(2.0*dt);
    n_step   -= 2;     // greeks 계산을 위해 더해준 2dt를 다시 빼줌

    vsp  = ci_binomial_tree_european_option_price(iop, S, X, r, q, sigma+ds, T, n_step,
                                                  alpha);
    vsm  = ci_binomial_tree_european_option_price(iop, S, X, r, q, sigma-ds, T, n_step,
                                                  alpha);
    vrp  = ci_binomial_tree_european_option_price(iop, S, X, r+dr, q, sigma, T, n_step,
                                                  alpha);
    vrm  = ci_binomial_tree_european_option_price(iop, S, X, r-dr, q, sigma, T, n_step,
                                                  alpha);

    vega     = (vsp - vsm)/(2.0*ds);
    rho      = (vrp - vrm)/(2.0*dr);

    delete[]  Sp;
    delete[]  OCV;
    delete[]  NCV;

    vega     /= 100.0; //   sigma 1% 이동시 가격 영향
    rho      /= 100.0; //   r 1% 이동시 가격 영향
    theta    /= 365.0; //   t 1일 이동시 가격 영향

    cout<<"Delta : "<< delta << endl;
    cout<<"Gamma : "<< gamma << endl;
    cout<<"Vega  : "<< vega << endl;
    cout<<"Rho   : "<< rho << endl;
    cout<<"Theta : "<< theta << endl;
}

void    CPrice::trinomial_tree_european_option_price_greeks(CIndex &index,
                        CYield &yield, CProduct &product, int n_step)
{
    string   optiontype     = product.m_option_type;
    double   S          = index.m_spot;
    double   X          = product.m_strike;
    double   r          = yield.m_riskfree;
    double   q          = index.m_dividend;
    double   sigma      = index.m_vol;
    double   T          = product.m_maturity;

    int      iop;
    iop          = -1;
    if(optiontype == "Call" || optiontype == "call" ) iop    = 1;

    double   alpha;
    alpha        = m_alpha;

    int      i, j, nstep, ccnode;
```

```
double    dx, nu, dfactor, Pu, Pm, Pd, dt;
double    smax, smin, nodemax, nodemin;
double    delta, gamma, vega, rho, theta;
double    v12, vsp, vsm, vrp, vrm;

dt   = T/n_step;
dx   = sigma*sqrt(3.0*dt);
nu   = r - q - 0.5*sigma*sigma;

Pu   = 0.5*((sigma*sigma*dt+nu*nu*dt*dt)/(dx*dx) nu*dt/dx);// up 확률
Pd   = 0.5*((sigma*sigma*dt+nu*nu*dt*dt)/(dx*dx)-nu*dt/dx);// down 확률
Pm   = 1 - Pu - Pd;     // middle 확률

smax      = S*exp(nu*T+alpha*sigma*sqrt(T));
smin      = S*exp(nu*T-alpha*sigma*sqrt(T));
ccnode    = 0;

nodemax = nodemin     = S;
do{
    ccnode++;
    nodemax  = S*exp(ccnode*dx);
    nodemin  = S*exp(-ccnode*dx);
}while(nodemax<smax || nodemin>smin);

double    *Sp, *OCV, *NCV;

nstep     = 2*ccnode+1;
Sp        = new double[nstep];
OCV       = new double[nstep];
NCV       = new double[nstep];

n_step    += 1;     //    greeks 계산을 위해 dt 추가

for(i=0; i<nstep; i++){
    Sp[i]     = S*exp((ccnode-i)*dx);        // Tree 주가 생성
    OCV[i]    = max(iop*(Sp[i]-X), 0.0);     // 만기 Payoff
}

dfactor   = exp(-r*dt);
// Tree의 만기에서부터 Backward Induction 실행하여 현재가치 계산
for(i=n_step-1; i>=1; i--){   // t=dt까지만 계산하면 됨
    if(i>=ccnode){
        NCV[0] = (Pm*OCV[0]+Pd*OCV[1])/(Pm+Pd)*dfactor;
        for(j=1; j<nstep-1; j++){
            NCV[j] = (Pu*OCV[j-1] + Pm*OCV[j] + Pd*OCV[j+1])*dfactor;
        }
        NCV[nstep-1] = (Pu*OCV[nstep-2]+Pm*OCV[nstep-1])/(Pu+Pm)*dfactor;
        for(j=0; j<nstep; j++)    OCV[j] = NCV[j];
    }
    else{
        for(j=0; j<2*i+1; j++)
            OCV[j] = (Pu*OCV[j] + Pm*OCV[j+1] + Pd*OCV[j+2])*dfactor;
```

```
        }
        if(i==2)    v12  = OCV[2];
    }

    double    ds, dr;
    ds        = dr = 0.0001;
    m_price   = OCV[1];     // 옵션의 현재가치
    delta     = (OCV[0]-OCV[2])/(S*exp(dx) - S*exp(-dx));
    gamma     = (((OCV[0]-OCV[1])/(S*exp(dx) - S))
                - ((OCV[1]-OCV[2])/(S - S*exp(-dx))))
                          /((S*exp(dx) - S*exp(-dx))/2.0);
    theta     = (v12 - OCV[1])/dt;

    n_step    -= 1;     // greeks 계산을 위해 더해준 dt를 다시 빼줌

    vsp  = ci_trinomial_tree_european_option_price(iop, S, X, r, q, sigma+ds, T, n_step,
                                                   alpha);
    vsm = ci_trinomial_tree_european_option_price(iop, S, X, r, q, sigma-ds, T, n_step,
                                                  alpha);
    vrp  = ci_trinomial_tree_european_option_price(iop, S, X, r+dr, q, sigma, T, n_step,
                                                   alpha);
    vrm = ci_trinomial_tree_european_option_price(iop, S, X, r-dr, q, sigma, T, n_step,
                                                  alpha);

    vega      = (vsp - vsm)/(2.0*ds);
    rho       = (vrp - vrm)/(2.0*dr);

    delete[]  Sp;
    delete[]  OCV;
    delete[]  NCV;

    vega      /= 100.0; //   sigma 1% 이동시 가격 영향
    rho       /= 100.0; //   r 1% 이동시 가격 영향
    theta     /= 365.0; //   t 1일 이동시 가격 영향

    cout<<"Delta : "<< delta << endl;
    cout<<"Gamma : "<< gamma << endl;
    cout<<"Vega  : "<< vega << endl;
    cout<<"Rho   : "<< rho << endl;
    cout<<"Theta : "<< theta << endl;
}

void      CPrice::implicit_fdm_european_option_price_greeks(CIndex &index, CYield &yield,
                              CProduct &product, int n_step, int n_spot)
{
    string    optiontype      = product.m_option_type;
    double    S         = index.m_spot;
    double    X         = product.m_strike;
    double    r         = yield.m_riskfree;
    double    q         = index.m_dividend;
    double    sigma     = index.m_vol;
    double    T         = product.m_maturity;
```

```
int        iop;
iop        = -1;
if(optiontype == "Call" || optiontype == "call" ) iop    = 1;

double     alpha;
alpha      = m_alpha;

int        i, j, t, ccnode, nspot;
double     dt, dx, edx;
double     smax, smin, nodemax, nodemin;
double     Pu, Pm, Pd, nu;
double     delta, gamma, vega, rho, theta;
double     oldv, vsp, vsm, vrp, vrm;

dt   = T/n_step;
dx   = sigma*sqrt(3.0*dt);
edx  = exp(dx);

nu   = r - q - 0.5*sigma*sigma;
Pu   = -0.5*dt*(sigma*sigma/(dx*dx) + nu/dx);
Pm   = 1.0 + dt*(sigma*sigma/(dx*dx) + r);
Pd   = -0.5*dt*(sigma*sigma/(dx*dx) - nu/dx);

smax      = S*exp(nu*T+alpha*sigma*sqrt(T));
smin      = S*exp(nu*T-alpha*sigma*sqrt(T));
ccnode    = 0;

nodemax = nodemin     = S;
do{
     ccnode++;
     nodemax  = S*exp(ccnode*dx);
     nodemin  = S*exp(-ccnode*dx);
}while(nodemax<smax || nodemin>smin);

nspot          = ccnode*2+1;
if((nspot%2)==0) nspot = nspot+1;
double *Sp     = new double[nspot];
double *CV     = new double[nspot];

for(i=0; i<nspot; i++)     Sp[i] = S*exp((ccnode-i)*dx); // 주가 생성

double     **smatrix, **tmp, *known_value, *unknown_value;
smatrix    = new double*[nspot-2]; // row create
tmp        = new double*[nspot-2]; // row create
known_value          = new double[nspot-2];
unknown_value        = new double[nspot-2];
for(i=0; i<nspot-2; i++){
     smatrix[i] = new double[nspot-2]; // column create
     tmp[i]     = new double[nspot-2]; // column create
}
for(i=0; i<nspot-2; i++){
```

```
        for(j=0; j<nspot-2; j++)  smatrix[i][j]    = 0.0;
    }

    double     bu, bd;
    if(iop==1){//    call 옵션
        bu    = Sp[0] - Sp[1];    // S가 충분히 크면 Delta = 1이므로
        bd    = 0.0;              // S가 충분히 작으면 Delta = 0이므로
    }
    else{//     put 옵션
        bu    = 0.0;                   // S가 충분히 크면 Delta = 0이므로
        bd    = -(Sp[nspot-2] - Sp[nspot-1]);    // S가 충분히 작으면 Delta = -1이므로
    }

    // 0~nspot-3는 nspot-2개
    smatrix[0][0]    = Pm;
    smatrix[0][1]    = Pd;
    for(i=1; i<nspot-3; i++){
        smatrix[i][i-1] = Pu;
        smatrix[i][i]     = Pm;
        smatrix[i][i+1] = Pd;
    }
    smatrix[nspot-3][nspot-4]      = Pu;
    smatrix[nspot-3][nspot-3]      = Pm;

    //    만기시점에서의 경계조건(Terminal Boundary Condition) 부여
    for(i=0; i<nspot; i++)     CV[i]      = max(iop*(Sp[i]-X), 0);

    // 만기에서부터 Backward Induction 실행하여 현재가치 계산
    for(t=n_step-1; t>=0; t--){
        for(i=0; i<nspot-2; i++){
            for(j=0; j<nspot-2; j++) tmp[i][j] = smatrix[i][j];
            known_value[i] = CV[i+1];
        }
        CV[0]                   = bu;     //    경계조건 적용
        CV[n_spot-1]            = bd;     //    경계조건 적용
        known_value[0]              -= Pu*CV[0];
        known_value[nspot-3]    -= Pd*CV[n_spot-1];

        tridiagonal_elimination(tmp, known_value, unknown_value, nspot-2);
            // t-1시점 미지값 계산

        for(i=0; i<nspot-2; i++) CV[i+1] = unknown_value[i];

        if(t==1)    oldv = CV[(nspot-1)/2];
    }

    double     ds, dr;
    ds          = dr = 0.0001;

    m_price   = CV[(nspot-1)/2];          // 옵션의 현재가치
    delta       = (CV[(nspot-1)/2-1]-CV[(nspot-1)/2+1])/(S*exp(dx) - S*exp(-dx));
    gamma     = (((CV[(nspot-1)/2-1]-CV[(nspot-1)/2])/(S*exp(dx) - S))
```

```
                    - ((CV[(nspot-1)/2]-CV[(nspot-1)/2+1])/(S - S*exp(-dx))))
                                    /((S*exp(dx) - S*exp(-dx))/2.0);
    theta     = (oldv - CV[(nspot-1)/2])/dt;

    vsp  = ci_implicit_fdm_european_option_price(iop, S, X, r, q, sigma+ds, T,
                                    n_step, n_spot, alpha);
    vsm = ci_implicit_fdm_european_option_price(iop, S, X, r, q, sigma-ds, T,
                                    n_step, n_spot, alpha);
    vrp  = ci_implicit_fdm_european_option_price(iop, S, X, r+dr, q, sigma, T,
                                    n_step, n_spot, alpha);
    vrm = ci_implicit_fdm_european_option_price(iop, S, X, r-dr, q, sigma, T,
                                    n_step, n_spot, alpha);
    vega = (vsp - vsm)/(2.0*ds);
    rho  = (vrp - vrm)/(2.0*dr);

    delete[]   Sp;
    delete[]   CV;
    for(i=0; i<nspot-2; i++){
        delete[]   smatrix[i];
        delete[]   tmp[i];
    }
    delete[]   smatrix;
    delete[]   tmp;
    delete[]   known_value;
    delete[]   unknown_value;

    vega     /= 100.0; //   sigma 1% 이동시 가격 영향
    rho      /= 100.0; //   r 1% 이동시 가격 영향
    theta    /= 365.0; //   t 1일 이동시 가격 영향

    cout<<"Delta : "<< delta << endl;
    cout<<"Gamma : "<< gamma << endl;
    cout<<"Vega  : "<< vega << endl;
    cout<<"Rho   : "<< rho << endl;
    cout<<"Theta : "<< theta << endl;
}

double    CPrice::black_scholes_option_price(int iop, double S, double X, double r,
                double q, double sigma, double T)
{
    double    d1, d2, price;

    d1   = ( log(S/X) + (r -q + (sigma*sigma)/2)*T )/(sigma*sqrt(T));
    d2   = d1 - sigma*sqrt(T);

    price = iop*( S*exp(-q*T)*N(iop*d1) - X*exp(-r*T)*N(iop*d2) );
            // Black-Sholes 옵션가격 결정식
    return    price;
}

void      CPrice::black_scholes_option_greeks(int iop, double S, double X, double r,
                double q, double sigma, double T)
```

```
{
    double    d1, d2;
    double    delta, gamma, vega, rho, theta;

    d1  = ( log(S/X) + (r - q + (sigma*sigma)/2.0)*T )/( sigma*sqrt(T) );
    d2  = d1 - sigma*sqrt(T);

    delta     = iop*exp(-q*T)*N(iop*d1);
    gamma     = n(d1)*exp(-q*T)/(S*sigma*sqrt(T));
    vega      = S*n(d1)*exp(-q*T)*sqrt(T);
    rho       = iop*X*T*exp(-r*T)*N(iop*d2);
    theta     = -S*n(d1)*exp(-q*T)*sigma/(2*sqrt(T))
                  + iop*(q*S*exp(-q*T)*N(iop*d1)-r*X*exp(-r*T)*N(iop*d2));

    vega      /= 100.0; //   sigma 1% 이동시 가격 영향
    rho       /= 100.0; //   r 1% 이동시 가격 영향
    theta     /= 365.0; //   t 1일 이동시 가격 영향

    cout<<"Delta : "<< delta << endl;
    cout<<"Gamma : "<< gamma << endl;
    cout<<"Vega  : "<< vega << endl;
    cout<<"Rho   : "<< rho << endl;
    cout<<"Theta : "<< theta << endl;
}

double    CPrice::ci_binomial_tree_european_option_price(int iop, double S,
                              double X, double r, double q, double sigma,
                              double T, int n_step, double alpha)
{
    int       i, j, ccnode;
    double    dx, nu, dfactor, Pu, Pd, dt;
    double    smax, smin, nodemax, nodemin, price;

    dt   = T/n_step;
    nu   = r - q - 0.5*sigma*sigma;
    dx   = sqrt(sigma*sigma*dt + nu*nu*dt*dt);

    Pu   = 0.5+0.5*nu*dt/dx; // up 확률
    Pd   = 1.0 - Pu;         // down 확률

    smax      = S*exp(nu*T+alpha*sigma*sqrt(T));
    smin      = S*exp(nu*T-alpha*sigma*sqrt(T));
    ccnode    = 0;

    nodemax = nodemin    = S;
    do{
        ccnode++;
        nodemax  = S*exp(ccnode*dx);
        nodemin  = S*exp(-ccnode*dx);
    }while(nodemax<smax || nodemin>smin);

    double    *Sp, *OCV, *NCV;
```

```
    Sp        = new double[ccnode+1];
    OCV       = new double[ccnode+1];
    NCV       = new double[ccnode+1];

    if((n_step-ccnode)%2==0){
        for(i=0; i<=ccnode; i++){
            Sp[i]     = S*exp((ccnode-2*i)*dx);    // Tree 주가 생성
            OCV[i]    = max(iop*(Sp[i]-X), 0.0);   // 만기시점 옵션 Payoff
        }
    }
    else{
        for(i=1; i<=ccnode; i++){
            Sp[i]     = S*exp((ccnode-2*i+1)*dx);      // Tree 주가 생성
            OCV[i]    = max(iop*(Sp[i]-X), 0.0);       // 만기시점 옵션 Payoff
        }
    }

    dfactor   = exp(-r*dt);
    // Tree의 만기에서부터 Backward Induction 실행하여 현재가치 계산
    for(i=n_step-1; i>=0; i--){
        if(i>=ccnode){
            if((i-ccnode)%2==0){
                NCV[0] = OCV[1]*dfactor;
                for(j=1; j<ccnode; j++){
                    NCV[j] = (Pu*OCV[j] + Pd*OCV[j+1])*dfactor;
                }
                NCV[ccnode] = OCV[ccnode-1]*dfactor;
            }
            else{
                for(j=1; j<=ccnode; j++){
                    NCV[j] = (Pu*OCV[j-1] + Pd*OCV[j])*dfactor;
                }
            }
            for(j=0; j<=ccnode; j++) OCV[j] = NCV[j];
        }
        else{
            for(j=0; j<=i; j++){
                OCV[j] = (Pu*OCV[j] + Pd*OCV[j+1])*dfactor;
            }
        }
    }

    price     = OCV[0];

    delete[]  Sp;
    delete[]  OCV;
    delete[]  NCV;

    return    price;    // 옵션의 현재가치
}
```

```
double    CPrice::ci_trinomial_tree_european_option_price(int iop, double S, double X,
                              double r, double q, double sigma, double T, int n_step,
                              double alpha)
{
    int       i, j, nstep, ccnode;
    double    dx, nu, dfactor, Pu, Pm, Pd, dt;
    double    smax, smin, nodemax, nodemin, price;

    dt   = T/n_step;
    dx   = sigma*sqrt(3.0*dt);
    nu   = r - q - 0.5*sigma*sigma;

    Pu   = 0.5*( (sigma*sigma*dt+nu*nu*dt*dt)/(dx*dx)+nu*dt/dx);//up 확률
    Pd   = 0.5*( (sigma*sigma*dt+nu*nu*dt*dt)/(dx*dx)-nu*dt/dx);//down 확률
    Pm   = 1 - Pu - Pd;     // middle 확률

    smax      = S*exp(nu*T+alpha*sigma*sqrt(T));
    smin      = S*exp(nu*T-alpha*sigma*sqrt(T));
    ccnode    = 0;

    nodemax = nodemin     = S;
    do{
        ccnode++;
        nodemax  = S*exp(ccnode*dx);
        nodemin  = S*exp(-ccnode*dx);
    }while(nodemax<smax || nodemin>smin);

    double    *Sp, *OCV, *NCV;

    nstep     = 2*ccnode+1;
    Sp        = new double[nstep];
    OCV       = new double[nstep];
    NCV       = new double[nstep];

    for(i=0; i<nstep; i++){
        Sp[i]     = S*exp((ccnode-i)*dx);         // Tree 주가 생성
        OCV[i]    = max(iop*(Sp[i]-X), 0.0);      // 만기 Payoff
    }

    dfactor   = exp(-r*dt);

    // Tree의 만기에서부터 Backward Induction 실행하여 현재가치 계산
    for(i=n_step-1; i>=0; i--){
        if(i>=ccnode){
            NCV[0] = (Pm*OCV[0]+Pd*OCV[1])/(Pm+Pd)*dfactor;
            for(j=1; j<nstep-1; j++){
                NCV[j]    = (Pu*OCV[j-1] + Pm*OCV[j] + Pd*OCV[j+1])*dfactor;
            }
            NCV[nstep-1] = (Pu*OCV[nstep-2]+Pm*OCV[nstep-1])/(Pu+Pm)*dfactor;
            for(j=0; j<nstep; j++)    OCV[j] = NCV[j];
        }
        else{
```

```
            for(j=0; j<2*i+1; j++)
                OCV[j] = (Pu*OCV[j] + Pm*OCV[j+1] + Pd*OCV[j+2])*dfactor;
        }
    }

    price       = OCV[0];

    delete[]  Sp;
    delete[]  OCV;
    delete[]  NCV;

    return    price;     // 옵션의 현재가치
}

double    CPrice::ci_implicit_fdm_european_option_price(int iop, double S, double X,
                          double r, double q, double sigma, double T, int n_step,
                          int n_spot, double alpha)
{
    int       i, j, t, ccnode, nspot;
    double    dt, dx, edx;
    double    smax, smin, nodemax, nodemin;
    double    Pu, Pm, Pd, nu, price;

    dt   = T/n_step;
    dx   = sigma*sqrt(3.0*dt);
    edx  = exp(dx);

    nu   = r - q - 0.5*sigma*sigma;
    Pu   = -0.5*dt*(sigma*sigma/(dx*dx) + nu/dx);
    Pm   = 1.0 + dt*(sigma*sigma/(dx*dx) + r);
    Pd   = -0.5*dt*(sigma*sigma/(dx*dx) - nu/dx);

    smax      = S*exp(nu*T+alpha*sigma*sqrt(T));
    smin      = S*exp(nu*T-alpha*sigma*sqrt(T));
    ccnode    = 0;

    nodemax = nodemin     = S;
    do{
        ccnode++;
        nodemax  = S*exp(ccnode*dx);
        nodemin  = S*exp(-ccnode*dx);
    }while(nodemax<smax || nodemin>smin);

    nspot      = ccnode*2+1;
    if((nspot%2)==0) nspot = nspot+1;
    double *Sp    = new double[nspot];
    double *CV    = new double[nspot];

    for(i=0; i<nspot; i++)     Sp[i] = S*exp((ccnode-i)*dx); // 주가 생성

    double     **smatrix, **tmp, *known_value, *unknown_value;
    smatrix   = new double*[nspot-2]; // row create
```

```
tmp         = new double*[nspot-2]; // row create
known_value         = new double[nspot-2];
unknown_value       = new double[nspot-2];
for(i=0; i<nspot-2; i++){
    smatrix[i]      = new double[nspot-2]; // column create
    tmp[i]          = new double[nspot-2]; // column create
}
for(i=0; i<nspot-2; i++){
    for(j=0; j<nspot-2; j++) smatrix[i][j]   = 0.0;
}

double    bu, bd;
if(iop==1){//   call 옵션
    bu  = Sp[0] - Sp[1];   // S가 충분히 크면 Delta = 1이므로
    bd  = 0.0;             // S가 충분히 작으면 Delta = 0이므로
}
else{//   put 옵션
    bu  = 0.0;           // S가 충분히 크면 Delta = 0이므로
    bd  = -(Sp[nspot-2] - Sp[nspot-1]);  // S가 충분히 작으면 Delta = -1이므로
}

// 0~nspot-3는 nspot-2개
smatrix[0][0]   = Pm;
smatrix[0][1]   = Pd;
for(i=1; i<nspot-3; i++){
    smatrix[i][i-1] = Pu;
    smatrix[i][i]   = Pm;
    smatrix[i][i+1] = Pd;
}
smatrix[nspot-3][nspot-4]      = Pu;
smatrix[nspot-3][nspot-3]      = Pm;

//   만기시점에서의 경계조건(Terminal Boundary Condition) 부여
for(i=0; i<nspot; i++)     CV[i]      = max(iop*(Sp[i]-X), 0);

// 만기에서부터 Backward Induction 실행하여 현재가치 계산
for(t=n_step-1; t>=0; t--){
    for(i=0; i<nspot-2; i++){
        for(j=0; j<nspot-2; j++) tmp[i][j] = smatrix[i][j];
        known_value[i] = CV[i+1];
    }
    CV[0]           = bu;    //   경계조건 적용
    CV[n_spot-1]  = bd;    //   경계조건 적용
    known_value[0]          -= Pu*CV[0];
    known_value[nspot-3]    -= Pd*CV[n_spot-1];

    tridiagonal_elimination(tmp, known_value, unknown_value, nspot-2);
            // t-1시점 미지값 계산
    for(i=0; i<nspot-2; i++) CV[i+1] = unknown_value[i];
}

price       = CV[(nspot-1)/2];
```

```
    delete[]   Sp;
    delete[]   CV;
    for(i=0; i<nspot-2; i++){
        delete[]   smatrix[i];
        delete[]   tmp[i];
    }
    delete[]   smatrix;
    delete[]   tmp;
    delete[]   known_value;
    delete[]   unknown_value;

    return     price;
}
```

- main.cpp

```
// main.cpp
#define         _CRT_SECURE_NO_DEPRECATE

#include   <iostream>
#include   "mathlib.h"
#include   "index.h"
#include   "yield.h"
#include   "product.h"
#include   "price.h"
using      namespace     std;

void       main(void)
{
    double    S, X, r, q, sigma, T, alpha;
    int       n_step, n_spot;
    unsigned long       n_sim;

    S         = 100.0;  //   기초자산 가격
    X         = 110.0;  //   행사가격
    r         = 0.05;   //   risk free rate
    q         = 0.01;   //   dividend rate
    sigma     = 0.3;    //   변동성
    T         = 1.0;    //   잔존만기

    n_step    = 200;    //   잔존만기에 대해 n_step으로 계산, simulation, tree와 fdm에서
    n_sim     = 30000;  //   시뮬레이션 횟수
    n_spot    = 400;    //   기초자산의 가격을 n_spot 수로 나누어 계산

    alpha     = 5.0;    //   Confidence Coefficient,
    //   alpha 1은 68.26%, 1.65는 90.1%, 2는 95.44%, 2.58은 99%,
    //   3은 99.75%, 4는 99.995%, 5는 99.99995%의 신뢰수준

    CIndex         index(S, sigma, q);
    CYield         yield(r);
```

```
    CProduct        eoption("call", X, T);
    CPrice          price;

    price.m_alpha  = alpha;
    price.black_scholes_option_price_greeks(index, yield, eoption);
    cout<<"해석해에 의한 옵션가격: "<<price.m_price<<endl<<endl;

    price.simulation_european_option_price_greeks(index, yield, eoption, n_sim);
    cout<<"시뮬레이션에 의한 옵션가격: "<<price.m_price<<endl<<endl;

    price.binomial_tree_european_option_price_greeks(index, yield, eoption, n_step);
    cout<<"Binomial Tree에 의한 옵션가격: "<<price.m_price<<endl<<endl;

    price.trinomial_tree_european_option_price_greeks(index, yield, eoption, n_step);
    cout<<"Trinomial Tree에 의한 옵션가격: "<<price.m_price<<endl<<endl;

    price.implicit_fdm_european_option_price_greeks(index, yield, eoption, n_step, n_spot);
    cout<<"Implicit FDM에 의한 옵션가격: "<<price.m_price<<endl;
}
```

✎ 실행 결과

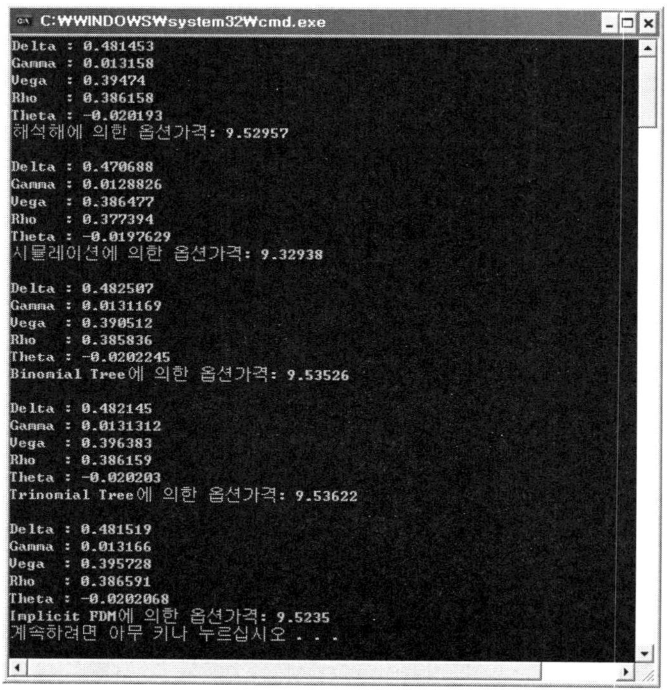

[그림 18-11] 유로피언콜옵션에 대한 그릭스 계산 결과

유로피언콜옵션에 대해 각 평가 방법들로 계산한 그릭스 값과 블랙-숄즈 옵션가격결정모형에 의한 그릭스 값을 비교하면 결과가 서로 유사한 것을 알 수 있다.

19장

변동성

블랙-숄즈 옵션가격결정모형은 기초자산의 가격, 행사가격, 잔존만기, 무위험이자율, 배당률 그리고 변동성의 함수이다. 이중에서 변동성을 제외한 요소들은 이미 결정되었거나 시장에서 직접 확인이 가능이다. 그러나 변동성은 항상 논란의 대상이다. 주로 사용되는 변동성에는 역사적 변동성과 내재변동성이 있다. 역사적 변동성은 기초자산의 과거 관점에서 옵션의 가격을 결정하는 것이므로 시장의 현재 및 미래 투자심리를 반영하지 못하며, 과거 시장데이터의 사용기간에 대한 정의도 필요하다. 그러나 내재변동성은 옵션의 시장가로부터 변동성을 추출하는 것으로 시장의 투자 심리를 반영할 수 있다. 그런데 내재변동성은 옵션의 종류, 만기, 행사가격에 따라 달라지고, 옵션의 시장가격이 없거나 유효하지 않으면 내재변동성은 사용할 수 없다.

19.1 내재변동성

블랙-숄즈 옵션가격결정모형은 다음과 같으므로,

$$V = f(S, X, r, d, \sigma, T)$$

변동성 σ는 다음과 같이 계산할 수 있다.

$$\sigma = f^{-1}(S, X, r, d, T, V)$$

그러나 블랙-숄즈 옵션가격결정모형을 변동성에 대한 식으로 전개할 수 없으므로 옵션시장에서 가격이 유효하게 호가(Quote)되거나 거래(Trade)되면, 비선형방정식의 해 찾기 방법인 이분법이나 뉴턴-랩슨법을 이용하여 기초자산의 내재변동성을 계산할 수 있다.

평가시점에서 기초자산 S는 100, 행사가격 X는 105, 무위험이자율 r은 0.055, 배당률 q는 0.02, 변동성 σ는 0.25, 잔존만기 T는 1년일 때, 블랙-숄즈 옵션가격결정모형을 이용하면 유로피언콜옵션의 가격은 9.1527이다. 만약, 유로피언콜옵션의 가격은 알고 있는데, 변동성을 모른다면 앞에서 설명한 이분법과 뉴턴-랩슨법을 이용하여 기초자산의 내재변동성을 계산할 수 있다.

19.1.1 이분법을 이용한 옵션의 내재변동성 찾기

✎ 소스 코드

- mathlib.h

```
//    mathlib.h
#define    PI    3.14159265358979323846264338327950288419716939937510582097

double    N(double z);
double    european_calloption_price(double spot, double strike, double riskfree,
                    double dividend, double volatility, double maturity);
double    implied_volatility_bisection(double spot, double strike, double riskfree,
                         double dividend, double maturity, double option_price);
```

- mathlib.cpp

```
//    mathlib.cpp
#include    <iostream>
using       namespace     std;
#include    <math.h>
#include    "mathlib.h"

double    N(double z)
{
    //    앞에서 선언한 N( ) 함수와 동일함, 별첨 소스 코드 참조
}

double    european_calloption_price(double spot, double strike, double riskfree,
                            double dividend, double volatility, double maturity)
{
    //    앞에서 선언한 european_calloption_price( ) 함수와 동일함, 별첨 소스 코드 참조
}

double    implied_volatility_bisection(double spot, double strike, double riskfree,
                            double dividend, double maturity, double option_price)
```

```
{
    double    xa, xb, xc, fxa, fxc;
    double    vol, error_tolerance, error;
    int       iter;

    iter  = 0;
    error_tolerance = 1.0e-15;

    xa   = 0.0;    // 변동성 최저값 0
    xb   = 10.0;   // 변동성 최대값 10

    do{
        xc   = (xa + xb)/2.0;
        fxa  = european_calloption_price(spot, strike, riskfree, dividend, xa, maturity)
                -option_price;
        fxc  = european_calloption_price(spot, strike, riskfree, dividend, xc, maturity)
                -option_price;
        if(fxa*fxc<0)         xb   = xc;
        else if(fxa*fxc>0)    xa   = xc;
        else{
            error = 0.0;
            break;
        }
        error = fabs(xb-xa);
        iter++;
    }while(error>error_tolerance && iter<100);

    if(iter==100)
        cout<<"허용오차범위는 불만족하나, 가장 근사한 값은 "<<xc<<"입니다."<<endl;
    else cout<<"bisection method 계산횟수 :"<<iter<<endl;

    vol  = xc;
    return    vol;
}
```

- main.cpp

```
//    main.cpp
#include  <iostream>
using     namespace     std;

#include  "mathlib.h"

void      main(void)
{
    double    spot, strike, riskfree, dividend, volatility, maturity;

    spot      = 100.0;  //  기초자산
    strike    = 105.0;  //  행사가격
    riskfree  = 0.055;  //  무위험이자율
    dividend  = 0.02;   //  배당률
```

```
    volatility  = 0.25;    //   변동성
    maturity  = 1.0;       //   옵션만기

    double      option_price;
    option_price      = european_calloption_price(spot, strike, riskfree, dividend, volatility,
                               maturity);
    cout<<"European Call Option 가격 : "<<option_price<<endl;
    cout<<"기초자산의 입력변동성 : "<<volatility<<endl;

    double      implied_vol;
    implied_vol       = implied_volatility_bisection(spot, strike, riskfree, dividend, maturity,
                                    option_price);
    cout<<"bisection method로 계산된 내재변동성 : "<<implied_vol<<endl;
}
```

✎ 실행 결과

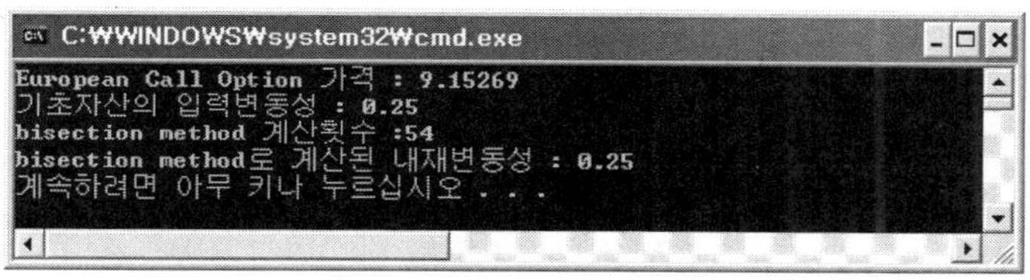

[그림 19-1] 이분법을 이용한 옵션의 내재변동성 찾기 실행 결과

이분법을 이용하여 옵션가격으로부터 내재변동성을 계산하였을 때 결과값이 입력된 변동성 0.25와 동일한 것을 알 수 있다.

19.1.2 뉴턴-랩슨법을 이용한 옵션의 내재변동성 찾기

✎ 소스 코드

- mathlib.h

```
//    mathlib.h
#define    PI    3.14159265358979323846264338327950288419716939937510582097

double     n(double z);
double     N(double z);
double     european_calloption_price(double spot, double strike, double riskfree,
                    double dividend, double volatility, double maturity);
double     european_calloption_vega(double spot, double strike, double riskfree,
                    double dividend, double volatility, double maturity);
double     implied_volatility_newtonraphson(double spot, double strike, double riskfree,
                    double dividend, double maturity, double option_price);
```

▪ mathlib.cpp

```
//    mathlib.cpp
#include  <iostream>
using     namespace    std;
#include  <math.h>
#include  "mathlib.h"

double    n(double z)          // The normal distribution function
{
    return    1.0/sqrt(2.0*PI) * exp(-0.5*z*z);
}

double    N(double z)
{
    //    앞에서 선언한 N( ) 함수와 동일함, 별첨 소스 코드 참조
}

double    european_calloption_price(double spot, double strike, double riskfree,
                  double dividend, double volatility, double maturity)
{
    //    앞에서 선언한 european_calloption_price( ) 함수와 동일함, 별첨 소스 코드 참조
}

double    european_calloption_vega(double spot, double strike, double riskfree,
                  double dividend, double volatility, double maturity)
{
    double    d1;
    d1   = (log(spot/strike)+(riskfree-dividend+(volatility*volatility)/2.0)*maturity)
                 /(volatility*sqrt(maturity));
    return    spot*exp(-dividend*maturity)*n(d1)*sqrt(maturity);    // BS call option vega
}

double    implied_volatility_newtonraphson(double spot, double strike, double riskfree,
                  double dividend, double maturity, double option_price)
{
    double    fx, fxprime;
    double    vol, error_tolerance, error;
    int       iter;

    iter          = 0;
    error_tolerance = 1.0e-15;
    vol           = 0.5;

    do{
        fx        = european_calloption_price(spot,strike, riskfree, dividend, vol, maturity);
        fxprime   = european_calloption_vega(spot,strike, riskfree, dividend, vol, maturity);

        vol       = vol - (fx - option_price)/fxprime;
        error     = fabs(fx - option_price);
        iter++;
    }while(error>error_tolerance && iter<100);
```

```
    if(iter==100)
        cout<<"허용오차범위는 불만족하나, 가장 근사한 값은 "<<vol<<"입니다."<<endl;
    else cout<<"newton raphson method 계산횟수 :"<<iter<<endl;
    return    vol;
}
```

- main.cpp

```
//  main.cpp
#include  <iostream>
using     namespace     std;

#include  "mathlib.h"

void      main(void)
{
    double    spot, strike, riskfree, dividend, volatility, maturity;
    spot       = 100.0;  //   기초자산
    strike     = 105.0;  //   행사가격
    riskfree   = 0.055;  //   무위험이자율
    dividend   = 0.02;   //   배당률
    volatility = 0.25;   //   변동성
    maturity   = 1.0;    //   옵션만기

    double    option_price;
    option_price    = european_calloption_price(spot, strike, riskfree, dividend, volatility,
                                    maturity);
    cout<<"European Call Option 가격 : "<<option_price<<endl;
    cout<<"기초자산의 입력변동성 : "<<volatility<<endl;

    double    implied_vol;
    implied_vol = implied_volatility_newtonraphson(spot, strike, riskfree, dividend, maturity,
                                    option_price);
    cout<<"newton raphson method로 계산된 내재변동성 : "<<implied_vol<<endl;
}
```

✎ 실행 결과

[그림 19-2] 뉴턴-랩슨법을 이용한 옵션의 내재변동성 찾기 실행 결과

뉴턴-랩슨법을 이용하여 내재변동성을 계산한 결과값도 입력된 변동성 0.25와 동일한 것을 알 수 있다. 그런데 [그림 19-1]와 [그림 19-2]에서 이분법과 뉴턴-랩슨법을 이용한 내재변동성 찾기 결과는 동일하지만 내재변동성을 찾기까지 수행한 횟수는 뉴턴-랩슨법이 5회로 이분법 54회보다 훨씬 적은 것을 알 수 있다.

19.2 국소변동성 모델

기초자산의 움직임이 기하 브라운 운동의 특성을 따른다고 가정하고 위험중립상태를 적용하면 식 (11-2)와 같고 기초자산의 배당률을 고려하면 다음과 같다.

$$dS = (r-q)\,S\,dt + \sigma\,S\,dB_t$$

앞에서 설명한 주가 모형에서는 변동성 σ를 상수로 가정하였는데, 듀파이어(Dupire)가 제시한* 국소변동성 모델(Local Volatility Model)에서는 변동성 σ를 주가 S와 시간 t에 따른 함수로 표현하였다. 위 식에 국소변동성 모델을 적용하면 다음과 같다.

$$dS = (r-q)\,S\,dt + \sigma_L(S,t)\,S\,dB_t$$

19.2.1 국소변동성 모델 계산식

행사가격 K와 잔존만기 T의 유로피언옵션의 옵션가치 $V(S, K, T)$는 다음과 같은데,

$$V(S, K, T) = e^{-rT}\int_K^{\infty} \phi(S_T, T; S)\,(S-K)\,dS$$

여기서, $\phi(S_T, T; S)$는 만기 T에서 S_T의 위험중립확률밀도함수이며, 옵션가치 V를 행사가격 K에 대한 1계 및 2계 미분은 다음과 같고,

$$\frac{\partial V}{\partial K} = -e^{-rT}\int_K^{\infty} \phi(S_T, T; S)\,dS$$

---

* Bruno Dupire, Pricing with a Smile, *Risk Magazine* 7(1), 1994, pp. 18-20.

$$\frac{\partial^2 V}{\partial K^2} = e^{-rT}\phi(S_T, T; S)$$

옵션가치 V를 잔존만기 T에 대해 미분은 다음과 같다.

$$\frac{\partial V}{\partial T} = -rV + e^{-rT}\int_K^{\infty}(S-K)\frac{\partial \phi}{\partial T}dS \tag{19-1}$$

포커-플랭크(Fokker-Planck) 방정식은 다음과 같은데,

$$\frac{\partial \phi}{\partial T} = \frac{1}{2}\frac{\partial^2}{\partial S^2}(\sigma^2(S,T)S^2\phi) - \frac{\partial}{\partial S}((r-q)S\phi)$$

포커-플랭크 방정식을 식 (19-1)에 적용하여 정리하면 다음과 같고,

$$\begin{aligned}\frac{\partial V}{\partial T} &= -rV + \frac{1}{2}\sigma^2(K,T)K^2\frac{\partial^2 V}{\partial K^2} + (r-q)V - (r-q)K\frac{\partial V}{\partial K}\\ &= \frac{1}{2}\sigma^2(K,T)K^2\frac{\partial^2 V}{\partial K^2} - qV - (r-q)K\frac{\partial V}{\partial K}\end{aligned}$$

이 식을 $\sigma(K, T)$에 대해 정리하면 다음과 같다.

$$\sigma(K,T) = \sigma_L(K,T) = \sqrt{\frac{\frac{\partial V}{\partial T} + (r-q)K\frac{\partial V}{\partial K} + qV}{\frac{K^2}{2}\frac{\partial^2 V}{\partial K^2}}} \tag{19-2}$$

여기서, $\sigma_L(K, T)$는 국소변동성이다.

19.2.2 국소변동성 함수식

유로피언콜옵션의 옵션가치 $V(S, K, T)$에 블랙-숄즈 옵션가격결정모형으로부터 계산된 내재변동성 $\sigma_I(K, T)$을 적용하면 다음과 같다.

$$V(S,K,T) = Se^{-qT}N(d_1) - Ke^{-rT}N(d_2)$$

$$d_1 = \frac{\ln\frac{S}{K} + \left(r - q + \frac{1}{2}\sigma_I^2(K,T)\right)T}{\sigma_I(K,T)\sqrt{T}}$$

$$d_2 = \frac{\ln\frac{S}{K} + \left(r - q - \frac{1}{2}\sigma_I^2(K,T)\right)T}{\sigma_I(K,T)\sqrt{T}}$$

변수들을 x, y와 τ로 치환하면,

$$x = \sigma_I^2(K,\ T)\ T$$

$$y = \ln\frac{K}{Se^{(r-q)T}}$$

$$\tau = T$$

유로피언콜옵션의 가치는 다음과 같다.

$$V(S,x,y,\tau) = Se^{-q\tau}\left\{N\left(-\frac{y}{\sqrt{x}} + \frac{\sqrt{x}}{2}\right) - e^y N\left(-\frac{y}{\sqrt{x}} - \frac{\sqrt{x}}{2}\right)\right\}$$

국소변동성 $\sigma_L(K,T)$식에서 각 미분은 다변수(x, y와 τ) 함수에 대한 미분이므로 다음과 같고,

$$\frac{\partial V}{\partial T} = \frac{\partial V}{\partial x}\frac{\partial x}{\partial T} + \frac{\partial V}{\partial y}\frac{\partial y}{\partial T} + \frac{\partial V}{\partial \tau}\frac{\partial \tau}{\partial T}$$

$$\frac{\partial V}{\partial K} = \frac{\partial V}{\partial x}\frac{\partial x}{\partial K} + \frac{\partial V}{\partial y}\frac{\partial y}{\partial K}$$

$$\frac{\partial^2 V}{\partial K^2} = \frac{\partial}{\partial K}\left(\frac{\partial V}{\partial x}\right)\frac{\partial x}{\partial K} + \frac{\partial V}{\partial x}\frac{\partial}{\partial K}\left(\frac{\partial x}{\partial K}\right) + \frac{\partial}{\partial K}\left(\frac{\partial V}{\partial y}\right)\frac{\partial y}{\partial K} + \frac{\partial V}{\partial y}\frac{\partial}{\partial K}\left(\frac{\partial y}{\partial K}\right)$$

위의 식을 정리하여 식 (19-2)에 대입하면 다음과 같다.

$$\sigma_L(K,T) = \sqrt{\frac{\sigma_I^2 + 2\sigma_I T\frac{\partial \sigma_I}{\partial T} + 2(r-q)\sigma_I K T\frac{\partial \sigma_I}{\partial K}}{\left(1 + Kd_1\sqrt{T}\frac{\partial \sigma_I}{\partial K}\right)^2 + \sigma_I K^2 T\left\{\frac{\partial^2 \sigma_I}{\partial K^2} - d_1\left(\frac{\partial \sigma_I}{\partial K}\right)^2\sqrt{T}\right\}}} \quad (19\text{-}3)$$

여기서, σ_I 는 내재변동성 $\sigma_I(K,T)$ 이다.

19.2.2.1 내재변동성 함수 추정

1. 아더셉(Artur Sepp)이 제시한* 내재변동성 함수는 다음과 같다.

$$\sigma_I(K,T) = a + c\exp(bT) + dX + eX^2 + fX^3 + gX^4 \qquad (19\text{-}4)$$

여기서, $X = \ln\dfrac{Se^{(r-q)T}}{K}$ 이다.

2. 시장에서 유효한 호가 또는 거래된 옵션가격을 통해 행사가격 K와 잔존만기 T에 대한 내재변동성 $\sigma_{MI}(K, T)$ 추정한다.

3. 비선형 파라미터 추정법을 이용하여 추정된 내재변동성 $\sigma_{MI}(K, T)$과 내재변동성함수에서 계산된 변동성 $\sigma_I(K,T)$의 오차가 최소가 되는 계수들(a, b, c, d, e, f와 g)을 추정한다.

$$\text{목적함수 : } \min\sum_{i}^{n} w_i\{\sigma_{MI}(K_i, T_i) - \sigma_I(K_i, T_i)\}^2$$

19.2.2.2 국소변동성 계산

앞에서 계산된 내재변동성함수의 계수로 내재변동성함수 $\sigma_I(K,T)$를 완성하면, 식 (19-3)에 적용되는 내재변동성 함수인 식 (19-4)에 대한 다음의 편미분들을 이용하면, 임의의 행사가격 K와 잔존만기 T에 대한 국소변동성 $\sigma_L(K,T)$는 식 (19-3)을 이용하여 계산할 수 있다.

$$\frac{\partial\sigma_I}{\partial T} = cbexp(bT) + (r-q)(d + 2eX + 3fX^2 + 4gX^3)$$

$$\frac{\partial\sigma_I}{\partial K} = -\frac{1}{K}(d + 2eX + 3fX^2 + 4gX^3)$$

$$\frac{\partial^2\sigma_I}{\partial K^2} = \frac{1}{K^2}(d + 2e(X+1) + 3fX(X+2) + 4gX^2(X+3))$$

* Artur Sepp, "Pricing Barrier Options under Local Volatility", *Math. Comp.,* Nov. 2002.

19.2.3 내재변동성을 이용한 국소변동성 계산

평가시점에서 기초자산 S는 200, 무위험이자율 r은 0.03, 배당률 q는 0.00이고, 만기와 행사가격에 따른 내재변동성이 [표 19-1]과 같을 때 국소변동성을 계산해 보자.

[표 19-1] 내재변동성

행사가격 \ 만기	1M	3M	6M	9M	1Y	2Y
180	24	22	20	19	18	17
190	22	20	19	18	17	16
200	20	19	18	17	16	15
210	19	18	17	16	15	13
220	18	17	16	15	13	11

✎ 소스 코드

- data.h

```
// data.h

#define    _CRT_SECURE_NO_DEPRECATE

void       read_market_vol(char *filename, int n_strike, double *v_strike,
                           int n_maturity, double *v_maturity, double *m_vol);
void       save_vol(char *filename, int n_strike, double *v_strike, int n_maturity,
                           double *v_maturity, double **vol);
```

- data.cpp

```
// data.cpp
#include   <iostream>
#include   <fstream>
using      namespace     std;

#include   "data.h"

void       read_market_vol(char *filename, int n_strike, double *v_strike,
                           int n_maturity, double *v_maturity, double **m_vol)
{
    ifstream        inf(filename, ios::in);
    if(!inf.is_open()){ // 파일을 open할수 없을 때
        cout << filename <<" 파일을 열 수 없습니다."<< endl;
        inf.clear();
        exit(0);
    }
```

```
    int        i, j;
    char       text[20];

    inf>>text;      //  "만기:" 읽기
    for(j=0; j<n_maturity; j++){
        inf>>text;
        v_maturity[j]       = atof(text);
    }
    inf>>text;      //  "행사가격:" 읽기
    for(i=0; i<n_strike; i++){
        inf>>text;
        v_strike[i]= atof(text);
    }
    inf>>text;      //  "변동성:" 읽기
    for(i=0; i<n_strike; i++){
        for(j=0; j<n_maturity; j++){
            inf>>text;
            m_vol[i][j]     = atof(text)/100.0;
        }
    }
    inf.close();
}

void       save_vol(char *filename, int n_strike, double *v_strike, int n_maturity,
                    double *v_maturity, double **vol)
{
    ofstream        outf(filename, ios::out | ios::trunc);
    //  ios::trunc 사용시 기존 데이터 삭제후 추가
    //  ios::app 사용시 데이터 추가 가능
    if(!outf.is_open()){ // 파일을 open할수 없을 때
        cout << filename <<" 파일을 열 수 없습니다."<< endl;
        outf.clear();
        exit(0);
    }

    int        i, j;

    outf<<"만기: "<<" ";
    for(j=0; j<n_maturity; j++){
        outf<<v_maturity[j]<<" ";
    }
    outf<<endl;

    outf<<"행사가격: "<<"  ";
    for(i=0; i<n_strike; i++){
        outf<<v_strike[i]<<"      ";
    }
    outf<<endl;

    outf<<"변동성: "<<"     ";
    for(i=0; i<n_strike; i++){
```

```
        for(j=0; j<n_maturity; j++){
            outf<<vol[i][j]*100.0<<" ";
        }
        outf<<endl;
        outf<<"  "<<"";
    }
    outf.close();
}
```

- mathlib.h

```
// mathlib.h

#define    _CRT_SECURE_NO_DEPRECATE

void       gaussian_elimination(double **Smatrix, double *Known, double *Unknown,
                   int n_eqns);
```

- mathlib.cpp

```
// mathlib.cpp

#include   <iostream>
using      namespace     std;

#include   "mathlib.h"

#include   <math.h>

void       gaussian_elimination(double **Smatrix, double *Known, double *Unknown,
                   int n_eqns)
{
    //    앞에서 선언한 gaussian_elimination( ) 함수와 동일함, 별첨 소스 코드 참조
}
```

- nonlinearsolver.h

```
// nonlinearsolver.h
#define    _CRT_SECURE_NO_DEPRECATE

void       nonlinear_parameter_solver(double S, double cc, int n_x, double *v_x, int n_y,
                   double *v_y, double **mat, int nparameter, double *parameter,
                   double object_func(int nparameter, double *parameter, double x,
                   double t));
double     implied_volatility_function(int nparameter, double *parameter, double x,
                   double t);
void       implided_volatility(double S, double cc, int n_x, double *v_x, int n_y,
```

```
                    double *v_y, double **mat, int nparameter, double *parameter);
void        local_volatility(double S, double cc, int n_x, double *v_x, int n_y, double *v_y,
                    double **mat, int nparameter, double *parameter);
```

- nonlinearsolver.cpp

```
// nonlinearsolver.cpp

#include    <iostream>
using       namespace       std;

#include    <math.h>

#include    "nonlinearsolver.h"
#include    "mathlib.h"

void        nonlinear_parameter_solver(double S, double cc, int n_x, double *v_x, int n_y,
                    double *v_y, double **m_ref, int nparameter, double *parameter,
                    double object_func(int nparameter, double *parameter, double x,
                    double t))
{
    //  비선형 파라미터 추정
    int         i, j, m, n, iter;
    double      *unknown, *known, *guess, *tguess, *minguess;
    double      **smatrix, **perr, **tperr;
    double      error, olderror, minerror, tmperror, tolerance, h;
    double      fx_value, xvalue;

    iter        = 0;
    tolerance = 1.0e-15;
    h           = 0.001;

    perr        = new double*[n_x];
    tperr       = new double*[n_x];
    for(i=0; i<n_x; i++){
        perr[i]     = new double[n_y];
        tperr[i]    = new double[n_y];
    }

    guess       = new double[nparameter];
    tguess      = new double[nparameter];
    minguess = new double[nparameter];
    unknown = new double[nparameter];
    known       = new double[nparameter];
    smatrix     = new double*[nparameter];
    for(i=0; i<nparameter; i++) smatrix[i]    = new double[nparameter];
    for(i=0; i<nparameter; i++) guess[i]      = parameter[i];

    double      df1, df2, faph, famh, fbph, fbmh, lambda;
    lambda      = 0.0001;
```

```
error = 0.0;
for(i=0; i<n_x; i++){
    for(j=0; j<n_y; j++){
        xvalue     = log(S/v_x[i])+(cc*v_y[j]);//log(S*exp(cc*v_y[j])/v_x[i]);
        fx_value   = object_func(nparameter, guess, xvalue, v_y[j]);
        perr[i][j] = (fx_value - m_ref[i][j])/m_ref[i][j];
        error     += perr[i][j]*perr[i][j];
    }
}
olderror  = error;

iter      = 0;
tmperror  = 0.0;
minerror  = 1.0e10;

do{
    for(i=0; i<nparameter; i++){
        for(j=0; j<nparameter; j++) smatrix[i][j] = 0.0;
        known[i] = unknown[i] = 0.0;
    }

    for(i=0; i<nparameter; i++){
        for(j=i; j<nparameter; j++){
            for(m=0; m<n_x; m++){
                for(n=0; n<n_y; n++){
                    xvalue    = log(S/v_x[m])+(cc*v_y[n]);
                    guess[i]  += h;
                    faph      = object_func(nparameter, guess, xvalue, v_y[n]);
                    guess[i]  -= 2.0*h;
                    famh      = object_func(nparameter, guess, xvalue, v_y[n]);
                    guess[i]  += h;

                    guess[j]  += h;
                    fbph      = object_func(nparameter, guess, xvalue, v_y[n]);
                    guess[j]  -= 2.0*h;
                    fbmh      = object_func(nparameter, guess, xvalue, v_y[n]);
                    guess[j]  += h;

                    df1       = (faph - famh)/(2.0*h);
                    df2       = (fbph - fbmh)/(2.0*h);
                    smatrix[i][j]   +=  df1*df2;
                }
            }
        }
    }

    for(i=1; i<nparameter; i++){
        for(j=0; j<i; j++)    smatrix[i][j]    = smatrix[j][i];
    }

    for(i=0; i<nparameter; i++){
        smatrix[i][i] = smatrix[i][i] *(1.0+lambda);
```

```
        for(m=0; m<n_x; m++){
            for(n=0; n<n_y; n++){
                xvalue    = log(S/v_x[m])+(cc*v_y[n]);
                guess[i]  += h;
                faph      = object_func(nparameter, guess, xvalue, v_y[n]);
                guess[i]  -= 2.0*h;
                famh      = object_func(nparameter, guess, xvalue, v_y[n]);
                guess[i]  += h;

                df1       = (faph - famh)/(2.0*h);
                known[i]  -= df1*perr[m][n];
            }
        }
    }

    gaussian_elimination(smatrix, known, unknown, nparameter);
    for(i=0; i<nparameter; i++)          tguess[i]  = guess[i] + unknown[i];

    error= 0.0;
    for(i=0; i<n_x; i++){
        for(j=0; j<n_y; j++){
            xvalue     = log(S/v_x[i])+(cc*v_y[j]);
            fx_value   = object_func(nparameter, tguess, xvalue, v_y[j]);
            tperr[i][j] = (fx_value - m_ref[i][j])/m_ref[i][j];
            error      += tperr[i][j]*tperr[i][j];
        }
    }

    if(error > olderror) lambda *= 10.0;     // iter!=0 &&
    else{
        lambda /=10.0;
        for(i=0; i<nparameter; i++)     guess[i]   = tguess[i];

        for(i=0; i<n_x; i++){
            for(j=0; j<n_y; j++) perr[i][j]  = tperr[i][j];
        }
        tmperror  = olderror;
        olderror  = error;
    }

    if(error < minerror){
        for(i=0; i<nparameter; i++) minguess[i] = guess[i];
        minerror = error;
    }

    cout<<iter<<"번째"<<endl;
    for(i=0; i<nparameter; i++)     cout<<"p["<<i<<"] : "<<guess[i]<<endl;
    cout<<"error : "<<minerror<<endl;

    iter++;
}while(error>tolerance && fabs(tmperror-error)>tolerance && iter<10000);
```

```
    for(i=0; i<nparameter; i++) parameter[i] = minguess[i];

    for(i=0; i<n_x; i++){
        delete perr[i];
        delete tperr[i];
    }
    delete[]  perr;
    delete[]  tperr;

    for(i=0; i<nparameter; i++) delete smatrix[i];
    delete[]  unknown;
    delete[]  known;
    delete[]  guess;
    delete[]  tguess;
    delete[]  minguess;
    delete[]  smatrix;
}

double        implied_volatility_function(int nparameter, double *parameter, double x,
                  double t)
{
    int       i;
    double    imvol;
    double    *p;
    p         = new double[nparameter];
    for(i=0; i<nparameter; i++)    p[i]  = parameter[i];

    imvol     = p[0] +p[2]*exp(p[1]*t) +p[3]*x +p[4]*x*x +p[5]*x*x*x +p[6]*x*x*x*x;
    delete[]  p;
    return    imvol;
}

void      implided_volatility(double S, double cc, int n_x, double *v_x, int n_y,
              double *v_y, double **mat, int nparameter, double *parameter)
{
    int       i, j;
    double    xvalue;

    for(i=0; i<n_x; i++){
        for(j=0; j<n_y; j++){
            xvalue    = log(S/v_x[i])+(cc*v_y[j]);
            mat[i][j] = implied_volatility_function(nparameter, parameter, xvalue, v_y[j]);
        }
    }
}

void      local_volatility(double S, double cc, int n_x, double *v_x, int n_y, double *v_y,
                        double **mat, int nparameter, double *parameter)
{
    int       i, j;
    double    d1, iv, k, x, t, sigmat, sigmak, sigmak2;
```

```
    double     *p;
    p           = new double[nparameter];
    for(i=0; i<nparameter; i++)    p[i]  = parameter[i];

    for(i=0; i<n_x; i++){
        k     = v_x[i];
        for(j=0; j<n_y; j++){
            t      = v_y[j];
            x      = log(S/k)+(cc*t);//log(S*exp(cc*t)/k)
            iv     = implied_volatility_function(nparameter, parameter, x, t);
            d1     = (log(S/k)+(cc+0.5*iv*iv)*t)/(iv*sqrt(t));

            sigmat    = p[2]*p[1]*exp(p[1]*t) + cc*(p[3] + 2.0*p[4]*x + 3.0*p[5]*x*x
                          + 4.0*p[6]*x*x*x);
            sigmak    = -(p[3] + 2.0*p[4]*x + 3.0*p[5]*x*x + 4.0*p[6]*x*x*x)/k;
            sigmak2  = (p[3] + 2.0*p[4]*(x+1.0) + 3.0*p[5]*x*(x+2.0)
                          + 4.0*p[6]*x*x*(x+3.0))/(k*k);

            mat[i][j]  = (iv*iv + 2.0*iv*t*sigmat + 2.0*cc*iv*k*t*sigmak);
            mat[i][j]  = mat[i][j]/(pow( (1.0 + k*d1*sqrt(t)*sigmak), 2.0)
                          + iv*k*k*t*(sigmak2 - d1*sigmak*sigmak*sqrt(t)));
            mat[i][j]  = sqrt( fabs(mat[i][j]) );
        }
    }
    delete[]   p;
}
```

- main.cpp

```
//    main.cpp
#include    <iostream>
using       namespace       std;

#include    <math.h>
#include    <iomanip>

#include    "mathlib.h"
#include    "data.h"
#include    "nonlinearsolver.h"


void        main(void)
{
    // 비선형 파라미터 추정
    int         i;
    int         n_strike, n_maturity;     //   행사가격 수량, 잔존만기 수량
    double      riskfreerate, dividend, S, carrycost;
                                          //   무위험이자율, 배당률, 기초자산, carry cost
    double      *v_strike, *v_maturity;   //   행사가격, 잔존만기
    double      **m_vol;                  //   market vol
```

```
int       n_parameter;        //  미지 파라미터수
double    *parameter;         //  파라미터

// display points
cout << setprecision(20);

n_strike       = 5;
n_maturity     = 6;

v_strike       = new double[n_strike];
v_maturity     = new double[n_maturity];
m_vol          = new double*[n_strike];
for(i=0; i<n_strike; i++) m_vol[i]   = new double[n_maturity];

read_market_vol("marketvol.txt", n_strike, v_strike, n_maturity, v_maturity, m_vol);

S              = v_strike[(n_strike-1)/2];
riskfreerate   = 0.03;
dividend       = 0.00;
carrycost      = riskfreerate - dividend;

n_parameter    = 7;
parameter      = new double[n_parameter];
for(i=0; i<n_parameter; i++)  parameter[i]   = 0.1;    // 파라미터 초기화

nonlinear_parameter_solver(S, carrycost, n_strike, v_strike, n_maturity,
                    v_maturity, m_vol, n_parameter, parameter,
                    implied_volatility_function);   //   비선형 파라미터 추정

for(i=0; i<n_parameter; i++)  cout<<"p["<<i<<"] : "<<parameter[i]<<endl;

double     **imvol, **localvol;
imvol      = new double*[n_strike];//   implided vol function에 의한 내재변동성
localvol   = new double*[n_strike];//   local vol
for(i=0; i<n_strike; i++){
     imvol[i]   = new double[n_maturity];
     localvol[i] = new double[n_maturity];
}

implided_volatility(S, carrycost, n_strike, v_strike, n_maturity, v_maturity, imvol,
                    n_parameter, parameter);
save_vol("impliedvol.txt", n_strike, v_strike, n_maturity, v_maturity, imvol);
local_volatility(S, carrycost, n_strike, v_strike, n_maturity, v_maturity, localvol,
                    n_parameter, parameter);
save_vol("localvol.txt", n_strike, v_strike, n_maturity, v_maturity, localvol);

for(i=0; i<n_strike; i++){
     delete[]  m_vol[i];
     delete[]  imvol[i];
     delete[]  localvol[i];
}
```

```
    delete[]   parameter;
    delete[]   v_strike;
    delete[]   v_maturity;
    delete[]   imvol;
    delete[]   localvol;
}
```

✎ 실행 결과

입력한 내재변동성과 계산된 국소변동성을 비교하면 다음과 같다.

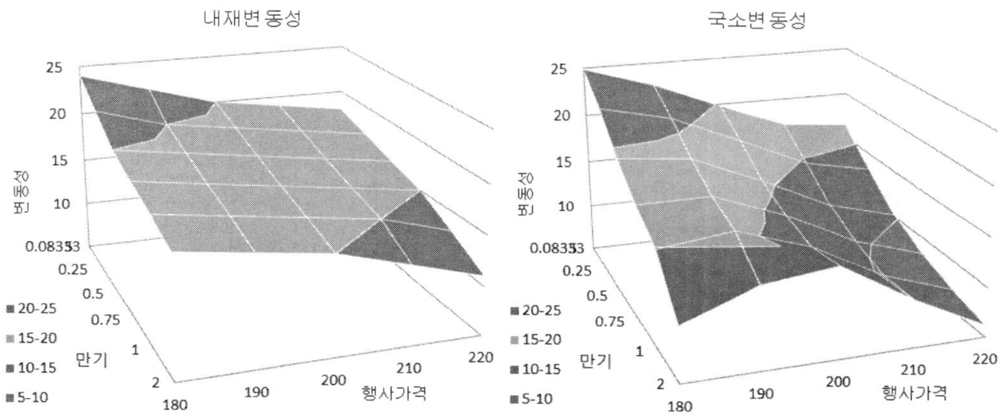

[그림 19-3] 입력한 내재변동성(좌)과 계산된 국소변동성(우)

6부 이자율 모형

파생상품의 기초자산이 주식, 상품 및 외환인 경우에는 앞에서 설명한 몬테카를로 시뮬레이션, 이항트리 모형 또는 삼항트리 모형과 같은 트리 모형, 유한차분법을 이용하여 평가할 수 있지만, 기초자산이 이자율인 경우에는 이자율 모형을 적용하여야한다. 그래서 6부에서는 20장 이자율의 개념에 대해 알아보고, 21장 이자율 파생상품과 22장 이자율 모형에 대해 설명하고, 이자율 모형을 이용하여 23장 이자율 파생상품 평가 방법을 알아보자.

20장

이자율

이자는 화폐를 차용하였을 때 지불하는 대가이며, 이자율은 이자를 원금의 비율로 나타낸 것이다.

20.1 이자율 정의

20.1.1 단리와 복리

이자계산 방법에는 단리(Simple Interest)와 복리(Compound Interest)가 있다. 단리는 원금에 대해서만 일정기간마다 정해진 이자율을 적용하여 이자가 계산되고, 복리는 일정기간마다 발생된 이자를 원금에 가산하고 이 합계액이 다시 다음 기간의 원금이 되어 이자가 계산된다. 예금기간 n년 동안 원금 A의 금액을 연이율 r로 정기예금에 가입하면 만기 지급액 S는 단리와 복리를 적용하면 다음과 같다.

연 1회 지급 단리 적용 : $S = A(1 + rn)$

연 1회 지급 복리 적용 : $S = A(1 + r)^n$

단리를 이용하면 계산이 매우 간편하지만, 금융공학에서 사용되는 이자율 개념은 단리가 아닌 복리이다. 그것도 1년에 1회 지급되는 복리로 이자를 계산하는 것이 아니라 1년에 m회 지급되는 복리 계산법을 사용한다. 연 m회 지급 복리를 적용하면 만기 지급액 S는 다음과 같다.

연 m회 지급 복리 적용 : $S = A\left(1 + \frac{r}{m}\right)^{nm}$

파생상품을 평가할 때 이자계산의 편의상 1년에 m회 이자를 지급하는 이산복리가 아니라 m이 무한대인 연속복리를 사용하기도 한다. 연속복리를 적용하면 만기 지급액 S는 다음과 같다.

$$\text{연속복리 적용 : } S = \lim_{m \to \infty} A\left(1 + \frac{r}{m}\right)^{nm} = \lim_{m \to \infty} A\left(1 + \frac{r}{m}\right)^{\frac{m}{r} r n} = A e^{rn}$$

20.1.2 용어 정의

이 책에서 사용될 이자율과 관련된 용어를 다음과 같이 정리한다.

- 무이표채권(Zero Coupon Bond)의 가치

  $P(t, T)$: 만기 T에 액면금액 1을 지급하는 무이표채권의 t시점에서 가치

- 현물이자율(Spot Rate) 또는 무이표이자율(Zero Rate)

  $R(t, T)$: 기간 (t, T)에서 적용되는 시점 t에서의 연속복리 만기수익률

$$R(t, T) = -\frac{\ln P(t, T)}{T - t}$$

  여기서, 무이표채권의 가치는 $P(t, T) = e^{-R(t, T)(T-t)}$

- 선도이자율(Forward Rate)

  $F(t, T, S)$: 기간 (T, S)에서 적용되는 시점 t에서의 선도이자율($t \le T \le S$)

$$F(t, T, S) = \frac{1}{S - T} \ln \frac{P(t, T)}{P(t, S)}$$

- 순간선도이자율(Instantaneous Forward Rate)

  $f(t, T)$: 선도이자율에서 S가 T에 가까워질 때, 시점 t에서의 순간 선도이자율

$$f(t, T) = \lim_{S \to T} F(t, T, S) = \frac{\partial}{\partial T} \ln P(t, T) = \frac{\partial P(t, T)/\partial T}{\partial P(t, T)}$$

$$P(t, T) = \exp\left(-\int_t^T f(t, u)\, du\right)$$

그러므로 현물이자율과 순간선도이자율의 관계는 다음과 같고

$$R(t, T) = \frac{1}{T-t}\int_t^T f(t, u)du$$

현물이자율은 채권의 잔존만기까지 순간선도이자율의 평균을 의미한다.

- 단기이자율(Short Rate) 또는 순간무위험이자율(Instantaneous Risk Free Rate)
  단기이자율은 아주 짧은 기간 동안 적용되는 이자율을 말한다. 현물이자율 $R(t, T)$를 기간 (t, T)에서의 무위험이자율이고, 만기 T가 평가시점 t로 수렴할 때, t시점에서의 단기이자율 $r(t)$은 다음과 같다.

$$r(t) = \lim_{T \to t} R(t, T) = R(t, t) = f(t, t)$$

20.2 이자율 기간구조

이자율 기간구조(Term Structure)는 n년 만기와 해당 만기이자율과의 관계를 나타내는 것으로, 이자율의 특성에 따라 액면가수익률 기간구조, 현물이자율 기간구조, 선도이자율 기간구조가 있다.

20.2.1 고정금리 채권가격

액면금액이 N이고 연 1회 이표(Coupon) C를 지급하는 고정금리 채권이 있고, 이표를 지급하는 시점의 현물이자율이 y_i면 채권의 가격 P는 다음과 같다.

$$P = \frac{C}{1+y_1} + \frac{C}{(1+y_2)^2} + \cdots + \frac{C}{(1+y_i)^i} + \cdots + \frac{N+C}{(1+y_n)^n}$$

여기서, i는 이표가 지급되는 시점이다($i = 1, 2, \cdots, n$).

20.2.2 만기수익률

만기수익률(Yield to Maturity, YTM)이란 채권의 미래 현금흐름(Cash Flow)의 현재가치와 채권의 시장가격을 일치시키는 수익률이며, 다음의 시장가격 P와 채권의 미래 현금흐름의 관계식에서 y를 의미한다.

$$P = \frac{C}{1+y} + \frac{C}{(1+y)^2} + \cdots + \frac{N+C}{(1+y)^n}$$

여기서, C는 채권에서 지급되는 이표이고, N은 채권의 액면금액이다.

20.2.3 액면가수익률

액면가수익률(Par Yield)은 채권의 가격을 채권의 액면금액 N과 같게 하는 이표채권의 수익률이다.

$$N = \frac{C}{1+y_1} + \frac{C}{(1+y_2)^2} + \cdots + \frac{N+C}{(1+y_n)^n}$$

여기서, y_i는 다음에 설명할 현물이자율이다.

연 1회 지급하는 이표 C는 액면금액 N과 이표금리 c의 곱이므로 다음과 같이 나타낼 수 있고, 여기서 c가 n년 만기 액면가수익률이다.

$$1 = \frac{c}{1+y_1} + \frac{c}{(1+y_2)^2} + \cdots + \frac{1+c}{(1+y_n)^n}$$

20.2.4 현물이자율(무이표이자율)

만기이전에는 현금흐름이 없고 만기에 원금을 지급하는 채권의 만기수익률(무이표채권의 수익률)이며, 미래 현금흐름을 현재가치로 계산할 때 사용되는 금리로서 다음의 관계식에서 y_i를 의미한다.

$$1 = \frac{c}{1+y_1} + \frac{c}{(1+y_2)^2} + \cdots + \frac{c}{(1+y_i)^i} + \cdots + \frac{1+c}{(1+y_n)^n}$$

20.3 이자율 변환

앞에서 설명한 현물이자율은 파생상품을 평가할 때 미래 현금흐름을 현재가치로 계산할 때 사용되는데, 시장에서는 시장가격이 고시되므로, 부트스트래핑(Bootstrapping) 방법을 이용하여 시장가격으로부터 계산된 시장수익률 또는 액면가수익률을 현물이자율로 변환해야 한다. 여기서 부트스트래핑 방법은 군화의 신발끈을 맨 아래부터 위로 묶어 올라가듯이 이자율 기간구조의 잔존만기를 한 구간씩 증가시키면서 기간구조를 완성시키는 방법이다.

20.3.1 액면가수익률을 현물이자율로 변환하는 방법

액면가수익률을 현물이자율로 변환하는 방법과 시장수익률을 현물이자율로 변환하는 방법이 동일하므로 액면가수익률을 이용하여 현물이자율로 변환하는 방법에 대해 알아보자.
계산의 편의상 1년에 1회 이표가 지급된다고 할 때, 만기가 1년인 채권의 가치는 다음과 같다.

$$N = \frac{N + C}{1 + S_1} = \frac{N + NP_1}{1 + S_1}$$

여기서, P_1는 액면가수익률, S_1는 현물이자율이다.

양변을 액면금액 N으로 나누면 다음과 같으므로, 잔존만기 T가 1년인 시점에서 현물이자율은 액면가수익률과 같다.

$$1 = \frac{1 + P_1}{1 + S_1} \;\Rightarrow\; S_1 = P_1$$

잔존만기 T가 2년인 시점에서의 현물이자율은 다음과 같고,

$$1 = \frac{P_2}{1 + S_1} + \frac{1 + P_2}{(1 + S_2)^2} = P_2 df_1 + \frac{1 + P_2}{(1 + S_2)^2}$$

$$\Rightarrow\; S_2 = \sqrt{\left(\frac{1 + P_2}{1 - P_2 df_1}\right)} - 1$$

여기서, df_1은 만기 1년의 현물이자율을 적용한 할인율을 의미하고, 아래의 df_i는 만기 i시점의 현물이자율을 적용한 할인율을 의미한다.

같은 방법으로 잔존만기 T가 n년인 시점에서의 현물이자율은 다음과 같다.

$$
\begin{aligned}
1 &= \frac{P_n}{1+S_1} + \frac{P_n}{(1+S_2)^2} + \cdots + \frac{1+P_n}{(1+S_n)^n} \\
&= P_n df_1 + P_n df_2 + \cdots + \frac{1+P_n}{(1+S_n)^n} \\
\Rightarrow\ S_n &= \left(\frac{1+P_n}{1-P_n \sum_{i=1}^{n-1} df_i} \right)^{1/n} - 1
\end{aligned}
$$

만약 1년에 m회 이표가 지급되면 현물이자율은 다음과 같이 계산된다.

$$
\begin{aligned}
1 &= \frac{\frac{P_{nm}}{m}}{1+\frac{S_1}{m}} + \frac{\frac{P_{nm}}{m}}{\left(1+\frac{S_2}{m}\right)^2} + \cdots + \frac{1+\frac{P_{nm}}{m}}{\left(1+\frac{S_{nm}}{m}\right)^{nm}} \\
&= \frac{P_{nm}}{m} df_1 + \frac{P_{nm}}{m} df_2 + \cdots + \frac{1+\frac{P_{nm}}{m}}{\left(1+\frac{S_{nm}}{m}\right)^{nm}} \\
\Rightarrow\ S_{nm} &= m \left(\frac{1+\frac{P_{nm}}{m}}{1-\frac{P_{nm}}{m} \sum_{i=1}^{nm-1} df_i} \right)^{1/nm} - m
\end{aligned}
$$

20.3.2 현물이자율을 액면가수익률로 변환하는 방법

현물이자율을 액면가수익률로 변환할 때도 부트스트래핑 방법을 이용하여 계산할 수 있다. 1년에 1회 이표가 지급되는 고정금리 채권의 현물이자율을 이용하여 액면가수익률로 변환하는 방법에 대해 알아보자.

만기가 1년인 채권가격은 다음과 같으므로, 잔존만기 T가 1년인 시점에서 액면가수익률은 현물이자율과 같다.

$$
1 = \frac{1+P_1}{1+S_1} \Rightarrow P_1 = S_1
$$

잔존만기 T가 2년인 시점에서의 액면가수익률은 다음과 같고,

$$1 = \frac{P_2}{1+S_1} + \frac{1+P_2}{(1+S_2)^2} = P_2 df_1 + (1+P_2) df_2$$

$$\Rightarrow\ P_2 = \frac{1-df_2}{df_1 + df_2}$$

같은 방법으로 잔존만기 T가 n년인 시점에서의 액면가수익률은 다음과 같다.

$$1 = \frac{P_n}{1+S_1} + \frac{P_n}{(1+S_2)^2} + \cdots + \frac{1+P_n}{(1+S_n)^n}$$

$$= P_n df_1 + P_n df_2 + \cdots + (1+P_n) df_n$$

$$\Rightarrow\ P_n = \frac{1-df_n}{\sum_{i=1}^{n} df_i}$$

만약 1년에 m회 이표가 지급되면 액면가수익률은 다음과 같이 계산된다.

$$1 = \frac{\frac{P_{nm}}{m}}{1+\frac{S_1}{m}} + \frac{\frac{P_{nm}}{m}}{\left(1+\frac{S_2}{m}\right)^2} + \cdots + \frac{1+\frac{P_{nm}}{m}}{\left(1+\frac{S_{nm}}{m}\right)^{nm}}$$

$$= \frac{P_{nm}}{m} df_1 + \frac{P_{nm}}{m} df_2 + \cdots + \left(1+\frac{P_{nm}}{m}\right) df_{nm}$$

$$\Rightarrow\ P_{nm} = \frac{m(1-df_{nm})}{\sum_{i=1}^{nm} df_i}$$

20.3.3 액면가수익률을 현물이자율로 변환하는 예제

액면가수익률이 [표 20-1]과 같을 때 부트스트래핑을 이용하여 현물이자율을 구해보자.

[표 20-1] 액면가수익률

만기	액면가수익률
3M	5.360%
1Y	5.030%
2Y	4.890%
3Y	4.780%
4Y	4.738%
5Y	4.758%
6Y	4.778%
7Y	4.785%
8Y	4.810%
9Y	4.830%
10Y	4.855%
11Y	4.880%
12Y	4.905%
15Y	4.930%
20Y	4.955%

✎ 소스 코드

- mathlib.h

```
//   mathlib.h
void par_to_zero_bootstrapping(int nytime, double *ytime, double *yrate,
            int coupon_frequency, int nztime, double *ztime, double *zrate);
```

- mathlib.cpp

```
//   mathlib.cpp
#include   <iostream>
using      namespace          std;
#include   <math.h>
#include   "mathlib.h"

void       par_to_zero_bootstrapping(int nytime, double *ytime, double *yrate, int frequency,
                 int nztime, double *ztime, double *zrate)
{
     int        i, j, si, ei, iter;
     double     dt, sumdf, sumdfp, Error, Epsilon, estimated;
     double     *df, *dfp;
     df         = new double[nztime];
     dfp        = new double[nztime];
     dt         = 1.0/frequency;
     Epsilon    = 1.0e-15;
     zrate[0]   = yrate[0];
```

```
    df[0]       = pow((1.0 + zrate[0]*dt), -ztime[0]*frequency);
    dfp[0]      = -ztime[0]*frequency*pow((1.0 + zrate[0]*dt), -ztime[0]*frequency-1.0);
    si          = 1;

    for(i=1; i<nytime; i++){
        iter        = 0;
        Error       = 0.0;
        ei          = int(ytime[i]*frequency);
        zrate[ei-1]     = yrate[i];
        do{
            for(j=si; j<ei-1; j++)
                zrate[j]    = (zrate[ei-1]-zrate[si-1])/(ztime[ei-1]-ztime[si-1])
                            *(ztime[j]-ztime[si-1]) + zrate[si-1];
            for(j=si; j<ei; j++){
                df[j]       = pow((1.0+zrate[j]*dt),-ztime[j]*frequency);
                dfp[j]      = -ztime[j]*frequency
                                *pow((1.0+zrate[j]*dt),-ztime[j]*frequency-1.0);
            }

            sumdf       = sumdfp = 0.0;
            for(j=0; j<ei; j++){
                sumdf       += yrate[i]*df[j]*dt;
                sumdfp      += yrate[i]*dfp[j]*dt;
            }
            sumdf       += df[ei-1];
            sumdfp      += dfp[ei-1];
            estimated = zrate[ei-1] - (sumdf - 1.0)/sumdfp;
            Error       = fabs(estimated-zrate[ei-1]);
            zrate[ei-1]     = estimated;
            iter++;
        }while(Error>Epsilon && iter<10000);

        for(j=si; j<ei-1; j++)
            zrate[j]    = (zrate[ei-1]-zrate[si-1])/(ztime[ei-1]-ztime[si-1])
                        *(ztime[j]-ztime[si-1]) + zrate[si-1];
        for(j=si; j<ei; j++){
            df[j]       = pow((1.0+zrate[j]*dt),-ztime[j]*frequency);
            dfp[j]      = -ztime[j]*frequency
                        *pow((1.0+zrate[j]*dt),-ztime[j]*frequency-1.0);
        }
        si  = ei;
    }

    delete[] df;
    delete[] dfp;
}
```

- main.cpp

```
//    main.cpp
#include    <iostream>
#include    <fstream>
using       namespace     std;

#include    <iomanip>
#include    "mathlib.h"

void        main(void)
{
     // display points
     cout << setprecision(20);

     int          i, nytime, coupon_frequency;
     double       *ytime;   //    year base
     double       *yrate;
     nytime       = 15;
     coupon_frequency    = 4;

     ytime        = new double[nytime];
     yrate        = new double[nytime];

     ytime[0]  = 0.25;          yrate[0]   = 0.05360;
     ytime[1]  = 1.0;           yrate[1]   = 0.05030;
     ytime[2]  = 2.0;           yrate[2]   = 0.04890;
     ytime[3]  = 3.0;           yrate[3]   = 0.04780;
     ytime[4]  = 4.0;           yrate[4]   = 0.04738;
     ytime[5]  = 5.0;           yrate[5]   = 0.04758;
     ytime[6]  = 6.0;           yrate[6]   = 0.04778;
     ytime[7]  = 7.0;           yrate[7]   = 0.04785;
     ytime[8]  = 8.0;           yrate[8]   = 0.04810;
     ytime[9]  = 9.0;           yrate[9]   = 0.04830;
     ytime[10] = 10.0;          yrate[10]  = 0.04855;
     ytime[11] = 11.0;          yrate[11]  = 0.04880;
     ytime[12] = 12.0;          yrate[12]  = 0.04905;
     ytime[13] = 15.0;          yrate[13]  = 0.04930;
     ytime[14] = 20.0;          yrate[14]  = 0.04955;

     int          nztime;
     double       *ztime;   //    zerorate, year base
     double       *zrate;

     nztime       = int(ytime[nytime-1]*coupon_frequency);
     ztime        = new double[nztime];
     zrate        = new double[nztime];

     for(i=0; i<nztime; i++)    ztime[i]    = double(i+1)/coupon_frequency;
     par_to_zero_bootstrapping(nytime, ytime, yrate, coupon_frequency, nztime, ztime,
                                             zrate);
```

```
    ofstream  outf("result.txt", ios::out | ios::trunc);
    //   ios::trunc 사용시 기존 데이터 삭제후 추가
    //   ios::app 사용시 데이터 추가 가능
    outf << setprecision(20);
    outf<<"=입력된 액면가수익률="<<endl;
    outf<<"만기    액면가수익률"<<endl;
    for(i=0; i<nytime; i++)  outf << ytime[i] <<"   "<<yrate[i]<< endl; outf<<endl<<endl;

    outf<<"=계산된 현물이자율="<<endl;
    outf<<"만기    현물이자율"<<endl;
    for(i=0; i<nztime; i++)    outf << ztime[i] <<"   "<<zrate[i]<< endl;
    outf.close();

    delete[]   ytime;
    delete[]   yrate;
    delete[]   ztime;
    delete[]   zrate;
}
```

✎ 실행 결과

부트스트래핑을 통해 생성된 현물이자율은 [그림 20-1]과 같다.

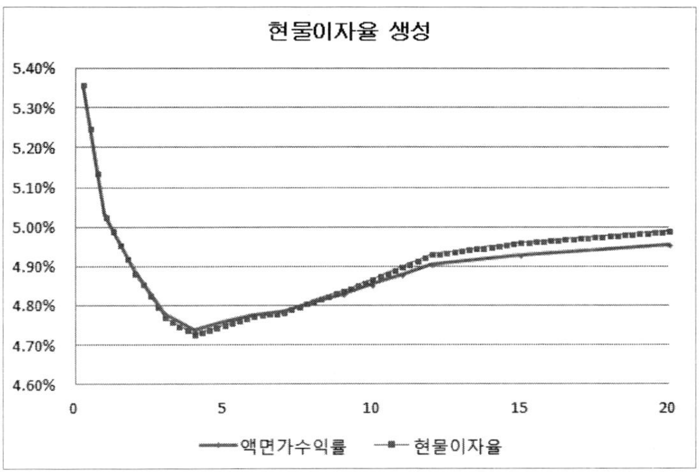

[그림 20-1] 부트스트래핑에 의한 현물이자율 생성

21장

이자율 파생상품

이자율 파생상품이란 기초자산인 이자율과 연계되어 손익이 결정되는 파생상품으로 금리 캡/플로어, 스왑션과 같이 해석해가 있는 상품도 있고, 다음 장에서 설명할 이자율 모형을 이용해야 평가할 수 있는 구조화채권도 있다.

21.1 금리 캡/플로어

21.1.1 금리 캡/플로어 개요

금리 캡(Cap) 상품은 이자율이 일정수준 이상으로 올라가지 않도록 하는 보험적 기능의 옵션 상품이다. 금리 캡은 캡플릿(Caplet)이라는 이자율 콜옵션의 합으로 계산되는데, 캡플릿은 기준금리와 사전에 약정한 캡금리(Cap Rate, 옵션의 행사가격과 동일 개념) 간의 차이(양의 부분)에 해당하는 이자율을 지급하는 옵션이다.
비슷한 개념의 금리 플로어(Floor) 상품은 이자율이 일정수준 이하로 내려가지 않도록 하는 보험적 기능의 옵션 상품으로 플로어릿(Floorlet)이라는 이자율 풋옵션의 합으로 계산된다.

21.1.2 금리 캡/플로어 평가 로직

금리 캡/플로어의 이론 가격은 블랙 모델(Black Model)을 이용하여 계산한다.

- 캡 가격 계산

$$Cap(t, t_\alpha, t_\beta) = \sum_{i=\alpha}^{\beta-1} Caplet(t, t_i, t_{i+1})$$

$$Caplet(t, t_k, t_{k+1}) = NP(t, t_{k+1}) Bl(K, F(t, t_k, t_{k+1}), v_k, 1)(t_{k+1} - t_k)$$
$$v_k = \sigma_{t_k, t_{k+1}} \sqrt{t_k}$$

여기서, α : 첫 번째 옵션 행사시점
β : 계약 만기시점

- 플로어 가격 계산

$$Floor(t, t_\alpha, t_\beta) = \sum_{i=\alpha}^{\beta-1} Floorlet(t, t_i, t_{i+1})$$
$$Floorlet(t, t_k, t_{k+1}) = NP(t, t_{k+1}) Bl(K, F(t, t_k, t_{k+1}), v_k, -1)(t_{k+1} - t_k)$$
$$v_k = \sigma_{t_k, t_{k+1}} \sqrt{t_k}$$

팁_28 블랙 모델

블랙 모델은 블랙-숄즈 옵션가격결정모형의 변형으로 금리 캡/플로어, 스왑션(Swaption) 등의 이자율 옵션 평가에 사용된다.

- 블랙 모델에 의한 이자율 옵션 평가
  선도이자율 F, 행사가격 K, 잔존만기 T, 변동성 σ일 때 이자율 옵션의 가격은 다음과 같다.

$$Bl(K, F, v, \omega) = F\omega\Phi(\omega d_1(K, F, v)) - K\omega\Phi(\omega d_2(K, F, v))$$
$$d_1(K, F, v) = \frac{\ln(F/K) + v^2/2}{v}$$
$$d_2(K, F, v) = \frac{\ln(F/K) - v^2/2}{v}$$
$$v = \sigma\sqrt{T}$$

여기서, ω는 옵션 유형(콜옵션 : 1, 풋옵션 : −1)이다.

21.1.3 금리 캡/플로어 평가

만약, 시장에서 관측된 스왑금리를 통해 계산된 현물이자율이 [표 21-1]과 같을 때, 금리 변동성은 20%이고, 최초 3개월 만기 스왑금리가 6.2%이고, 행사가격이 6.3%인 1년 만기 캡(3개월 만기 캡플릿 4개)과 플로어(3개월 만기 플로어릿 4개)를 평가해보자.

[표 21-1] 현물이자율

만기	일수	현물이자율
O/N	1	6.27%
3M	92	6.30%
1Y	365	6.41%
2Y	730	6.51%
3Y	1095	6.61%
4Y	1461	6.72%
5Y	1826	6.82%
7Y	2556	6.93%
10Y	3652	7.04%

✎ 소스 코드

- mathlib.h

```
//	mathlib.h
#define	max(a,b)	(((a)>(b))?(a):(b))
#define	min(a,b)	(((a)<(b))?(a):(b))
#define	PI	3.14159265358979323846264338327950288419716939937510582097

double	N(double z);

double	linear_interpolation(int n_time, double *time, double *rate, double t);
double	caplet_price(int optiontype, double forward, double strike, double tau,
		double maturity, double vol, double discountfactor);
double	cap_floor_price(int optiontype, double forwardrate, double strike, double vol,
		int ntime, double *zerorate, double *markettime, double basis);
```

- mathlib.cpp

```
//	mathlib.cpp
#include	<iostream>
using	namespace	std;
#include	<math.h>
#include	"mathlib.h"

double	N(double z)
{
	//	앞에서 선언한 N( ) 함수와 동일함, 별첨 소스 코드 참조
}

double	linear_interpolation(int n_time, double *time, double *rate, double t)
{
	int	i;
	double	ret;
	if(time[0]<time[1]){ //	time[0]이 제일 작은 값일 때
```

```
        if(t<=time[0])  ret = rate[0];
        else if(t>time[n_time-1]) ret = rate[n_time-1];
        else{
            for(i=1; i<n_time; i++){
                if(time[i]>=t){
                    ret = rate[i-1] + (rate[i]-rate[i-1])/(time[i]-time [i-1])*(t-time[i-1]);
                    break;
                }
            }
        }
    }
    else{ //   time[0]이 제일 큰 값일때
        if(t>time[0])   ret = rate[0];
        else if(t<=time[n_time-1])      ret = rate[n_time-1];
        else{
            for(i=1; i<n_time; i++){
                if(time[i]<=t){
                    ret = rate[i-1] + (rate[i]-rate[i-1])/(time[i]-time [i-1])*(t-time[i-1]);
                    break;
                }
            }
        }
    }
    return ret;
}


double    caplet_price(int optiontype, double forward, double strike, double tau,
                    double maturity,double vol, double discountfactor)
{
    double    d1, d2, caplet;
    d1        = ( log(forward/strike) + 0.5*vol*vol*maturity )/(vol*sqrt(maturity));
    d2        = d1 - vol*sqrt(maturity);
    caplet    = tau*discountfactor*optiontype
                    *(forward*N(optiontype*d1) - strike*N(optiontype*d2));
    return    caplet;
}

double    cap_floor_price(int optiontype, double forwardrate, double strike, double vol,
                    int ntime, double *zerorate, double *markettime, double basis)
{
    int       i, istart;
    double    df1, df2, forward, tau, maturity;
    double    capletprice, capprice;

    istart    = 0;
    capprice  = 0.0;
    for(i=0; i<ntime; i++){
        if(markettime[i+1]<0.0){istart = i+1;      continue; }
        tau   = (markettime[i+1] - markettime[i])/basis;   // 0은 시작점을 의미함
        if(i==0 || i==istart){
            forward   = forwardrate;
```

```
            df2  = 1.0/pow( (1.0+zerorate[i+1]), markettime[i+1]/basis );
        }
        else{
            df1  = 1.0/pow( (1.0+zerorate[i]), markettime[i]/basis );
            df2  = 1.0/pow( (1.0+zerorate[i+1]), markettime[i+1]/basis );
            forward  = (df1/df2 -1.0)/tau;
        }
        maturity  = markettime[i]/365.0;
        if(i==0 || i==istart)    capletprice = tau*df2*max(optiontype*(forward - strike), 0.0);
        else capletprice = caplet_price(optiontype, forward, strike, tau, maturity, vol, df2);

        capprice  += capletprice;
    }

    if(optiontype==1)    cout<<"Cap Price : "<<capprice<<endl;
    else                 cout<<"Floor Price : "<<capprice<<endl;
    return    capprice;
}
```

- main.cpp

```
//    main.cpp
#include    <iostream>
using       namespace      std;

#include    <iomanip>

#include    "mathlib.h"

void        main(void)
{
    // display points
    cout << setprecision(20);

    int         i, nrtime;
    double      *rtime;   //    day base
    double      *zrate;
    nrtime      = 9;

    rtime       = new double[nrtime];
    zrate       = new double[nrtime];

    rtime[0]  = 1;           zrate[0]   = 0.0627;
    rtime[1]  = 92;          zrate[1]   = 0.0630;
    rtime[2]  = 365;         zrate[2]   = 0.0641;
    rtime[3]  = 730;         zrate[3]   = 0.0651;
    rtime[4]  = 1095;        zrate[4]   = 0.0661;
    rtime[5]  = 1461;        zrate[5]   = 0.0672;
    rtime[6]  = 1826;        zrate[6]   = 0.0682;
    rtime[7]  = 2556;        zrate[7]   = 0.0693;
```

```
    rtime[8]   = 3652;          zrate[8]    = 0.0704;

    int         nctime;
    double      *ctime;   // day base
    double      *zerorate;
    int         ncoupon;
    ncoupon    = 4;       // caplet floorlet 수
    nctime     = ncoupon + 1;

    ctime      = new double[nctime];
    zerorate   = new double[nctime];

    ctime[0]   = 0;
    ctime[1]   = 92;
    ctime[2]   = 181;
    ctime[3]   = 273;
    ctime[4]   = 365;

    for(i=0; i<nctime; i++)   zerorate[i] = linear_interpolation(nrtime, rtime, zrate, ctime[i]);

    double      strike, fixed_vol, day_basis, ini_forward_rate;
    double      cap_price, floor_price;
    fixed_vol  = 0.2;
    strike     = 0.063;
    day_basis  = 365.0;
    ini_forward_rate      = 0.062;

    cap_price        = cap_floor_price(1, ini_forward_rate, strike, fixed_vol, ncoupon,
                                        zerorate, ctime, day_basis);
    floor_price      = cap_floor_price(-1, ini_forward_rate, strike, fixed_vol, ncoupon,
                                        zerorate, ctime, day_basis);

    delete[]    rtime;
    delete[]    zrate;
    delete[]    ctime;
    delete[]    zerorate;
}
```

✎ 실행 결과

계산된 캡과 플로어의 가격은 다음과 같다.

[그림 21-1] 캡/플로어 평가값

21.2 스왑션

21.2.1 스왑션 개요

스왑션(Swaption)은 옵션의 만기시점에 옵션을 행사하면 사전에 약정된 고정금리로 이자율 스왑거래를 할 수 있는 계약으로 스왑옵션(Swap Option)이라고도 한다. 스왑션에는 지급스왑션(Payer Swaption)과 수취스왑션(Receiver Swaption)이 있다.

지급스왑션 매수자는 옵션만기에 옵션을 행사하면 약정된 고정금리를 지급하고 변동금리를 수취하는 이자율 스왑 계약을 체결할 수 있는 권리를 갖고 있으므로, 금리가 상승할 때 이익이 생긴다. 반대로 수취스왑션 매수자는 옵션만기에 옵션을 행사하면 약정된 고정금리를 수취하고 변동금리를 지급하는 이자율 스왑 계약을 체결할 수 있으므로, 금리가 하락할 때 수익이 생긴다.

21.2.2 스왑션 평가 로직

스왑션의 이론 가격은 블랙 모델을 이용하여 계산한다.

- 지급스왑션 가격 계산

$$PS(K,M,T) = N\,Bl(K, S_{M,T}, \sigma_{M,T}\sqrt{T_M}, 1)\sum_{i=M}^{T-1}(t_{i+1}-t_i)P(0,t_{i+1})$$

$$S_{M,T} = \frac{P(0,t_M) - P(0,t_T)}{\sum_{i=M}^{T-1}(t_{i+1}-t_i)P(0,t_{i+1})}$$

여기서, $S_{M,T}$: 선도 스왑 금리(Forward Swap Rate)
M : 스왑션 만기(Option Maturity)
T : 만기(스왑션만기 + 스왑만기(Swap Tenor))

- 수취스왑션 가격 계산

$$RS(K,M,T) = N\,Bl(K, S_{M,T}, \sigma_{M,T}\sqrt{T_M}, -1)\sum_{i=M}^{T-1}(t_{i+1}-t_i)P(0,t_{i+1})$$

21.2.3 스왑션 평가

현물이자율이 [표 21-1]과 같고, 금리 변동성이 20%일 때, 현재부터 1년이 지난 시점부터 1

년 동안 고정금리 6.3%를 지급하고 3개월만기 스왑금리를 수취하는 이자율 스왑(이표 4회 교환) 계약을 체결할 수 있는 지급스왑션과 1년 동안 고정금리 6.3%를 수취하고 3개월만기 스왑금리를 지급하는 이자율 스왑(이표 4회 교환) 계약을 체결할 수 있는 수취스왑션을 평가해보자.

✎ 소스 코드

- mathlib.h

```
//   mathlib.h
#define   max(a,b)      (((a)>(b))?(a):(b))
#define   min(a,b)      (((a)<(b))?(a):(b))
#define   PI   3.14159265358979323846264338327950288419716939937510582097

double   N(double z);
double   linear_interpolation(int n_time, double *time, double *rate, double t);
double   swaption_price(int optiontype, double tenor, double strike, double margin,
                double vol, double *zerorate, double *markettime, int ntime,
                double basis, double swapfrequency);
```

- mathlib.cpp

```
//   mathlib.cpp
#include  <iostream>
using     namespace     std;
#include  <math.h>
#include  "mathlib.h"

double    N(double z)
{
    //   앞에서 선언한 N( ) 함수와 동일함, 별첨 소스 코드 참조
}

double    linear_interpolation(int n_time, double *time, double *rate, double t)
{
    int  i;
    double    ret;
    if(time[0]<time[1]){ //    time[0]이 제일 작은 값일 때
        if(t<=time[0])  ret = rate[0];
        else if(t>time[n_time-1]) ret = rate[n_time-1];
        else{
            for(i=1; i<n_time; i++){
                if(time[i]>=t){
                    ret = rate[i-1] + (rate[i]-rate[i-1])/(time[i]-time[i-1])*(t-time[i-1]);
                    break;
                }
            }
        }
```

```
    }
    else{ //   time[0]이 제일 큰 값일 때
        if(t>time[0])   ret = rate[0];
        else if(t<=time[n_time-1])      ret = rate[n_time-1];
        else{
            for(i=1; i<n_time; i++){
                if(time[i]<=t){
                    ret = rate[i-1] + (rate[i]-rate[i-1])/(time[i]-time[i-1])*(t-time[i-1]);
                    break;
                }
            }
        }
    }
    return ret;
}

double   swaption_price(int optiontype, double tenor, double strike, double margin,
                        double vol, double *zerorate, double *markettime,
                        int ntime, double basis double swapfrequency)
{
    int        i;
    double     dt, swapforwardab, volabst, swaptionprice, sump;
    swaptionprice  = 0.0;

    if(markettime[0]<0.0)      return 0.0;
    sump            = 0.0;

    for(i=0; i<ntime; i++){
        dt         = (markettime[i+1] - markettime[i])/basis;
        sump       += dt*1.0/pow( (1.0+zerorate[i+1]), markettime[i+1]/basis );
    }
    double     df1, df2, d1, d2;
    df1        = 1.0/pow( (1.0+zerorate[0]), markettime[0]/basis );
    df2        = 1.0/pow( (1.0+zerorate[ntime]), markettime[ntime]/basis );
    swapforwardab = ( df1- df2 )/sump + margin;

    volabst    = vol*sqrt(markettime[0]/basis);
    d1         = ( log(swapforwardab/strike) + 0.5*volabst*volabst )/volabst;
    d2         = d1 - volabst;
    swaptionprice  = optiontype*sump
                    *(swapforwardab*N(optiontype*d1) - strike*N(optiontype*d2));

    if(optiontype==1)    cout<<"Payer Swaption Price : "<<swaptionprice<<endl;
    else                 cout<<"Receiver Swaption Price : "<<swaptionprice<<endl;
    return swaptionprice;
}
```

▪ main.cpp

```
//    main.cpp
#include   <iostream>
using      namespace      std;

#include   <iomanip>

#include   "mathlib.h"

void       main(void)
{
     // display points
     cout << setprecision(20);

     int         i, nrtime;
     double      *rtime;   //    day base
     double      *zrate;
     nrtime      = 9;

     rtime       = new double[nrtime];
     zrate       = new double[nrtime];

     rtime[0]    = 1;            zrate[0]    = 0.0627;
     rtime[1]    = 92;           zrate[1]    = 0.0630;
     rtime[2]    = 365;          zrate[2]    = 0.0641;
     rtime[3]    = 730;          zrate[3]    = 0.0651;
     rtime[4]    = 1095;         zrate[4]    = 0.0661;
     rtime[5]    = 1461;         zrate[5]    = 0.0672;
     rtime[6]    = 1826;         zrate[6]    = 0.0682;
     rtime[7]    = 2556;         zrate[7]    = 0.0693;
     rtime[8]    = 3652;         zrate[8]    = 0.0704;

     double      tenor, maturity, margin, swapfrequency, strike, fixed_vol, day_basis;
     double      payer_swaption_price, receiver_swaption_price;
     tenor       = 2.0;          //    year base, swap maturity
     maturity    = 1.0;          //    year base, option maturity
     strike      = 0.063;
     day_basis = 365.0;
     margin      = 0.0;
     fixed_vol = 0.2;
     swapfrequency = 4.0;

     int         nstime;
     double      *stime;   // day base
     double      *zerorate;
     int         ncoupon; // 이표지급수
     ncoupon     = 4;
     nstime      = ncoupon + 1;
     stime       = new double[nstime];
     zerorate    = new double[nstime];
```

```
    stime[0]  = 365;
    stime[1}  = 457;
    stime[2]  = 546;
    stime[3]  = 638;
    stime[4]  = 730;

    for(i=0; i<nstime; i++)  zerorate[i] = linear_interpolation(nrtime, rtime, zrate, stime[i]);

    payer_swaption_price  = swaption_price(1, tenor, strike, margin, fixed_vol, zerorate,
                                stime, ncoupon, day_basis, swapfrequency);
    receiver_swaption_price  = swaption_price(-1, tenor, strike, margin, fixed_vol,
                                zerorate, stime, ncoupon, day_basis, swapfrequency);

    delete[]  rtime;
    delete[]  zrate;
    delete[]  stime;
    delete[]  zerorate;
}
```

✎ 실행 결과

계산된 지급스왑션과 수취스왑션의 평가값은 다음과 같다.

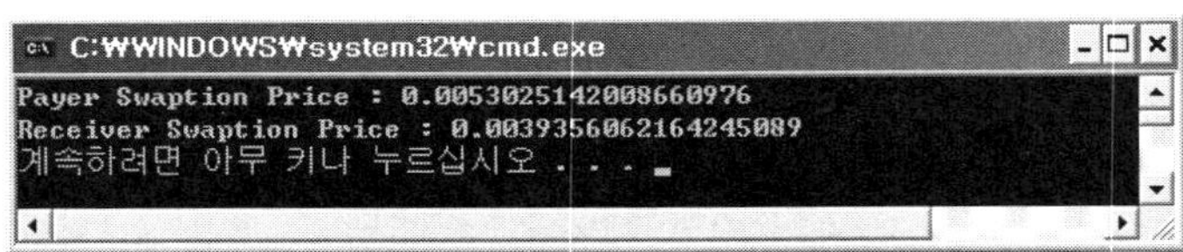

[그림 21-2] 스왑션 평가값

21.3 구조화채권

21.3.1 구조화채권의 개념과 정의

구조화채권(Structured Notes)은 채권과 파생상품이 결합된 상품으로 채권의 원금과 이자가 금리, 주식, 통화 등의 기초자산에 연동되는 상품인데, 이 책에서는 채권의 원금과 이자가 금리에 연동되어 결정되는 상품에 대해 알아보고자 한다.
구조화채권은 채권을 발행하는 발행자와 채권을 매수하는 투자자의 선호도(Needs)의 차이를 만족시키기 위해 도입되었고 발전하고 있다. 만약, 발행자는 일반 채권을 발행하고자 하고, 투자자는 다른 금리구조의 채권에 투자하고자 하는 경우, 스왑뱅크(Swap Bank)는 채권의 발행자와 투자자의 중간에서 양쪽의 선호에 맞는 현금흐름을 제공한다. 이때 스왑뱅크는 옵션, 스왑, 선도 등의 파생거래를 이용하여 채권 투자자가 원하는 형태의 현금흐름이 나오도록 채권의 구조를 설계한다.

예를 들어, 발행자가 3년만기 고정금리 5%로 채권 100억 원을 발행하려는데, 투자자는 3년만기 변동금리 10%－국고채(Korea Treasury Bond, KTB) 3M에 100억 원을 투자하고자 한다면, 발행자는 스왑뱅크와 [그림 21-3]과 같은 스왑계약을 체결하면 된다.

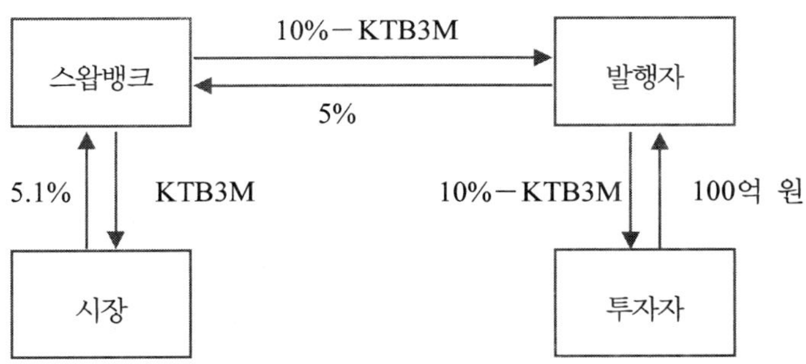

[그림 21-3] 구조화채권 설계

이 스왑계약을 통해, 발행자는 고정금리 5%로 채권을 발행할 수 있고, 투자자는 변동금리 10%－KTB3M에 투자할 수 있고, 스왑뱅크는 시장에서 해당 포지션을 헤징하기 이전에는 KTB 3M－5%(= 5%－(10%－KTB3M))의 포지션을 갖고 있으므로 KTB3M의 움직임에 따른 위험에 노출되지만, 시장에서 해당포지션을 헤징한 이후에는 0.1%(= (KTB3M－5%)－KTB3M＋5.1%)로 KTB3M의 움직임과 관계없이 0.1% 수익을 확보할 수 있다.

21.3.2 구조화채권의 상품 유형

구조화채권의 상품은 시장의 요구에 따라 지금도 발전되고 있다. 대표적인 상품은 다음과 같은데, 이러한 상품들은 다음 장에서 설명할 이자율 모형을 적용해야 정확한 평가를 할 수 있다. 채권시장에서 구조화채권들의 이름은 일반적으로 영문으로 통용되고 있다.

21.3.2.1 수의상환채권

수의상환채권(Callable Bond)은 발행자가 채권을 조기 상환할 수 있는 권리를 갖는 채권으로, 투자자는 조기상환 권리를 발행자에게 매도하였기 때문에 시장금리보다 높은 이표를 받을 수 있다.

반면, 상환청구채권(Puttable Bond)은 투자자가 채권에 대해 중도상환을 청구할 수 있는 권리를 갖는 채권으로, 발행자는 조기상환 권리를 투자자에게 매도하였기 때문에 시장금리보다 낮은 금리로 채권을 발행할 수 있다.

21.3.2.2 변동금리채권

변동금리채권(FRN, Floating Rate Note)은 기준금리(Reference Rate)의 변동에 따라 이표가 변하는 채권으로, 기준금리가 상승하면 이표가 높아지고, 기준금리가 하락하면 이표가 낮아진다. 반면, 역변동금리채권(Inverse FRN)은 기준금리가 상승하면 이표가 낮아지고, 기준금리가 하락하면 이표가 높아지는 채권이다.

역변동금리채권의 이표 : 고정금리 − 변동금리

21.3.2.3 범위누적채권

범위누적채권(Range Accrual Note)은 기준금리가 설정된 범위 내에서 유지된 날이 많은 경우 높은 이표를 지급하고, 설정된 범위를 벗어난 날이 많은 경우 낮은 이표를 지급하는 채권으로, 이표지급 기간 N일중에 기준금리가 설정된 범위 내에 있었던 날이 n일이라면, 결정된 이표는 다음과 같다.

범위누적채권의 이표 : 고정금리 $\times\, n/N$

금리차이 범위누적채권(Spread Range Accrual Note)은 기준금리 I_1과 I_2의 금리차이(Spread)가 설정된 범위 내에서 유지된 날이 많은 경우 높은 이표를 지급하고, 설정된 범위를 벗어난 날이 많은 경우 낮은 이표를 지급하는 채권으로, 이표지급 기간 N일 중에 기준금리의 차이가 설정된 범위 내에 있었던 날이 n일이라면, 결정된 이표는 다음과 같다.

금리차이 범위누적채권의 이표 : 고정금리 $\times\ n/N$

21.3.2.4 이중금리변동채권

이중금리변동채권(Dual Index FRN)은 기준금리 I_1과 I_2의 차이에 의해 이표가 결정되는 채권으로, 금리간의 차이가 확대되거나 축소될 때 이표의 크기가 바뀐다.

이중금리변동채권의 이표 : 고정금리 $+ I_1 - I_2$

21.3.2.5 금리차이 승수효과채권

금리차이 승수효과채권(Power Spread Note)은 기준금리 I_1과 I_2의 금리차이에 승수를 곱하여 이표를 지급하는데 기준금리의 차이가 크면 클수록 이표가 커진다.

금리차이 승수효과채권의 이표 : 고정금리 + 승수 $\times (I_1 - I_2)$

22장 이자율 모형

앞 장에서 설명한 금리 캡/플로어, 스왑션과 같은 금리 파생상품의 경우 블랙 모델을 이용하여 평가할 수 있으나, 이자율 파생상품을 평가할 때 이자율 모형(Interest Rate Model) 적용이 필요한 경우가 있으므로 이 장에서는 이자율 모형에 대해 설명하고자 한다.

22.1 이자율 기간구조

이자율 기간구조를 추정하는 방법에는 통계적 접근방법과 이론적 접근방법이 있다. 통계적 접근방법은 유연한 함수 형태를 이용하여 시장 데이터(Market Data)를 잘 설명하는 모수를 추정하고, 추정된 모수를 이용하여 이자율 기간구조를 구하는 방법으로 시장 데이터를 설명하기에 용이하지만, 이자율의 동적 특성을 설명하기 어렵다. 대표적인 통계적 접근방법으로는 넬슨-시겔(Nelson-Siegel), 3차 스플라인 모형 등이 있다. 이론적 접근방법은 채권가격에 영향을 미치는 부분을 동적 모형으로 설정하여 기간구조를 추정하는 방법이다. 이론적 접근방법은 설정모형에 따라 채권의 가격이 시장의 균형가격에 의해 결정되는 균형 모형(Equilibrium Model)과 모형에서 유도되는 이자율 기간구조가 시장에서 고시된 이자율 기간구조와 일치하는 무차익 모형(No Arbitrage Model)이 있다.

22.1.1 균형 모형

균형 모형은 단기이자율(Short Rate) r의 확률과정으로 이자율 기간구조를 추정하는 방법이다. 대표적인 균형 모형으로는 배시첵(Vasicek) 모형, 콕스-인거솔-로스(CIR, Cox-Ingersoll- Ross) 모형, 찬-카롤르이-롱스태프-손더스(CKLS, Chan-Karolyi-Longstaff-Saunders) 모형 등이 있다.

22.1.2 무차익 모형

균형 모형은 모형에서 유도되는 이자율 기간구조가 시장에서 고시된 이자율 기간구조와 정확하게 일치하지 않는 단점이 있다. 그러나 무차익 모형은 시장에서 관측되는 채권가격이 적정가격이라고 가정하고, 시장가격을 기반으로 이자율 기간구조를 설계하므로, 모형에서 유도되는 이자율 기간구조와 시장의 이자율 기간구조가 정확히 일치한다. 대표적인 무차익 거래 모형으로는 호-리(Ho-Lee) 모형, 블랙-더만-토이(BDT, Black-Derman-Toy) 모형, 헐-화이트(Hull-White) 모형, 블랙-카라신스키(Black-Karasinski) 모형 등이 있다.

22.1.3 단기이자율

단기이자율은 아주 짧은 기간 동안 적용되는 이자율로 순간 만기가 dt이고 만기에 1을 지급하는 채권에 대한 현물이자율을 의미하며, 단기이자율을 통해 이자율 기간구조를 추정하는 모형을 단기이자율 모형이라 한다. 대표적인 단기이자율 모형은 균형 모형의 배시첵, 콕스-인거솔-로스 모형, 무차익 모형의 블랙-더만-토이, 헐-화이트 모형 등이 있다. 각 이자율 모형은 [표 22-1]과 같은 특징이 있다.

[표 22-1] 이자율 모형 비교

<table>
<tr><th>구분</th><th>모형</th><th>이자율 확률과정</th><th>특징</th></tr>
<tr><td rowspan="3">균형 모형</td><td>Vasicek</td><td>$dr = a(b-r)dt + \sigma dw$</td><td>단기이자율의 평균회귀 성향 반영,
이자율이 음의 값을 가질 확률 존재</td></tr>
<tr><td>CIR</td><td>$dr = a(b-r)dt + \sigma\sqrt{r}\,dw$</td><td>음의 이자율 문제 해결</td></tr>
<tr><td>CKLS</td><td>$dr = (\alpha + \beta r)dt + \sigma r^{\gamma} dw$</td><td>단일모형의 일반화 모형</td></tr>
<tr><td rowspan="4">무차익 거래 모형</td><td>Ho-Lee</td><td>$dr = \theta(t)\,dt + \sigma dw$</td><td>평균회귀 미반영,
이자율이 음의 값을 가질 확률 존재</td></tr>
<tr><td>Hull-White</td><td>$dr = a\left[\frac{\theta(t)}{a} - r\right]dt + \sigma dw$</td><td>평균회귀 반영</td></tr>
<tr><td>BDT</td><td>$d\ln r(t) = \left[\theta(t) - \frac{\sigma'(t)}{\sigma(t)} - \ln r(t)\right]dt + \sigma(t)\,dw$</td><td rowspan="2">이자율이 대수정규분포를 따른다고 가정,
음의 이자율 문제 해결</td></tr>
<tr><td>Black-Karasinski</td><td>$d\ln r(t) = [\theta(t) - a(t)\ln r]\,dt + \sigma(t)\,dw$</td></tr>
</table>

22.2 넬슨-시겔 모형

22.2.1 넬슨-시겔 모형

넬슨-시겔 모형은 하나의 함수 형태로 전체 만기에 대한 이자율 기간구조를 추정하는 방법으로 시장에서 거래되거나 호가된 채권가격으로부터 현물이자율 또는 선도이자율을 도출하고, 도출된 이자율로부터 추정시점의 이자율 기간구조를 함수형태로 추정하는 비스플라인(Non-Spline) 방법이다.

넬슨-시겔 모형을 활용할 경우 시장에서 현실적으로 관측하기 어려운 초단기 또는 초장기 금리를 추정할 수 있는 장점이 있다.

22.2.2 넬슨-시겔 모형의 함수식

넬슨-시겔이 제시한* 3요인 모형은 다음의 선도이자율 함수식과 같고,

$$f_t(\tau) = \beta_1 + \beta_2 e^{-\lambda\tau} + \beta_3 \lambda\tau e^{-\lambda\tau}$$

여기서,

$\theta = (\beta_1, \beta_2, \beta_3, \lambda)$, 구하고자 하는 모수

β_1 : 이자율커브의 수준(Level)

β_2 : 기울기(Slope)

β_3 : 곡률(Curvature)

λ : 할인함수의 감소 속도(Speed)

선도이자율에 내재된 현물이자율 함수식은 다음과 같다.

$$r_t(\tau) = \beta_1 + \beta_2 \frac{1-e^{-\lambda\tau}}{\lambda\tau} + \beta_3 \left(\frac{1-e^{-\lambda\tau}}{\lambda\tau} - e^{-\lambda\tau} \right)$$

넬슨-시겔 모형은 단순한 함수형태로서, 일정한 제약조건($\beta_1 > 0$, $\beta_1 + \beta_2 > 0$, $\lambda > 0$)에서 음(−)의 선도이자율을 갖지 않으며, 모수가 4개(β_1, β_2, β_3와 λ)라서 추정이 용이하고, 함수식에 모수를 적용하면 추정시점의 이자율 기간구조를 추정할 수 있다. 이자율 구조가 잔존

* Nelson, C., Siegel, A. F., "Parsimonious Modeling of Yield Curves", *Journal of Business*, Vol. 60, October 1987, pp. 473-489.

만기에 따라 단조증가(Monotone Increasing)하거나 단조감소(Monotone Decreasing)하는 경우 오차가 아주 작게 수렴하지만, 이자율 구조가 잔존만기에 따라 증가와 감소를 반복하는 경우 최적화된 모수를 찾기 어려울 수 있다.

22.2.3 넬슨-시겔 모형 모수추정

넬슨-시겔 모형의 모수추정(Calibration)은 시장의 무이표채권가격과 넬슨-시겔 함수에 의해 계산된 무이표채권가격의 차이를 최소화시키는 목적함수를 이용하여 구할 수 있고,

$$\text{목적함수 : } \min_{\beta_1,\ \beta_2,\ \beta_3,\ \lambda}\left[\sum_{i=1}^{n}\left(\frac{model\ price_i - market\ price_i}{market\ price_i}\right)^2\right]$$

시장의 현물이자율과 넬슨-시겔 함수에 의해 추정된 현물이자율의 차이를 최소화시키는 목적함수를 이용하여 구할 수도 있다.

$$\text{목적함수 : } \min_{\beta_1,\ \beta_2,\ \beta_3,\ \lambda}\left[\sum_{i=1}^{n}\left(\frac{model\ rate_i - market\ rate_i}{market\ rate_i}\right)^2\right]$$

22.2.4 넬슨-시겔 현물이자율 함수 추정

액면가수익률이 [표 20-1]과 같을 때 넬슨-시겔 현물이자율 함수를 이용하여 현물이자율을 구해보자.

✎ 소스 코드

- mathlib.h

```
//    mathlib.h
#define    max(a,b)        (((a)>(b))?(a):(b))
#define    min(a,b)        (((a)<(b))?(a):(b))

void       gaussian_elimination(double **Smatirx, double *Known, double *Unknown,
                     int n_eqns);
double     linear_interpolation(int n_time, double *time, double *rate, double t);
void       par_to_zero_bootstrapping(int nytime, double *ytime, double *yrate,
                     int coupon_frequency, int nztime, double *ztime, double *zrate);
```

- mathlib.cpp

```
//    mathlib.cpp
#include   <iostream>
using      namespace     std;
#include   <math.h>
#include   "mathlib.h"

void       gaussian_elimination(double **Smatrix, double *Known, double *Unknown,
                               int n_eqns)
{
    //    앞에서 선언한 gaussian_elimination( ) 함수와 동일함, 별첨 소스 코드 참조
}

double     linear_interpolation(int n_time, double *time, double *rate, double t)
{
    //    앞에서 선언한 linear_interpolation( ) 함수와 동일함, 별첨 소스 코드 참조
}

void       par_to_zero_bootstrapping(int nytime, double *ytime, double *yrate, int frequency,
                                    int nztime, double *ztime, double *zrate)
{
    //    앞에서 선언한 par_to_zero_bootstrapping( ) 함수와 동일함, 별첨 소스 코드 참조
}
```

- nelson_siegel.h

```
//    nelson_siegel.h
void       nelson_siegel_zerorate(int caltype, int nztime, double *ztime, double *zrate,
                               double *nsrate);
void       get_ns_parameter_with_zerorate(int nztime, double *ztime, double *zrate,
                               int nguess, double *guess);
void       get_ns_parameter_with_bondprice(int nztime, double *ztime, double *zrate,
                               int nguess, double *guess);
double     price_ns_discountfactor(double *guess, double time);
double     price_ns_discountfactor(double *guess, double time, int j, double h);
double     ns_zerorate_function(double *p, double time);
double     ns_zerorate_function(double *parameter, double time, int j, double h);
```

- nelson_siegel.cpp

```
//    nelson_siegel.cpp
#include   <iostream>
using      namespace     std;

#include   <math.h>

#include   "nelson_siegel.h"
#include   "mathlib.h"
```

```
void nelson_siegel_zerorate(int caltype, int nztime, double *ztime, double *zrate,
                    double *nsrate)
{
    int         i, nparameter;
    double      *parameter;

    nparameter      = 4;
    parameter       = new double[nparameter];

    //  caltype 1:bond price, 0:zerorate; // 비선형 파라미터 추정
    if(caltype==1)
        get_ns_parameter_with_bondprice(nztime, ztime, zrate, nparameter, parameter);
    else
        get_ns_parameter_with_zerorate(nztime, ztime, zrate, nparameter, parameter);

    for(i=0; i<nztime; i++)   nsrate[i]  = ns_zerorate_function(parameter, ztime[i]);
    delete[]    parameter;
}

void get_ns_parameter_with_zerorate(int nztime, double *ztime, double *zrate, int nguess,
                                double *guess)
{
    cout<<"parameter calibration with zero rate"<<endl;
    int         i, j, k, iter;
    double      *unknown, *known;
    double      **hessian;
    double      *tguess, *minguess;
    double      error, tolerance, h;
    double      *rfrate, *err, *terr, *perr, *tperr;

    rfrate      = new double[nztime];
    err         = new double[nztime];
    terr        = new double[nztime];
    perr        = new double[nztime];
    tperr       = new double[nztime];

    unknown = new double[nguess];
    known   = new double[nguess];
    tguess  = new double[nguess];
    minguess = new double[nguess];

    guess[0]  = zrate[nztime-1]*1.1;
    guess[1]  = zrate[0]*0.9 - zrate[nztime-1];
    guess[2]  = 0.001;
    guess[3]  = 0.5;

    //  파라미터 계산 시작
    for(i=0; i<nztime; i++)   rfrate[i] = zrate[i];         // 절대값 계산

    hessian = new double*[nguess];
    for(i=0; i<nguess; i++) hessian[i] = new double[nguess];
```

```
double    df1, df2, faph, famh, fbph, fbmh, olderror, tmperror, minerror, nsrate;
double    lambda = 0.001;

olderror  = 0.0;
for(i=0; i<nztime; i++){
    nsrate      = ns_zerorate_function(guess, ztime[i]);
    perr[i]     = rfrate[i] - nsrate;        //  절대오차 계산,Y - Fx
    err[i]      = perr[i]/rfrate[i];         //  상대오차 계산,(Y - Fx)/Y
    olderror   +=  err[i]*err[i];            //  최초 누적에러 계산
}
tmperror  = 0.0;
minerror  = 1.0e10;
tolerance = 1.0e-15;
h         = 0.0001;
lambda    = 0.001;
iter      = 0;
do{
    for(i=0; i<nguess; i++){
        for(j=0; j<nguess; j++)  hessian[i][j] = 0.0;
        known[i] = 0.0;
    }

    for(i=0; i<nguess; i++){
        for(j=i; j<nguess; j++){
            for(k=0; k<nztime; k++){
                faph = ns_zerorate_function(guess, ztime[k], i, h);
                famh= ns_zerorate_function(guess, ztime[k], i, -h);
                fbph = ns_zerorate_function(guess, ztime[k], j, h);
                fbmh= ns_zerorate_function(guess, ztime[k], j, -h);
                df1  = (faph - famh)/(2.0*h); // round Fi / round xi
                df2  = (fbph - fbmh)/(2.0*h); // round Fj / round xj
                hessian[i][j]    += df1*df2;
            }
        }
    }
    for(i=1; i<nguess; i++){
        for(j=0; j<i; j++)   hessian[i][j]   = hessian[j][i];
    }

    for(i=0; i<nguess; i++){
        hessian[i][i]    = hessian[i][i]*(1.0 + lambda);
        for(k=0; k<nztime-1; k++){
            faph = ns_zerorate_function(guess, ztime[k], i, h);
            famh= ns_zerorate_function(guess, ztime[k], i, -h);
            df1  = (faph - famh)/(2.0*h);// round Fi / round xi
            known[i] += df1*perr[k];// (round Fi / round xi)*절대오차
        }
    }

    // Gauss 소거법에 의해 unknown 값 계산
    gaussian_elimination(hessian, known, unknown, nguess);
```

```
// Target Guess는 Guess + unknown 값
for(i=0; i<nguess; i++)   tguess[i] = guess[i] + unknown[i];

for(i=0; i<nguess; i++){ // Target Guess값이 모수의 범위를 초과할 땐
                         // 제약 조건 부여
    if(i==0 || i==3){
        if( tguess[i] >=1.0){
            tguess[i]       = 0.999;
            unknown[i]      = 0.999 - guess[i];
        }
        else if( tguess[i] <=0.0 ){
            tguess[i]       = 0.001;
            unknown[i]      = 0.001 - guess[i];
        }
    }
    else if(i==1){
        if( tguess[i] >= 1.0){
            tguess[i]       = 0.999;
            unknown[i]      = 0.999 - guess[i];
        }
        else if( tguess[i-1]+tguess[i]<= 0.0 ){
            tguess[i] = 0.001 - tguess[i-1];
            unknown[i]      = 0.001 - tguess[i-1] - guess[i];
        }
    }
    else if(i==2){
        if( tguess[i] >= 1.0){
            tguess[i]       = 0.999;
            unknown[i]      = 0.999 - guess[i];
        }
        else if( tguess[i]<= -1.0){
            tguess[i]       = -0.999;
            unknown[i]      = -0.999 - guess[i];
        }
    }
}

error = 0.0;
for(i=0; i<nztime; i++){
    nsrate    = ns_zerorate_function(tguess, ztime[i]);
                    // Target Guess에 의한 가격
    tperr[i]  = rfrate[i] -  nsrate;    // Target Geuss에 의한 절대오차 계산
    terr[i]   = tperr[i]/rfrate[i];  // Target Geuss에 의한 상대오차 계산
    error+    = terr[i]*terr[i];     // Target Geuss에 의한 누적 에러 계산
}

if(error >= olderror)    lambda *= 10.0; // Target Guess에 의한 누적 에러가
             //   이전에 계산된 에러보다 크다면 lambda 값 10배 확대 조정
else{
    lambda /= 10.0;     // Target Guess에 의한 누적 에러가 이전에 계산된
                        // 에러보다 작다면lambda 값 10배 축소 조정
```

```
            for(i=0; i<nguess; i++)    guess[i] = tguess[i];
                                    // Guess는 Target Guess로 수정
            for(i=0; i<nztime-1; i++)perr[i]    = tperr[i];
            tmperror = olderror;
            olderror  = error; // Guess에 의한 에러를 Target Guess에 의한 에러로 수정
        }

        if(error < minerror){     // 에러값이 가장 작다면
                                    // 최소 에러의 Guess값을 Target Guess값으로 수정
            for(i=0; i<nguess; i++) minguess[i] = guess[i];
            minerror = error;   //    최소 에러값 수정
        }
        iter++;
    }while(error>tolerance && fabs(error-tmperror)>1.0e-15 && iter<1000);

    for(i=0; i<nguess; i++)   guess[i]   = minguess[i];
    cout<<"Nelson-sigel 파라미터 계산"<<endl;
    for(i=0; i<nguess; i++) cout<<guess[i]<<endl;

    for(i=0; i<nguess; i++) delete hessian[i];
    delete[]   hessian;
    delete[]   unknown;
    delete[]   known;
    delete[]   tguess;
    delete[]   minguess;
    delete[]   rfrate;
    delete[]   err;
    delete[]   terr;
    delete[]   perr;
    delete[]   tperr;
}

void get_ns_parameter_with_bondprice(int nztime, double *ztime, double *zrate, int nguess,
                                     double *guess)
{
    cout<<"parameter calibration with bond price"<<endl;
    int        i, j, k, iter;
    double     *unknown, *known;
    double     **hessian;
    double     *tguess, *minguess;
    double     error, tolerance, h;
    double     *rfprice, *err, *terr, *perr, *tperr;

    rfprice    = new double[nztime];
    err        = new double[nztime];
    terr       = new double[nztime];
    perr       = new double[nztime];
    tperr      = new double[nztime];

    unknown = new double[nguess];
    known      = new double[nguess];
    tguess     = new double[nguess];
```

```
minguess = new double[nguess];

guess[0]  = zrate[nztime-1]*1.1;
guess[1]  = zrate[0]*0.9 - zrate[nztime-1];
guess[2]  = 0.001;
guess[3]  = 0.5;

//   파라미터 계산 시작
for(i=0; i<nztime; i++)   rfprice[i] = exp(-ztime[i]*zrate[i]);        // 절대값 계산

hessian   = new double*[nguess];
for(i=0; i<nguess; i++)   hessian[i] = new double[nguess];

double    df1, df2, faph, famh, fbph, fbmh, olderror, tmperror, minerror, nsprice;
double    lambda;

olderror  = 0.0;
for(i=0; i<nztime; i++){
     nsprice   = price_ns_discountfactor(guess, ztime[i]);
     perr[i]   = rfprice[i] -  nsprice;  // 절대오차 계산,   Y - Fx
     err[i]    = perr[i]/rfprice[i];     // 상대오차 계산,   (Y - Fx)/Y
     olderror  +=  err[i]*err[i];        // 최초 누적에러 계산
}
tmperror  = 0.0;
minerror  = 1.0e10;
tolerance = 1.0e-15;
h         = 0.0001;
lambda    = 0.001;
iter      = 0;
do{
     for(i=0; i<nguess; i++){
          for(j=0; j<nguess; j++) hessian[i][j] = 0.0;
          known[i]  = 0.0;
     }

     for(i=0; i<nguess; i++){
          for(j=i; j<nguess; j++){
               for(k=0; k<nztime; k++){
                    faph = price_ns_discountfactor(guess, ztime[k], i, h);
                    famh= price_ns_discountfactor(guess, ztime[k], i, -h);
                    fbph = price_ns_discountfactor(guess, ztime[k], j, h);
                    fbmh= price_ns_discountfactor(guess, ztime[k], j, -h);
                    df1  = (faph - famh)/(2.0*h); // round Fi / round xi
                    df2  = (fbph - fbmh)/(2.0*h); // round Fj / round xj
                    hessian[i][j] += df1*df2;
               }
          }
     }
     for(i=1; i<nguess; i++){
          for(j=0; j<i; j++)    hessian[i][j]    = hessian[j][i];
     }
```

```
for(i=0; i<nguess; i++){
    hessian[i][i]    = hessian[i][i]*(1.0 + lambda);
    for(k=0; k<nztime-1; k++){
        faph = price_ns_discountfactor(guess, ztime[k], i, h);
        famh= price_ns_discountfactor(guess, ztime[k], i, -h);
        df1  = (faph - famh)/(2.0*h); // round Fi / round xi
        known[i] += df1*perr[k];// (round Fi / round xi)*절대오차
    }
}

// Gauss 소거법에 의해 unknown 값 계산
gaussian_elimination(hessian, known, unknown, nguess);
// Target Guess는 Guess + unknown 값
for(i=0; i<nguess; i++)  tguess[i] = guess[i] + unknown[i];

for(i=0; i<nguess; i++){ // Target Guess값이 모수의 범위를 초과할 땐
                          // 제약 조건 부여
    if(i==0 || i==3){
        if( tguess[i] >=1.0){
            tguess[i]        = 0.999;
            unknown[i]       = 0.999 - guess[i];
        }
        else if( tguess[i] <=0.0 ){
            tguess[i]        = 0.001;
            unknown[i]       = 0.001 - guess[i];
        }
    }
    else if(i==1){
        if( tguess[i] >= 1.0){
            tguess[i]        = 0.999;
            unknown[i]       = 0.999 - guess[i];
        }
        else if( tguess[i-1]+tguess[i]<= 0.0 ){
            tguess[i]        = 0.001 - tguess[i-1];
            unknown[i]       = 0.001 - tguess[i-1] - guess[i];
        }
    }
    else if(i==2){
        if( tguess[i] >= 1.0){
            tguess[i]        = 0.999;
            unknown[i]       = 0.999 - guess[i];
        }
        else if( tguess[i]<= -1.0){
            tguess[i]        = -0.999;
            unknown[i]       = -0.999 - guess[i];
        }
    }
}

error= 0.0;
for(i=0; i<nztime; i++){
    // Target Guess에 의한 가격계산
```

```
            nsprice    = price_ns_discountfactor(tguess, ztime[i]);
            tperr[i]   = rfprice[i] - nsprice;      // Target Geuss에 의한 절대오차 계산
            terr[i]    = tperr[i]/rfprice[i];       // Target Geuss에 의한 상대오차 계산
            error     += terr[i]*terr[i];           // Target Geuss에 의한 누적 에러 계산
        }

        if(error >= olderror)    lambda *= 10.0;   // Target Guess에 의한 누적 에러가
                         // 이전에 계산된 에러보다 크다면 lambda 값 10배 확대 조정
        else{
            lambda   /= 10.0;   // Target Guess에 의한 누적 에러가 이전에 계산된
                                // 에러보다 작다면lambda 값 10배 축소 조정
            for(i=0; i<nguess; i++)    guess[i] = tguess[i];
                                       //Guess는 Target Guess로 수정
            for(i=0; i<nztime-1; i++) perr[i] = tperr[i];
            tmperror  = olderror;
            olderror  = error; //Guess에 의한 에러를 Target Guess에 의한 에러로 수정
        }

        if(error < minerror){    // 에러값이 가장 작다면
            // 최소 에러의 Guess값을 Target Guess값으로 수정
            for(i=0; i<nguess; i++)   minguess[i]    = guess[i];
            minerror  = error;  //    최소 에러값 수정
        }
        iter++;
    }while(error>tolerance && fabs(error-tmperror)>1.0e-15 && iter<1000);

    for(i=0; i<nguess; i++)   guess[i]   = minguess[i];
    cout<<"Nelson-sigel 파라미터 계산"<<endl;
    for(i=0; i<nguess; i++)   cout<<guess[i]<<endl;

    for(i=0; i<nguess; i++)   delete     hessian[i];
    delete[]   hessian;
    delete[]   unknown;
    delete[]   known;
    delete[]   tguess;
    delete[]   minguess;
    delete[]   rfprice;
    delete[]   err;
    delete[]   terr;
    delete[]   perr;
    delete[]   tperr;
}

double    price_ns_discountfactor(double *guess, double time)
{
    double    nsspot;
    nsspot    = ns_zerorate_function(guess, time);
    return    exp(-time*nsspot);
}

double    price_ns_discountfactor(double *guess, double time, int j, double h)
{
```

```
    int         i;
    double      nsspot, p[4];
    for(i=0; i<4; i++) p[i] = guess[i];
    p[j]        = p[j]+h;

    nsspot      = ns_zerorate_function(p, time);
    return      exp(-time*nsspot);
}

double      ns_zerorate_function(double *p, double time)
{
    double      nsspot;

    nsspot      = p[0] + p[1]*(1-exp(-p[3]*time))/(p[3]*time)
                    +p[2]*((1-exp(-p[3]*time))/(p[3]*time)-exp(-p[3]*time));
    return      nsspot ;
}

double      ns_zerorate_function(double *parameter, double time, int j, double h)
{
    int         i;
    double      nsspot,    p[4];
    for(i=0; i<4; i++) p[i] = parameter[i];
    p[j]        = p[j]+h;

    nsspot      = p[0] + p[1]*(1-exp(-p[3]*time))/(p[3]*time)
                  + p[2]*((1-exp(-p[3]*time))/(p[3]*time) - exp(-p[3]*time));
    return      nsspot ;
}
```

- main.cpp

```
//    main.cpp
#include    <iostream>
#include    <fstream>
using       namespace      std;

#include    <iomanip>

#include    "nelson_siegel.h"
#include    "mathlib.h"

void        main(void)
{
    // display points
    cout << setprecision(20);

    int         i, nytime, coupon_frequency;
    double      *ytime;  //    year base
    double      *yrate;
```

```
nytime    = 15;
coupon_frequency   = 4;

ytime       = new double[nytime];
yrate       = new double[nytime];

ytime[0]  = 0.25;        yrate[0]   = 0.05360;
ytime[1]  = 1.0;         yrate[1]   = 0.05030;
ytime[2]  = 2.0;         yrate[2]   = 0.04890;
ytime[3]  = 3.0;         yrate[3]   = 0.04780;
ytime[4]  = 4.0;         yrate[4]   = 0.04738;
ytime[5]  = 5.0;         yrate[5]   = 0.04758;
ytime[6]  = 6.0;         yrate[6]   = 0.04778;
ytime[7]  = 7.0;         yrate[7]   = 0.04785;
ytime[8]  = 8.0;         yrate[8]   = 0.04810;
ytime[9]  = 9.0;         yrate[9]   = 0.04830;
ytime[10] = 10.0;        yrate[10]  = 0.04855;
ytime[11] = 11.0;        yrate[11]  = 0.04880;
ytime[12] = 12.0;        yrate[12]  = 0.04905;
ytime[13] = 15.0;        yrate[13]  = 0.04930;
ytime[14] = 20.0;        yrate[14]  = 0.04955;

int         nztime;
double      *ztime;   //   zerorate, year base
double      *zrate;

nztime      = int(ytime[nytime-1]*coupon_frequency);
ztime       = new double[nztime];
zrate       = new double[nztime];

for(i=0; i<nztime; i++)   ztime[i]   = double(i+1)/coupon_frequency;
par_to_zero_bootstrapping(nytime, ytime, yrate, coupon_frequency, nztime,
                          ztime, zrate);

int         caltype;
caltype     = 1; //    1:bond price, 0:zerorate;
double      *nsrate;
nsrate      = new double[nztime];
nelson_siegel_zerorate(caltype, nztime, ztime, zrate, nsrate); //

ofstream  outf("result.txt", ios::out | ios::trunc);
//    ios::trunc 사용시 기존 데이터 삭제후 추가
//    ios::app 사용시 데이터 추가 가능
outf << setprecision(20);
outf<<"=입력된 액면가이자율="<<endl;
outf<<"만기    액면가이자율"<<endl;
for(i=0; i<nytime; i++)   outf << ytime[i] <<"      "<<yrate[i]<< endl;
outf<<endl<<endl;

outf<<"=계산된 현물이자율="<<endl;
outf<<"만기    현물이자율"<<endl;
for(i=0; i<nztime; i++)   outf << ztime[i] <<"      "<<zrate[i]<< endl;
```

```
    outf<<endl<<endl;

    outf<<"=Nelson Siegel로 추정한 현물이자율="<<endl;
    outf<<"만기    넬슨-시겔 현물이자율"<<endl;
    for(i=0; i<nztime; i++)    outf << ztime[i] <<"    "<<nsrate[i]<< endl;
    outf.close();

    delete[]   ytime;
    delete[]   yrate;
    delete[]   ztime;
    delete[]   zrate;
    delete[]   nsrate;
}
```

✎ 실행 결과

main.cpp파일의 main함수에서 caltype을 1로 설정하면 채권가격의 차이를 최소화하는 목적함수로 넬슨-시겔 모형의 모수를 추정하고, caltype을 0으로 설정하면 현물이자율의 차이를 최소화하는 목적함수로 넬슨-시겔 모형의 모수를 추정한다.

[그림 22-1]는 채권가격을 목적함수로 설정한 경우의 모수 추정결과이고, [그림 22-2]은 [그림 22-1]의 결과에서 추정된 모수에 의한 현물이자율이다. 그리고 [그림 22-3]는 현물이자율을 목적함수로 설정한 경우의 모수 추정결과이고, [그림 22-4]는 [그림 22-3]의 결과에서 추정된 모수에 의한 현물이자율이다. 목적함수를 채권가격과 현물이자율로 설정하여 비교해본 결과 두 방법으로 추정된 모수에 의한 현물이자율의 차이는 거의 없음을 확인할 수 있다.

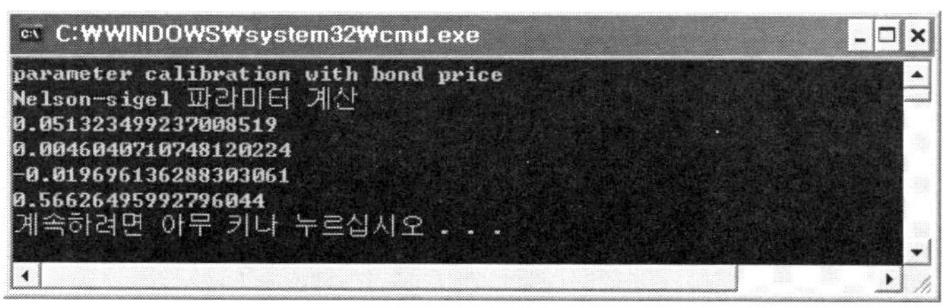

[그림 22-1] 채권가격을 목적함수로 설정한 경우 넬슨-시겔 모수 추정

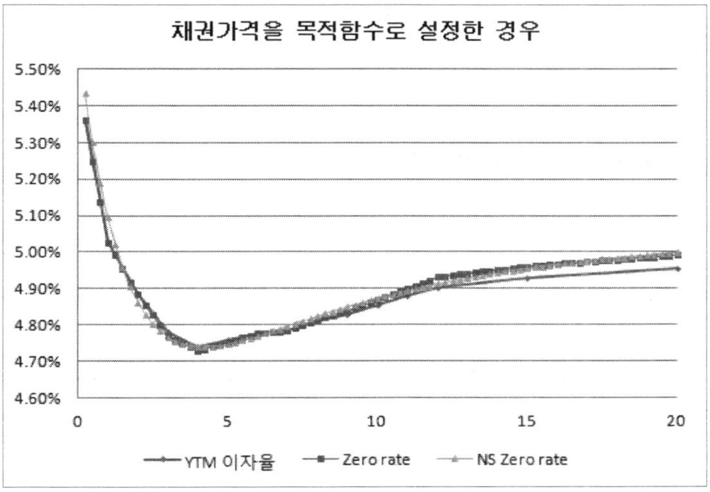

[그림 22-2] 채권가격을 목적함수로 설정한 경우 넬슨-시겔 현물이자율 추정

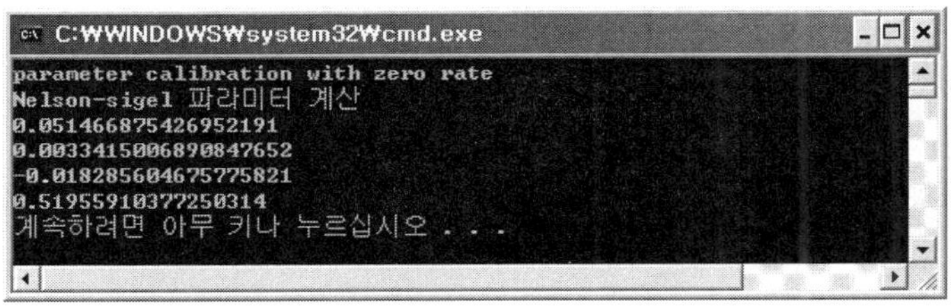

[그림 22-3] 현물이자율을 목적함수로 설정한 경우 넬슨-시겔 모수추정

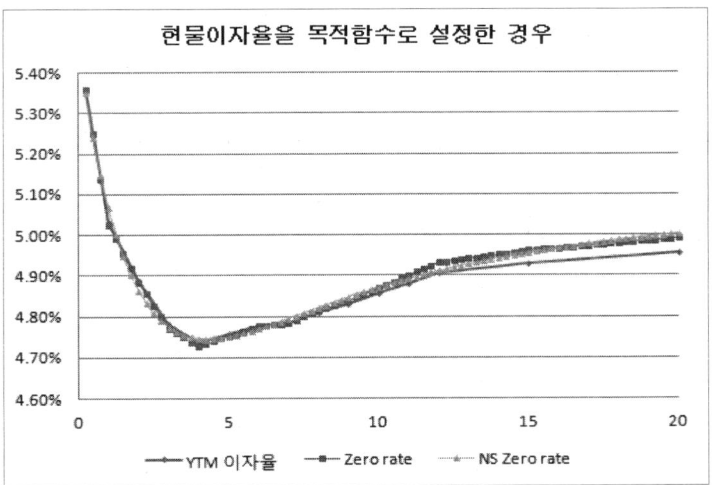

[그림 22-4] 현물이자율을 목적함수로 설정한 경우 넬슨-시겔 현물이자율 추정

22.3 배시첵 모형

22.3.1 배시첵 모형의 이자율 확률과정

배시첵*은 단기이자율 확률과정을 다음과 같이 정의하였다.

$$dr = a(\theta - r)dt + \sigma dw$$

여기서, a는 평균회귀계수(Mean Reversion Speed), θ는 이자율 장기평균(Long Term Average Rate), σ는 변동성이며 dw는 위너 과정을 따른다.

배시첵 모형은 이자율이 매우 높거나 매우 낮은 수준이 되기보다는 이자율 장기평균 수준에 수렴하는 평균회귀현상을 고려하였다.

배시첵 모형에서 만기 T에 1을 지급하는 무이표채권에 대한 t시점의 가격은 다음과 같고,

$$P(r,t,T) = A(t,T)e^{-B(t,T)r(t)} \tag{22-1}$$

여기서,

$$B(t,T) = \frac{1-e^{-a(T-t)}}{a} \tag{22-2}$$

$$A(t,T) = \exp\left[\frac{(B(t,T)-(T-t))(a^2\bar{r}-\sigma^2/2)}{a^2} - \frac{\sigma^2 B(t,T)^2}{4a}\right] \tag{22-3}$$

채권가격을 이용하여 현물이자율와 선도이자율을 계산하면 다음과 같다.

$$\begin{aligned} R(r,t,T) &= -\frac{1}{T-t}\ln P(r,t,T) \\ &= -\frac{1}{T-t}[\ln A(t,T) - B(t,T)r(t)] \end{aligned} \tag{22-4}$$

$$\begin{aligned} f(r,t,T) &= -\frac{\partial}{\partial T}\ln P(r,t,T) \\ &= -\frac{\partial}{\partial T}[\ln A(t,T) - B(t,T)r(t)] \end{aligned}$$

---

* O.A. Vasicek, "An Equilibrium Characterization of the Term Structure", *Journal of Financial Economics*, 5, 1977, pp. 177-188.

22.3.2 단기이자율 시뮬레이션

배시첵 모형을 이용하여 이자율 파생상품을 평가하려면 평가시점인 t시점의 가격 $P(r,t,T)$뿐만 아니라, 미래시점의 가격 $P(r,t+\Delta t,T)$ 또는 $P(r,t+\Delta t,T+\Delta t)$를 구해야 하므로, $t+\Delta t$시점에서 현물이자율을 구하기 위해서는 단기이자율의 이산화 과정이 필요하다.

만약, 배시첵 모형에서 모수가 a=0.1, θ=0.06, σ=0.01와 같고, 이산화 시간간격 Δt가 1년, 초기 단기이자율 $r(0)$가 0.04일 때, Δt시점의 단기이자율은 다음과 같다.

$$\Delta r = r(1) - r(0) = a(\theta - r(0))\Delta t + \sigma\sqrt{\Delta t}\,\varepsilon_t$$
$$r(1) = r(0) + a(\theta - r(0))\Delta t + \sigma\sqrt{\Delta t}\,\varepsilon_t$$
$$r(1) = 0.04 + 0.1(0.06 - 0.04)1 + 0.01\sqrt{1}\,\varepsilon_1$$

여기서, ε_1는 정규분포형 난수를 의미한다.

ε_1에 따라 Δt시점의 단기이자율을 구할 수 있고, ε_1가 0.0725이면, $r(1)$은 0.04925가 된다. 같은 방법으로 $2\Delta t$시점의 단기이자율을 구할 수 있다.

$$r(2) = r(1) + 0.1[0.06 - r(1)]1 + 0.01\sqrt{1}\,\varepsilon_2$$

여기서, ε_2가 0.6905이면, $r(2)$는 0.11938이 되고, 같은 방법으로 ε_3가 -0.2947이면 $3\Delta t$시점의 단기이자율 $r(3)$는 0.08397가 된다.

22.3.3 현물이자율 시뮬레이션

각 시점에서 단기이자율 $r(s)$가 계산되면, 계산된 단기이자율 $r(s)$을 이용하여 평가시점($t=0$)에서 만기 T인 미래 현물이자율은 식 (22-4)와 같다. 만기 T가 5년이라고 하면, $A(t,T)$와 $B(t,T)$는 다음과 같고,

$$B(0,5) = \frac{1 - e^{-0.1(5-0)}}{0.1} = 3.9347$$
$$A(0,5) = \exp\left[\frac{(B(0,5) - (5-0))(0.1^2 \times 0.06 - 0.01^2/2)}{0.1^2} - \frac{0.01^2 B(0,5)^2}{4 \times 0.1}\right]$$
$$= 0.9394$$

$\triangle t$시점의 $r(1)$에 대한 미래 현물이자율 $R(r(1), 0, 5)$는 다음과 같다.

$$R(r(1), 0, 5) = -\frac{1}{5-0}[\ln A(0,5) - B(0,5)r(1)] = 0.0512$$

같은 방법으로 $2\triangle t$시점의 $r(2)$에 대한 미래 현물이자율 $R(r(2), 0, 5)$는 다음과 같고,

$$R(r(2), 0, 5) = -\frac{1}{5-0}[\ln A(0,5) - B(0,5)r(2)] = 0.1064$$

$3\triangle t$시점의 $r(3)$에 대한 미래 현물이자율 $R(r(3), 0, 5)$은 0.0786이 된다.

22.3.4 현물이자율 기간구조

배시첵 모형을 이용하면 평가시점($t=0$)에서 현물이자율의 기간구조는 식 (22-4)를 이용하여 구할 수 있다.

만기 T를 $\triangle t$(1년)라고 하면, $A(t, T)$와 $B(t, T)$는 다음과 같고,

$$B(0,1) = \frac{1-e^{-0.1(1-0)}}{0.1} = 0.9516$$

$$A(0,1) = \exp\left[\frac{(B(0,1)-(1-0))(0.1\times 0.06 - 0.01^2/2)}{0.1^2} - \frac{0.01^2 B(0,1)^2}{4\times 0.1}\right] = 0.9971$$

현물이자율은 다음과 같다.

$$R(r(0), 0, 1) = -\frac{1}{1-0}[\ln A(0,1) - B(0,1)r(0)] = 0.0410$$

같은 방법으로 만기가 $2\triangle t$인 현물이자율은 다음과 같고,

$$R(r(0), 0, 2) = -\frac{1}{2-0}[\ln A(0,2) - B(0,2)r(0)] = 0.0418$$

같은 방법으로 만기가 $3\triangle t$인 현물이자율 $R(r(0), 0, 3)$는 0.0426가 된다.

22.3.5 무이표채권에 대한 유로피언옵션의 가치 평가

잠시디안(Jamshidian)*은 배시첵 모형을 이용하여 무이표채권에 대한 옵션가격을 계산할 수 있는 해석해를 제시하였는데, 채권만기 S에 원금 L을 지급하는 무이표채권에 대해 옵션만기가 T이고, 행사가격이 X인 유로피언콜옵션의 평가시점 가치는 다음과 같다.

$$c(t, T, S, L, X) = LP(r, t, S)N(d_1) - XP(r, t, T)N(d_2) \qquad (22\text{-}5)$$

여기서, $d_1 = \dfrac{1}{\sigma_P(t, T, S)} \ln\left(\dfrac{LP(r, t, S)}{XP(r, t, T)}\right) + \dfrac{\sigma_P(t, T, S)}{2}$

$$\sigma_P^2(t, T, S) = \frac{\sigma^2}{2a^3}\left(1 - e^{-a(S-T)}\right)^2\left(1 - e^{-2a(T-t)}\right)$$

같은 방법으로 유로피언 풋옵션의 가치는 다음과 같다.

$$p(t, T, S, L, X) = XP(r, t, T)N(-d_2) - LP(r, t, S)N(-d_1) \qquad (22\text{-}6)$$

식 (22-5)와 (22-6)은 팁_28에서 설명한 블랙 모델과 동일함을 알 수 있다.

22.3.6 이표채권에 대한 유로피언옵션의 가치 평가

행사가격이 X이고 옵션만기 T이후 채권만기 S까지 n번의 이표가 있는 이표채권에 대한 유로피언콜옵션의 평가시점 가치**를 계산하려면, 옵션에 적용해야 하는 이자율 r_K와 행사가격 K_i를 먼저 구해야 한다. $s_i(1 \le i \le n,\ T \le s_i \le S)$시점에서 발생하는 현금흐름을 p_i이라 할 때, 이자율 r_K와 행사가격 K_i는 다음과 같이 계산된다.

이자율 r_K는 T시점에서 이표채권가격 $P(r_K, T, S)$와 행사가격 X를 일치시키는 이자율로서 다음을 만족해야 한다.

$$\sum_{i=1}^{n} p_i P(r_K, T, s_i) = X$$

여기서, 이자율 r_K는 비선형방정식의 해 찾기를 통해 추정할 수 있다.

---

* Jamshidian F., "An Exact Bond Option Formular", *Journal of Finance* 44, 1989. pp. 205-209.

** John Hull의 홈페이지(www-2.rotman.utoronto.ca/~hull), Technical Note 15.

행사가격 K_i는 단기이자율 r이 r_K일 때, s_i시점에서 p_i을 지급하는 무이표채권에 대한 옵션만기 T에서의 가격으로 다음과 같고,

$$K_i = p_i P(r_K, T, s_i)$$

s_i시점에서 1을 지급하는 무이표채권의 가격을 $P(r, T, s_i)$라 하면, 옵션만기 T에서 옵션의 현금흐름은 다음과 같다.

$$\max\left(\sum_{i=1}^{n} p_i P(r, T, s_i) - X, 0\right) \tag{22-7}$$

채권의 가격과 이자율은 서로 역의 관계를 갖고 있으므로, 단기이자율 r이 증가하면, 채권의 가격은 하락하고, 단기이자율이 감소하면 채권의 가격은 상승한다. 이표채권에 대한 유로피언콜옵션은 $r < r_K$이면 채권의 가격이 옵션만기 T에서 행사가격보다 높으므로 옵션을 행사하게 된다. 그러므로 매 쿠폰지급시점인 s_i에서 1을 지급하는 무이표채권에 대한 옵션만기 T에서의 가치가 $p_i K_i$보다 크려면 $r < r_K$ 조건을 만족해야 한다.
식 (22-7)을 정리하면 옵션만기 T에서 이표채권에 대한 유로피언콜옵션의 현금흐름은 다음과 같고,

$$\sum_{i=1}^{n} p_i \max\left(P(r, T, s_i) - K_i, 0\right) \tag{22-8}$$

식 (22-8)에 식 (22-5)를 적용하면, 평가시점 t에서 이표채권에 대한 유로피언콜옵션의 가치 $c(t, T, S)$는 다음과 같다.

$$c(t, T, S) = \sum_{i=1}^{n} c(t, T, s_i, p_i, K_i)$$

같은 방법으로 평가시점 t에서 이표채권에 대한 유로피언풋옵션의 가치 $p(t, T, S)$는 다음과 같다.

$$p(t, T, S) = \sum_{i=1}^{n} p(t, T, s_i, p_i, K_i)$$

22.3.7 배시첵 모형을 이용한 채권과 옵션의 가치 평가

배시첵 모형에서 평균회귀계수 a는 0.1, 이자율 장기평균 θ는 0.1, 변동성 σ는 0.02이고, 초기의 단기이자율 $r(0)$가 0.1 일 때, 액면금액이 100이고, 채권만기가 5년인 무이표채권의 가치는 얼마인가? 그리고 행사가격이 98이고, 옵션만기가 3년인 무이표채권에 대한 유로피언풋옵션의 가치와 이표율이 10%이고, 이표횟수가 연 2회인 이표채권에 대한 유로피언풋옵션의 가치는 얼마인가?

✎ 소스 코드

- mathlib.h

```
//    mathlib.h
#define    PI    3.14159265358979323846264338327950288419716939937510582097

double     N(double z);
```

- mathlib.cpp

```
//    mathlib.cpp
#include    <iostream>
using       namespace      std;
#include    <math.h>
#include    "mathlib.h"

double     N(double z)
{
    //    앞에서 선언한 N( ) 함수와 동일함, 별첨 소스 코드 참조
}
```

- vasicek.h

```
//    vasicek.h

class      CVasicek{
    public:   //    생성자 소멸자
        CVasicek();
        CVasicek(double    alpha, double theta, double sigma);
        ~CVasicek();

    public:   //    변수만
        double    m_alpha;        //    평균회귀계수
        double    m_theta;        //    이자율 장기균형점
        double    m_sigma;        //    변동성
        double    m_ini_shortrate;     //    초기 단기이자율
```

```
public:   //   함수만
        double   zero_bond_value(double shortrate, double start_t, double end_t);
        double   spot_rate(double shortrate, double start_t, double end_t);
        double   zero_bond_option_value(int iop, double shortrate, double start_t,
                         double option_maturity, double bond_maturity, double strike);
        double   zero_bond_option_value(int iop, double notional, double shortrate,
                         double start_t, double option_maturity, double bond_maturity,
                         double strike);
        double   get_rate_k(double notional, double coupon, double coupon_period,
                         int ncoupon, double shortrate, double option_maturity,
                         double strike);
        double   fixed_coupon_bond_option_value(int iop, double notional, double coupon,
                         int coupon_frequency, double shortrate, double start_t,
                         double option_maturity, double bond_maturity, double strike);
};
```

- vasicek.cpp

```
//   mathlib.cpp
#include   <iostream>
using      namespace    std;

#include   <math.h>
#include   "vasicek.h"
#include   "mathlib.h"

CVasicek::CVasicek()
{
    m_alpha            = 0.1;    //   평균회귀계수
    m_theta            = 0.1;    //   이자율 장기균형점
    m_sigma            = 0.01;   //   변동성
    m_ini_shortrate    = 0.05;   //   초기 단기이자율
}

CVasicek::CVasicek(double   alpha, double theta, double sigma)
{
    m_alpha       = alpha;  //   평균회귀계수
    m_theta       = theta;  //   이자율 장기균형점
    m_sigma       = sigma;  //   변동성
}


CVasicek::~CVasicek()
{

}

double   CVasicek::zero_bond_value(double shortrate, double start_t, double end_t)
{
    double   tau, sigma2, a2;
    double   AtT, BtT;
```

```
    tau        = end_t - start_t;
    sigma2     = m_sigma*m_sigma;
    a2         = m_alpha*m_alpha;

    if(m_alpha == 0.0){
        BtT = tau;
        AtT = exp( sigma2*tau*tau*tau/6.0 );
    }
    else{
        BtT = (1.0 -exp(-m_alpha*tau)) / m_alpha;
        AtT = exp( (BtT-tau)*(a2*m_theta - sigma2/2.0)/a2
                    - sigma2*BtT*BtT/(4.0*m_alpha) );
    }

    return     AtT*exp(-BtT*shortrate);
}

double    CVasicek::spot_rate(double shortrate, double start_t, double end_t)
{
    double    PtT;

    PtT       = this->zero_bond_value(shortrate, start_t, end_t);
    return    -log(PtT)/(end_t - start_t);
}


double    CVasicek::zero_bond_option_value(int iop, double notional, double shortrate,
                              double start_t, double option_maturity,
                              double bond_maturity, double strike)
{
    double    PtT, PtS;
    double    d1, d2, sigmap;
    double    sigma2, t1, t2;

    sigma2   = m_sigma*m_sigma;
    t1   = option_maturity-start_t;
    t2   = bond_maturity-option_maturity;
    PtT  = this->zero_bond_value(shortrate, start_t, option_maturity);
    PtS  = this->zero_bond_value(shortrate, start_t, bond_maturity);

    if(m_alpha == 0.0)  sigmap   = m_sigma*sqrt(t1)*t2;
    else sigmap    = sqrt(sigma2*(1.0-exp(-2.0*m_alpha*t1))/(2.0*m_alpha))
                    *(1.0-exp(-m_alpha*t2))/m_alpha;

    d1   = log(PtS*notional/(strike*PtT))/sigmap + 0.5*sigmap;
    d2   = d1 - sigmap;

    return     iop*( notional*PtS*N(iop*d1) - strike*PtT*N(iop*d2) );
}

double    CVasicek::get_rate_k(double notional, double coupon, double coupon_period,
```

```
                                        int ncoupon, double shortrate, double option_maturity,
                                        double strike)
{
    int         i, iter;
    double      r_k, fx, fxp, fxm, fxprime, payoff;
    double      spread, error_tolerance, error;

    r_k         = shortrate;
    iter        = 0;
    spread      = 0.00010;
    error_tolerance = 1.0e-15;

    do{
        fx   = fxp    = fxm    = 0.0;
        for(i=0; i<ncoupon; i++){
            if(i<ncoupon-1)      payoff     = coupon;
            else                 payoff     = coupon + notional;
            fx   += this->zero_bond_value(r_k, option_maturity,
                                   option_maturity+coupon_period*(i+1))*payoff;
            fxp  += this->zero_bond_value(r_k+spread, option_maturity,
                                   option_maturity+coupon_period*(i+1))*payoff;
            fxm  += this->zero_bond_value(r_k-spread, option_maturity,
                                   option_maturity+coupon_period*(i+1))*payoff;
        }
        fxprime   = (fxp - fxm)/(2.0*spread);
        r_k       = r_k - (fx - strike)/fxprime;
        erro r    = fabs(fx - strike);
        iter++;
    }while(error>error_tolerance && iter<100);
    if(iter==100)
    cout<<"허용오차범위는 만족하지 못하나, 가장 근사한 값은 "<<r_k<<"입니다."<<endl;
    else{
        cout<<"newton raphson method 계산횟수 :"<<iter<<endl;
        cout<<"rate_k의 값 : "<<r_k<<endl;
    }

    return    r_k;
}

double    CVasicek::fixed_coupon_bond_option_value(int iop, double notional,
                    double coupon_rate, int coupon_frequency, double shortrate,
                    double start_t, double option_maturity,
                    double bond_maturity, double strike)
{
    int         i, ncoupon;
    double      rate_k, option_value;
    double      coupon, coupon_period, payoff, strike_i;

    coupon_period = 1.0/coupon_frequency;
    coupon      = notional*coupon_rate*coupon_period;
    ncoupon     = int((bond_maturity - option_maturity)*coupon_frequency);
    rate_k      = this->get_rate_k(notional, coupon, coupon_period, ncoupon, shortrate,
```

```
                                        option_maturity, strike);

    option_value    = 0.0;
    for(i=0; i<ncoupon; i++){
        if(i<ncoupon-1)     payoff    = coupon;
        else        payoff    = coupon + notional;
        strike_i    = this->zero_bond_value(rate_k, option_maturity,
                                        option_maturity+coupon_period*(i+1))*payoff;
        option_value    += this->zero_bond_option_value(iop, payoff, shortrate, start_t,
                                                option_maturity, option_maturity
                                                +coupon_period*(i+1), strike_i);
    }

    return    option_value;
}
```

- main.cpp

```
//    main.cpp
#include    <iostream>
using    namespace    std;

#include    <iomanip>

#include    "vasicek.h"
#include    "mathlib.h"

void        main(void)
{
    // display points
    cout << setprecision(20);

    double    alpha, theta, sigma, ini_short_r;
    alpha            = 0.1;    //    평균회귀계수
    theta            = 0.1;    //    이자율 장기균형점
    sigma            = 0.02;   //    변동성
    ini_short_r      = 0.1;    //    초기 단기이자율

    CVasicek vasicek(alpha, theta, sigma);

    double    today, bondmaturity;
    double    notional, bondvalue, spotrate;

    today            = 0.0;
    bondmaturity     = 5.0;
    notional         = 100.0;

    bondvalue        = vasicek.zero_bond_value(ini_short_r, today, bondmaturity)*notional;
    cout<<"zero coupon bond value : "<<bondvalue<<endl;

    spotrate    = vasicek.spot_rate(ini_short_r, today, bondmaturity);
```

```
    cout<<"spot rate : "<<spotrate<<endl<<endl;

    double      coupon_rate;
    int         coupon_frequency;
    double      optionmaturity, strike;
    double      zerooption, couponbondoption;
    strike              = 98.0;
    coupon_rate         = 0.1;
    coupon_frequency    = 2;
    optionmaturity      = 3.0;

    zerooption= vasicek.zero_bond_option_value(-1, notional, ini_short_r, today,
                                optionmaturity, bondmaturity, strike);
    cout<<"zero coupon bond option value : "<<zerooption<<endl<<endl;

    couponbondoption    = vasicek.fixed_coupon_bond_option_value(-1, notional,
                                coupon_rate,   coupon_frequency, ini_short_r,
                                today, optionmaturity, bondmaturity, strike);
    cout<<"fixed coupon bond option value : "<<couponbondoption<<endl;
}
```

✎ 실행 결과

배시첵 모형으로 계산한 무이표채권의 가치는 액면금액 100을 기준으로 61.01이고, 식 (22-4)에 의한 현물이자율은 9.88%가 되고, 무이표채권에 대한 옵션가치는 11.79이다. 그리고 이표채권에 대한 옵션을 계산하기 위해 추정한 이자율 r_K는 10.95%이며, 이표채권에 대한 유로피언 풋옵션의 가치는 0.875이다.

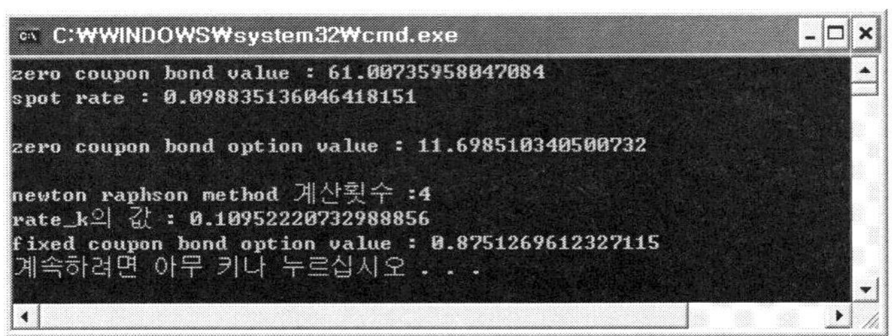

[그림 22-5] 배시첵 모형을 이용한 이자율 상품 계산

22.4 콕스-잉거솔-로스 모형

22.4.1 콕스-잉거솔-로스 모형의 이자율 확률과정

콕스-잉거솔-로스*는 단기이자율의 확률과정을 다음과 같이 정의하였다.

$$dr = a(\theta - r)dt + \sigma\sqrt{r}\,dw$$

여기서, a는 평균회귀계수, θ는 이자율 장기평균, σ는 변동성이며 dw는 위너 과정을 따른다.

콕스-잉거솔-로스 모형은 이자율의 평균회귀현상을 고려하였고, 이자율의 변동성 부분은 단기이자율의 제곱근($\sqrt{r}$)이 곱해진 형태로 이자율 수준이 높아짐에 따라 변동성 부분이 높아지고, 이자율 수준이 낮아짐에 따라 변동성 부분이 낮아져서 단기이자율은 음(−)이 안 된다. 배시첵 모형은 단기이자율이 음이 될 수 있고, 이자율의 변동성이 일정하다는 단점이 있지만, 콕스-잉거솔-로스 모형은 단기이자율이 항상 양(+)이 되도록 하여 배시첵 모형의 단점을 보완하였다.

콕스-잉거솔-로스 모형에서 만기 T에 1을 지급하는 무이표채권에 대한 t시점의 가치는 다음과 같다.

$$P(t,\ T) = A(t,\ T)\,e^{-B(t,\ T)r(t)}$$

여기서,

$$A(t,\ T) = \left[\frac{2\gamma\,e^{(a+\gamma)(T-t)/2}}{(\gamma+a)(e^{\gamma(T-t)}-1)+2\gamma}\right]^{2a\theta/\sigma^2}$$
$$B(t,\ T) = \frac{2\left(e^{\gamma(T-t)}-1\right)}{(a+\gamma)(e^{\gamma(T-t)}-1)+2\gamma}$$
$$\gamma = \sqrt{a^2+2\sigma^2}$$

콕스-잉거솔-로스 모형에서도 채권가격을 이용하여 현물이자율을 계산하는 방법은 식 (22-4)와 같다.

---

* J. C. Cox, J. E. Ingersoll, S.A.Ross, "A Theory of the Term Structure of Interest Rates", *Econometrica* 53, 1985, pp. 385-407.

22.4.2 무이표채권에 대한 유로피언옵션의 가치 평가

콕스-잉거솔-로스는 무이표채권에 대한 옵션가치를 계산할 수 있는 해석해를 제시하였는데, 채권만기 S에 원금 L을 지급하는 무이표채권에 대해 옵션만기가 T이고, 행사가격이 X인 유로피언콜옵션에 대한 평가시점 t에서의 가치는 다음과 같다.

$$\begin{aligned} &c(t, T, S, L, X) \\ &= LP(r,t,S)\chi^2\left(2r^*[\phi+\psi+B(t,T)]; \frac{4a\theta}{\sigma^2}, \frac{2\phi^2 r e^{\gamma(T-t)}}{\phi+\psi+B(t,T)}\right) \\ &\quad - XP(r,t,T)\chi^2\left(2r^*[\phi+\psi]; \frac{4a\theta}{\sigma^2}, \frac{2\phi^2 r e^{\gamma(T-t)}}{\phi+\psi}\right) \end{aligned} \tag{22-9}$$

여기서, $\chi^2(z;\nu,\kappa)$는 자유도가 ν이고, 비중심(Non-Central) 모수가 κ이고, 확률변수 z에 대한 비중심 카이제곱(Chi-Square) 누적확률분포함수이며, ϕ, ψ, r^*는 다음과 같다.

$$\phi = \frac{2\gamma}{\sigma^2\left(e^{\gamma(T-t)}-1\right)}, \quad \psi = \frac{(a+\gamma)}{\sigma^2}, \quad r^* = \frac{\ln\left(\dfrac{LA(T,S)}{K}\right)}{B(T,S)}$$

같은 방법으로 유로피언풋옵션에 대한 평가시점 t에서의 가치는 다음과 같다.

$$\begin{aligned} &p(t, T, S, L, X) \\ &= XP(r,t,T)\left\{1-\chi^2\left(2r^*[\phi+\psi]; \frac{4a\theta}{\sigma^2}, \frac{2\phi^2 r e^{\gamma(T-t)}}{\phi+\psi}\right)\right\} \\ &\quad - LP(r,t,S)\left\{1-\chi^2\left(2r^*[\phi+\psi+B(t,T)]; \frac{4a\theta}{\sigma^2}, \frac{2\phi^2 r e^{\gamma(T-t)}}{\phi+\psi+B(t,T)}\right)\right\} \end{aligned} \tag{22-10}$$

22.4.3 콕스-잉거솔-로스 모형을 이용한 채권과 옵션의 가치 평가

콕스-잉거솔-로스 모형에서 평균회귀계수 a는 0.1, 이자율 장기평균 θ는 0.1, 변동성 σ는 0.02이고, 초기의 단기이자율 $r(0)$가 0.1일 때, 액면금액이 100이고, 채권만기가 5년인 무이표채권의 가치는 얼마인가? 그리고 행사가격은 98이고, 옵션만기가 3년인 무이표채권에 대한 유로피언풋옵션의 가치와 이표율이 10%, 이표횟수가 년 2회인 이표채권에 대한 유로피언풋옵션의 가치는 얼마인가?

✎ 소스 코드

- mathlib.h

```
//    mathlib.h
#define    PI    3.14159265358979323846264338327950288419716939937510582097

double    N(double z);
double    QS(double z, double nu, double kappa);
```

- mathlib.cpp

```
//    mathlib.cpp
#include    <iostream>
using    namespace    std;
#include    <math.h>
#include    "mathlib.h"

double    N(double z)
{
    //    앞에서 선언한 N( ) 함수와 동일함, 별첨 소스 코드 참조
}

double    QS(double z, double nu, double kappa)
{
    double    h, p, m, c1, c2, c3;

    h    = 1.0-(2.0/3.0)*(nu+kappa)*(nu+3.0*kappa)*pow( (nu+2.0*kappa), -2.0);
    p    = (nu+2.0*kappa)/pow((nu+kappa), 2.0);
    m    = (h-1.0)*(1.0-3.0*h);
    c1   = 1.0-h+0.5*(2.0-h)*m*p;
    c2   = 1.0-h*p*c1-pow((z/(nu+kappa)),h);
    c3   = c2/(h*sqrt(2.0*p*(1.0+m*p)));
    return    1.0-N(c3);
}
```

- cir.h

```
//    cir.h

class    CCIR{
    public:    //    생성자 소멸자
        CCIR();
        CCIR(double    alpha, double theta, double sigma);
        ~CCIR();

    public:    //    변수만
        double    m_alpha;        //    평균회귀계수
        double    m_theta;        //    이자율 장기균형점
        double    m_sigma;        //    변동성
```

```
        double    m_ini_shortrate;    //    초기 단기이자율

    public:   //    함수만
        double    zero_bond_value(double shortrate, double start_t, double end_t);
        double    spot_rate(double shortrate, double start_t, double end_t);
        double    zero_bond_option_value(int iop, double shortrate, double start_t,
                              double option_maturity, double bond_maturity,
                              double strike);
        double    zero_bond_option_value(int iop, double notional, double shortrate,
                              double start_t, double option_maturity,
                              double bond_maturity, double strike);
        double    get_rate_k(double notional, double coupon, double coupon_period,
                              int ncoupon, double shortrate, double option_maturity,
                              double strike);
        double    fixed_coupon_bond_option_value(int iop, double notional, double coupon,
                              int coupon_frequency, double shortrate, double start_t,
                              double option_maturity, double bond_maturity,
                              double strike);
};
```

▪ cir.cpp

```
//    mathlib.cpp
#include   <iostream>
using      namespace     std;

#include   <math.h>
#include   "cir.h"
#include   "mathlib.h"

CCIR::CCIR()
{
    m_alpha            = 0.1;    //    평균회귀계수
    m_theta            = 0.1;    //    이자율 장기균형점
    m_sigma            = 0.01;   //    변동성
    m_ini_shortrate    = 0.05;   //    초기 단기이자율
}

CCIR::CCIR(double alpha, double theta, double sigma)
{
    m_alpha       = alpha;  //    평균회귀계수
    m_theta       = theta;  //    이자율 장기균형점
    m_sigma       = sigma;  //    변동성
}


CCIR::~CCIR()
{

}
```

```
double    CCIR::zero_bond_value(double shortrate, double start_t, double end_t)
{
     double    tau, sigma2, a2;
     double    AtT, BtT, gamma, denominator;

     tau         = end_t - start_t;
     sigma2      = m_sigma*m_sigma;
     a2          = m_alpha*m_alpha;
     gamma       = sqrt(a2 + 2*sigma2);
     denominator   = (gamma+m_alpha)*(exp(gamma*tau)-1) + 2.0*gamma;

     BtT = 2.0*(exp(gamma*tau)-1.0)/denominator;
     AtT = pow(( (2.0*gamma*exp((gamma+m_alpha)*tau/2.0))/denominator ),
                    (2.0*m_alpha*m_theta/sigma2));

     return    AtT*exp(-BtT*shortrate);
}

double    CCIR::spot_rate(double shortrate, double start_t, double end_t)
{
     double    PtT;

     PtT       = this->zero_bond_value(shortrate, start_t, end_t);
     return    -log(PtT)/(end_t - start_t);
}

double    CCIR::zero_bond_option_value(int iop, double notional, double shortrate,
                              double start_t, double option_maturity,
                              double bond_maturity, double strike)
{
     double    PtT, PtS, t1, t2, ATS, BTS, denominator;
     double    sigma2, gamma, phi, psi, rstar;
     double    nu, z1, kappa1, z2, kappa2;

     sigma2    = m_sigma*m_sigma;
     gamma     = sqrt(m_alpha*m_alpha + 2*sigma2);

     t1        = option_maturity-start_t;
     t2        = bond_maturity-option_maturity;

     phi       = 2.0*gamma/(sigma2*(exp(gamma*t1)-1.0));
     psi       = (m_alpha+gamma)/sigma2;

     denominator   = (gamma+m_alpha)*(exp(gamma*t2)-1) + 2.0*gamma;
     BTS       = 2.0*(exp(gamma*t2)-1.0)/denominator;
     ATS       = pow(( (2.0*gamma*exp((gamma+m_alpha)*t2/2.0))/denominator ),
                    (2.0*m_alpha*m_theta/sigma2));

     rstar = log(notional*ATS/strike)/BTS;

     nu        = 4.0*m_alpha*m_theta/sigma2;
     z1        = 2.0*rstar*(phi+psi+BTS);
```

```
    z2          = 2.0*rstar*(phi+psi);
    kappa1      = 2.0*phi*phi*shortrate*exp(gamma*t1)/(phi+psi+BTS);
    kappa2      = 2.0*phi*phi*shortrate*exp(gamma*t1)/(phi+psi);

    PtT = this->zero_bond_value(shortrate, start_t, option_maturity);
    PtS = this->zero_bond_value(shortrate, start_t, bond_maturity);

    if(iop==1) return      notional*PtS*QS(z1, nu, kappa1) - strike*PtT*QS(z2, nu, kappa2);
    else return     strike*PtT*(1.0-QS(z2, nu, kappa2))
                    - notional*PtS*(1.0-QS(z1, nu, kappa1));
}

double    CCIR::get_rate_k(double notional, double coupon, double coupon_period,
                int ncoupon, double shortrate, double option_maturity, double strike)
{
    int         i, iter;
    double      r_k, fx, fxp, fxm, fxprime, payoff;
    double      spread, error_tolerance, error;

    r_k         = shortrate;
    iter        = 0;
    spread      = 0.00010;
    error_tolerance = 1.0e-15;

    do{
        fx  = fxp     = fxm     = 0.0;
        for(i=0; i<ncoupon; i++){
            if(i<ncoupon-1)     payoff     = coupon;
            else payoff     = coupon + notional;
            fx   += this->zero_bond_value(r_k, option_maturity,
                                option_maturity+coupon_period*(i+1))*payoff;
            fxp  += this->zero_bond_value(r_k+spread, option_maturity,
                                option_maturity+coupon_period*(i+1))*payoff;
            fxm  += this->zero_bond_value(r_k-spread, option_maturity,
                                option_maturity+coupon_period*(i+1))*payoff;
        }
        fxprime     = (fxp - fxm)/(2.0*spread);
        r_k         = r_k - (fx - strike)/fxprime;
        error       = fabs(fx - strike);
        iter++;
    }while(error>error_tolerance && iter<100);
    if(iter==100)
        cout<<"허용오차범위는 만족하지 못하나, 가장 근사한값은 "<<r_k<<"입니다."<<endl;
    else{
        cout<<"newton raphson method 계산횟수 :"<<iter<<endl;
        cout<<"rate_k의 값 : "<<r_k<<endl;
    }

    return    r_k;
}

double    CCIR::fixed_coupon_bond_option_value(int iop, double notional,
```

```
                                   double coupon_rate, int coupon_frequency,
                                   double shortrate, double start_t, double option_maturity,
                                   double bond_maturity, double strike)
{
    int         i, ncoupon;
    double      rate_k, option_value;
    double      coupon, coupon_period, payoff, strike_i;

    coupon_period  = 1.0/coupon_frequency;
    coupon         = notional*coupon_rate*coupon_period;
    ncoupon        = int((bond_maturity - option_maturity)*coupon_frequency);
    rate_k         = this->get_rate_k(notional, coupon, coupon_period, ncoupon, shortrate,
                                              option_maturity, strike);

    option_value   = 0.0;
    for(i=0; i<ncoupon; i++){
        if(i<ncoupon-1)     payoff     = coupon;
        else        payoff      = coupon + notional;
        strike_i    = this->zero_bond_value(rate_k, option_maturity,
                                option_maturity+coupon_period*(i+1))*payoff;
        option_value    += this->zero_bond_option_value(iop, payoff, shortrate, start_t,
                                option_maturity,
                                option_maturity+coupon_period*(i+1), strike_i);
    }

    return      option_value;
}
```

▪ main.cpp

```
//    main.cpp
#include    <iostream>
using       namespace       std;

#include    <iomanip>

#include    "cir.h"
#include    "mathlib.h"

void        main(void)
{
    // display points
    cout << setprecision(20);

    double      alpha, theta, sigma, ini_short_r;
    alpha           = 0.1;      //    평균회귀계수
    theta           = 0.1;      //    이자율 장기균형점
    sigma           = 0.02;     //    변동성
    ini_short_r     = 0.1;      //    초기 단기이자율

    CCIR        cir(alpha, theta, sigma);
```

```
    double      today, bondmaturity;
    double      notional, bondvalue, spotrate;

    today           = 0.0;
    bondmaturity    = 5.0;
    notional        = 100.0;

    bondvalue= cir.zero_bond_value(ini_short_r, today, bondmaturity)*notional;
    cout<<"zero coupon bond value : "<<bondvalue<<endl;

    spotrate   = cir.spot_rate(ini_short_r, today, bondmaturity);
    cout<<"spot rate : "<<spotrate<<endl<<endl;

    double      coupon_rate;
    int         coupon_frequency;
    double      optionmaturity, strike;
    double      zerooption, couponbondoption;
    strike              = 98.0;
    coupon_rate         = 0.1;
    coupon_frequency    = 2;
    optionmaturity      = 3.0;

    zerooption= cir.zero_bond_option_value(-1, notional, ini_short_r, today,
                                    optionmaturity, bondmaturity, strike);
    cout<<"zero coupon bond option value : "<<zerooption<<endl<<endl;

    couponbondoption    = cir.fixed_coupon_bond_option_value(-1, notional, coupon_rate,
                                    coupon_frequency, ini_short_r, today,
                                    optionmaturity, bondmaturity, strike);
    cout<<"fixed coupon bond option value : "<<couponbondoption<<endl;
}
```

✎ 실행 결과

콕스-잉거솔-로스 모형으로 계산한 무이표채권의 가치는 액면금액 100을 기준으로 60.69이고, 식 (22-4)에 의한 현물이자율은 9.99%가 되고, 무이표채권에 대한 옵션가격은 11.92이다. 그리고 이표채권에 대한 옵션을 계산하기 위해 추정된 이자율 r_K는 10.93%이며, 이표채권에 대한 유로피언 풋옵션의 가치는 0.104이다.

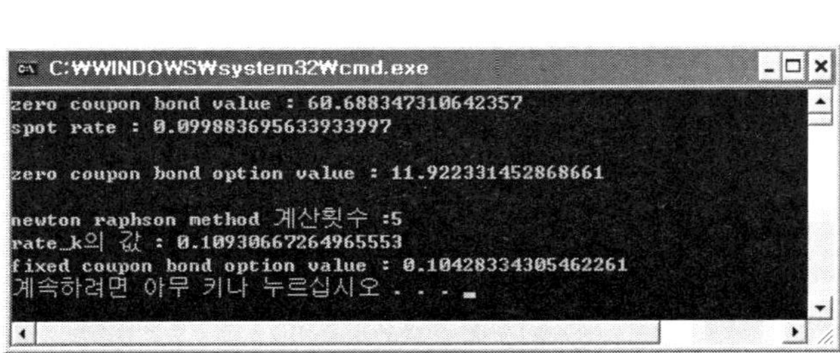

[그림 22-6] 콕스-잉거솔-로스 모형을 이용한 이자율 상품 계산

22.5 블랙-더만-토이 모형

블랙-더만-토이 모형은 시장에서 관측되는 이자율 기간구조 및 이자율 변동성 기간구조와 일치하도록 이자율 트리를 생성하는 방법으로 현재의 이자율 기간구조와 이자율 변동성 기간구조를 각 마디에 반영하여 음의 이자율을 배제한다.

22.5.1 블랙-더만-토이 모형의 이자율 확률과정

블랙-더만-토이*는 단기이자율 확률과정을 다음과 같이 정의하였다.

$$d\ln r(t) = \left[\theta(t) - \frac{\sigma'(t)}{\sigma(t)}\ln r(t)\right]dt + \sigma(t)\,dw \qquad (22\text{-}10)$$

여기서, $\theta(t)$: 단기이자율의 장기평균

$\frac{\sigma'(t)}{\sigma(t)}$: 단기이자율의 평균회귀속도, $\sigma'(t) = \frac{\partial\sigma(t)}{\partial t}$

$\ln r(t)$: t시점에서 단기이자율의 자연로그값

→ 대수정규분포를 따르므로 단기이자율은 항상 양수

$\left[\theta(t) - \frac{\sigma'(t)}{\sigma(t)}\ln r(t)\right]$: 시간에 따라 변하는 추세함수

블랙-더만-토이 모형의 이자율 확률과정에서 단기이자율의 평균회귀속도는 변동성의 함수로 표현된다. 만약, 평균회귀속도가 양의 값을 갖고 충분히 큰 값을 갖게 되면 단기이자율의 변동성은 0에 가까워지고 단기이자율이 거의 변하지 않게 된다. 단기이자율의 변화를 대수정규분포로 가정하였기 때문에 채권가격의 해석해가 존재하지 않는다. 그래서 시장에서 관측되는 이자율 기간구조에 부합되는 단기이자율 트리를 유도하기 위해서는 수리적 계산과정이 필요하다.

22.5.2 이항트리 모형 생성

22.5.2.1 블랙-더만-토이 모형의 유형

블랙-더만-토이 모형은 변동성의 구조와 계산 방법에 따라 [표 22-2]와 같이 나눠지며, 실제

---

* Black, F. Derman, E. Toy, W. A, "One-Factor Model of Interest Rates and Its Application to Treasury Bond Options", *Financial Analysts Journal*(January - February 1990), pp. 24-32.

평가 대상 상품에 따라 적용할 수 있는 블랙-더만-토이 모형이 달라질 수 있다.

[표 22-2] 블랙-더만-토이 모형의 유형

	변동성 구조	계산 방법
모형 구분 (2×2 유형)	변동성 σ가 상수	후방 계산
	변동성 $\sigma(t)$가 기간구조를 가짐	전방 계산

변동성 기간구조를 적용하여 블랙-더만-토이 모형을 구현할 경우 각 구간별 변동성을 추정하여 관리해 주어야 한다. 잠시디안*이 제시한 전방(Forward) 계산방법을 적용할 경우 계산시간을 줄일 수 있지만, 모형 구성이 후방(Backward) 계산방법에 비해 복잡하고 모델 직관력이 다소 떨어질 수 있으나, 여기에서는 일반적으로 사용되는 전방 계산방법을 설명하고자 한다.

22.5.2.2 블랙-더만-토이 모형의 가정

블랙-더만-토이 모형은 다음의 세 가지 조건을 가정하였다.
첫째, 단기이자율은 대수정규분포를 따른다.
둘째, 단기이자율의 변동성은 시간에 대한 함수로 이자율 수준과는 무관하다.
셋째, 이항모형에서 이자율이 상승 및 하락할 위험중립 확률을 각각 0.5로 설정한다.

22.5.2.3 단기이자율 함수

블랙-더만-토이 모형은 단기이자율이 대수정규분포를 따르고 시장에서 관측되는 수익률곡선 및 변동성 기간구조와 일치하는 모형이므로 t시점의 단기이자율을 다음과 같이 나타낼 수 있다.

$$r(t) = U(t)\exp[\sigma(t)w(t)]$$

여기서, $U(t)$는 t시점에서 단기이자율에 대한 대수정규분포의 중위수(Median), $\sigma(t)$는 t시점에서 단기이자율의 변동성 수준, $w(t)$는 브라운 운동의 확률과정이다.

블랙-더만-토이 모형은 시장에서 관측된 수익률 곡선 및 변동성 기간구조와 일치하도록 중위수 $U(t)$와 변동성 $\sigma(t)$를 결정하는 것이므로, 잔존만기가 T인 이항트리를 생성하기 위해

---

* Jamshidian. F., "Forward induction and construction of yield curve diffusion models", *Journal of Fixed Income* 1, 1991, pp. 62-74.

구간 $[0, T]$를 $0 = t_0 < t_1 < \cdots < t_n = T$가 되도록 n개의 동일구간으로 나누면 $t_i = i\Delta t$이고, 각 시간구간의 크기가 $\Delta t = T/n$인 이항트리를 구성하면 다음과 같다.

$$r_{i,j} = U(i)\exp\left[\sigma(i)\, j\sqrt{\Delta t}\,\right] \qquad (22\text{-}11)$$
$$d_{i,j} = \frac{1}{1 + r_{i,j}\Delta t}$$

여기서, $r_{i,j}$는 이항트리의 마디 (i, j)에서의 단기이자율이며, $d_{i,j}$는 이항트리의 마디 (i, j)에 적용되는 1구간 할인계수이다. 매 시점에서 중위수 $U(i)$와 변동성 $\sigma(i)$가 결정되면 단기이자율의 이항트리가 완성된다.

22.5.3 변동성 적용방법에 따른 이항트리 생성

블랙-더만-토이 모형은 변동성을 적용하는 방법에 따라 고정 변동성을 적용한 이항트리 생성 방법과 변동성 기간구조를 적용한 이항트리 생성 방법이 있다.

22.5.3.1 고정 변동성을 적용한 이항트리 생성

가. 트리 생성 1단계 : 상태가격 $Q_{i,j}$계산

중위수 $U(i)$를 결정하기 위해 상태가격 $Q_{i,j}$를 이용하는데, 상태가격 $Q_{i,j}$는 이항트리의 마디 (i, j)에서 1을 지급하고 그 이외의 마디에서는 가치가 0인 채권에 대한 평가시점(t=0)에서의 가치이다.

트리의 $t_i = i\Delta t$시점에서 각 마디의 상태가격 $Q_{i,j}$는 다음과 같고,

$$Q_{i,j} = \frac{1}{2}Q_{i-1,j-1}d_{i-1,j-1} + \frac{1}{2}Q_{i-1,j+1}d_{i-1,j+1} \qquad (22\text{-}12)$$

최상위 마디와 최하위 마디에서의 상태가격은 다음과 같다.

최상위 마디에서의 $Q_{i,i} = \frac{1}{2}Q_{i-1,i-1}d_{i-1,i-1}$

최하위 마디에서의 $Q_{i,-i} = \frac{1}{2}Q_{i-1,-i+1}d_{i-1,-i+1}$

나. 트리 생성 2단계 : 중위수 $U(i)$ 계산

트리의 $t_i = i\Delta t$시점에서 무이표채권가격 $P(i)$는 다음과 같다.

$$P(i) = \sum_j P(i,j) = \sum_j Q_{i,j}\, d_{i,j} = \sum_j Q_{i,j} \frac{1}{1 + r_{i,j}\Delta t} = \sum_j Q_{i,j} \frac{1}{1 + U(i)\exp(\sigma j\sqrt{\Delta t})\Delta t} \tag{22-13}$$

여기서, 미지수인 중위수 $U(i)$는 비선형방정식의 해 찾기를 통해 추정할 수 있다.

다. 트리 생성 3단계 : 단기이자율 $r_{i,j}$와 할인계수 $d_{i,j}$ 계산

트리 생성 2단계에서 구한 중위수 $U(i)$를 이용하여 트리의 각 마디에서 단기이자율 $r_{i,j}$와 할인계수 $d_{i,j}$를 구하면 다음과 같다.

$$r_{i,j} = U(i)\exp(\sigma j\sqrt{\Delta t}) \tag{22-14}$$

$$d_{i,j} = \frac{1}{1 + r_{i,j}\Delta t} = \frac{1}{1 + U(i)\exp(\sigma j\sqrt{\Delta t})\Delta t} \tag{22-15}$$

22.5.3.2 고정 변동성을 적용한 이항트리 생성 예제

예제에서는 전체 구간에 대해 이자율의 변동성을 15%로 고정시키고 계산하였다.

가. 만기가 t_i인 무이표채권의 평가시점가치 PV 계산

현물이자율 기간구조가 아래와 같을 때 만기가 t_i인 무이표채권가격 $PV(i)$를 계산한다.

만기(i년)	0	1	2	3	4
현물이자율		6.270%	6.300%	6.410%	6.510%
$PV(i)$	**1.0000**	**0.9410**	**0.8850**	**0.8299**	**0.7770**

여기서, $PV(i) = \frac{1}{(1 + r_i)^{i\Delta t}}$를 적용한다.

나. 트리 생성 1단계 : 상태가격 $Q_{i,j}$ 계산

i) 단기이자율 $r_{i,j}$와 할인계수 $d_{i,j}$의 초기값 계산

식 (22-14)와 (22-15)에 $U(i)$의 초기값을 아래와 같이 6.3%로 입력하여 트리의

$t_i = i\triangle t$시점에서 단기이자율 $r_{i,j}$와 할인계수 $d_{i,j}$의 초기값을 구하면 [그림 22-7]과 같다.

만기(i년)	0	1	2	3
$U(i)$	6.270%	6.300%		

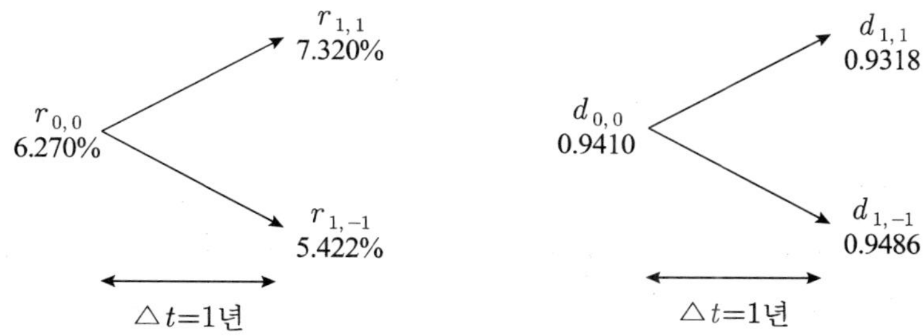

[그림 22-7] 단기이자율 $r_{i,j}$와 할인계수 $d_{i,j}$의 초기값

ii) 상태가격 $Q_{i,j}$ 계산

i)에서 계산된 단기이자율 $r_{i,j}$와 할인계수 $d_{i,j}$의 초기값을 이용하여 식 (22-12)에서 상태가격 $Q_{i,j}$를 구하면 [그림 22-8]과 같다.

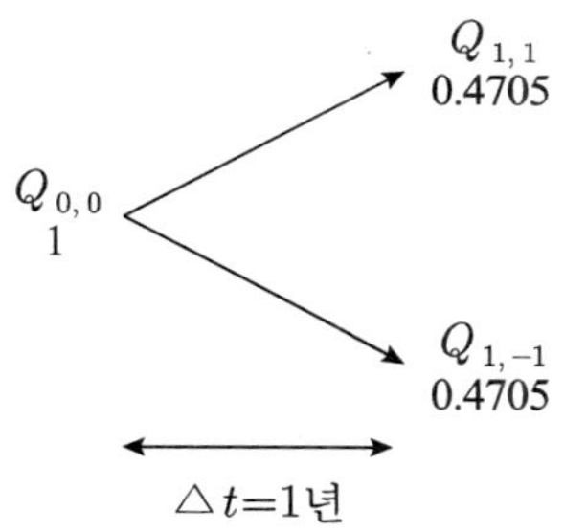

[그림 22-8] 상태가격 $Q_{i,j}$의 초기값

다. 트리 생성 2단계 : 중위수 $U(i)$ 계산

i) 무이표채권 가격 $P(i)$ 계산

식 (22-13)을 이용하여 각 시점에서 무이표채권 가격 $P(i)$는 [그림 22-9]에서 $P(i, j)$의 합과 같다.

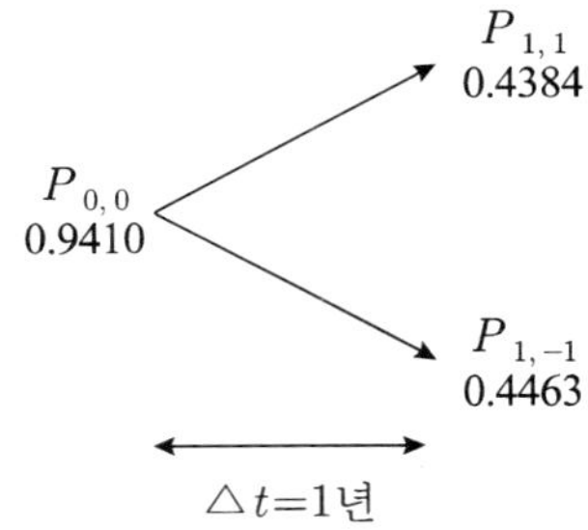

[그림 22-9] 무이표채권 가격 $P(i, j)$

ii) 중위수 $U(i)$ 계산

트리 생성 1단계에서 중위수 초기값인 $U(i)$로 계산된 무이표채권 가격 $P(i, j)$의 합과 이자율 기간구조에서 구한 무이표채권 가격 $PV(i+1)$와의 오차가 최소가 되는 중위수 $U(i)$를 구한다.

만기(i년)	0	1	2
현물이자율		6.27%	6.30%
$PV(i)$	1	0.9410	0.8850
$\sum P(i,j)$	0.9410	**0.8847 → 0.8850**	
오차		**0.0003 → 0.0000**	
$U(i)$	6.270%	**6.300% → 6.268%**	

여기서, $\min\left[\left(\sum P(i,j)-PV(i+1)\right)^2\right]$를 만족하는 중위수 $U(i)$는 비선형방정식의 해 찾기로 추정할 수 있다.

라. 트리 생성 3단계 : 단기이자율 $r_{i,j}$와 할인계수 $d_{i,j}$ 재계산

트리 생성 2단계에서 구한 중위수 $U(i)$를 이용하여 단기이자율 $r_{i,j}$와 할인계수 $d_{i,j}$를 다시 계산하면 [그림 22-10]과 같다.

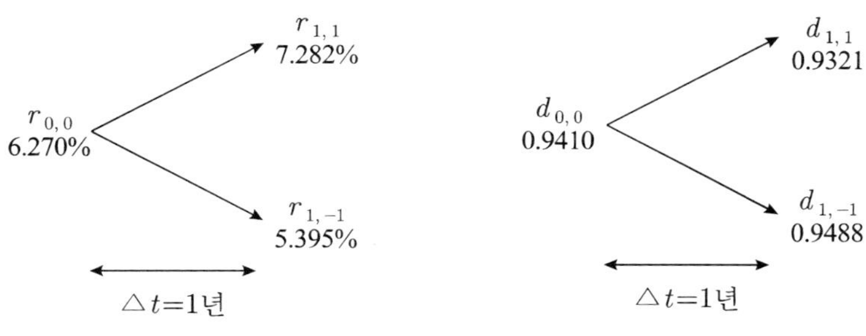

[그림 22-10] 중위수 $U(i)$에 의해 계산된 단기이자율 $r_{i,j}$와 할인계수 $d_{i,j}$

마. 트리 생성 4단계 : 전체 구간에 대한 단기이자율 $r_{i,j}$와 할인계수 $d_{i,j}$ 계산

트리 생성 1단계에서 3단계까지의 과정을 채권만기까지 반복하여 계산하면 [그림 22-11]과 [그림 22-12]와 같이 단기이자율 $r_{i,j}$와 할인계수 $d_{i,j}$에 대한 전체 이항트리를 생성할 수 있다.

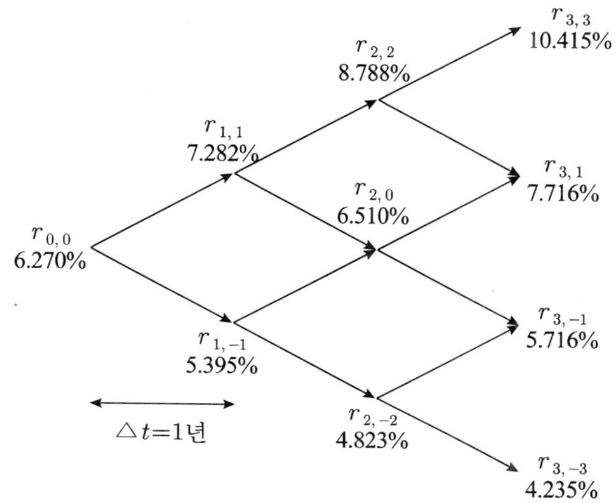

[그림 22-11] 전체 구간에 대한 단기이자율 $r_{i,j}$

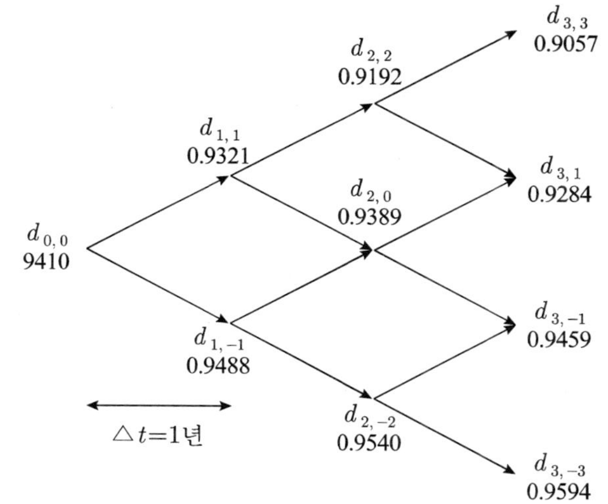

[그림 22-12] 전체 구간에 대한 할인계수 $d_{i,j}$

22.5.3.3 변동성 기간구조를 적용한 이항트리 생성

변동성 기간구조를 적용한 이항트리를 생성하려면 각 마디에서의 상태가격과 무이표채권가격에 대해 금리 상승시와 하락시를 각각 고려하여 트리를 생성해야 한다.

가. 트리 생성 1단계 : 상승시 가격 $P_U(i)$와 하락시 가격 $P_D(i)$ 계산

시장에서 관측된 이자율 기간구조와 변동성 기간구조에 일치하는 상승시 가격 $P_U(i)$와 하락시 가격 $P_D(i)$를 계산한다.

트리의 $t_i = i\Delta t$시점에서 무이표채권가격 $P(i)$는 다음과 같이 상승시 가격 $P_U(i)$와 하락시 가격 $P_D(i)$로 나타낼 수 있다.

$$P(i) = \frac{1}{1 + r_{0,0}\Delta t}\left[\frac{P_U(i) + P_D(i)}{2}\right], \ i = 2, \cdots, N \tag{22-16}$$

만기가 $t_i(= i\Delta t)$인 무이표채권의 수익률 $R(i)$의 변동성 $\sigma_R(i)$는 다음과 같고,

$$\sigma_R\sqrt{\Delta t} = \frac{1}{2}\ln\frac{r_u}{r_d} = \frac{1}{2}\ln\frac{\ln P_U(i)}{\ln P_D(i)} \tag{22-17}$$

$$\rightarrow \ P_D(i) = P_U(i)^{\exp(-2\sigma_R(i)\sqrt{\Delta t})}$$

이항트리 모형에서 다음의 관계식을 얻을 수 있다.

$$2P(i)(1 + r_{0,0}\Delta t) = P_U(i) + P_U(i)^{\exp\left(-2\sigma_R(i)\sqrt{\Delta t}\right)}, \quad i = 2, \cdots, N \tag{22-18}$$

여기서, 미지수인 상승시 가격 $P_U(i)$는 비선형방정식의 해 찾기를 통해 추정할 수 있다.

나. 트리 생성 2단계 : 상승시 상태가격 $Q_{i,j}^U$와 하락시 상태가격 $Q_{i,j}^D$ 계산

상승시 상태가격 $Q_{i,j}^U$는 상승을 고려한 이항트리 U의 마디에서 1을 지급하고($Q_{1,1}^U = 1$), 그 외의 마디에서는 가치가 없으며, 하락시 상태가격 $Q_{i,j}^D$는 하락을 고려한 이항트리 D의 마디에서 1을 지급하고($Q_{1,-1}^D = 1$), 그 외의 마디에서는 가치가 없다.

트리의 각 마디 (i, j)에서 상승시 상태가격 $Q_{i,j}^U$와 하락시 상태가격 $Q_{i,j}^D$은 다음과 같고,

$$Q_{i,j}^U = \frac{1}{2} Q_{i-1,j-1}^U d_{i-1,j-1} + \frac{1}{2} Q_{i-1,j+1}^U d_{i-1,j+1}$$

$$Q_{i,j}^D = \frac{1}{2} Q_{i-1,j-1}^D d_{i-1,j-1} + \frac{1}{2} Q_{i-1,j+1}^D d_{i-1,j+1} \quad (22\text{-}19)$$

최상위 마디와 최하위 마디에서의 상태가격은 다음과 같다.

최상위 마디에서의 $Q_{i,i}^U = \frac{1}{2} Q_{i-1,i-1}^U d_{i-1,i-1}$

최하위 마디에서의 $Q_{i,-i}^D = \frac{1}{2} Q_{i-1,-i+1}^D d_{i-1,-i+1}$

다. 트리 생성 3단계 : 중위수 $U(i)$와 변동성 $\sigma(i)$ 계산

각 마디에서의 상승시 가격 $P_U(i,j)$, 하락시 가격 $P_D(i,j)$, 할인계수 $d_{i,j}$를 통해 중위수 $U(i)$와 변동성 $\sigma(i)$를 계산한다.

$$P_U(i,j) = \sum_j Q_{i,j}^U d_{i,j}, \quad (22\text{-}20)$$

$$P_D(i,j) = \sum_j Q_{i,j}^D d_{i,j}$$

$$d_{i,j} = \frac{1}{1 + r_{i,j} \Delta t} = \frac{1}{1 + U(i) \exp[\sigma(i) j \sqrt{\Delta t}] \Delta t} \quad (22\text{-}21)$$

여기서, 미지수 중위수 $U(i)$와 변동성 $\sigma(i)$는 비선형방정식의 해 찾기를 통해 추정할 수 있다.

라. 트리 생성 4단계 : 단기이자율 $r_{i,j}$와 할인계수 $d_{i,j}$ 계산

트리 생성 3단계에서 구한 중위수 $U(i)$와 변동성 $\sigma(i)$를 이용하면 각 마디에서의 할인계수 $d_{i,j}$는 식 (22-21)과 같고, 단기이자율 $r_{i,j}$는 다음과 같다.

$$r_{i,j} = U(i) \exp[\sigma(i) j \sqrt{\Delta t}] \quad (22\text{-}22)$$

22.5.3.4 변동성 기간구조를 적용한 이항트리 생성 예제

예제에서는 이자율의 변동성 기간구조를 다음과 같이 정의하고 계산하였다.

만기(i년)	0	1	2	3	4
$\sigma(i)$		17.0%	16.0%	15.0%	14.0%

가. 만기가 t_i인 무이표채권가격 PV 계산

현물이자율 기간구조를 이용하여 만기가 $t_i(= i \Delta t)$인 무이표채권가격 $PV(i)$를 계산한다.

만기(i년)	0	1	2	3	4
현물이자율		6.270%	6.300%	6.410%	6.510%
$PV(i)$	**1.0000**	**0.9410**	**0.8850**	**0.8299**	**0.7770**

나. 트리 생성 1단계 : 상승시 가격 $P_U(i)$와 하락시 가격 $P_D(i)$ 계산

상승시 가격 $P_U(i)$에 초기값을 입력하고, 식 (22-17)을 통해 하락시 가격 $P_D(i)$가 계산되면 각 시점에서의 무이표채권 가격 $P(i)$는 식 (22-16)을 통해 계산된다.

트리의 무이표채권가격 $P(i)$와 시장에서 관측된 무이표채권가격 $PV(i)$의 오차가 최소가 되는 상승시 가격 $P_U(i)$를 계산한다.

만기(i년)	0	1	2	3	4
현물이자율		6.270%	6.300%	6.410%	6.510%
$\sigma(i)$		17.0%	16.0%	15.0%	14.0%
$PV(i)$	1.0000	0.9410	0.8850	0.829951	0.7770312
$P_U(i)$			**0.9313**	**0.8655**	**0.8037**
$P_D(i)$			0.9496	0.8985	0.8478
오차			0.0000	0.0000	0.0000

$\min\left[(P(i) - PV(i))^2\right]$를 만족하는 상승시 가격 $P_U(i)$는 비선형방정식의 해 찾기를 통해 추정할 수 있다.

다. 트리 생성 2단계 : 상승시 상태가격 $Q_{i,j}^U$와 하락시 상태가격 $Q_{i,j}^D$ 계산

i) 단기이자율 $r_{i,j}$와 할인계수 $d_{i,j}$의 초기값 계산

식 (22-21)과 (22-22)에 중위수 $U(i)$와 변동성 $\sigma(i)$에 초기값을 입력하여 단기이자율 $r_{i,j}$와 할인계수 $d_{i,j}$의 초기값을 구하면 [그림 22-13]과 같다.

만기(i년)	0	1	2	3
$U(i)$	6.270%	**6.250%**		
$\sigma(i)$	0.000%	**17.000%**		

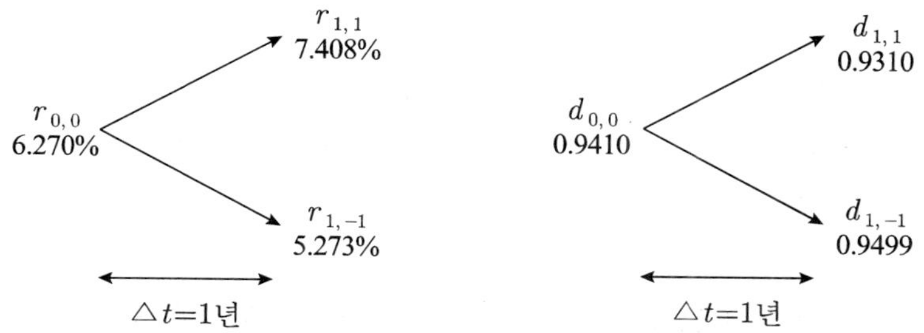

[그림 22-13] 단기이자율 $r_{i,j}$와 할인계수 $d_{i,j}$의 초기값

ii) 상승시 상태가격 $Q^U_{i,j}$와 하락시 상태가격 $Q^D_{i,j}$ 계산

i)에서 계산된 단기이자율 $r_{i,j}$와 할인계수 $d_{i,j}$의 초기값을 이용하여 상승시 상태가격 $Q^U_{i,j}$와 하락시 상태가격 $Q^D_{i,j}$를 식 (22-19)를 통해 계산하면 [그림 22-14]와 같다.

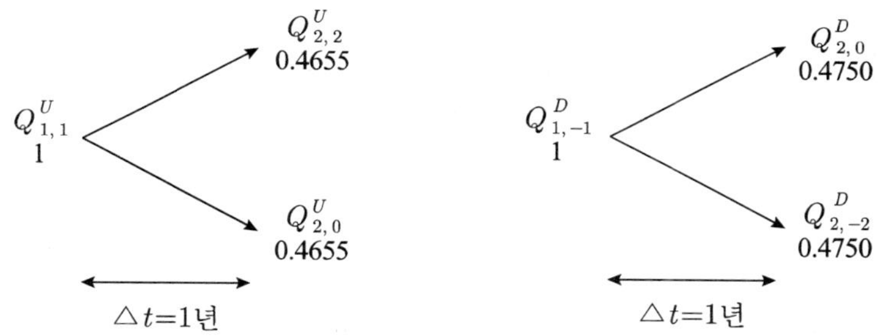

[그림 22-14] 상태가격 $Q_{i,j}$의 초기값

다. 트리 생성 3단계 : 중위수 $U(i)$와 변동성 $\sigma(i)$ 계산

i) 상승시 가격 $P_U(i)$와 하락시 가격 $P_D(i)$ 초기값 계산

트리 생성 2단계에서 구한 상승시 상태가격 $Q^U_{i,j}$와 하락시 상태가격 $Q^D_{i,j}$를 식 (22-20)에 대입하여 상승시 가격 $P_U(i)$와 하락시 가격 $P_D(i)$의 초기값을 계산한다.

만기(i년)	0	1	2	3
$U(i)$	6.2700%	6.2500%		
$\sigma(i)$	0.000%	17.00%		
$P_U(i)$		**0.9310**		
$P_D(i)$		**0.9499**		

ii) 중위수 $U(i)$와 변동성 $\sigma(i)$ 계산

i)에서 계산된 상승시 가격 $P_U(i)$와 하락시 가격 $P_D(i)$와 트리 생성 1단계에서 구한 상승시 가격 $P_U(i+1)$와 하락시 가격 $P_D(i+1)$의 오차가 최소가 되는 중위수 $U(i)$와 변동성 $\sigma(i)$를 계산한다.

만기(i년)	0	1	2	3
$U(i)$	6.2700%	6.2500% → **6.2550%**		
$\sigma(i)$	0.000%	17.000% → **16.492%**		
$P_U(i)$의 추정치		0.9310 → **0.9313**		
$P_D(i)$의 추정치		0.9499 → **0.9496**		
오차		0.0015 → **0.0000**		

라. 트리 생성 4단계 : 단기이자율 $r_{i,j}$와 할인계수 $d_{i,j}$ 계산

계산된 중위수 $U(i)$와 변동성 $\sigma(i)$를 식 (22-21)과 (22-22)에 대입하여 단기이자율 $r_{i,j}$와 할인계수 $d_{i,j}$를 계산하면 [그림 22-15]과 같다.

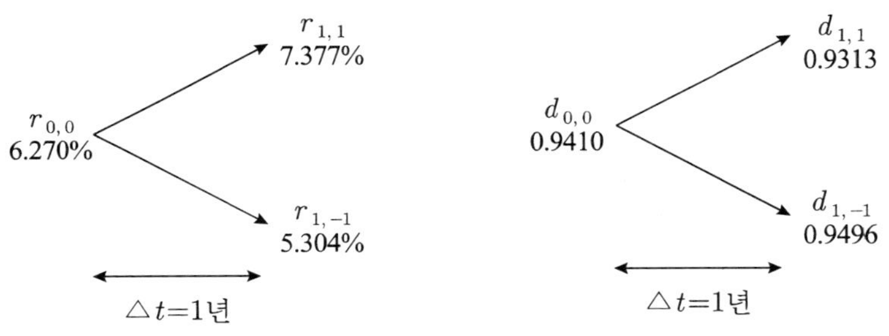

[그림 22-15] 중위수 $U(i)$에 의해 계산된 단기이자율 $r_{i,j}$와 할인계수 $d_{i,j}$

마. 트리 생성 5단계 : 전체 구간에 대한 단기이자율 $r_{i,j}$와 할인계수 $d_{i,j}$ 계산

트리 생성 2단계에서 4단계를 채권만기까지 반복하여 계산하면 [그림 22-16]과 [그림 22-17]과 같이 단기이자율 $r_{i,j}$와 할인계수 $d_{i,j}$에 대한 전체 이항트리를 생성할 수 있다.

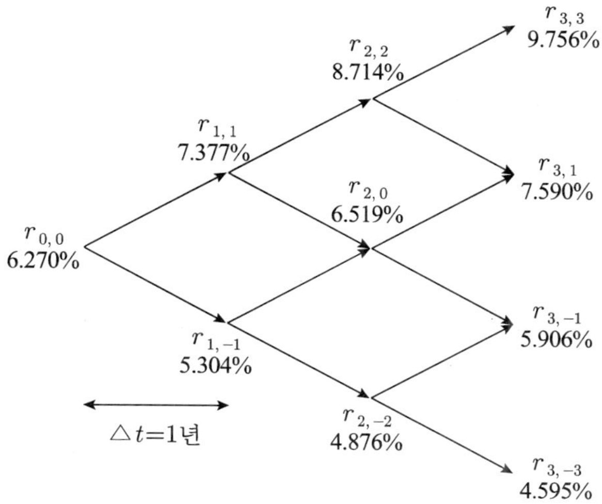

[그림 22-16] 전체 구간에 대한 단기이자율 $r_{i,j}$

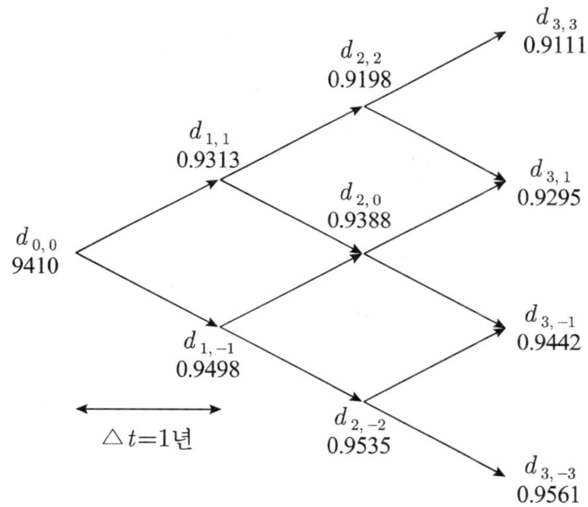

[그림 22-17] 전체 구간에 대한 할인계수 $d_{i,j}$

22.5.4 블랙-더만-토이 모형을 이용한 무이표채권 평가

22.5.4.1 만기 현금흐름 결정 및 역행계산을 통한 가치 평가

주가 이항트리를 이용하여 옵션가치를 계산하듯이 블랙-더만-토이 모형의 이자율 이항트리에서도 만기 현금흐름을 결정하고 역행계산을 통해 무이표채권의 가치를 계산할 수 있다. [그림 22-18]의 만기 $T(=n\triangle t)$시점에서 무이표채권의 현금흐름 $P_{n,j}$는 채권의 액면금액 N과 같다.

$$P_{n,j} = N \ (j=-n, \ -n+2, \ \cdots, \ n-2, \ n)$$

그런데, C++언어에서는 배열 0부터 시작이므로, 프로그램 개발의 효율성을 위해 다음과 같이 변경하도록 한다.

$$P_{n,j} = N \ (j=0, \ 1, \ \cdots, \ n-1, \ n)$$

만기 직전시점($(n-1)\triangle t$)에서 무이표채권의 가치는 다음과 같이 역행계산을 이용하여 계산한다.

$$P_{n-1,j} = \frac{1}{(1+r_{n-1,j}\triangle t)}(p_u P_{n,j+1} + p_d P_{n,j}) \qquad (22\text{-}23)$$

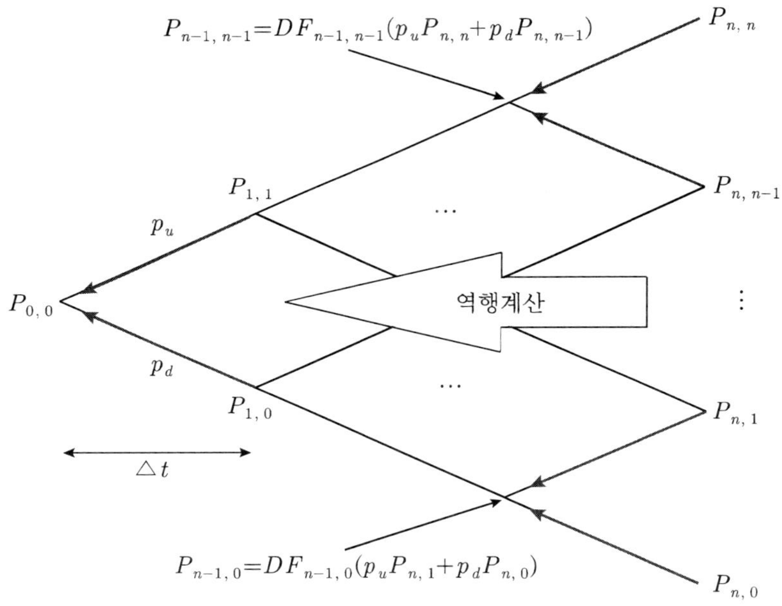

[그림 22-18] 역행계산을 이용한 무이표채권가치 계산

같은 방법으로 평가시점까지 역행계산을 적용하면 평가시점에서 무이표채권의 가치를 계산할 수 있다.

$$P_{0,0} = DF_{0,0}(p_u P_{1,1} + p_d P_{1,0})$$

현물이자율과 변동성이 다음과 같을 때, 액면금액이 100이고, 채권만기가 10년인 무이표채권의 가치를 블랙-더만-토이 모형을 이용하여 평가해보자.

만기	현물이자율	변동성
1Y	6.27%	17%
2Y	6.30%	16%
3Y	6.41%	15%
4Y	6.51%	14%
5Y	6.61%	13%
6Y	6.72%	12%
7Y	6.82%	11%
8Y	6.93%	10%
9Y	7.04%	9%
10Y	7.13%	8%

22.5.4.2 고정 변동성을 적용한 블랙-더만-토이 모형

전체 구간에 대해 고정 변동성(σ=15%)을 적용하여 단기이자율 트리를 생성하고 무이표채권을 평가해보자.

✎ 소스 코드

- mathlib.h

```
//    mathlib.h

double    linear_interpolation(int n_time, double *time, double *rate, double t);
void      gaussian_elimination(double **Smatrix, double *Known, double *Unknown,
                               int n_eqns);
```

- mathlib.cpp

```
//    mathlib.cpp
#include  <iostream>
using     namespace     std;
#include  <math.h>
#include  "mathlib.h"

double    linear_interpolation(int n_time, double *time, double *rate, double t)
{
    //    앞에서 선언한 linear_interpolation( ) 함수와 동일함, 별첨 소스 코드 참조
}

void      gaussian_elimination(double **Smatrix, double *Known, double *Unknown,
```

```
                                        int n_eqns)
{
    //  앞에서 선언한 gaussian_elimination( ) 함수와 동일함, 별첨 소스 코드 참조
}
```

- bdt.h

```
//  bdt.h

class   CBDT{
    public:  //  생성자 소멸자
        CBDT();
        CBDT(int n);
        CBDT(double bond_maturity, double dt);
        ~CBDT();

    public:  //  변수만
        int       m_nnode;       //  bdt tree의 node 수
        double    m_dt;          //  tree의 간격
        double    m_pu;          //  up 확률
        double    m_pd;          //  down 확률

        double    *m_time;       //  node time
        double    *m_rate;       //  zero rate
        double    *m_vol;        //  volatility

        double    **m_ndf;           //  node discount factor
        double    **m_nQ;            //  상태가격(할인된 확률)
        double    **m_nsrate;        //  short rate tree
        double    *m_medianU;        //  short rate의 추정된 중위수
        double    *m_nvol;           //  node volatility

        bool      m_bvolfix;         //  변동성 고정 calibration이면 true 아니면 false

    public:  //  함수만
        //  변동성 고정으로 BDT Tree 그리기
        void      build_bdt_tree_fixed_vol(int nrate, double *rtime, double *rate, double vol);
};
```

- bdt.cpp

```
//  bdt.cpp
#include  <iostream>
using     namespace     std;

#include  <math.h>
#include  "bdt.h"
#include  "mathlib.h"
```

```
CBDT::CBDT()
{
    m_nnode     = 100;     //  bdt tree의 node 수
    m_dt        = 1.0;     //  tree의 간격
    m_pu        = 0.5;     //  bdt모형에서 up확률
    m_pd        = 0.5;     //  bdt모형에서 down 확률
    m_bvolfix   = true;    //  변동성 고정 calibration 이면 true, 아니면 false.
}


CBDT::CBDT(double tree_maturity, double dt)
{
    int         i;

    m_dt        = dt;
    m_nnode     = int(tree_maturity/dt)+1;       //  채권만기까지 Tree 생성

    m_pu        = 0.5;     //  bdt모형에서 up 확률
    m_pd        = 0.5;     //  bdt모형에서 down 확률

    m_ndf       = new double*[m_nnode];
    m_nQ        = new double*[m_nnode];
    m_nsrate    = new double*[m_nnode];
    m_medianU   = new double[m_nnode];

    for(i=0; i<m_nnode; i++){
        m_ndf[i]        = new double[m_nnode];
        m_nQ[i]         = new double[m_nnode];
        m_nsrate[i]     = new double[m_nnode];
    }

    for(i=0; i<m_nnode; i++){
        for(int j=0; j<m_nnode; j++){
            m_ndf[i][j]         = 0.0;
            m_nQ[i][j]          = 0.0;
            m_nsrate[i][j]      = 0.0;
        }
        m_medianU[i] = 0.0;
    }
    m_bvolfix = true;  //  변동성 고정 calibration이면 true 아니면 false
}

CBDT::~CBDT()
{
    int     i;
    for(i=0; i<m_nnode; i++){
        delete[]  m_ndf[i];
        delete[]  m_nQ[i];
        delete[]  m_nsrate[i];
    }
    delete[]  m_ndf;
    delete[]  m_nQ;
```

```
    delete[]   m_nsrate;
    delete[]   m_medianU;
    delete[]   m_time;
    delete[]   m_rate;
}

void      CBDT::build_bdt_tree_fixed_vol(int nrate, double *rtime, double *rate, double vol)
{
    cout<<"변동성을 고정시킨 BDT 모형"<<endl;
    int        i, j, k, iter;
    double     x1, x2, f, fx, sqdt, Error, Epsilon, PDB;
    Epsilon    = 1.0e-15;

    m_bvolfix = true;   //   변동성 고정 calibration이면 true 아니면 false

    m_time   = new double[m_nnode];
    m_rate   = new double[m_nnode];
    for(i=0; i<m_nnode-1; i++){
        m_time[i] = (i+1)*m_dt;  //    dt, 2dt...
        m_rate[i] = linear_interpolation(nrate, rtime, rate, m_time[i]);
    }

    m_medianU[0] = m_rate[0];
    m_nsrate[0][0] = m_medianU[0];
    m_ndf[0][0]     = 1.0/(1+m_nsrate[0][0]*m_dt);
    m_nQ[0][0]      = 1.0;
    sqdt = sqrt(m_dt);

    for(i=1; i<m_nnode-1; i++){
        m_nQ[i][0]       = m_pu*m_nQ[i-1][0]*m_ndf[i-1][0];
        for(j=1; j<i; j++){
            m_nQ[i][j]       = m_pu*m_nQ[i-1][j-1]*m_ndf[i-1][j-1]
                                      + m_pd*m_nQ[i-1][j]*m_ndf[i-1][j];
        }
        m_nQ[i][i]= m_pd*m_nQ[i-1][i-1]*m_ndf[i-1][i-1];

        PDB          = 1.0/pow((1.0 + m_rate[i]), m_time[i]);
        x1           = m_medianU[i-1];
        iter         = 0;
        do{
            f    = 0.0;
            fx   = 0.0;
            k    = 0;
            for(j=0; j<=i; j++){
                k     = i - 2*j;
                f     += m_nQ[i][j]/(1.0+x1*exp(vol*k*sqdt)*m_dt);
                fx    -= m_nQ[i][j]*pow((1.0+x1*exp(vol*k*sqdt)*m_dt), -2)
                                  *exp(vol*k*sqdt)*m_dt;
            }
            x2          = x1 - (f - PDB)/(fx);
            Error       = fabs(x2 - x1);
            x1          = x2;
```

```
            iter++;
        }while(Error>Epsilon && iter<1000);

        m_medianU[i] = x1;
        k     = 0;
        if(i<m_nnode){
            for(j=0; j<=i; j++){
                k     = i - 2*j;
                m_nsrate[i][j]  = m_medianU[i]*exp(vol*k*sqdt);// Spot
                // m_nsrate[][]을 적용한 1기간의 할인률(단리 계산)
                m_ndf[i][j]     = 1.0/(1.0 + m_nsrate[i][j]*m_dt);
            }
        }
    }
}
```

- price.h

```
// price.h
#ifndef CPRICE_H
#define CPRICE_H

class       CBDT;

class       CPrice // Asset Price
{
    public:   //    생성자 소멸자
        CPrice();
        CPrice(double notional, double coupon_rate, double bond_maturity,
                    int coupon_frequency);
        ~CPrice();

    public:   //    변수만
        int         m_coupon_frequency;     //    쿠폰지급주기
        int         m_ncoupon;              //    coupon 수량
        double      m_notional;             //    원금
        double      m_coupon_rate;          //    쿠폰이자율
        double      m_bond_maturity;        //    채권만기

    public:   //    함수만
        double      zero_coupon_bond_price(CBDT &bdt);        //    채권가격 계산
};

#endif
```

- price.cpp

```
//	price.cpp
#include	<iostream>
using	namespace	std;

#include	<math.h>
#include	"bdt.h"
#include	"price.h"
#include	"mathlib.h"

CPrice::CPrice()
{
	m_coupon_frequency	= 1;	//	쿠폰지급주기
	m_ncoupon	= 1;	//	coupon 수량
	m_notional	= 100.0;	//	원금
	m_coupon_rate	= 0.0;	//	쿠폰이자율
	m_bond_maturity	= 5.0;	//	채권만기
}

CPrice::CPrice(double notional, double coupon_rate, double bond_maturity,
		int coupon_frequency)
{
	m_coupon_frequency	= coupon_frequency;	//	쿠폰지급주기
	m_notional	= notional;	//	원금
	m_coupon_rate	= coupon_rate;	//	쿠폰이자율
	m_bond_maturity	= bond_maturity;	//	채권만기
	m_ncoupon	= int(m_bond_maturity*m_coupon_frequency);	// coupon 수량
}

CPrice::~CPrice()
{

}

//	채권가격 계산
double	CPrice::zero_coupon_bond_price(CBDT &bdt)
{
	int	i, j, nnode;
	double	price;
	double	*bprice;

	nnode	= int(m_bond_maturity/bdt.m_dt);
	if(nnode>bdt.m_nnode){
		cout<<"BDT 트리를 보다 조밀하게 생성하세요"<<endl;
		exit(0);
	}
	bprice	= new double[nnode+1];
	for(j=0; j<nnode+1; j++) bprice[j]	= m_notional; //	채권만기시 원금 지급

	double	pu, pd;
	pu	= bdt.m_pu;
```

```
    pd          = 1.0-pu;

    for(i=nnode-1; i>=0; i--){
        for(j=0; j<=i; j++)
            bprice[j] = (pu*bprice[j]+pd*bprice[j+1])*bdt.m_ndf[i][j];  // 채권가격 할인
    }

    price       = bprice[0];

    delete[]  bprice;
    cout<<"zero coupon bond price : "<<price<<endl;;
    return      price;
}
```

▪ main.cpp

```
//  main.cpp
#include    <iostream>
using       namespace       std;

#include    <iomanip>

#include    "bdt.h"
#include    "price.h"
#include    "mathlib.h"

void        main(void)
{
    // display points
    cout << setprecision(20);

    int             nrtime;
    double          fixed_vol;
    double          *rtime, *rate;
    nrtime          = 10;
    fixed_vol       = 0.15;

    rtime       = new double[nrtime];
    rate        = new double[nrtime];

    rtime[0]  = 1.0;             rate[0]    = 0.0627;
    rtime[1]  = 2.0;             rate[1]    = 0.0630;
    rtime[2]  = 3.0;             rate[2]    = 0.0641;
    rtime[3]  = 4.0;             rate[3]    = 0.0651;
    rtime[4]  = 5.0;             rate[4]    = 0.0661;
    rtime[5]  = 6.0;             rate[5]    = 0.0672;
    rtime[6]  = 7.0;             rate[6]    = 0.0682;
    rtime[7]  = 8.0;             rate[7]    = 0.0693;
    rtime[8]  = 9.0;             rate[8]    = 0.0704;
    rtime[9]  = 10.0;            rate[9]    = 0.0713;
```

```
    int         coupon_frequency;
    double      bond_maturity, node_dt, notional, coupon_rate;

    coupon_frequency    = 1;
    bond_maturity       = 10.0;
    node_dt             = 1.0;
    notional            = 100.0;
    coupon_rate         = 0.0;

    CBDT    bdt_vf(bond_maturity, node_dt);   //   tree maturity, tree dt
    bdt_vf.build_bdt_tree_fixed_vol(nrtime, rtime, rate, fixed_vol);

    double    bondprice;

    CPrice    vf_zc_price(notional, coupon_rate, bond_maturity, coupon_frequency);
    bondprice    = vf_zc_price.zero_coupon_bond_price(bdt_vf);   //  채권가격 계산

    delete[]  rate;
    delete[]  rtime;
}
```

✎ 실행 결과

[그림 22-19] 고정 변동성을 적용한 블랙-더만-토이 모형으로 무이표채권 평가

무이표채권의 가치는 채권만기에 지급되는 액면금액 N을 현물이자율로 할인한 값과 같은데, 블랙-더만-토이 모형에서 적용한 만기 10년의 현물이자율 할인율이 0.502214이므로, 액면금액을 고려하면 블랙-더만-토이 모형에서 계산한 무이표채권의 가치인 50.2214와 동일하다.

22.5.4.3 변동성 기간구조를 적용한 블랙-더만-토이 모형

전체 구간에 대해 변동성 기간구조를 적용하여 단기이자율 트리를 생성하고 무이표채권을 평가해보자.

✎ 소스 코드

- mathlib.h

```
//    mathlib.h

double    linear_interpolation(int n_time, double *time, double *rate, double t);
void      gaussian_elimination(double **Smatrix, double *Known, double *Unknown,
                               int n_eqns);
```

- mathlib.cpp

```
//    mathlib.cpp
#include  <iostream>
using     namespace     std;
#include  <math.h>
#include  "mathlib.h"

double    linear_interpolation(int n_time, double *time, double *rate, double t)
{
     //   앞에서 선언한 linear_interpolation( ) 함수와 동일함, 별첨 소스 코드 참조
}

void      gaussian_elimination(double **Smatrix, double *Known, double *Unknown,
                               int n_eqns)
{
     //   앞에서 선언한 gaussian_elimination( ) 함수와 동일함, 별첨 소스 코드 참조
}
```

- bdt.h

```
//    bdt.h

class     CBDT{
     public:   //   생성자 소멸자
          CBDT();
          CBDT(int n);
          CBDT(double bond_maturity, double dt);
          ~CBDT();

     public:   //   변수만
          int       m_nnode;       //   bdt tree의 node 수
          double    m_dt;          //   tree의 간격
          double    m_pu;          //   up 확률
          double    m_pd;          //   down 확률

          double    *m_time;       //   node time
          double    *m_rate;       //   zero rate
          double    *m_vol;        //   volatility
```

```
        double    **m_ndf;       //   node discount factor
        double    **m_nQ;        //   상태가격(할인된 확률)
        double    **m_nsrate;    //   short rate tree
        double    *m_medianU;    //   short rate의 추정된 중위수
        double    **m_nQd;       //   하락상태의 상태가격
        double    *m_nvol;       //   node volatility

        bool m_bvolfix;          //   변동성 고정 calibration이면 true 아니면 false

    public:   //   함수만
        //   변동성 고려하여 newton_raphson법으로 BDT Tree 그리기
        void        build_bdt_tree_vol_curve(int nrate, double *rtime, double *rate,
                                             int nvol, double *vtime, double *vol);
};
```

- bdt.cpp

```
//   bdt.cpp
#include   <iostream>
using      namespace      std;

#include   <math.h>
#include   "bdt.h"
#include   "mathlib.h"

CBDT::CBDT()
{
    m_nnode        = 100;         //   bdt tree의 node 수
    m_dt           = 1.0;         //   tree의 간격
    m_pu           = 0.5;         //   bdt모형에선 default 확률
    m_pd           = 0.5;         //   bdt모형에선 default down 확률
    m_bvolfix      = true;        //   변동성 고정 calibration 이면 true, 아니면 false.
}

CBDT::CBDT(double tree_maturity, double dt)
{
    int            i;

    m_dt           = dt;
    m_nnode        = int(tree_maturity/dt)+1;          //   채권만기까지 Tree 생성

    m_pu           = 0.5;         //   bdt모형에선 default up 확률
    m_pd           = 0.5;         //   bdt모형에선 default down 확률

    m_ndf          = new double*[m_nnode];
    m_nQ           = new double*[m_nnode];
    m_nsrate       = new double*[m_nnode];
    m_medianU      = new double[m_nnode];

    for(i=0; i<m_nnode; i++){
```

```
        m_ndf[i]        = new double[m_nnode];
        m_nQ[i]         = new double[m_nnode];
        m_nsrate[i]     = new double[m_nnode];
    }

    for(i=0; i<m_nnode; i++){
        for(int j=0; j<m_nnode; j++){
            m_ndf[i][j]     = 0.0;
            m_nQ[i][j]      = 0.0;
            m_nsrate[i][j]  = 0.0;
        }
        m_medianU[i] = 0.0;
    }
    m_bvolfix = true;   //   변동성 고정 calibration이면 true 아니면 false
}

CBDT::~CBDT()
{
    int         i;
    for(i=0; i<m_nnode; i++){
        delete[]   m_ndf[i];
        delete[]   m_nQ[i];
        delete[]   m_nsrate[i];
    }
    delete[]   m_ndf;
    delete[]   m_nQ;
    delete[]   m_nsrate;
    delete[]   m_medianU;

    delete[]   m_time;
    delete[]   m_rate;

    if(m_bvolfix!=true){
        for(i=0; i<m_nnode; i++) delete[] m_nQd[i];
        delete[] m_nQd;
        delete[] m_vol;
        delete[] m_nvol;
    }
}

void        CBDT::build_bdt_tree_vol_curve(int nrate, double *rtime, double *rate, int nvol,
                                           double *vtime, double *vol)
{
    cout<<"변동성 기간구조를 고려한 BDT 모형"<<endl;
    int         i, j, k, iter;
    double      x1, y1, f, fx, sqdt;
    double      Error, Epsilon;
    double      *Pu, *Pd, PDB;
    double      iv;
    Epsilon     = 1.0e-15;

    m_bvolfix = false;   //   변동성 고정 calibration이면 true 아니면 false
```

```
m_nQd    = new double*[m_nnode];          //for considering vol
m_nvol   = new double[m_nnode];
for(i=0; i<m_nnode; i++) m_nQd[i] = new double[m_nnode];
for(i=0; i<m_nnode; i++){
     for(j=0; j<m_nnode; j++) m_nQd[i][j] = 0.0;
}

m_time   = new double[m_nnode];
m_rate   = new double[m_nnode];
m_vol    = new double[m_nnode];
for(i=0; i<m_nnode-1; i++){
     m_time[i] = (i+1)*m_dt; //   dt, 2dt...
     m_rate[i] = linear_interpolation(nrate, rtime, rate, m_time[i]);
     m_vol[i]  = linear_interpolation(nvol, vtime, vol, m_time[i]);
}

Pu  = new double[m_nnode];
Pd  = new double[m_nnode];
for(i=0; i<m_nnode; i++){
     Pu[i] = 0.0;
     Pd[i] = 0.0;
}

m_medianU[0] = m_rate[0];
m_nsrate[0][0] = m_medianU[0];
m_ndf[0][0]    = 1.0/(1+m_nsrate[0][0]*m_dt);
m_nQ[1][0]     = 1.0;
m_nQd[1][0]    = 1.0;
m_nvol[0]      = m_vol[1];
sqdt           = sqrt(m_dt);

//   Pu, Pd 추정
for(i=2; i<m_nnode; i++){
     f    = 0.0;
     fx   = 0.0;
     k    = 0;
     x1   = 1.0;
     iter = 0;
     iv   = m_vol[i-1];

     PDB      = 1.0/pow((1.0+m_rate[i-1]), m_time[i-1]);

     do{
          f   = (x1 +  pow(x1, exp(-2*iv*sqdt)) )/(2.0*(1.0+m_nsrate[0][0]*m_dt));
          fx  = (1.0/(2.0*(1.0+m_nsrate[0][0]*m_dt)))
                    *(1+exp(-2.0*iv*sqdt)*(pow(x1, exp(-2*iv*sqdt)-1)));
          x1  = x1 - (f-PDB)/fx;
          Error     = fabs(f-PDB);
          iter++;
     }while(Error>Epsilon && iter<1000);
     Pu[i] = x1;
     Pd[i] = pow(x1, exp(-2.0*iv*sqdt));
}
```

```
//with Newton_Raphson Method
int       nparm, m, n;
double    **smatrix, *unknown, *known;

nparm   = 2;
smatrix = new double*[nparm];
for(i=0; i<nparm; i++)   smatrix[i] = new double[nparm];
unknown = new double[nparm];
known   = new double[nparm];

double    g, fy, gx, gy;
int       ju, jd;
double    minerror, optx1, opty1;
for(i=1; i<m_nnode-1; i++){
     iter  = 0;
     x1    = m_rate[i];
     y1    = m_vol[i];

     minerror  = 1.0e15;
     optx1     = x1;
     opty1     = y1;
     do{
          for(m=0; m<nparm; m++){
               for(n=0; n<nparm; n++) smatrix[m][n]  = 0.0;
               unknown[m]    = 0.0;
               known[m]      = 0.0;
          }

          f    = g  = fx = fy = gx= gy= 0.0;
          //   Gauss-Newton 방법
          for(j=0; j<i; j++){
               ju    = i - 2*j;
               f     += m_nQ[i][j]/(1.0+x1*exp(y1*ju*sqdt)*m_dt);
               fx    -= m_nQ[i][j]*pow((1.0+x1*exp(y1*ju*sqdt)*m_dt),-2)
                            *exp(y1*ju*sqdt)*m_dt;
               fy    -= m_nQ[i][j]*pow((1.0+x1*exp(y1*ju*sqdt)*m_dt),-2)
                            *(x1*ju*sqdt*m_dt)*exp(y1*ju*sqdt);

               jd    = i - 2*(j+1);
               g     += m_nQd[i][j]/(1.0+x1*exp(y1*jd*sqdt)*m_dt);
               gx    -= m_nQd[i][j]*pow((1.0+x1*exp(y1*jd*sqdt)*m_dt),-2)
                            *exp(y1*jd*sqdt)*m_dt;
               gy    -= m_nQd[i][j]*pow((1.0+x1*exp(y1*jd*sqdt)*m_dt),-2)
                            *(x1*jd*sqdt*m_dt)*exp(y1*jd*sqdt);
          }
          smatrix[0][0]   += (fx*fx + gx*gx);
          smatrix[0][1]   += (fx*fy + gx*gy);
          smatrix[1][0]   += (fy*fx + gy*gx);
          smatrix[1][1]   += (fy*fy + gy*gy);
          known[0]        -= (f-Pu[i+1])*fx + (g-Pd[i+1])*gx;
          known[1]        -= (f-Pu[i+1])*fy + (g-Pd[i+1])*gy;
```

```
            gaussian_elimination(smatrix, known, unknown, nparm);
            x1        += unknown[0];
            y1        += unknown[1];

            f     = g  = 0.0;
            for(j=0; j<i; j++){
                ju    = i - 2*j;
                f     += m_nQ[i][j]/(1.0+x1*exp(y1*ju*sqdt)*m_dt);
                jd    = i - 2*(j+1);
                g     += m_nQd[i][j]/(1.0+x1*exp(y1*jd*sqdt)*m_dt);
            }
            Error     = fabs(f-Pu[i+1]) + fabs(g-Pd[i+1]);

            if(Error<minerror){
                minerror  = Error;
                optx1     = x1;
                opty1     = y1;
            }
            iter++;
        }while(Error>Epsilon && iter<10000);

        m_medianU[i]  = optx1;
        m_nvol[i]     = opty1;

        k     = 0;
        if(i<m_nnode){
            for(j=0; j<=i; j++){
                k     = i - 2*j;
                m_nsrate[i][j]  = m_medianU[i]*exp(m_nvol[i]*k*sqdt);
                m_ndf[i][j]     = 1.0/(1.0 + m_nsrate[i][j]*m_dt);
            }
        }

        if(i<m_nnode-1){
            m_nQ[i+1][0]   = m_pu*m_nQ[i][0]*m_ndf[i][0];
            m_nQd[i+1][0] = m_pu*m_nQd[i][0]*m_ndf[i][1];
            for(j=1; j<i; j++){
                m_nQ[i+1][j]   = m_pu*m_nQ[i][j-1]*m_ndf[i][j-1]
                                    + m_pd*m_nQ[i][j]*m_ndf[i][j];
                m_nQd[i+1][j]  = m_pu*m_nQd[i][j-1]*m_ndf[i][j]
                                    + m_pd*m_nQd[i][j]*m_ndf[i][j+1];
            }
            m_nQ[i+1][i]   = m_pd*m_nQ[i][i-1]*m_ndf[i][i-1];
            m_nQd[i+1][i]  = m_pd*m_nQd[i][i-1]*m_ndf[i][i];
        }
    }

    delete[]   Pu;
    delete[]   Pd;
}
```

- price.h

```
// price.h
#ifndef CPRICE_H
#define CPRICE_H

class    CBDT;

class    CPrice // Asset Price
{
    public:  //  생성자 소멸자
        CPrice();
        CPrice(double notional, double coupon_rate, double bond_maturity, int
            coupon_frequency);
        ~CPrice();

    public:  //  변수만
        int       m_coupon_frequency;    //  쿠폰지급주기
        int       m_ncoupon;             //  coupon 수량
        double    m_notional;            //  원금
        double    m_coupon_rate;         //  쿠폰이자율
        double    m_bond_maturity;       //  채권만기

    public:  //  함수만
        double    zero_coupon_bond_price(CBDT &bdt);    //  채권가격 계산
};

#endif
```

- price.cpp

```
//  price.cpp
#include  <iostream>
using     namespace    std;

#include  <math.h>
#include  "bdt.h"
#include  "price.h"
#include  "mathlib.h"

CPrice::CPrice()
{
    m_coupon_frequency    = 1;      //  쿠폰지급주기
    m_ncoupon             = 1;      //  coupon 수량
    m_notional            = 100.0;  //  원금
    m_coupon_rate         = 0.0;    //  쿠폰이자율
    m_bond_maturity       = 5.0;    //  채권만기
}

CPrice::CPrice(double notional, double coupon_rate, double bond_maturity,
```

```
                    int coupon_frequency)
{
    m_coupon_frequency      = coupon_frequency;     //  쿠폰지급주기
    m_notional              = notional;             //  원금
    m_coupon_rate           = coupon_rate;          //  쿠폰이자율
    m_bond_maturity         = bond_maturity;        //  채권만기

    m_ncoupon     = int(m_bond_maturity*m_coupon_frequency); //  coupon 수량
}

CPrice::~CPrice()
{

}

//  채권가격 계산
double    CPrice::zero_coupon_bond_price(CBDT &bdt)
{
    int         i, j, nnode;
    double      price;
    double      *bprice;

    nnode       = int(m_bond_maturity/bdt.m_dt);
    if(nnode>bdt.m_nnode){
        cout<<"BDT 트리를 보다 조밀하게 생성하세요"<<endl;
        exit(0);
    }
    bprice      = new double[nnode+1];
    for(j=0; j<nnode+1; j++) bprice[j]  = m_notional; //   채권만기시 원금 지급

    double      pu, pd;
    pu          = bdt.m_pu;
    pd          = 1.0-pu;

    for(i=nnode-1; i>=0; i--){
        for(j=0; j<=i; j++)
            bprice[j] = (pu*bprice[j]+pd*bprice[j+1])*bdt.m_ndf[i][j];   // 채권가격 할인
    }

    price       = bprice[0];

    delete[]    bprice;
    cout<<"zero coupon bond price : "<<price<<endl;;
    return      price;
}
```

▪ main.cpp

```
//   main.cpp
#include   <iostream>
using      namespace     std;

#include   <iomanip>

#include   "bdt.h"
#include   "price.h"
#include   "mathlib.h"

void       main(void)
{
     // display points
     cout << setprecision(20);

     int         nrtime;
     double      *rtime, *rate;
     nrtime      = 10;
     rtime       = new double[nrtime];
     rate        = new double[nrtime];

     rtime[0]  = 1.0;               rate[0]    = 0.0627;
     rtime[1]  = 2.0;               rate[1]    = 0.0630;
     rtime[2]  = 3.0;               rate[2]    = 0.0641;
     rtime[3]  = 4.0;               rate[3]    = 0.0651;
     rtime[4]  = 5.0;               rate[4]    = 0.0661;
     rtime[5]  = 6.0;               rate[5]    = 0.0672;
     rtime[6]  = 7.0;               rate[6]    = 0.0682;
     rtime[7]  = 8.0;               rate[7]    = 0.0693;
     rtime[8]  = 9.0;               rate[8]    = 0.0704;
     rtime[9]  = 10.0;              rate[9]    = 0.0713;

     int         nvtime;
     double      *vtime, *vol;
     nvtime      = 10;
     vtime       = new double[nvtime];
     vol         = new double[nvtime];

     vtime[0]  = 1.0;               vol[0]     = 0.17;
     vtime[1]  = 2.0;               vol[1]     = 0.16;
     vtime[2]  = 3.0;               vol[2]     = 0.15;
     vtime[3]  = 4.0;               vol[3]     = 0.14;
     vtime[4]  = 5.0;               vol[4]     = 0.13;
     vtime[5]  = 6.0;               vol[5]     = 0.12;
     vtime[6]  = 7.0;               vol[6]     = 0.11;
     vtime[7]  = 8.0;               vol[7]     = 0.10;
     vtime[8]  = 9.0;               vol[8]     = 0.09;
     vtime[9]  = 10.0;              vol[9]     = 0.08;

     int         coupon_frequency;
```

```
    double      bond_maturity, node_dt, notional, coupon_rate;

    coupon_frequency    = 1;
    bond_maturity       = 10.0;
    node_dt             = 1.0;
    notional            = 100.0;
    coupon_rate         = 0.0;

    CBDT    bdt_vc(bond_maturity, node_dt);    //    tree maturity, tree dt
    bdt_vc.build_bdt_tree_vol_curve(nrtime, rtime, rate, nvtime, vtime, vol);

    double   bondprice;
    CPrice   vc_zc_price(notional, coupon_rate, bond_maturity, coupon_frequency);
    bondprice = vc_zc_price.zero_coupon_bond_price(bdt_vc);  //  채권가격 계산

    delete[]   rate;
    delete[]   rtime;
    delete[]   vol;
    delete[]   vtime;
}
```

✎ 실행 결과

[그림 22-20] 변동성 기간구조를 적용한 블랙-더만-토이 모형으로 무이표채권 평가

변동성 기간구조를 적용한 블랙-더만-토이 모형으로 채권을 평가한 값이 변동성을 고정시켰을 때와 동일한 결과가 나온 이유는 무이표채권의 가격은 변동성과 무관하고, 현물이자율의 할인율과 관련되어 있기 때문이다. 변동성 기간구조를 적용하여 블랙-더만-토이 모형을 구현하는 이유는 옵션이 내재된 이자율 파생상품을 평가하기 위한 것이다.

22.6 헐-화이트 모형

헐-화이트 모형은 블랙-더만-토이 모형과 같은 무차익 모형이며, 이자율의 일반적 속성인 평균회귀현상을 반영하고, 이자율 트리의 이자율 수준을 평가시점의 이자율 기간구조와 일치시켜준다.

22.6.1 헐-화이트 모형의 이자율 확률과정

헐-화이트*는 단기이자율 확률과정을 다음과 같이 정의하였다.

$$dr = [\theta(t) - ar]dt + \sigma dw = a\left[\frac{\theta(t)}{a} - r\right]dt + \sigma dw \tag{22-24}$$

여기서, a는 평균회귀계수, $\theta(t)/a$는 이자율 장기평균, σ는 변동성이며 dw는 위너 과정을 따른다. 평균회귀계수는 이자율 트리의 단기이자율이 상승할 수 있는 최고 수준 및 하락할 수 있는 최저 수준을 결정하고, 단기이자율 r이 이자율 장기평균보다 낮으면 $a > 0$이고, 단기이자율이 이자율 장기평균보다 높으면 반대가 된다.

22.6.2 헐-화이트 모형의 이자율 삼항트리

잔존만기가 T인 헐-화이트 모형의 이자율 삼항트리를 생성하기 위해 구간 $[0, T]$를 $0 = t_0 < t_1 < \cdots < t_n = T$가 되도록 n개의 동일구간으로 나누면 $t_i = i\Delta t$이고, 각 시간구간의 크기가 $\Delta t = T/n$ 동안 적용되는 현물이자율 R을 도입하자. 현물이자율 R이 단기이자율 r과 같은 확률과정을 따른다면, Δt 동안 적용되는 현물이자율 R의 확률과정은 다음과 같다.

$$dR = [\theta(t) - aR]dt + \sigma dw$$

여기서, 트리의 시간간격 Δt가 0에 수렴하면 현물이자율 R은 식 (22-24)의 단기이자율 r이 된다.

헐-화이트 모형의 이자율 삼항트리를 생성하려면 다음의 과정이 필요하다.

22.6.2.1 삼항트리 생성 1단계 : 추세항이 없는 이자율 R^*과 확률 p 생성

삼항트리 생성 1단계에서 다음과 같은 추세항이 없는 이자율 확률과정을 도입하고,

$$dR^* = -aR^* dt + \sigma dw \tag{22-25}$$

삼항트리의 마디 (i, j)에서 이자율 R^*을 다음과 같이 정의한다.

---

* J. Hull, A. White, "Numerical Procedures for Implementing Term Structure Models I : Single-Factor Models", *Journal of Derivatives*, 1994, pp. 7-16.

$$R^* = j \triangle R = j \sigma \sqrt{3 \triangle t} \qquad (22\text{-}26)$$

평균회귀 성질을 적용하여 금리가 상승할 수 있는 최대점 j_{Max}와 금리가 하락할 수 있는 최저점 j_{Min}을 설정하면 다음과 같은 상하대칭인 삼항트리가 된다.

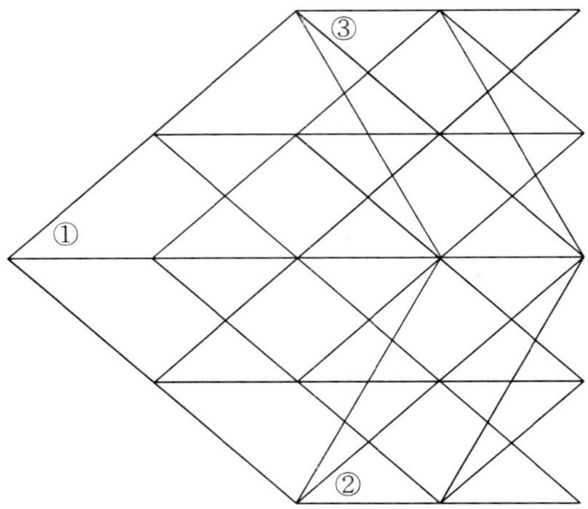

[그림 22-21] 추세항이 없는 이자율 R^*에 대한 삼항트리

[그림 22-21]은 [그림 17-5]의 신뢰구간이 적용된 삼항트리 모형와 유사하지만, 최상층과 최하층에서도 삼항트리의 모양만 변할 뿐 삼항트리를 유지하고 삼항트리의 모양은 [그림 22-22]와 같이 세 가지로 구분된다. ①의 삼항트리 모양은 일반적인 모양이고, ③의 삼항트리 모양은 금리가 상승할 수 있는 최대점 j_{Max}에 도달했을 때이며, ②의 삼항트리 모양은 금리가 하락할 수 있는 최저점 j_{Min}에 도달했을 때이다. 여기서, j_{Max}는 $0.184/(a \triangle t)$보다 큰 가장 작은 정수로 C언어에서는 ceil($0.184/(a \triangle t)$)로 계산되며, Excel에서는 roundup ($0.184/(a \triangle t)$,0)로 계산되고, j_{Min}는 $-j_{Max}$와 같다.

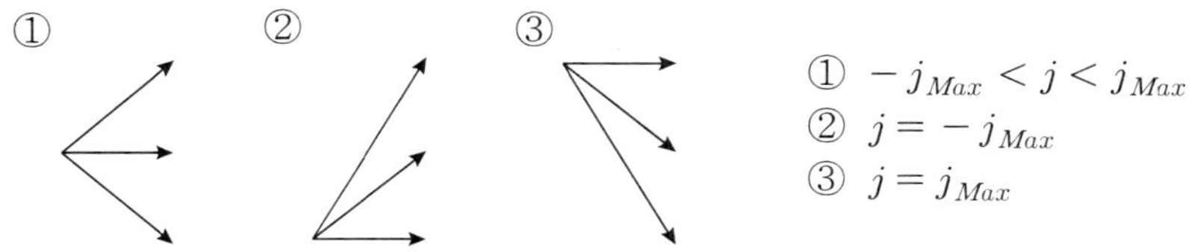

[그림 22-22] 헐-화이트 삼항트리 특성

삼항트리에서 각 마디의 모양에 따른 확률은 다음과 같다.

①

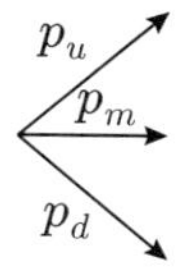

$$p_u = \frac{1}{6} + \frac{a^2 j^2 \triangle t^2 - a j \triangle t}{2}$$
$$p_m = \frac{2}{3} - a^2 j^2 \triangle t^2$$
$$p_d = \frac{1}{6} + \frac{a^2 j^2 \triangle t^2 + a j \triangle t}{2}$$

②

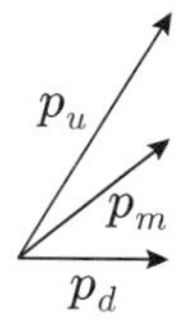

$$p_u = \frac{1}{6} + \frac{a^2 j^2 \triangle t^2 + a j \triangle t}{2}$$
$$p_m = -\frac{1}{3} - a^2 j^2 \triangle t^2 - 2 a j \triangle t$$
$$p_d = \frac{7}{6} + \frac{a^2 j^2 \triangle t^2 + 3 a j \triangle t}{2}$$

③

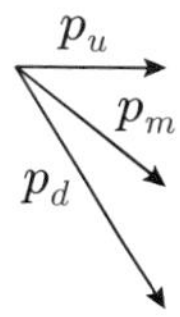

$$p_u = \frac{7}{6} + \frac{a^2 j^2 \triangle t^2 - 3 a j \triangle t}{2}$$
$$p_m = -\frac{1}{3} - a^2 j^2 \triangle t^2 + 2 a j \triangle t$$
$$p_d = \frac{1}{6} + \frac{a^2 j^2 \triangle t^2 - a j \triangle t}{2}$$

[그림 22-23] 삼항트리 특성에 따른 확률분포

22.6.2.2 삼항트리 생성 2단계

삼항트리 생성 1단계에서는 추세항이 없는 이자율 R^*의 트리를 생성하였고, 2단계에서는 추세항이 없는 이자율 R^*의 트리와 시장에서 관측된 이자율 기간구조를 이용하여 현물이자율 R의 트리를 생성한다.

추세항이 없는 이자율 R^*와 현물이자율 R의 관계를 다음과 같이 정의하면,

$$\alpha(t) = R(t) - R^*(t) \qquad (22\text{-}27)$$

현물이자율 R은 다음과 같다.

$$R(t) = \alpha(t) + R^*(t) \qquad (22\text{-}28)$$

여기서, 계수 $\alpha(t)$는 시간에만 가변적이므로 동일한 시점에서는 동일한 값을 갖는다.

22.6.2.3 계수 $\alpha(t)$ 계산

시장에서 관측된 무이표채권의 가격 PV와 삼항트리에서 식 (22-28)로 구한 무이표채권의 가격 P가 일치하도록 계수 $\alpha(t)$를 계산한다. 계수 $\alpha(t)$가 구해지면 추세항이 없는 이자율

R^*의 트리에 계수 $\alpha(t)$를 가산하면 구하고자 하는 이자율 R의 트리를 구할 수 있다. 이러한 과정을 삼항트리의 왼쪽에서 오른쪽으로 즉 평가시점에서 채권만기시점까지 반복하여 계산하면 모든 마디에서의 이자율 R을 구할 수 있다.

22.6.3 헐-화이트 모형의 이자율 삼항트리 생성 예제

헐-화이트 모형의 모수와 현물이자율이 다음과 같다고 가정하자.

σ	0.01
a	0.1
$\triangle t$	1
$\triangle R$	0.017320508
j_{Max}	2

만기 t_i	현물이자율 r_i	무이표채권가격 PV_i
1Y	3.824%	0.962481918
2Y	4.512%	0.913711868
3Y	5.086%	0.858490212
4Y	5.634%	0.798228805
5Y	6.182%	0.734107356

여기서, 무이표채권가격은 $PV_i = \exp(-r_i t_i)$를 적용하였다.

22.6.3.1 트리생성 1단계 : 추세항이 없는 이자율 R^*와 확률 p 생성

추세항이 없는 이자율 R^*에 대한 삼항트리 모형을 생성하면 [그림 22-24]와 같다.

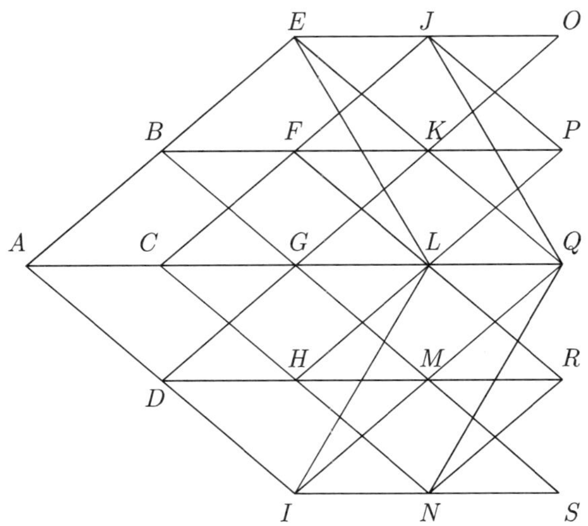

[그림 22-24] 추세항이 없는 이자율 R^*에 대한 삼항트리

[그림 22-24]의 각 마디에서 추세항이 없는 이자율 R^*와 확률 p_u, p_m, p_d는 식 (22-26)과 [그림 22-23]에 의해 계산하면 [표 22-3]과 같다. 그리고 각 마디 $\{J, K, L, M, N\}$와 $\{O, P, Q, R, S\}$의 추세항이 없는 이자율 R^*와 확률 p_u, p_m, p_d는 마디 $\{E, F, G, H, I\}$와 서로 같다.

[표 22-3] 이자율 R^* 및 확률 p_u, p_m과 p_d

	A	B	C	D	E	F	G	H	I
R^*(%)	0.000	1.732	0.000	−1.732	3.464	1.732	0.000	−1.732	−3.464
p_u	0.1667	0.1217	0.1667	0.2217	0.8867	0.1217	0.1667	0.2217	0.0867
p_m	0.6667	0.6567	0.6667	0.6567	0.0267	0.6567	0.6667	0.6567	0.0267
p_d	0.1667	0.2217	0.1667	0.1217	0.0867	0.2217	0.1667	0.1217	0.8867

22.6.3.2 트리생성 2단계 : 계수 $\alpha(t)$와 현물이자율 R 계산

가. 계수 $\alpha(i)$와 상태가격 $Q_{i,j}$ 계산

i) 상태가격 $Q_{i,j}$ 계산

$t=0$시점의 상태가격은 1이고, $t=i\triangle t$시점의 상태가격은 식 (22-28)에서 구한 현물이자율 $R(i-1)$을 통해 계산된다($i=1,\cdots,n$).

$$Q_{i,j}=\sum_k Q_{i-1,k}\,p(k,j)\exp(-(\alpha(i-1)+R^*_{i-1,k})\triangle t) \qquad (22\text{-}29)$$

여기서, $p(k,j)$는 마디 $(i-1,k)$에서 마디 (i,j)로 이동할 확률이다.

$t=\triangle t$시점의 상태가격 $Q_{i,j}$는 [그림 22-25]와 같다.

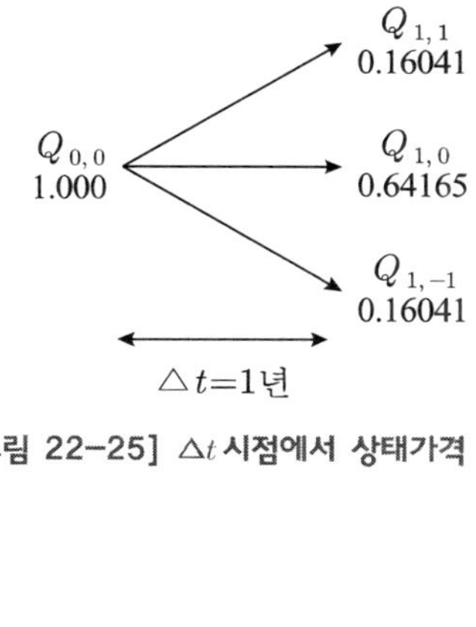

[그림 22-25] $\triangle t$ 시점에서 상태가격 $Q_{i,j}$

ii) 계수 $\alpha(i)$ 계산

$t=0$시점의 계수 $\alpha(0)$는 Δt(1년) 만기의 현물이자율과 같고($\alpha(0)$=3.824%), $t=i\Delta t$시점의 계수 $\alpha(i)$는 무이표채권가격 PV_{i+1}과 상태가격 $Q_{i,j}$를 이용하여 계산된다.

$$\alpha(i)=\frac{\ln\sum_k Q_{i,k}\exp(-R^*_{i,k}\Delta t)-\ln PV_{i+1}}{\Delta t} \tag{22-30}$$

t_i시점의 상태가격 $Q_{i,j}$가 계산되면, t시점의 계수 $\alpha(i)$는 식 (22-30)을 통해 $\alpha(1)$ =5.205%가 된다.

나. 현물이자율 R 계산

$t=0$시점의 현물이자율 $R(0)$은 식 (22-28)에 의해서 3.824%가 되고, $t=\Delta t$시점에서 계산된 계수 $\alpha(i)$를 적용하면 각 마디에서의 현물이자율 R은 [그림 22-26]과 같다.

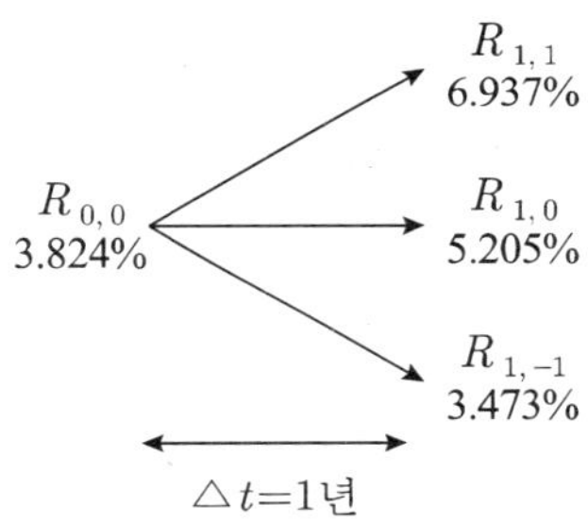

[그림 22-26] Δt 시점에서 현물이자율 R

22.6.3.4 트리생성 3단계 : 전체 만기에 대한 현물이자율 R 계산

트리생성 2단계를 채권만기 T까지 반복하여 계산하면 [그림 22-27]과 같은 헐-화이트 모형의 삼항트리가 완성되고, 각 마디에서 현물이자율 R은 [표 22-4]와 같다.

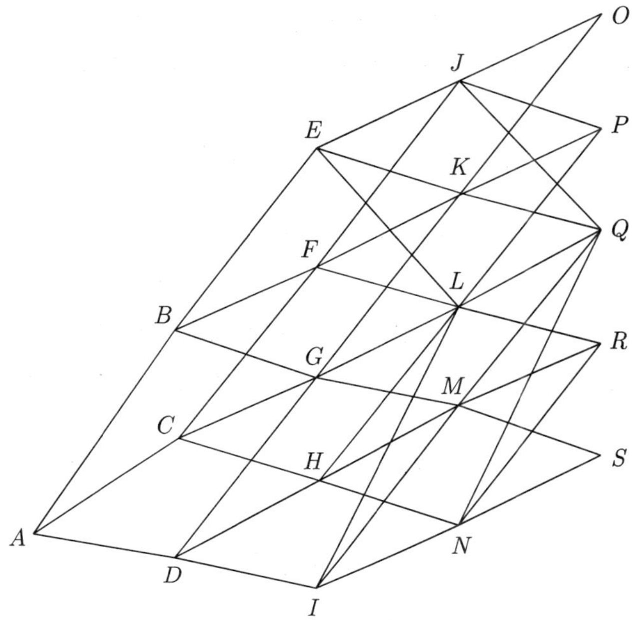

[그림 22-27] 헐-화이트 모형의 삼항트리

[표 22-4] 마디에서의 현물이자율 R

만기(t년)	0	1	2	3	4
$\alpha(t)$	3.824%	5.205%	6.252%	7.315%	8.433%
			E 9.716%	J 10.779%	O 11.897%
		B 6.937%	F 7.984%	K 9.047%	P 10.165%
마디에서의 현물이자율 R	A 3.824%	C 5.205%	G 6.252%	L 7.315%	Q 8.433%
		D 3.473%	H 4.520%	M 5.583%	R 6.701%
			I 2.788%	N 3.851%	S 4.969%

22.6.4 헐-화이트 모형으로 무이표채권 평가

22.6.4.1 헐-화이트 모형으로 무이표채권 평가 방법

주가 삼항트리를 이용하여 옵션가치를 평가하듯이 헐-화이트 모형의 이자율 삼항트리에서도 만기 현금흐름을 결정하고 역행계산을 통해 무이표채권의 가치를 계산할 수 있다.

만기 $T(=n\Delta t)$시점에서 무이표채권의 현금흐름 $P_{n,j}$은 채권의 액면금액 N과 같다.

$$P_{n,j} = N \ (j=-j_{Max},\ -j_{Max}+1,\ \cdots,\ 0,\ \cdots,\ j_{Max}-1,\ j_{Max})$$

역행계산을 이용하여 만기 직전시점($(n-1)\Delta t$)에서 무이표채권의 가치는 [그림 22-28]의 이자율 삼항트리 모양에 따른 확률을 고려하면 다음과 같이 계산하고,

$$P_{n-1,k} = e^{-r_{n-1,k}\Delta t}(p_u P_{n,k+1} + p_m P_{n,k} + p_d P_{n,k-1}),$$

최상단 마디와 최하단 마디에서는 다음과 같이 계산한다.

$$\text{최상단} : P_{n-1,j} = e^{-r_{n-1,j}\Delta t}(p_u P_{n,j} + p_m P_{n,j-1} + p_d P_{n,j-2}), \quad j = j_{Max}$$
$$\text{최하단} : P_{n-1,j} = e^{-r_{n-1,j}\Delta t}(p_u P_{n,j+1} + p_m P_{n,j} + p_d P_{n,j-1}), \quad j = -j_{Max}$$

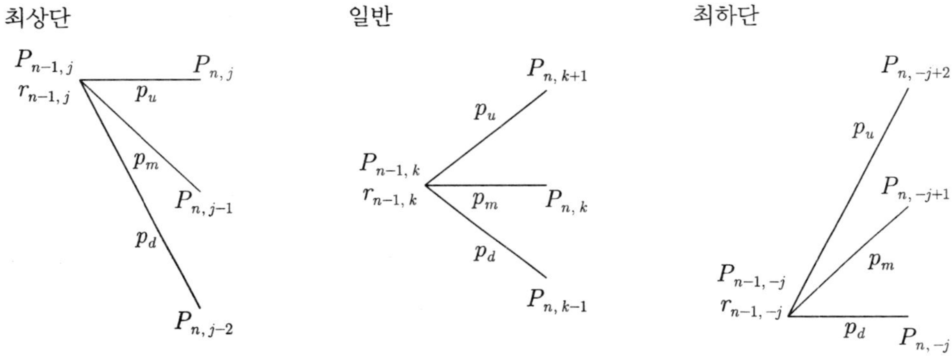

[그림 22-28] 이자율 삼항트리 모형의 마디에서의 확률분포와 무이표채권의 가치

같은 방법으로 평가시점까지 역행계산을 계속 적용하면 평가시점에서의 무이표채권의 가치를 계산할 수 있다.

$$P_{0,0} = e^{-r_{0,0}\Delta t}(p_u P_{1,1} + p_m P_{1,0} + p_d P_{1,-1})$$

22.6.4.2 헐-화이트 모형으로 무이표채권 평가 예제

현물이자율이 [표 22-5]와 같을 때, 채권의 액면금액이 100이고, 채권만기가 10년인 무이표채권의 가치를 평균회귀계수 a는 0.1, 변동성 σ는 0.01인 헐-화이트 모형을 이용하여 평가해보자.

[표 22-5] 현물이자율

만기	현물이자율
3M	4.93%
6M	5.04%
9M	5.05%
1Y	5.07%
1Y6M	5.10%
2Y	5.12%
3Y	5.14%
4Y	5.16%
5Y	5.19%
7Y	5.23%
10Y	5.40%
15Y	5.70%

✎ 소스 코드

- mathlib.h

```
//    mathlib.h
double    linear_interpolation(int n_time, double *time, double *rate, double t);
```

- mathlib.cpp

```
//    mathlib.cpp
#include   <iostream>
using      namespace    std;
#include   <math.h>
#include   "mathlib.h"

double    linear_interpolation(int n_time, double *time, double *rate, double t)
{
    //   앞에서 선언한 linear_interpolation( ) 함수와 동일함, 별첨 소스 코드 참조
}
```

- hwtree.h

```
//    hwtree.h

class     CHWTree{
public:   //    생성자 소멸자
    CHWTree();
```

```
    ~CHWTree();

public:   //   변수만
    int       m_nnode;       //   tree 단계수
    int       m_jmax;        //   Jmax 값
    double    m_alpha;       //   mean reversion speed
    double    m_sigma;       //   short rate의 변동성
    double    m_dt;          //   tree 1단계의 시간간격

    double    *m_pu;         //   probability of up
    double    *m_pm;         //   probability of middle
    double    *m_pd;         //   probability of down

    double    **m_ndf;       // node discount factor
    double    **m_nrate;     // node short rate

public:   //   함수만
    // Normal Distribution Trinomial Tree 생성
    void      build_hull_white_short_rate_tree(int nrtime, double *time, double *rate);
};
```

- hwtree.cpp

```
//   hwtree.cpp
#include  <iostream>
using     namespace     std;

#include  <math.h>
#include  "hwtree.h"
#include  "mathlib.h"

CHWTree::CHWTree()
{
    m_nnode      = 10;     //   tree 단계수
    m_jmax       = 5;      //   Jmax 값
    m_alpha      = 0.1;    //   mean reversion speed
    m_sigma      = 0.01;   //   short rate의 변동성
    m_dt         = 1.0;    //   tree 1단계의 시간간격
}

CHWTree::~CHWTree()
{
    int       i;

    delete[]  m_pu;          //   probability of up
    delete[]  m_pm;          //   probability of middle
    delete[]  m_pd;          //   probability of down

    for(i=0; i<m_nnode; i++){
        delete[]  m_ndf[i];       //   node discount factor
        delete[]  m_nrate[i];     //   node short rate
```

```
    }
}

////////////////////////////////
// HW Tree의 Short rate 계산 //
////////////////////////////////
//  normal distribution hw tree의 short rate 계산
void        CHWTree::build_hull_white_short_rate_tree(int nrtime, double *time,
                                    double *rate)
{
    cout<<"Hull-White 모형<<endl;
    // HULL and WHITE Tree 형태
    /*
    원래는
    2       ********************************
    1      *********************************
    0     **********************************
    -1     *********************************
    -2      ********************************
    이런 모습이여야 하나, 배열이 0,0에서 시작됨에 따라

    0     **********************************
    1      *********************************
    2      *********************************
    3       ********************************
    4       ********************************
    으로 변화시켜 트리 생성했으며, j의 값은 원점을 기준으로 shift하였음.
    */

    /* 각노드에서 Tree 전개 모양
    1번 확장 모양: 일반 경우
         *
    *    *
         *

    2번 확장 모양: Jmax에 도달시
    *    *
         *
         *

    3번 확장 모양: Jmin에 도달시
         *
         *
    *    *
   과 같이 Tree 확장
   */
    int         i, j, k, m, imax;
    double      dR, sum;
    double      *P, **nQ, *itime, *irate;
    double      alpha_rate;

    m_jmax  = int(ceil(0.1835/(m_alpha*m_dt))); // Jmax 계산
```

```
if(m_nnode-1<=m_jmax) imax = 2*(m_nnode-1)+1;
else        imax = 2*m_jmax+1;

P           = new double[m_nnode];      // 할인채
itime       = new double[m_nnode];      // 노드 시점
irate       = new double[m_nnode];      // 보간된 zero rate
nQ          = new double*[m_nnode];     // Pure securities or discounted probability

m_ndf       = new double*[m_nnode];     // node discount factor
m_nrate     = new double*[m_nnode];     // node short rate
for(i=0; i<m_nnode; i++){
    nQ[i]       = new double[imax];
    m_ndf[i]    = new double[imax];
    m_nrate[i]= new double[imax];
}
m_pu        = new double[imax];         // upward probability on the Node
m_pm        = new double[imax];         // medium probability on the Node
m_pd        = new double[imax];         // downward probability on the Node

for(i=0; i<m_nnode; i++){
    for(j=0; j<imax; j++)     nQ[i][j]    = 0.0;
    P[i]        = 0.0;
    itime[i]    = (i+1)*m_dt;
    irate[i]    = linear_interpolation(nrtime, time, rate, itime[i]);
}

dR          = m_sigma*sqrt(3.0*m_dt);
m_nrate[0][0]   = 0.0;
for(i=1; i<m_nnode; i++){
    if(i<=m_jmax) imax = 2*i;
    else          imax = 2*m_jmax;

    for(j=0; j<=imax; j++){
        if(i<=m_jmax) k     = i - j;
        else          k     = m_jmax - j;
        m_nrate[i][j]       = k*dR;// Hull책의 j*dR
    }
}

// 노드에서의 확률 계산
if(m_nnode-1<=m_jmax){
    //node 수가 jmax보다 작으므로 3방향으로 퍼져나감, 1번 확장 모양
    for(j=0; j<=2*(m_nnode-1); j++){
        k    = m_nnode-1 - j;
        m_pu[j]   = 1.0/6.0 + ( pow((m_alpha*k*m_dt), 2.0) - m_alpha*k*m_dt )/2.0;
        m_pm[j]   = 2.0/3.0 - pow((m_alpha*k*m_dt), 2.0);
        m_pd[j]   = 1.0/6.0 + ( pow((m_alpha*k*m_dt), 2.0) + m_alpha*k*m_dt )/2.0;
    }
}
else{//node수가 jmax보다 클때이므로 Jmax 또는 Jmin시 수렴함
    for(j=0; j<=2*m_jmax; j++){
        k    = m_jmax - j;
```

```
            if(j==0){ // Jmax 시점, 2번 확장 모양
                m_pu[j] = 7.0/6.0 + ( pow((m_alpha*k*m_dt), 2.0)
                                      - 3.0*m_alpha*k*m_dt )/2.0;
                m_pm[j]= -1.0/3.0 - pow((m_alpha*k*m_dt), 2.0)
                                      + 2.0*m_alpha*k*m_dt;
                m_pd[j] = 1.0/6.0 + ( pow((m_alpha*k*m_dt), 2.0)
                                      - m_alpha*k*m_dt )/2.0;
            }
            else if(j==2*m_jmax){ // Jmin 시점, 3번 확장 모양
                m_pu[j] = 1.0/6.0 + ( pow((m_alpha*k*m_dt), 2.0)
                                      + m_alpha*k*m_dt )/2.0;
                m_pm[j]= -1.0/3.0 - pow((m_alpha*k*m_dt), 2.0)
                                      - 2.0*m_alpha*k*m_dt;
                m_pd[j] = 7.0/6.0 + ( pow((m_alpha*k*m_dt), 2.0)
                                      + 3.0*m_alpha*k*m_dt )/2.0;
            }
            else{ // 기타 일반 시점, 1번 확장 모양
                m_pu[j] = 1.0/6.0 + ( pow((m_alpha*k*m_dt), 2.0)
                                      - m_alpha*k*m_dt )/2.0;
                m_pm[j]= 2.0/3.0 - pow((m_alpha*k*m_dt), 2.0);
                m_pd[j] = 1.0/6.0 + ( pow((m_alpha*k*m_dt), 2.0)
                                      + m_alpha*k*m_dt )/2.0;
            }
        }
    }

    for(i=0; i<m_nnode; i++) P[i] = exp(-irate[i]*itime[i]);

    nQ[0][0]        = 1.0;
    alpha_rate      = irate[0];
    m_nrate[0][0]  += alpha_rate;
    m_ndf[0][0]     = exp(-m_nrate[0][0]*m_dt);

    // 노드에서의 상태가격 계산
    for(i=1; i<m_nnode; i++){
        if(i<=m_jmax){//node 수가 jmax보다 작은경우, 1번 확장 모양
            imax = 2*i-2;// j, j+1, j+2까지 고려 해주므로 -2를 적용
            for(j=0; j<=imax; j++){
                if(m_nnode-1<=m_jmax) m   = m_nnode-i+j;
                else m    = m_jmax-i+1+j;
                // (i, j)노드, (i, j+1)노드, (i, j+2)노드에서 상태가격
                nQ[i][j]   += nQ[i-1][j]*m_pu[m]*exp(-m_nrate[i-1][j]*m_dt);
                nQ[i][j+1] += nQ[i-1][j]*m_pm[m]*exp(-m_nrate[i-1][j]*m_dt);
                nQ[i][j+2] += nQ[i-1][j]*m_pd[m]*exp(-m_nrate[i-1][j]*m_dt);
            }
        }
        else{// //node 수가 jmax보다 큰경우,
            imax = 2*m_jmax;
            for(j=0; j<=imax; j++){
                if(j==0)              k =  0; // 2번 확장 모양
                else if(j==imax)      k = -2; // 3번 확장 모양
                else                  k = -1; // 1번 확장 모양
```

```
                m     = j;
                // (i, j)노드, (i, j+1)노드, (i, j+2)노드에서 상태가격
                nQ[i][j+k]       += nQ[i-1][j]*m_pu[m]*exp(-m_nrate[i-1][j]*m_dt);
                nQ[i][j+k+1]     += nQ[i-1][j]*m_pm[m]*exp(-m_nrate[i-1][j]*m_dt);
                nQ[i][j+k+2]     += nQ[i-1][j]*m_pd[m]*exp(-m_nrate[i-1][j]*m_dt);
            }
        }

        if(i<=m_jmax) imax = 2*i;
        else          imax = 2*m_jmax;
        sum           = 0.0;

        for(j=0; j<=imax; j++){
            sum += nQ[i][j]*exp(-m_nrate[i][j]*m_dt);
        }
        alpha_rate = log(sum/P[i])/m_dt; //보정값 계산
        for(j=0; j<=imax; j++) {
            m_nrate[i][j]   += alpha_rate; //각 노드에 보정값 적용
            if(m_nrate[i][j]<0)   m_nrate[i][j] = 0.0;
            m_ndf[i][j]      = exp(-m_nrate[i][j]*m_dt);
        }
    }
    for(i=0; i<m_nnode; i++) delete[]   nQ[i];
    delete[]   nQ;
    delete[]   P;
    delete[]   itime;
    delete[]   irate;
}
```

- price.h

```
// price.h
#ifndef CPRICE_H
#define CPRICE_H

class     CHWTree;

class     CPrice // Asset Price
{
public:   //   생성자 소멸자
    CPrice();
    CPrice(double notional, double coupon_rate, double bond_maturity,
                int coupon_frequency);
    ~CPrice();

public:   //   변수만
    int       m_coupon_frequency;     //   쿠폰지급주기
    int       m_ncoupon;              //   coupon 수량

    double    m_notional;          //   원금
    double    m_coupon_rate;       //   쿠폰이자율
```

```
    double    m_bond_maturity;  //    채권만기

public:   //    함수만
    double    zero_coupon_bond_price(CHWTree &hw);      //  채권가격 계산
};

#endif
```

- price.cpp

```
//    price.cpp
#include    <iostream>
using       namespace       std;

#include    <math.h>
#include    "hwtree.h"
#include    "price.h"
#include    "mathlib.h"

CPrice::CPrice()
{
    m_coupon_frequency      = 1;        //    쿠폰지급주기
    m_ncoupon               = 1;        //    coupon 수량
    m_notional              = 100.0;    //    원금
    m_coupon_rate           = 0.05;     //    쿠폰이자율
    m_bond_maturity         = 5.0;      //    채권만기

}

CPrice::CPrice(double notional, double coupon_rate, double bond_maturity,
                        int coupon_frequency)
{
    m_coupon_frequency      = coupon_frequency;     //    쿠폰지급주기
    m_notional              = notional;             //    원금
    m_coupon_rate           = coupon_rate;          //    쿠폰이자율
    m_bond_maturity         = bond_maturity;        //    채권만기
    m_ncoupon           = int(m_bond_maturity*m_coupon_frequency);   //  coupon 수량
}

CPrice::~CPrice()
{

}

//    채권가격 계산
double    CPrice::zero_coupon_bond_price(CHWTree &hw)
{
    int         i, j, k, m, nnode, imax, jmax;
    double      price;
    double      *oldbprice, *newbprice;
```

```
nnode     = int(m_bond_maturity/hw.m_dt);

jmax= hw.m_jmax;
if(nnode<=jmax)    imax = 2*(nnode-1)+1;
else       imax = 2*jmax+1;

if(nnode>hw.m_nnode){
    cout<<"Hull and White 트리를 보다 조밀하게 생성하세요"<<endl;
    exit(0);
}
oldbprice = new double[imax];
newbprice= new double[imax];
for(j=0; j<imax; j++) oldbprice[j]  = m_notional; //   채권만기시 원금 지급

for(i=nnode-1; i>=0; i--){
    if(i<=jmax)    imax = 2*i;     // 현재 node가 Jmax보다 작을 경우,
                                   // 즉 수렴하지 않은 경우
    else       imax = 2*jmax;      // 현재 node가 Jmax보다 큰 경우,
                                   // 즉 수렴한 경우

    for(j=0; j<=imax; j++){
        if(i<=jmax)    k    = i-j;     // 현재 node가 Jmax보다 작을 경우,
        else           k    = jmax-j;// 현재 node가 Jmax보다 큰 경우,
                                     // 즉 수렴한 경우,

        // 노드의 확률 적용시 node의 수가 Jmax보다 작을 경우
        // 위에서 구한 k와 관계 없음.
        if(nnode-1<=jmax) m    = nnode-1-i+j;
        else{      //node의 수가 Jmax보다 큰 경우
            // 노드의 확률 적용시 현재 node가 Jmax보다 작을 경우,
            // 위에서 구한 k 적용
            if(i<=jmax)     m    = jmax -k;
            // 노드의 확률 적용시 현재 node가 Jmax보다 큰 경우, m=j 적용
            else        m    = j;
        }

        // 이전 노드(i)의 3상태(j,j+1,j+2)의 채권가격을 노드의 확률를 고려하여 할인
        if(k==jmax)     // 2번 확장 모양 경우
            newbprice[j] = (hw.m_pu[m]*oldbprice[j]+hw.m_pm[m]*oldbprice[j+1]
                            +hw.m_pd[m]*oldbprice[j+2])*hw.m_ndf[i][j];
        else if(k==-jmax)  // 3번 확장 모양 경우
            newbprice[j] = (hw.m_pu[m]*oldbprice[j-2]+hw.m_pm[m]*oldbprice[j-1]
                            +hw.m_pd[m]*oldbprice[j])*hw.m_ndf[i][j];
        else{
            if(i>=jmax)     // 1번 확장 경우인데, 현재 노드가 Jmax보다 큰경우
                newbprice[j] = (hw.m_pu[m]*oldbprice[j-1]
                                +hw.m_pm[m]*oldbprice[j]
                                +hw.m_pd[m]*oldbprice[j+1])*hw.m_ndf[i][j];
            else // 1번 확장 경우인데, 현재 노드가 Jmax보다 작은 경우
                newbprice[j] = (hw.m_pu[m]*oldbprice[j]
                                +hw.m_pm[m]*oldbprice[j+1]
```

```
                                        +hw.m_pd[m]*oldbprice[j+2])*hw.m_ndf[i][j];
            }
        }
        for(j=0; j<=imax; j++)   oldbprice[j]    = newbprice[j];
    }

    price = newbprice[0];

    delete[]  oldbprice;
    delete[]  newbprice;
    cout<<"zero coupon bond price : "<<price<<endl;;
    return     price;
}
```

▪ main.cpp

```
//    main.cpp
#include   <iostream>
using      namespace     std;

#include   <iomanip>

#include   "hwtree.h"
#include   "price.h"
#include   "mathlib.h"

void       main(void)
{
    // display points
    cout << setprecision(20);

    int        nrtime;
    double     *rtime, *rate;
    nrtime     = 12;

    rtime      = new double[nrtime];
    rate       = new double[nrtime];

    rtime[0]        = 0.25;        rate[0]     = 0.0493;
    rtime[1]        = 0.50;        rate[1]     = 0.0504;
    rtime[2]        = 0.75;        rate[2]     = 0.0505;
    rtime[3]        = 1.0;         rate[3]     = 0.0507;
    rtime[4]        = 1.5;         rate[4]     = 0.0510;
    rtime[5]        = 2.0;         rate[5]     = 0.0512;
    rtime[6]        = 3.0;         rate[6]     = 0.0514;
    rtime[7]        = 4.0;         rate[7]     = 0.0516;
    rtime[8]        = 5.0;         rate[8]     = 0.0519;
    rtime[9]        = 7.0;         rate[9]     = 0.0523;
    rtime[10]       = 10.0;        rate[10]    = 0.0540;
    rtime[11]       = 15.0;        rate[11]    = 0.0570;
```

```
    CHWTreehw;
    hw.m_dt        = 1.0;
    hw.m_nnode     = 10;
    hw.m_alpha     = 0.1;
    hw.m_sigma     = 0.01;
    hw.build_hull_white_short_rate_tree(nrtime, rtime, rate);

    int         coupon_frequency;
    double      bond_maturity, node_dt, notional, coupon_rate;

    coupon_frequency    = 1;
    bond_maturity       = 10.0;
    node_dt             = 1.0;
    notional            = 100.0;
    coupon_rate         = 0.0;

    double          bondprice;
    CPrice          zc_price(notional, coupon_rate, bond_maturity, coupon_frequency);
    bondprice       = zc_price.zero_coupon_bond_price(hw); //    채권가격 계산

    delete[]  rtime;
    delete[]  rate;
}
```

✎ 실행 결과

[그림 22-28] 헐-화이트 모형을 이용한 무이표채권 평가

무이표채권의 가치는 채권만기에 지급하는 액면금액을 현물이자율로 할인한 값과 같고, 헐-화이트 모형에서 적용한 할인율은 다음과 같으므로,

$$PV_i = \exp(-r_i t_i)$$

만기 10년의 현물이자율 할인율은 0.582748이고, 액면금액 100을 고려하면 무이표채권의 가치는 헐-화이트 모형에서 계산된 58.2748과 동일하다.

22.7 블랙-카라신스키 모형

헐-화이트 모형으로 이자율 삼항트리를 생성하다보면 Δt구간에 적용되는 현물이자율이 음이 되는 경우가 있으나 블랙-카라신스키 모형은 단기이자율 r의 분포에 대수($\ln r$)를 적용하여 이자율이 음이 되지 않도록 하여 헐-화이트 모형의 평균회귀성질과 단기이자율이 양의 값만을 갖는 특성이 있다.

22.7.1 블랙-카라신스키 모형의 이자율 확률과정

블랙-카라신스키*는 단기이자율 확률과정을 다음과 같이 정의한다.

$$d\ln r = [\theta(t) - a\ln r]dt + \sigma\, dw = a\left[\frac{\theta(t)}{a} - \ln r\right]dt + \sigma\, dw$$

여기서, a는 평균회귀계수, $\theta(t)/a$는 이자율 장기평균, σ는 변동성이며 dw는 위너과정을 따른다.

22.7.2 블랙-카라신스키 모형의 이자율 삼항트리

블랙-카라신스키 모형의 이자율 삼항트리는 헐-화이트 모형의 이자율 삼항트리 생성 방법과 매우 유사하다. 잔존만기가 T인 블랙-카라신스키 모형의 이자율 삼항트리를 생성하기 위해 구간 $[0, T]$를 $0 = t_0 < t_1 < \cdots < t_n = T$가 되도록 n개의 동일구간으로 나누면 $t_i = i\Delta t$이고, 각 시간구간의 크기가 $\Delta t = T/n$인 삼항트리를 생성하려면 다음의 과정이 필요하다.

22.7.2.1 삼항트리 생성 1단계 : 추세항이 없는 대수적용 이자율 x^*와 확률 p 생성

삼항트리 생성 1단계에서는 추세항이 없는 대수적용 이자율 확률과정을 도입한다.

$$dx^* = -a x^* dt + \sigma\, dw \qquad (22\text{-}31)$$

여기서, $x^* = \ln R^*$, $x = \ln R$ 이고, R과 R^*는 헐-화이트 모형의 이자율 삼항트리에서 Δt기간 동안의 현물이자율 R과 트리생성 1단계의 추세항이 없는 이자율 R^*이다.

---

* Black, F., P. Karasinski, "Bond and Option Pricing When Short Rates Are Lognormal", *Financial Analysts Journal*, July-August, 1991, 52-59.

삼항트리 생성을 위한 이산화 과정을 위해 마디 (i, j)에서의 추세항이 없는 대수적용 이자율 x^*을 다음과 같이 정의한다.

$$x^* = j\Delta x = j\sigma\sqrt{3\Delta t} \tag{22-32}$$

블랙-카라신스키 모형에서 마디의 j_{Max}, j_{Min} 및 삼항트리 모양에 따른 확률 p_u, p_m과 p_d의 계산 방법은 헐-화이트 모형과 동일하다.

22.7.2.2 삼항트리 생성 2단계

삼항트리 1단계에서는 추세항이 없는 대수적용 이자율 x^*의 트리를 생성하였고, 2단계에서는 추세항이 없는 대수적용 이자율 x^*의 트리와 시장에서 관측된 이자율 기간구조를 이용하여 현물이자율 R의 트리를 생성한다.
추세항이 없는 대수적용 이자율 x^*와 현물이자율 R의 관계를 다음과 같이 정의하면,

$$\alpha(t) = \ln R(t) - x^*(t) \tag{22-33}$$

현물이자율 R은 다음과 같다.

$$R(t) = \exp[\alpha(t) + x^*(t)] \tag{22-34}$$

여기서, 계수 $\alpha(t)$는 시간에만 가변적이므로 동일한 시점에서는 동일한 값을 갖는다.

22.7.2.3 계수 $\alpha(t)$ 계산

시장에서 관측된 채권의 가격 PV와 삼항트리에서 식 (22-34)로 구한 채권의 가격 P가 일치하도록 계수 $\alpha(t)$를 계산한다. 계수 $\alpha(t)$가 구해지면 추세항이 없는 대수적용 이자율 x^*의 트리에 계수 $\alpha(t)$를 가산하여 대수적용 이자율 x의 트리를 구하고, 다시 지수를 적용하여 현물이자율 R의 트리를 구한다.

$$x = \ln R \Rightarrow R = e^x \tag{22-35}$$

이러한 과정을 삼항트리의 왼쪽에서 오른쪽으로 반복하여 계산하면 모든 마디에서의 이자율 R을 구할 수 있다.

22.7.3 블랙-카라신스키 모형의 이자율 삼항트리 생성 예제

블랙-카라신스키 모형의 모수와 현물이자율이 다음과 같다고 가정하자.

σ	0.25
a	0.22
Δt	0.5
Δx	0.306186218
j_{Max}	2

만기 t_i	현물이자율 r_i	무이표채권가격 PV_i
0.5Y	3.430%	0.982996224
1Y	3.824%	0.962481918
2Y	4.512%	0.913711868
3Y	5.086%	0.858490212
4Y	5.634%	0.798228805
5Y	6.182%	0.734107356

여기서, 무이표채권가격은 $PV_i = \exp(-r_i t_i)$를 적용하였다.

22.7.3.1 트리생성 1단계 : 추세항이 없는 대수적용 이자율 x^*와 확률 p 생성

추세항이 없는 대수적용 이자율 x^*에 대한 삼항트리 모형을 생성하면 [그림 22-30]과 같다.

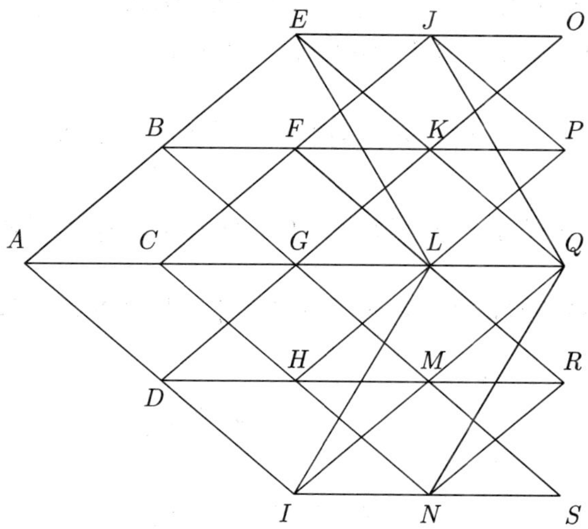

[그림 22-29] 추세항이 없는 대수적용 이자율 x^*에 대한 삼항트리

[그림 22-29]의 각 마디에서 추세항이 없는 대수적용 이자율 x^*와 확률 p_u, p_m, p_d는 식 (22-32)과 [그림 22-23]에 의해 계산하면 [표 22-6]과 같다. 그리고 각 마디 $\{J, K, L, M, N\}$와 $\{O, P, Q, R, S\}$의 추세항이 없는 대수적용 이자율 x^*와 확률 p_u, p_m, p_d는 마디 $\{E, F, G, H, I\}$와 서로 같다.

[표 22-6] 이자율 R^* 및 확률 p_u, p_m과 p_d

	A	B	C	D	E	F	G	H	I
x^*(%)	0.000	30.619	0.000	−30.619	61.237	30.619	0.000	−30.619	−61.237
p_u	0.1667	0.1177	0.1667	0.2277	0.8609	0.1177	0.1667	0.2277	0.0809
p_m	0.6667	0.6546	0.6667	0.6546	0.0583	0.6546	0.6667	0.6546	0.0583
p_d	0.1667	0.2277	0.1667	0.1177	0.0809	0.2277	0.1667	0.1177	0.8609

22.7.3.2 트리생성 2단계 : 계수 $\alpha(i)$ 계산

계수 $\alpha(i)$를 추정하려면, 시장에서 관측된 채권의 가격과 삼항트리에서 계산된 채권의 가격과의 차이가 최소가 되는 계수 $\alpha(i)$를 구해야 한다.

가. 무이표채권가격 P_i와 상태가격 $Q_{i,j}$ 계산

계수 $\alpha(i)$에 초기값을 입력하여 무이표채권가격 P_i와 상태가격 $Q_{i,j}$의 초기값을 구한다.

i) 상태가격 $Q_{i,j}$ 계산

$t=0$시점의 상태가격은 1이고 $t=i\triangle t$시점의 상태가격은 식 (22-34)에서 구한 대수 적용 이자율 $x(i-1)$을 통해 계산된다($i=1,\cdots,n$).

$$Q_{i,j}=\sum_k Q_{i-1,k}\,p(k,j)\exp(-\exp(\alpha(i-1)+x^*_{i-1,k})\triangle t) \qquad (22\text{-}36)$$

여기서, $p(k,j)$는 마디 $(i-1,k)$에서 마디 (i,j)로 이동할 확률이다.

$t=\triangle t$시점에서 상태가격 $Q_{i,j}$의 초기값은 [그림 22-30]과 같다.

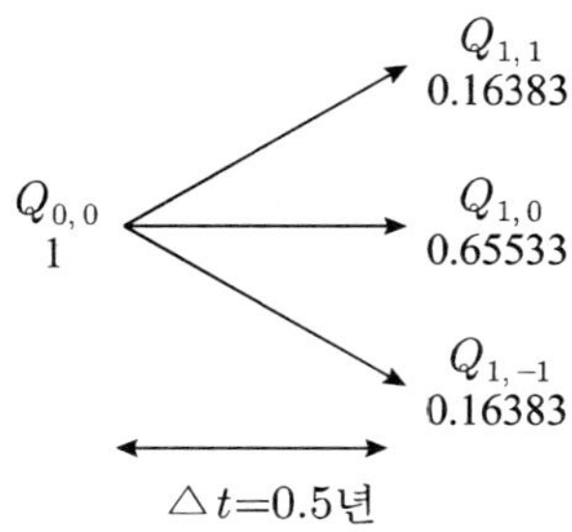

[그림 22-30] $Q_{i,j}$의 초기값

ii) 무이표채권가격 P_i 계산

삼항트리를 통해 계산한 무이표채권가격 P_i는 다음과 같다.

$$P_i = \sum_k Q_{i,k} \exp\left[-\exp(\alpha(i) + x^*_{i,k})\Delta t\right] \tag{22-37}$$

i	0	1	2	3
만기(t년)	0	0.5	1	1.5
$\alpha(i)$(%)	−337.261	**−337.261**		
P_i	0.9830	**0.9660**		

나. 계수 $\alpha(i)$ 계산

$t=0$시점에서 계수 $\alpha(0)$는 트리의 시간간격인 Δt(0.5년) 만기의 현물이자율에 대수를 적용한 것과 같고,

$$\alpha(0) = \ln R_0 = -337.261\%$$

$t = i\Delta t$에서 계수 $\alpha(i)$는 시장에서 관측된 채권의 가격 PV_{i+1}과 삼항트리에서 계산된 채권가격 P_i과의 차이가 최소가 되도록 비선형방정식의 해찾기를 이용하여 계산된다.

i) 뉴턴-랩슨법을 이용한 계수 $\alpha(i)$ 계산 방법

계수 $\alpha(i)$의 초기값에 $\alpha(i)_s$를 입력하고 뉴턴-랩슨법을 통해 $\alpha(i)_{s+1}$을 구하는 과정을 반복 수행하여 허용오차를 만족하는 $\alpha(i)$를 구한다.

$$\alpha(i)_{s+1} = \alpha(i)_s - \frac{\sum_k Q_{i,k} \exp\left[-\exp(\alpha(i)_s + x^*_{i,k})\Delta t\right] - PV_{i+1}}{\dfrac{\partial P_i}{\partial \alpha(i)_s}} \tag{22-38}$$

$$\frac{\partial P_i}{\partial \alpha(i)_s} = \sum_k Q_{i,k} \exp\left[-\exp(\alpha(i)_s + x^*_{i,k})\Delta t\right]\exp(\alpha(i)_s + x^*_{i,k})\Delta t$$

ii) 엑셀의 해 찾기로 계수 $\alpha(i)$ 계산 방법

시장에서의 채권가격 PV_{i+1}와 삼항트리에서 계산된 채권가격 P_i간의 오차 제곱을 최소로 하는 $\alpha(i)$를 계산한다.

i	0	1	2	3
만기(t년)	0	0.5	1	1.5
$\alpha(i)$	−337.261%	**−337.261% → −318.11002%**		
PV_{i+1} (a)	0.982996224	0.962481918		
P_i (b)	0.982996224	**0.9660 → 0.962481935**		
$SSE=(a-b)^2$	0	**1.2555E−5 → 3.23128E−16**		

22.7.3.4 트리생성 3단계 : 현물이자율 R 계산

$t=0$시점에서 계수 $\alpha(i)$를 구하고 추세항이 없는 대수적용 이자율 x^*의 트리에 계수 $\alpha(i)$를 가산하여 [그림 22-31]의 왼쪽과 같이 대수적용 이자율 x의 트리를 생성하고, 각 마디의 값에 지수화를 적용하여 [그림 22-31]의 오른쪽과 같이 현물이자율 R의 트리를 구한다.

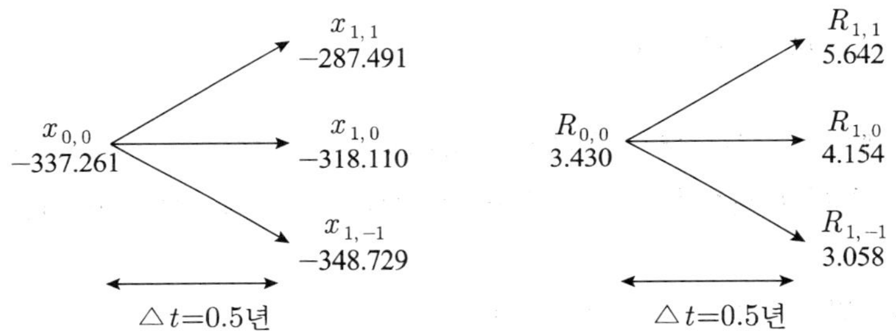

[그림 22-31] $\triangle t$시점에서 대수적용 이자율 x와 현물이자율 R(단위 %)

22.7.3.5 트리 생성 4단계 : 전체 구간에 대한 현물이자율 R 계산

트리 생성 2단계와 3단계를 채권만기 T까지 반복하여 계산하면 [그림 22-32]와 같은 블랙-카라신스키 모형의 삼항트리가 완성되고, 각 마디에서 현물이자율 R은 [표 22-7]와 같다.

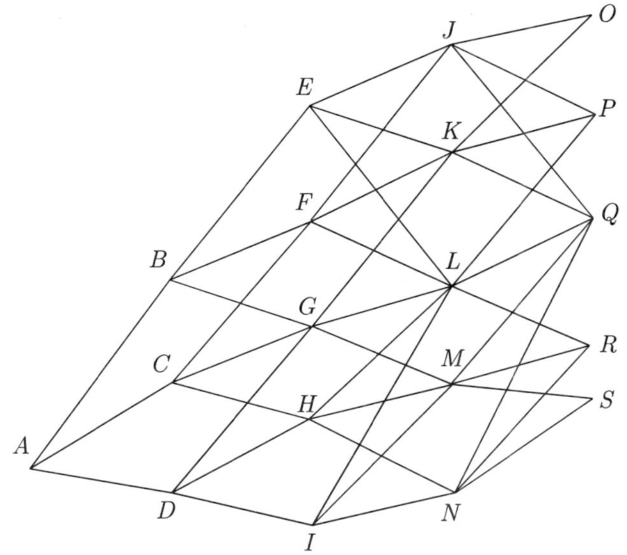

[그림 22-32] 블랙-카라신스키 모형의 삼항트리

[표 22-7] 마디에서의 현물이자율 R

i	0	1	2	3	4
만기(t년)	0	0.5	1	1.5	2
$\alpha(t)$	−337.261%	−318.110%	−304.243%	−293.557%	−285.164%
마디에서의 대수적용 이자율 x			E −243.006%	J −232.319%	O −223.927%
		B −287.491%	F −273.625%	K −262.938%	P −254.545%
	A 337.261%	C −318.110%	G −304.243%	L −293.557%	Q −285.164%
		D −348.729%	H −334.862%	M −324.175%	R −315.783%
			I −365.480%	N −345.794%	S −346.401%
마디에서의 현물이자율 R			E 8.803%	J 9.796%	O 10.654%
		B 5.642%	F 6.481%	K 7.212%	P 7.844%
	A 3.430%	C 4.154%	G 4.772%	L 5.310%	Q 5.775%
		D 3.058%	H 3.513%	M 3.910%	R 4.252%
			I 2.587%	N 2.878%	S 3.130%

22.7.4 블랙-카라신스키 모형으로 무이표채권 평가

헐-화이트 모형의 무이표채권 평가 방법과 같이 만기 현금흐름을 결정하고 역행계산을 통해 무이표채권의 가치를 계산할 수 있다.

현물이자율이 [표 22-5]와 같고, 채권의 액면금액이 100이고, 채권만기가 10년인 무이표채권의 가치를 평균회귀계수 a는 0.1, 변동성 σ는 0.01인 블랙-카라신스키 모형을 이용하여 평가해보자.

✎ 소스 코드

- mathlib.h

```
//    mathlib.h
double    linear_interpolation(int n_time, double *time, double *rate, double t);
```

- mathlib.cpp

```
//    mathlib.cpp
#include   <iostream>
using      namespace    std;
#include   <math.h>
#include   "mathlib.h"

double    linear_interpolation(int n_time, double *time, double *rate, double t)
{
    //    앞에서 선언한 linear_interpolation( ) 함수와 동일함, 별첨 소스 코드 참조
}
```

- bktree.h

```
//    hwtree.h

class      CBKTree{
public:    //    생성자 소멸자
    CBKTree();
    ~CBKTree();

public:    //    변수만
    int        m_nnode;        //    tree 단계수
    int        m_jmax;         //    Jmax 값
    double     m_alpha;        //    mean reversion speed
    double     m_sigma;        //    short rate의 변동성
    double     m_dt;           //    tree 1단계의 시간간격

    double     *m_pu;          //    probability of up
    double     *m_pm;          //    probability of middle
    double     *m_pd;          //    probability of down

    double     **m_ndf;        // node discount factor
    double     **m_nrate;      // node short rate

public:    //    함수만
    // Log Normal Distribution Trinomial Tree 생성
    void       build_black_karasinski_short_rate_tree(int nrtime, double *time, double *rate);
};
```

▪ bktree.cpp

```
//   bktree.cpp
#include   <iostream>
using      namespace      std;

#include   <math.h>
#include   "bktree.h"
#include   "mathlib.h"

CBKTree::CBKTree()
{
     m_nnode         = 10;     //   tree 단계수
     m_jmax          = 5;      //   Jmax 값
     m_alpha         = 0.1;    //   mean reversion speed
     m_sigma         = 0.01;   //   short rate의 변동성
     m_dt            = 1.0;    //   tree 1단계의 시간 간격
}

CBKTree::~CBKTree()
{
     int        i;

     delete[]   m_pu;          //   probability of up
     delete[]   m_pm;          //   probability of middle
     delete[]   m_pd;          //   probability of down

     for(i=0; i<m_nnode; i++){
          delete[]   m_ndf[i];       //   node discount factor
          delete[]   m_nrate[i];     //   node short rate
     }
}

//////////////////////////////
// BK Tree의 Short rate 계산 //
//////////////////////////////
//   lognormal distribution bk tree의 short rate 계산
void      CBKTree::build_black_karasinski_short_rate_tree(int nrtime, double *time,
                              double *rate)
{
     cout<<"Black-Karasinski 모형"<<endl;
     // Black Karasinski Tree 형태
     /*
     원래는
     2       ******************************
     1      ******************************
     0     ******************************
     -1     ******************************
     -2       ******************************
     이런 모습이여야 하나, 배열이 0,0에서 시작됨에 따라

     0     ******************************
```

```
1      ********************************
2      ********************************
3      ********************************
4      ********************************
으로 변화시켜 트리 생성했으며, j의 값은 원점을 기준으로 shift하였음.
*/

/* 각노드에서 Tree 전개 모양
1번 확장 모양: 일반 경우
    *
*   *
    *

2번 확장 모양: Jmax에 도달시
*   *
    *
    *

3번 확장 모양: Jmin에 도달시
    *
    *
*   *
과 같이 Tree 확장
*/

int         i, j, k, m, imax, iter;
double      dR, tmpP;
double      alpha_rate, alpha_rate2, rPra;
double      *P, **lnR, **nQ, *itime, *irate;

m_jmax  = int(ceil(0.1835/(m_alpha*m_dt))); // Jmax 계산

if(m_nnode-1<=m_jmax) imax = 2*(m_nnode-1)+1;
else        imax = 2*m_jmax+1;

P         = new double[m_nnode];     // 할인채
itime     = new double[m_nnode];     // 노드 시점
irate     = new double[m_nnode];     // 보간된 zero rate
lnR       = new double*[m_nnode];    // 대수적용 node short rate
nQ        = new double*[m_nnode];    // Pure securities or discounted probability
m_ndf     = new double*[m_nnode];    // node discount factor
m_nrate   = new double*[m_nnode];    // node short rate
for(i=0; i<m_nnode; i++){
    lnR[i]        = new double[imax];
    nQ[i]         = new double[imax];
    m_ndf[i]      = new double[imax];
    m_nrate[i]    = new double[imax];
}
m_pu    = new double[imax];    // upward probability on the Node
m_pm    = new double[imax];    // medium probability on the Node
m_pd    = new double[imax];    // downward probability on the Node
```

```
for(i=0; i<m_nnode; i++){
    for(j=0; j<imax; j++){
        lnR[i][j]  = 0.0;
        nQ[i][j]   = 0.0;
    }
    P[i]       = 0.0;
    itime[i]   = (i+1)*m_dt;
    irate[i]   = linear_interpolation(nrtime, time, rate, itime[i]);
}

// normal 분포와 동일하지 않다.
lnR[0][0] = 0.0;
dR        = m_sigma*sqrt(3.0*m_dt);
for(i=1; i<m_nnode; i++){
    if(i<=m_jmax) imax = 2*i;
    else          imax = 2*m_jmax;

    for(j=0; j<=imax; j++){
        if(i<=m_jmax) k    = i - j;
        else          k    = m_jmax - j;
        lnR[i][j]          = k*dR;  // Hull책의 j*dR
    }
}

// normal 분포와 동일
if(m_nnode-1<=m_jmax){ //node 수가 jmax보다 작으므로 1번 확장 모양
    for(j=0; j<=2*(m_nnode-1); j++){
        k        = m_nnode-1 - j;
        m_pu[j]  = 1.0/6.0 + ( pow((m_alpha*k*m_dt), 2.0) - m_alpha*k*m_dt )/2.0;
        m_pm[j]  = 2.0/3.0 - pow((m_alpha*k*m_dt), 2.0);
        m_pd[j]  = 1.0/6.0 + ( pow((m_alpha*k*m_dt), 2.0) + m_alpha*k*m_dt )/2.0;
    }
}
else{//node수가 jmax보다 클때이므로 Jmax 또는 Jmin시 수렴함
    for(j=0; j<=2*m_jmax; j++){
        k    = m_jmax - j;
        if(j==0){// 2번 확장 모양
            m_pu[j]  = 7.0/6.0 + ( pow((m_alpha*k*m_dt), 2.0)
                                 - 3.0*m_alpha*k*m_dt )/2.0;
            m_pm[j]  = -1.0/3.0 - pow((m_alpha*k*m_dt), 2.0)
                                 + 2.0*m_alpha*k*m_dt;
            m_pd[j]  = 1.0/6.0 + ( pow((m_alpha*k*m_dt), 2.0)
                                 - m_alpha*k*m_dt )/2.0;
        }
        else if(j==2*m_jmax){// 3번 확장 모양
            m_pu[j]  = 1.0/6.0 + ( pow((m_alpha*k*m_dt), 2.0)
                                 + m_alpha*k*m_dt )/2.0;
            m_pm[j]  = -1.0/3.0 - pow((m_alpha*k*m_dt), 2.0)
                                 - 2.0*m_alpha*k*m_dt;
            m_pd[j]  = 7.0/6.0 + ( pow((m_alpha*k*m_dt), 2.0)
                                 + 3.0*m_alpha*k*m_dt )/2.0;
        }
```

```
            else{// 1번 확장 모양
                m_pu[j]  = 1.0/6.0 + ( pow((m_alpha*k*m_dt), 2.0)
                                        - m_alpha*k*m_dt )/2.0;
                m_pm[j]  = 2.0/3.0 - pow((m_alpha*k*m_dt), 2.0);
                m_pd[j]  = 1.0/6.0 + ( pow((m_alpha*k*m_dt), 2.0)
                                        + m_alpha*k*m_dt )/2.0;
            }
        }
    }

    nQ[0][0]        = 1.0;
    alpha_rate      = log(irate[0]);
    lnR[0][0]       += alpha_rate;
    m_nrate[0][0]   = exp(lnR[0][0]);

    double          error, tolerance;
    tolerance       = 1.0e-15;
    m_ndf[0][0]     = exp(-m_nrate[0][0]*itime[0]);

    for(i=0; i<m_nnode; i++) P[i] = exp(-irate[i]*itime[i]);

    for(i=1; i<m_nnode; i++){
        if(i<=m_jmax){      //node 수가 jmax보다 작은경우,
            imax = 2*i-2; // j, j+1, j+2까지 고려 해주므로 -2를 적용
            for(j=0; j<=imax; j++){ // 1번 확장 모양
                if(m_nnode-1<=m_jmax) m    = m_nnode-i+j;
                else m    = m_jmax-i+1+j;
                // (i, j)노드, (i, j+1)노드, (i, j+2)노드에서 상태가격
                nQ[i][j]   += nQ[i-1][j]*m_pu[m]*exp(-m_nrate[i-1][j]*m_dt);
                nQ[i][j+1] += nQ[i-1][j]*m_pm[m]*exp(-m_nrate[i-1][j]*m_dt);
                nQ[i][j+2] += nQ[i-1][j]*m_pd[m]*exp(-m_nrate[i-1][j]*m_dt);
            }
        }
        else{//node 수가 jmax보다 큰 경우,
            imax= 2*m_jmax;  // j, j+1, j+2까지 고려 해주더라도 jmax와 jmin때문에
                             // k를 적용하였으므로 -2를 적용하지 않는다.
            for(j=0; j<=imax; j++){
                if(j==0)            k =  0;  // 2번 확장 모양
                else if(j==imax)    k = -2;  // 3번 확장 모양
                else                k = -1;  // 1번 확장 모양
                m           = j;
                // (i, j)노드, (i, j+1)노드, (i, j+2)노드에서 상태가격
                nQ[i][j+k]      += nQ[i-1][j]*m_pu[m]*exp(-m_nrate[i-1][j]*m_dt);
                nQ[i][j+k+1]    += nQ[i-1][j]*m_pm[m]*exp(-m_nrate[i-1][j]*m_dt);
                nQ[i][j+k+2]    += nQ[i-1][j]*m_pd[m]*exp(-m_nrate[i-1][j]*m_dt);
            }
        }

        // lognormal 분포에서는 alpha를 구하기위하여 newton raphon method가 들어감.

        if(i<=m_jmax) imax = 2*i;
        else          imax = 2*m_jmax;
```

```
        iter  = 0;
        do{
            tmpP        = 0.0;
            rPra        = 0.0;
            for(j=0; j<=imax; j++){
                tmpP        += exp(-exp(lnR[i][j]+alpha_rate)*m_dt)*nQ[i][j]; // 임시 가격
                rPra        -= exp(-exp(lnR[i][j]+alpha_rate)*m_dt)
                                *exp(lnR[i][j]+alpha_rate)*m_dt*nQ[i][j];
                                //    round P / round alpha을 의미
            }

            // tmpP와 P[i]의 가격차이가 최소가 되도록 alpha값 찾기
            alpha_rate2     = alpha_rate - (tmpP - P[i])/rPra;
            error       = fabs(alpha_rate2-alpha_rate);
            alpha_rate= alpha_rate2;
            iter++;
        }while(error>tolerance && iter<100);

        for(j=0; j<=imax; j++) {
            lnR[i][j]           += alpha_rate; //각 노드에서 보정값 적용
            m_nrate[i][j]   = exp(lnR[i][j]);
            if(m_nrate[i][j]<0){
                cout<<"단기이자율이 0보다 작습니다. : "<<m_nrate[i][j]<<endl;
                exit(0);
            }   // lognormal이므로 절대 있을수 없는 일.
            m_ndf[i][j] = exp(-m_nrate[i][j]*m_dt);
        }
    }

    for(i=0; i<m_nnode; i++){
        delete[]    lnR[i];
        delete[]    nQ[i];
    }
    delete[]    lnR;
    delete[]    nQ;
    delete[]    P;
    delete[]    itime;
    delete[]    irate;
}
```

- price.h

```
// price.h
#ifndef CPRICE_H
#define CPRICE_H

class     CBKTree;

class     CPrice // Asset Price
{
public:   //    생성자 소멸자
```

```
    CPrice();
    CPrice(double notional, double coupon_rate, double bond_maturity,
                    int coupon_frequency);
    ~CPrice();

public:  //  변수만
    int      m_coupon_frequency;    //  쿠폰지급주기
    int      m_ncoupon;             //  coupon 수량

    double   m_notional;            //  원금
    double   m_coupon_rate;         //  쿠폰이자율
    double   m_bond_maturity;       //  채권만기

public:  //  함수만
    double   zero_coupon_bond_price(CBKTree &bk);    //  채권가격 계산
};

#endif
```

▪ price.cpp

```
//  price.cpp
#include  <iostream>
using     namespace     std;

#include  <math.h>
#include  "bktree.h"
#include  "price.h"
#include  "mathlib.h"

CPrice::CPrice()
{
    m_coupon_frequency      = 1;      //  쿠폰지급주기
    m_ncoupon               = 1;      //  coupon 수량
    m_notional              = 100.0;  //  원금
    m_coupon_rate           = 0.05;   //  쿠폰이자율
    m_bond_maturity         = 5.0;    //  채권만기
}

CPrice::CPrice(double notional, double coupon_rate, double bond_maturity,
                        int coupon_frequency)
{
    m_coupon_frequency      = coupon_frequency;    //  쿠폰지급주기
    m_notional              = notional;            //  원금
    m_coupon_rate           = coupon_rate;         //  쿠폰이자율
    m_bond_maturity         = bond_maturity;       //  채권만기

    m_ncoupon     = int(m_bond_maturity*m_coupon_frequency);  //  coupon 수량
}

CPrice::~CPrice()
```

```
{

}

//   채권가격 계산
double    CPrice::zero_coupon_bond_price(CBKTree &bk)
{
    int         i, j, k, m, nnode, imax, jmax;
    double      price;
    double      *oldbprice, *newbprice;

    nnode       = int(m_bond_maturity/bk.m_dt);

    jmax= bk.m_jmax;
    if(nnode<=jmax)     imax = 2*(nnode-1)+1;
    else        imax = 2*jmax+1;

    if(nnode>bk.m_nnode){
        cout<<"Black Karasinski 트리를 보다 조밀하게 생성하세요"<<endl;
        exit(0);
    }
    oldbprice = new double[imax];
    newbprice= new double[imax];
    for(j=0; j<imax; j++) oldbprice[j]  = m_notional; //   채권만기시 원금 지급

    for(i=nnode-1; i>=0; i--){
        if(i<=jmax)     imax = 2*i;     // 현재 node가 Jmax보다 작을 경우,
                                        // 즉 수렴하지 않은 경우
        else        imax = 2*jmax;      // 현재 node가 Jmax보다 큰 경우, 즉 수렴한 경우

        for(j=0; j<=imax; j++){
            if(i<=jmax)     k    = i - j;        // 현재 node가 Jmax보다 작을 경우,
                            // 즉 수렴하지 않은 경우, 1번 확장 모양 경우 적용
            else            k    = jmax - j;   // 현재 node가 Jmax보다 큰 경우,
                                              // 즉 수렴한 경우,

            // 노드의 확률 적용시 node의 수가 Jmax보다 작을 경우,
            // 위에서 구한 k와 관계 없음.
            if(nnode-1<=jmax) m     = nnode-1-i+j;
            else{ //node의 수가 Jmax보다 큰 경우
                // 노드의 확률 적용시 현재 node가 Jmax보다 작을 경우,
                // 위에서 구한 k 적용
                if(i<=jmax)     m    = jmax -k;
                // 노드의 확률 적용시 현재 node가 Jmax보다 큰 경우, m=j 적용
                else        m    = j;
            }

            // 이전 노드(i)의 3상태(j,j+1,j+2)의 채권가격을 노드의 확률를 고려하여 할인
            if(k==jmax)      // 2번 확장 모양 경우
                newbprice[j] = (bk.m_pu[m]*oldbprice[j]+bk.m_pm[m]*oldbprice[j+1]
                                +bk.m_pd[m]*oldbprice[j+2])*bk.m_ndf[i][j];
            else if(k==-jmax)  // 3번 확장 모양 경우
```

```
                newbprice[j] = (bk.m_pu[m]*oldbprice[j-2]+bk.m_pm[m]*oldbprice[j-1]
                                        +bk.m_pd[m]*oldbprice[j])*bk.m_ndf[i][j];
            else{
                if(i>=jmax)    // 1번 확장 경우인데, 현재 노드가 Jmax보다 큰경우
                    newbprice[j] = (bk.m_pu[m]*oldbprice[j-1]
                                        +bk.m_pm[m]*oldbprice[j]
                                        +bk.m_pd[m]*oldbprice[j+1])*bk.m_ndf[i][j];
                else // 1번 확장 경우인데, 현재 노드가 Jmax보다 작은 경우
                    newbprice[j] = (bk.m_pu[m]*oldbprice[j]
                                        +bk.m_pm[m]*oldbprice[j+1]
                                        +bk.m_pd[m]*oldbprice[j+2])*bk.m_ndf[i][j];
            }
        }
        for(j=0; j<=imax; j++)    oldbprice[j]    = newbprice[j];
    }

    price       = newbprice[0];

    delete[]    oldbprice;
    delete[]    newbprice;
    cout<<"zero coupon bond price : "<<price<<endl;;
    return      price;
}
```

▪ main.cpp

```
//    main.cpp
#include   <iostream>
using      namespace     std;

#include   <iomanip>

#include   "bktree.h"
#include   "price.h"
#include   "mathlib.h"

void       main(void)
{
    // display points
    cout << setprecision(20);

    int         nrtime;
    double      *rtime, *rate;
    nrtime      = 12;

    rtime       = new double[nrtime];
    rate        = new double[nrtime];

    rtime[0]        = 0.25;         rate[0]     = 0.0493;
    rtime[1]        = 0.50;         rate[1]     = 0.0504;
    rtime[2]        = 0.75;         rate[2]     = 0.0505;
```

```
    rtime[3]        = 1.0;      rate[3]     = 0.0507;
    rtime[4]        = 1.5;      rate[4]     = 0.0510;
    rtime[5]        = 2.0;      rate[5]     = 0.0512;
    rtime[6]        = 3.0;      rate[6]     = 0.0514;
    rtime[7]        = 4.0;      rate[7]     = 0.0516;
    rtime[8]        = 5.0;      rate[8]     = 0.0519;
    rtime[9]        = 7.0;      rate[9]     = 0.0523;
    rtime[10]       = 10.0;     rate[10]    = 0.0540;
    rtime[11]       = 15.0;     rate[11]    = 0.0570;

    CBKTree bk;
    bk.m_dt         = 1.0;
    bk.m_nnode      = 10;
    bk.m_alpha      = 0.1;
    bk.m_sigma      = 0.01;
    bk.build_hull_white_short_rate_tree(nrtime, rtime, rate);

    int         coupon_frequency;
    double      bond_maturity, node_dt, notional, coupon_rate;

    coupon_frequency    = 1;
    bond_maturity       = 10.0;
    node_dt             = 1.0;
    notional            = 100.0;
    coupon_rate         = 0.0;

    double      bondprice;
    CPrice      zc_price(notional, coupon_rate, bond_maturity, coupon_frequency);
    bondprice = zc_price.zero_coupon_bond_price(bk); //    채권가격 계산

    delete[]    rtime;
    delete[]    rate;
}
```

✎ 실행 결과

[그림 22-33] 블랙-카라신스키 모형으로 무이표채권 평가

무이표채권의 가치는 채권만기에 지급하는 액면금액을 현물이자율로 할인한 값과 같고, 블랙-카라신스키 모형에서도 헐-화이트 모형에서 적용한 할인율을 사용했으므로, 블랙-카라신스키 모형으로 계산된 무이표채권의 가치는 헐-화이트 모형에서 계산된 58.2748과 동일하다.

23장

이자율 파생상품 평가

이자율 파생상품에는 21장에서 설명한 구조화채권뿐만 아니라 다양한 구조화 스왑상품들이 있다. 이 장에서는 구조화채권의 기본 상품인 옵션부채권의 평가를 통해 앞 장에서 설명한 이자율 모형의 적용방법을 알아보자.

23.1 옵션부채권

옵션부채권(Option Embedded Bond)이란 채권 발행시 채권만기일 이전에 발행회사가 채권 매입자에게 매도청구를 할 수 있는 권리나 채권 매입자가 발행회사에게 매수청구를 할 수 있는 권리가 부여된 채권이다. 매도청구는 콜옵션의 성격을 갖고 있으며, 발행회사가 채권만기전에 채권을 매입소각할 수 있는 권리로서 이러한 권리를 갖고 있는 채권을 수의상환채권(Callable Bond)이라 한다. 그리고 매수청구는 풋옵션의 성격을 갖고 있으며, 채권 매입자가 채권만기전에 매입한 채권을 중도상환 청구할 수 있는 권리로서 이러한 권리를 갖고 있는 채권을 상환청구채권(Puttable Bond)이라 한다.

수의상환채권는 채권 발행회사가 정해진 기간 내에 일정한 가격으로 채권을 재매입할 수 있는 권리를 갖고 있는 채권이므로 수의상환채권을 발행한 회사는 일반채권을 발행하면서 수의상환 옵션을 동시에 매입한 것과 같고, 수의상환채권을 매입한 투자자는 일반채권(Straight Bond)을 매입하면서 수의상환 옵션을 채권 발행회사에게 매도한 것이다. 그러므로 투자자는 이러한 권리를 발행회사에 부여한 대가로 수의상환 옵션이 없는 일반채권보다 높은 이표를 수취할 수 있다. 상환청구채권은 채권자가 발행회사에게 만기이전에 상환청구를 할 수 있는 채권으로 상환청구채권을 발행한 회사는 일반채권을 발행하면서 상환청구 옵션을 채권투자자에게 매도한 것과 같고, 상환청구채권을 매입한 투자자는 일반채권을 매입하면서 상환청구 옵션을 채권 발행회사로부터 매입한 것이다. 그러므로 투자자는 이러한 권리를 발행자에게서 부여받은 대가로 상환청구 옵션이 없는 일반채권보다 낮은 이표를 수취한다.

옵션부채권을 발행할 때 매도청구권이나 매수청구권만 있는 경우도 있지만, 매도 및 매수청구권 모두 있는 경우가 일반적이다. 옵션행사 방식으로는 한 번의 옵션 행사 기회만 있는 유로피언 방식과 일정 주기마다 옵션 행사기회가 있는 버뮤단(Bermudan) 방식이 있다.

23.2 블랙-더만-토이 모형을 이용한 옵션부채권 평가

액면금액이 100원, 채권만기가 5년, 이표가 년 5.8%, 이표주기가 매 3개월인 채권에 대해 3년 후 101.45원(액면금액 100원과 이표 1.45원)에 수의상환을 행사할 수 있을 때, 전체 구간에 대해 이자율의 변동성을 5%로 고정시킨 블랙-더만-토이 모형을 이용하여 이 채권의 가치가 어떻게 되는지 알아보자. 트리의 시간구간 Δt는 0.25로 설정하였다.

23.2.1 단기이자율 트리 생성

다음의 현물이자율 기간구조와 고정변동성을 적용하여 블랙-더만-토이 모형으로 단기이자율 트리를 생성하면 [그림 23-1]과 같다.

만기(년)	0	0.25	0.5	1	2	3	5
현물이자율		4.93%	5.04%	5.07%	5.12%	5.14%	5.19%

23.2.2 현금흐름을 고려하여 채권만기부터 옵션만기까지 채권가치 계산

채권만기에는 채권 액면금액과 이표를 지급하고 그 이외의 구간에서는 이표시점에 이표를 지급하는데, 앞에서 설명한 이항트리 모형에서의 역행계산을 적용하면 각 마디에서의 채권가치는 [그림 23-2]와 같다. 여기서, n은 채권만기시점이고, m은 옵션만기시점이다.

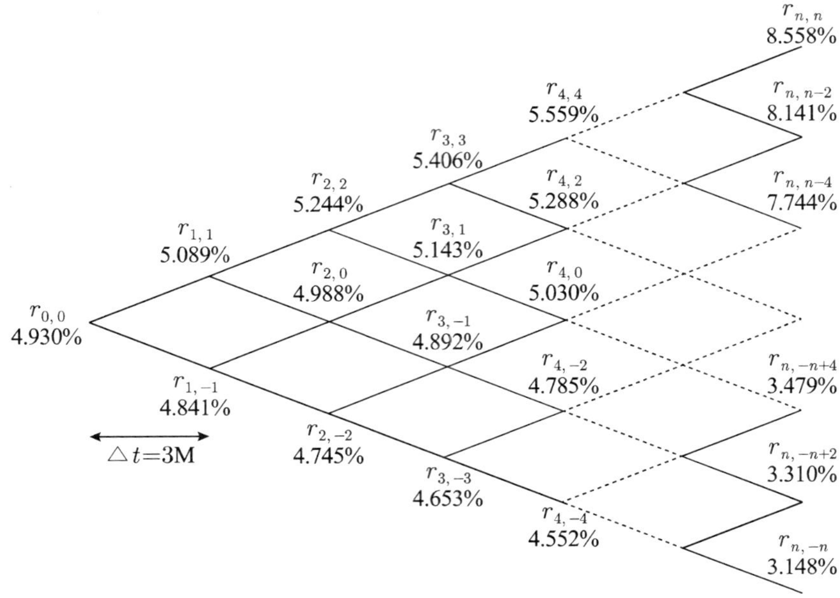

[그림 23-1] 전체 만기에 대한 단기이자율 트리

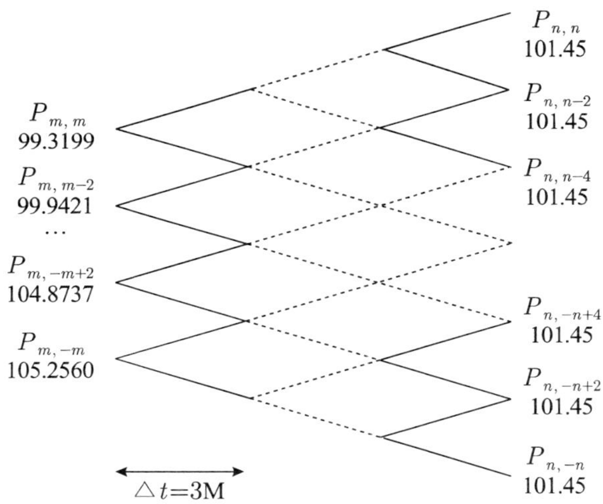

[그림 23-2] 채권만기에서 옵션만기까지 채권가치 역행계산

23.2.3 평가시점에서의 수의상환채권가치 계산

옵션만기시점에서의 수의상환을 고려하여 채권가치를 계산하고, 평가시점까지 이표 지급을 고려하며 역행계산을 적용하면 트리의 각 마디에서 수의상환채권의 가치는 [그림 23-3]과 같다.

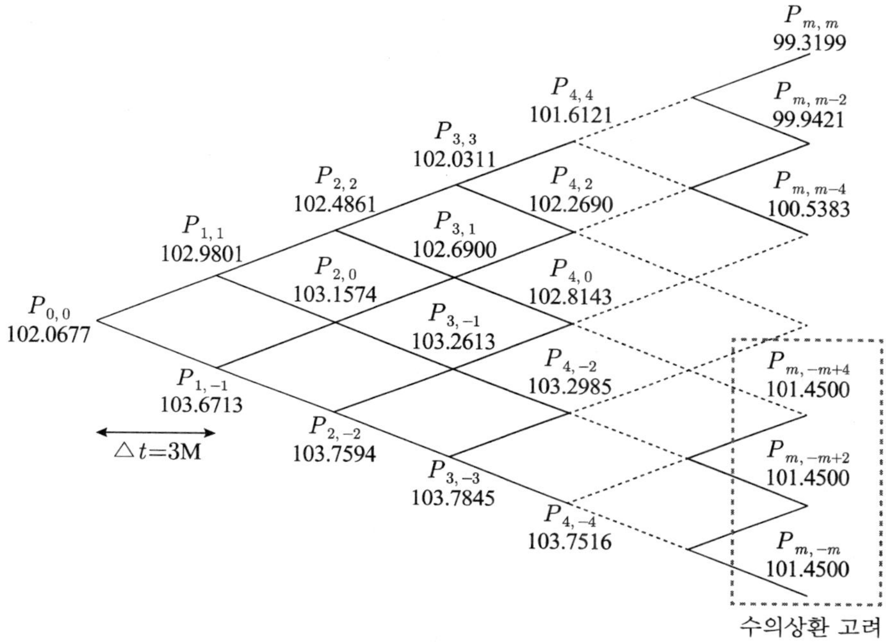

[그림 23-3] 수의상환채권가치 계산

블랙-더만-토이 모형을 적용하여 계산한 수의상환채권의 가치는 102.0677인데, 수의상환채권은 일반채권에서 수의상환 옵션을 매도한 것이므로 다음과 같이 계산할 수 있다.

수의상환채권의 가치 = 일반채권의 가치 − 수의상환 옵션의 가치

여기서, 일반채권의 가치는 현금흐름들을 해당시점의 현물이자율로 할인한 가치이고, 수의상환 옵션의 가치는 옵션만기시점의 각 마디에서 행사가격(101.45)에 대한 콜옵션가치를 계산하고 이를 역행계산을 통해 구한 가치이다.

23.2.4 블랙-더만-토이 모형으로 수의상환채권 평가 예

앞에서 설명한 수의상환채권의 평가 예제에 대해 현물이자율과 변동성이 다음과 같을 때, 고정변동성 5%를 적용한 블랙-더만-토이 모형과 다음의 변동성 기간구조를 적용한 블랙-더만-

토이 모형으로 이표채권의 가치, 수의상환 옵션의 가치, 수의상환채권의 가치를 계산해 보자.

만기(년)	현물이자율	변동성
0.25	4.93%	7%
0.5	5.04%	6%
1	5.07%	5%
2	5.12%	4.5%
3	5.14%	4%
5	5.19%	3%

✎ 소스 코드

- mathlib.h

```
//      mathlib.h
#define     max(a,b)        (((a)>(b))?(a):(b))
#define     min(a,b)        (((a)<(b))?(a):(b))

double      linear_interpolation(int n_time, double *time, double *rate, double t);
void        gaussian_elimination(double **Smatrix, double *Known, double *Unknown,
                                 int n_eqns);
```

- mathlib.cpp

```
//      mathlib.cpp
#include    <iostream>
using       namespace       std;
#include    <math.h>
#include    "mathlib.h"

double      linear_interpolation(int n_time, double *time, double *rate, double t)
{
     //     앞에서 선언한 linear_interpolation( ) 함수와 동일함, 별첨 소스 코드 참조
}

void        gaussian_elimination(double **Smatrix, double *Known, double *Unknown,
                              int n_eqns)
{
     //     앞에서 선언한 gaussian_elimination( ) 함수와 동일함, 별첨 소스 코드 참조
}
```

- bdt.h

```
//   bdt.h

class      CBDT{
    public:   //   생성자 소멸자
          CBDT();
          CBDT(int n);
          CBDT(double bond_maturity, double dt);
          ~CBDT();

    public:   //   변수만
          int         m_nnode;       //   bdt tree의 node 수
          double      m_dt;          //   tree의 간격
          double      m_pu;          //   up 확률
          double      m_pd;          //   down 확률
          double      *m_time;       //   node time
          double      *m_rate;       //   zero rate
          double      *m_vol;        //   volatility
          double      **m_ndf;       //   node discount factor
          double      **m_nQ;        //   상태가격(할인된 확률)
          double      **m_nsrate;    //   short rate tree
          double      *m_medianU;    //   short rate의 추정된 중위수
          double      **m_nQd;       //   하락상태의 상태가격
          double      *m_nvol;       //   node volatility

          bool        m_bvolfix;     //   변동성 고정 calibration이면 true 아니면 false

    public:   //   함수만
          //   변동성 고정으로 BDT Tree 그리기
          void        build_bdt_tree_fixed_vol(int nrate, double *rtime, double *rate,
                                double vol);
          //   변동성 고려하여 newton_raphson법으로 BDT Tree 그리기
          void        build_bdt_tree_vol_curve(int nrate, double *rtime, double *rate,
                                int nvol, double *vtime, double *vol);
};
```

- bdt.cpp

```
//   bdt.cpp
#include   <iostream>
using      namespace     std;

#include   <math.h>
#include   "bdt.h"
#include   "mathlib.h"

CBDT::CBDT()
{
     m_nnode        = 100;    //   bdt tree의 node 수
```

```
    m_dt         = 1.0;    //  tree의 간격
    m_pu         = 0.5;    //  bdt모형에선 default 확률
    m_pd         = 0.5;    //  bdt모형에선 default down 확률

    m_bvolfix    = true;   //  변동성 고정 calibration 이면 true, 아니면 false.
}

CBDT::CBDT(double tree_maturity, double dt)
{
    int     i;

    m_dt    = dt;
    m_nnode = int(tree_maturity/dt)+1;          //  채권만기까지 Tree 생성
    m_pu    = 0.5;         //  bdt모형에선 default up 확률
    m_pd    = 0.5;         //  bdt모형에선 default down 확률

    m_ndf        = new double*[m_nnode];
    m_nQ         = new double*[m_nnode];
    m_nsrate     = new double*[m_nnode];
    m_medianU    = new double[m_nnode];

    for(i=0; i<m_nnode; i++){
        m_ndf[i]        = new double[m_nnode];
        m_nQ[i]         = new double[m_nnode];
        m_nsrate[i]     = new double[m_nnode];
    }

    for(i=0; i<m_nnode; i++){
        for(int j=0; j<m_nnode; j++){
            m_ndf[i][j]      = 0.0;
            m_nQ[i][j]       = 0.0;
            m_nsrate[i][j]   = 0.0;
        }
        m_medianU[i] = 0.0;
    }
    m_bvolfix = true;  //  변동성 고정 calibration이면 true 아니면 false
}

CBDT::~CBDT()
{
    int     i;
    for(i=0; i<m_nnode; i++){
        delete[]  m_ndf[i];
        delete[]  m_nQ[i];
        delete[]  m_nsrate[i];
    }
    delete[]  m_ndf;
    delete[]  m_nQ;
    delete[]  m_nsrate;
    delete[]  m_medianU;
    delete[]  m_time;
    delete[]  m_rate;
```

```
	if(m_bvolfix!=true){
		for(i=0; i<m_nnode; i++) delete[] m_nQd[i];
		delete[] m_nQd;
		delete[] m_vol;
		delete[] m_nvol;
	}
}

void	CBDT::build_bdt_tree_fixed_vol(int nrate, double *rtime, double *rate, double vol)
{
	cout<<"변동성을 고정시킨 BDT 모형"<<endl;
	int		i, j, k, iter;
	double	x1, x2, f, fx, sqdt, Error, Epsilon, PDB;

	Epsilon	= 1.0e-15;

	m_time	= new double[m_nnode];
	m_rate	= new double[m_nnode];
	for(i=0; i<m_nnode-1; i++){
		m_time[i] = (i+1)*m_dt;	//	dt, 2dt...
		m_rate[i] = linear_interpolation(nrate, rtime, rate, m_time[i]);
	}

	m_medianU[0] = m_rate[0];
	m_nsrate[0][0] = m_medianU[0];
	m_ndf[0][0]	= 1.0/(1+m_nsrate[0][0]*m_dt);
	m_nQ[0][0]	= 1.0;
	sqdt = sqrt(m_dt);

	for(i=1; i<m_nnode-1; i++){
		m_nQ[i][0]		= m_pu*m_nQ[i-1][0]*m_ndf[i-1][0];
		for(j=1; j<i; j++){
			m_nQ[i][j]	= m_pu*m_nQ[i-1][j-1]*m_ndf[i-1][j-1]
						+ m_pd*m_nQ[i-1][j]*m_ndf[i-1][j];
		}
		m_nQ[i][i]	= m_pd*m_nQ[i-1][i-1]*m_ndf[i-1][i-1];

		PDB = 1.0/pow((1.0 + m_rate[i]), m_time[i]);
		x1	= m_medianU[i-1];
		iter	= 0;
		do{
			f	= 0.0;
			fx	= 0.0;
			k	= 0;
			for(j=0; j<=i; j++){
				k	= i - 2*j;
				f	+= m_nQ[i][j]/(1.0+x1*exp(vol*k*sqdt)*m_dt);
				fx	-= m_nQ[i][j]*pow((1.0+x1*exp(vol*k*sqdt)*m_dt), -2)
							*exp(vol*k*sqdt)*m_dt;
			}
			x2		= x1 - (f - PDB)/(fx);
```

```
            Error       = fabs(x2 - x1);
            x1          = x2;
            iter++;
        }while(Error>Epsilon && iter<1000);

        m_medianU[i] = x1;
        k    = 0;
        if(i<m_nnode){
            for(j=0; j<=i; j++){
                k     = i - 2*j;
                m_nsrate[i][j]  = m_medianU[i]*exp(vol*k*sqdt);// Spot
                // m_nsrate[][]을 적용한 1기간의 할인률(단리 계산)
                m_ndf[i][j]       = 1.0/(1.0 + m_nsrate[i][j]*m_dt);
            }
        }
    }
}

void      CBDT::build_bdt_tree_vol_curve(int nrate, double *rtime, double *rate, int nvol,
                                        double *vtime, double *vol)
{
    cout<<"변동성 기간구조를 고려한 BDT 모형"<<endl;
    int         i, j, k, iter;
    double    x1, y1, f, fx, sqdt;
    double    Error, Epsilon;
    double    *Pu, *Pd, PDB;
    double    iv;
    Epsilon   = 1.0e-15;

    m_bvolfix = false;  //   변동성 고정 calibration이면 true 아니면 false

    m_nQd     = new double*[m_nnode];            //for considering vol
    m_nvol    = new double[m_nnode];
    for(i=0; i<m_nnode; i++) m_nQd[i] = new double[m_nnode];
    for(i=0; i<m_nnode; i++){
        for(j=0; j<m_nnode; j++) m_nQd[i][j] = 0.0;
    }

    m_time    = new double[m_nnode];
    m_rate    = new double[m_nnode];
    m_vol     = new double[m_nnode];
    for(i=0; i<m_nnode-1; i++){
        m_time[i]        = (i+1)*m_dt; //    dt, 2dt...
        m_rate[i]        = linear_interpolation(nrate, rtime, rate, m_time[i]);
        m_vol[i]         = linear_interpolation(nvol, vtime, vol, m_time[i]);
    }

    Pu = new double[m_nnode];
    Pd = new double[m_nnode];
    for(i=0; i<m_nnode; i++){
        Pu[i] = 0.0;
        Pd[i] = 0.0;
```

```
}

m_medianU[0] = m_rate[0];
m_nsrate[0][0] = m_medianU[0];
m_ndf[0][0]     = 1.0/(1+m_nsrate[0][0]*m_dt);
m_nQ[1][0]      = 1.0;
m_nQd[1][0]     = 1.0;
m_nvol[0]       = m_vol[1];
sqdt = sqrt(m_dt);

//   Pu, Pd 추정
for(i=2; i<m_nnode; i++){
     f    = 0.0;
     fx   = 0.0;
     k    = 0;
     x1   = 1.0;
     iter = 0;
     iv   = m_vol[i-1];

     PDB       = 1.0/pow((1.0+m_rate[i-1]), m_time[i-1]);

     do{
          f    = (x1 + pow(x1, exp(-2*iv*sqdt)))/(2.0*(1.0+m_nsrate[0][0]*m_dt));
          fx   = (1.0/(2.0*(1.0+m_nsrate[0][0]*m_dt)))
                         *(1+exp(-2.0*iv*sqdt)*(pow(x1, exp(-2*iv*sqdt)-1)));
          x1        = x1 - (f-PDB)/fx;
          Error     = fabs(f-PDB);
          iter++;
     }while(Error>Epsilon && iter<1000);
     Pu[i] = x1;
     Pd[i] = pow(x1, exp(-2.0*iv*sqdt));
}

//with Newton_Raphson Method
int         nparm, m, n;
double      **smatrix, *unknown, *known;

nparm     = 2;
smatrix   = new double*[nparm];
for(i=0; i<nparm; i++)    smatrix[i] = new double[nparm];
unknown = new double[nparm];
known     = new double[nparm];

double    g, fy, gx, gy;
int       ju, jd;
double    minerror, optx1, opty1;
for(i=1; i<m_nnode-1; i++){
     iter = 0;
     x1   = m_rate[i];
     y1   = m_vol[i];

     minerror  = 1.0e15;
```

```
    optx1      = x1;
    opty1      = y1;
    do{
        for(m=0; m<nparm; m++){
            for(n=0; n<nparm; n++) smatrix[m][n] = 0.0;
            unknown[m]   = 0.0;
            known[m]     = 0.0;
        }

        f    = g  = fx = fy = gx= gy= 0.0;
        //   Gauss-Newton 방법
        for(j=0; j<i; j++){
            ju    = i - 2*j;
            f     += m_nQ[i][j]/(1.0+x1*exp(y1*ju*sqdt)*m_dt);
            fx    -= m_nQ[i][j]*pow((1.0+x1*exp(y1*ju*sqdt)*m_dt),-2)
                    *exp(y1*ju*sqdt)*m_dt;
            fy    -= m_nQ[i][j]*pow((1.0+x1*exp(y1*ju*sqdt)*m_dt),-2)
            *(x1*ju*sqdt*m_dt)*exp(y1*ju*sqdt);

            jd    = i - 2*(j+1);
            g     += m_nQd[i][j]/(1.0+x1*exp(y1*jd*sqdt)*m_dt);
            gx    -= m_nQd[i][j]*pow((1.0+x1*exp(y1*jd*sqdt)*m_dt),-2)
                    *exp(y1*jd*sqdt)*m_dt;
            gy    -= m_nQd[i][j]*pow((1.0+x1*exp(y1*jd*sqdt)*m_dt),-2)
                    *(x1*jd*sqdt*m_dt)*exp(y1*jd*sqdt);
        }
        smatrix[0][0]   += (fx*fx + gx*gx);
        smatrix[0][1]   += (fx*fy + gx*gy);
        smatrix[1][0]   += (fy*fx + gy*gx);
        smatrix[1][1]   += (fy*fy + gy*gy);
        known[0]        -= (f-Pu[i+1])*fx + (g-Pd[i+1])*gx;
        known[1]        -= (f-Pu[i+1])*fy + (g-Pd[i+1])*gy;

        gaussian_elimination(smatrix, known, unknown, nparm);
        x1   += unknown[0];
        y1   += unknown[1];

        f    = g  = 0.0;
        for(j=0; j<i; j++){
            ju    = i - 2*j;
            f     += m_nQ[i][j]/(1.0+x1*exp(y1*ju*sqdt)*m_dt);
            jd    = i - 2*(j+1);
            g     += m_nQd[i][j]/(1.0+x1*exp(y1*jd*sqdt)*m_dt);

        }
        Error      = fabs(f-Pu[i+1]) + fabs(g-Pd[i+1]);

        if(Error<minerror){
            minerror  = Error;
            optx1     = x1;
            opty1     = y1;
        }
```

```
            iter++;
        }while(Error>Epsilon && iter<10000);

        m_medianU[i]  = optx1;
        m_nvol[i]        = opty1;

        k     = 0;
        if(i<m_nnode){
            for(j=0; j<=i; j++){
                k      = i - 2*j;
                m_nsrate[i][j]  = m_medianU[i]*exp(m_nvol[i]*k*sqdt);
                m_ndf[i][j]        = 1.0/(1.0 + m_nsrate[i][j]*m_dt);
            }
        }

        if(i<m_nnode-1){
            m_nQ[i+1][0]   = m_pu*m_nQ[i][0]*m_ndf[i][0];
            m_nQd[i+1][0] = m_pu*m_nQd[i][0]*m_ndf[i][1];
            for(j=1; j<i; j++){
                m_nQ[i+1][j]    = m_pu*m_nQ[i][j-1]*m_ndf[i][j-1]
                                          + m_pd* m_nQ[i][j]*m_ndf[i][j];
                m_nQd[i+1][j]  = m_pu*m_nQd[i][j-1]*m_ndf[i][j]
                                          + m_pd*m_nQd[i][j]*m_ndf[i][j+1];
            }
            m_nQ[i+1][i]    = m_pd*m_nQ[i][i-1]*m_ndf[i][i-1];
            m_nQd[i+1][i]  = m_pd*m_nQd[i][i-1]*m_ndf[i][i];
        }
    }

    delete[]   Pu;
    delete[]   Pd;
}
```

▪ price.h

```
// price.h
#ifndef CPRICE_H
#define CPRICE_H

class      CBDT;

class      CPrice // Asset Price
{
    public:   //    생성자 소멸자
        CPrice();
        CPrice(double notional, double coupon_rate, double bond_maturity, int
            coupon_frequency);
        ~CPrice();

    public:   //    변수만
```

```
        int         m_coupon_frequency;     //  쿠폰지급주기
        int         m_ncoupon;              //  coupon 수량

        double      m_notional;             //  원금
        double      m_coupon_rate;          //  쿠폰이자율
        double      m_bond_maturity;        //  채권만기

        int         m_option_position;      //  1:call, -1:put
        double      m_strike;               //  옵션 행사가격
        double      m_option_maturity;      //  옵션만기

    public:  //  함수만
        double      coupon_bond_price(CBDT &bdt);                // 채권가격 계산
        double      coupon_bond_option_price(CBDT &bdt);         // 옵션가격
        double      callable_coupon_bond_price(CBDT &bdt);       // 옵션부채권가격
};

#endif
```

- price.cpp

```
//   price.cpp
#include   <iostream>
using      namespace      std;

#include   <math.h>
#include   "bdt.h"
#include   "price.h"
#include   "mathlib.h"

CPrice::CPrice()
{
    m_coupon_frequency      = 1;       //   쿠폰지급주기
    m_ncoupon               = 1;       //   coupon 수량
    m_notional              = 100.0;   //   원금
    m_coupon_rate           = 0.05;    //   쿠폰이자율
    m_bond_maturity         = 5.0;     //   채권만기

    m_option_position       = 1;       //   1:call, -1:put
    m_strike                = 98.0;    //   옵션 행사가격
    m_option_maturity       = 3.0;     //   옵션만기
}

CPrice::CPrice(double notional, double coupon_rate, double bond_maturity,
                    int coupon_frequency)
{
    m_coupon_frequency      = coupon_frequency;     //   쿠폰지급주기
    m_notional              = notional;             //   원금
    m_coupon_rate           = coupon_rate;          //   쿠폰이자율
    m_bond_maturity         = bond_maturity;        //   채권만기
```

```
    m_ncoupon               = int(m_bond_maturity*m_coupon_frequency);// coupon 수량
}

CPrice::~CPrice()
{

}

//  채권가격 계산
double    CPrice::coupon_bond_price(CBDT &bdt)
{
    int        i, j, nnode, ithc;
    double     price, coupon;
    double     *bprice, *coupon_time;

    nnode      = int(m_bond_maturity/bdt.m_dt);
    if(nnode>bdt.m_nnode){
         cout<<"BDT 트리를 보다 조밀하게 생성하세요"<<endl;
         exit(0);
    }

    coupon     = m_notional*m_coupon_rate/m_coupon_frequency;
    bprice     = new double[nnode+1];
    coupon_time    = new double[m_ncoupon];
    for(i=0; i<m_ncoupon; i++)    coupon_time[i] = double(i+1)/m_coupon_frequency;
    for(j=0; j<nnode+1; j++) bprice[j]  = m_notional + coupon; //   채권만기시 원금 지급

    double     pu, pd;
    pu         = bdt.m_pu;
    pd         = 1.0-pu;
    ithc       = m_ncoupon-2;

    for(i=nnode-1; i>=0; i--){
         for(j=0; j<=i; j++)
              bprice[j] = (pu*bprice[j]+pd*bprice[j+1])*bdt.m_ndf[i][j];     // 채권가격 할인
         if(coupon_time[ithc]==i*bdt.m_dt){
              for(j=0; j<=i; j++)  bprice[j]  += coupon;    //   이표 지급
              ithc--;
         }
    }

    price      = bprice[0];

    delete[]   bprice;
    delete[]   coupon_time;

    cout<<"coupon bond price : "<<price<<endl;
    return     price;
}

//  옵션가격
double    CPrice::coupon_bond_option_price(CBDT &bdt)
```

```
{
    int         i, j, nbnode, nonode, ithc;
    double      price, coupon;
    double      *bprice, *oprice, *coupon_time;

    nbnode      = int(m_bond_maturity/bdt.m_dt);
    nonode      = int(m_option_maturity/bdt.m_dt);

    if(m_option_maturity>m_bond_maturity){
        cout<<"옵션만기가 채권만기보다 깁니다."<<endl;
        exit(0);
    }
    if(nbnode>bdt.m_nnode){
        cout<<"BDT 트리를 보다 조밀하게 생성하세요"<<endl;
        exit(0);
    }

    coupon      = m_notional*m_coupon_rate/m_coupon_frequency;
    bprice      = new double[nbnode+1];
    coupon_time     = new double[m_ncoupon];
    for(i=0; i<m_ncoupon; i++)      coupon_time[i] = double(i+1)/m_coupon_frequency;
    for(j=0; j<nbnode+1; j++)       bprice[j]  = m_notional+coupon; //채권만기시 원금 지급

    double      pu, pd;
    pu          = bdt.m_pu;
    pd          = 1.0-pu;
    ithc        = m_ncoupon-2;

    for(i=nbnode-1; i>=nonode; i--){
        for(j=0; j<=i; j++)
            bprice[j] = (pu*bprice[j]+pd*bprice[j+1])*bdt.m_ndf[i][j];     // 채권가격 할인
        if(coupon_time[ithc]==i*bdt.m_dt){
            for(j=0; j<=i; j++)  bprice[j]  += coupon;     // 이표 지급
            ithc--;
        }
    }

    oprice      = new double[nonode+1];       //    현재시점을 고려하여 +1;
    for(j=0; j<nonode+1; j++) // 옵션만기시점 Payoff
        oprice[j]  = max(m_option_position*(bprice[j]-m_strike), 0);

    for(i=nonode-1; i>=0; i--){
        for(j=0; j<=i; j++) // 옵션가격 할인
            oprice[j] = (pu*oprice[j]+pd*oprice[j+1])*bdt.m_ndf[i][j];
    }

    price       = oprice[0];

    delete[]    oprice;
    delete[]    bprice;
    delete[]    coupon_time;
```

```
    cout<<"coupon bond option price : "<<price<<endl;
    return    price;
}

//  옵션부채권가격
double    CPrice::callable_coupon_bond_price(CBDT &bdt)
{
    int        i, j, nbnode, nonode, ithc;
    double     price, coupon;
    double     *bprice, *coupon_time;

    nbnode     = int(m_bond_maturity/bdt.m_dt);
    nonode     = int(m_option_maturity/bdt.m_dt);

    if(m_option_maturity>m_bond_maturity){
        cout<<"옵션만기가 채권만기보다 깁니다."<<endl;
        exit(0);
    }
    if(nbnode>bdt.m_nnode){
        cout<<"BDT 트리를 보다 조밀하게 생성하세요"<<endl;
        exit(0);
    }

    coupon      = m_notional*m_coupon_rate/m_coupon_frequency;
    bprice      = new double[nbnode+1];
    coupon_time    = new double[m_ncoupon];
    for(i=0; i<m_ncoupon; i++)    coupon_time[i] = double(i+1)/m_coupon_frequency;
    for(j=0; j<nbnode+1; j++)
        bprice[j]  = m_notional + coupon; // 채권만기시 원금 지급

    double     pu, pd;
    pu         = bdt.m_pu;
    pd         = 1.0-pu;
    ithc       = m_ncoupon-2;

    for(i=nbnode-1; i>=0; i--){
        for(j=0; j<=i; j++) // 채권가격 할인
            bprice[j] = (pu*bprice[j]+pd*bprice[j+1])*bdt.m_ndf[i][j];
        if(coupon_time[ithc]==i*bdt.m_dt){
            for(j=0; j<=i; j++)  bprice[j]  += coupon;    // 이표 지급
            ithc--;
        }

        if(i==nonode){
            if(m_option_position==1){//    callable bond
                for(j=0; j<nonode+1; j++)      //    옵션만기시점 Payoff
                    bprice[j]  = min(bprice[j], m_strike);
            }
            else{//    puttable bond
                for(j=0; j<nonode+1; j++)      // 옵션만기시점 Payoff
                    bprice[j]  = max(bprice[j], m_strike);
            }
```

```
        }
    }

    price       = bprice[0];

    delete[]    bprice;
    delete[]    coupon_time;

    cout<<"callable coupon bond option price : "<<price<<endl;
    return      price;
}
```

- main.cpp

```
//  main.cpp
#include    <iostream>
using       namespace   std;

#include    <iomanip>

#include    "bdt.h"
#include    "price.h"
#include    "mathlib.h"

void        main(void)
{
    // display points
    cout << setprecision(20);

    int         nrtime;
    double      fixed_vol;
    double      *rtime, *rate;
    nrtime      = 6;
    fixed_vol   = 0.05;

    rtime       = new double[nrtime];
    rate        = new double[nrtime];

    rtime[0]    = 0.25;             rate[0]     = 0.0493;
    rtime[1]    = 0.5;              rate[1]     = 0.0504;
    rtime[2]    = 1.0;              rate[2]     = 0.0507;
    rtime[3]    = 2.0;              rate[3]     = 0.0512;
    rtime[4]    = 3.0;              rate[4]     = 0.0514;
    rtime[5]    = 5.0;              rate[5]     = 0.0519;

    int         nvtime;
    double      *vtime, *vol;
    nvtime      = 6;
    vtime       = new double[nvtime];
    vol         = new double[nvtime];
```

```
    vtime[0]  = 0.25;             vol[0]     = 0.07;
    vtime[1]  = 0.5;              vol[1]     = 0.06;
    vtime[2]  = 1.0;              vol[2]     = 0.05;
    vtime[3]  = 2.0;              vol[3]     = 0.045;
    vtime[4]  = 3.0;              vol[4]     = 0.04;
    vtime[5]  = 5.0;              vol[5]     = 0.03;

    int        coupon_frequency;
    double     bond_maturity, node_dt, notional, coupon_rate;

    coupon_frequency   = 4;
    bond_maturity      = 5.0;
    node_dt            = 0.25;
    notional           = 100.0;
    coupon_rate        = 0.058;

    CBDT     bdt_vf(bond_maturity, node_dt);   //   tree maturity, tree dt
    bdt_vf.build_bdt_tree_fixed_vol(nrtime, rtime, rate, fixed_vol);

    double     bondprice, optionprice, price;

    CPrice     bond_price(notional, coupon_rate, bond_maturity, coupon_frequency);

    bondprice = bond_price.coupon_bond_price(bdt_vf);//    채권가격 계산

    bond_price.m_option_position  = 1;            //    1:call, -1:put
    bond_price.m_option_maturity = 3.0;           //    옵션만기
    bond_price.m_strike           = 101.45;       //    옵션 행사가격

    optionprice      = bond_price.coupon_bond_option_price(bdt_vf);// 옵션가격
    price            = bond_price.callable_coupon_bond_price(bdt_vf);  // 옵션부채권가격


    CBDT     bdt_vc(bond_maturity, node_dt);   //   tree maturity, tree dt
    bdt_vc.build_bdt_tree_vol_curve(nrtime, rtime, rate, nvtime, vtime, vol);
    bondprice        = bond_price.coupon_bond_price(bdt_vc);   //   채권가격 계산
    optionprice      = bond_price.coupon_bond_option_price(bdt_vc);   //  옵션가격
    price            = bond_price.callable_coupon_bond_price(bdt_vc);  //  옵션부채권가격

    delete[]   rate;
    delete[]   rtime;
}
```

✎ 실행 결과

```
C:\WINDOWS\system32\cmd.exe
변동성을 고정시킨 BDT 모형
coupon bond price : 103.1345321421126
coupon bond option price : 1.0668726738082435
callable coupon bond option price : 102.06765946830436

변동성 기간구조를 고려한 BDT 모형
coupon bond price : 103.13453214211262
coupon bond option price : 1.0346746629645907
callable coupon bond option price : 102.09985747914804
계속하려면 아무 키나 누르십시오 . . .
```

[그림 23-4] 블랙-더만-토이 모형을 이용한 수의상환채권의 가치 평가

변동성을 고정시킨 블랙-더만-토이 모형과 변동성 기간구조를 고려한 블랙-더만-토이 모형을 적용하여 수의상환채권의 가치를 평가한 결과 수의상환채권의 가치는 일반채권의 가치와 옵션의 가치의 차와 같음을 확인할 수 있다. 변동성은 일반채권의 가치에는 영향을 주지 않지만 옵션의 가치에는 영향을 주는 것을 알 수 있다.

23.3 헐-화이트 모형과 블랙-카라신스키 모형을 이용한 옵션부채권 평가

단기이자율이 정규분포 특성을 갖는 헐-화이트 모형과 대수정규분포 특성을 갖는 블랙-카라신스키 모형은 단기이자율 삼항트리 생성 방법과 평가 방법이 유사하므로 헐-화이트 모형으로 수의상환채권에 대한 평가 방법을 알아보자.

평가 대상은 블랙-더만-토이 모형에서 평가 대상이었던 액면금액이 100원, 채권만기가 5년, 이표가 연 5.8%, 이표주기가 매 3개월인 채권에 대해 3년 후 101.45원(액면금액 100원과 이표 1.45원)에 수의상환을 행사할 수 있는 채권으로 한다. 단, 평균회귀계수 a는 0.1, 변동성 σ는 0.01, 트리의 시간구간 Δt는 0.25로 설정하였다.

23.3.1 단기이자율 트리 생성

다음의 현물이자율 기간구조를 적용하여 헐-화이트 모형으로 단기이자율 트리를 생성하면 [그림 23-5]와 같고, 마디의 단기이자율이 음수인 경우 0으로 설정하였다.

만기(년)	0	0.25	0.5	1	2	3	5
현물이자율		4.93%	5.04%	5.07%	5.12%	5.14%	5.19%

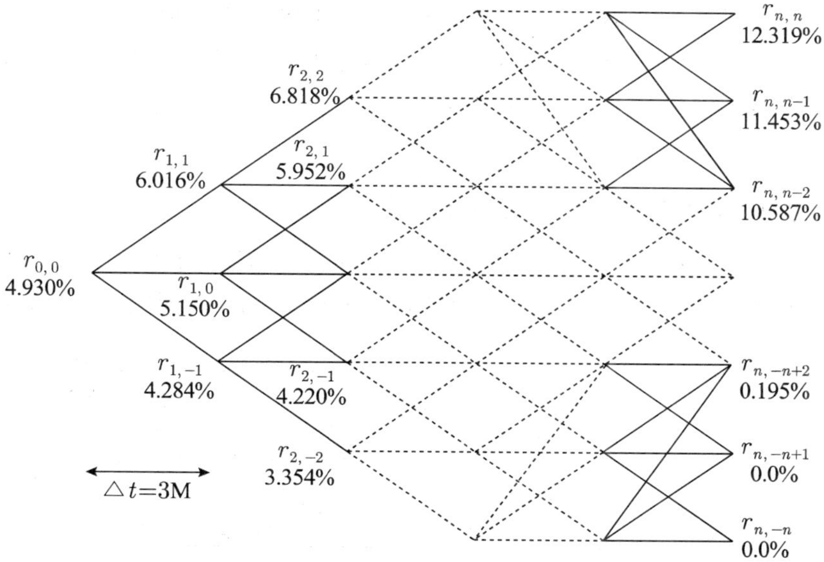

[그림 23-5] 전체 만기에 대한 단기이자율 트리

23.3.2 현금흐름을 고려하여 채권만기부터 옵션만기까지 채권가치 계산

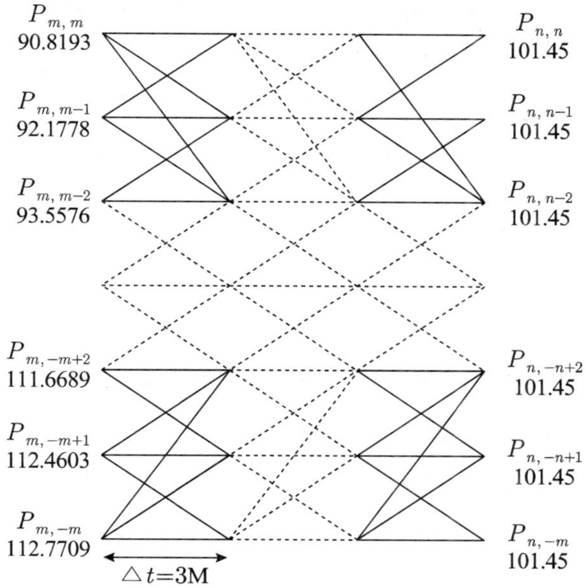

[그림 23-6] 채권만기에서 옵션만기까지 채권가치 계산

채권만기에는 채권의 액면금액과 이표를 지급하고 그 이외의 구간에서는 이표시점에 이표를 지급하는데, 앞에서 설명한 삼항트리 모형에서의 역행계산을 적용하면 각 마디에서의 채권가치는 [그림 23-6]과 같다. 여기서, n은 채권만기시점이고, m은 옵션만기시점이다.

23.3.3 평가시점에서의 수의상환채권가치 계산

옵션만기시점에서의 수의상환을 고려하여 채권가치를 계산하고, 평가시점까지 이표 지급을 고려하며 역행계산을 적용하면 트리의 각 마디에서 수의상환채권의 가치는 [그림 23-7]과 같다.

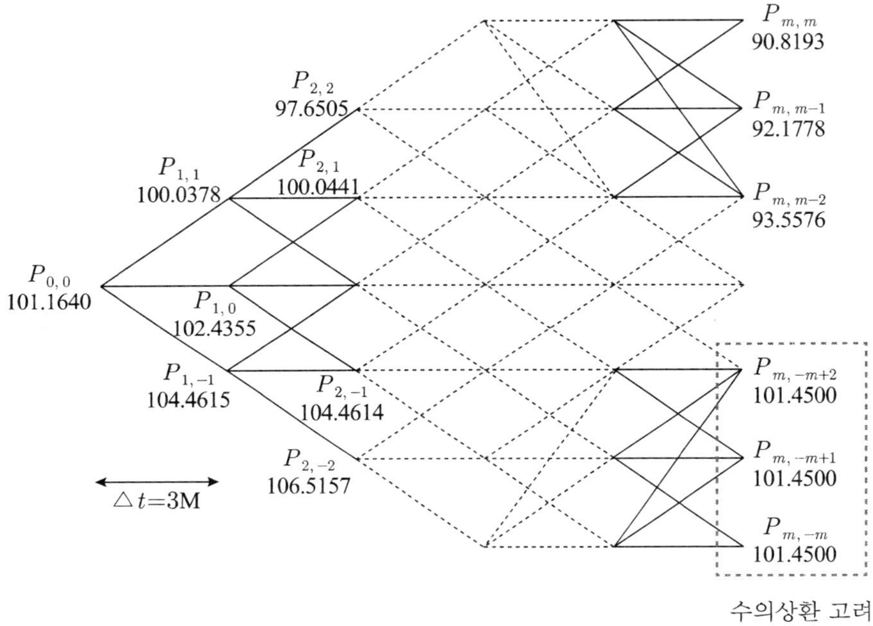

[그림 23-7] 수의상환채권가치 계산

23.3.4 헐-화이트 모형과 블랙-카라신스키 모형으로 수의상환채권 평가 예제

앞에서 설명한 수의상환채권의 평가 예제를 헐-화이트 모형과 블랙-카라신스키 모형으로 이표채권의 가치, 수의상환 옵션의 가치, 수의상환채권의 가치를 계산해 보자.

✎ 소스 코드

- mathlib.h

```
//    mathlib.h
double    linear_interpolation(int n_time, double *time, double *rate, double t);
```

▪ mathlib.cpp

```
//    mathlib.cpp
#include    <iostream>
using       namespace      std;
#include    <math.h>
#include    "mathlib.h"

double      linear_interpolation(int n_time, double *time, double *rate, double t)
{
    //    앞에서 선언한 linear_interpolation( ) 함수와 동일함, 별첨 소스 코드 참조
}
```

▪ hwbktree.h

```
//    hwbktree.h

class       CHWBKTree{
public:  //    생성자 소멸자
    CHWBKTree();
    ~CHWBKTree();

public:  //    변수만
    int         m_nnode;       //    tree 단계수
    int         m_jmax;        //    Jmax 값
    double      m_alpha;       //    mean reversion speed
    double      m_sigma;       //    short rate의 변동성
    double      m_dt;          //    tree 1단계의 시간간격

    double      *m_pu;         //    probability of up
    double      *m_pm;         //    probability of middle
    double      *m_pd;         //    probability of down

    double      **m_ndf;       // node discount factor
    double      **m_nrate;     // node short rate

public:  //    함수만
    // Normal Distribution Trinomial Tree 생성
    void        build_hull_white_short_rate_tree(int nrtime, double *time, double *rate);
    // Log Normal Distribution Trinomial Tree 생성
    void        build_black_karasinski_short_rate_tree(int nrtime, double *time, double *rate);
};
```

▪ hwbktree.cpp

```
//    hwbktree.cpp
#include    <iostream>
using       namespace      std;
```

```
#include  <math.h>
#include  "hwbktree.h"
#include  "mathlib.h"

CHWBKTree::CHWBKTree()
{
    m_nnode     = 10;    //  tree 단계수
    m_jmax      = 5;     //  Jmax 값
    m_alpha     = 0.1;   //  mean reversion speed
    m_sigma     = 0.01;  //  short rate의 변동성
    m_dt        = 1.0;   //  tree 1단계의 시간 간격
}

CHWBKTree::~CHWBKTree()
{
    int       i;

    delete[]  m_pu;      //  probability of up
    delete[]  m_pm;      //  probability of middle
    delete[]  m_pd;      //  probability of down

    for(i=0; i<m_nnode; i++){
        delete[]  m_ndf[i];     //  node discount factor
        delete[]  m_nrate[i];   //  node short rate
    }
}

////////////////////////////////
// HW Tree의 Short rate 계산 //
////////////////////////////////
//  normal distribution hw tree의 short rate 계산
void      CHWBKTree::build_hull_white_short_rate_tree(int nrtime, double *time,
                            double *rate)
{
    cout<<"Hull-White 모형"<<endl;
    // HULL and WHITE Tree 형태
    /*
    원래는
    2     *********************************
    1     *********************************
    0    **********************************
    -1    *********************************
    -2    *********************************
    이런 모습이여야 하나, 배열이 0,0에서 시작됨에 따라

    0    **********************************
    1     *********************************
    2     *********************************
    3     *********************************
    4     *********************************
    으로 변화시켜 트리 생성했으며, j의 값은 원점을 기준으로 shift하였음.
```

```
  */
  /* 각노드에서 Tree 전개 모양
  1번 확장 모양: 일반 경우
       *
  *    *
       *

  2번 확장 모양: Jmax에 도달시
  *    *
       *
       *

  3번 확장 모양: Jmin에 도달시
       *
       *
  *    *
과 같이 Tree 확장
*/
  int        i, j, k, m, imax;
  double     dR, sum;
  double     *P, **nQ, *itime, *irate;
  double     alpha_rate;

  m_jmax   = int(ceil(0.1835/(m_alpha*m_dt))); // Jmax 계산
  if(m_nnode-1<=m_jmax) imax = 2*(m_nnode-1)+1;
  else       imax = 2*m_jmax+1;

  P         = new double[m_nnode];       // 할인채
  itime     = new double[m_nnode];       // 노드 시점
  irate     = new double[m_nnode];       // 보간된 zero rate
  nQ        = new double*[m_nnode];      // Pure securities or discounted probability
  m_ndf     = new double*[m_nnode];      // node discount factor
  m_nrate   = new double*[m_nnode];      // node short rate
  for(i=0; i<m_nnode; i++){
       nQ[i]      = new double[imax];
       m_ndf[i]   = new double[imax];
       m_nrate[i]= new double[imax];
  }
  m_pu      = new double[imax];     // upward probability on the Node
  m_pm      = new double[imax];     // medium probability on the Node
  m_pd      = new double[imax];     // downward probability on the Node

  for(i=0; i<m_nnode; i++){
       for(j=0; j<imax; j++)     nQ[i][j]    = 0.0;
       P[i]        = 0.0;
       itime[i]    = (i+1)*m_dt;
       irate[i]    = linear_interpolation(nrtime, time, rate, itime[i]);
  }

  dR   = m_sigma*sqrt(3.0*m_dt);
  m_nrate[0][0]   = 0.0;
  for(i=1; i<m_nnode; i++){
```

```
        if(i<=m_jmax) imax = 2*i;
        else          imax = 2*m_jmax;

        for(j=0; j<=imax; j++){
            if(i<=m_jmax) k    = i - j;
            else          k    = m_jmax - j;
            m_nrate[i][j]  = k*dR;  // Hull책의 j*dR
        }
    }

    // 노드에서의 확률 계산
    if(m_nnode-1<=m_jmax){
        // node 수가 jmax보다 작으므로 3방향으로 퍼져나감, 1번 확장 모양
        for(j=0; j<=2*(m_nnode-1); j++){
            k    = m_nnode-1 - j;
            m_pu[j]  = 1.0/6.0 + ( pow((m_alpha*k*m_dt), 2.0) - m_alpha*k*m_dt )/2.0;
            m_pm[j]  = 2.0/3.0 - pow((m_alpha*k*m_dt), 2.0);
            m_pd[j]  = 1.0/6.0 + ( pow((m_alpha*k*m_dt), 2.0) +m_alpha*k*m_dt )/2.0;
        }
    }
    else{// node수가 jmax보다 클때이므로 Jmax 또는 Jmin시 수렴함
        for(j=0; j<=2*m_jmax; j++){
            k    = m_jmax - j;
            if(j==0){ // Jmax 시점, 2번 확장 모양
                m_pu[j]  = 7.0/6.0 + ( pow((m_alpha*k*m_dt), 2.0)
                                    - 3.0*m_alpha*k*m_dt )/2.0;
                m_pm[j]  = -1.0/3.0 - pow((m_alpha*k*m_dt), 2.0)
                                    + 2.0*m_alpha*k*m_dt;
                m_pd[j]  = 1.0/6.0 + ( pow((m_alpha*k*m_dt), 2.0)
                                    - m_alpha*k*m_dt )/2.0;
            }
            else if(j==2*m_jmax){ // Jmin 시점, 3번 확장 모양
                m_pu[j]  = 1.0/6.0 + ( pow((m_alpha*k*m_dt), 2.0)
                                    + m_alpha*k*m_dt )/2.0;
                m_pm[j]  = -1.0/3.0 - pow((m_alpha*k*m_dt), 2.0)
                                    - 2.0*m_alpha*k*m_dt;
                m_pd[j]  = 7.0/6.0 + ( pow((m_alpha*k*m_dt), 2.0)
                                    + 3.0*m_alpha*k*m_dt )/2.0;
            }
            else{ // 기타 일반 시점, 1번 확장 모양
                m_pu[j]  = 1.0/6.0 + ( pow((m_alpha*k*m_dt), 2.0)
                                    - m_alpha*k*m_dt )/2.0;
                m_pm[j]  = 2.0/3.0 - pow((m_alpha*k*m_dt), 2.0);
                m_pd[j]  = 1.0/6.0 + ( pow((m_alpha*k*m_dt), 2.0)
                                    + m_alpha*k*m_dt )/2.0;
            }
        }
    }

    for(i=0; i<m_nnode; i++) P[i] = exp(-irate[i]*itime[i]);

    nQ[0][0]        = 1.0;
```

```
    alpha_rate      = irate[0];
    m_nrate[0][0]  += alpha_rate;
    m_ndf[0][0]     = exp(-m_nrate[0][0]*m_dt);

    // 노드에서의 상태가격 계산
    for(i=1; i<m_nnode; i++){
        if(i<=m_jmax){      //node 수가 jmax보다 작은경우, 1번 확장 모양
            imax = 2*i-2; // j, j+1, j+2까지 고려 해주므로 -2를 적용
            for(j=0; j<=imax; j++){
                if(m_nnode-1<=m_jmax) m   = m_nnode-i+j;
                else m   = m_jmax-i+1+j;
                // (i, j)노드, (i, j+1)노드, (i, j+2)노드에서 상태가격
                nQ[i][j]     += nQ[i-1][j]*m_pu[m]*exp(-m_nrate[i-1][j]*m_dt);
                nQ[i][j+1]+= nQ[i-1][j]*m_pm[m]*exp(-m_nrate[i-1][j]*m_dt);
                nQ[i][j+2]+= nQ[i-1][j]*m_pd[m]*exp(-m_nrate[i-1][j]*m_dt);
            }
        }
        else{      // node 수가 jmax보다 큰경우,
            imax = 2*m_jmax;
            for(j=0; j<=imax; j++){
                if(j==0)              k =  0;  // 2번 확장 모양
                else if(j==imax)      k = -2;  // 3번 확장 모양
                else                  k = -1;  // 1번 확장 모양
                m    = j;
                // (i, j)노드, (i, j+1)노드, (i, j+2)노드에서 상태가격
                nQ[i][j+k]    += nQ[i-1][j]*m_pu[m]*exp(-m_nrate[i-1][j]*m_dt);
                nQ[i][j+k+1] += nQ[i-1][j]*m_pm[m]*exp(-m_nrate[i-1][j]*m_dt);
                nQ[i][j+k+2] += nQ[i-1][j]*m_pd[m]*exp(-m_nrate[i-1][j]*m_dt);
            }
        }

        if(i<=m_jmax) imax = 2*i;
        else        imax = 2*m_jmax;
        sum         = 0.0;

        for(j=0; j<=imax; j++){
            sum += nQ[i][j]*exp(-m_nrate[i][j]*m_dt);
        }
        alpha_rate = log(sum/P[i])/m_dt;  // 보정값 계산
        for(j=0; j<=imax; j++) {
            m_nrate[i][j]    += alpha_rate; // 각 노드에 보정값 적용
            if(m_nrate[i][j]<0)   m_nrate[i][j] = 0.0;
            m_ndf[i][j]       = exp(-m_nrate[i][j]*m_dt);
        }
    }
    for(i=0; i<m_nnode; i++) delete[]   nQ[i];
    delete[]   nQ;
    delete[]   P;
    delete[]   itime;
    delete[]   irate;
}
```

```
////////////////////////////////
// BK Tree의 Short rate 계산 //
////////////////////////////////
//   lognormal distribution bk tree의 short rate 계산
void      CHWBKTree::build_black_karasinski_short_rate_tree(int nrtime, double *time,
                                          double *rate)
{
   cout<<endl;
   cout<<"Black-Karasinski 모형"<<endl;
   // Black Karasinski Tree 형태
   /*
   원래는
   2      *******************************
   1     *******************************
   0    *******************************
   -1    *******************************
   -2     *******************************
   이런 모습이여야 하나, 배열이 0,0에서 시작됨에 따라

   0    *******************************
   1     *******************************
   2     *******************************
   3      *******************************
   4      *******************************
   으로 변화시켜 트리 생성했으며, j의 값은 원점을 기준으로 shift하였음.
   */
   /* 각노드에서 Tree 전개 모양
   1번 확장 모양: 일반 경우
        *
   *    *
        *

   2번 확장 모양: Jmax에 도달시
   *    *
        *
        *

   3번 확장 모양: Jmin에 도달시
        *
        *
   *    *
  과 같이 Tree 확장
  */

   int       i, j, k, m, imax, iter;
   double    dR, tmpP;
   double    alpha_rate, alpha_rate2, rPra;
   double    *P, **lnR, **nQ, *itime, *irate;

   m_jmax  = int(ceil(0.1835/(m_alpha*m_dt))); // Jmax 계산

   if(m_nnode-1<=m_jmax) imax = 2*(m_nnode-1)+1;
```

```
else        imax = 2*m_jmax+1;

P           = new double[m_nnode];      // 할인채
itime       = new double[m_nnode];      // 노드 시점
irate       = new double[m_nnode];      // 보간된 zero rate
lnR         = new double*[m_nnode];     // 대수적용 node short rate
nQ          = new double*[m_nnode];     // Pure securities or discounted probability
m_ndf       = new double*[m_nnode];     // node discount factor
m_nrate     = new double*[m_nnode];     // node short rate
for(i=0; i<m_nnode; i++){
    lnR[i]      = new double[imax];
    nQ[i]       = new double[imax];
    m_ndf[i]    = new double[imax];
    m_nrate[i]= new double[imax];
}
m_pu        = new double[imax];     // upward probability on the Node
m_pm        = new double[imax];     // medium probability on the Node
m_pd        = new double[imax];     // downward probability on the Node

for(i=0; i<m_nnode; i++){
    for(j=0; j<imax; j++){
        lnR[i][j]   = 0.0;
        nQ[i][j]    = 0.0;
    }
    P[i]        = 0.0;
    itime[i]    = (i+1)*m_dt;
    irate[i]    = linear_interpolation(nrtime, time, rate, itime[i]);
}

// normal 분포와 동일하지 않다.
lnR[0][0] = 0.0;
dR          = m_sigma*sqrt(3.0*m_dt);
for(i=1; i<m_nnode; i++){
    if(i<=m_jmax) imax = 2*i;
    else            imax = 2*m_jmax;

    for(j=0; j<=imax; j++){
        if(i<=m_jmax) k     = i - j;
        else          k     = m_jmax - j;
        lnR[i][j]           = k*dR;  // Hull책의 j*dR
    }
}

// normal 분포와 동일
if(m_nnode-1<=m_jmax){      // node 수가 jmax보다 작으므로 3방향으로 퍼져나감
    for(j=0; j<=2*(m_nnode-1); j++){
        k           = m_nnode-1 - j;
        m_pu[j]     = 1.0/6.0 + ( pow((m_alpha*k*m_dt), 2.0) -  m_alpha*k*m_dt )/2.0;
        m_pm[j]     = 2.0/3.0 - pow((m_alpha*k*m_dt), 2.0);
        m_pd[j]     = 1.0/6.0 + ( pow((m_alpha*k*m_dt), 2.0) + m_alpha*k*m_dt )/2.0;
    }
}
```

```
else{    // node수가 jmax보다 클때이므로 Jmax 또는 Jmin시 수렴함
    for(j=0; j<=2*m_jmax; j++){
        k    = m_jmax - j;
        if(j==0){// 2번 확장 모양
            m_pu[j]  = 7.0/6.0 + ( pow((m_alpha*k*m_dt), 2.0)
                                - 3.0*m_alpha*k*m_dt )/2.0;
            m_pm[j]  = -1.0/3.0 - pow((m_alpha*k*m_dt), 2.0)
                                + 2.0*m_alpha*k*m_dt;
            m_pd[j]  = 1.0/6.0 + ( pow((m_alpha*k*m_dt), 2.0)
                                - m_alpha*k*m_dt )/2.0;
        }
        else if(j==2*m_jmax){   // 3번 확장 모양
            m_pu[j]  = 1.0/6.0 + ( pow((m_alpha*k*m_dt), 2.0)
                                + m_alpha*k*m_dt )/2.0;
            m_pm[j]  = -1.0/3.0 - pow((m_alpha*k*m_dt), 2.0)
                                - 2.0*m_alpha*k*m_dt;
            m_pd[j]  = 7.0/6.0 + ( pow((m_alpha*k*m_dt), 2.0)
                                + 3.0*m_alpha*k*m_dt )/2.0;
        }
        else{// 1번 확장 모양
            m_pu[j]  = 1.0/6.0 + ( pow((m_alpha*k*m_dt), 2.0)
                                - m_alpha*k*m_dt )/2.0;
            m_pm[j]  = 2.0/3.0 - pow((m_alpha*k*m_dt), 2.0);
            m_pd[j]  = 1.0/6.0 + ( pow((m_alpha*k*m_dt), 2.0)
                                + m_alpha*k*m_dt )/2.0;
        }
    }
}

nQ[0][0]        = 1.0;
alpha_rate      = log(irate[0]);
lnR[0][0]       += alpha_rate;
m_nrate[0][0]   = exp(lnR[0][0]);

double          error, tolerance;
tolerance       = 1.0e-15;
m_ndf[0][0]     = exp(-m_nrate[0][0]*itime[0]);

for(i=0; i<m_nnode; i++) P[i] = exp(-irate[i]*itime[i]);

for(i=1; i<m_nnode; i++){
    if(i<=m_jmax){      // node 수가 jmax보다 작은경우,
        imax = 2*i-2; // j, j+1, j+2까지 고려 해주므로 -2를 적용
        for(j=0; j<=imax; j++){ // 1번 확장 모양
            if(m_nnode-1<=m_jmax) m    = m_nnode-i+j;
            else m    = m_jmax-i+1+j;
            // (i, j)노드, (i, j+1)노드, (i, j+2)노드에서 상태가격
            nQ[i][j]   += nQ[i-1][j]*m_pu[m]*exp(-m_nrate[i-1][j]*m_dt);
            nQ[i][j+1  += nQ[i-1][j]*m_pm[m]*exp(-m_nrate[i-1][j]*m_dt);
            nQ[i][j+2] += nQ[i-1][j]*m_pd[m]*exp(-m_nrate[i-1][j]*m_dt);
        }
    }
```

```
        else{      // node 수가 jmax보다 큰경우,
            imax= 2*m_jmax;  // j, j+1, j+2까지 고려 해주더라도 jmax와 jmin 때문에
                             // k를 적용하였으므로 -2를 적용하지 않는다.
            for(j=0; j<=imax; j++){
                if(j==0)            k =  0;  // 2번 확장 모양
                else if(j==imax)    k = -2;  // 3번 확장 모양
                else                k = -1;  // 1번 확장 모양
                m   = j;
                // (i, j)노드, (i, j+1)노드, (i, j+2)노드에서 상태가격
                nQ[i][j+k]   += nQ[i-1][j]*m_pu[m]*exp(-m_nrate[i-1][j]*m_dt);
                nQ[i][j+k+1] += nQ[i-1][j]*m_pm[m]*exp(-m_nrate[i-1][j]*m_dt);
                nQ[i][j+k+2] += nQ[i-1][j]*m_pd[m]*exp(-m_nrate[i-1][j]*m_dt);
            }
        }

        // lognormal 분포에서는 alpha를 구하기위하여 newton raphon method가 들어감.

        if(i<=m_jmax) imax = 2*i;
        else          imax = 2*m_jmax;
        iter  = 0;
        do{
            tmpP      = 0.0;
            rPra      = 0.0;
            for(j=0; j<=imax; j++){
                tmpP      += exp(-exp(lnR[i][j]+alpha_rate)*m_dt)*nQ[i][j]; // 임시 가격
                rPra      -= exp(-exp(lnR[i][j]+alpha_rate)*m_dt)
                             *exp(lnR[i][j]+alpha_rate)*m_dt*nQ[i][j];
                             //   round P / round alpha을 의미
            }

            // tmpP와 P[i]의 가격차이가 최소가 되도록 alpha값 찾기
            alpha_rate2     = alpha_rate - (tmpP - P[i])/rPra;
            error           = fabs(alpha_rate2-alpha_rate);
            alpha_rate      = alpha_rate2;
            iter++;
        }while(error>tolerance && iter<100);

        for(j=0; j<=imax; j++) {
            lnR[i][j]   += alpha_rate; //각 노드에서 보정값 적용
            m_nrate[i][j]   = exp(lnR[i][j]);
            if(m_nrate[i][j]<0){
                cout<<"단기이자율이 0보다 작습니다. : "<<m_nrate[i][j]<<endl;
                exit(0);
            }   // lognormal이므로 절대 있을수 없는 일.
            m_ndf[i][j] = exp(-m_nrate[i][j]*m_dt);
        }
    }

    for(i=0; i<m_nnode; i++){
        delete[]  lnR[i];
        delete[]  nQ[i];
    }
```

```
    delete[]   lnR;
    delete[]   nQ;
    delete[]   P;
    delete[]   itime;
    delete[]   irate;
}
```

▪ price.h

```
// price.h
#ifndef CPRICE_H
#define CPRICE_H

class      CHWBKTree;

class      CPrice // Asset Price
{
public:    //    생성자 소멸자
    CPrice();
    CPrice(double notional, double coupon_rate, double bond_maturity,
                            int coupon_frequency);
    ~CPrice();

public:    //    변수만
    int        m_coupon_frequency;    //    쿠폰지급주기
    int        m_ncoupon;             //    coupon 수량

    double     m_notional;            //    원금
    double     m_coupon_rate;         //    쿠폰이자율
    double     m_bond_maturity;       //    채권만기

    int        m_option_position;     //    1:call, -1:put
    double     m_strike;              //    옵션 행사가격
    double     m_option_maturity;     //    옵션만기

public:    //    함수만
    double     coupon_bond_price(CHWBKTree &hw);             //    채권가격 계산
    double     coupon_bond_option_price(CHWBKTree &hw);      //    옵션가격
    double     callable_coupon_bond_price(CHWBKTree &hw);    //    옵션부채권가격
};

#endif
```

▪ price.cpp

```
//    price.cpp
#include    <iostream>
using      namespace      std;
```

```
#include  <math.h>
#include  "hwbktree.h"
#include  "price.h"
#include  "mathlib.h"

CPrice::CPrice()
{
    m_coupon_frequency      = 1;       //  쿠폰지급주기
    m_ncoupon               = 1;       //  coupon 수량
    m_notional              = 100.0;   //  원금
    m_coupon_rate           = 0.05;    //  쿠폰이자율
    m_bond_maturity         = 5.0;     //  채권만기

    m_option_position       = 1;       //  1:call, -1:put
    m_strike                = 98.0;    //  옵션 행사가격
    m_option_maturity       = 3.0;     //  옵션만기
}

CPrice::CPrice(double notional, double coupon_rate, double bond_maturity,
               int coupon_frequency)
{
    m_coupon_frequency      = coupon_frequency;     //  쿠폰지급주기
    m_notional              = notional;             //  원금
    m_coupon_rate           = coupon_rate;          //  쿠폰이자율
    m_bond_maturity         = bond_maturity;        //  채권만기
    m_ncoupon               = int(m_bond_maturity*m_coupon_frequency);//coupon 수량
}

CPrice::~CPrice()
{

}

//  채권가격 계산
double    CPrice::coupon_bond_price(CHWBKTree &hw)
{
    int       i, j, k, m, nnode, imax, jmax, ithc;
    double    price, coupon;
    double    *oldbprice, *newbprice, *coupon_time;

    nnode     = int(m_bond_maturity/hw.m_dt);

    jmax= hw.m_jmax;
    if(nnode<=jmax)    imax = 2*(nnode-1)+1;
    else       imax = 2*jmax+1;

    if(nnode>hw.m_nnode){
        cout<<"Hull and White 트리를 보다 조밀하게 생성하세요"<<endl;
        exit(0);
    }

    coupon    = m_notional*m_coupon_rate/m_coupon_frequency;
```

```
oldbprice       = new double[imax];
newbprice       = new double[imax];
coupon_time     = new double[m_ncoupon];
for(i=0; i<m_ncoupon; i++) coupon_time[i] = double(i+1)/m_coupon_frequency;
for(j=0; j<imax; j++) oldbprice[j] = m_notional + coupon;   //  채권만기시 원금 지급

ithc = m_ncoupon-2;

for(i=nnode-1; i>=0; i--){
    if(i<=jmax) imax = 2*i;//현재 node가 Jmax보다 작은 경우, 즉 수렴하지 않은 경우
    else        imax = 2*jmax;    // 현재 node가 Jmax보다 큰 경우, 즉 수렴한 경우

    for(j=0; j<=imax; j++){
        if(i<=jmax)     k    = i - j;//현재 node가 Jmax보다 작아 수렴하지 않은 경우
        else            k    = jmax - j;   // 현재 node가 Jmax보다 큰 경우,
                                           // 즉 수렴한 경우,

        if(nnode-1<=jmax) // 노드의 확률 적용시 node의 수가 Jmax보다 작을 경우
            m    = nnode-1-i+j;

        else{// node의 수가 Jmax보다 큰경우
            if(i<=jmax)// 노드의 확률 적용시 현재 node가 Jmax보다 작을 경우
                m    = jmax -k;
            else m    = j;        // 노드의 확률 적용시 현재 node가
                                  // Jmax보다 큰 경우,
        }

        // 이전 노드(i)의 3상태(j,j+1,j+2)의 채권가격을 노드의 확률을 고려하여
        // 할인한다.
        if(k==jmax) // 2번 확장 모양 경우
            newbprice[j] = (hw.m_pu[m]*oldbprice[j]+hw.m_pm[m]*oldbprice[j+1]
                         +hw.m_pd[m]*oldbprice[j+2])*hw.m_ndf[i][j];
        else if(k==-jmax)  // 3번 확장 모양 경우
            newbprice[j] = (hw.m_pu[m]*oldbprice[j-2]+hw.m_pm[m]*oldbprice[j-1]
                         +hw.m_pd[m]*oldbprice[j])*hw.m_ndf[i][j];
        else{
            if(i>=jmax) // 1번 확장 경우인데,  현재 노드가 Jmax보다 큰경우
            newbprice[j] = (hw.m_pu[m]*oldbprice[j-1]+hw.m_pm[m]*oldbprice[j]
                         +hw.m_pd[m]*oldbprice[j+1])*hw.m_ndf[i][j];
            else  // 1번 확장 경우인데,  현재 노드가 Jmax보다 작은 경우
            newbprice[j] = (hw.m_pu[m]*oldbprice[j]+hw.m_pm[m]*oldbprice[j+1]
                         +hw.m_pd[m]*oldbprice[j+2])*hw.m_ndf[i][j];
        }
    }

    if(coupon_time[ithc]==i*hw.m_dt){
        for(j=0; j<=imax; j++)    newbprice[j]    += coupon;     // 이표 지급
        ithc--;
    }

    for(j=0; j<=imax; j++)          oldbprice[j]     = newbprice[j];
```

```
    }

    price       = newbprice[0];

    delete[]   oldbprice;
    delete[]   newbprice;
    delete[]   coupon_time;

    cout<<"coupon bond price : "<<price<<endl;
    return     price;
}

//   옵션가격
double     CPrice::coupon_bond_option_price(CHWBKTree &hw)
{
    int        i, j, k, m, nbnode, nonode, imax, jmax, ithc;
    double     price, coupon;
    double     *oldbprice, *newbprice, *oldoprice, *newoprice, *coupon_time;

    nbnode    = int(m_bond_maturity/hw.m_dt);
    nonode    = int(m_option_maturity/hw.m_dt);

    if(m_option_maturity>m_bond_maturity){
        cout<<"옵션만기가 채권만기보다 깁니다."<<endl;
        exit(0);
    }

    jmax= hw.m_jmax;
    if(nbnode<=jmax)   imax = 2*(nbnode-1)+1;
    else               imax = 2*jmax+1;

    if(nbnode>hw.m_nnode){
        cout<<"Hull and White 트리를 보다 조밀하게 생성하세요"<<endl;
        exit(0);
    }

    coupon    = m_notional*m_coupon_rate/m_coupon_frequency;

    oldbprice       = new double[imax];
    newbprice       = new double[imax];
    coupon_time     = new double[m_ncoupon];
    for(i=0; i<m_ncoupon; i++)     coupon_time[i] = double(i+1)/m_coupon_frequency;
    for(j=0; j<imax; j++) oldbprice[j]   = m_notional + coupon;    // 채권만기시 원금 지급

    ithc  = m_ncoupon-2;

    for(i=nbnode-1; i>=nonode; i--){
        if(i<=jmax) imax = 2*i;          // 현재 node가 Jmax보다 작을 경우,
                                         // 즉 수렴하지 않은 경우
        else       imax = 2*jmax;        // 현재 node가 Jmax보다 큰 경우, 즉 수렴한 경우

        for(j=0; j<=imax; j++){
```

```
            if(i<=jmax)     k     = i - j;  //   현재 node가 Jmax보다 작은 경우,
                                            //   수렴하지 않은 경우
            else            k     = jmax - j;   // 현재 node가 Jmax보다 큰 경우,
                                                // 즉 수렴한 경우,

            if(nnode-1<=jmax) //   노드 확률 적용시 node 수가 Jmax보다 작을 경우,
                m    = nnode-1-i+j;
            else{                 // node의 수가 Jmax보다 큰경우
                if(i<=jmax)    // 노드 확률 적용시 현재 node가 Jmax보다 작을 경우
                    m    = jmax -k;
                else        m    = j; //  노드의 확률 적용시
                                      //    현재 node가 Jmax보다 큰 경우,
            }

            // 이전 노드(i)의 3상태(j,j+1,j+2)의 채권가격을 노드의 확률을 고려하여
            할인한다.
            if(k==jmax) // 2번 확장 모양 경우
                newbprice[j] = (hw.m_pu[m]*oldbprice[j]+hw.m_pm[m]*oldbprice[j+1]
                               +hw.m_pd[m]*oldbprice[j+2])*hw.m_ndf[i][j];
            else if(k==-jmax)  // 3번 확장 모양 경우
                newbprice[j] = (hw.m_pu[m]*oldbprice[j-2]+hw.m_pm[m]*oldbprice[j-1]
                               +hw.m_pd[m]*oldbprice[j])*hw.m_ndf[i][j];
            else{
                if(i>=jmax) // 1번 확장 경우인데,  현재 노드가 Jmax보다 큰경우
                newbprice[j] = (hw.m_pu[m]*oldbprice[j-1]+hw.m_pm[m]*oldbprice[j]
                               +hw.m_pd[m]*oldbprice[j+1])*hw.m_ndf[i][j];
                else  // 1번 확장 경우인데,  현재 노드가 Jmax보다 작은 경우
                newbprice[j] = (hw.m_pu[m]*oldbprice[j]+hw.m_pm[m]*oldbprice[j+1]
                               +hw.m_pd[m]*oldbprice[j+2])*hw.m_ndf[i][j];
            }
        }

        if(coupon_time[ithc]==i*hw.m_dt){
            for(j=0; j<=imax; j++)    newbprice[j]    += coupon;     //    이표 지급
            ithc--;
        }

        for(j=0; j<=imax; j++)    oldbprice[j]      = newbprice[j];
    }

    oldoprice        = new double[imax+1];  //    현재시점을 고려하여 +1;
    newoprice        = new double[imax+1];  //    현재시점을 고려하여 +1;
    for(j=0; j<=imax; j++)          //    옵션만기시점 Payoff
        oldoprice[j]      = max(m_option_position*(newbprice[j]-m_strike), 0);

    for(i=nonode-1; i>=0; i--){
        if(i<=jmax)     imax = 2*i;   // 현재 node가 Jmax보다 작을 경우,
                                      // 즉 수렴하지 않은 경우
        else            imax = 2*jmax;     // 현재 node가 Jmax보다 큰 경우,
                                           // 즉 수렴한 경우

        for(j=0; j<=imax; j++){
```

```
            if(i<=jmax)     k    = i - j;  //  현재 node가 Jmax보다 작은 경우
                                           //   즉 수렴하지 않은 경우,
            else            k    = jmax - j;  //  현재 node가 Jmax보다 큰 경우,
                                              //   즉 수렴한 경우,

            if(nbnode-1<=jmax)//  노드의 확률 적용시 node의 수가 Jmax보다 작을 경우
                m    = nbnode-1-i+j;
            else{                 // node의 수가 Jmax보다 큰 경우
                if(i<=jmax)    //  노드의 확률 적용시 현재 node가 Jmax보다 작을 경우
                    m    = jmax -k;
                else       m    = j; //  노드의 확률 적용시
                                     // 현재 node가 Jmax보다 큰 경우
            }

            // 이전 노드(i) 상태(j,j+1,j+2)의 옵션가격을 노드의 확률을 고려하여 할인한다.
            if(k==jmax)        // 2번 확장 모양 경우
                newoprice[j] = (hw.m_pu[m]*oldoprice[j]+hw.m_pm[m]*oldoprice[j+1]
                                +hw.m_pd[m]*oldoprice[j+2])*hw.m_ndf[i][j];
            else if(k==-jmax) // 3번 확장 모양 경우
                newoprice[j] = (hw.m_pu[m]*oldoprice[j-2]+hw.m_pm[m]*oldoprice[j-1]
                                +hw.m_pd[m]*oldoprice[j])*hw.m_ndf[i][j];
            else{
                if(i>=jmax)  // 1번 확장 경우인데, 현재 노드가 Jmax보다 큰경우
                    newoprice[j] = (hw.m_pu[m]*oldoprice[j-1]
                                   +hw.m_pm[m]*oldoprice[j]
                                   +hw.m_pd[m]*oldoprice[j+1])*hw.m_ndf[i][j];
                else  // 1번 확장 경우인데, 현재 노드가 Jmax보다 작은 경우
                    newoprice[j] = (hw.m_pu[m]*oldoprice[j]
                                   +hw.m_pm[m]*oldoprice[j+1]
                                   +hw.m_pd[m]*oldoprice[j+2])*hw.m_ndf[i][j];
            }
        }
        for(j=0; j<=imax; j++)    oldoprice[j]     = newoprice[j];
    }

    price       = newoprice[0];

    cout<<"coupon bond option price : "<<price<<endl;
    delete[]    oldoprice;
    delete[]    oldbprice;
    delete[]    newoprice;
    delete[]    newbprice;
    delete[]    coupon_time;

    return      price;
}

//    옵션부채권가격
double     CPrice::callable_coupon_bond_price(CHWBKTree &hw)
{
    int          i, j, k, m, nbnode, nonode, imax, jmax, ithc;
    double     price, coupon;
```

```
double    *oldbprice, *newbprice, *coupon_time;

nbnode   = int(m_bond_maturity/hw.m_dt);
nonode   = int(m_option_maturity/hw.m_dt);

if(m_option_maturity>m_bond_maturity){
     cout<<"옵션만기가 채권만기보다 깁니다."<<endl;
     exit(0);
}

jmax= hw.m_jmax;
if(nbnode<=jmax)   imax = 2*(nbnode-1)+1;
else               imax = 2*jmax+1;

if(nbnode>hw.m_nnode){
     cout<<"Hull and White 트리를 보다 조밀하게 생성하세요"<<endl;
     exit(0);
}

coupon   = m_notional*m_coupon_rate/m_coupon_frequency;

oldbprice       = new double[imax];
newbprice       = new double[imax];
coupon_time     = new double[m_ncoupon];
for(i=0; i<m_ncoupon; i++)    coupon_time[i] = double(i+1)/m_coupon_frequency;
for(j=0; j<imax; j++) oldbprice[j]  = m_notional + coupon;  //  채권만기시 원금 지급

ithc  = m_ncoupon-2;

for(i=nbnode-1; i>=0; i--){
     if(i<=jmax)     imax = 2*i;    //  현재 node가 Jmax보다 작을 경우,
                                    //  즉 수렴하지 않은 경우
     else      imax = 2*jmax;     //  현재 node가 Jmax보다 큰 경우, 즉 수렴한 경우

     for(j=0; j<=imax; j++){
          if(i<=jmax)     k     = i-j; // 현재 node가 Jmax보다 작아 수렴하지 않은 경우
          else            k     = jmax - j;   //  현재 node가 Jmax보다 큰 경우,
                                              //    즉 수렴한 경우,

          if(nnode-1<=jmax) // 노드의 확률 적용시 node의 수가 Jmax보다 작을 경우,
               m     = nnode-1-i+j;
          else{                 // node의 수가 Jmax보다 큰경우
               if(i<=jmax)    // 노드의 확률 적용시 현재 node가 Jmax보다 작을 경우
                    m     = jmax -k;
               else m     = j; // 노드의 확률 적용시 현재 node가 Jmax보다 큰 경우
          }

          //   이전 노드(i)의 3상태(j,j+1,j+2)의 채권가격을
          //   노드의 확률을 고려하여 할인한다.
          if(k==jmax) // 2번 확장 모양 경우
               newbprice[j] = (hw.m_pu[m]*oldbprice[j]+hw.m_pm[m]*oldbprice[j+1]
                              +hw.m_pd[m]*oldbprice[j+2])*hw.m_ndf[i][j];
```

```
            else if(k==-jmax)  // 3번 확장 모양 경우
                newbprice[j] = (hw.m_pu[m]*oldbprice[j-2]+hw.m_pm[m]*oldbprice[j-1]
                                    +hw.m_pd[m]*oldbprice[j])*hw.m_ndf[i][j];
            else{
                if(i>=jmax) // 1번 확장 경우인데, 현재 노드가 Jmax보다 큰경우
                newbprice[j] = (hw.m_pu[m]*oldbprice[j-1]+hw.m_pm[m]*oldbprice[j]
                                    +hw.m_pd[m]*oldbprice[j+1])*hw.m_ndf[i][j];
                else        // 1번 확장 경우인데, 현재 노드가 Jmax보다 작은 경우
                newbprice[j] = (hw.m_pu[m]*oldbprice[j]+hw.m_pm[m]*oldbprice[j+1]
                                    +hw.m_pd[m]*oldbprice[j+2])*hw.m_ndf[i][j];
            }
        }

        if(coupon_time[ithc]==i*hw.m_dt){
            for(j=0; j<=imax; j++)   newbprice[j]   += coupon;    //    이표 지급
            ithc--;
        }

        if(i==nonode){
            if(m_option_position==1){        //    callable bond
                for(j=0; j<=imax; j++)   //  옵션만기시점 Payoff
                    newbprice[j]    = min(newbprice[j], m_strike);
            }
            else{ //    puttable bond
                for(j=0; j<=imax; j++)   //  옵션만기시점 Payoff
                    newbprice[j]    = max(newbprice[j], m_strike);
            }
        }
        for(j=0; j<=imax; j++)   oldbprice[j]     = newbprice[j];
    }

    price = newbprice[0];

    cout<<"callable coupon bond option price : "<<price<<endl;
    delete[]  oldbprice;
    delete[]  newbprice;
    delete[]  coupon_time;

    return    price;
}
```

- main.cpp

```
//    main.cpp
#include   <iostream>
using      namespace     std;

#include   <iomanip>

#include   "hwbktree.h"
#include   "price.h"
```

```
#include  "mathlib.h"

void      main(void)
{
    // display points
    cout << setprecision(20);

    int       nrtime;
    double    *rtime, *rate;

    nrtime    = 6;
    rtime     = new double[nrtime];
    rate      = new double[nrtime];

    rtime[0]  = 0.25;          rate[0]    = 0.0493;
    rtime[1]  = 0.5;           rate[1]    = 0.0504;
    rtime[2]  = 1.0;           rate[2]    = 0.0507;
    rtime[3]  = 2.0;           rate[3]    = 0.0512;
    rtime[4]  = 3.0;           rate[4]    = 0.0514;
    rtime[5]  = 5.0;           rate[5]    = 0.0519;

    int       coupon_frequency;
    double    bond_maturity, node_dt, notional, coupon_rate;
    double    bondprice, optionprice, price;

    coupon_frequency  = 4;
    bond_maturity     = 5.0;
    node_dt           = 0.25;
    notional          = 100.0;
    coupon_rate       = 0.058;

    CHWBKTree         hw;       // Hull-White 트리
    hw.m_dt           = 0.25;
    hw.m_nnode        = 20;
    hw.m_alpha        = 0.1;
    hw.m_sigma        = 0.01;
    hw.build_hull_white_short_rate_tree(nrtime, rtime, rate);

    CPrice    hw_bond_price(notional, coupon_rate, bond_maturity, coupon_frequency);
                      // 채권원금, 이표율, 채권만기, 이표지급주기
    bondprice = hw_bond_price.coupon_bond_price(hw);     // 채권가격 계산

    hw_bond_price.m_option_maturity  = 3.0;          // 옵션만기
    hw_bond_price.m_strike           = 101.45;       // 옵션 행사가격
    hw_bond_price.m_option_position  = 1;            // 1:call, -1:put
    optionprice     = hw_bond_price.coupon_bond_option_price(hw);  // 옵션가격
    price     = hw_bond_price.callable_coupon_bond_price(hw);       // 옵션부채권가격

    CHWBKTree         bk;       // Black Karasinski 트리
    bk.m_dt           = 0.25;
    bk.m_nnode        = 20;
    bk.m_alpha        = 0.1;
```

```
    bk.m_sigma              = 0.01;
    bk.build_black_karasinski_short_rate_tree(nrtime, rtime, rate);

    CPrice    bk_bond_price(notional, coupon_rate, bond_maturity, coupon_frequency);
    bondprice = bk_bond_price.coupon_bond_price(bk);        // 채권가격 계산

    bk_bond_price.m_option_maturity    = 3.0;           // 옵션만기
    bk_bond_price.m_strike             = 101.45;        // 옵션 행사가격
    bk_bond_price.m_option_position    = 1;             // 1:call, -1:put
    optionprice     = bk_bond_price.coupon_bond_option_price(bk);    // 옵션가격
    price           = bk_bond_price.callable_coupon_bond_price(bk);       // 옵션부채권가격

    delete[]  rtime;
    delete[]  rate;
}
```

✎ 실행 결과

```
C:WWINDOWSWsystem32Wcmd.exe
Hull-White 모형
coupon bond price : 102.5488278668246
coupon bond option price : 1.3848140037364689
callable coupon bond option price : 101.16401386308812

Black-Karasinski 모형
coupon bond price : 102.54895909960383
coupon bond option price : 0.8100419189767426
callable coupon bond option price : 101.7389171806271
계속하려면 아무 키나 누르십시오 . . .
```

[그림 23-8] 헐-화이트와 블랙-카라신스키 모형을 이용한 수의상환채권의 가치 평가

수의상환채권은 일반채권에서 수의상환권을 갖는 콜옵션을 매도한 것과 동일하므로 일반채권가치와 옵션가치의 차와 같아야 하는데, 헐-화이트 모형과 블랙-카라신스키 모형을 적용하여 수의상환채권의 가치를 평가한 결과 수의상환채권의 가치는 일반채권의 가치와 옵션의 가치의 차와 같음을 확인할 수 있다.

별첨

재사용 소스 코드

I 일반 함수

- double N(double z)

```
double    N(double z)
{
    double    a1, a2, a3, a4, a5, r, c;

    a1   = 0.31938153;
    a2   = -0.356563782;
    a3   = 1.781477937;
    a4   = -1.821255978;
    a5   = 1.330274429;
    r    = 0.2316419;
    c    = 1/sqrt(2*PI);

    if(z>100.0) return 1.0;
    else if(z<-100.0) return 0.0;

    double    x = fabs(z);
    double    k = 1.0/(1.0 + r*x);
    double    b = c*exp((-z*z)/2.0);
    double    nv = ((((a5*k + a4)*k + a3)*k + a2)*k + a1)*k;
    nv        = 1.0 - b*nv;
    if(z<0.0) nv = 1.0 - nv;
    return    nv;
}
```

- double european_calloption_price(double spot, double strike, double riskfree, double dividend, double vol, double maturity)

```
double    european_calloption_price(double spot, double strike, double riskfree,
                          double dividend, double vol, double maturity)
{
    double    d1, d2;
    d1   = ( log(spot/strike)+(riskfree-dividend+(vol*vol)/2.0)*maturity)
                /(vol*sqrt(maturity) );
    d2   = d1 - vol*sqrt(maturity);
    return    spot*exp(-dividend*maturity)*N(d1)
                  - strike*exp(-riskfree*maturity)*N(d2);
              //   BS call option price
}
```

- void gaussian_elimination(double **Smatirx, double *Known, double *Unknown, int n_eqns)

```
void      gaussian_elimination(double **Smatirx, double *Known, double *Unknown,
                          int n_eqns)
{
    double     ratio, sum, maxs, tmp;
    int        i, j, k, maxi;
    for( k=0; k<n_eqns-1; k++ ){
        maxs = fabs(Smatrix[k][k]);
        maxi = k;
        for(i=k+1; i<n_eqns; i++){
            if(maxs<fabs(Smatrix[i][k])) maxi = i;
        }
        if(maxi!=k){
            for(i=0; i<n_eqns; i++){
                tmp = Smatrix[k][i];
                Smatrix[k][i] = Smatrix[maxi][i];
                Smatrix[maxi][i] = tmp;
            }
            tmp          = Known[k];
            Known[k]     = Known[maxi];
            Known[maxi]  = tmp;
        }

        for( i=k+1; i<n_eqns; i++ ) {
            if( Smatrix[i][k] == 0. ) continue;
            ratio = -Smatrix[i][k]/Smatrix[k][k];
            for( j=k+1; j<n_eqns; j++ ) {
                if( Smatrix[k][j] == 0. ) continue;
                Smatrix[i][j] += ratio*Smatrix[k][j];
            }
            Known[i] += ratio*Known[k];
        }
```

```
    }

    Unknown[n_eqns-1] = Known[n_eqns-1]/Smatrix[n_eqns-1][n_eqns-1];
    for( i=n_eqns-2; i>=0; i-- ){
        sum = 0.;
        for( j=i+1; j<n_eqns; j++ ) sum += Smatrix[i][j]*Unknown[j];
        Unknown[i] = (Known[i]-sum)/Smatrix[i][i];
    }
}
```

- void   tridiagonal_elimination(double **Smat, double *Known,
                                   double *Unknown, int n_eqns)

```
void    tridiagonal_elimination(double **Smat, double *Known, double *Unknown,
                                 int n_eqns)
{
    double    ratio, sum;
    int       i, j, k;

    // 첫번째 행부터 마지막 직전행까지는 동일한 로직
    for( k=0; k<n_eqns-1; k++ ){
        if( Smat[k][k] == 0. ){
            cout << "Matrix is singular in tridiagonal_elimination()" << endl;
            exit(0);
        }
        ratio = -Smat[k+1][k]/Smat[k][k];
        if(k==n_eqns-2){
            for( j=k; j<=k+1; j++ ){ // 2열에 적용, 마지막행에서는 2열만 적용하므로
                if( Smat[k][j] == 0. ) continue;
                Smat[k+1][j] += ratio*Smat[k][j];
            }
        }
        else{//    k<n_eqns-2
            for( j=k; j<=k+2; j++ ) { // 3열에 적용
                if( Smat[k][j] == 0. ) continue;
                Smat[k+1][j] += ratio*Smat[k][j];
            }
        }
        Known[k+1] += ratio*Known[k];
    }
    Unknown[n_eqns-1] = Known[n_eqns-1]/Smat[n_eqns-1][n_eqns-1];
            // 마지막행에서 바로 미지수 해 찾음
    for( i=n_eqns-2; i>=0; i-- ){ // 1열에 적용, 모든행에서 미지수 1개, 기지수 1개 이므로
        sum = Smat[i][i+1]*Unknown[i+1];
        Unknown[i] = (Known[i]-sum)/Smat[i][i];
    }
}
```

- double inverse_normal_cumulative_distribution_function(double p)

```
double    inverse_normal_cumulative_distribution_function(double p)
{
    static const double a[]  = {  -3.969683028665376e+01, 2.209460984245205e+02,
                                  -2.759285104469687e+02, 1.383577518672690e+02,
                                  -3.066479806614716e+01, 2.506628277459239e+00    };

    static const double b[]  = {  -5.447609879822406e+01, 1.615858368580409e+02,
                                  -1.556989798598866e+02, 6.680131188771972e+01,
                                  -1.328068155288572e+01  };

    static const double c[]  = {  -7.784894002430293e-03, -3.223964580411365e-01,
                                  -2.400758277161838e+00, -2.549732539343734e+00,
                                  4.374664141464968e+00, 2.938163982698783e+00     };

    static const double d[]  = {  7.784695709041462e-03, 3.224671290700398e-01,
                                  2.445134137142996e+00, 3.754408661907416e+00     };

    static const double LOW     = 0.02425;
    static const double HIGH    = 0.97575;

    double    q, r;
    errno     = 0;

    if(p<LOW){
        if(p<EPS)p = EPS;
        // Rational approximation for lower region
        q    = sqrt(-2*log(p));
        return (((((c[0]*q+c[1])*q+c[2])*q+c[3])*q+c[4])*q+c[5])
                        /((((d[0]*q+d[1])*q+d[2])*q+d[3])*q+1);
    }
    else if(p>HIGH){
        // Rational approximation for upper region
        if(p>1.0-EPS) p    = 1.0 - EPS;
        q    = sqrt(-2*log(1-p));
        return -(((((c[0]*q+c[1])*q+c[2])*q+c[3])*q+c[4])*q+c[5])
                        /((((d[0]*q+d[1])*q+d[2])*q+d[3])*q+1);
    }
    else{
        // Rational approximation for central region
        q    = p - 0.5;
        r    = q*q;
        return (((((a[0]*r+a[1])*r+a[2])*r+a[3])*r+a[4])*r+a[5])*q
                        /(((((b[0]*r+b[1])*r+b[2])*r+b[3])*r+b[4])*r+1);
    }
}
```

- double normdistrand_BoxMuller()

```
double    normdistrand_BoxMuller()
{
    double    u1, u2, z1, z2;
    static    int   iset = 0;
    static    double    gset;
    if(iset==0){
        do{
            u1   = rand( )/(double)RAND_MAX;
            u2   = rand( )/(double)RAND_MAX;
            z1   = sqrt(-2*log(u1))*cos(2*PI*u2);
            z2   = sqrt(-2*log(u1))*sin(2*PI*u2);
        }while(u1==0.0);
        gset = z2;      // 다음에 사용
        iset = 1;
        return    z1;
    }
    else{
        iset = 0;
        return    gset;// 저장된 값 return
    }
}
```

- void normal_distribution_goodness_fit_test(unsigned long nrand, double *randnum)

```
void      normal_distribution_goodness_fit_test(unsigned long nrand, double *randnum)

{
    unsigned      long      i;
    double    mean, stddev;
    mean      = 0.0;
    for(i=0; i<nrand; i++)    mean += randnum[i];
    mean      /= nrand;

    stddev    = 0.0;
    for(i=0; i<nrand; i++)    stddev    += pow( (randnum[i] - mean), 2.0 );
    stddev    /= (nrand-1);
    stddev    = sqrt(stddev);

    cout<<"평균 : "<<mean<<endl;
    cout<<"표준편차 : "<<stddev<<endl;

    double    mu3, mu4, skewness, kurtosis;
    mu3       = mu4     = 0.0;
    for(i=0; i<nrand; i++){
        mu3 += pow( (randnum[i] - mean), 3.0 );
        mu4 += pow( (randnum[i] - mean), 4.0 );
    }
```

```
    skewness = (mu3/nrand)/pow(stddev, 3.0);
    kurtosis  = (mu4/nrand)/pow(stddev, 4.0);

    cout<<"왜도 : "<<skewness<<endl;
    cout<<"첨도 : "<<kurtosis<<endl;

    double    jarque_bera;
    jarque_bera    = nrand*(skewness*skewness + pow( (kurtosis-3.0), 2.0 )/4.0 )/6.0;

    cout<<"Jarque-Bera Test : "<<jarque_bera<<endl;
}
```

- void   mean_stddev_error(unsigned long nrand, double *value)

```
void      mean_stddev_error(unsigned long nrand, double *value)
{
    unsigned      long      i;
    double    mean, stddev;
    mean      = 0.0;
    for(i=0; i<nrand; i++)    mean += value[i];
    mean      /= nrand;

    stddev    = 0.0;
    for(i=0; i<nrand; i++)    stddev    += pow( (value[i] - mean), 2.0 );
    stddev    /= (nrand-1);
    stddev    = sqrt(stddev);

    cout<<"평균 : "<<mean<<endl;
    cout<<"표준편차 : "<<stddev<<endl;
    cout<<"표준오차 : "<<stddev/sqrt(double(nrand))<<endl;
}
```

- double   linear_interpolation(int n_time, double *time, double *rate, double t)

```
double    linear_interpolation(int n_time, double *time, double *rate, double t)
{
    int       i;
    double    ret;
    if(time[0]<time[1]){ //   time[0]이 제일 작은 값일 때
        if(t<=time[0])  ret = rate[0];
        else if(t>time[n_time-1]) ret = rate[n_time-1];
        else{
            for(i=1; i<n_time; i++){
                if(time[i]>=t){
                    ret = (rate[i]-rate[i-1])/(time[i]-time[i-1])*(t-time[i-1]) + rate[i-1];
                    break;
```

```
                    }
                }
            }
        }
        else{ //    time[0]이 제일 큰 값일때
            if(t>time[0])    ret = rate[0];
            else if(t<=time[n_time-1])        ret = rate[n_time-1];
            else{
                for(i=1; i<n_time; i++){
                    if(time[i]<=t){
                        ret = (rate[i]-rate[i-1])/(time[i]-time[i-1])*(t-time[i-1]) + rate[i-1];
                        break;
                    }
                }
            }
        }
        return ret;
}
```

- void   cholesky_decomposition(double **L, double **A, int col)

```
void        cholesky_decomposition(double **L, double **A, int col)
{
    int         i, j, k;
    double      sum;

    L[0][0] = sqrt(A[0][0]);
    if(col>1){
        L[1][0] = A[1][0]/L[0][0];
        L[1][1] = sqrt( A[1][1] - pow(L[1][0], 2) );
        for(i=2; i<col; i++){
            L[i][0] = A[i][0]/L[0][0];
            for(j=1; j<=i; j++){
                sum = 0.0;
                if(j!=i){
                    for(k=0; k<j; k++) sum += L[i][k]*L[j][k];
                    L[i][j] = ( A[i][j] - sum ) / L[j][j];
                }
                else{
                    for(k=0; k<i; k++) sum += pow( L[i][k], 2 );
                    L[i][j] = sqrt( A[i][j] - sum );
                }
            }
        }
    }
}
```

- void par_to_zero_bootstrapping(int nytime, double *ytime, double *yrate, int frequency, int nztime, double *ztime, double *zrate)

```
void    par_to_zero_bootstrapping(int nytime, double *ytime, double *yrate,
                    int frequency, int nztime, double *ztime, double *zrate)
{
    int         i, j, si, ei, iter;
    double      dt, sumdf, sumdfp, Error, Epsilon, estimated;
    double      *df, *dfp;
    df          = new double[nztime];
    dfp         = new double[nztime];

    dt          = 1.0/frequency;
    Epsilon     = 1.0e-15;
    zrate[0]    = yrate[0];
    df[0]       = pow((1.0 + zrate[0]*dt), -ztime[0]*frequency);
    dfp[0]      = -ztime[0]*frequency*pow((1.0 + zrate[0]*dt),
                    -ztime[0]*frequency-1.0);
    si          = 1;

    for(i=1; i<nytime; i++){
        iter        = 0;
        Error       = 0.0;
        ei          = int(ytime[i]*frequency);
        zrate[ei-1]     = yrate[i];
        do{
            for(j=si; j<ei-1; j++)
                zrate[j]    = (zrate[ei-1]-zrate[si-1])/(ztime[ei-1]-ztime[si-1])
                            *(ztime[j]-ztime[si-1]) + zrate[si-1];
            for(j=si; j<ei; j++){
                df[j]       = pow((1.0+zrate[j]*dt),-ztime[j]*frequency);
                dfp[j]      = -ztime[j]*frequency*pow((1.0+zrate[j]*dt),
                                    -ztime[j]*frequency-1.0);
            }

            sumdf       = sumdfp = 0.0;
            for(j=0; j<ei; j++){
                sumdf       += yrate[i]*df[j]*dt;
                sumdfp      += yrate[i]*dfp[j]*dt;
            }
            sumdf           += df[ei-1];
            sumdfp          += dfp[ei-1];
            estimated       = zrate[ei-1] - (sumdf - 1.0)/sumdfp;
            Error           = fabs(estimated-zrate[ei-1]);
            zrate[ei-1]     = estimated;
            iter++;
        }while(Error>Epsilon && iter<10000);

        for(j=si; j<ei-1; j++)
            zrate[j]    = (zrate[ei-1]-zrate[si-1])/(ztime[ei-1]-ztime[si-1])
                        *(ztime[j]-ztime[si-1]) + zrate[si-1];
```

```
            for(j=si; j<ei; j++){
                  df[j] = pow((1.0+zrate[j]*dt),-ztime[j]*frequency);
                  dfp[j]= -ztime[j]*frequency*pow((1.0+zrate[j]*dt),-ztime[j]*frequency-1.0);
            }
            si    = ei;
      }

      delete[] df;
      delete[] dfp;
}
```

Ⅱ 클래스 함수

– index 클래스

- index.h

```
// index.h
class       CIndex{
public:
      double      m_spot;
      double      m_vol;
      double      m_dividend;

public:
      CIndex();
      CIndex(double spot, double vol, double dividend);
      ~CIndex();

      void        get_spot();
      void        get_vol();
      void        get_dividend();
};
```

- index.cpp

```
// index.cpp
#include  <iostream>
using       namespace      std;
#include  "index.h"

CIndex::CIndex()
{
      m_spot            = 100.0;
```

```
    m_vol          = 0.2;
    m_dividend     = 0.03;
}

CIndex::CIndex(double spot, double vol, double dividend)
{
    m_spot         = spot;
    m_vol          = vol;
    m_dividend     = dividend;
}

CIndex::~CIndex()
{

}

void      CIndex::get_spot()
{
    cout<<"기초자산가격 : ";
    cin>>m_spot;
}

void      CIndex::get_dividend()
{
    cout<<"배당률(%) : ";
    cin>>m_dividend;
    m_dividend     /= 100.0;
}

void      CIndex::get_vol()
{
    cout<<"변동성(%) : ";
    cin>>m_vol;
    m_vol     /= 100.0;
}
```

– product 클래스

- product.h

```
// product.h
#pragma once

#include  <string>
using     std::string;

class     CProduct{
public:
    double    m_strike;
    double    m_maturity;
    string    m_option_type;
```

```
public:
      CProduct();
      CProduct(string option_type, double strike, double maturity);
      ~CProduct();

      void       get_strike();
      void       get_maturity();
};
```

- product.cpp

```
// product.cpp
#include  <iostream>
using     namespace     std;

#include  "product.h"

CProduct::CProduct()
{
      m_strike              = 105.0;
      m_maturity            = 1.0;
      m_option_type         = "call";
}

CProduct::CProduct(string option_type, double strike, double maturity)
{
      m_strike              = strike;
      m_maturity            = maturity;
      m_option_type         = option_type;
}

CProduct::~CProduct()
{

}

void      CProduct::get_strike()
{
      cout<<"행사가격 : ";
      cin>>m_strike;
}
void      CProduct::get_maturity()
{
      cout<<"잔존만기(년) : ";
      cin>>m_maturity;
}
```

– yield 클래스

- yield.h

```
// yield.h
class     CYield{
public:
    double    m_riskfree;

public:
    CYield();
    CYield(double riskfree);
    ~CYield();

    void        get_riskfree();
};
```

- yield.cpp

```
// yield.cpp
#include   <iostream>
using      namespace      std;
#include   "yield.h"

CYield::CYield()
{
    m_riskfree      = 0.05;
}

CYield::CYield(double riskfree)
{
    m_riskfree      = riskfree;
}

CYield::~CYield()
{

}

void        CYield::get_riskfree()
{
    cout<<"무위험이자율(%) : ";
    cin>>m_riskfree;
    m_riskfree      /= 100.0;
}
```

– option 클래스

▪ option.h

```
// option.h
class      CIndex;
class      CYield;

class      COption{
    public:
           CIndex    *index;
           CYield    *yield;
           double    m_strike;
           double    m_maturity;
           double    m_optionprice;

    public:
           COption();       // 생성자
           ~COption();      // 소멸자

           double    N(double z);
           void      european_calloption_price(CIndex &cindex, CYield &cyield);
};
```

▪ option.cpp

```
double     COption::N(double z)
{
     double     a1, a2, a3, a4, a5, r, c;

     a1    = 0.31938153;
     a2    = -0.356563782;
     a3    = 1.781477937;
     a4    = -1.821255978;
     a5    = 1.330274429;
     r     = 0.2316419;
     c     = 1/sqrt(2*PI);

     if(z>100.0) return 1.0;
     else if(z<-100.0) return 0.0;

     double     x = fabs(z);
     double     k = 1.0/(1.0 + r*x);
     double     b = c*exp((-z*z)/2.0);
     double     nv = ((((a5*k + a4)*k + a3)*k + a2)*k + a1)*k;
     nv         = 1.0 - b*nv;
     if(z<0.0)  nv = 1.0 - nv;
     return     nv;
}

void       COption::european_calloption_price(CIndex &cindex, CYield &cyield)
```

```
{
    double    d1, d2, spot, vol, dividend, riskfree;
    spot      = cindex.m_spot;
    riskfree  = cyield.m_riskfree;
    dividend  = cindex.m_dividend;
    vol       = cindex.m_vol;

    d1   = (log(spot/m_strike)+(riskfree-dividend+(vol*vol)/2.0)*m_maturity)
                  /(vol*sqrt(m_maturity) );
    d2   = d1 - vol*sqrt(m_maturity);
    m_optionprice  = spot*exp(-dividend*m_maturity)*N(d1)
                    - m_strike*exp(-riskfree*m_maturity)*N(d2);
                          // BS call option price
}
```

- price.cpp

```
void      CPrice::black_scholes_option_price(CIndex &index, CYield &yield,
                          CProduct &product)
{
    string    optiontype      = product.m_option_type;
    double    S               = index.m_spot;
    double    X           = product.m_strike;
    double    r           = yield.m_riskfree;
    double    q           = index.m_dividend;
    double    sigma       = index.m_vol;
    double    T           = product.m_maturity;

    int       iop;
    double    d1, d2;

    iop   = -1;
    if(optiontype == "Call" || optiontype == "call" ) iop    = 1;
    d1    = ( log(S/X) + (r -q + (sigma*sigma)/2)*T )/(sigma*sqrt(T));
    d2    = d1 - sigma*sqrt(T);
    // Black-Sholes 옵션가격 결정식
    m_price   = iop*( S*exp(-q*T)*N(iop*d1) - X*exp(-r*T)*N(iop*d2) );
}

void      CPrice::simulation_european_option_price(CIndex &index, CYield &yield,
                  CProduct &product, unsigned long n_sim, double *rn)
{
    string    optiontype      = product.m_option_type;
    double    S           = index.m_spot;
    double    X           = product.m_strike;
    double    r           = yield.m_riskfree;
    double    q           = index.m_dividend;
    double    sigma       = index.m_vol;
    double    T           = product.m_maturity;

    unsigned        long        i;
```

```
    int         iop;
    double      St, price, mudt, ssqrtdt;
    double      *pv;
    pv          = new double[n_sim];

    price       = 0.0;
    mudt        = (r-q-0.5*sigma*sigma)*T;
    ssqrtdt     = sigma*sqrt(T);
    iop         = -1;
    if(optiontype == "Call" || optiontype == "call" ) iop    = 1;

    for(i=0; i<n_sim; i++){
        rn[i] = normdistrand_BoxMuller();
        St    = S * exp(mudt + ssqrtdt*rn[i]);  // 주가생성
        pv[i] = max(iop*(St-X), 0.0);           // 만기 Payoff
        price += pv[i];
    }
    m_price   = (price/n_sim)*exp(-r*T);        // 만기 Payoff의 평균을 현가
    mean_stddev_error(n_sim, pv);

    delete[]   pv;
}
```

Ⅲ 기타 소스 코드 파일

- sobol.h

```
//   sobol.h
double **sobol_points(unsigned N, unsigned D, char *dir_file);
double *sobol_points(unsigned N);
```

- sobol.cpp

```
// Frances Y. Kuo
//
// Email: <f.kuo@unsw.edu.au>
// School of Mathematics and Statistics
// University of New South Wales
// Sydney NSW 2052, Australia
//
// Last updated: 21 October 2008
//
//   You may incorporate this source code into your own program
//   provided that you
```

```
//    1) acknowledge the copyright owner in your program and publication
//    2) notify the copyright owner by email
//    3) offer feedback regarding your experience with different direction numbers
//
//
// -----------------------------------------------------------------------------
// Licence pertaining to sobol.cc and the accompanying sets of direction numbers
// -----------------------------------------------------------------------------
// Copyright (c) 2008, Frances Y. Kuo and Stephen Joe
// All rights reserved.
//
// Redistribution and use in source and binary forms, with or without
// modification, are permitted provided that the following conditions are met:
//
//     * Redistributions of source code must retain the above copyright
//       notice, this list of conditions and the following disclaimer.
//
//     * Redistributions in binary form must reproduce the above copyright
//       notice, this list of conditions and the following disclaimer in the
//       documentation and/or other materials provided with the distribution.
//
//     * Neither the names of the copyright holders nor the names of the
//       University of New South Wales and the University of Waikato
//       and its contributors may be used to endorse or promote products derived
//       from this software without specific prior written permission.
//
// THIS SOFTWARE IS PROVIDED BY THE COPYRIGHT HOLDERS ''AS IS'' AND ANY
// EXPRESS OR IMPLIED WARRANTIES, INCLUDING, BUT NOT LIMITED TO, THE IMPLIED
// WARRANTIES OF MERCHANTABILITY AND FITNESS FOR A PARTICULAR PURPOSE ARE
// DISCLAIMED. IN NO EVENT SHALL THE COPYRIGHT HOLDERS BE LIABLE FOR ANY
// DIRECT, INDIRECT, INCIDENTAL, SPECIAL, EXEMPLARY, OR CONSEQUENTIAL DAMAGES
// (INCLUDING, BUT NOT LIMITED TO, PROCUREMENT OF SUBSTITUTE GOODS OR SERVICES;
// LOSS OF USE, DATA, OR PROFITS; OR BUSINESS INTERRUPTION) HOWEVER CAUSED AND
// ON ANY THEORY OF LIABILITY, WHETHER IN CONTRACT, STRICT LIABILITY, OR TORT
// (INCLUDING NEGLIGENCE OR OTHERWISE) ARISING IN ANY WAY OUT OF THE USE OF THIS
// SOFTWARE, EVEN IF ADVISED OF THE POSSIBILITY OF SUCH DAMAGE.
// -----------------------------------------------------------------------------
#include   <cmath>
#include   <iostream>
#include   <fstream>

#include   "sobol.h"

using      namespace      std;

double     *sobol_points(unsigned N)
{
     // L = max number of bits needed
     unsigned L     = (unsigned)ceil(log((double)N)/log(2.0));

     // C[i] = index from the right of the first zero bit of i
     unsigned *C   = new unsigned [N];
     C[0] = 1;

     unsigned value, i;
     for(i=1;i<=N-1;i++) {
```

```
        C[i] = 1;
        value     = i;
        while(value & 1) {
            value >>= 1;
            C[i]++;
        }
    }

    // Compute direction numbers V[1] to V[L], scaled by pow(2,32)
    unsigned *V = new unsigned [L+1];
    for (i=1;i<=L;i++) V[i] = 1 << (32-i); // all m's = 1

    // Evalulate X[0] to X[N-1], scaled by pow(2,32)
    unsigned      *X          = new unsigned [N];
    double        *POINTS     = new double [N];

    X[0]          = 0;
    POINTS[0]     = 0;

    for (i=1;i<=N-1;i++) {
        X[i]        = X[i-1] ^ V[C[i-1]];
        POINTS[i]     = (double)X[i]/pow(2.0,32); // *** the actual points
    }

    // Clean up
    delete [] V;
    delete [] X;
    delete [] C;

    return POINTS;
}

double **sobol_points(unsigned N, unsigned D, char *dir_file)
{
    ifstream infile(dir_file,ios::in);
    if (!infile) {
        cout << "Input file containing direction numbers cannot be found!\n"
        exit(1);
    }
    char buffer[1000];
    infile.getline(buffer,1000,'\n');

    // L = max number of bits needed
    unsigned L = (unsigned)ceil(log((double)N)/log(2.0));

    // C[i] = index from the right of the first zero bit of i
    unsigned *C = new unsigned [N];
    C[0] = 1;
    for(unsigned i=1;i<=N-1;i++) {
        C[i] = 1;
        unsigned value = i
        while (value & 1){
```

```
            value >>= 1;
            C[i]++;
        }
    }

    // POINTS[i][j] = the jth component of the ith point
    //  with i indexed from 0 to N-1 and j indexed from 0 to D-1
    double **POINTS = new double * [N];
    for (unsigned i=0;i<=N-1;i++) POINTS[i] = new double [D];
    for (unsigned j=0;j<=D-1;j++) POINTS[0][j] = 0;

    // ----- Compute the first dimension -----
    // Compute direction numbers V[1] to V[L], scaled by pow(2,32)
    unsigned *V = new unsigned [L+1];
    for (unsigned i=1;i<=Li++)    V[i] = 1 << (32-i); // all m's = 1

    // Evalulate X[0] to X[N-1], scaled by pow(2,32)
    unsigned *X = new unsigned [N];
    X[0] = 0;
    for (unsigned i=1;i<=N-1;i++) {
        X[i] = X[i-1] ^ V[C[i-1]];
        POINTS[i][0] = (double)X[i]/pow(2.0,32); // *** the actual points
        //         ^ 0 for first dimension
    }
    // Clean up
    delete [] V
    delete [] X

    // ----- Compute the remaining dimensions -----
    for (unsigned j=1;j<=D-1;j++) {
        // Read in parameters from file
        unsigned d, s
        unsigned a
        infile >> d >> s >> a
        unsigned *m = new unsigned [s+1];
        for (unsigned i=1;i<=si++) infile >> m[i];

        // Compute direction numbers V[1] to V[L], scaled by pow(2,32)
        unsigned *V = new unsigned [L+1];
        if (L <= s) {
            for (unsigned i=1;i<=Li++) V[i] = m[i] << (32-i);
        }
        else {
            for (unsigned i=1;i<=si++) V[i] = m[i] << (32-i);
            for (unsigned i=s+1;i<=Li++) {
                V[i] = V[i-s] ^ (V[i-s] >> s);
                for (unsigned k=1;k<=s-1;k++)
                    V[i] ^= (((a >> (s-1-k)) & 1) * V[i-k]);
            }
        }

        // Evalulate X[0] to X[N-1], scaled by pow(2,32)
```

```
        unsigned *X = new unsigned [N];
        X[0] = 0;
        for (unsigned i=1;i<=N-1;i++) {
            X[i] = X[i-1] ^ V[C[i-1]];
            POINTS[i][j] = (double)X[i]/pow(2.0,32); // *** the actual points
            //           ^ j for dimension (j+1)
        }
        // Clean up
        delete [] m
        delete [] V
        delete [] X
    }
    delete [] C
    return POINTS
}
```

참고자료

I 금융공학관련 국내서적

이재성, 《금융수학》, 서강대학교출판부, 2010.
이현석, 《금융공학을 위한 수치분석 기초》, 경문사, 2007.
박경석, 《수치계산 알고리즘, 삼성실업》, 1988.
이경수, 권영은, 신진호, 《파생상품 Modeling I》, 아진, 2008.

II 프로그래밍관련 국내서적

Hisao Yazawa, 《C++ 클래스와 상속》, 성안당, 2003.
김동근, 《C · C++프로그래밍》, 한빛미디어, 2008.
윤성우, 《열혈강의 C++ 프로그래밍》, 프리렉, 2004

III 금융공학관련 해외서적

John C. Hull, *Options, Futures and Other Derivatives*, 7th Edition, Pearson Education, 2008.
Les Clewlow, Chris Strickland, *Implementing Derivative Models*, John Wiley & Sons, 1999.
Espen Gaarder Haug, *The Complete Guid to Option Pricing Formulas*, 2nd Edition,

McGraw-Hill, 2007.

Damiano Brigo, Fabio Mercurio, *Interest Rate Models-Theory and Practice*, 2nd Edition, Springer Verlag, 2005.

Peter Jackel, *Monte Carlo methods in finance*, John Wiley & Sons, 2002.

Justin London, *Modeling Derivatives in C++*, John Wiley Sons, 2004.

Rary Jackson, Mike Staunton, *Advanced Modelling in Finance using Excel and VBA*, John Wiley Sons, 2001.

Paolo Brandimarte, *Numerical Methods in Finance: A MATLAB-Based Introduction*, John Wiley Sons, 2002.

Domingo Tavella, *Quantitative Methods in Derivatives Pricing*, John Wiley & Sons, 2002.

Ⅳ 프로그래밍관련 해외서적

William H. Press, Saul A. Teukolsky, William T. Vetterling, Brian P. Flannery, *Numerical Recipes in C++*, 2nd Edition, Cambridge, 2002.

Ⅴ 해외논문

Artur Sepp, "Pricing Barrier Options under Local Volatility", *Math. Comp.*, Nov 2002.

G.E.P. Box and Mervin E. Muller, "A Note on the Generation of Random Normal Deviates", *The Annals of Mathematical Statistics*, Vol. 29, No. 2, 1958. pp. 610-611.

Black, F., P. Karasinski, "Bond and Option Pricing When Short Rates Are Lognormal", *Financial Analysts Journal*, July-August, 1991. pp. 52-59.

Black. F,. Derman. E,. Toy. W. A., "One-Factor Model of Interest Rates and Its Application to Treasury Bond Options", *Financial Analysts Journal*, January-February 1990. pp. 24-32.

Bruno Dupire, "Pricing with a Smile", *Risk Magazine* 7(1), 1994. pp. 18-20.

J. Hull, A. White, "Numerical Procedures for Implementing Term Structure Models I : Single-Factor Models", *Journal of Derivatives*, 1994. pp. 7-16.

Jamshidian. F., "An Exact Bond Option Formular", *Journal of Finance* 44, 1989.

Jamshidian. F., "Forward induction and construction of yield curve diusion models",

Journal of Fixed Income 1, 1991. pp. 62-74.

J. C. Cox, J. E. Ingersoll, S. A. Ross, "A Theory of the Term Structure of Interest Rates", *Econometrica* 53, 1985.

Cox, J., Ross, S., Rubinstein, M., "Option Pricing: A Simplified Approach". *Journal of Financial Economics*, 7. Sept 1979.

Kirk, E., Aron, J., "Correlation in the Energy Markets", *Managing Energy Price Risk*, Risk Books, 1995.

Nelson, C., Siegel, A. F., "Parsimonious Modeling of Yield Curves", *Journal of Business*, Vol. 60, October 1987. pp. 473-489.

O.A. Vasicek, "An Equilibrium Characterization of the Term Structure", *Journal of Financial Economics*, 5, 1977. pp. 177-188.

Mark Broadie, Paul Glasserman, "Estimating Security Price Derivatives Using Simulation", *Management Science*, Vol 42, No 2, February 1996.

Ⅵ 해외자료

Frances Kuo, http://web.maths.unsw.edu.au/~fkuo/sobol

John Hull, www-2.rotman.utoronto.ca/~hull, Technical Note 15, Valuing Options on Coupon-Bearing Bonds in a One-Factor Interest Rate Model

John Hull, www-2.rotman.utoronto.ca/~hull, Technical Note 28, The Black, Derman, and Toy Model

찾아보기

C++언어를 이용한

파생상품의 이해

지은이 이상호
펴낸이 박문규
펴낸곳 경문사
펴낸날 2014년 3월 20일 1판 1쇄
등 록 1979년 11월 9일 제313-1979-23호
주 소 121-818, 서울특별시 마포구 와우산로 174
전 화 (02)332-2004 팩스 (02)336-5193
이메일 kyungmoon@kyungmoon.com

값 34,000원

ISBN 978-89-6105-748-6

★ 경문사 홈페이지에 오시면 즐거운 일이 생깁니다.
http://www.kyungmoon.com

한국과학기술출판협회 회원사